U0949514

浙江商务年鉴2016

ALMANAC OF COMMERCE OF ZHEJIANG PROVINCE

《浙江商务年鉴》编辑委员会　编

浙江人民出版社

2015年12月16日，第二届世界互联网大会在浙江省乌镇开幕。国家主席习近平出席开幕式并发表主旨演讲。(新华社记者李涛 摄)

2015年1月19—21日，国务院副总理汪洋（左8）在浙江调研外贸工作，商务部国际贸易谈判代表、副部长钟山（左3）陪同。

2015年9月22日，浙江省委书记夏宝龙视察中国浙江（国际）餐饮美食博览会暨第5届浙江厨师节展区。

2015年6月9日，第17届“浙洽会”之江峰会，时任浙江省委副书记、省长李强会见《金融时报》副主编金奇。

2015年6月15日，全省农村电子商务工作现场会召开前夕，浙江省委副书记王辉忠、副省长梁黎明在临安阿里巴巴农村淘宝运营中心实地调研，浙江省商务厅厅长周日星（右2）陪同。

2015年6月18日，浙江省委副书记王辉忠一行调研浙江省散装汽油销售管控工作并在浙江省商务厅召开座谈会。

2015年9月30日，第12届中华老字号精品博览会在浙江世贸国际展览中心开幕。图为周日星厅长（左2）等一行巡视展区。

2015年9月21日，由浙江省商务厅、浙江省经济和信息化委员会等共同主办的2015浙江金秋购物节启动仪式在杭州吴山广场举行。

2015年9月10日，2015中国—阿拉伯国家博览会在宁夏银川开幕，图为浙江省委常委、常务副省长袁家军巡视浙江主题馆，周日星厅长陪同。

2015年3月1日，第25届华东进出口商品交易会在上海举办，图为梁黎明副省长（左2）巡视浙江展区。

2015年5月13日，周日星厅长（左2）参加浙江出口商品（吉达）展，与沙特哈里喜展览公司总裁交流并互赠礼品。

2015年9月15日，周日星厅长视察第6届“浙交会”“义新欧”班列展位。

2015年4月23日，梁黎明副省长（左7）等一行在嘉兴经济技术开发区出席荷美尔食品有限公司奠基仪式。

2015年6月9日，第17届中国浙江投资贸易洽谈会重大项目签约仪式在宁波举行。

2015年9月21日至23日，以“中国新常态与新经济”为主题的“2015中国全球投资峰会：杭州”在杭州召开，图为外商投资项目签约仪式。

2015年12月10日，2015浙江省人民政府（上海）商务答谢晚宴暨国际投资96357公共服务平台发布会在上海成功举办。浙江省人民政府副秘书长陈宗尧、浙江省商务厅厅长周日星等领导出席活动。

2015年4月28日，浙江省商务厅组织30家重点企业赴北京举办了以“主动融入一带一路，共筑开放合作新格局”为主题的浙江省丝路沿线合作项目对接交流会。图为浙江省商务厅厅长周日星致辞。

2015年8月15日，浙江省商务厅厅长周日星一行（左1）考察亚欧博览会浙江展位。

2015年8月16日，浙江省商务厅厅长周日星一行考察霍尔果斯口岸。

2015年10月29日，由浙江省人民政府指导，浙江省商务厅、杭州市人民政府、中国电子商务协会主办的2015中国（杭州）国际电子商务博览会盛大开幕。浙江省商务厅厅长周日星出席开幕式。

2015年11月10日，浙江一新加坡经济贸易理事会第11次会议在绍兴召开。会议由陈宗尧副秘书长主持，梁黎明副省长和傅海燕部长分别致辞。▶

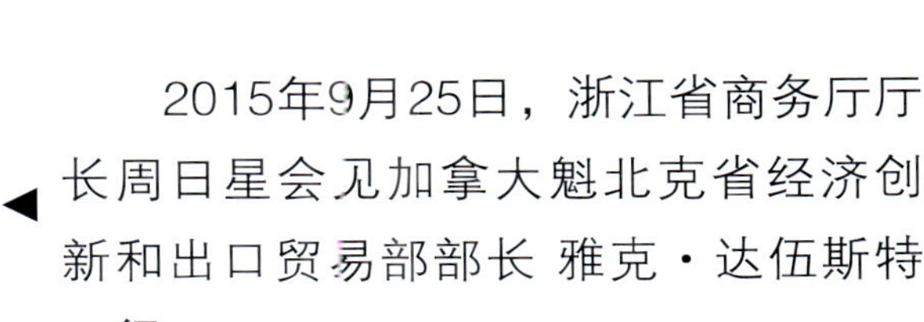

◀ 2015年9月25日，浙江省商务厅厅长周日星会见加拿大魁北克省经济创新和出口贸易部部长 雅克·达伍斯特一行。

2015年8月18日，浙江省商务厅考察组一行赴阿克苏地区考察指导工作，与地区行署、浙江省援疆指挥部签订商务发展战略合作协议。▶

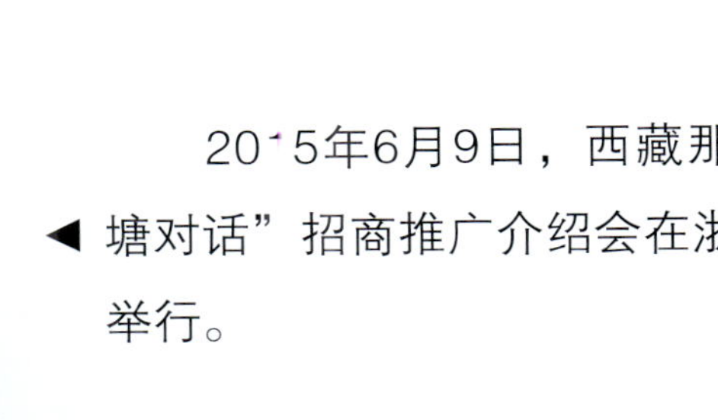

◀ 2015年6月9日，西藏那曲“羌塘对话”招商推广介绍会在浙江宁波举行。

2015年6月26日，浙江省电子商务促进中心成立暨揭牌仪式在浙江经贸广场顺利举行。

2015年3月3日，浙江省商务厅2015年度党风廉政建设工作会议召开，厅党组书记、厅长周日星出席会议并作工作报告。

2015年12月8日，浙江省直机关第二届广播体操比赛在省全民健身中心隆重举行，浙江省商务厅荣获一等奖。

2015年2月25日，中共浙江省商务厅直属机关委员会表彰2014年度五星党支部和优秀共产党员。

宁波市商务委员会

中国浙江投资贸易洽谈会

中国国际日用消费品博览会

中国-中东欧国家投资贸易博览会

由国家商务部和浙江省人民政府共同主办，每年6月8—12日在宁波举行，万商云集，商机无限。

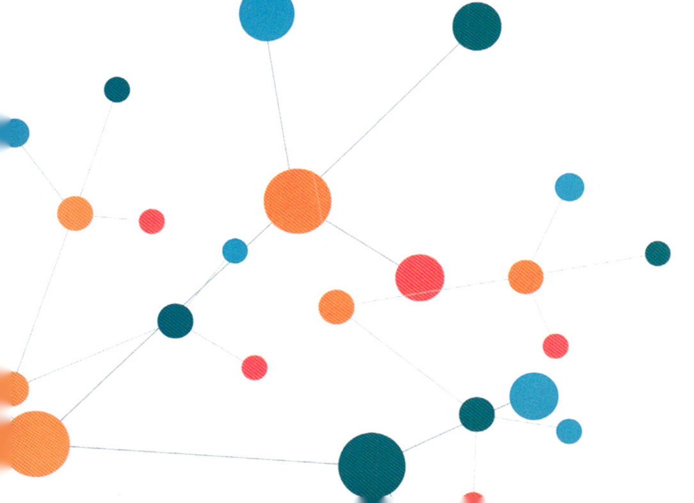

国家级宁波经济技术开发区

一、园区简介

宁波经济技术开发区紧临深水良港北仑港，岸线173公里。作为先进的制造业生产基地，宁波开发区已形成临港产业、装备制造业、高新技术产业、现代服务业共同发展的良好格局。宁波经济技术开发区于1984年10月经国务院批准设立，为全国首批14家国家级开发区之一，2002年底与宁波市北仑区合并，实行“一套班子，两块牌子”管理模式。宁波经济技术开发区紧邻宁波保税区等4个国家级经济功能区，实行ISO9001行政管理体系、ISO14001环境管理体系，对园区入驻企业实行一站式服务。截至2015年底，36家世界500强企业在宁波开发区投资67个生产项目和服务机构，是商务部评估的中国最佳5个国家级开发区之一。

经过近三十年的开发建设，宁波经济技术开发区已发

展成为以国际深水良港为依托的区域性物流中心和宁波市和浙江省外商投资项目最为密集的重点对外开放区域及浙江省打造先进制造业基地、建设华东地区重要能源、原材料基地的战略重点，综合竞争力显著增强的宜业宜居新城。目前宁波经济技术开发区已形成了能源、石化、钢铁、造船、汽车及配件、造纸、装备制造等为主体的临港产业集群，航运、物流、贸易等先进服务业共同发展的格局。截至2015年底，宁波经济技术开发区已累计批准40多个国家和地区的外资项目1873个，在开发区内投产运营，累计合同利用外资214亿美元，实际利用外资122.4亿美元，对外开放门户功能不断提升。

二、主导产业

1. 临港型产业：形成了能源、石化、钢铁、汽车、造纸等为主体的临港产业集群,梅山产业集聚区为省级14个产业集聚区之一。

2. 装备制造业：被称为“中国塑机之都”、“中国压铸模具之乡”。

3. 高技术新兴产业：科技综合实力、科技进步水平连续5年进入全省前10位。

4. 现代服务业：坚持先进制造业和现代服务业“双轮”驱动格局。

三、龙头企业

宁波钢铁有限公司、台塑关系企业、浙江逸盛石化有限公司、宁波宝新不锈钢有限公司、浙江北仑发电有限公司、宁波海天集团有限公司、宁波申州针织有限公司、宁波敏实集团、宁波亚洲浆纸有限公司、浙江吉利汽车有限公司、浙江腾龙集团有限公司

四、联系方式(管委会办公室)

地址：浙江省宁波市北仑区长江路1166号

电话：0574-86780103

传真：0574-86780118

邮箱：hqk@bl.gov.cn

网址：http://www.netd.gov.cn/

嘉兴港区

嘉兴港区是嘉兴市市属两大开发区之一，管理范围为乍浦镇域54平方公里，辖区内有国家一类开放口岸嘉兴（乍浦）港、国家级综合保税区、省级乍浦经济开发区、乍浦镇。嘉兴港区区位交通条件优越，乍嘉苏高速、杭浦高速、杭州湾跨海大桥北接线和01省道、07省道新线贯穿境内，基本实现了与周边城市的“一小时交通圈”，是“长三角”沪、苏、杭、甬地区的一个重要交通枢纽。

一、特色产业发展迅猛，“成百上千”规模加快形成

乍浦经济开发区是1992年经省政府批准的省级开发区，经过近年来的招商引资和项目推进，英荷壳牌、日本帝人、日本德山等一批国际知名企业和嘉兴石化、三江化工、嘉化能源、浙江信汇等一批国内知名企业已相继落户，以化工新材料、港口仓储物流等为主导的临港产业粗具规模。特别是近年来，化工新材料产业发展水平不断提升，已成为港区第一大支柱产业，并已形成了较为完善的产业链和循环经济体系。2008年7月，中国化工新材料（嘉兴）园区在嘉兴港区授牌，使嘉兴港区成为我国化工新材料重要产业基地之一。园区构建了以环氧乙烷、聚碳酸酯、丁基橡胶、硅材料、PTA下游等产品为主的5条产业链，目前入区的化工新材料企业近40家。园区先后被评为浙江省“两化深度融合试验区”、十一五期间“全国循环经济工作先进单位”、国家新型工业化产业示范基地等。化工新材料园区连续4次成功入围全国

化工园区20强。

嘉兴综合保税区于2015年1月31日经国务院批准设立，成为浙江省内第一个由出口加工区整合优化而来的综合保税区。总规划面积2.98平方公里，其中A区面积1.33平方公里，位于嘉兴港区内。嘉兴综合保税区A区依托港口和区位优势，重点打造“有色金属加工交易基地、保税物流基地和进出口商品展示交易基地”三大基地。目前，已建成了道路、水、电等“八通一平”的基础配套，引进项目24个，完成合同利用外资6263万美元，实到外资3763万美元，市外内资4.85亿元。

二、港口码头形成集群，现代化水平不断提高

嘉兴港于1986年开始启动建设，1992年正式开港，系国家一类开放口岸，为浙北地区唯一出海口。经过20多年的建设发展，嘉兴港已形成了公用、专用泊位相配套、码头泊位齐全、内外贸兼营、集装箱、散杂货及油品装卸功能较为完善的综合性港口。全港共分为乍浦、独山、海盐三大港区，目前，共拥有码头泊位36个，其中万吨级以上26个，千吨级10个，总吞吐能力3889万吨/年，码头集群逐步形成。其中，乍浦港区共拥有生产性泊位19个，其中万吨级以上17个，设计年货物吞吐能力1663万吨，在嘉兴港三大港区中发展最为完善，基础性、公共性、服务性功能最为突出，港口货物吞吐量占全港70%以上，集装箱装卸量占全港90%以上。

三、中心城区粗具规模，滨海特色逐步显现

乍浦镇是一座千年古镇，历史悠久，自古就有“江浙门户”、“海口重镇”之称，在清代就是浙北地区对外经济文化交往的重要门户。以乍浦镇为基础的滨海新城是嘉兴市现代化网络型田园城市的六个副中心之一，依托省级九龙山旅游度假区、九龙山国家森林公园，拥有港口、杭州湾跨海大桥、海鲜美食旅游资源，集成了“山、海、港、桥、林”特色。经过近年来的开发建设，26平方公里的城市道路框架初步形成，建成区面积已达17.7平方公里，道路、供水、供电、供热、排污等配套工程日趋完善，文化、教育、卫生、商贸、旅游休闲等城市功能性基础设施建设扎实推进，城市服务功能和品位不断提升，城市人气进一步集聚，已成为杭州湾北岸一座新兴的滨海宜居新港城和一道亮丽的风景线。

2015年1月20日，国务院副总理汪洋调研杭州跨境贸易电子商务产业园下沙园区。

2015年2月17日，杭州电缆股份有限公司A股上市

杭州经济技术开发区

杭州经济技术开发区成立于1990年，1993年4月经国务院批准成为国家级开发区，是集工业园区、高教园区、出口加工区于一体的综合性园区，也是杭州市三大副城之一。总面积104.7平方公里，托管下沙和白杨两个街道，34个社区，辖区人口47万人。

建区以来，开发区坚持以转变发展方式为主线，加快推动转型升级，努力完善城市功能，全面构建和谐社会，走出一条具有自身特色的科学发展之路，经济社会各项事业保持良好发展态势。开发区充分发挥杭州对外开放“主窗口”和工业经济

“主平台”作用，坚持“引龙头、强链条、促集聚”，形成了装备制造、电子信息、生物医药、现代食品、新能源新材料等具有较强竞争优势的五大主导产业，集聚了松下、东芝、默沙东、辉瑞、康师傅等40多个国家和地区的700余家外商投资企业，其中世界500强企业投资设立项目达69个。开发区深入实施大企业大集团培育计划，年销售产值超亿元企业达到184家，其中5亿元以上企业62家，10亿元以上企业40家。同时，开发区深入推进“东部人才港”和“东部科技港”建设，建成投用国家级高科技企业孵化器、浙江省海创园、新加坡（杭州）科技园等各类创新平台86万平方米，目前全区国家高新技术企业已达130家，市级以上研发（技术）中心达227家，高新技术产业产值占比达41.5%，区域创新能力不断提升，开发区综合竞争力位列全国开发区第一方阵，在全省开发区工业强区评选中位居首位，相继获得中国投资环境最佳开发区、跨国公司最佳投资开发区、国家级生物医药、电子信息和浙江省海外高层次人才创新创业基地以及国家生态工业示范园区等荣誉称号，已日益成为宜业、宜学、宜居的现代化新城。

2015年9月11日，辉瑞全球生物技术中心项目签约仪式举行

2015年9月26日，杭州开发区商业综合体——龙湖金沙时代天街开业

湖州南太湖产业集聚区
湖州经济技术开发区

湖州南太湖产业集聚区成立于2010年12月，是全省14个产业集聚区之一，重点规划区面积72.73平方公里，涵盖吴兴区、南浔区、湖州开发区、太湖度假区以及长兴县等5个开发主体。2013年12月，湖州市委、市政府决定，将湖州南太湖产业集聚区管委会与湖州开发区管委会合并，实行一体化运作，负责核心区域的开发建设；并把原有14个分散区块合并为5个相对集中区块，形成了“一主四辅”的格局。其中，一主（即核心区）为湖州经济技术开发区，重点规划区面积27平方公里，重点发展节能环保、生物医药产业。四个辅助区域：吴兴区重点规划区面积14.12平方公里，重点发展现代物流装备制造产业；南浔区重点规划区面积15.85平方公里，重点发展电梯电机产业；太湖度假区重点规划区面积5.35平方公里，重点发展休闲旅游产业；长兴县重点规划区面积10.41平方公里，重点发展现代物流和新型纺织产业。集聚区成立四年来，累计完成投资612.42亿元，共招引项目149个、总投资877.2亿元（其中，50亿元以上项目3个，20亿—50亿元项目7个，10亿—20亿元项目14个）。

作为南太湖产业集聚区核心区的湖州经济技术开发区，成立于1992年8月，是经浙江省政府批准设立的全省第一批省级开发区，2010年3月，经国务院批准升级为国家级经济技术开发区。区内还设有省级高新技术产业园区、省级台商投资区、省级留学人员创业园区，实行“几块牌子、一套班子”的管理体制。湖州经济技术开发区管委会对辖区实行统一规划、统一开发、统一建设、统一管理，并受市政府委托管辖凤凰街道、康山街道、龙溪街道、杨家埠街道，下辖40个行政村，18个社区，常住人口12.5万，流动人口8万左右。行政管辖面积136平方公里，其中规划建设用地面积为81平方公里（建成区28平方公里）。

经过20多年的发展，湖州经济技术开发区已经成为全市经济发展的主引擎、主板块、主阵地，成为长三角地区吸纳外资和集聚战略性新兴产业、高新技术产业、现代服务业发展的重要平台。开发区已连续20年被评为“浙江省先进开发区”,2013年在全省国家级开发区综合考评中名列第7位。同时还先后被认定为全省首批海外高层次人才创业创新基地、首批国际服务外包示范区、首批现代服务业集聚示范区、首批外商投资新兴产业示范基地，国家级技术转移示范机构、首届浙江开发区特别贡献（科技创新）奖等。

富阳经济技术开发区

富阳经济技术开发区在晋升国家级后，始终秉持引进大项目，建设大平台，推进大发展的使命和责任，大手笔投入、大格局招商、大配套造城，着力打造优美环境，吸引优秀人才，构建优良机制，为智慧产业的发展，为开发区新一轮创新创业提供良好的平台。

随着开发区基础设施建设的有力推进，产城融合的步伐加快，极大地提升了开发区的整体面貌，为入驻企业营造良好的成长生态圈。两年来开发区累计投入40多亿元推进区内基础建设：总投资1.6亿元的银湖水系及公园景观一期工程已完工；总投资9.8亿元的银湖实验学校将于2016年9月开学；总投资2.8亿元的银湖公寓已进行主体施工；总投资1.8亿元的场口公共租赁住房2016年将投入使用……同时开发区积极打造“一刻钟生活圈”，重点布局医院、商业等公共配套，引进银行、超市、酒店、企业、餐饮中心等综合配套项目，开通公交专线、微公交站点等，便利开发区员工。

富阳经济技术开发区依托良好的生态优势和杭州智力密集优势，突出生态、科研特色，强化项目带动，注重“物联 + 创意”的产业导向，努力打造杭州西部信息经济发展集聚区。2015年撤市设区后，富阳在大杭州一盘棋格局中的区位优势、生态优势和人文优势进一步凸显，通过对接杭州城西科创大走廊和高新（滨江）区，重点构建技术创新、研究孵化、科技金融、跨境电商等一体的富春创新带。开发区以更高层面的谋划，推进未来的发展，以更大的格局着眼智慧经济等新兴产业和优质项目的招商引资。

截至2015年底，已落地的重大智慧产业项目中，银湖科技城有：银湖创新中心，投资额4亿元；杭州富春硅谷，投资额30亿元；浙大网新，投资额11.04亿元；中国智谷，投资额7亿元；圣泓工业设计，投资额5.6亿元；雄迈科技，投资额1.5亿元；智慧体育产业基地，投资额50亿元；龙晖水上乐园，投资额5亿元。东洲智慧城有：京东杭州电子商务产业园，投资额15亿元；大华智慧（物联网）产业园，投资额25亿元；杭州首创奥特莱斯，投资额10亿元。场口智造区有：杭州宇培电子商务产业园，投资额10亿元；杭州中民筑友绿色建筑科技园，投资额10亿元港元等一系列重大项目。

富阳经济技术开发区核心区块银湖科技城和东洲智慧城、场口智造区，三足鼎立，已在新一轮招商引资、建区与造城一体化进程中居于主阵地地位。其中：银湖科技城以硅谷小镇建设为抓手，重点发展信息技术、工业设计、科技孵化、文化创意等产业，如今“富阳硅谷小镇”已崭露头角；东洲智慧城依托黄公望金融小镇、电商物流小镇建设，积极培育智能机器人产业、电子商务、智慧物流等新经济增长点，努力建设成为产业转型升级示范区；场口智造区围绕建设智造小镇，向发展先进制造业、高新技术产业和与之相配套的商贸服务业倾斜，大力创建杭州西部工业智造大平台，富阳经济技术开发区已经正式迈入智慧发展新时代！

杭州余杭经济技术开发区

2015 年，杭州余杭经济技术开发区（钱江经济开发区）全年实现规模以上工业总产值 506 亿元，财政总收入 37.6 亿元，固定资产投资 102 亿元，实际到位外资 3.75 亿元，实际到位内资 34.74 亿元，浙商回归到位资金 27 亿元。开发区在 2014 年全省国家级开发区综合考评中排名第 4 位，在全省（区县市级）国家级开发区排名第 1 位，并获“先进开发区”称号。

2015 年 11 月 10 日，杭州市委、市政府召开杭州余杭经济技术开发区（钱江经济开发区）体制调整工作会议，整合杭州余杭经济技术开发区和杭州钱江经济开发区，成立杭州余杭经济技术开发区（钱江经济开发区）。会议明确“一个平台、一个主体”原则和“一个机构、两块牌子、一套班子”管理体制，并就工作推进、干部选配等做了专题部署。新机构是杭州市委、市政府的派出机构，机构级别定为正局级，由杭州市委、市政府委托余杭区委、区政府管理。整合提升后的开发区规划总面积 76.94 平方公里，下辖 1 个街道（东湖街道），托管村（社区）40 个，总人口约 25 万人。

开发区全年引进武汉东湖高新生物医药产业园、中国平安杭州综合创新产业园、五龙电动车核心零部件产业园、奥泰医疗系统有限责任公司、中国数码港科技园、“意大利之窗”跨境贸易综合体验区等一批重大产业项目，总投资近 100 亿元。其中东湖高新和中国平安两个项目的单体投资额均达 25 亿元。

2015 年，开发区推进各类项目 80 个，项目开工率 100%，累计完成工业投资 69.6 亿元。杭州长江汽车有限公司、杭州老板电器股份有限公司、杭州思创汇联科技有限公司等一批重大项目建成投产，杭州汽轮机股份有限公司、浙江贝达药业股份有限公司、浙江美浓易盒包装科技有限公司、蓝星（杭州）膜工业有限公司海水淡化二期等项目进展顺利。杭州长江汽车有限公司项目土建、设备安装与调试工作全部完成。

编制并实施开发区“两化”深度融合（信息化和工业化高层次深度结合）实施方案，全年新增“机器换人”项目 25 个。杭州老板电器股份有限公司和杭州民生药业集团有限公司被工信部列为“两化”深度融合贯标试点，杭州贝因美集团有限公司被列入省“两化”深度融合计划项目，4 个项目被列入省级智能制造专项计划，6 个企业被认定为市级工业企业信息化应用示范企业和试点企业，12 个项目申报市级智能制造示范试点。

特色小镇工作进展顺利。健康产业小镇规划面积3.14平方公里，小镇依托生物医药高新园区建设，围绕医疗器械和创新药物两大产业主导方向，着重吸引一批医疗器械领域研发团队和高端项目，其中在建产业化项目7个、孵化项目15个、在谈项目30余个。智能能源小镇规划面积3.01平方公里，小镇以打造以新能源汽车整车及核心零部件、发电工程核心部件、动力储能系统为核心，以杭州长江汽车有限公司为龙头，带动五龙电动车（集团）有限公司电动车核心零部件研发和生产、中聚电池有限公司等产业链项目，推进新能源产品的生产、销售、服务、展示博览及文化旅游。钱江传感小镇规划面积4.55平方公里，重点发展基于微机电系统（MEMS）新一代智能传感器产业，小镇完成《杭州国际传感谷建设规划（2015—2020年）》编制，举办2015中国（杭州）国际传感技术高峰论坛暨首届浙江物联网传感技术创新大赛，推进省传感器和微系统工程技术研究中心筹建，吸引中国数码港等14个产业项目入驻。此外布艺小镇、意大利之窗和天工小镇三个特色小镇建设有序推进。

开发区有杭州老板电器股份有限公司、杭州兴源过滤科技股份有限公司、南方泵业股份有限公司等上市企业7家，上市后备企业30余家，其中杭州微光电子股份有限公司、浙江贝达药业股份有限公司等5家企业申报材料获受理，浙江春风动力股份有限公司、杭州天地数码科技股份有限公司等一批企业加快推进筹备工作。浙江双林机械股份有限公司、杭州海皇科技股份有限公司、杭州马斯汀医疗器材有限公司登陆新三板。杭州东邦科技有限公司、浙江乐恒动力科技有限公司、杭州佳宝网络技术有限公司3家企业在浙江股权交易中心挂牌。

宁波杭州湾经济技术开发区

2015年，宁波杭州湾经济技术开发区（宁波杭州湾新区）实现地区生产总值291.5亿元，同比增长26.2%；完成工业总产值1153.1亿元，增长16.1%；完成固定资产投资330.3亿元，增长9.3%；实现财政总收入81.4亿元，增长21.5%；自营进出口总额18.7亿美元；合同利用外资7.0亿美元，实际利用外资3.9亿美元；城镇居民人均可支配收入和农民人均纯收入分别增长9.5%、12.6%，主要经济指标继续保持稳定较快增长。

加强事关长远发展的重大谋划。首个五年规划制定完成。围绕落实中央五大发展理念，根据新区发展基础，研究制定《宁波杭州湾新区国民经济和社会发展“十三五”规划纲要》，提出了建设宁波杭州湾国际化滨海名城和先进制造集聚区、科技创新试验区、健康休闲生态区、产城人融合示范区，即“一城四区”发展新目标。重大板块开发抓紧谋划。综合湿地保护、城市开发和水库建设考虑，完成了新一轮杭州湾国家湿地公园总体规划编制；抓好通航产业谋划，开展了12平方公里通用航空产业园规划编制；推进省级特色小镇创建申报工作，宁波杭州湾滨海欢乐小镇被列入全省特色小镇创建名单。现代服务业积极布局。研究制定“1+7”现代服务业发展政策，专门布局实施金融集聚区、体育公园、湿地民宿等项目。

招大引强持续突破。全年签约各类产业项目29个，总投资315.5亿元。引进了单体投资10亿元以上项目6个，其中吉利DMA项目投资达到130.0亿元，建设内容为新增年产30万辆DMA系列的车型，分别为大型豪华SUV和新能源轿车（纯电动、插电式混合动力）。浙商回归项目实际到位资金153.8亿元。

重点项目稳步推进。双成药业一期、康泰博杭州湾生命科技园、方太产业集群、中国移动宁波信息通信产业园等重大产业项目开工建设，上汽大众宁波基地扩建项目进入设备安装调试阶段，吉利—沃尔沃中国设计及试验中心项目整车试制中心主体、动力总成试验中心主体基本完工，华强方特·东方神画具备初步接待能力。宁波国际职业技术学院一期主体建筑基本结顶，按照三级甲等综合性医院标准建设的宁波市杭州湾医院工程进展顺利。十二塘围涂二期工程

竣工验收，建塘江围涂工程一期、慈西水库积极推进，“五桥二路”等一批道路、桥梁工程进场开工。

创业创新渐成气候。集聚了一批以高端研发人才为特色的产业创新平台。吉利汽车研究院已引进高端研发人才3000余名，全部入驻后将达到8000名；康泰博杭州湾生命科技园将引进各类生物医药研发人才5000余名，其中博士以上人才占10%以上。“互联网+”打开发展新空间。方太、沁园分别实现网上销售14亿元和5.2亿元，销量处于行业领先位置；跨境电商“直通车”正式启动，出口加工区跨境电商进口试点首单顺利实施。企业自主创新能力提升。方太公司研发的水槽洗碗机推出后，国内市场份额迅速占到12.8%；兴业盛泰公司研发的铜合金材料被用于制造2015年航天纪念币；宁波水艺膜科技有限公司研发的浸没式超滤膜组件产品被列入2015年度宁波市自主创新产品和优质产品推荐目录。上汽大众宁波基地一期总装机容量20兆瓦的光伏车棚一体化分布式电站并网发电，并获得了吉尼斯世界纪录。

公共服务“短腿”逐步得到补强。教育事业取得新发展。全区义务段学校标准化创建率提高到91.0%，8所中小学创建成为宁波市数字化校园。宁波科学中学教育质量在慈溪市范围内名列前茅，汇佳幼儿园入选2015年国际文凭组织（IBO）候选学校。医疗卫生事业稳步推进。宁波市杭州湾医院完成三级医疗机构设置审批，同时完成与宁波二院合作办院的洽谈。公共配套加快完善。首座加油站建成运营，华润燃气加气站开工建设，方特公交首末站投入试运行，世纪城、北部工业区块公交首末站加快建设。

重大攻坚任务稳步推进。“五水共治”完成投资近4.6亿元，“三河”清理及河道综合整治等重点项目完成率居全宁波市第一。“三改一拆”拆除违法建筑17.3万平方米，改造旧住宅、旧厂区4.4万平方米。海星村获得“宁波市最洁美村庄”称号，桥南村获得“宁波市最洁美村庄”提名奖。漂染园区整治收尾工作进展顺利，在整体关停漂染园区的基础上，利用原印染企业的土地厂房，谋划布局国内一流的众创园区，占地430亩的一期项目启动建设。

成功举办首届宁波国际马拉松赛。比赛期间，来自港澳台地区、英国、美国等32个国家和地区的1万名选手参加，现场观众超过3万人，央视五套全程航拍直播，中央、省级媒体和部分知名网络媒体、新媒体以及市级共50多家媒体的60多名记者现场直击报道，刊播赛事新闻1800余则。甬马被中国田协评级为A类赛事，并获得中国田协铜牌赛事称号。

《宁波杭州湾新区条例》出台实施。历时近两年半，《宁波杭州湾新区条例》通过市人大审议、省人大批准，于2015年5月1日正式实施。《条例》确立了新区管委会法定的、独立的行政主体地位，管委会及各职能部门行使的市级经济管理权限和县级社会行政管理权限得到进一步保障。《条例》的实施，以法律的形式将新区行政管理、产业发展、城市建设、生态保护等重要事项加以稳定和巩固，进一步规范政府行政行为，促进依法行政、依法治区。围绕落实《条例》，与慈溪市签订了联席会议纪要，地方政府大部分职能新区可以独立履行，逐步实现让区内企业、群众“办事不出区，服务享同城”的目标。

国家级长兴经济技术开发区

2015 年，在长兴县委、县政府的正确领导和社会各界的大力支持下，开发区围绕“二次创业”奋斗目标，理顺体制机制，凝聚发展合力，突出工作重点，全力开展产业招商、项目推进、企业培育和平台建设“四大突破”，切实加强民生、党建“两项保障”，经济社会各项事业保持了较为平稳的发展态势。

全年共完成财政收入 9.42 亿元，固定资产投资 65 亿元；完成规模以上工业总产值 182 亿元，工业性投入 30.25 亿元，自营出口 3.8 亿美元；完成合同外资 1.34 亿美元，实到外资 1248 万美元，县外内资注册 20.18 亿元，引进大好高项目 8 只；完成主板上市企业 1 家，新三板挂牌企业 3 家。被列入全省第二批循环化改造示范试点园区和首批国际产业合作园。

具体工作开展情况：

1. 狠抓产业招商。坚持招商引资“一号工程”和“一把手工程”不动摇，围绕“3＋1”产业培育方向，整合各方资源，积极拓展“产业招商”、“驻点招商”、“后台招商”、“以商引商”等方法和渠道，主动作为，不断提高招商实效。实体工业项目方面，新引进超威物流车、微米新能源汽车、和仁科技等项目 35 个，总投资近 100 亿元，其中：亿元以上项目 18 个，目前已落地建设 17 个。科技项目方面，以国家大学科技园、慧谷科技园为载体，加强校区合作，着力在杭州海创园、上海张江高科等地源头攻坚，共引进科技孵化项目 35 个，其中，南太湖精英计划项目 12 个，市大好高项目 1 个；引进校区合作项目 3 个，科技中介项目 3 个。总部经济方面，按照“一楼一主题”的发展思路，强化载体作用，明确楼宇主题，开展专题推介，全年共在上海、杭州等地举办总部专题推介会 4 次，引进总部经济项目 102 个，金融新业态项目 52 个。全年完成总部销售 81 亿元，入库税收 1.33 亿元，同比增长 21%。

2. 狠抓项目推进。坚持“项目为纲、产出为本”，倒排时间计划，创新工作机制，推动项目早开工、快建设、早投产。全年共推进二三产项目 58 个，其中：工业项目 39 个，商业项目 19 个（含总部楼宇项目 11 个）。工业项目方面，诺力募投、八环、中晶、优全、谦达、汉能技改、德玛克（机械）、恒富、安博、海鼎等 12 个项目顺利推进；海悦、发恩、吉祥、德玛克（注塑）、德尔福正式投产，恒星科技和八环轴承全面建成，目前已开始试生产；嘉吉石化二期、天达环保二期、天衣机械二期等一批技改项目主体竣工。商业项目方面，置和总部、望湖国际、雪佛兰 4S 店、中田 4S 店、云龙大厦、森富大厦、建设大厦、凯悦大厦、国贸大厦等项目顺利完工；中汽零广场、港信大厦、交通大厦步入扫尾。智慧大厦、欢乐水岸、橙天地、和仁科技等项目已排定计划推进，目前开展前期勘探、施工图纸设计等工作，明年如期主体动工建设。

3. 狠抓企业培育。坚持服务与管理

并重，结合企业发展实际，分类服务、分类指导，全面推进股改上市、“四换三名”、“两化融合”等工作，着力提升经济运行质量。一是突出抓上市。通过宣传发动、政策引导、定期交流、专家辅导等方式，营造了企业竞股改、争上市的浓厚氛围。诺力机械在主板上市，万享科技、长兴制药、爱侣科技在新三板挂牌，鑫祥、奥利尔在四板挂牌。二是合力推“四换”。全年共完成现代化技改投入 15.7 亿元；完成低效用地二次开发 385 亩，原九川、泰格、健士达等地块顺利盘活嫁接优质项目；新培育“电商换市”企业 10 家。三是着力强科技。突出企业的主体作用，引导企业加大研发投入，提高自主创新能力，提升管理水平，推动企业技术升级、管理升级、产品升级。完成省级新产品认定 60 个，省级以上科技项目 10 项，新培育“两化融合”县重点项目 24 个、市重点项目 4 个。四是全力排风险。提前介入、靠前服务，及时化解企业在融资、互保等方面存在的隐患，有效防范企业风险。认真落实联企联项目工作机制，第一时间协调解决企业困难，保障了园区企业的平稳健康发展。

4. 狠抓平台建设。根据产业培育方向和项目入驻需求，盘活存量资源，完善配套水平，着力提升平台承载力。一是整合规划体系。结合体制机制理顺工作，编制完成原开发区、太湖新城和国家大学科技园的产业、城建、土地等规划体系，初步实现了辖区内的“五规合一”和一盘棋运作。二是提升硬件水平。按照“建管并举”的要求，有序推进道路、管网等配套建设，并加强日常维护。完成三河湾中轴路、文苑路东段、温州路等市政工程建设，新建和改造污水管网 6 公里、供水管网 5 公里，新增绿化 190 亩。三是完善软件配套。加快生产性服务业发展，强化实体经济有效支撑，启动工业设计、科技服务、金融支持等软平台建设；国家大学科技园正式启用，并按照一流园区的要求，完善了科技园各项功能配套，成功与交大慧谷科技园等进行了资源整合，实现了强强联手；太湖资本广场投入运营，集聚效应初步显现；浙北模具加工中心挂牌运营，引进模具企业 8 家；电商创业创新中心等众创平台投入使用，比华丽、星网等电商平台进一步集聚，得威电商平台上线运营。四是强化土地保障。结合项目入驻需求，启动区街联动机制，完成征地 812.5 亩，拆迁 252 户共 6.95 万平方米，并及时做好清表工作。全面开展已征未用土地界址复核，探索在有条件的区域试行集中经营的管理模式，加强对未用土地的管理。五是创新投融资模式。按照“立足当前，着眼长远”的要求，积极拓展融资渠道，统筹利用多种融资产品，初步实现了降成本、控规模，确保资金链安全。学习借鉴先进地区“奖改投”等做法和经验，新组建产业引导基金和新能源产业等子基金。导入经营理念，探索开展园内资金与实体产业相结合的投资方式，相继向中晶科技、爱侣科技、瑞高绿建等优质项目注入了股权投资。

袍江经济技术开发区

袍江经济技术开发区成立于2000年7月，2010年4月升级为国家级经济技术开发区，下辖斗门、马山、孙端三个镇，目前全区共有常住人口30万，户籍人口和流动人口各15万，辖区面积118.3平方公里，规划建设面积66平方公里。

经过15年来的发展，袍江经济技术开发区已经成为绍兴市本级工业经济发展的主力军和主战场，主要经济指标得到了持续快速增长，进出口总额由2000年的2734万美元，增长到2015年的32.64亿美元，是2000年的119.4倍；累计实到外资达17.68亿美元。

面对复杂严峻的宏观经济形势，袍江经济技术开发区按照绍兴市委、市政府“重构绍兴产业、重建绍兴水城”的战略部署，紧紧围绕“工业立区、产城融合”，全面实施“12355”行动计划（以深化改革为统领，大力推进转型升级和创新创业，切实保护生态环境、保护历史文化、保护群众利益，加快提升五方面集聚能力，努力强化五方面保障），较好地保持了经济社会平稳发展态势。2015年全区实现规模以上工业总产值900.6亿元，规模以上工业增加值159.5亿元；实现财政总收入41.09亿元，增长16.8%；完成全社会固定资产投资236.18亿元，增长31.01%；工业用电量33.36亿千瓦时，增长5.9%，工业用热量439.57万吨，增长9.6%；实现自营出口26亿美元；合同利用外资15082万美元，增长292.66%；实际到位外资9749万美元，增长42.16%；到位越商回归资金13.44亿元，增长12.74%；各项主要经济指标均高于全市平均水平，其中，全社会固定资产投资、规模以上工业利税、规模以上工业利润等指标增幅在全市各区、县（市）和市直开发区中位居第一；先后获得2015年全市扩大有效投资金奖、产业升级投资优胜奖、越商回归工作一等奖、工业转型升级金奖、淘汰落后产能一等奖、科技进步考核优胜单位等多项荣誉。

作为绍兴市北部城市副中心，袍江经济技术开发区具有得天独厚的“大众创业、万众创新”特色和优势：

一是具有良好的区位交通优势。袍江经济技术开发区位于长三角南翼，地处沪杭甬高速公路绍兴出口处，距离上海160公里，杭州50公里，宁波95公里。尤其是2013年绍兴市行政区划调整后，袍江经济技术开发区已经成为绍兴大城市的“几何中心”，加之杭甬客专和嘉绍大桥的先后开通，袍江的地理位置和交通优势日益明显。目前，开发区距离杭甬客专绍兴北站仅10分钟车程，距离杭州萧山国际机场20分钟车程，毗邻上海、宁波港等大型港口，水路、陆路、高铁、航空等交通配套十分便利。

二是具有发达的制造业发展优势。通过重点扶持和发展，袍江经济技术开发区已经集聚了一批“高、大、优”的制造业企业，其中年销售收入超50亿元的工业企业已有2家，超10亿元的16家，超亿元的107家，超亿元工业企业总量已占到绍兴老城区的64.8%，并初步形成了以向日葵光能科技、德创环保为代表的节能环保产业，以新和节能灯、三圆石化、中成有机硅为代表的新材料产业，以苏泊尔家电、康思特动力、博盟精工、金道齿轮箱为代表的机

械电子产业，以加多宝饮料、古越龙山黄酒为代表的食品饮料产业，以古纤道新材料、新纵横、汤姆斯服饰为代表的现代轻纺产业，以震元制药、埃斯特维华义、东灵保健品为代表的生物医药产业等“六大产业”体系。

三是具有独特的商贸市场集聚优势。浙东地区规模最大，集汽车展示、销售、装潢、服务于一体的汽车综合市场——中国汽车城市场成功运作，已引进集聚各类汽车品牌4S店50家，2015年实现销售额145.3亿元；以安防安保产品、警用装备、消防器材、应急产品、特种车辆为一体的大型展示、贸易集聚中心——中国安防城项目已初现雏形，并达成入驻意向企业250余家；益泉商贸综合体对世纪街商圈人气集聚的示范带动作用逐步显现；集购物、休闲、娱乐、餐饮于一体的大润发商贸综合体顺利营业；现代物流业发展势头强劲，形成了商贸物流、烟草物流基地、集亚物流基地、天宇仓储物流园区等生产资料物流重心；两湖科技园、嘉凯城袍江城市客厅商贸综合体、中海世纪公馆等一批重大商贸项目正在加快建设，中和国际、中冶·梧桐园、九城·公园里、蔚兰星城、亲亲家园、金湖湾、丽景华庭等一批商住项目陆续建成入住，有效带动了袍江的商气人气。

四是具有充足的科技人才优势。目前，区内已集聚中国纺织科学研究院江南分院、北大工学院绍兴技术研究院、浙江加州国际纳米技术研究院、航天科工智慧城市研究院、330产业化基地、浙江高校产学研联盟袍江中心、锐创生物诊断试剂加速器、绍兴慧谷信息技术产业孵化器等一大批科创平台，科技创新服务能力得到不断增强。2014年，袍江科创中心被国家科技部认定为国家级科技企业孵化器。2015年以来，袍江经济技术开发区又先后举办“科技创新服务月”、面向全国举办大学生创客大赛、加强与重点院校对接合作，探索群英汇俱乐部市场化运营模式，有效地促进了科技企业的不断集聚，全面提升了区域科技创新能力。截至目前，区内已累计引进科技企业229家，在孵企业96家，毕业企业61家，其中符合国家级认定条件的毕业企业33；国家级高新技术企业47家，省级科技型企业143家，省级研发（技术）中心114家；累计引进绍兴市“330”海外英才项目38个，其中国家千人计划人才5名，浙江省千人计划3名。可以说，袍江已经成为没有高新区符号的“高新区”。

五是具有浓厚的历史文化优势。袍江除了能共享绍兴古城充足的文化旅游资源优势以外，下属斗门、马山、孙端镇也拥有较为丰厚的历史文化遗存。其中，斗门袍谷曾是战国晚期储存战袍和军粮的基地，斗门三江闸则由明代嘉靖十六年绍兴知府汤绍恩主持修建，属于省重点文物保护单位，斗门老街至今仍保存着一批具有江南地方特色的乡村古建筑，其形成已有1000多年的历史；马山豆姜鲍氏洋房属于省级文物保护单位，马山姚启圣故居、尚巷骆照故居、宁双冯家老宅等一批具有“师爷文化”特色的古建筑仍保持着良好的形态；孙端镇则因著名军事家孙武后人孙端曾居于此而得名，孙端安桥头则是鲁迅先生外婆家所在地。

六是具有城乡统筹推进的基础优势。自成立以来，袍江经济技术开发区始终坚持开发建设成果与区内群众共享，在全力优化投资发展环境、着力推进社会管理创新的基础上，不断深化完善包括农民、民工在内的教育、就业、医疗、养老、住房等各类社会保障体系。目前，浙江农业商贸职业学院、越州中学、袍江中学、马山中学、袍江小学、柯灵小学、袍江医院、袍江人才公寓等一批文教卫设施已先后投入使用，大、中、小学一应俱全。“三改一拆”、“五水共治”等重点工作顺利推进，在绍兴市区率先推行房屋征收市场化安置受到广大村民的大力追捧，拆迁户基本可持货币安置补偿款在袍江经济技术开发区买到同等拆迁面积的商品房，市场化安置率已达40%以上。截至2014年年底，全区已累计拆迁房屋面积455万平方米；目前已实现2个村居改社区，4.5万农民入住环境舒适的公寓式小区，7万农民实现了转移就业，11万余农民参加了社会养老保险。

宁波大榭开发区

宁波大榭开发区于 1993 年 3 月经国务院批准成立，规划面积 35.2 平方公里，其中建设用地 19.6 平方公里，是一个以临港产业为主导、特色鲜明、宜居宜业的国家级开发区。

独特地利 Strategic Location

宁波大榭开发区位于中国大陆海岸线中段、长江三角洲南翼，大陆沿海经济带和长江经济带的 T 形交汇点，毗邻杭州和上海，是长江三角洲南翼的海上门户，具有得天独厚的地理区位优势。

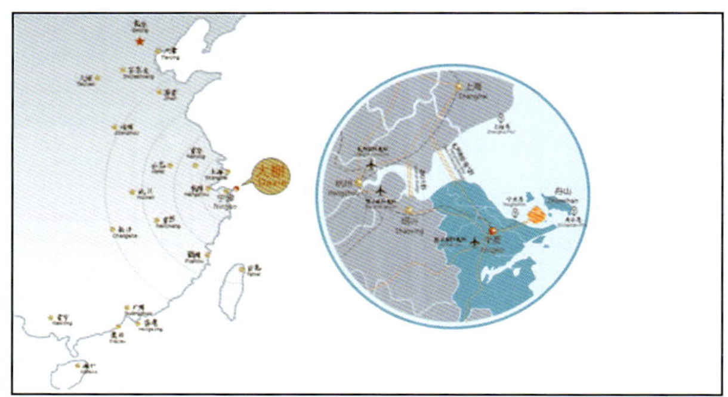

稀缺岸线 Unequalled Coastline

宁波大榭开发区位于浙江省宁波东部沿海深水港区，濒临国际深水航线，港域水深浪缓、不冻不淤，作业条件优越，是天然的深水良港。

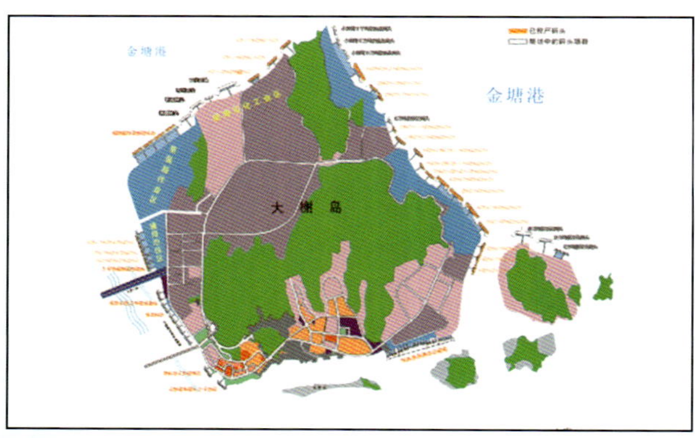

现代服务业 Modern Service Industry

宁波大榭开发区依托港口和仓储优势大力发展船运、物流、大宗商品贸易等现代服务业，引进了一批以中海油船务、宁港物流、中信物流、菱信物流、汉宜驶物流等为代表的航运企业和第三方物流企业，入驻了一批以油品、煤炭、金属等大宗商品贸易为主的大型商贸企业。

临港石化产业 Port Petrochemical Industry

宁波大榭开发区是宁波三大石化产业基地之一、浙江省环杭州湾石化产业带核心区块。中海油、万华化学、东华能源及日本三菱化学、韩国韩华化学、德国林德气体、德国汉圣石化、香港利万集团等一批世界 500 强和行业龙头企业密集进驻，形成了万华工业园、中海油大榭石化生产基地、三菱化学产业园、榭北新材料产业园等四大产业园区。

港口物流产业 Port Logistics Industry

作为宁波港的主要港区之一，宁波大榭开发区已建成原油、燃料油、液化石油气、液体化工品和集装箱等各类泊位 40 个，其中万吨级以上泊位 21 个，包括国内规模最大的 45 万吨级原油码头、5 万吨级液体化工码头、5 万吨级液化石油气码头及 10 万吨级集装箱泊位，年设计吞吐能力为 9388 万吨，集装箱吞吐能力达到 240 万标箱。2011 年，大榭港区顺利通过世界卫生组织的验收考核，成为全国第五个、浙江省第一个国际卫生港口。

传统制造业 Traditional Manufacturing Industry

榭西和榭南两个综合工业区主要发展精细化工、机械制造、生物医药等产业，代表企业有综研化学、金源集团、天正模具等。其中，缸套、保险箱、节能灯三大传统特色产品发展迅速，部分品牌呈规模化扩张、市场份额逐渐扩大。据统计，三类产品的销售量分别占到国内市场的 40%、40% 和 30%。

大榭保险箱行业协会是全国首个保险箱行业协会，牵头制定了国内首个保险箱行业标准。艾谱、艾斐堡、恒发、虎王、威盾斯、驰球等业内知名品牌齐聚大榭。

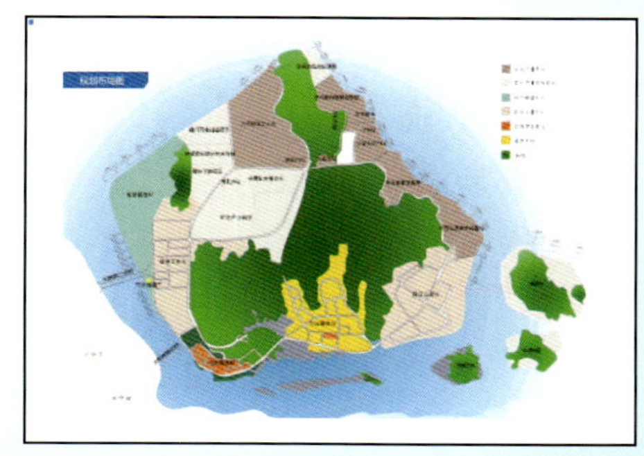

编辑说明

一、《浙江商务年鉴》(2016)(以下简称《年鉴》)由浙江省商务厅《年鉴》编辑委员会组织编纂。

二、《年鉴》是一部全面反映浙江省商务发展情况的资料性年刊,主要记述了2015年浙江省商务发展的基本概况,共设正文10编。

1. 文献与重要文件:收录了夏宝龙书记在出口座谈会上的讲话要点、时任省长李强在中国(杭州)跨境电商综合试验区建设推进大会上的讲话、王辉忠副书记在全省农村电子商务工作现场会上的讲话摘要、梁黎明副省长在全省商务工作电视电话会议上的讲话摘要、梁黎明副省长在全国外贸工作电视电话会议上的发言摘要、梁黎明副省长在全省海关特殊监管区工作会议上的讲话摘要、周日星厅长在全省商务工作电视电话会议上的报告、周日星厅长在浙江省丝路沿线合作项目对接交流会上的讲话摘要、周日星厅长在全省农村电子商务工作现场会上的讲话摘要共9篇,以及2015年国家及浙江省出台的有关国内贸易、外经贸的重要文件共19篇。

2. 概述:共刊载了14篇文章。包括《2015年世界经济贸易形势报告》、《2015年中国宏观经济形势报告》、《2015年国际商品市场走势报告》、《2015年中国对外贸易形势报告》、《2015年浙江省国民经济和社会发展统计公报》、《2015年浙江省商务运行形势分析》、《2015年浙江省服务贸易发展报告》、《2015年浙江省经济(技术)开发区经济发展报告》、《2015年浙江省电子商务发展报告》等9篇文章,以及省国税局、国家外汇管理局浙江省分局、浙江出入境检验检疫局、杭州海关2015年工作运行情况分析和浙江商务大事记等5篇文章。

3. 商务统计:提供2015年浙江省国内贸易、对外贸易、利用外资、对外经济合作以及其他共5方面的统计资料。

4. 调研报告:刊载《新常态下浙江商务发展思路和对策》等调研报告共10篇。

5. 市、县(市、区)商务发展:提供了浙江省11个市、20个扩权县(市、区)2015年国内贸易以及对外经济贸易发展情况。

6. 开发区与保税区发展概况:提供了浙江省20个国家级重点开发区(保税区)以及部分省级开发区2015年的发展情况。

7. 省级部分商务企业发展概况:提供了浙江省部分经贸企业2015年的发展情况。

8. 省级商务研究、服务机构工作概况:介绍了省商务厅主管的8个单位在2015年的工作情况。

9. 重大会展、活动概况:介绍了2015年省内外重大商务会展参展情况和重要商务活动概况。

10. 商务表彰榜:收集了浙江省商务厅会同省委宣传部等3部门联合认定2015—2016年度浙江省文化出口重点企业和重点项目等共7个排行榜。

三、《年鉴》刊登的文章和资料由浙江省商务系统及省级有关部门、开发区有关部门负责人及专业人员撰稿和提供。

四、《年鉴》的出版承蒙各单位、各部门的大力支持和协助,在此谨表衷心感谢。对其中的不足之处,恳请提出宝贵意见和建议,以使《年鉴》越办越好。

《浙江商务年鉴》编辑部

2016年7月　杭州

《浙江商务年鉴》

编辑委员会

《浙江商务年鉴》

编　辑　部

目 录

CONTENTS

第一编 文献与重要文件

一、文 献

二、重要文件

第二编　概　述

第三编　商务统计

一、国内贸易

二、对外贸易

三、利用外资

四、对外经济合作

五、其　他

第四编　调研报告

第五编　市、县(市、区)商务发展

一、各市商务发展

二、各扩权县(市、区)商务发展

第六编　开发区与保税区发展概况

一、国家级开发区

二、部分省级开发区

第七编　省级部分商务企业发展概况

第八编　省级商务研究、服务机构工作概况

第九编　重大会展、活动概况

第十编　商务表彰榜

第一编

文献与重要文件

一、文献

夏宝龙书记在出口座谈会上的讲话要点

（2015年10月16日）

夏宝龙强调，我们要从全局和战略高度充分认识对外贸易的重要作用，切实把党中央、国务院的各项决策部署落到实处，紧紧扣住市场这一生命线，坚持改革创新，加快结构调整，着力提升产品和企业国际竞争力，培育外贸竞争新优势，扩大市场份额，提升市场层次。

夏宝龙指出，浙江是出口大省，出口依存度比较高，出口对浙江发展至关重要。特别是我省出口以一般贸易为主，与工业、专业市场、港口、物流等都有着高度的相关性，其作用并不仅仅局限于作为经济增长的“三驾马车”之一，更为重要的是出口规模代表着市场份额，出口增速代表着市场份额的增减，出口结构代表着产业和产品的结构，背后是实体经济的好坏、企业国际竞争力的强弱。保持出口平稳增长事关浙江经济发展大局。抓出口就是抓市场、抓实体、抓竞争力。出口市场绝不能放弃，出口阵地绝不能丢失，出口作用绝不能减弱。我们一定要统一思想，深化认识，千方百计保住老市场，想方设法抢占新市场，努力争取更大的国际市场份额，为浙江经济发展赢得更加广阔的空间。

夏宝龙强调，抓出口要有大视野。要从经济新常态与开放大格局的大背景下，深入分析出口环境的变化，正确看待国际市场的波动，迎接挑战，化危为机，牢牢把握工作主动权。要深入分析研究国际政治经济变化新趋势及对出口市场的影响，提前做好有效应对，防患于未然。要深入分析“一带一路”等重大国家战略实施带来的新机遇，找准与国家战略部署的结合点、切入点，在全面融入重大国家战略中拓展国际市场。要深入分析新常态下增长转型带来的新变化，加快腾笼换鸟步伐，引进一批先进制造业和高附加值产业，推动出口结构优化、质量提升，为培育新的外贸出口增长点，抢占新的国际市场奠定坚实基础。

夏宝龙强调，扩大国际市场份额，市场主体和政府要共同发力。企业要强化品牌建设，强化营销网络建设，大力推进兼并重组，切实提高市场效益，抢占市场份额。政府要积极有为，为在市场上“冲锋陷阵”的企业“送粮送弹”，在培育区域竞争力上下功夫，特别是通过体制机制创新，让政府的服务和支持成为企业国际竞争力的有机组成部分。

（来源：《浙江日报》）

时任省长李强在中国(杭州)跨境电商综合试验区建设推进大会上的讲话

(2015年6月29日)

中国(杭州)跨境电商综合试验区建设推进大会隆重召开,标志着又一国家战略举措在我省全面启动实施。2014年11月,李克强总理来浙江调研时指出,“跨境电商是一件牵一发而动全身的事,搞好了可能就是中国未来新的发动机”,对杭州大力发展跨境电商给予了充分肯定并寄予了厚望。2015年3月7日,国务院正式批复设立中国(杭州)跨境电子商务综合试验区,开启了我省加快对外开放和转型升级的新通道、新窗口、新篇章。综合试验区的建设,承载着杭州人民乃至全省人民的期望,这是历史赋予我们的重大使命,也是必须牢牢抓住的重大机遇。加快建设综合试验区,必将有力推动“浙江制造”走出去,更好地对接国家“一带一路”战略,形成新的经济增长点。

国务院办公厅印发了《关于促进跨境电子商务健康快速发展的指导意见》,要求全力推动中国(杭州)跨境电子商务综合试验区建设。希望杭州市和省级各有关部门按照习总书记“干在实处永无止境、走在前列要谋新篇”的要求,加快改革,大胆创新,先行先试,着力破解跨境电商发展中的深层次矛盾和体制性难题,建立健全制度体系,努力成为全国“互联网+外贸”的先行者、示范者、领跑者。

一、跨境电商是新常态下推动全省经济转型发展的重大战略

新常态下,浙江经济正在加快转型升级。这一过程中,我们必须充分认识推动跨境电商的重大意义,把握跨境电商快速发展的历史机遇。

(一)跨境电商是经济发展的新引擎

今天的中国已经是“世界工厂”,未来的中国一定会成为“世界商场”。浙江是经济大省、外贸大省,外贸依存度近60%,已形成了“大进大出、快进快出”的格局。对浙江而言,利用好国际市场,有利于推动经济发展、结构调整和民生就业。跨境电商最大的特点是互通互联、共建共享。加快综合试验区建设,大力发展跨境电商,有利于本土企业在国际贸易中赢得主动权,也有利于扩大进口,推动浙江外贸发展。当前,即使外贸形势比较严峻,跨境电商依然增长迅猛,成为浙江经济的一大亮点。

(二)跨境电商是产业转型的新业态

当前,浙江正在大力发展信息经济、环保、健康、旅游、时尚、新金融、高端装备等七大产业,信息经济是重中之重,跨境电商是重要板块,也是电商升级的重要方向。尽管我省跨境电商起步不久,但从发展速度、市场前景来看,浙江无疑是中国乃至世界舞台上迅速崛起的领跑者。我省跨境电商十分活跃、集聚度较高、产业链比较完整,不仅有大量的平台跨境电商、垂直跨境电商,100多万家电商网店、50多个电商产业园,还有300多万个活跃的市场主体。2014年,全国约有70%的跨境电商是依托我省的电商平台完成的。随着“互联网+外贸”的深入推进,越来越多的人利用跨境电商创业创新,这一新业态必将蓬勃发展。

（三）跨境电商是对外开放的新窗口

这些年，我省利用得天独厚的电商优势，大力发展跨境电商，无论是走出去，还是引进来，都呈现出勃勃生机。一方面，越来越多的知名电商企业入驻，数千家电商企业把眼光投向杭州，大量电商人才来这里创业。另一方面，跨境电商的迅猛发展，有力地推动了“浙江制造”走出去，扩大了浙江产品的国际市场，也扩大了浙商和浙江文化的国际影响。因此，加快建设综合试验区，促进跨境电商发展，必将进一步促进浙江、杭州的对外开放。同时，通过探索构建网上丝绸之路，也必将为国家“一带一路”建设注入新内涵和动力。

二、大胆改革、先行先试，让综合试验区政策释放更大的现实红利

试验区的建设，关键靠改革。通过大胆改革，释放动力，激发活力。试验区搞得好不好，主要看广大企业是否扩大了贸易额，得到了实惠，促进了发展。综合试验区大力推动跨境电商自由化、便利化、规范化发展，就是要让改革探索和先行先试变成企业的现实红利。

要让更多的企业受益，重点要做好三件事：

（一）进一步打造好线上“单一窗口”平台

对跨境电商而言，效率就是生命，以最快的速度完成交易，必须要有高效的海关、检验检疫、结汇、物流等条件支撑。为此，综合试验区推出了“单一窗口”平台，这是跨境电商数据交换的枢纽，也是政务服务和综合服务的窗口。通过一点接入，不仅可以完成所有的业务需求，还可以实现信息互换、监管互认、执法互助。对企业来说，不用再花费精力向监管部门多点申报，而且实现了全程无纸化。通过企业网上一次性递交数据，由“单一窗口”平台负责推送，真正实现了“一次申报、一次查验、一次放行”。目前，“单一窗口”平台已上线试运行，覆盖了 B2C 业务，下一步还将上线 B2B 业务模块。希望广大企业积极上线体验，省市相关部门要主动听取意见，以问题为导向，不断改进，促进平台不断完善。

（二）加快拓宽“网上丝绸之路”大通道

利用“一带一路”基础设施互联互通的契机，打造若干畅通、安全、高效的“网上丝绸之路”大通道，进一步加强与“一带一路”沿线国家的外贸合作。在企业走出去和引进来的过程中，要大力支持企业建设全球物流供应链，建立境外物流服务体系，推动跨境电商产业规模化、集群化、全球化发展。目前，我省已在美国、俄罗斯、澳大利亚等 11 个国家和地区建了海外仓，为我省企业提供一站式的海外仓储配送服务。2015 年起，3 年内还要建设覆盖全球主要出口国家和地区的 60 个海外仓，进一步拓宽外贸通道。

（三）切实把握跨境电商促进浙江制造转型升级的重要机遇

跨境电商不仅是贸易竞争，更是产业竞争。谁的产品质量高，谁就能赢得市场。我省贸易条件指数不高，外贸盈利能力也不强，根子上是因为产品质量不够高。没有高质量的产品支撑，跨境电商反而会加速海外产品在本土的攻城略地。目前，美国是全球跨境电商最大的受益国，因为它是各国网购的主要目的地，在奢侈品、化妆品、电子产品等领域占据着难以撼动的地位。在国际贸易格局中，不能只当“打工仔”，要推动产品、技术、服务升级和“全产业链出口”，使我省外贸从“大进大出”向“优进优出”转变。不仅要加快推进“互联网＋外贸”，还要推进“互联网＋浙江制造”；不仅要加快电商换市，还要加快机器换人、腾笼换鸟、空间换地，把更高质量的浙货卖向全球。积极探索“互联网＋浙江制造＋跨境电商”生产贸易模式，重构生产链和贸易链，大力发展网络化“订制”，用高质量的浙江制造支撑高水平的跨境电商。

三、集聚要素、优化服务，打造全球最优的跨境电商生态圈

未来的市场竞争，不仅要关注产品竞争、技术竞争，更要关注“生态”竞争。如果有了互联互通、共生共荣的跨境电商生态圈，有了全方位、全要素、全产业链支撑的跨境电商生态系统，就一定能够赢得优势。目前，杭州市正在打造全国的跨境电商创业创新中心、跨境电商服务中心、跨境电商大数据中心，核心是建立跨境电商生

态圈。这是抢占全国乃至全球跨境电商高地的关键。

（一）集聚要素，打造更有活力的跨境电商生态圈

广泛集聚企业、人才、资金等要素，完善跨境电商生态链，为“大众创业、万众创新”打开新空间。要集聚企业谋发展。树立“平台思维”，大力发展引领能力强、辐射能力强的平台型企业，打造一批影响力较大的公共平台、培育一批竞争力较强的外贸综合服务平台企业、发展一批知名度较高的自建平台。大力推动传统外贸企业运用跨境电商，广泛集聚上下游跨境电商企业，大力扶持3万家跨境电商企业，力争全省跨境电商交易额每年倍增，2017年突破500亿美元。要集聚人才谋发展，把综合试验区建设与杭州的互联网创业小镇、云计算小镇、基金小镇等结合起来，广泛吸引高校系、海归系、阿里系、浙商系的力量，以及80后90后年轻创业者、大企业高管及连续创业者、科技人员创业者、留学归国创业者等“创业新四军”来这里创业。要集聚资本谋发展，特别是进一步放大信息经济创业投资基金、产业转型升级发展基金等的杠杆作用，撬动更多的民间资本、浙商资本、外商资本，参与跨境电商发展，产生更大的叠加效应和倍增效应。

（二）珍惜信用，打造更有口碑的跨境电商生态圈

消费者通过网络与卖家进行跨境交易，靠的是信用。信用是极其宝贵的资源，是企业的金字招牌，这块牌子树起来很难，但倒下去容易。今后每家企业的信用代码都独一无二、终身相伴，一定要杜绝假冒、珍惜信用，从一点一滴做起，树立良好的口碑，积累宝贵的信用。要大力推动信用大数据建设，对跨境电商企业进行信用评级，让信用成为跨境电商企业的通行证。要利用“网上交易管理”和“公共信用管理”两个负面清单，严厉打击商业欺诈、知识产权侵权、制假售假等失信行为，让跨境电商有良好的发展环境。要创新跨境电商质量监管方式，对商品进出口进行全流程、可视化跟踪，确保交易商品“源头可溯、去向可查、风险可控、责任可究”，用良好的产品品质来赢得消费者的信赖。

（三）优化服务，打造更有保障的跨境电商生态圈

跨境电商作为新型商业模式，需要转变思想观念，创新工作方式，积极做好服务。要进一步打通“关”、“税”、“汇”、“检”、“商”、“物”、“融”之间的信息壁垒，让监管部门、电商企业、物流企业、金融中介的信息互联互通。大力发展新金融机构、第三方支付机构、第三方电商平台，为跨境电商企业提供一站式金融服务。运用云计算、物联网、大数据技术，实施供应链全流程管控，完善风险预警处置机制，防控交易风险、技术风险和经济风险，促使跨境电商高效、有序、健康发展。要处理好服务和规范的关系，跨境电商是新事物，要鼓励成长、允许试错，多一些服务，少一些束缚，进一步推进，逐步规范。

综合试验区建设，不仅是杭州的大事，也是全省的大事，是浙江适应和引领新常态的一项重要国家战略。要全力以赴，相互配合，加快推进。杭州市作为建设主体，要大胆改革，锐意创新，坚持问题导向、需求导向，把改革的步子迈得更快、更大，抓好实施方案落地，积极探索可复制、可推广的经验。省级有关部门要按照职责分工，全力支持，加强协作，涉及的重要政策、重大事项，尤其是需要突破的难题，主动帮助杭州市积极向国家有关部门争取，形成工作合力。也希望广大企业积极参与进来，在拓展业务的同时，发挥大家的能动性，共同出谋划策，让综合试验区早开花、早结果，掀起新一轮的创业创新热潮，分享跨境电商发展带来的巨大红利。

（根据录音整理）

王辉忠副书记在全省农村电子商务工作现场会上的讲话摘要

（2015 年 6 月 15 日）

这次全省农村电子商务工作现场会是经省委、省政府同意召开的一次重要会议。召开这次会议，一是“借东风”。借习近平总书记考察浙江东风，以习总书记重要讲话精神为指导，贯彻落实省委十三届七次全会精神，按照“干在实处永无止境，走在前列要谋新篇”的新使命新要求，以“归零”的定位，推进农村电子商务工作在新的起点上再出发。二是“鼓干劲”。现场推广临安市的做法和经验，树立榜样，再鼓干劲，推动我省农村电子商务发展更进一步、更快一步，继续发挥先行和示范作用，继续走在全国前列。三是“谋新篇”。主动适应经济发展新常态，紧紧围绕“电商换市“的总体部署，研究部署加快农村电子商务发展、增强农村经济活力的工作举措，积极打造农村电子商务升级版。

一、农村电子商务是一场涉及农村经济社会各个领域的深刻变革

农村电子商务我们已经抓了好几年，亮点很多，特色鲜明，成效也十分显著，成为了发展农村经济的“推进器”、增加农民收入的“放大器”、经营美丽乡村的“服务器”。据不完全统计，2014 年我省县城以下实现网络零售 2000 多亿元，实现农产品销售 180 多亿元。在阿里巴巴零售平台上的农产品卖家数位居全国第二，农产品网络销售额位居全国第一。其中临安、义乌两市的农产品网络销售在全国县域中位居第二和第四。比如，在义乌青岩刘村，这个占地 28 万平方米、原本仅有 1500 名村民的村庄，如今开出了 2000 多家网店、30 多家快递公司，集聚了近 1.5 万名电商创业者，2014 年网络销售额突破 35 亿元。在看到成绩的同时，我们也要看到不少干部群众对“什么是农村电商、为什么要搞农村电商”还存在认识上的偏差和误区。

从本质上讲，农村电子商务就是“互联网＋三农”，是基于互联网发生的涉农经济社会活动，既是“点点鼠标”的生产模式、生意模式，又是“动动指尖”的生活方式、行为方式，还是“互联互通、共享共治” 的新型农村生态系统。“互联网＋三农”是一场涉及农业生产方式、农村生活方式、农民思维方式和价值观念的深刻变革，必将进一步解放和活跃农民思想、进一步解放和发展农村社会生产力、进一步解放和增强农村社会活力。对此，要把握“四个一”：

第一，农村电子商务是经济发展新常态下的一片新蓝海。广大农村地区蕴藏着巨大的消费潜力、投资潜力和产业潜力。2015 年 5 月，国务院下发《关于大力发展电子商务加快培育经济新动力的意见》，突出强调“积极发展农村电子商务”。截至 2014 年 12 月，我国网民规模达 6.49 亿人，互联网普及率为 47.9%；其中农村网民 1.78 亿人，农村互联网普及率 28.8%，相比城镇居民的 62.8%有不小的差距，但农村居民对网购模式的接受度高达 85%，人均网购消费金额预测在 500—2000 元之间，预示着未来巨大的成长空间和市场潜力。

第二，农村电子商务是追梦“绿富美”、开启

"绿水青山就是金山银山"的一把金钥匙。2015年初，省委、省政府专门召开全省推进26县加快发展工作会议，部署26县摘掉"欠发达县"帽子加快发展有关工作。夏宝龙同志要求26县照着"绿水青山就是金山银山"的路子走下去，加快成为浙江乃至全国的"绿富美"。"绿富美"是习近平总书记"绿水青山就是金山银山"这一科学论断的生动诠释，也是发展农村电子商务的题中之意。

第三，农村电子商务是工业与农业、城市与农村、农民与市民、政府与社会之间互联互通、互动互惠的一座立交桥。农村电子商务使农村的小生产接入了互联网大市场、农村的小社会进入了互联网的大家庭，砍掉了中间过多的流通环节，突破了传统的区域限制和市场范围，通过"网上卖、网上买"既有效解决了农产品从农村到城市的"上行"问题，又有效解决了消费品从城市到农村的"下行"问题。这"一上一下"有利于形成以工促农、以城带乡、工农互惠、城乡一体的新型工农城乡关系。

第四，农村电子商务是创新农村基层社会治理、推进乡村治理体系和治理能力现代化的一个好契机。改革开放以来特别是近年来，随着工业化、城镇化的深入推进，大量农村青壮年常年进城务工，农村人口空心化问题严重，虚化了乡村治理的主体，许多农村正面临着"谁来种地、谁来建设、谁来经营、谁来治理"四大困境。乡村治理，关键在人。发展农村电子商务可以把农村能人吸附在家门口创业，可以吸引大量青壮年农民带着资金、带着项目、带着先进理念、带着城市文明返乡创业就业，发展现代农业、建设美丽乡村、参与基层治理，进而推进乡村治理体系和治理能力现代化。

二、以"永无止境"的追求推动我省农村电子商务发展更进一步、更快一步

"更进一步、更快一步，继续发挥先行和示范作用"，这是习近平总书记对浙江工作提出的总要求。对我省农村电子商务而言，同样也有一个"如何更进一步、如何更快一步"的问题。对此，要明晰三方面的问题：

（一）浙江农村电商的快速发展得益于互联网时代氛围

浙江是电商大省，拥有阿里巴巴、淘宝网这一世界上最大的电商交易平台、最大的电商交易数据和最大的小商品批发市场。2014年，全省电子商务交易总额突破2万亿元，同比增长近30%，占全国六分之一；全省实现网络零售5642亿元，同比增长53%，占全国五分之一。近年来，我省农村电子商务之所以能够快速发展、蓬勃发展，主要得益于省委、省政府大力实施"电商换市"，全省上下形成了"借力发展电商、大力发展电商、合力发展电商"的良好氛围；也得益于优势明显的第三方电商平台，电子商务应用的全面普及。可以说，浙江农村电子商务的"一棵棵小树苗"，身在"互联网经济丛林"，具有适宜的"气候"、肥沃的"土壤"，自然就容易茁壮生长。

（二）浙江农村电商发展走在全国前列依靠浙江人创新创业精神

浙江人具有"敢为人先、敢试敢闯，特别能创业、特别会创新"的独特基因。回顾改革开放30多年的发展历程，过去浙江的快速发展，主要得益于我们以创业创新的精神牢牢抓住了农村大包干、发展乡镇企业、加入WTO等几次重大的历史机遇。30多年前，老一辈浙江人"洗脚上岸"，"浙商大军"在发展块状经济的浪潮中异军突起，创造了一个又一个"以小搏大"、"无中生有"的商业奇迹；30年后的今天，新一代浙江人"网上淘金"，"浙江电商大军"在发展信息经济的浪潮中异军突起，掀起了新一轮"大众创业、万众创新"的热潮，再次印证了浙江人的"两创"基因。可以说"两创"基因是浙江之魂、浙江之宝、浙江之"撒手锏"，任何时候都不能丢。

（三）"互联网＋三农"时代弘扬创业创新精神应以促进农民增收为第一任务

互联网基因的本质是平等开放、以用户为中心；"三农"工作的首要任务是促进农民增收。两者的根本结合点在于，以改革的办法、法治的思维和永无止境的追求，让农民兄弟的"钱袋子"鼓起来，让粉丝用户的"获得感"多起来。具体来说，要坚持"六个更加注重"。

一要更加注重维护好发展好广大农民兄弟的利益，坚持农民在农村电子商务发展中的主体地位，让农村电子商务给农民兄弟带来更多实惠、更多便捷，让农民兄弟充分感受到互联网带来的富足感、安全感、公正感、归属感、愉悦感和舒适感，促进农民收入持续普遍较快增长。农村电子商务的发展模式可以多种多样，但不管什么模式，千条万条，这是最重要一条。如果偏离这一条，就十分危险。农村电子商务必须姓农、为农、靠农。

二要更加注重政府、市场、社会、农民"四位一体"让政府的"有形之手"、市场的"无形之手"、社会组织的"活力之手"、农民兄弟的"勤劳之手"相互作用、相互推动。

三要更加注重一二三产业的融合发展，因地制宜推动传统产业电商化、电商产业实体化、三次产业融合化，实现线下实体经济和线上电商平台的融合发展。

四要更加注重运用全面深化农村改革的一系列成果，统筹推进确权、赋权、活权、保权工作，实现"死产变活权，活权生活钱"，让更多的"农村改革红利"变成"农村电商红利"。

五要更加注重通过法治思维和法治方式逐步加以规范引导，坚持"法无禁止的市场主体即可为，法未授权的政府部门不能为"，最大限度减少对电子商务市场的行政干预，在发展中逐步规范市场秩序，在切实规范中实现更好更快发展。

六要更加注重强化互联网思维。有专家把互联网思维总结为九大思维，包括：用户思维、简约思维、极致思维、迭代思维、流量思维、社会化思维、大数据思维、平台思维、跨界思维。互联网经济是粉丝经济。赢得粉丝，就要做到极致、超乎想象、超越预期，做出让用户尖叫的口碑产品。

三、以"要谋新篇"的作为打造浙江农村电子商务升级版

近年来，各级各部门大力实施"电子商务进万村工程"，我省农村电子商务发展迅猛，成为助推农业强、农民富、农村美的新力量。与此同时，农村电子商务发展面临管理方式不适应、产品标准不健全、市场秩序不规范、物流仓储不配套、产业体系不完善等问题，需要采取措施切实加以解决。总的考虑是，坚持把农村电子商务作为破解"三农"问题的重要途径，按照"六个更加注重"的要求，聚焦如何发挥优势、如何补齐短板，大力推进政策创新、管理创新和服务创新，进一步激发农村电子商务的创新动力、创造潜力、创业活力，打造浙江农村电子商务升级版。在此，突出强调"五个坚持、五个进一步"。

（一）坚持实业为基，进一步构建农村电子商务产业体系

互联网是改造世界、改变生活的利器，但不是包打一切、包治百病的神器。我们要张开双臂拥抱互联网，但不能夸大互联网、神化互联网、迷信互联网。互联网毕竟是一种技术、一种工具，它不能代替产品创新，不能代替技术研发，也不能代替生产制造、取代传统行业，更不可能颠覆实体经济。"互联网＋"要加得实、加得准、加得好，不能一加了之，更不能去"硬加"、"乱加"。发展农村电子商务要始终坚持实业为基，引导农民兄弟在用好互联网的同时，继续保持"锄禾日当午，汗滴禾下土"的精神，专注于实体经济，专注于发展现代农业，专注于建设美丽乡村，专注于打造"绿水青山就是金山银山"的核心竞争力，促进电子商务与农村经济深度融合发展。

1. 着力建设电商产业平台。按照要素整合、产业集聚、功能提升、因地制宜的要求，在用好阿里巴巴等第三方电商平台基础上，利用闲置厂房建设一批区域化电商创业园、打造一批特色电商产业基地；立足我省农村"一村一品、一乡一业"等产业优势。总结现有62个"淘宝村"形成发展的有益经验，积极培育一批电子商务特色村镇。

2. 着力提升农业主导产业。坚持把现代农业作为发展农村电子商务的重要基础，既提高农业龙头企业、农民专业合作社、家庭农场和生产基地对电子商务的支撑力，又增强电子商务对农业龙头企业、农民专业合作社、家庭农场和生产基地的带动力，引导更多涉农企业开展电商业务。要突出全产业链建设，以农业"两区"建设为主平台，依托第一产业融合发展第二产业、第三产业，积极推进农产品加工技术改造和精深加

工，借电商之力打造“第六产业”。

3. 着力延伸农村电商触角。发展农村电子商务，不能只把眼光停留在农产品上，要打开视野，主动顺应在线预订、在线下单这一大潮流，按照“互联网＋”模式发展农村服务业，把目光投向休闲农业、乡村旅游、民宿经济、养生养老、文化创意、社区服务等“美丽业态”，全面普及农村经济各领域的电子商务应用，让“美丽业态”搭上“电子商务”的这趟快车，促进美丽乡村由建设成果向经营成果转化。

（二）坚持人才为本，进一步推进农村电子商务创业和人才培养

重点要用好农村电商“新四军”。

1. 青年“创业大军”。青年人接受新事物快，是最活跃的农村电商创业群体，是一支生力军。各级共青团要扎实开展青年网商创业行动，鼓励返乡大学毕业生、大学生村官和返乡创业青年参与电子商务发展，培育一批农村电子商务创业带头人。

2. 妇女“服务大军”。各级妇联组织要深入实施创富建功工程，发动广大农村妇女依托电子商务在家门口创业，打造一支农村电商的女性“大卖家”、“大买家”。

3. 中年“务农大军”。实践证明，农村电子商务越发展，就越需要重视“谁来种地”的问题，越需要一大批种田能手。各地各有关部门要抓住全面深化农村改革的重大机遇，培育壮大新型农业经营主体，加快构建职业农民队伍。

4. 老年“后勤大军”。老年人对互联网相对比较陌生，但是时间充裕，是打包、发货的熟练工。省级农民大学、市级农民学院、县级农民学校和有关高校要进一步加大农村电商人才培养力度，强化分类指导、创新培训方式，培训一批农村电子商务职业经理人，为打造浙江农村电子商务升级版培养更多的电商人才。

（三）坚持覆盖为先，进一步健全农村电商配套支撑体系

一要继续加快农村通信基础设施建设。深入实施“宽带乡村、海岛”工程，大力推进光纤向20户以上的自然村延伸。二要探索创新农村物流配送模式。按照整体规划、积极创新、逐个破解、先易后难的思路，加快推进农村电商物流体系建设。要以“淘宝特色馆”建设为主要载体，拓展农产品网络零售市场，构建多层次的农产品网上批发渠道，积极探索生鲜农产品网上直销和冷链物流，适时开展季节性农产品网上促销；要全面拓展农村电商服务网点功能，着力扩大行政村的快递覆盖面，为农民提供更多的“一站式”综合服务。三要逐步完善农村金融服务体系。鼓励农信联社、邮储银行等金融服务机构深耕农村市场，建立更加完善的农村地区网络支付服务体系。

（四）坚持法治为纲，进一步加强农村电子商务的市场监管

农村电子商务要实现持续健康发展，既要充满活力，又要规范秩序。一开始就要系统考虑市场监管问题，就要运用法治思维和法治方式加以规范引导，加快建立开放、公平、规范、诚信、安全的农村电子商务发展环境。要坚持边发展边规范，规范是为了发展的总体原则。对于明显违反市场秩序的行为，如侵犯知识产权、虚假网络广告、销售有毒有害农产品、网络价格欺诈等行为，要予以严厉打击；对于一些商业模式的创新，要允许试，不要一棍子打死。

1. 强化源头管理。2015年农业部在我省开展国家现代生态循环农业试点。各地要以此为契机，加强农产品生产环节的质量管理，加快发展现代生态循环农业，为农村电子商务发展提供“源头活水”。农产品是“产”出来的，也是“管”出来的。要加强对农产品生产、加工和流通等环节的全过程质量管控，加快建立农产品电子商务溯源体系，从源头上规范农村电子商务市场秩序。

2. 健全法规标准。全国人大常委会正在组织起草《电子商务法》，有望明年出台。要加强市场监管预防和打击制售假冒伪劣商品等违法行为，保障农村电子商务有序健康发展；要积极推广组织机构代码与商品条码在农村电子商务的应用，加快建立具有浙江特色的农村电子商务地方标准体系。

3. 加强行业自律。以农村“三位一体”改革为契机，发挥好农合联作用，通过完善行业公约和村规民约促进行业自律和规范发展，推进农村电子商务诚信建设，进一步提高农村电子商务的组织化程度，避免出现恶性的低成本竞争、同质化竞争。

（五）坚持实干为要，进一步强化农村电子商务发展的工作保障

发展农村电子商务涉及上上下下、方方面面，单靠村里自己抓不起来，单靠一个部门抓不过来，只有上下联动、齐抓共管，明确各方责任，整合各方资源，才能抓有所成、抓出升级版。

1. 强化市县主体责任。各市、县（市、区）要发挥好“一线指挥部”作用，党政“一把手”重视抓、亲自抓，分管三农和商务的负责同志要联手抓、联动抓，及时协调解决本地农村电子商务发展中的重大问题。要坚持抓具体、具体抓，像抓基层党组织和基层政权建设一样抓农村电子商务，县一级要下抓两级，一直抓到村，发挥村级党组织的战斗堡垒作用，培育一批典型示范企业和创业带头人。特别是原来26个欠发达县（市、区），摘了“欠发达”这顶旧帽子，要迅速戴上“互联网＋”这顶新帽子，奔着“绿水青山就是金山银山”的路子跑下去，努力在“电商跑道”上跑出漂亮的“加速度”。

2. 加大政策支持力度。全面落实《浙江省农村电子商务工作实施方案》，进一步完善涉农电商政策体系。建设用地方面，要安排一定的指标用于建设农村电商创业园、公共仓储和配送中心；财税方面，要根据农村电商发展实际需要，统筹整合现有财政资金，重点支持农村电商产业发展、配套服务、示范创建、人才培训和融资担保等工作，提高资金使用绩效；金融方面，要积极运用支农支小再贷款、再贴现等政策工具，引导金融机构加大对农村电商的信贷支持，扩大电商企业贷款抵质押品范围。

3. 形成部门齐抓共管的格局。省电子商务工作领导小组办公室要加强日常联络、协调和考核、督察。要坚持事业共谋、工作共抓、责任共担、成绩共享，加强部门之间的沟通协调，探索建立农村电子商务联动推进机制。要把发展规划制定起来、把扶持政策规范起来、把培训资源整合起来、把联动机制建立起来，把分散的手指头紧紧捏成一个拳头，形成打造浙江农村电子商务升级版的强大合力。

（根据录音整理）

梁黎明副省长在全省商务工作电视电话会议上的讲话摘要

（2016 年 1 月 20 日）

一、充分肯定 2015 年及“十二五”时期全省商务工作取得的成绩

“十二五”以来，特别是刚刚过去的 2015 年，全省商务工作在省委、省政府的坚强领导下，积极拓市场、促消费、扩投资、创优势、优服务，推动商务各项事业迈上新台阶，为全省经济社会发展作出了重大贡献。主要表现在四个方面：

一是有效推动了经济社会发展。“十二五”期间，全省批发零售住宿餐饮业增加值年均增长 15.2%，创造了全省 14.4%的国内生产总值和 9.1%的税收收入，吸纳了 20.1%的就业人数，对经济增长的贡献率达到 67.1%，是国民经济中仅次于制造业的第二大产业。全省出口年均增长 8.5%，不但快于全球主要经济体，而且快于大部分沿海主要出口省市，占全国出口份额从“十一五”末的 11.4%提升到 12.2%，出口规模列全国第三位，进出口贸易吸纳了 23%的就业人数，对全省经济社会发展产生了明显的拉动作用。

二是有效促进了经济转型升级。“十二五”期间全省电子商务快速发展，“电商换市”扎实推进，网络零售额年均增长 76%，2015 年达到 7611 亿元，位居全国前列；杭州成为全国首个跨境电商综合试验区，2015 年实现跨境电子商务交易额 270 亿元，同比增长 33.5%。大力实施品牌战略，创建“浙江出口名牌”812 个，自主品牌占全省出口比重达到 21.8%。积极发展服务贸易，服务外包和新兴服务行业出口大幅增长，2015 年服务贸易占全省对外贸易比重达到 11.2%，比“十一五”末提高了 3.9 个百分点，有力带动了我省第三产业的发展。

三是有效增强了经济竞争能力。“十二五”期间，全省新增境外投资企业 3107 家，投资建成了 3 个国家级境外经贸合作区和 3 个省级境外工业园，为我省产业对外梯度转移、集群式投资提供了良好平台。不断加大招商引资力度，累计引进 174 家世界 500 强企业，累计利用外资 716.5 亿美元，规上工业外资企业数量、利润总额、税金总额、从业人数分别占到全省规上工业企业总数的 18.3%、28.9%、22.2%和 27.0%，这些企业推动了省内技术、商业模式和管理制度的创新，增强了我省参与国际竞争的能力。

四是有效拓展了经济发展空间。“十二五”期间，全省新增国家级经济技术开发区 10 个，形成了以 21 家国家级经济技术开发区、51 家省级开发区为主体的开放开发平台，以不到全省 7%的土地面积，创造了全省 57%的工业增加值和 45%的进出口额，实现了全省 35%的财政收入，不仅为引进大项目、培育大企业、发展大产业提供了空间支撑，同时也有力推动了全省工业化、城市化、市场化和国际化进程。

总结“十二五”以来商务工作取得的成绩，我们有三点体会：一是始终坚持稳中求进。在全力以赴稳增长的同时，积极推进商务工作转型提升，不断破解制约开放型经济发展的体制机制障碍，有效提升了商务事业发展的质量和效益。二是始终坚持开拓创新。借助义乌国际贸易综合改

革试点、杭州跨境电商综合试验区等国家战略，扎实推进更深层次改革和更高层次开放，激发商务工作内在活力，有效推动商务工作创新发展。三是始终坚持内外统筹。在内外两大需求中培育新的动力，在内外两种资源中集成新的优势，在内外两个市场中拓展新的空间，极大拓展了商务事业发展的内在潜力。这些经验，是我们做好商务工作的宝贵财富。在新的历史时期，我们要继往开来，与时俱进，不断适应新形势，引领新常态、探索新思路，谋划新举措，再创新佳绩。

二、适应引领经济新常态，准确把握商务工作面临的形势，进一步增强使命感和责任感

我国经济发展进入新常态的重大判断，是当代中国马克思主义政治经济学的重要理论成果之一。习近平总书记反复强调，要把主动适应新常态、把握新常态、引领新常态作为当前和今后一个时期我国经济工作的大逻辑。我们必须牢牢把握这一大逻辑，进一步统一思想、深化认识，科学全面分析宏观形势，把握发展大局，掌握工作主动权。

1. 要准确把握战略机遇期判断，因势而谋、顺势而为。中共中央十八届五中全会判断，当前我国发展仍处于可以大有作为的重要战略机遇期，也面临诸多矛盾叠加、风险隐患增多的严峻挑战。从有利条件来看，世界多极化、经济全球化、文明多样化、社会信息化深入发展，新一轮科技革命和产业革命蓄势待发，我国发展具有相对稳定的外部环境。我国经济发展长期向好的基础面没有变，经济韧性好、潜力足、回旋空间大的基本特质没有变，经济持续增长的良好支撑基础和条件没有变，经济结构调整优化的前进态势没有变。未来五年我国经济增速仍将保持在6.5%左右。下一步，国家将着力加强供给侧结构性改革，去产能、去库存、去杠杆、降成本、补短板，帮助企业降低成本，防范化解金融风险，这一系列举措将为我们商务工作创造良好的条件。

同时，我们也要坚持辩证法，一分为二，清醒认识面临的风险和挑战。世界经济继续深度调整，经济增长不确定性加大。IMF已经将2016年和2017年全球增长预期下调至2.9%和3.2%。我国正面临经济发展模式和社会治理方式的全面转型，近期主要表现为经济增速下降、工业品价格下降、实体经济盈利下降、财政收入增速下降和经济风险发生概率上升“四降一升”问题，经济发展的主要矛盾已经从需求不足转化为结构性问题。明年发展面临的环境可能比今年更复杂，困难比今年更大。我们要把思想统一到中央对形势的科学分析判断上来，真正把形势吃透，更加有效应对各种风险和挑战、不断开拓发展新境界。

2. 要准确把握我省商务发展的状况和规律，突出重点、补好短板。浙江是开放型经济大省，“十二五”期间，外贸出口、对外投资、开发区发展等方面都继续走在前列，但差距和问题也有不少，比如：消费对经济的拉动作用不够突出；高附加值产品、品牌产品和服务类产品出口还比较少；价值链高端企业、产业带动力强的外资企业还比较少；省内国际化程度高的开放平台还比较少；企业“走出去”的金融信息等配套服务能力不足。

适应引领经济新常态，再创发展新优势，目前至少有五个方面的关系需要认真研究、正确处理。一是电子商务和传统商贸业的关系。在电子商务和移动互联技术的快速发展，特别是供给侧结构性改革加快推进的背景下，如何利用“互联网+”和大数据技术，降低流通成本，提高流通效率，推动传统商贸零售业转型升级。二是扩大内需与外需拉动的关系。按照“统筹国际国内两个大局”、“占领国际国内市场更大份额”的要求，从以前过度依靠外需市场向内需、外需两个市场合力拉动转变，狠抓国际、国内省外、省内三大市场。三是外贸稳增长与调结构的关系。按照“以提高发展质量和效益为中心”要求，从以前追求数量、速度增长发展模式向质量效益型模式转变，大力提升企业国际竞争力，推进高附加值产品、先进制造业产品出口。四是“引进来”与“走出去”的关系。在人民币“入篮”、国家“一带一路”战略的大背景下，如何发挥我省环境、产业等优势，促进“走出去”和“引进来”互动发展，提高国际投资

的质量和效益。五是出口和其他商务工作的关系。按照协调发展的理念和提高整体效益的要求，从注重传统货物贸易出口向内贸和“四外”(外贸、外经、外资、服务外包)并重转变，在协调发展中拓展空间，在补齐短板中增强后劲。总体来看，我省商务发展已经进入增长动力和发展方式转换的新阶段，我们必须从当前经济发展的阶段性特征出发，增强信心，深入分析，沉着应对，努力推进浙江商务更好发展。

3. 要准确把握中央和省委、省政府对商务工作的要求，敢于担当、走在前列。党的十八届五中全会明确提出“发展更高层次的开放型经济”，同时对开创对外开放新局面、完善对外开放战略布局、形成对外开放新体制等问题作出了部署。中央经济工作会议强调：要降低物流成本，推进流通体制改革；通过创造新供给、提高供给质量，扩大消费需求；扩大对外开放，要更加注重推进高水平双向开放。作为出口依存度超过50%的对外开放大省，省领导对商务工作高度重视，反复强调要打造开放型经济强省，多次就商务工作作出重要批示。即将印发的《十三五规划纲要》，以较大篇幅来谋划我省开放型经济发展，明确要全力构建海上开放门户、陆上开放门户、网上开放门户和区域开放高地，打造对内对外开放升级版，争创开放新红利。省委经济工作会议就今年消费、建立开放型经济新体制、扩大有效出口、外资等工作作了具体部署。

全省商务系统一定要深刻领会中央和省委、省政府的重要精神，增强责任感使命感，紧盯目标任务，真抓实干，为全国商务发展、为全省经济社会发展多做贡献。

三、“十三五”时期商务工作总体要求、主要目标和工作思路

“十三五”时期是我省现代化建设的关键时期，是充满机遇和挑战的五年。谋划好“十三五”商务工作，责任很重、意义很大。

“十三五”时期商务工作的总体要求是：深入贯彻十八届历次全会精神，牢固树立创新、协调、绿色、开放、共享发展理念，按照“开拓大市场、发展大商贸、推进大开放”的要求，进一步深化制度创新，推进结构性改革，努力发展更高层次的开放型经济，更加完善的商贸流通体系，形成引领商务发展新常态的体制机制和发展方式，推动我省建成更高水平的全面小康社会。

“十三五”时期，全省商务工作的主要目标是要打造“两个强省一个中心”：即开放型经济强省、现代流通强省和国际电子商务中心。在具体目标上：

开放型经济方面：到2020年，外贸出口额、实到外资额、对外投资额等规模保持全国前列；外贸结构进一步优化，体制机制进一步理顺，平台功能进一步提升，基本建成法制化、国际化、便利化的营商环境，形成更高层次、更高水平的开放型经济体。

现代流通方面：到2020年，流通产业规模居全国前列，流通企业综合竞争力明显增强，流通营商环境明显改善，基本建成内外开放、竞争有序、安全高效、城乡一体的现代商贸流通体系。

电子商务方面：到2020年，把我省建设成为知名电子商务企业集聚区、电子商务应用和创业创新示范区、电子商务模式和标准引领区，形成具有全球战略地位的“国际电子商务中心”。

围绕上述总体要求和主要目标，在具体工作思路和举措上，关键是要把“创新、协调、绿色、开放、共享”五大理念贯穿到商务工作的全过程，以五大理念来引领“十三五”商务工作新发展。

一要坚持创新发展，培育商务发展新优势。创新是引领发展的第一动力。“十三五”时期，推动商务发展由要素驱动向创新驱动转变，关键是要把制度创新放在首位，努力重构外贸发展模式。重点要在推动跨境电子商务发展、扩大市场采购贸易方式出口、加快复制自贸区建设经验、推进外资准入前国民待遇加负面清单管理、完善培育跨国公司的体制机制、推动信息化和流通现代化融合发展等方面下功夫，加快形成我省商务工作新的竞争优势。

二要坚持协调发展，构筑商务发展新格局。协调是商贸工作持续健康发展的内在要求。要推进内贸外贸协调发展，实现内贸外贸有机融合，扩大“浙货”在国际国内市场的份额。要推进货物

贸易与服务贸易协调发展，不断提高服务出口在全省外贸出口中的比重，推动外贸向优质优价、优进优出转变。要推进“走出去”与“引进来”协调发展，进一步优化国际产业布局，提升我省企业在全球范围内配置资源和要素的能力，实现高水平“引进来”和大规模“走出去”一体两翼发展。要推进线上与线下协调发展，进一步统筹线上、线下两条渠道，通过商业模式创新和产品服务创新，鼓励和推动线上线下互动发展、融合发展。要推动进口与出口协调发展，实施更加积极的进口政策，发挥我省港口优势，扩大大宗商品进口，增加一般消费品进口，鼓励先进技术、关键设备进口。

三要坚持绿色发展，积聚商务发展新动能。绿色是永续发展的必要条件和人民对美好生活追求的重要体现。按照“两山”重要思想要求，把绿色发展贯穿到商务发展的各个领域，大力发展高效流通、绿色流通，打造绿色商品供应链；倡导科学消费、绿色消费，引导绿色生产；发展循环经济，鼓励旧货流通，完善再生资源回收体系建设；发展绿色贸易，严格控制“两高一资”产品出口等等。

四要坚持开放发展，拓展商务发展新空间。开放是推进发展的必由之路。要进一步顺应经济全球化和区域经济一体化深入发展的大趋势，努力发展更高层次的开放型经济。要主动融入“一带一路”建设，探索设立省级丝路基金，开展与亚投行等全球公共产品的对接，推动我省经济深度融入国家战略。要加快杭州跨境电商综试区建设，逐步形成一套适应和引领全球跨境电商发展的管理制度，争取全球电商规则的制定权和话语权。要积极打造有全球影响力的先进制造基地和经济区，提升“浙江制造”在国际市场的知名度和认可度。要进一步放宽市场准入，扩大服务业对外开放，提供更多的服务产品供给，促进服务业效率和竞争力的提升。

五要坚持共享发展，扩大我省商务发展新成果。共享是社会主义的本质要求。要始终坚持发展为了人民、发展依靠人民、发展成果由人民共享，充分发挥商务工作在扩大社会就业、增加居民收入、提升居民生活水平等方面的促进作用，鼓励和支持就业容量大、关系百姓生活的批发零售、餐饮服务、物流配送、社区商业和家政、养老服务业等行业发展。要大力发展农村电子商务，扩大农村创业机会，增加农民收入，促进社会主义新农村建设。

四、全力做好2016年商务工作，为“十三五”开好局、起好步

2016年是“十三五”规划开局之年，做好今年商务工作具有十分重要的意义。2016年上半年即将召开的省委十三届九次全会，主要任务是研究部署补齐我省各项事业发展的“短板”，确保“十三五”规划各项目标任务如期完成。我省商务工作要牢牢把握全省发展大局，抓住重点、补齐短板，努力推动全省商务事业健康发展。重点要做好以下几项工作：

（一）围绕“促消费、惠民生”，加快构建现代商贸流通体系

一要强化流通体系建设。当前重点是要做好商业网点规划和流通智能化建设两项工作。在强化商业网点规划方面：在城市，要针对大型商业网点重复建设、企业恶性竞争的问题，严格落实商业网点布局总体规划，推进商业网点合理布局。各地商务部门要积极参与大型商业网点的规划建设，努力优化老的存量，合理布局新的增量。在乡镇，要从居民购物便利化角度出发，合理增加中小型商业网点布局。同时，要结合我省特色小镇建设，赋予特色小镇新的商贸功能，打造“特色小镇＋旅游＋商贸”模式。在推进流通智能化建设方面：要积极应用现代互联网技术，开展重点商圈智慧化试点，推动商贸流通向集约化、智能化、标准化方向发展。这里要强调的是，在今年省政府为民办实事网络评选中，“加快电商服务网络建设”跃居网络评选第一位，各地各有关部门要花力气把这项老百姓关心的好事办好、实事办实，确保全年新增3000个农村电商服务站、3000个城市社区职能投递终端。

二要提升流通治理水平。商贸流通涉及方方面面，流通治理能力是核心，也是关键。要加强流通业顶层设计，进一步深化流通领域市场化改革。在流通体制机制改革方面，要把完善流通行

业协会运行机制作为重要环节来抓，各级政府和商务部门要更多考虑制度设计，把制度、体系、规则理顺，行业协会负责日常管理，由协会去执行落实。在流通领域政策法规建设方面，要加快流通领域立法，重点要加快电子商务发展、商业网点规划等领域的立法进程，营造全国领先的流通法制体系。在流通改革创新试点方面，要继续支持金华现代服务业、义乌内贸综合改革等4个国家级改革试点，注重经验总结，尽快将改革成果复制推广到省内其他地区。

三要抓好消费促进工作。消费是拉动经济增长最基础、最持久的动力。我们目前面临的主要问题不是消费不足，而是有效供给不足，去年我国居民境外消费超过1万亿元就是最有力的证据。要增加供给促消费，加大供给端改革，大力发展信息、旅游、文化、健康等服务消费。要培育热点促消费，积极推动以消费模式创新，同时利用电子商务改革传统商贸企业，推动线上线下结合，培育新的消费增长点。要营造氛围促消费，精心组织好消费促进月、金秋购物节等消费促进活动，激发消费潜能。今年金秋购物节要组织100项消费促进活动，推动大型商场、连锁企业1万家门店联合促销。要完善政策促消费，适时出台消费促进政策，引导销售和服务网点向农村下沉，拓展农村消费市场。消费工作涉及众多部门，各地商务部门要牵好头，相关部门要强化协作，共同凝聚起促消费的工作合力。

（二）深化改革开放，加快构建全方位对外开放体系

一要积极参与“一带一路”建设。“一带一路”战略是党中央主动应对全球格局变化，统筹国际国内两个大局作出的重大战略决策，也是我国参与全球经济治理的重要手段。各地要加大与国家“一带一路”战略规划的有效衔接，充分发挥我省在深水港口、电子商务、专业市场和民营经济等方面的优势，力争成为“一带一路”建设的排头兵。在建设的内容上，要积极谋划实施一批“一带一路”重大项目，尤其要加快境外经贸合作区布局，推动我省劳动密集型产业有组织地“走出去”。今年重点要推进中白浙江产业园建设，争取塞尔维亚商贸物流园、乌兹别克斯坦鹏盛工业园晋升为国家级经贸园区。同时进一步推进“义新欧”班列良好运营，打造中欧经贸合作大通道。在建设的方式上，要鼓励我省民营企业与央企等大企业合作，“借船出海”、“借力发展”，不断提高我省企业“走出去”抗风险能力。

二要推动外贸经济转型升级。主要是三项工作：一是优化外贸结构。针对我省加工贸易相对滞后的问题，深入研究加工贸易体制机制改革，推动加工贸易创新发展，提升加工贸易在我省外贸出口中的地位。二是创新外贸模式。重点是要应用好、推广好市场采购和跨境电子商务两大创新成果。一方面，要继续深化义乌国际贸易综合改革，做好海宁皮革城市场采购扩大试点工作。另一方面，要加快杭州跨境电子商务综合试验区建设，鼓励有条件的电商平台和电商企业布局海外仓。目前，国家层面正在总结杭州跨境电商综试区经验，研究扩大跨境电商综试区范围，宁波市和义乌市都已经向国务院上报了相关方案，下一步要加大对接争取力度，争取在我省率先复制推广。三是加大拓市场力度。市场是命脉，市场份额决定着话语权，谁占领市场谁就能取得发展主动权。各级政府、行业协会和企业发扬“虎口夺食”抢市场的精神，进一步凝聚拓市场的合力，打好拓市场的组合拳，千方百计保住市场，想方设法扩大市场份额，提升浙货在国际市场的占有率与竞争力。

三要全力打造对外开放平台。要牢牢把握国家第三轮自贸区扩面的机遇，加快推动我省舟山自由贸易试验区申报工作，争取列入国家第三批自贸区扩面范围。同时，还要重点抓好四类平台：一是抓各类开发区的整合优化提升，为打造有全球影响力的先进制造业基地提供平台支撑。二是抓国际合作产业园建设。以开发区等平台为依托，打造一批主体功能突出、外资来源地集中的中外合作特色产业园区，重点是推进中德合作园、中意合作园等11家产业合作园建设。三是抓海关特殊监管区。推动现有各海关特殊监管区域整合优化升级为综合保税区，进一步完善综合保税区政策功能，核心是要在境内关外政策上取得进一步突破。四是抓对台经贸合作区。支持海峡两岸（温州）民营经济创新发展示范区建设，并且推动有条件的浙台经贸合作区上升为国家级经贸合作区。

四要积极推进国际双向投资。推动高水平"引进来"与大规模"走出去",有助加快我省经济国际化进程,提升我省产业在国际价值链中的地位。一要提升利用外资水平。外资总量不大,但质量往往很高。要继续深入实施实际利用外资"5年5千亿"行动计划,不断提高利用外资的规模和整体效益。要创新招引外资的方式,通过优化环境、服务企业,推动利用外资从绿地投资(又称创建投资)向企业增资或利用资本市场转变。二要提升跨国经营能力。要完善本土跨国公司培育体制机制,鼓励省内有实力的企业"走出去"发展,兼并重组国际上有品牌、技术、营销渠道、研发团队的企业,在全球范围内进行产业价值链布局。鼓励这些企业将优质要素资源回流省内,加快我省企业转型升级。三要创新投资管理体制。全面推进准入前国民待遇加负面清单管理制度,对境外投资开办企业实行以备案制为主的管理方式。

(三)践行"三严三实",强化服务、抓好队伍、形成合力

一要加大服务企业力度。经济形势越严峻,企业经营越困难,越要加大服务企业的力度。这几年,从中央到地方出台了一系列服务企业的政策措施,但有些政策还留在纸上,没有真正地发挥帮扶企业的作用。前段时间,浙江检验检疫局向省里报送材料,材料表明我国已经同25个国家和地区签署了14个自由贸易协定,主要政策是货物贸易关税减让。但从落实情况来看,我省出口企业对自贸协定总体利用率仅有16.1%,很多企业错失了降低成本、扩大利润的机会。为此,各地要进一步深入企业,加大政策宣传的力度,确保企业将各项政策用好、用足,帮助企业渡过危机。

二要加强部门协调配合。商务工作涉及面宽,做好商务工作离不开各个部门、各个方面的支持和配合。各地要强化对商务工作的认识,主要领导和分管领导要经常研究有关重大问题,加大对商务发展的政策支持,营造有利于商务发展的良好氛围。省级各有关部门要加强协同配合,自觉站在全局高度,顺应地方和企业的期待,抓紧梳理制约商务发展的政策障碍,出台更有针对性和可操作性的政策举措,共同推进商务工作持续健康发展。

三要加强商务队伍建设。加快商务工作发展关键在人,推动商务事业发展需要有一支有战斗力的干部队伍。要继续巩固和深化"三严三实"专题教育活动成果,始终保持严谨务实的工作作风,推动各项目标任务不折不扣地落实。要严格落实党风廉政建设责任制,严守党的政治纪律和组织纪律,确保广大商务系统干部能干事、干成事、不出事。

(根据录音整理)

梁黎明副省长在全国外贸工作电视电话会议上的发言摘要

（2015年2月26日）

2014年，浙江省积极贯彻落实党中央、国务院的决策部署，扎实做好稳增长、促改革、调结构、惠民生等各项工作。全年实现出口2733.5亿美元，同比增长9.9%，较好地完成了年度目标任务。主要抓了以下工作：

一、多措并举，努力稳定外贸增长

（一）明确任务，落实责任

省委、省政府认真落实李克强总理“出口事关稳增长大局，浙江要为全国出口多作贡献”重要指示精神，把扩大出口作为全省重要工作来抓。省政府与各地市分别签订出口稳增长“责任状”，明确年度目标，强化责任考核，积极营造全省上下合力抓外贸的工作环境和氛围。

（二）强化服务，落实政策

根据国办发19号文的要求，结合浙江实际出台政策举措。省政府每季度召开外贸形势分析会，密切关注、把握全省外贸发展动态，及时研究解决问题。积极支持企业开拓国际市场，全年组织企业参加国际性展会1100多个，支持设立境外营销企业和机构3533个；开展“商务服务月”活动，切实解决企业困难。全省有出口实绩的企业达5.4万家，净增5000多家。

（三）结合实际，落实重点

一是紧抓一般贸易出口。一般贸易出口分别占全省、全国的比重近80%和20%，2014年增长10.4%，有力地确保了全年的增速。二是抓民营企业出口。占全省出口近70%的民营企业全年实现出口增长14.3%，继续成为拉动全省增长的主力军；三是抓自主品牌出口。全省自主品牌产品出口占比达到21.8%。

二、多管齐下，推动外贸结构调整

（一）打好经济转型升级“组合拳”

近年来，我省陆续开展了“五水共治”、“三改一拆”等专项行动，倒逼全省产业转型升级；以“腾笼换鸟、机器换人、空间换地、电商换市”，加快培育知名企业、知名品牌、知名企业家，实施“四换三名”工程推动转型升级；以科技创新、全面深化改革驱动引领转型升级。这些决策部署的推进，为全省外贸结构调整、转型发展打下了基础。

（二）积极构建对外贸易新格局

在稳出口的同时，积极加强进口，与省内产业发展相结合，大力引进先进技术和关键设备，提升企业国际竞争力。深入实施“利用外资5年5千亿”行动计划，重点招引世界500强、推动民营企业与外资嫁接提升。积极实施“走出去”战略，带动拓展国际市场。

（三）加强对外开放平台建设

深入推进“开发区整合优化提升”行动计划，推动开发区和出口基地做大做强，提高我省外贸产业集群发展水平。注重发挥保税区等海关特殊监管区域在外贸方面的功能和作用。

三、创新发展，着力培育新的增加点

（一）扎实推进义乌国际贸易综合改革试点

在有关部委的大力支持下，“市场采购”贸易方式正式落地，实现了海关、检验检疫、税收和外汇结算等出口各个环节的管理制度创新。2014年“市场采购”贸易方式出口202亿美元，增长31.7%。

（二）推动跨境电子商务创新发展

制订出台了跨境电子商务发展实施方案，加快推进跨境电商产业园建设，推进全球海外仓布点，努力使跨境电商成为外贸出口的新增长点。据测算，2014年全省跨境电商销售额63.5亿美元，跨境电商出口年销售额在2000万美元以上的企业已达20余家。

（三）成功打造一批外贸综合服务平台

通过外贸综合服务平台帮助全省广大中小微企业降低成本、提高接单能力。全省12家重点培育的外贸综合服务平台已为我省近万家企业和3万余家商户提供服务，2014年带动出口21.6亿美元。

当前，外贸形势依然复杂严峻，下行压力较大。省委、省政府高度重视。我们将认真贯彻落实这次会议的重要精神和汪洋副总理的重要指示，进一步振奋精神，攻坚克难，创造良好的发展环境，激发市场主体活力，努力争取全年出口增长7.5%以上，确保出口增长不失速、市场份额不降低，为全国外贸出口做出应有的贡献。

（根据录音整理）

梁黎明副省长在全省海关特殊监管区工作会议上的讲话摘要

（2015年11月24日）

一、充分肯定全省海关特殊监管区发展取得的成绩

海关特殊监管区是我国改革开放的产物，是开放型经济发展的重要平台。截至目前，浙江省已经建成8个海关特殊监管区，规划面积28.54平方千米，已封关验收17.33平方千米。经过多年建设发展，海关特殊监管区在推进产业结构优化、协调区域经济发展、提升我省综合竞争力等方面发挥了重要作用。

（一）海关特殊监管区已成为我省外贸进出口的重要集聚地

充分利用功能政策优势，集聚了一批贸易体量大、带动能力强、辐射范围广的贸易型优质项目。2014年全省海关特殊监管区实现进出口总额156.4亿美元，占全省进出口额的4.4%。比如，杭州出口加工区跨境贸易电子产业园初步形成了集电商平台、垂直电商及配套服务企业于一体的跨境电子商务产业体系；梅山保税港区积极推进特色口岸建设，已经成为全国最大的活体植物进口口岸和国内最大的肉类进口口岸之一。

（二）海关特殊监管区已成为我省先进制造业的重要平台

把握国际产业发展趋势，积极承接发达国家高端制造业。杭州出口加工区陆续引进了包括东芝、松下等世界500强企业在内的25家加工贸易企业，形成了以笔记本电脑、汽车配件、家用电器为主的加工制造产业集群。宁波保税区集聚了来自全球60多个国家和地区的4200余家企业，形成了电子信息产业和新兴科技产业两大先进制造业群，并设立了国家留学人员创业园、国际软件园、高新技术创业服务中心等一批国家级创新载体。嘉兴综保区建立了与上海外高桥物流园区、莘庄工业园的合作联动机制，在项目合作、管理输出等方面开展对接与合作。

（三）海关特殊监管区已成为我省现代物流的重要中心

各特殊监管区积极打造高端现代物流集散地。杭州出口加工区汇集国内外知名的仓储、物流企业，开展进口保税、国际采购、展品展示、保税存放等业务，范围辐射至绍兴、萧山等周边地区。宁波保税区依托保税仓储功能和邻近北仑港口优势，引进了130多家仓储物流服务企业落户，建成100万平方米具有保税仓储和分拨配送功能的仓储物流设施，形成了以进口分拨、期货交割、供应链管理和物流金融为特色的保税物流服务体系。嘉兴综保区突出物流发展，提升物流承载力，已经累计为全市200多家企业提供保税物流服务。

（四）海关特殊监管区已成为我省改革创新的重要实践区

作为制度创新的先锋，率先推行一系列先行先试政策。在政府管理方面，致力于建设法治政府和服务型政府，形成了垂直整合、横向联动、精简高效的行政管理体制；在监管政策方面，推进海关、检验检疫、税务、外管等部门统筹协调，实行无纸化通关、进口食品样品预检验等通关模

式，大幅提升便利化水平。特别是各海关特殊监管区积极复制上海自贸区政策，推行保税展示交易、中转货物产地来源证管理等制度创新，极大拓展了特殊监管区的业务范围，创新了发展模式。

特殊监管区的实践，是改革开放以来浙江经济社会发展、变革的缩影，为全省经济发展特别是开放型经济的发展做出了重要贡献。

二、切实增强做好新形势下特殊监管区工作的使命感和责任感

海关特殊监管区作为对外开放的最前沿，在国际国内形势的深刻变化背景下，既面临重大机遇，也面临严峻挑战。

目前，浙江海关特殊监管区总体发展情况还不十分理想，整体业务量偏小，区域功能政策没有得到充分发挥，特别是对地方经济的辐射、带动和引领作用还亟待加强。主要的原因还在于浙江特殊监管区自身发展存在着深层次的问题，主要有以下四个方面：

（一）规划建设力度不足，协调管理还不够顺畅

在发展规划方面，由于海关特殊监管区特有的政策功能优势，再加上机构设置规格一般较高，各地争取设立积极性很高，但忽视长远谋划，在加强组织领导、加快规划建设、加大投入力度、发挥功能作用等方面下的功夫不够。在统筹协调方面，浙江8个海关特殊监管区除了宁波保税区和宁波出口加工区实行一体化管理以外，其余6个均“划区而治”，在省级层面缺乏强有力的统筹协调。

（二）区域发展不平衡，投入与产出不均衡

在区域发展方面，以已封关运作的7家特殊监管区2015年上半年进出口总额为例，50%来自宁波保税区，28%来自宁波出口加工区，17%来自杭州出口加工区，其余4家合起来只占5%，区域发展很不平衡。在投入产出方面，特殊监管区从规划、建设到封关运行，需要大量投入。但由于实行免税、保税、退税等特殊政策，区内企业对当地税收贡献度不大，特殊监管区普遍存在投入大、税源少的问题。

（三）运营优势弱化，政策劣势显现

从区内区外比较来讲，随着区外企业在投资、贸易、通关等政策方面日益便利，区内企业的运营成本优势、加工贸易优势不断弱化，特殊监管区竞争优势难以有效显现。从长三角区域比较来讲，目前长三角有海关特殊监管区不少于50个，还有更多的海关监管仓库、保税仓库等，功能政策相差不大，同业竞争激烈。在服务和创新上，特殊监管区很多创新试点都是由江苏或上海率先提出的，随着上海、广东、天津、福建等地成功获批自由贸易试验区，浙江海关特殊监管区政策优势在很大程度上得到削弱。

（四）关键支撑项目缺乏，产业结构总体趋同

从省内外经验看，发展好的海关特殊监管区都以“项目为王”，要有大项目支撑。比如，重庆西永综合保税区和两路寸滩保税港区重点打造外向型电子信息产业集群，改变了重庆原来以汽车、摩托车为主的单一产业结构；三星电子落户西安高新综合保税区，吸引了超过300亿美元投资；富士康落户郑州新郑综合保税区，对区域经济产生了十分明显的辐射带动作用。而浙江多数地方对于发挥特殊监管区功能政策研究相对不够，产业定位不高，很难形成上下游配套和产业集群发展效应，区外也没有建立起相应的配套产业，对当地经济的拉动、辐射作用十分有限。

与此同时，浙江多数海关特殊监管区仍以传统的加工、仓储业务、普通商品展示为主，产业结构趋同、互补性不强，同质化竞争态势比较明显。据统计，电子产品占据了海关特殊监管区进出口商品的四分之三左右。另外，不少海关特殊监管区竞相开展进口葡萄酒等业务，产业同质化竞争严重，不利于长远发展。

（五）创新能力相对不足，新业态发展亟待加强

国内其他先进特殊监管区已逐步由劳动密集型向知识密集型的高新技术、服务外包等产品附加值高的产业发展。以苏州工业园综合保税区为例，该园区已经形成电子信息制造（占56%）、机械制造（占31%）、化学制品及医药制造（占5.8%）等产业为主的制造生产体系，产业链相对

完整，园区发展布局合理。而浙江省有的地方虽然引进了部分总部经济、国内外金融机构、贸易企业和服务类企业，但产业集群发展态势不明显，高端制造、国际贸易、金融服务、航运服务、专业服务等新兴业态发展急需加强。

总之，面对复杂多变的国际国内形势和浙江开放型经济发展的客观需要，如何有效地发挥海关特殊监管区的功能和作用，是摆在我们面前的紧迫课题。各级政府、各部门都要充分认识到海关特殊监管区在开放型经济发展中的重要性，采取切实有效的措施，充分利用好政策优势，更好地发挥其对全省开放型经济的引领作用和在区域经济发展中的辐射带动作用，尽快扭转当前海关特殊监管区发展的被动局面。

三、推进海关特殊监管区发展的总体要求

海关特殊监管区是推进开放型经济发展的重要功能区。我们推进海关特殊监管区发展的总的要求是：以党的十八届五中全会精神为指导，主动对接国家“一带一路”战略，学习借鉴上海自贸区等成功经验，进一步完善政策和功能，强化监管和服务，推动特殊监管区扩量提质、效益提升，使其成为全省开放型经济发展的先行区和示范区。围绕这个总要求，工作中要重点把握好四个方面：

（一）创新理念、找准定位

党的十八届五中全会明确提出“要培育各有侧重的对外开放基地”，具体到浙江，我们的目标是打造以自贸区为龙头、开发区为基础、特殊监管区为先行区的对外开放基地体系。在这个开放基地体系中，自由贸易区开放水平最高，我们正在积极申报争取；21个国家级开发区、46个省级开发区是开放型经济发展的重要平台；而海关特殊监管区开放程度比开发区更高，要始终把特殊监管区作为开放型经济发展的先行区、示范区来打造，在经济转型发展中发挥好率先发展、引领发展的作用。

（二）政策引导、先行先试

站在新一轮改革开放的最前沿，海关特殊监管区要继续发挥好首创精神，推动一批与开放型经济相关的改革创新措施优先在海关特殊监管区内探索实施，进一步聚集高端创新要素、服务要素和人才要素。当前，关键是要把“境内”和“关外”政策有机结合起来，赋予入区企业更大的便利，比如区内企业一般纳税人资格的问题、选择性征收关税的问题、货物状态分类监管的问题等等，都要积极探索、争取突破。

（三）转变方式、提升质量

评价特殊监管区发展得好不好，既要有量的扩大，更要有质的提升。要积极探索新常态下的特殊监管区产业高端化发展机制，推动区内制造企业实现技术创新和产业转型，打造特殊监管区升级版。要统筹考虑各地经济环境、产业基础、贸易结构、资源布局、发展规划等实际情况，加强产业和政策引导，强化区域间竞争协作，因地制宜地推进特殊监管区规划、建设和发展。

（四）政府主导、部门协作

特殊监管区是个“宝”，各地争取设立特殊监管区积极性都很高，争取到了以后关键是要建设好、发展好。各地方政府要切实负起特殊监管区建设发展的主体责任，在资源投入、政策倾斜、干部配备等方面拿出切实可行的举措。海关、检疫、国税、外汇等部门要立足自身职责，切实加大支持力度，积极向上争取政策，齐心协力把特殊监管区建设好、打造好。

四、推进海关特殊监管区发展的主要工作

党的十八届五中全会提出了“创新、协调、绿色、开放、发展”五大理念，这是引领今后一个时期发展的战略性思维，对于我们做好特殊监管区工作有重要的指导意义。各级各部门要围绕问题导向，加大工作力度，努力推动特殊监管区健康快速发展。下一步重点要做好五个方面的工作。

（一）切实加强统筹规划

要认真结合“十三五”规划编制工作，立足于浙江发展战略的实际需要，从发挥好对全省开放型经济辐射带动作用的角度，做好全省特殊监管区的统筹规划，推动形成布局优化、错位互补的

良性发展格局。每个特殊监管区都要根据现实条件和自身实际情况，找准定位、扬长避短，优化存量、发展增量，服务本地、辐射周边，发挥好对区域经济的带动作用。比如杭州要重点建设全国一流的贸易销售、检测维修、研发中心；宁波要重点打造全国一流的高端制造中心；舟山要重点建设全国一流的大宗散货物流配送中心；嘉兴要重点建设全国一流的加工制造中心；金华要重点建设全国一流的国际高端进出口商品交易展示基地和跨境贸易电子商务综合服务基地，等等。各地要围绕这些目标任务，谋划推出一批事关特殊监管区长远发展的战略性、全局性举措。

（二）大力培育新型贸易业态

这方面，要积极学习重庆经验。重庆两路寸滩保税港区，通过政策创新和功能拓展，争取了贸易多元化试点和离岸金融结算试点等政策，成功打造了辐射长江中上游地区的保税生产加工基地、国际特色商品展示交易中心和进出口货物集散口岸。据了解，2015 年惠普重庆结算中心结算额将达到 800 亿美元，产生税收 100 亿元。浙江的海关特殊监管区也要充分发挥自身优势，创造条件，争取国家支持在我省海关特殊监管区建设电子商务监管中心、跨境电子商务公共海外仓，并赋予跨境贸易电子商务保税进口政策等先行先试政策试点。同时，积极推进检测维修、研发设计、融资租赁、期货保税交割、保税展示交易等新型贸易业态的发展，培育区域发展新亮点，促进区域产业链延伸和转型升级。

（三）着力加大招商引资力度

特殊监管区发展的基础在项目，引进项目的关键在招商。各地要继续加大招商引资力度，根据各自产业基础做好产业链拓展、创新链培育和价值链提升等工作。一方面，要重视引进“大体量”龙头企业，通过专业招商、精准招商，精选出口加工和保税业务充分的大型龙头企业入驻，引导优质的加工贸易增量入区，通过龙头企业带动关联配套企业联动发展，形成高端入区、周边配套、辐射带动、集聚发展的格局，使外贸出口、保税仓储、加工、中转、以及国际配送等多种增值服务协调发展。另一方面，要重视引进“高水平”优质企业。吸引跨国公司地区总部、研发中心、销售中心、物流中心、结算中心和营运中心等功能性机构，推动高科技、外向型、潜力大的战略性新兴产业落户区内。同时，充分发挥海关特殊监管区物流便捷优势，吸引国际采购分拨中心入驻，扩大进口，促进国内消费。

（四）努力创新监管制度

积极复制推广上海自贸区以及新批的天津、福建、广东等自贸区政策经验，加快形成与国际投资贸易通行规则相衔接的基本制度体系和监管模式，培育浙江特殊监管区新的竞争优势。针对当前海关特殊监管区发展中存在的政策难题和瓶颈问题，希望海关、检验检疫等监管部门从各自不同的角度，积极争取国家有关部门出台先行先试的政策措施，紧紧围绕提高服务质量、降低运行费用、实行便捷通关等环节，推进监管方式的改革创新，把政策洼地变为创新高地，逐步解决浙江特殊监管区创新发展中遇到的政策性制约因素，增强海关特殊监管区创新发展的内生动力，培育新的经济增长点。各海关特殊监管区要将深化重点领域改革创新作为 2016 年的重要任务，浙江省商务厅要加强指导。

（五）要加快完善保障体系

一要建立协作配合机制。从省级层面加大对海关特殊监管区的统筹指导力度，建立全省海关特殊监管区联席会议制度，高效推进对上协调、对下指导工作，统一协调和规划各海关特殊监管区的发展，避免功能雷同、产业同质等问题。尤其是在设立新的海关特殊监管区时，要注意错位发展。二要建立考核制度。全省开发区、浙台经贸合作区已经实行考核制度，实践证明这些考核制度有力地促进了全省开发区和浙台经贸合作区的发展，对特殊监管区也应进行考核。要把总量规模、研发创新、土地利用、单位产出等作为考核的主要内容，引导特殊监管区从注重“量”的增长向“质”的提升转变。实行考核以后，各特殊监管区要对标先进、拉高标杆，争先进位、加快发展。三要优化特殊监管区营商环境。在区内要营造法治化、国际化、便利化，有利于企业开拓国内市场、延伸产业链价值链、培育外贸竞争新优势的营商环境。

（根据录音整理）

周日星厅长在全省商务工作电视电话会议上的报告

（2016年1月20日）

一、2015年主要工作

2015年，面对严峻复杂的国内外经济形势和持续下行压力，在省委、省政府的坚强领导下，全省商务系统按照“开拓大市场、发展大商贸、推进大开放”的总体要求，主动适应经济发展新常态，扎实推进“拓市场、促消费、扩投资、创优势、优服务”各项工作，克难攻坚，开拓创新，商务工作取得显著成绩。全省商务运行总体平稳，结构不断优化，改革亮点纷呈，惠民成效明显。

消费平稳增长。全省社会消费品零售总额为19784.7亿元，比上年增长10.9%。

外贸出口实现正增长。全省出口2766.6亿美元（人民币17174亿元），增长1.2%（增长2.3%），出口增幅领跑沿海省市，占全国比重为12.2%，比上年提高0.5个百分点。进口707.5亿美元（人民币4392亿元），下降13.4%（下降12.5%）。进出口总额达3474.1亿美元（人民币21566亿元），同比下降2.2%（下降1.1%）。

引进外资创历史新高。全省实际引进外资169.6亿美元（人民币1059亿元），增长7.4%（增长9.1%），合同外资278.2亿美元，增长14.0%。

对外投资合作再上新台阶。对外直接投资额139.9亿美元（人民币908亿元），增长1.4倍（增长1.5倍）。完成外经营业额63.3亿美元（人民币406亿元），增长18.6%（增长23.9%）。

服务贸易规模持续扩大。实现服务贸易出口284.6亿美元（人民币1762亿元），服务贸易进出口总额442.2亿美元（人民币2748亿元），增长16.1%（增长17.4%），服务贸易占全省外贸总额为11.3%，比上年提高1.6个百分点。

开发区发挥积极作用。以全省7%的面积贡献了57%的规上工业值、47%的实际外资和44%的进出口额。

网络零售快速增长。全年实现网络零售额7610.6亿元，同比增长49.9%，省内居民网络消费4012.3亿元，同比增长39.6%。

过去的2015年，我们加快动力转换接续，培育发展新优势，提升发展质量和效益，主要表现为“九个扎实推进”。

（一）扎实推进商贸流通改革

积极开展义乌内贸综合改革、金华现代服务业、杭州物流标准化、杭州餐饮转型发展等4个国家级改革试点，开展内贸流通、城市共同配送等省级改革试点。设立浙江省农产品流通产业发展基金，实施“集中连片推进农产品流通和农村市场体系建设三年行动计划”。中国（浙江）大宗商品交易中心获国务院批准。深入实施“名品进名店”工程，首批100个浙江名品进驻杭州3家知名零售企业，新增浙江老字号49家。积极探索拍卖、典当等特种商贸业转型发展。散装水泥工作创新发展，水泥散装率达80.2%。

（二）扎实推进消费促进工作

做好牵头促消费工作，金秋购物节、消费促进月等活动影响力进一步增强。强化商业网点规划管理，县级规划编制率达92.9%，新增省级商业特色街14条。全省商贸业投资1829亿元，增长12.9%，占全省固定资产投资7%。实施油品升级，全省加油站已全面供应国Ⅴ标准车用汽柴油。推进黄标车回收拆解工作，回收黄标车19.3万辆，完成全年目标任务。着力规范整顿市场秩序，在全国率先开展"2015—云剑"互联网侵权打击专项行动，持续开展"清风行动"专项整治行动，办结侵权假冒案件2.8万余起。

（三）扎实推进外贸转型升级

贯彻落实国家有关政策措施，出口实现正增长，增幅比全国高4个百分点。省级层面组织企业参加展会102个，展位达3.7万多个。深入实施"品质浙货、行销天下"工程，推出"品质浙货（ZHEJIANG MADE）"LOGO。加快发展外贸新模式，中国（杭州）跨境电子商务综合试验区正式落地，认定23家省级跨境电子商务园区和32个省级公共海外仓；义乌市场采购贸易方式出口增长41.1%，海宁市场采购贸易方式开始运行；13家外贸综合服务企业出口增长3.0倍。扎实推进创新驱动拓市场试点，机电产品出口增长3.6%、高新技术产品增长8.7%。全省遭遇贸易摩擦案件数量同比下降19.5%。加强贸易摩擦应对和贸易救济调查工作，积极推进法律服务活动。

（四）扎实推进利用外资工作

精心打造"浙洽会"，达成协议金额81.4亿美元。发布《2015中国浙江投资报告》。积极与杭州、温州、舟山等市开展省市联合招商。围绕信息、高端装备制造等七大产业开展招商，制造业实际引进外资增长27.4%。投资环境不断优化，外资增资增长5.3%。举办世界500强跨国公司在浙投资企业座谈会，新批世界500强投资企业24家，累计526家。欧美国家投资快速增长，来自欧盟实际外资增长2.7倍，美国增长1.7倍。首次评定10家外商投资企业履行社会责任示范企业。

（五）扎实推进企业"走出去"

积极参与"一带一路"建设，制定经贸合作实施方案，编制首批54个重点合作项目清单，牵头协调"义新欧"常态化运营，我省对"一带一路"沿线投资增长超4倍。积极推进企业跨国并购，全省境外并购项目135个，并购额51.1亿美元。加快境外营销网络建设，新增境外营销网络706个，累计达4200多个。制定联盟拓市行动方案，组建联合体承揽境外大项目。出台融资担保平台管理办法，首批7个项目融资额超1亿美元。国际投资96357公共服务平台正式投入运行。

（六）扎实推进服务贸易发展

积极组织企业参加各类服贸展会，扩大市场渠道。培育文化、服务外包等线上交易平台，线上文化服务出口占比5%。着力优化服务贸易结构，服务外包、文化、教育、金融等高附加值领域增长超过20%。积极推进服务贸易示范城市、文化服务贸易城市、在岸服务外包试点城市建设。大力发展文化服务贸易，认定63个省级文化出口重点企业和31个重点项目。

（七）扎实推进开放平台建设

深化"开发区整合优化提升行动"，三门工业园区等6家园区整合设立省级经济开发区。召开全省海关特殊监管区工作会议，嘉兴出口加工区转为综保区，金义综保区正式获批。全面启动国际产业合作园创建工作，"1+10+N"国际产业合作园创建格局基本形成。加强开发区整体推广，成功举办全省开发区上海路演。海外平台不断拓展，3个国家级和2个省级境外合作园区成为企业海外抱团发展的重要平台。对外联系网络不断完善，新增境外联系单位120个，德国、新加坡商务代表处作用日益显现。

（八）扎实推进电子商务发展

全省现有天猫店3万多家，开展电商的规模以上企业1.5万家，建成24个产业带、29个淘宝特色馆和204个电商产业园区。农村电商快速发展，全省共有淘宝村280个，新建村级电商服务点4093个，新建社区智能投递终端1.2万个。建成市、县电商公共服务中心50个，举办电商服务资源对接会27场。成立电子商务促进中心，设立电商大数据研究基地。制定《电子商务仓储管理与服务规范》等9个电商地方标准。

（九）扎实推进作风建设

深入开展"三严三实"专题教育活动和"深改革、强规范、提能效"作风建设系统联动专项行动，加强党内法规纪律学习与执行。组织商务好故事征文比赛。加强服务型机关建设，进一步简政放权，推进依法行政，开展拓市场专题服务，调研企业3000多家次，帮助解决问题240多个。商务运行监测体系不断完善，监测企业扩容至1万家。

二、2016年全省商务工作安排

2016年是“十三五”的开局之年，做好今年的商务工作，对于实现“十三五”良好开局具有重要意义。

2016年，全省商务工作总体思路是：全面贯彻党的十八届三中、四中、五中全会精神和省委十三届七次、八次全会精神，主动适应经济发展新常态，按照“开拓大市场、发展大商贸、推进大开放”的总体要求，围绕“拓市场、促消费、扩投资、创优势、优服务”的中心任务，着力加强供给侧结构性改革，加快培育国际竞争新优势，积极推动内贸和外贸协调发展，货物贸易和服务贸易协调发展，“走出去”和“引进来”协调发展，线上与线下协调发展，进口和出口协调发展，促进商务事业各项工作平稳健康发展，努力实现“十三五”商务发展良好开局。

2016年，全省商务工作的主要预期目标是：社会消费品零售总额增长10%左右；网络零售增长30%左右；外贸出口保持适度增长，占全国出口份额12%左右；服务贸易出口增长10%左右；实际引进外资力争达到160亿美元；对外直接投资总额达80亿美元。

2016年，着力抓好以下八个方面的工作。

（一）顺应消费需求升级的趋势，加快发挥消费增长潜力

加大国内市场开拓力度，切实履行牵头促消费职责，深化内贸流通体制改革，更好发挥内贸流通拓市场、促消费、稳投资、惠民生的作用。

大力开拓国内市场。加快品牌拓市场，扩大“浙江名品进名店”试点，实施“老字号拓市场工程”，推动百家老字号企业进驻线上专区和线下体验中心。搭建市场开拓公共平台，继续创建“浙江商品国际采购中心”。积极培育内贸品牌展会，建立开拓国内市场数据库。积极发展融资租赁，选择5个开发区和工业强县开展融资租赁服务实体经济试点。

搞活流通促消费。抓好牵头促消费工作，探索建立推进服务消费的政策机制，完善消费（服务消费）统计体系。大力开展各类消费促进活动，全力打造升级版“金秋购物节”，推动大型商场、连锁企业等万家门店开展联合促销活动。培育消费热点，大力发展信息、休闲旅游、文化娱乐、健康养老等服务消费。振兴浙菜品牌，培育浙菜龙头企业。鼓励绿色消费，扩大绿色产品生产销售，实施“互联网＋绿色回收”创建工程，建设线下智能回收箱500个，水泥散装率继续走在全国前列。加强流通设施建设，力争商贸流通业投资增长8%，推动网点规划修编和实施落地，优化城乡商业网点布局，谋划开展城市智慧商圈试点，探索创建农村特色商贸小镇，推进公益性农产品市场建设和农产品冷链物流建设，支持13个生态县开展农产品流通项目建设试点。

深入推进流通改革。指导义乌国内贸易流通改革发展综合试点和金华现代服务业综合试点，总结评估省级流通改革试点经验，逐步在全省复制推广。实施商贸企业转型升级工程，支持企业做强线下实体。制定与推广商贸流通标准，加快商贸物流建设，推进杭州国家级物流标准化试点，继续实施“城市共同配送工程”。加快商务诚信体系建设，完成省侵权假冒行政执法与刑事司法衔接平台建设，实现省、市、县三级信息共享。深入实施“云剑”行动，建成大数据鉴定中心和存储中心。抓好商务诚信示范企业创建，发布“诚信示范企业”名单。加强市场运行监测预警，提升应对市场突发事件能力，保障各类生活必需品供应，增强市场调控能力。

（二）顺应国际市场需求变化的趋势，加快形成国际贸易竞争新优势

2016年国际经济形势依然严峻，保持外贸稳定增长的难度较大。要在保住市场份额的同时，加快形成以渠道、质量、品牌、技术、服务为核心的外贸竞争新优势，推动外贸优进优出。

稳步提高出口占全国份额。优化国际市场布局，推动出口市场结构从传统市场为主向多元化市场发展，深耕美、欧、日等传统市场，加大拉美、非洲等新兴市场开拓力度，全面推动对“一带一路”沿线国家出口。积极利用多种方式开拓市场，抢占市场份额。加快品牌拓市场，精心培育浙江出口名牌，大力实施“品质浙货、行销天下”推广工程，在广交会等重点展会上宣传推广。强化营销网络拓市场，支持企业建立海外仓、国际物流配送、售后服务、展销中心等各类营销机构，完善公共海外仓布局，新增境外营销网络500个。加大展会拓市场力度，组织好111个省级重点境内外展会，特别是“一带一路”沿线的10个重点展会。实施“走出去”拓市场，扩大国际产能和装备制造业合作，以境外项目带动我省产品、技术出口。鼓励抱团拓市场，开展外贸转型升级试点示范县培育工作，打造10个区域品牌，推动嵊州领带等区域品牌升级。

加快发展外贸新模式。扩大市场采购贸易方式出口，继续推动义乌、海宁市场采购贸易发展，确保出口较快增长。鼓励各地发展旅游购物，支持内外贸结合较好的市场申报市场采购试点。加强外贸综合服务平台建设，成立外贸综合服务企业行业联盟。推动跨境电商出口较快增长，形成以B2B为主的跨境电商发展新格局。

优化出口商品结构。建立名特优产品出口支持体系，出口实现较快增长。加大力度推动丝绸、茶叶、青瓷、黄酒等历史经典产品出口。继续推进创新驱动拓市场试点工作，积极利用出口信用保险、出口买方信贷等金融政策，扩大信息、新能源、高端装备制造等高技术含量、高附加值、高效益产品出口。深入推进30个国家级出口基地和109个省级出口基地建设。

积极扩大进口。用足用好国家进口贴息和省级进口奖励政策，扩大政策性进口信贷覆盖面，支持和鼓励企业扩大先进装备进口，服务“机器换人”。推进舟山港综保区等进口平台建设，增强大宗商品进口功能。合理增加中高档消费品进口，培育一批跨境电商进口平台，拓展义乌国际商贸城等专业市场的进口功能，适应消费升级需求。

（三）顺应国际投资领域扩大的趋势，加快创新利用外资方式

抓住新一轮高水平对外开放的机遇，积极吸引集聚全球创新要素，提升引进外资质量与水平。

创新招商引资方式。强化品牌意识，精心筹划“浙洽会”。在美加、欧洲、日韩等地区及上海、北京、珠海等城市开展系列主题招商活动。顺应跨国兼并重组的新趋势，积极利用资本市场引进外资，鼓励外资企业增资。注重区域形象塑造与国际营销，加大与知名专业机构合作，发布《2016中国浙江投资报告》。加强国际投资服务体系建设，完善浙新等经贸合作机制，健全新加坡、德国等海外代表处的建设机制，加快建设我省海外综合战略平台。

改革外资管理体制。密切关注“外资三法”修订，及我国双边多边对外投资协定谈判进展，实行准入前国民待遇加负面清单管理制度，加强与行政审批、产业指导目录等的衔接，推广复制“全面报告＋有限许可”的新型外资审批管理制度。建立外商投资信息报告制度，加强外商投资企业事中事后监管，探索构建外商投资全周期监管体系。

开展精准招商服务。加强研究，建设世界500强和跨国公司信息管理系统，绘制招商地图，实现精准招商。杭甬嘉湖等市要发挥优势，努力打造外商投资在我省的集聚地。开展全省外资企业服务年活动，举行外资政策、法律、法规现场服务活动，指导各市开展服务外企系列活动，解决一批外资企业难点重点问题，推进一批外资增资项目。开展“外商投资贡献奖”评选活动，表彰一批外商投资杰出贡献企业，继续开展外商投资企业社会责任示范企业评定工作，树立一批科学发展、和谐发展的优秀外资企业。

（四）顺应跨国兼并重组发展的趋势，加快培育本土民营跨国公司

支持有条件的企业“走出去”，从境外获取技术、品牌、渠道等转型升级要素资源，提升企业国际化经营能力。

积极参与“一带一路”建设。启动我省“一带一路”第二轮项目清单梳理工作，与丝路基金、亚投行等开展对接。加快境外经贸合作区战略布局，积极推动浙江企业进驻中白工业园，争取塞尔维亚商贸物流园、乌兹别克斯坦鹏盛工业园晋升为国家级经贸园区。推进电商平台海外投资，在境外商贸物流园区开展电商公共服务中心建设试点，推动电商企业、模式和服务“走出去”，提升电子商务的国际话语权。

完善跨国公司培育的体制机制。继续实施浙江本土民营跨国公司培育行动计划，建立分类别分梯队的本土跨国公司培育名单，定期发布浙江企业跨国经营指数。支持有条件的企业走出去开展国际并购，抓好一批跨国并购项目，鼓励企业以跨国并购、股权投资、基金投资等多种方式，掌握核心技术、高端品牌、人才团队等资源，畅通境外要素资源回流。

增强服务企业国际化能力。加强金融政策支持，进一步完善中小企业“走出去”融资担保平台，推进国际投资产业基金筹备运营。健全“走出去”服务保障机制，在融资、法律、劳工等方面提供国际化的第三方服务。强化境外安全风险评估和安全预警机制，提高对外投资合作风险防控能力。抓好联盟拓市工作，以电力、交通、建筑建材等行业为重点，建立省内供应商对接机制，协同浙企共同开拓市场。

（五）顺应全球服务经济转移的趋势，加快发展服务贸易

服务业已成为推动我省经济发展的主要动力。服务贸易将是“十三五”期间我省对外贸易的新增长点，也是贸易结构优化的重点。

着力扩大服务贸易出口规模。积极推进服务外包、文化贸易、国际海事、国际教育、中医药、创意设计等附加值较高的新兴领域发展，确保服务外包出口较快增长。组织好京交会、戛纳国际电影节等 20 个境内外优质服务贸易展会。积极推进“互联网＋服务贸易”，加大线上影视交易、线上离岸服务外包等服务交易平台建设力度，力争线上影视交易占全省文化出口比重提升 1 个百分点。组织若干场境内外文化对接活动，文化服务贸易增长 50%。

夯实服务贸易发展基础。支持宁波、金华争取国家服务外包示范城市。认定并培育一批服务贸易和货物贸易协调发展基地、离岸服务外包综合示范园区、离岸服务外包特色示范园区、在岸服务外包示范园区和文化出口基地。培育若干个服务贸易领域的领军企业。完善服贸人才培养体系，继续举办全省大学生服务外包创新应用大赛，全年培训服贸人才 1 万人次以上。

深化服务贸易体制机制改革。继续推进服务贸易示范试点城市、文化服务贸易城市、在岸服务外包试点城市建设，建立考核评价体系，总结试点经验，力争在协调机制、政策体系、统计体系、产业培育等方面实现新突破。

（六）顺应开放体制机制创新的趋势，加快打造对外开放新平台

顺应国际经贸投资规则的新变化，加快建立开放型经济新体制，全力打造重大开放平台，加快推进开发区转型升级，打造区域开放高地。

全力打造开放大平台。争取设立舟山自由贸易港区，积极参与国际石油储备基地、绿色石化基地、中国（浙江）大宗商品交易中心、国际保税燃料油供应基地、国际海事服务基地建设。全力参与义甬舟开放大通道规划。制订建设外向型产业集群计划，选择若干个出口份额较大，产业集聚群基础好的开发区，建设一批外向型产业集群。在全省开发区实施“领跑浙江制造 2025”行动计划，培育一批领跑产业、领跑企业、领跑人才。

加强开发区分类指导。加快国际产业合作园建设，制定国际产业合作园建设指导意见，组织国际产业合作园赴境外精准招商，把国际产业合作园打造成引领经济转型开放和国际深度合作的新高地。推进符合条件的省级开发区申报国家级开发区，整合优化全省海关特殊监管区，争取温州综保区获批。推进浙台经贸合作区建设，加强招商对接。

推动开发区创新发展。鼓励条件成熟的开发区建设一批“众创空间”，在全省开发区推广科技创新、体制创新和开放创新的典型经验。参与长江经济带建设，建设长江经济带转型示范开发区。继续完善开发区、海关特殊监管区评价考核体系，建立各类园区“有进有退”的动态管理机制。

（七）顺应电子商务融合发展的趋势，加快实现电商产业发展新提升

全力巩固和提升电子商务先发优势，进一步增强电子商务在我省经济社会转型发展中的新引擎作用，努力打造我省电子商务产业发展升级版。

大力发展农村电子商务。有序建设区域性农产品电商平台，扩大农产品网上销售，提升淘宝特色馆运营水平，逐步向其他平台推广，总数达50个。深入实施电子商务进万村工程，认定一批省级电商示范村，建设农村电商创业园100个，培育电商小村300个，新增村级电商服务站3000个。探索“移动互联＋众包”模式的农村电商物流试点。推进丽水、衢州农村电商试验区建设。

加快发展跨境电商。推动杭州、宁波跨境电商综试区建设，并逐步向全省推广。积极培育跨境电商经营主体，新增从事跨境电商的网店1万家。选择20个产业集群开展“产业集群＋跨境电商”试点。完善服务支撑体系，认定一批跨境电商综合服务商，结合海关特殊监管区建设跨境电商园区。完善跨境电商物流体系，建设物流仓储中心，引导跨境电商企业发展境外备货模式。规范进口电商业务，推动直邮进口向备货进口发展。创新跨境电商业务流程和管理机制，建设全省跨境电商综合管理平台。

创新发展服务业电商。鼓励线上线下融合发展，推动百货、超市及社区便利店等零售企业与网上交易对接，发展电商线下体验店。推动产业集群和专业市场电商化，新增100个专业市场应用电子商务。推进餐饮、美容、修车等生活服务业线上线下融合发展，支持50个O2O创新项目。

完善电商服务体系。实施“浙江质造”网货质量提升行动，培育网上浙货品牌。完善电商物流体系，建设20个电子商务公共仓，新增3000个社区智能投递终端。实施电商创业创新工程，创建一批电商小镇，办好电商创业创新大赛，设立省级电商产业基金。完善省级电商公共服务平台建设，新增市县电商公共服务中心20个，举办电商服务资源对接会30场。开展电商示范创建工作，实施电商领域“三名工程”。加强电商统计监测、地方标准和人才培训体系建设，发布电商发展指数。

（八）顺应政府改革的趋势，加快优化商务发展环境

要深化简政放权，提升商务公共服务水平，及时回应企业需求，切实营造商务发展的良好环境。

加强法治商务建设。密切跟踪《商品流通基本法》、《外国投资法》、《境外投资条例》等立法进程，关注TPP、RCEP等国际经贸规则谈判及实施进展。推动《浙江省电子商务条例》、《浙江省开发区条例》立法工作。继续深化行政审批制度改革，按照职责做好省政务服务网建设，完善外商投资、商贸特种行业、机电产品国际招标等各项事中事后监管制度。以已有的116个预警点为基础，进一步完善贸易摩擦预警机制，进一步完善产业预警，做好重点难点案件应对。

构建新型商务服务体系。贯彻实施国家大数据战略，加快构建商务大数据。推进商务大数据服务体系和“两微一端”（微门户、微信、移动服务端）建设，实现信息数据共享开放，深化商务大数据的融合发展，提升商务治理和公共服务能力。继续推进商务运行监测和96357投资服务、外贸服务等系列服务平台建设。促进展览业改革发展，抓住G20举办和规范促进展览业发展政策出台的机遇，推动我省展览业上新台阶。建立由商务部门牵头的展览行业管理工作机制。规范党政机关境内举办展会活动，指导各地做好展会申报工作。完善展览业监测信息平台建设，设立专家库，探索建立展览业统计制度。加强分类指导，培育一批品牌展览项目。各地要适应财政资金拨付方式的调整，加快商务政策资金兑现速度，以政策引领带动结构调整。

加强商务系统队伍建设。完善党建工作责任制，坚持全面从严治党，落实“三严三实”要求，严明政治纪律、政治规矩，严守党纪党规底线。落实党风廉政建设主体责任和监督责任，健全改进作风长效机制，强化行政权力运行制约与监督。推进干部队伍建设和人才强商战略，加强干部培训，用扎实的学习来克服“本领恐慌”。

周日星厅长在浙江省丝路沿线合作项目对接交流会上的讲话摘要

（2015 年 4 月 28 日）

2013 年，习近平主席在出访中亚和东盟期间，先后提出了“丝绸之路经济带”和“21 世纪海上丝绸之路”的战略构想，为泛亚和亚欧区域合作注入了新的活力，在国际社会得到广泛关注和积极反响。浙江省是“一带一路”的重要参与省份，积极参与“一带一路”建设，充分发挥浙江在全球轻工、日用消费品生产和国际采购的优势地位，进一步优化浙江产业和企业的沿线布局、扩大沿线国家的经贸合作领域和规模，对于我省加快产业结构调整、培育经济新增长点、开拓全球市场和构建开放型经济新体制具有重大战略意义。

浙江地处中国的长三角，紧邻上海。浙江具有“人多地少、经济活跃”的特点。我省的土地面积 10.18 万平方千米，常住人口 5500 万，2014 年，我省的 GDP 总量为 4 万亿元人民币，居中国大陆第四位。在中国经济发展中，浙江省经济特色明显：一是民营经济活跃。民营经济占经济总量的 60%以上，在 2014 年中国民营企业 500 强中，浙江占 138 席，连续 16 年蝉联全国第一。浙江百姓特别能吃苦，特别能创业，注册的企业和个体工商户有 420 多万家，也就是说平均 13 个人就有一家企业或个体工商户。此外，浙江还有 600 多万人在省外投资创业，200 多万人在海外经商。二是市场经济发达。浙江拥有 4400 多个商品交易市场，交易额接近 2 万亿元。其中义乌国际商贸城是全球规模最大的小商品贸易和集散市场。网络市场潜力巨大，中国大陆 85%的网络零售、70%的跨境电商交易、60%的企业间电商交易是依托浙江电商平台交易完成的。全球规模最大的网上交易平台——阿里巴巴就在浙江。三是对外开放水平高。浙江是中国改革开放的先行区之一。2014 年，浙江的进出口总额达 3551 亿美元，占全国的 8.3%，其中出口 2734 亿美元，占全国的 11.7%。另外，浙江“引进来”和“走出去”规模都比较大。截至 2014 年底，已有 5 万多家外资企业在浙江投资，世界 500 强中有 174 家在我省投资企业 500 多个。浙江企业在 142 个国家和地区设立了 7000 多家境外机构。

经贸合作是浙江参与“一带一路”建设的基础和先导。浙江作为开放大省，在不久前国家三部委联合发布的“一带一路”愿景与行动中占据举足轻重的地位。“义新欧”铁路成为“丝绸之路经济带”的重要战略支点，宁波—舟山港位列 15 个重点布局的沿海城市港口，“推进浙江海洋经济发展示范区和舟山群岛新区建设”在规划中也占有重要地位。浙江参与“一带一路”建设，与沿线国家开展贸易投资合作具备良好的基础，合作潜力巨大。

贸易方面。浙江与“一带一路”沿线国家具有扎实的贸易合作基础，我省与沿线国家双边贸易快速增长。仅 2014 年，浙江与“一带一路”沿线国家的贸易总额已达到 1077 亿美元，占全省进出口总额的 30%以上。我省向沿线国家出口的主要产品以纺织服装、日用消费品、轻工产品等为主，而进口则以资源性产品为主，互补性很强。

投资方面。近年来，我省与沿线国家的投资

规模迅速扩大。2014 年，浙江对“一带一路”沿线国家的直接投资额达到 50.5 亿美元，完成外经营业额 16.5 亿美元，在“一带一路”沿线设立了 3 个国家级、2 个省级境外合作园区。

通道方面。历史上，浙江就是海上丝绸之路的重要组成部分，宁波港、舟山港都是始发港之一。2014 年，宁波—舟山港吞吐量已连续六年蝉联世界第一，集装箱吞吐量突破 2000 万标箱，成为世界第五大集装箱港。以打造“中欧班列”品牌为目标，由义乌经新疆直达欧洲的“义新欧”班列 2014 年底已正式开行。2015 年 2 月 23 日，首趟“义新欧”班列回到义乌，标志着目前世界上线路最长、途经国家最多的铁路货运班列实现往返开行。

基于以上基础，我相信，浙江与“一带一路”沿线国家开展互利共赢合作的潜力巨大。推动双方的进一步合作，重点是挖掘区域贸易新增长点，相互扩大市场开放；扩大双向投资，推动合作由简单商品贸易向更高级的相互投资转变；推进区域基础设施互联互通，抓好“义新欧”等关键通道和关键节点建设。

商务部、各国家级政策性金融机构和沿线国家驻华商务机构，将为浙江企业了解政策信息、争取市场机会提供详细的金融支持政策解读；同时我们也组织了 30 家企业，带来了 54 个沿线地区的合作项目清单，合计投资及合同总额为 156.9 亿美元，融资、股权合作意向 54.3 亿美元，希望通过这次对接能够寻找到共同合作的机会，把浙江企业国际化发展战略与沿线地区的发展需求更加紧密地结合。浙江省商务厅将积极支持各方开展合作，努力为各方搭建平台、提供服务。

目前，浙江主动融入“一带一路”，共筑开放合作新格局的征程已经起步。我相信，只要我们秉承和弘扬团结互信、平等互利、包容互鉴、合作共赢的“丝路精神”，坚持登高望远和脚踏实地有机结合，真诚合作，共同努力，就一定能够让古老的丝绸之路焕发青春和活力，谱写区域合作的新篇章。

（根据录音整理）

周日星厅长在全省农村电子商务工作现场会上的讲话摘要

（2015 年 6 月 15 日）

一、浙江省农村电子商务的总体情况及主要工作

近年来，在省委、省政府的坚强领导和高度重视下，浙江省农村电子商务发展迅猛，通过“互联网＋”模式为“三农”发展提供电商服务支持，覆盖了农村的消费、生产、生活等各个方面，扩大了农村消费、增加了农民收入、激发了农村创业、促进了社会和谐，取得了较好成效。2014 年，全省网络零售额达到 5641.57 亿元，同比增长 47.6%，总量约占全国的五分之一，其中县域网络零售额占网络零售总额的二分之一以上，乡村网络零售额占网络零售总额的 10%左右，并呈快速攀升趋势。全省农产品网络零售额超过 180 亿元，同比增长 80%，约占全国农产品网络零售总额的 22.5%，继续保持走在全国前列。电子商务已经成为农村青年创业的新渠道。据不完全统计，2014 年，我省农村青年网上创业群体约 18 万人，电商为农村新增就业岗位约 50 万个，并呈快速上升态势。在推进农村电商发展方面，我们主要做了以下工作：

（一）出台政策，引导支持农村电商发展

省商务厅牵头起草了《浙江省农村电子商务工作实施方案》（浙政办发〔2014〕117 号），并由省政府办公厅印发。该方案明确我省农村电子商务的发展目标、总体思路，通过市场主导和政策推动、示范带动和全面发展、农产品进城和工业品下乡三个相结合，加快推进我省农村电商发展。这是全国首份关于农村电商发展的省级实施方案，创新了政府引导农村电商的支持方式，得到商务部的充分肯定并在全国推广。此外，还出台了《浙江省“电子商务进万村工程”实施方案》、《浙江省电子商务专业人才培训和评价方案》等一系列文件，通过部门合作、上下联动，系统推动农村电商发展。

（二）搭建两个平台，夯实农村电商发展基础

一是以“淘宝特色馆”为主导，推进农产品网络销售平台建设。随着“淘宝特色中国浙江馆”的正式上线运营，省、市、县三级特色馆联动的格局已基本形成。已建成的 16 个市、县特色馆，2014 年累计实现销售额超 10 亿元，入驻网商 3000 余家。此外，一些有条件的县市结合本地特色和实际，建设区域性农产品电商平台，如“瑞安淘”、“桐庐淘”等。为支持 26 个“摘帽县”发展农村电商，由省财政支持部分资金，配合省农办启动建设区域性农产品网络销售平台。

二是以园区和淘宝村建设为重点，推进农村电商集聚发展平台建设。近年来，全省通过“腾笼换鸟”利用工业厂房、仓储用房等存量房产和土地资源，加快推进电子商务园区建设。目前，全省已建成电商园区共 154 个，其中县域范围的园区 62 个，平均入驻企业超过 100 家。电子商务园区较好地实现了区域内的网商集聚、服务集聚和创新整合，逐渐成为电商产业发展的集聚地、大众创业万众创新的孵化器、富有活力的电商知识社区和服务枢纽。2014 年，全省共有 62 个“淘宝

村”、6个“淘宝镇”，分别占全国总数的29.4%和31.6%，均居全国首位。对于淘宝村镇，还出台了仓储用地、人才培训等一系列政策，引导其有序规范快速发展，形成规模效应和品牌效应。

（三）建设两大体系，强化农村电商的服务支撑

一是以“电子商务进万村工程”为抓手，推进农村电商服务体系建设。该体系主要是以省级服务中心为引导、县级服务中心为支点、村级服务点为基础组成的三级体系，提供全方位的农村电商服务，与社区智能投递柜一起列入省政府2015年为民办实事工程。截至2015年3月底，全省已设立农村电商服务点5488个，县级电商服务中心30家。

二是积极试点，探索建立农村电商物流体系。一方面，围绕降低物流成本、提高效率，开展“仓配一体化”建设试点，支持电商物流企业以自主投资或者与仓储企业合作等形式建设公共仓储，为农产品网商提供低价优质的仓储、物流服务；另一方面，针对农村配送区域分散、效率较低等问题，充分整合末端配送资源，推动电商物流企业与“电子商务进万村工程”的衔接，采取建设中转站或企业、社会车辆“拼车”配送等方式，提高农村电商物流效率和效益。

（四）加强协调，形成农村电商发展合力

2014年省商务厅认真履行省电子商务工作领导小组办公室综合协调职责，在省级有关部门的大力支持下，从基础配套、服务支撑、政策支持和市场监管等方面推进各项工作的开展。在创业方面，分别与省委组织部、团省委联动，支持大学生村干部积极参与农村电商，推动农村青年电商创业；在农产品销售方面，与省农办共同推进区域性农产品销售平台建设；在农产品质量追溯体系方面，与省质监局合作，探索出台电商地方标准；在营造氛围方面，与省人社厅一起举办电商职业技能大赛。此外，还与组织部、财政厅、团省委等部门联合，评选出了一批农村电商领域的示范单位和个人。总的来说，全省农村电商的省级部门工作机制已初步建立。

二、进一步推进农村电商发展的工作打算

虽然浙江省农村电子商务发展迅猛，但总体来看还处于起步阶段，面临着信息基础设施相对滞后、仓储物流设施欠缺、产业体系不够健全、市场秩序不够规范等突出问题和困难。下一步，省商务厅将加快落实《国务院关于大力发展电子商务加快培育经济新动力的意见》（国发〔2015〕24号）文件精神和我省“电商换市”的战略部署，进一步推进我省农村电子商务的快速健康发展，提升互联网＋“三农”的发展水平。具体来讲，就是抓好“一个机制、三大体系、五项环境支撑”的建设，即加快完善农村电商推进机制，逐步建立健全的农村电商销售体系、消费体系和创业体系，进一步做好公共服务、基础设施、管理服务、人才培训、财政支持五项环境配套支撑，具体思路如下：

（一）全省统筹，加快完善农村电商推进机制

完善的农村电商推进机制是实现其加快发展的制度基础。在组织领导方面，省电子商务工作领导小组办公室将加强日常联络、协调和督促，并根据省政府统一安排对各地农村电商工作进行考核；与相关部门通力协作，形成以农村电商为先导的工作合力。各地要加强对农村电商发展工作的组织领导，加大资金、人员等要素保障力度，建议乡镇要有具体负责电商的工作人员。在业务指导方面，统筹考虑农村电商的市场主体、服务体系、物流体系、产业平台和特色村镇等各方面内容，做好《浙江省电子商务产业“十三五”规划》，指导各地工作的开展。在区域发展方面，坚持“全省一盘棋”原则，建立省市县三级联动机制，按照“错位发展，各有特色”的思路，发挥各地区域优势，引导形成多元化发展格局，避免同质化竞争，逐步构建可持续发展的区域合作机制。

（二）围绕核心，健全销售、消费和创业三大体系

三大体系建设是农村电子商务的核心内容，也是下一步工作的主要着力点：

1. 以拓宽销售渠道、提升产业集聚为抓手，大力推进农村电商销售体系建设。在推进农产品网络销售体系建设方面，以“淘宝特色馆”建设为主要载体，全面扩大浙江农产品网络零售市场，到年底全省特色馆要突破20个。有效整合特色馆资源，逐步拓展其他知名电商平台的零售渠道。鼓励有条件的地方发展生鲜农产品“网订店取”业务和区域性农产品销售平台，大力发展农产品网上直销。搭建区域性农产品网上批发平台，发展大宗农产品网上交易，引导农产品经营者开展多层次的农产品网络批发业务。加大浙江农产品网上宣传力度，突出浙江区域特色，开展季节性的特色农产品团购促销活动。

要以“电商村”的改造提升促进产业集聚。进一步重视“电商村”在农村电商中的地位与作用，及时梳理发掘一批有集聚潜力的“电商村”。省商务厅已与阿里巴巴联合发布了《浙江淘宝村研究报告》，2015年全省“淘宝村”有望突破250个。要加大支持力度，重点对“电商村”的公共存储、服务中心建设给予支持。

2. 完善农村消费体系建设，进一步促进农民消费水平。一是加快“电子商务进万村工程”实施进度。按照政府支持、市场化运作的方式，积极探索多方主体参与的农村电商服务体系建设模式，大幅度增加村级电子商务服务点数量。其次，要量质并举，逐步增强农村电商服务点的服务功能。逐步延伸到小额现金存取、转账汇款、手机充值、水电费缴纳、车票代购、农产品网上销售、快递包裹存取等业务，为农村居民提供“一站式”综合服务。同时，鼓励建材、农资等走电商之路开拓农村市场，为农村居民提供与城市相同的消费服务。

3. 着力构建农村电商创业体系，进一步搭建农民创业平台。省商务厅将按照“要素整合、产业集聚、功能提升、因地制宜”的要求，重点支持乡镇（街道）和电子商务发展较好的村，利用闲置厂房建设电商创业园（孵化园）；推动一批基础较好的县（市、区）建设具有综合服务功能，并与当地特色产业相结合的农村电商产业基地。加快建设农村电商创业服务站和联络点，为农户开展电商提供业务咨询和联络服务。定期举办农村电商创业和技能大赛，营造良好的农村电商创业氛围。同时，将进一步鼓励返乡大学毕业生、大学生村干部和返乡创业青年参与电子商务发展，培育一批农村电子商务创业带头人。

（三）主动创新，坚持做好五项环境配套支撑

浙江省农村电子商务发展走在全国前列，离不开良好的发展环境，要继续保持领先优势，就要积极探索、主动创新，坚持不懈地做好“电商生态圈”的各项环境配套支撑。

1. 做好公共服务支撑。采取引进和培养相结合的方式做好公共服务平台与服务体系的建设。加快公共服务平台建设，引导电商服务企业拓展农村市场，深入推进全省电子商务公共服务体系建设，加快向农村地区延伸服务网络，为农村电商发展提供网店建设、仓储管理、代运营和人才培训等服务，全面提升农村电商服务水平。积极举办电子商务服务资源在全省的巡回对接活动，2015年将在全省举办20场以上的对接活动。

2. 做好基础设施支撑。推进农村电子商务物流渠道、公共仓储、通信基础设施及网上支付体系建设。加快村级电子商务服务点布局，改造完善村一级的服务站。搭建城乡仓储物流平台，打造“农产品进城，工业品下乡”的双向电商流通体系。整合物流资源，合理规划和布局农村物流基础设施，实施快递下乡，发展全冷链物流，构建适应农村电商发展的物流配送体系。深入实施“宽带乡村、海岛”工程，提升宽带服务农业、农村和海岛的能力，在实现行政村全面普及的基础上，向20户以上的自然村延伸。同时，在农村地区大力推广网上支付、手机支付等支付方式，为各类农村电商主体提供全程电子支付服务。

3. 做好行业管理支撑。围绕涉农电商交易、监管和服务体系等内容，加强农村电商行业的标准建设，规范服务流程，提升服务质量。前期，省商务厅与省质监局拟订了《农村电子商务服务站

(点)管理与服务规范》,将尽快报批,组织实施。下阶段还要针对“淘宝村”的发展制定相关的规定。逐步建立农村电商标准体系。加强农村电子商务行业管理,完善行业统计和监测,为全省各地农村电商工作提供指导。针对农村电商市场秩序问题,将会同质监、工商等部门推广组织机构代码与商品条码在农村电子商务的应用,逐步建立农产品电子商务溯源体系,从源头防止假冒伪劣商品进入交易环节。严厉打击依托网络制售假冒伪劣商品、虚假广告、侵犯知识产权和传销等违法行为,加强农村网络消费市场预警,切实保护消费者合法权益。

4. 做好电商人才支撑。一是加大对各级政府层面的系统培训力度,与省委组织部、省农办等单位合作,开展针对各级领导干部的宏观电子商务培训以及农村指导员、大学生村官岗前培训,增强发展农村电商的意识、提高发展农村电商的能力和知识。二是发挥企业市场化培训作用,鼓励电子商务培训机构针对农村电子商务进行专业化培训,落实一批县级电子商务产业基地、服务平台作为农村青年电子商务创业的实践基地。努力培养一批有电商理论和实际操作能力的复合型人才。三是加大对农民及创业者的普及培训力度。发挥农村指导员、大学生村干部作用,开展针对农民的电子商务知识培训。发挥自媒体作用,拓展群众认知。专题制作电子商务访谈类节目,提高电子商务在广大农民中的认知度和接受度,力争做到全民触网。

5. 做好产业政策支撑。根据农村电子商务实际发展需要,积极争取省财政部门的支持,对农村电商产业发展、配套服务、示范创建和人才培训落实相应的政策。积极组织一批农村电商项目与省信息经济产业基金进行对接,引导鼓励涉农电商企业采取风险投资、战略投资等方式引入金融资本和社会资本。加强与金融机构的合作,引导金融机构加大对农村电商的信贷支持,以无形资产和动产质押融资方式,扩大电商企业贷款抵质押品范围。特别是加强与农信联社、邮储银行等涉农金融机构的联系,探索与农村电商相适应的金融支持政策。同时,与省委组织部、农办、交通、建设、国土、人社等部门对接,进一步完善农村电商在物流、用地、人才培训等各方面的政策支持。

(根据录音整理)

二、重要文件

国务院关于加快发展服务贸易的若干意见

国发〔2015〕8号

各省、自治区、直辖市人民政府，国务院各部委、各直属机构：

近年来，我国服务贸易发展较快，但总体上国际竞争力相对不足，仍是对外贸易“短板”。大力发展服务贸易，是扩大开放、拓展发展空间的重要着力点，有利于稳定和增加就业、调整经济结构、提高发展质量效率、培育新的增长点。为适应经济新常态，加快发展服务贸易，现提出以下意见：

一、总体要求

（一）指导思想

深入贯彻党的十八大和十八届二中、三中、四中全会精神，以深化改革、扩大开放、鼓励创新为动力，着力构建公平竞争的市场环境，促进服务领域相互投资，完善服务贸易政策支持体系，加快服务贸易自由化和便利化，推动扩大服务贸易规模，优化服务贸易结构，增强服务出口能力，培育“中国服务”的国际竞争力。

（二）基本原则

深化改革，扩大开放。深化服务业改革，放宽服务领域投资准入，减少行政审批事项，打破地区封锁和行业垄断，破除制约服务业发展的体制机制障碍；坚持有序推进服务业开放，以开放促改革、促发展、促创新。

市场竞争，政府引导。发挥市场在服务贸易领域资源配置中的决定性作用，着力激发各类市场主体发展新活力；强化政府在制度建设、宏观指导、营造环境、政策支持等方面的职责，更好发挥政府引导作用。

产业支撑，创新发展。注重产业与贸易、货物贸易与服务贸易协调发展。依托制造业优势发展服务贸易，带动中国服务“走出去”；发挥服务贸易的支撑作用，提升货物贸易附加值。夯实服务贸易发展基础，增强服务业的国际竞争力。

（三）发展目标

服务业开放水平进一步提高，服务业利用外资和对外投资范围逐步扩大、质量和水平逐步提升。服务贸易规模日益扩大，到2020年，服务进出口额超过1万亿美元，服务贸易占对外贸易的比重进一步提升，服务贸易的全球占比逐年提高。服务贸易结构日趋优化，新兴服务领域占比逐年提高，国际市场布局逐步均衡，“一带一路”沿线国家在我国服务出口中的占比稳步提升。

二、主要任务

（四）扩大服务贸易规模

巩固旅游、建筑等劳动密集型服务出口领域的规模优势；重点培育运输、通信、金融、保险、计算机和信息服务、咨询、研发设计、节能环保、环境服务等资本技术密集型服务领域发展，既通过扩大进口满足国内需求，又通过鼓励出口培育产业竞争力和外贸竞争新优势；积极推动文化艺术、广播影视、新闻出版、教育等承载中华文化核心价值的文化服务出口，大力促进文化创意、数字出版、动漫游戏等新型文化服务出口，加强中医药、体育、餐饮等特色服务领域的国际交流合作，提升中华文化软实力和影响力。

（五）优化服务贸易结构

优化服务贸易行业结构，积极开拓服务贸易新领域，稳步提升资本技术密集型服务和特色服务等高附加值服务在服务进出口中的占比。优化国际市场布局，继续巩固传统市场，在挖掘服务出口潜力的同时，加大资本技术密集型服务进口力度；大力开拓"一带一路"沿线国家市场，提高新兴国家市场占比，积极发展运输、建筑等服务贸易，培育具有丝绸之路特色的国际精品旅游线路和产品，推进承载中华文化的特色服务贸易发展，提高资本技术密集型服务贸易占比。优化国内区域布局，巩固东部沿海地区的规模和创新优势，加快发展资本技术密集型服务贸易，发挥中西部地区的资源优势，培育特色产业，鼓励错位竞争、协同发展。

（六）规划建设服务贸易功能区

充分发挥现代服务业和服务贸易集聚作用，在有条件的地区开展服务贸易创新发展试点。依托现有各类开发区和自由贸易试验区规划建设一批特色服务出口基地。拓展海关特殊监管区域和保税监管场所的服务出口功能，扩充国际转口贸易、国际物流、中转服务、研发、国际结算、分销、仓储等功能。

（七）创新服务贸易发展模式

积极探索信息化背景下新的服务贸易发展模式，依托大数据、物联网、移动互联网、云计算等新技术推动服务贸易模式创新，打造服务贸易新型网络平台，促进制造业与服务业、各服务行业之间的融合发展。将承接服务外包作为提升我国服务水平和国际影响力的重要手段，扩大服务外包产业规模，增加高技术含量、高附加值外包业务比重，拓展服务外包业务领域，提升服务跨境交付能力。推动离岸、在岸服务外包协调发展，在积极承接国际服务外包的同时，逐步扩大在岸市场规模。

（八）培育服务贸易市场主体

打造一批主业突出、竞争力强的大型跨国服务业企业，培育若干具有较强国际影响力的服务品牌；支持有特色、善创新的中小企业发展，引导中小企业融入全球供应链。鼓励规模以上服务业企业走国际化发展道路，积极开拓海外市场，力争规模以上服务业企业都有进出口实绩。支持服务贸易企业加强自主创新能力建设，鼓励服务领域技术引进和消化吸收再创新。

（九）进一步扩大服务业开放

探索对外商投资实行准入前国民待遇加负面清单的管理模式，提高利用外资的质量和水平。推动服务业扩大开放，推进金融、教育、文化、医疗等服务业领域有序开放，逐步实现高水平对内对外开放；放开育幼养老、建筑设计、会计审计、商贸物流、电子商务等服务业领域外资准入限制。积极参与多边、区域服务贸易谈判和全球服务贸易规则制定。建立面向全球的高标准自由贸易区网络，依托自由贸易区战略实施，积极推动服务业双向互惠开放。基本实现内地与港澳服务贸易自由化。推动大陆与台湾服务业互利开放。

（十）大力推动服务业对外投资

支持各类服务业企业通过新设、并购、合作等方式，在境外开展投资合作，加快建设境外营销网络，增加在境外的商业存在。支持服务业企业参与投资、建设和管理境外经贸合作区。鼓励企业建设境外保税仓，积极构建跨境产业链，带动国内劳务输出和货物、服务、技术出口。支持知识产权境外登记注册，加强知识产权海外布局，加大海外维权力度，维护企业权益。

三、政策措施

（十一）加强规划引导

发挥规划的引领作用，定期编制服务贸易发展规划。指导地方做好规划工作，确立主导行业和发展重点，扶持特色优势行业发展。加强对重点领域的支持引导，制订重点服务出口领域指导目录。建立不同层级的重点企业联系制度。

（十二）完善财税政策

充分利用外经贸发展专项资金等政策，加大对服务贸易发展的支持力度，进一步优化资金安排结构，突出政策支持重点，完善和创新支持方式，引导更多社会资金加大对服务贸易发展的支持力度，拓宽融资渠道，改善公共服务。结合全面实施“营改增”改革，对服务出口实行零税率或免税，鼓励扩大服务出口。

（十三）创新金融服务

加强金融服务体系建设，鼓励金融机构在风险可控的前提下创新金融产品和服务，开展供应链融资、海外并购融资、应收账款质押贷款、仓单质押贷款、融资租赁等业务。鼓励政策性金融机构在现有业务范围内加大对服务贸易企业开拓国际市场、开展国际并购等业务的支持力度，支持服务贸易重点项目建设。鼓励保险机构创新保险品种和保险业务，探索研究推出更多、更便捷的外贸汇率避险险种，在风险可控的前提下采取灵活承保政策，简化投保手续。引导服务贸易企业积极运用金融、保险等多种政策工具开拓国际市场，拓展融资渠道。推动小微企业融资担保体系建设，积极推进小微企业综合信息共享。加大多层次资本市场对服务贸易企业的支持力度，支持符合条件的服务贸易企业在交易所市场上市、在全国中小企业股份转让系统挂牌、发行公司债和中小企业私募债等。

（十四）提高便利化水平

建立和完善与服务贸易特点相适应的口岸通关管理模式。探索对会展、拍卖、快递等服务企业所需通关的国际展品、艺术品、电子商务快件等特殊物品的监管模式创新，完善跨境电子商务通关服务。加强金融基础设施建设，便利跨境人民币结算，鼓励境内银行机构和支付机构扩大跨境支付服务范围，支持服务贸易企业采用出口收入存放境外等方式提高外汇资金使用效率。加强人员流动、资格互认、标准化等方面的国际磋商与合作，为专业人才和专业服务“引进来”和“走出去”提供便利。为外籍高端人才办理在华永久居留提供便利。

（十五）打造促进平台

支持商协会和促进机构开展多种形式的服务贸易促进活动，通过政府购买服务的形式整体宣传“中国服务”，提升服务贸易品牌和企业形象。支持企业赴境外参加服务贸易重点展会。积极培育服务贸易交流合作平台，形成以中国(北京)国际服务贸易交易会为龙头、以各类专业性展会论坛为支撑的服务贸易会展格局，鼓励其他投资贸易类展会增设服务贸易展区。积极与主要服务贸易合作伙伴和“一带一路”沿线国家签订服务贸易合作协议，在双边框架下开展务实合作。

四、保障体系

（十六）健全法规体系

加快推进相关服务行业基础性法律制修订工作，逐步建立和完善服务贸易各领域法律法规体系，规范服务贸易市场准入和经营秩序。研究制定或完善有关服务进出口的相关法规。鼓励有条件的地方出台服务贸易地方性法规。建立与国际接轨的服务业标准化体系。

（十七）建立协调机制

建立国务院服务贸易发展协调机制，加强对服务贸易工作的宏观指导，统筹服务业对外开放、协调各部门服务出口政策、推进服务贸易便利化和自由化。各地要将大力发展服务贸易作为稳定外贸增长和培育外贸竞争新优势的重要工作内容，纳入政府考核评价指标体系，完善考核机制。

（十八）完善统计工作

建立和完善国际服务贸易统计监测、运行和分析体系，健全服务贸易统计指标体系，加强与国际组织、行业协会的数据信息交流，定期发布服务贸易统计数据。创新服务贸易统计方法，加强对地方服务贸易统计工作的指导，开展重点企业数据直报工作。

（十九）强化人才培养

大力培养服务贸易人才，加快形成政府部门、科研院所、高校、企业联合培养人才的机制。

加大对核心人才、重点领域专门人才、高技能人才和国际化人才的培养、扶持和引进力度。鼓励高等学校国际经济与贸易专业增设服务贸易相关课程。鼓励各类市场主体加大人才培训力度，开展服务贸易经营管理和营销服务人员培训，建设一支高素质的专业人才队伍。

（二十）优化发展环境

积极营造全社会重视服务业和服务贸易发展的良好氛围。清理和规范服务贸易相关法律法规和部门规章，统一内外资法律法规，培育各类市场主体依法平等进入、公平竞争的营商环境。推动行业协会、商会建立健全行业经营自律规范、自律公约和职业道德准则，规范会员行为，推进行业诚信建设，自觉维护市场秩序。

五、组织领导

（二十一）各地区、各有关部门要从全局和战略的高度

充分认识大力发展服务贸易的重要意义，根据本地区、本部门、本行业实际情况，制订出台行动计划和配套支持政策。各地区要建立工作机制，结合本地实际，积极培育服务贸易特色优势产业。各有关部门要密切协作，形成合力，促进产业政策、贸易政策、投资政策的良性互动，积极营造大力发展服务贸易的政策环境。

附件：重点任务分二及进度安排表（略）

国务院

2015 年 1 月 28 日

国务院关于进一步促进展览业改革发展的若干意见

国发〔2015〕15号

各省、自治区、直辖市人民政府，国务院各部委、各直属机构：

近年来，我国展览业快速发展，已经成为构建现代市场体系和开放型经济体系的重要平台，在我国经济社会发展中的作用日益凸显。同时，我国展览业体制机制改革滞后，市场化程度发展迟缓，存在结构不合理、政策不完善、国际竞争力不强等问题。为进一步促进展览业改革发展，更好发挥其在稳增长、促改革、调结构、惠民生中的作用，现提出以下意见：

一、总体要求

（一）指导思想

全面贯彻党的十八大和十八届二中、三中、四中全会精神，贯彻落实党中央、国务院各项决策部署，深化改革，开拓创新，充分发挥市场在资源配置中的决定性作用，更好发挥政府作用，积极推进展览业市场化进程。坚持专业化、国际化、品牌化、信息化方向，倡导低碳、环保、绿色理念，培育壮大市场主体，加快展览业转型升级，努力推动我国从展览业大国向展览业强国发展，更好地服务于国民经济和社会发展全局。

（二）基本原则

坚持深化改革。全面深化展览业管理体制改革，明确展览业经济、社会、文化、生态功能定位，加快政府职能转变和简政放权，稳步有序放开展览业市场准入，提升行业管理水平，以体制机制创新激发市场主体活力和创造力。

坚持科学发展。统筹全国展馆展会布局和区域展览业发展，科学界定展览场馆和展览会的公益性和竞争性，充分调动各方面积极性，营造协同互补、互利共赢的发展环境。

坚持市场导向。遵循展览业发展规律，借鉴国际有益经验，建立公开公平、开放透明的市场规则，实现行业持续健康发展。综合运用财税、金融、产业等政策，鼓励和支持展览业市场化发展。

（三）发展目标

到2020年，基本建成结构优化、功能完善、基础扎实、布局合理、发展均衡的展览业体系。

发展环境日益优化。完善法规政策，理顺管理体制，下放行政审批权限，逐步消除影响市场公平竞争和行业健康发展的体制机制障碍，形成平等参与、竞争有序的市场环境。

市场化水平显著提升。厘清政府和市场的关系，规范和减少政府办展，鼓励各种所有制企业根据市场需求举办展会，市场化、专业化展会数量显著增长，展馆投资建设及管理运营的市场化程度明显提高。

国际化程度不断提高。遵循国际通行的展览业市场规则，发挥我国产业基础好、市场需求大等比较优势，逐步提升国际招商招展的规模和水平。加快"走出去"步伐，大幅提升境外组展办展能力。在国际展览业中的话语权和影响力显著提升，培育一批具备国际竞争力的知名品牌展会。

二、改革管理体制

（四）加快简政放权

改革行政审批管理模式，按照属地化原则，履行法定程序后，逐步将能够下放的对外经济技术展览会行政审批权限下放至举办地省级商务主管部门，并适时将审批制调整为备案制。运用互联网等现代信息技术，推行网上备案核准，提高行政许可效率和便利化水平。

（五）理顺管理体制

建立商务主管部门牵头，发展改革、教育、科技、公安、财政、税务、工商、海关、质检、统计、知识产权、贸促等部门和单位共同参与的部际联席会议制度，统筹协调，分工协作。加强展览业发展战略、规划、政策、标准等制订和实施，加强事中事后监管，健全公共服务体系。

（六）推进市场化进程

严格规范各级政府办展行为，减少财政出资和行政参与，逐步加大政府向社会购买服务的力度，建立政府办展退出机制。放宽市场准入条件，着力培育市场主体，加强专业化分工，拓展展览业市场空间。

（七）发挥中介组织作用

按照社会化、市场化、专业化原则，积极发展规范运作、独立公正的专业化行业组织。鼓励行业组织开展展览业发展规律和趋势研究，并充分发挥贸促机构等经贸组织的功能与作用，向企业提供经济信息、市场预测、技术指导、法律咨询、人员培训等服务，提高行业自律水平。

三、推动创新发展

（八）加快信息化进程

引导企业运用现代信息技术，开展服务创新、管理创新、市场创新和商业模式创新，发展新兴展览业态。举办网络虚拟展览会，形成线上线下有机融合的新模式。推动云计算、大数据、物联网、移动互联等在展览业的应用。

（九）提升组织化水平

鼓励多种所有制企业公平参与竞争，引导大型骨干展览企业通过收购、兼并、控股、参股、联合等形式组建国际展览集团。加强政策引导扶持，打造具有先进办展理念、管理经验和专业技能的龙头展览企业，充分发挥示范和带动作用，提升行业核心竞争力。

（十）健全展览产业链

以展览企业为龙头，发展以交通、物流、通信、金融、旅游、餐饮、住宿等为支撑，策划、广告、印刷、设计、安装、租赁、现场服务等为配套的产业集群，形成行业配套、产业联动、运行高效的展览业服务体系，增强产业链上下游企业协同能力，带动各类展览服务企业发展壮大。

（十一）完善展馆管理运营机制

兼顾公益性和市场原则，推进展馆管理体制改革和运营机制创新，制订公开透明和非歧视的场馆使用规则。鼓励展馆运营管理实体通过品牌输出、管理输出、资本输出等形式提高运营效益。加强全国场馆信息管理，推动馆展互动、信息互通，提高场馆设施的使用率。

（十二）深化国际交流合作

推动展览机构与国际知名的展览业组织、行业协会、展览企业等建立合作机制，引进国际知名品牌展会到境内合作办展，提高境内展会的质量和效益。配合实施国家“一带一路”等重大战略及多双边和区域经贸合作，用好世博会等国际展览平台，培育境外展览项目，改善境外办展结构，构建多元化、宽领域、高层次的境外参展办展新格局。

四、优化市场环境

（十三）完善展览业标准体系

按照总体规划、分步实施的原则，加快制修订和推广展馆管理、经营服务、节能环保、安全运营等标准，逐步形成面向市场、服务产业、主次分明、科学合理的展览业标准化框架体系。

（十四）完善行业诚信体系

加快建立覆盖展览场馆、办展机构和参展企业的展览业信用体系，推广信用服务和产品的应用，提倡诚信办展、服务规范。建立信用档案和违法违规单位信息披露制度，推动部门间监管信息的共享和公开，褒扬诚信，惩戒失信，实现信用分类监管。

（十五）加强知识产权保护

加快修订展会知识产权保护办法，强化展会知识产权保护工作。支持和鼓励展览企业通过专利申请、商标注册等方式，开发利用展览会名称、标志、商誉等无形资产，提升对展会知识产权的创造、运用和保护水平。扩大展览会知识产权基础资源共享范围，建立信息平台，服务展览企业。

（十六）打击侵权和假冒伪劣

创新监管手段，把打击侵权和假冒伪劣列入展览会总体方案和应急处置预案。完善重点参展产品追溯制度，推动落实参展企业质量承诺制度，切实履行主体责任。加强展览会维权援助举报投诉和举报处置指挥信息能力建设，完善举报投诉受理处置机制。

五、强化政策引导

（十七）优化展览业布局

按照国民经济结构调整和区域协调发展战略需要，科学规划行业区域布局，推动建设一批具有世界影响力的国际展览城市和展览场馆。定期发布引导支持展览会目录，科学确立重点展会定位，鼓励产业特色鲜明、区域特点显著的重点展会发展，培育一批品牌展会。

（十八）落实财税政策

按照政府引导、市场化运作原则，通过优化公共服务，支持中小企业参加重点展会，鼓励展览机构到境外办展参展。落实小微企业增值税和营业税优惠政策，对属于《国务院关于推进文化创意和设计服务与相关产业融合发展的若干意见》（国发〔2014〕10 号）税收政策范围的创意和设计费用，执行税前加计扣除政策，促进展览企业及相关配套服务企业健康发展。

（十九）改善金融保险服务

鼓励商业银行、保险、信托等金融机构在现有业务范围内，按照风险可控、商业可持续原则，创新适合展览业发展特点的金融产品和信贷模式，推动开展展会知识产权质押等多种方式融资，进一步拓宽办展机构、展览服务企业和参展企业的融资渠道。完善融资性担保体系，加大担保机构对展览业企业的融资担保支持力度。

（二十）提高便利化水平

进一步优化展品出入境监管方式方法，提高展品出入境通关效率。引导、培育展览业重点企业成为海关高信用企业，适用海关通关便利措施。简化符合我国出入境检验检疫要求的展品通关手续，依法规范未获得检验检疫准入展品的管理。

（二十一）健全行业统计制度

以国民经济行业分类为基础，建立和完善展览业统计监测分析体系，构建以展览数量、展出面积及展览业经营状况为主要内容的统计指标体系，建设以展馆、办展机构和展览服务企业为主要对象的统计调查渠道，综合运用统计调查和行政记录等多种方式采集数据，完善监测分析制度，建立综合性信息发布平台。

（二十二）加强人才体系建设

鼓励职业院校、本科高校按照市场需求设置专业课程，深化教育教学改革，培养适应展览业发展需要的技能型、应用型和复合型专门人才。创新人才培养机制，鼓励中介机构、行业协会与相关院校和培训机构联合培养、培训展览专门人才。探索形成展览业从业人员分类管理机制，研究促进展览专业人才队伍建设的措施办法，鼓励展览人才发展，全面提升从业人员整体水平。

各地区、各部门要充分认识进一步促进展览业改革发展的重要意义，加强组织领导，健全工作机制，强化协同配合。各地区要根据本意见，结合自身经济社会发展实际研究制订具体实施方案，细化政策措施，确保各项任务落到实处。各有关部门要抓紧研究制订配套政策和具体措施，为展览业发展营造良好环境。商务部要会同相关部门做好指导、督查和总结工作，共同抓好落实，重大事项及时向国务院报告。

国务院

2015 年 3 月 29 日

国务院办公厅关于促进进出口稳定增长的若干意见

国办发〔2015〕55号

各省、自治区、直辖市人民政府，国务院各部委、各直属机构：

推进新一轮更高水平对外开放，是经济提质增效升级的重要支撑。要进一步推动对外贸易便利化，改善营商环境，为外贸企业减负助力，促进进出口稳定增长，培育国际竞争新优势。为此，经国务院同意，现提出如下意见：

一、坚决清理和规范进出口环节收费

深入开展全国范围内的涉企收费集中整治专项行动。对依法合规设立的进出口环节行政事业性收费、政府性基金以及实施政府定价或指导价的经营服务性收费实行目录清单管理，未列入清单的一律按乱收费查处。加大对取消收费项目落实情况的督察力度，形成外贸企业松绑减负长效机制，防止乱收费问题反弹。增强口岸查验的针对性和有效性，对查验没有问题的免除企业吊装、移位、仓储等费用，此类费用由中央财政负担；对有问题的企业依法加大处罚力度。（发展改革委、工业和信息化部、财政部、交通运输部根据各自职责分别牵头）

二、保持人民币汇率在合理均衡水平上基本稳定

完善人民币汇率市场化形成机制，扩大人民币汇率双向浮动区间。进一步提高跨境贸易人民币结算的便利化水平，扩大结算规模。研究推出更多避险产品，帮助企业规避汇率风险，减少汇兑损失。（人民银行、外汇局负责）

三、加大出口信用保险支持力度

进一步扩大短期出口信用保险规模，加大对中小微企业及新兴市场开拓的支持力度。实现大型成套设备出口融资保险应保尽保，进一步简化程序。（财政部、商务部、进出口银行、中国出口信用保险公司负责）

四、加快推进外贸新型商业模式发展

抓紧落实《国务院办公厅关于促进跨境电子商务健康快速发展的指导意见》（国办发〔2015〕46号）。积极推进中国（杭州）跨境电子商务综合试验区建设。抓紧启动扩大市场采购贸易方式试点工作，将江苏海门叠石桥国际家纺城、浙江海宁皮革城列入试点范围。制订支持外贸综合服务企业发展的政策措施。2015年底前提出进一步扩大相关试点范围和推广外贸新型商业模式的方案，于2016年初开始实施。（商务部、发展改革委、财政部、海关总署、税务总局、工商总局、质检总局、外汇局负责）

五、继续加强进口工作

扩大优惠利率进口信贷覆盖面，将《鼓励进口技术和产品目录》纳入支持范围。2015年7月

底前调整出台《鼓励进口技术和产品目录》，相应调整进口贴息政策支持范围，促进国内产业升级。完善消费品进口相关政策，对部分国内需求较大的日用消费品开展降低进口关税试点，适度增设口岸进境免税店，合理扩大免税品种，增加一定数量的免税购物额，丰富国内消费者购物选择。（商务部、发展改革委、财政部、工业和信息化部、海关总署、税务总局、质检总局、进出口银行负责）

六、进一步提高贸易便利化水平

进一步简政放权，提高服务效率。进一步落实出口退税企业分类管理办法，加快出口退税进度，确保及时足额退税。提高口岸通关效率，强化跨部门、跨地区通关协作，加快推进形成全国一体化通关管理格局。加快复制推广自由贸易试验区的贸易便利化措施，在沿海各口岸开展国际贸易“单一窗口”试点。（海关总署、税务总局、质检总局、商务部、财政部、交通运输部、外汇局负责）

七、切实改善融资服务

加大对有订单、有效益企业的融资支持。鼓励采取银团贷款、混合贷款、项目融资等方式支持企业开拓国际市场，开展国际产能合作，推动中国装备“走出去”。支持金融机构开展出口退税账户托管贷款等融资业务。鼓励商业银行按照风险可控、商业可持续原则开展出口信用保险保单融资业务。大力拓展外汇储备委托贷款平台业务，继续扩大外汇储备委托贷款规模和覆盖范围，进一步推进外汇储备多元化运用。在宏观和微观审慎管理框架下，稳步放宽境内企业人民币境外债务融资，进一步便利跨国企业开展人民币双向资金池业务。（人民银行、银监会、财政部、商务部、外汇局、进出口银行、中国出口信用保险公司负责）

各地区、各部门要进一步提高认识，更加重视外贸工作，加强组织领导，顾全大局，增强工作主动性、针对性和有效性。要深化与“一带一路”沿线国家的经贸合作，突出创新驱动，切实加大稳增长政策落实力度，共同推动对外贸易平稳健康发展。各地区要结合实际主动作为，多措并举，促进本地区对外贸易稳定增长和转型升级。各部门要根据本意见制订具体工作方案，并进一步在简化手续、减免收费等方面加力增效，用便利和稳定增长的进出口助力经济发展。商务部要加强指导、督促检查，确保各项政策措施落实到位。

国务院办公厅

2015年7月22日

国务院办公厅关于推进线上线下互动加快商贸流通创新发展转型升级的意见

国办发〔2015〕72号

各省、自治区、直辖市人民政府，国务院各部委、各直属机构：

近年来，移动互联网等新一代信息技术加速发展，技术驱动下的商业模式创新层出不穷，线上线下互动成为最具活力的经济形态之一，成为促进消费的新途径和商贸流通创新发展的新亮点。大力发展线上线下互动，对推动实体店转型，促进商业模式创新，增强经济发展新动力，服务大众创业、万众创新具有重要意义。为落实国务院决策部署，推进线上线下互动，加快商贸流通创新发展和转型升级，经国务院同意，现提出以下意见：

一、鼓励线上线下互动创新

（一）支持商业模式创新

包容和鼓励商业模式创新，释放商贸流通市场活力。支持实体店通过互联网展示、销售商品和服务，提升线下体验、配送和售后等服务，加强线上线下互动，促进线上线下融合，不断优化消费路径、打破场景限制、提高服务水平。鼓励实体店通过互联网与消费者建立全渠道、全天候互动，增强体验功能，发展体验消费。鼓励消费者通过互联网建立直接联系，开展合作消费，提高闲置资源配置和使用效率。鼓励实体商贸流通企业通过互联网强化各行业内、行业间分工合作，提升社会化协作水平。（商务部、网信办、发展改革委、工业和信息化部、地方各级人民政府）

（二）鼓励技术应用创新

加快移动互联网、大数据、物联网、云计算、北斗导航、地理位置服务、生物识别等现代信息技术在认证、交易、支付、物流等商务环节的应用推广。鼓励建设商务公共服务云平台，为中小微企业提供商业基础技术应用服务。鼓励开展商品流通全流程追溯和查询服务。支持大数据技术在商务领域深入应用，利用商务大数据开展事中事后监管和服务方式创新。支持商业网络信息系统提高安全防范技术水平，将用户个人信息保护纳入网络安全防护体系。（商务部、工业和信息化部、发展改革委、地方各级人民政府）

（三）促进产品服务创新

鼓励企业利用互联网逆向整合各类生产要素资源，按照消费需求打造个性化产品。深度开发线上线下互动的可穿戴、智能化商品市场。鼓励第三方电子商务平台与制造企业合作，利用电子商务优化供应链和服务链体系，发展基于互联网的装备远程监控、运行维护、技术支持等服务市场。支持发展面向企业和创业者的平台开发、网店建设、代运营、网络推广、信息处理、数据分析、信用认证、管理咨询、在线培训等第三方服务，为线上线下互动创新发展提供专业化的支撑保障。鼓励企业通过虚拟社区等多种途径获取、转化和培育稳定的客户群体。（商务部、工业和信息化部、网信办、地方各级人民政府）

二、激发实体商业发展活力

（四）推进零售业改革发展

鼓励零售企业转变经营方式，支持受线上模式冲击的实体店调整重组，提高自营商品比例，加大自主品牌、定制化商品比重，深入发展连锁经营。鼓励零售企业利用互联网技术推进实体店铺数字化改造，增强店面场景化、立体化、智能化展示功能，开展全渠道营销。鼓励大型实体店不断丰富消费体验，向智能化、多样化商业服务综合体转型，增加餐饮、休闲、娱乐、文化等设施，由商品销售为主转向“商品＋服务”并重。鼓励中小实体店发挥靠近消费者优势，完善便利服务体系，增加快餐、缴费、网订店取、社区配送等附加便民服务功能。鼓励互联网企业加强与实体店合作，推动线上交流互动、引客聚客、精准营销等优势和线下真实体验、品牌信誉、物流配送等优势相融合，促进组织管理扁平化、设施设备智能化、商业主体在线化、商业客体数据化和服务作业标准化。（商务部、发展改革委）

支持新型农业经营主体对接电子商务平台，有效衔接产需信息，推动农产品线上营销与线下流通融合发展。鼓励农业生产资料经销企业发展电子商务，促进农业生产资料网络营销。（农业部、发展改革委）

支持零售企业线上线下结合，开拓国际市场，发展跨境网络零售。（商务部）

（五）加快批发业转型升级

鼓励传统商品交易市场利用互联网做强交易撮合、商品集散、价格发现和信息交互等传统功能，增强物流配送、质量标准、金融服务、研发设计、展览展示、咨询服务等新型功能。鼓励传统批发企业应用互联网技术建设供应链协同平台，向生产、零售环节延伸，实现由商品批发向供应链管理服务的转变。支持发展品牌联盟或建设品牌联合采购平台，集聚品牌资源，降低采购成本。深化电子商务应用，引导商品交易市场向电子商务园区、物流园区转型。以电子商务和现代物流为核心，推动大宗商品交易市场优化资源配置、提高流通效率。鼓励线上行业信息服务平台向综合交易服务平台转型，围绕客户需求组织线下展示会、洽谈会、交易会，为行业发展提供全方位垂直纵深服务。（商务部、工业和信息化部、发展改革委）

（六）转变物流业发展方式

运用互联网技术大力推进物流标准化，重点推进快递包裹、托盘、技术接口、运输车辆标准化，推进信息共享和互联互通，促进多式联运发展。大力发展智慧物流，运用北斗导航、大数据、物联网等技术，构建智能化物流通道网络，建设智能化仓储体系、配送系统。发挥互联网平台实时、高效、精准的优势，对线下运输车辆、仓储等资源进行合理调配、整合利用，提高物流资源使用效率，实现运输工具和货物的实时跟踪和在线化、可视化管理，鼓励依托互联网平台的“无车承运人”发展。推广城市共同配送模式，支持物流综合信息服务平台建设。鼓励企业在出口重点国家建设海外仓，推进跨境电子商务发展。（发展改革委、商务部、交通运输部、邮政局、国家标准委）

（七）推进生活服务业便利化

大力推动吃住行及旅游、娱乐等生活服务业在线化，促进线上交易和线下服务相结合，提供个性化、便利化服务。鼓励餐饮企业发展在线订餐、团购、外卖配送等服务。支持住宿企业开展在线订房服务。鼓励交通客运企业、旅游景点及文化演艺单位开展在线订票、在线订座、门票配送等服务。支持家政、洗染、维修、美发等行业开展网上预约、上门服务等业务。鼓励互联网平台企业汇聚线下实体的闲置资源，发展民宿、代购、合乘出行等合作消费服务。（商务部、旅游局、文化部、交通运输部）

（八）加快商务服务业创新发展

鼓励展览企业建设网上展示交易平台，鼓励线上企业服务实体展会，打造常态化交流对接平台，提高会展服务智能化、精细化水平。支持举办中国国际电子商务博览会，发现创新、引导创新、推广创新。提升商务咨询服务网络化水平。（商务部）

提升知识产权维权服务水平。（知识产权局）积极探索基于互联网的新型服务贸易发展方式，培育服务新业态，推动服务贸易便利化，提升商

务服务业国际化水平。(商务部)

三、健全现代市场体系

(九)推进城市商业智能化

深入推进智慧城市建设,鼓励具备条件的城市探索构建线上线下互动的体验式智慧商圈,支持商圈无线网络基础设施建设,完善智能交通引导、客流疏导、信息推送、移动支付、消费互动、物流配送等功能,健全商圈消费体验评价、信息安全保护、商家诚信积累和消费者权益保障体系。实施特色商业街区示范建设工程,鼓励各地基于互联网技术培育一批具有产业特色、经营特色、文化特色的多功能、多业态商业街区。(商务部、发展改革委、科技部、工业和信息化部、人民银行、工商总局、地方各级人民政府)

(十)推进农村市场现代化

开展电子商务进农村综合示范,推动电子商务企业开拓农村市场,构建农产品进城、工业品下乡的双向流通体系。(商务部、财政部)

引导电子商务企业与农村邮政、快递、供销、“万村千乡市场工程”、交通运输等既有网络和优势资源对接合作,对农村传统商业网点升级改造,健全县、乡、村三级农村物流服务网络。加快全国农产品商务信息服务公共平台建设。(商务部、交通运输部、邮政局、供销合作总社、发展改革委)

大力发展农产品电子商务,引导特色农产品主产区县市在第三方电子商务平台开设地方特色馆。(商务部、地方各级人民政府)

推进农产品“生产基地+社区直配”示范,带动订单农业发展,提高农产品标准化水平。加快信息进村入户步伐,加强村级信息服务站建设,强化线下体验功能,提高新型农业经营主体电子商务应用能力。(农业部)

(十一)推进国内外市场一体化

鼓励应用互联网技术实现国内国外两个市场无缝对接,推进国内资本、技术、设备、产能与国际资源、需求合理适配,重点围绕“一带一路”战略及开展国际产能和装备制造合作,构建国内外一体化市场。(商务部、发展改革委、网信办)

深化京津冀、长江经济带、“一带一路”、东北地区和泛珠三角四省区(福建、广东、广西、海南)区域通关一体化改革,推进全国一体化通关管理。(海关总署)

建立健全适应跨境电子商务的监管服务体系,提高贸易便利化水平。(商务部、海关总署、财政部、税务总局、质检总局、外汇局)

四、完善政策措施

(十二)推进简政放权

除法律、行政法规和国务院决定外,各地方、各部门一律不得增设线上线下互动企业市场准入行政审批事项。根据线上线下互动特点,调整完善市场准入资质条件,加快公共服务领域资源开放和信息共享。有关部门按职能分工分别负责)简化市场主体住所(经营场所)登记手续,推进一照多址、一址多照、集群注册等住所登记制度改革,为连锁企业、网络零售企业和快递企业提供便利的登记注册服务。(工商总局)

(十三)创新管理服务

坚持促进发展、规范秩序和保护权益并举,坚持在发展中逐步规范、在规范中更好发展。注意规范方式,防止措施失当导致新兴业态丧失发展环境。创新管理理念、管理体制和管理方式,建立与电子商务发展需要相适应的管理体制和服务机制,促进线上线下互动,充分发挥流通在经济发展中的基础性和先导性作用。开展商务大数据建设和应用,服务监管创新,支持电子商务产品品牌推广。(商务部、工商总局、质检总局)

在不改变用地主体、规划条件的前提下,各类市场主体利用存量房产、土地资源发展线上线下互动业务的,可在5年内保持土地原用途、权利类型不变,5年期满后确需办理变更手续的,按有关规定办理。(国土资源部)

(十四)加大财税支持力度

充分发挥市场在资源配置中的决定性作用,突出社会资本推动线上线下融合发展的主体地位。同时发挥财政资金的引导作用,促进电子商务进农村。(财政部、商务部)

营造线上线下企业公平竞争的税收环境。

(财政部、税务总局)

线上线下互动发展企业符合高新技术企业或技术先进型服务企业认定条件的,可按现行税收政策规定享受有关税收优惠。(财政部、科技部、税务总局)

积极推广网上办税服务和电子发票应用。(税务总局、财政部、发展改革委、商务部)

(十五)加大金融支持力度

支持线上线下互动企业引入天使投资、创业投资、私募股权投资,发行企业债券、公司债券、资产支持证券,支持不同发展阶段和特点的线上线下互动企业上市融资。支持金融机构和互联网企业依法合规创新金融产品和服务,加快发展互联网支付、移动支付、跨境支付、股权众筹融资、供应链金融等互联网金融业务。完善支付服务市场法律制度,建立非银行支付机构常态化退出机制,促进优胜劣汰和资源整合。健全互联网金融征信体系。(人民银行、发展改革委、银监会、证监会)

(十六)规范市场秩序

创建公平竞争的创业创新环境和规范诚信的市场环境,加强知识产权和消费者权益保护,防止不正当竞争和排除、限制竞争的垄断行为。推进社会诚信体系建设,强化经营主体信息公开披露,推动行政许可、行政处罚信息7个工作日内上网公开。建立健全电子商务信用记录,纳入“信用中国”网站和统一的信用信息共享交换平台,完善电子商务信用管理和信息共享机制。切实加强线上线下一体化监管和事中事后监管,健全部门联动防范机制,严厉打击网络领域制售假冒伪劣商品、侵犯知识产权、传销、诈骗等违法犯罪行为。(商务部、发展改革委、工业和信息化部、公安部、工商总局、质检总局、食品药品监管总局、知识产权局)

(十七)加强人才培养

鼓励各类企业、培训机构、大专院校、行业协会培养综合掌握商业经营管理和信息化应用知识的高端紧缺人才。支持有条件的地区建设电子商务人才继续教育基地,开展实用型电子商务人才培训。支持开展线上线下互动创新相关培训,引进高端复合型电子商务人才,为线上线下互动企业创新发展提供服务。(商务部、人力资源社会保障部、地方各级人民政府)

(十八)培育行业组织

支持行业协会组织根据本领域行业特点和发展需求制订行业服务标准和服务规范,倡导建立良性商业规则,促进行业自律发展。发挥第三方检验检测认证机构作用,保障商品和服务质量,监督企业遵守服务承诺,维护消费者、企业及个体创业者的正当权益。(商务部、工商总局、质检总局)

各地区、各部门要加强组织领导和统筹协调,结合本地区、本部门实际制订具体实施方案,明确工作分工,落实工作责任。商务部要会同有关部门做好业务指导和督促检查工作,重大情况及时报告国务院。

国务院办公厅
2015年9月18日

浙江省人民政府关于进一步促进全省经济平稳发展创新发展的若干意见

浙政发〔2015〕18号

各市、县(市、区)人民政府,省政府直属各单位:

为贯彻落实党中央、国务院和省委关于稳增长调结构促改革等各项工作部署,促进全省经济平稳发展、创新发展,现提出如下意见:

一、加快工业转型升级

(一)加大工业投入力度

加大企业技术改造力度,在符合国家相关法律法规和军事、航空等要求的前提下,企业厂区范围内容积率、厂房高度不再设定上限指标限制,绿地率不再设定下限指标限制。加大实施2015年重大工业项目计划力度,大力推进舟山国际绿色石化基地、长安福特杭州汽车生产基地乘用车二期等一批项目前期工作,加快一批重大工业项目建设进度。

(二)深入推进“机器换人”

每年组织实施10个左右区域性行业“机器换人”综合试点示范,省级重点组织实施百项“机器换人”示范项目。省级财政安排一定资金对“机器换人”示范市县和示范项目进行补助。鼓励企业在技术改造中采购工业机器人和智能化制造系统,省与市、县(市、区)财政按1:2的比例,给予企业设备购置款10%—20%的奖励。

(三)加快“腾笼换鸟”

坚决淘汰落后产能,积极化解过剩产能,力争2015年淘汰落后和过剩产能涉及企业1000家以上,全年整治和淘汰安全、环保、能耗不达标或其他违法生产经营的企业(作坊)10000家以上。坚持“腾换”并举,利用腾出的发展空间,加快小微企业创业园(基地)建设。对符合规定的小微企业创业园(基地)建设项目,允许其建成后通过租赁等方式经营,也可按土地出让合同约定分割转让厂房和土地使用权。启动第二批“三名”培育工程试点。

(四)推进并购重组

全面落实国家和省出台的鼓励企业兼并重组政策,围绕集聚先进要素、发展七大产业、提升行业地位加大并购重组力度。引导在浙金融机构设立千亿元规模的银团并购贷款,支持上市企业并购重组,鼓励上市公司并购募投项目落户我省。

(五)抓好工业大市大县大企

8个工业大市、39个工业大县及其他工业强县(市、区)试点单位要立足本地实际,抓紧出台稳定工业经济的具体政策措施。对超额完成2015年度技改投资目标的大县,省政府给予1000万元奖励。

二、支持外贸进出口

(六)加大出口支持力度

各市、县(市、区)要适当安排资金支持外贸发展,省级外贸切块资金必须专款专用。加快出口退税进度,减少出口退税审批层级,推行出口退税无纸化管理试点并在全省范围推广,减少函调的频次,进一步缩短出口企业退税周期,尽快完成应退税款全额拨付。健全对市、县(市、区)外贸出口评价机制,对2015年出口超额完成省政府目标任务的部分给予一定奖励。

（七）积极开拓国际市场

调整优化支持展会目录，增列并培育一批货物贸易国际性展会。积极引导企业加强商标国际注册，打造国际知名品牌；新培育一批“浙江出口名牌”，重点培育10个消费类“浙江出口精品”。进一步落实义乌国际贸易综合改革试点支持政策，用足用好中国（杭州）跨境电子商务综合试验区的各项政策，推进跨境电子商务公共海外仓和园区建设。

（八）提高贸易便利化

加快完善外贸综合服务平台建设的扶持政策。适当降低出口查验率，符合条件的企业，海关予以担保验收。对查验正常的出口货物，海关当天放行。严格执行跨境电子商务货物出口“全年无休日、货到海关监管场所24小时内办结海关手续”的作业时间和通关时限要求。继续深化通关作业无纸化和通关一体化改革，全面推进关检合作“三个一”工作，切实落实“一次申报、一次查验、一次放行”，进一步提高出口货物通关效率。

（九）积极扩大进口规模

扩大对20种大宗原材料和资源性商品进口，鼓励消费品及省内不能生产的特殊产品进口，推动战略性新兴产业发展、传统产业技术改造急需的先进技术、关键设备进口。

三、继续发挥投资关键作用

（十）加快重大工程实施进度

对省重点建设项目实行即报即审即批，开展省重点建设项目征地拆迁、集中开工、银项对接等专项活动，加快省重点建设项目开工建设。采取总承包方式的项目可以提前启动设计、施工招投标，预安排项目实行并联审批、专家联审，地方有能力监管的项目招投标实行属地交易与管理，力争2015年前三季度提前完成全年开工率目标。连续两年未用完的中央预算内投资计划项目结转资金，按国家有关规定收回。加强重大项目稽察和有效投资督察考核。

（十一）力争重要铁路早日开工

落实列入规划项目不再审批项目建议书的改革措施，确保年内开工建设商合杭铁路、金台（含头门港支线）铁路、宁波穿山港区铁路支线、宣杭铁路电气化改造工程、义乌西铁路货场扩能工程5个项目。推进都市圈城际（市域）铁路建设，支持铁路（城际）建设综合开发用地，鼓励按PPP模式推进项目建设，对市、县（市、区）政府投入的资本金，省财政根据市县财力状况给予适当补助，确保年内开工建设杭州至海宁、至富阳、至临安以及宁波至奉化、温州市域S2线5条城际（市域）铁路。

（十二）积极鼓励民间投资

实施《政府核准的投资项目目录（浙江省2015年本）》及配套管理办法。引导浙商总部回归和资本回归，对成效突出的市县给予适当奖励。按月兑现浙商回归项目新型墙体材料专项基金、散装水泥专项资金“即征即退”政策。支持民间资本筹建浙商成长基金。搭建民营企业与央企的互动平台，建立健全对接央企长效机制。

（十三）切实推进投融资改革

推动设立基础设施投资基金和PPP引导资金，广泛吸引社会资本参与，创新完善高速公路、铁路等政府投融资平台。扩大企业债券融资规模，鼓励优质企业发债用于国家发展改革委确定的七大类重大投资工程包、六大领域消费工程项目融资，不受发债企业数量指标的限制。推动一批PPP项目实施，继续向社会推出一批PPP项目。对前置审批中介服务实行清单式管理。

四、保持消费稳定增长

（十四）促进住房消费

抓紧制订出台促进房地产市场平稳健康发展的政策意见。支持各地实施“房票”制度、市场回购房源、人才购房补贴、农村居民进城购房优惠、培育住房租赁市场等办法。允许各地在国家规定范围内调整普通商品住房认定标准，科学把握商品住房套型结构。全面清理住房公积金使用障碍和门槛，扩大“公转商”贴息贷款试点，提高缴存职工的实际可贷款额度，支持异地购房公积金贷款。提高土地、房屋等被征收补偿对象的货币化安置力度。

（十五）加快旅游消费提升

推动旅游业与各行业融合发展。2015 年创建 1 家国家 5A 级旅游景区、10 家国家 A 级旅游景区、10 家省级生态旅游区，打造 3 个在全国具有示范意义的旅游营地，积极发展邮轮游艇、高端度假等一批旅游精品，打响“诗画浙江”品牌。

（十六）积极培育消费热点

支持网络消费，落实《国务院关于大力发展电子商务加快培育经济新动力的意见》（国发〔2015〕24 号），制订出台我省实施意见。加快电商服务网络建设，全年新增 3000 个以上农村电子商务服务站点，在城乡社区新建 6000 个以上“E 邮柜”等电子商务投递终端。支持新能源汽车消费，2015 年省级财政统筹安排专项资金支持示范城市用于新能源汽车推广应用价格补助和充电设施建设。推进两批国家信息消费试点城市创建工作。

五、强化创新驱动

（十七）推进创新平台建设

支持杭州争创国家自主创新示范区，推进国家级高新区、省级高新园区提升发展，推动有条件的高新园区升级为国家级高新区，支持温州、丽水、义乌等产业集聚区创建省级高新园区，加快杭州青山湖科技城、未来科技城、宁波新材料科技城、嘉兴科技城、舟山海洋科学城等一批科技城建设。新增建设 50 家左右省级重点企业研究院。

（十八）促进科技成果产业化

围绕石墨烯、量子通信等共性技术的研究应用和新能源汽车、高端装备、新材料等新兴产业核心关键技术攻关及“机器换人”等工业转型升级先进成果转化应用，组织实施省级重大科技专项，安排财政科技经费 2 亿元予以重点支持。积极推进民企对接现代技术、现代金融“双对接”工程。加强线上和线下相结合、省市县相结合的技术市场体系建设，探索科技成果竞价拍卖与其他交易方式相结合的技术转移模式，实现技术交易的常态化，建设全国有影响力的科技成果交易中心。

（十九）激发创业创新活力

积极培育众创空间，推进科技企业孵化器、创业一条街等新型创业服务平台建设。加快培育科技型中小企业，2015 年省级财政安排 3 亿元资金扶持科技型中小微企业发展，科技型中小企业符合条件的，及时认定为高新技术企业。大力推广使用“创新券”，2015 年全省发放使用“创新券”1 亿元，推动全省 500 家以上科技创新载体的仪器设备向社会开放共享。加大创业培训和创业服务，制订出台支持大众创业促进就业的政策意见。在全省推广实施商事登记“五证合一”改革。

（二十）全面实施小微企业三年成长计划

完善小微企业金融服务考核激励和尽职免责制度，引导银行单列小微企业信贷计划，用足用好定向降准、再贷款、再贴现、金融专项债等政策工具。推进全省小微企业融资担保体系建设。落实小微企业招用高校毕业生就业的社会保险补贴和培训补贴等政策；健全“个转企”“小升规”常态化机制，力争 2015 年“小升规”企业达到 3000 家。

六、培育经济新增长点

（二十一）积极参与“一带一路”和长江经济带战略

加快出台我省贯彻长江经济带战略实施方案和参与“一带一路”建设实施方案。各地要谋划一批重大项目和工程，争取列入更高层次规划，并争取相关政策支持。力争国家早日批复设立中国舟山江海联运服务中心及建设方案，大力推进 2015 年度七大工程（平台）建设，组织实施一批重大项目，加快宁波—舟山港实质性一体化。

（二十二）加快发展七大产业

按照市场化运作原则，管好用好省转型升级产业基金、信息经济创业投资基金、农业发展投资基金。各地要加快建立产业基金，力争通过 3 年努力，全省各级政府设立的产业基金规模达到 1000 亿元以上，发挥“四两拨千斤”的作用，引导各类社会资本投资七大产业和历史经典产业，建设一批大项目、好项目。

（二十三）创建一批特色小镇

重点推进第一批省级特色小镇创建工作，加快启动第二批省级特色小镇培育、创建工作，支持各市创建市级特色小镇，每个工业大县要创造条件谋划建设一个工业类特色小镇。

（二十四）落实淳安等26县加快发展政策

认真落实《中共浙江省委、浙江省人民政府关于推进淳安等26县加快发展的若干意见》（浙委〔2015〕8号），加大省对淳安等26县的财政支持力度，2015年一般性转移支付额度不低于2014年总量，并不断增加。完善对淳安等26县加快发展的考核制度。

（二十五）深入推进新型城市化

加快四大都市区建设，扎实推进宁波、嘉兴、义乌、苍南龙港、乐清柳市、东阳横店等国家新型城市化试点。推动省级产业集聚区与所在城市产城融合发展。深入实施新一轮小城市培育试点三年行动计划，以人的城市化为重点推进小城市培育试点地区提质发展，加快城乡相向而行、一体化发展。启动服务业强县（市、区）培育工程。

七、加大资源要素保障力度

（二十六）强化用地保障

加强对省重大交通、能源、水利等基础设施建设项目以及重大生态、民生项目的用地保障力度；对淳安等26个加快发展县考核排名前两档的县（市、区）以及省工业投资和“机器换人”技术改造考核优秀的县（市、区）予以用地指标奖励；对列入省重大产业项目库的项目，在完成供地后，经审核符合条件的及时予以用地指标奖励，其中50亿元以上的特别重大产业项目实行全额奖励，并提前预支用地指标。对铁路、水利等国家重大基础设施项目占优补优、占水田补水田暂时确有困难的，允许所在地政府以承诺方式落实耕地占补平衡任务，并在项目竣工前按承诺时间完成数量相同、质量相当的补充耕地任务。

（二十七）强化金融保障

大力发展资本市场，研究制订加快对接多层次资本市场的政策举措。对在上交所、深交所、港交所、新三板市场、浙江股权交易中心上市或挂牌的企业，各地可给予一次性工作经费补助。加大对资金保障重点领域和薄弱环节的支持力度。积极争取新增国家开发银行棚户区改造贷款资金。实施企业分类帮扶，采取“一企一策”，不盲目抽贷、断贷、延贷。省财政安排一定资金继续实行贷款风险补偿。

（二十八）强化人才保障

深入实施省“151”人才、专技人才知识更新和“百校千企”“千企千师”工程，每年培养高技能人才20万人。省级层面组织行业龙头骨干企业赴北京、上海、南京等地举办万亿产业专场招聘；每月定期举办高层次人才封闭式洽谈活动。

八、做好对企业精准服务

（二十九）落实税费优惠政策

认真落实《国务院关于税收等优惠政策相关事项的通知》（国发〔2015〕25号）精神，对国家统一制定的税收等优惠政策，要逐项落实到位；各地、各部门已出台的优惠政策，有规定期限的，按规定期限执行；没有规定期限又确需调整的，由各地和相关部门按照把握节奏、确保稳妥的原则设立过渡期，在过渡期内继续执行；各地与企业已签订合同的优惠政策继续有效，对已兑现的部分不溯及既往。

（三十）切实降低企业成本

落实好工商业电价调整政策，切实减轻工商业用户负担。地方差别电价增加的电费收入用于推动当地经济结构调整和节能减排等工作。加强天然气价格管理，着力控制燃气经营企业的输配费用，切实落实非居民用气降价方案，使天然气终端销售价格与周边省市相衔接，力争不高于周边省市。降低失业保险费率，自2015年起失业保险费率从3%下降到2%，用人单位和职工个人缴纳费率各降0.5个百分点。

（三十一）分类帮扶企业

深入开展“五帮一化”服务企业活动，对年销售产值超10亿元的大企业，由省级相关部门选派联络员；各市、县（市、区）要结合实际，对年销售产值超亿元企业选派联络员。排选一批有市场、有效益、生产经营总体正常但遇到暂时性困难的企业,加大帮扶力度。

(三十二)完善经济运行预测预警

加强统计监测工作,加快建立和完善信息经济、环保、健康、旅游、时尚、金融、高端装备制造七大产业的统计制度,将网络零售纳入社会消费品零售总额统计范畴。要继续强化经济形势分析,完善提升对微观企业运行情况的监测能力。

浙江省人民政府
2015 年 6 月 23 日

浙江省人民政府关于印发中国(杭州)跨境电子商务综合试验区实施方案的通知

浙政函〔2015〕65号

杭州市人民政府,省政府直属各单位:

根据《国务院关于同意设立中国(杭州)跨境电子商务综合试验区的批复》(国函〔2015〕44号)要求,经征求商务部等国家有关部委意见,现将《中国(杭州)跨境电子商务综合试验区实施方案》印发给你们,请遵照执行。

浙江省人民政府

2015年6月23日

中国(杭州)跨境电子商务综合试验区实施方案

建设"中国(杭州)跨境电子商务综合试验区"(以下简称综合试验区),是新形势下贯彻落实党的十八大和十八届三中、四中全会精神,顺应全球化发展趋势、加快政府职能转变、构建开放型经济新体制的重大举措,是通过制度创新、管理创新、服务创新实现跨境电子商务自由化、便利化、规范化发展的综合改革试验。根据《国务院关于同意设立中国(杭州)跨境电子商务综合试验区的批复》(国函〔2015〕44号)文件精神,为全面有效推进综合试验区工作,特制定本实施方案。

一、总体要求

(一)指导思想

高举中国特色社会主义伟大旗帜,以邓小平理论、"三个代表"重要思想、科学发展观为指导,紧紧围绕国家发展战略,以深化改革、扩大开放为动力,通过制度创新、管理创新、服务创新和协同发展,破解跨境电子商务发展中的深层次矛盾和体制性难题,充分发挥市场主体作用,打造跨境电子商务完整的产业链和生态链,逐步形成一套适应和引领全球跨境电子商务发展的管理制度和规则,为推动全国跨境电子商务健康发展提供可复制、可推广的经验,把综合试验区建设成为我国经济转型升级的重要载体和深化改革开放的重要窗口,提升信息经济时代我国对外贸易的竞争力和话语权。

(二)基本原则

坚持先行先试、循序渐进。突出重点,大胆探索,着力在跨境电子商务交易、支付、物流、通关、退税、结汇等环节的技术标准、业务流程、监管模式和信息化建设等方面先行先试,同时加强对综合试验区试点成果的评估,循序渐进,适时调整,逐步推广,有力有序有效推动综合试验区建设发展。

坚持创新发展、有序规范。坚持在发展中规范、在规范中发展，通过制度创新、管理创新、服务创新，推动跨境电子商务自由化、便利化、规范化发展，为综合试验区各类市场主体公平参与市场竞争创造良好的营商环境。同时，控制好试点试验的风险，保障国家安全、网络安全、交易安全、进出口商品质量安全，有效防范交易风险。

坚持政府引导、企业主体。正确处理政府与市场的关系，发挥市场在资源配置中的决定性作用，激发企业参与综合试验区建设的主体性、主动性和创造性；更好地发挥政府作用，有效引导社会资源，合理配置公共资源，通过优化监管服务、完善政策法规，为跨境电子商务发展创造良好环境。

坚持综合改革、协同发展。加强部门协同协作和相关政策衔接，推动监管与服务、线上与线下、政府与市场的有机融合。通过综合改革、集成创新，推动“关”、“税”、“汇”、“检”、“商”、“物”、“融”一体化发展，形成适应跨境电子商务发展的监管服务模式和制度体系，打造跨境电子商务完整的产业链和生态链。

（三）发展目标

经过3—5年的改革试验，力争把综合试验区建成以“线上集成＋跨境贸易＋综合服务”为主要特征，以“物流通关渠道＋单一窗口信息系统＋金融增值服务”为核心竞争力，“关”、“税”、“汇”、“检”、“商”、“物”、“融”一体化，线上“单一窗口”平台和线下“综合园区”平台相结合，投资贸易便利、监管服务高效、法制环境规范的全国跨境电子商务创业创新中心、跨境电子商务服务中心和跨境电子商务大数据中心。

跨境电子商务创业创新中心：积极推进贸易方式创新和政府管理创新，吸引电子商务企业和个人到综合试验区创业创新、集聚发展，成为“互联网＋”发展的新示范和大众创业、万众创新的新渠道。

跨境电子商务服务中心：通过建立完善的供应链综合服务体系，为跨境电子商务企业提供便捷高效的金融、物流、信用、人才、数据等综合服务，构建良好的跨境电子商务发展生态环境。

跨境电子商务大数据中心：通过汇聚海量的跨境电子商务数据，建立大数据应用平台，打造跨境电子商务大数据交换整合和研究利用中心，为跨境电子商务发展提供强大的大数据信息服务。

（四）实施范围

第一阶段为在综合试验区“单一窗口”平台登记备案的在杭州市注册的各类市场主体；第二阶段逐步拓展到在综合试验区“单一窗口”平台登记备案的杭州市外注册的各类市场主体。

二、主要建设任务

综合试验区主要任务是建立以信息为基础、以信用为核心、以技术为支撑的跨境电子商务新型监管服务模式，实现跨境电子商务自由化、便利化、规范化发展。其实现路径为：掌握信息数据→交易真实背景→电商信用体系→简化监管流程→优化综合服务。即通过构建信息共享体系、金融服务体系、智能物流体系、电商信用体系、统计监测体系和风险防控体系，以及线上“单一窗口”平台和线下“综合园区”平台等“六体系两平台”，实现跨境电子商务信息流、资金流、货物流“三流合一”，建立以真实交易为基础的电商信用评价体系，对企业或商品实施分类分级监管，简化优化监管流程，并依托大数据的分析运用，提供金融、物流等供应链综合服务。

（一）建立信息共享体系

统一信息标准规范、信息备案认证、信息管理服务，建立多位一体的跨境电子商务信息合作机制和共享平台，打通“关”、“税”、“汇”、“检”、“商”、“物”、“融”之间的信息壁垒，实现监管部门、地方政府、金融机构、电子商务企业、物流企业之间信息互联互通，为跨境电子商务信息流、资金流、货物流“三流合一”提供数据技术支撑。

（二）建立金融服务体系

鼓励金融机构、第三方支付机构、第三方电子商务平台、外贸综合服务企业之间规范开展合作，利用跨境电子商务信息可查寻、可追溯的特点，为具有真实交易背景的跨境电子商务交易提供在线支付结算、在线融资、在线保险等完备便捷、风险可控的“一站式”金融服务。

（三）建立智能物流体系

运用云计算、物联网、大数据等技术，充分利用现有物流公共信息平台，构建互联互通的物流智能信息系统、衔接顺畅的物流仓储网络系统、优质高效的物流运营服务系统等，实现物流供应链全程可验可测可控，探索建立高品质、标准化、规范化的跨境电子商务物流运作流程，形成布局合理、层次分明、衔接顺畅、功能齐全的跨境物流分拨配送和运营服务体系。

（四）建立电商信用体系

综合多方信用基础数据，建立跨境电子商务信用数据库和信用评价系统、信用监管系统、信用负面清单系统"一库三系统"，记录和积累跨境电子商务企业、平台企业、物流企业及其他综合服务企业基础数据，重点建立监管部门的信用认证体系和信用服务企业的信用评价体系，实现对电商信用的"分类监管、部门共享、有序公开"。

（五）建立统计监测体系

利用大数据、云计算技术，对各类平台商品交易、物流通关、金融支付等海量数据进行分析处理运用，建立跨境电子商务大数据中心，实现跨境电子商务数据的交换汇聚；发布"跨境电子商务指数"，建立健全跨境电子商务统计监测体系，完善跨境电子商务统计方法，为政府监管和企业经营提供决策咨询服务。

（六）建立风险防控体系

建立风险信息采集机制、风险评估分析机制、风险预警处置机制、风险复查完善机制，以流程节点风险防控为重点，开展跨境电子商务全流程的专业风险分析，有效防控综合试验区非真实贸易洗钱的经济风险，数据存储、支付交易、网络安全的技术风险，以及产品安全、贸易摩擦、主体信用的交易风险，为政府监管提供有效的技术支撑、决策辅助和服务保障。

（七）建立线上"单一窗口"平台

"单一窗口"平台坚持"一点接入"原则，建立数据标准和认证体系，与海关、检验检疫、税务、外汇管理、商务、工商、邮政等政府部门进行数据交换和互联互通，实现政府管理部门之间"信息互换、监管互认、执法互助"，实现通关全程无纸化，提高通关效率，降低通关成本。同时，通过链接金融、物流、电商平台、外贸综合服务企业等，为跨境电子商务企业和个人提供物流、金融等供应链商务服务。

（八）建立线下"综合园区"平台

采取"一区多园"的布局方式，建设综合试验区线下"综合园区"平台，通过集聚电商平台企业、外贸综合服务企业、电商专业人才、电商专业服务等，提供通关、物流、金融、人才等"一站式"综合服务，有效承接线上"单一窗口"平台功能，优化配套服务，促进跨境电子商务线上平台和线下园区的联动发展，打造跨境电子商务完整的产业链和生态链。选择杭州（下沙）出口加工区、杭州（下城）跨境贸易电子商务产业园、杭州（萧山）保税物流中心等园区作为首批线下园区试点区域，条件成熟后逐步拓展。

三、主要创新举措

（一）创新跨境电子商务监管制度

全面推行便利化通关模式。对跨境电子商务实行"清单核放、集中纳税、代扣代缴"通关模式，并探索建立适应跨境电子商务业态发展的转关物流方式，研究推进跨境电子商务全国通关一体化。建立检疫为主、基本风险分析及产品追溯的质量安全监管机制。加强关检合作，实现"一次申报、一次查验、一次放行"。

创新跨境电子商务监管流程。将 B2B、B2C 等跨境电子商务交易模式全部纳入综合试验区试点范围，设计不同交易模式的监管流程，推动建立货物贸易与服务贸易、进口与出口的标准化监管流程。

建立负面清单监管制度。根据国家对进出境商品的有关管制措施，建立"网上交易管理"负面清单。设立各监管部门互评互认的"企业信用评价系统"和"个人信用系统"，对开展跨境电子商务业务的经营企业、支付机构实行信用评级，对相关监管场所经营人及个人进行信用评估，形成"公共信用管理"负面清单。

建立产品质量安全监控制度。建立和完善跨境电子商务产品检验检疫质量安全风险国家监测中心、检验检疫审批信息平台和检验检疫监管系统。对跨境电子商务企业及其产品实施信用管理及风险管理等措施。打造跨境电子商务质量安全示范区。

探索税收管理规范化便利化。对纳入综合试验区“单一窗口”平台监管的跨境电子商务零售出口的货物，出口企业未取得合法有效的进货凭证，在平台登记销售方名称和纳税人识别号、销售日期、货物名称、计量单位、数量、单价、总金额等进货信息的，可在2016年底以前暂执行免征增值税的政策。探索便利化退税管理模式，推行出口退税“无纸化管理”，简化流程，便利办税。发挥保税区功能，鼓励采用保税备货方式，降低运营成本。

发挥行业组织自治作用。鼓励电子商务企业、非营利性组织、第三方平台、评价机构等建立行业自律体系，积极引导构建以平台为中心的市场自治机制及惩处机制，防范和遏制走私、洗钱以及危害国家安全等违法行为。

（二）建立“单一窗口”综合监管服务平台

建立企业和商品的信息备案认证体系。建立备案企业信息共享库，统一备案要求，实现企业“一次备案、多主体共享、全流程使用”。建立商品溯源数据库，汇聚生产、交易、通关、物流、支付、结算及评价等综合信息，实现商品进出口全流程可视化跟踪和交易商品的“源头可溯、去向可查、风险可控、责任可究”。

建立信息交换共享机制。以“单一窗口”为平台，建立信息交换共享机制，打通“关”、“税”、“汇”、“检”、“商”、“物”、“融”之间的信息壁垒，实现监管部门、地方政府、金融机构、电子商务企业、物流企业之间信息互联互通，实现跨部门、跨行业、跨地区信息的共享交换、协同作业，建立政府部门间的联合执法新模式，形成“信息互换、监管互认、执法互助”的新型政府管理模式。

提升数据管理服务能力。建立跨境电子商务数据标准，建立数据信息传输、开放、共享和使用的规则规范，保障系统及数据安全，依法保护各接入方的合法权益，增强数据开发、大数据服务等功能，提升数据管理服务能力。

（三）创新跨境电子商务金融服务

深化跨境电子商务外汇支付业务试点。鼓励第三方支付机构通过银行为中小电商集中办理跨境外汇支付和结售汇业务，在综合考虑业务需求、风险控制的基础上，逐步提高货物贸易单笔金额上限。拓展第三方支付机构跨境支付业务范围，涵盖进口和出口以及各类跨境电子商务交易形态。

开展个人贸易外汇管理改革。允许在综合试验区登记备案的电商及个人开立个人外汇结算账户，直接在银行办理跨境电子商务涉及的外汇收支，可凭与代理企业签订的进出口代理合同（协议）或委托物流公司运输的单据办理结售汇，不受5万美元个人结售汇年度额度限制。

开展跨境人民币业务创新。鼓励跨境电子商务活动使用人民币计价结算。支持银行业金融机构与支付机构开展业务合作，丰富电子商务跨境人民币业务产品，为企业和个人的电子商务活动提供优质跨境人民币结算服务。

发展跨境电子商务金融创新业务。鼓励银行机构、支付机构、第三方电商平台和外贸综合服务企业，规范开展互联网支付产品和服务创新。扩大电商出口信用保险覆盖面，鼓励保险机构创新研发适应跨境电子商务的新型险种，开展电商出口信用保险保单融资，积极探索供应链金融等多种形式，为小微企业和网商个人创业提供在线金融产品和服务。

（四）创新跨境电子商务物流服务

提高跨境物流信息化水平。利用云计算、物联网、大数据等技术，依托第三方物流、“单一窗口”平台等物流综合信息服务平台，为电子商务企业、物流仓储企业、供应链服务商等各类企业和电子商务用户提供实时、准确、完整的物流状态查询和跟踪服务，实现数据共用、资源共享、信息互通。支持商贸物流企业开展供应商库存管理、准时配送等高端智能化服务，提升第三方物流服务水平。

提高跨境物流专业化水平。支持传统仓储企业转型升级，向配送运营中心和专业化、规模化第三方物流发展。鼓励仓储、配送一体化，引导仓储企业规范开展担保存货第三方管理。支持有条件的企业向提供一体化解决方案和供应链集成服务的第四方物流发展。

提高跨境物流国际化水平。鼓励有条件的商贸物流企业“走出去”开展全球业务，通过广泛的战略联盟、协作等方式，建立跨境物流分拨配送和营销服务体系。大力发展共同配送、统一配送、集中配送等先进模式，建立国内保税公共仓储、海外重点国家物流专线、海外公共仓储等相结合的便利化物流体系，实现跨境货物的集货运输、集中分送，降低物流成本。

（五）创新跨境电子商务信用管理

建立信用数据库。依托“单一窗口”平台，建立跨境电商信用信息平台，利用信息基础数据，提供电商主体身份识别、电商信用记录查询、商品信息查询、货物运输以及贸易信息查询等信用服务。

建立信用综合评价体系。建立监管部门的信用认证和第三方信用服务评价相结合的综合评价体系。由海关、检验检疫、税务、工商等监管部门根据各自信用认证标准对电子商务企业和个人作出信用认证，作为分类分级监管的主要依据。第三方信用服务机构根据客户授权，通过数据提取采集和加工分析，为政府、企业提供信用评价服务。

实施信用负面清单管理。采取分类分级信用管理方式，对风险程度较低的信用风险予以警示发布；对信用程度差，存在商业欺诈、知识产权侵权、制假售假等重大失信行为的企业和个人，列入信用管理负面清单，通过事前禁止准入，事中加强全面查验、严密监管，保障跨境贸易电子商务良好的发展环境。

（六）创新跨境电子商务统计监测体系

建立跨境电子商务统计新模式。探索建立以申报清单、平台数据等为依据进行统计、管理的新模式，建立“中国（杭州）跨境电子商务数据监测制度”。

建立跨境电子商务统计标准。探索建立交易主体信息、电子合同、电子订单等标准格式和跨境电子商务进出口商品的简化统计分类标准，探索建立跨境电子商务多方联动的统计制度，为全国跨境电子商务统计体制机制建设提供经验。

建立并发布“跨境电子商务指数”。利用大数据、云计算技术，对各类平台商品交易、物流通关、金融支付等海量数据进行交换汇聚和分析处理，逐步建立一套多层面、多维度反映跨境电子商务运行状况的综合指数体系，并定期发布。

（七）制定跨境电子商务规则

开展跨境电子商务政策法规创新研究。通过探索建立与跨境电子商务相适应的新型政策体系，探索设定电子商务各类主体的权利和义务，探索建立信用体系、风险防控体系和知识产权保护规则等，为跨境电子商务政策法规和国际规则的研究制定提供实践案例。

探索建立跨境电子商务国际规则。加强与全球各类经济组织和司法机构的合作，探索建立适合跨境电子商务发展的国际通用规则，逐步建立良好的跨境电子商务国际营商环境。

加强行业国际协作。推动成立“中国跨境电子商务行业商会（协会）”，发挥其在行业规则制定、境内外合作等方面的作用，建立与境外有关商会（协会）紧密合作交流关系，加强国际协作。

探索建立跨境电子商务纠纷处置和消费争议解决机制。探索建立跨境电子商务纠纷仲裁机构及相应程序，形成网上投诉、网上协商、网上调解、网上仲裁等纠纷处置模式。探索建立跨境电子商务产品售后服务和维权体系，强化平台和经营者主体责任，保护消费者合法权益。加强知识产权保护，建立企业知识产权诚信机制，加大知识产权违法惩戒力度，提高企业违法成本。

（八）创新电子商务人才发展机制

建立电子商务人才培养体系。以市场需求为导向，加强政府、高校与企业合作，建立一批服务跨境电子商务企业急需的创业型和实用技能型人才培训基地，形成跨境电子商务人才定制化培养的校企合作机制；引进国内外知名培训机构，鼓励社会培训机构开展跨境电子商务人才培训，构建跨境电子商务专业化、社会化、国际化的人才培养体系。

建立电子商务人才创业创新支持体系。探索建立知识、技术、管理等人力资本产权激励机制，引进和汇聚创新人才，开展跨境电子商务商业模式创新和技术创新；建立跨境电子商务创业孵化平台和机制，制定专项扶持政策，发展跨境电子商务在线信贷、股权投资等金融服务，为中小微电子商务企业创业发展提供条件。

建立电子商务人才服务体系。健全完善人才吸引、培养、使用、流动和激励机制，发展人才的公共服务体系。吸引集聚一批知名的人才中介机构，健全专业化、国际化的人才市场服务体系。建立跨境电子商务产业联盟与人才发展联盟，推进人才与企业、项目、资本的对接，建设开放共享的合作平台。

四、组织实施

（一）加强领导

在国务院统一领导下，在商务部牵头协调和相关部委指导下，由浙江省、杭州市组织实施综合试验区工作。要认真领会并贯彻落实好国务院批复（国函〔2015〕44 号）精神，充分认识建设综合试验区的重要意义，统一思想，提高认识。建立省级领导小组，加强对综合试验区建设工作的组织领导和统筹协调，定期研究综合试验区建设的重大问题，协调推进综合试验区建设的重大工作，扎实推进综合试验区创新发展。重大问题及时向国务院请示报告，重要政策和重大建设项目按规定程序报批。

（二）落实责任

省级有关部门和杭州市要根据本实施方案，进一步细化任务，制订工作计划和进展安排，明确分工、落实责任，加强考核。要突出重点，先行先试、大胆创新，抓紧形成第一批制度创新清单，加快推进创新举措落地，力争综合试验区早出成效、多出成果。

（三）合力推进

发挥杭州市建设综合试验区的主体作用，加强国家、省和杭州市有关部门的协调配合，建立三级联动推进机制。省级有关单位要进一步解放思想、转变观念、主动作为，加强沟通协作和相关政策衔接，按照职能分工，加强对综合试验区建设的指导与服务，切实帮助解决综合试验区建设发展中遇到的困难和问题，形成加快推进综合试验区发展的强大合力和良好氛围。

浙江省人民政府办公厅关于加快发展生产性服务业促进产业结构调整升级的实施意见

浙政办发〔2015〕37号

各市、县(市、区)人民政府,省政府直属各单位:

为进一步加快我省生产性服务业发展,推动产业结构调整升级,根据《国务院关于加快发展生产性服务业促进产业结构调整升级的指导意见》(国发〔2014〕26号),经省政府同意,现提出如下实施意见。

一、指导思想

深入贯彻党的十八大和十八届三中、四中全会以及省委十三届历次全会精神,充分发挥市场在资源配置中的决定性作用和更好发挥政府作用,以产业转型升级需求为导向,坚持市场主导、创新驱动,在重点领域、关键环节上求突破,在集聚集约、优势特色中求发展,进一步加快生产性服务业发展,引导企业向价值链高端发展,促进农业生产和工业制造现代化,加快生产制造与信息技术服务融合,实现三次产业在更高水平上有机融合,推动我省产业结构优化调整,促进经济提质增效升级。

二、发展重点

(一)信息服务

提升发展电子商务,全面实施“电商换市”,深化电商拓市、跨境电商、电商兴农、电商便民等工程,推进电子商务应用和模式创新,推进中国(杭州)跨境电子商务综合试验区、国家电子商务示范城市和信息惠民国家试点城市建设。提升第三方电子商务平台发展水平,支持有条件的企业电子商务平台向行业平台转化,推动电商平台国际化。完善电子商务行业管理、统一监测和市场监管方式,创新跨境电子商务管理机制,推进电子口岸等数据平台整合。加快乌镇世界互联网大会永久会址配套建设。加快发展大数据和云服务产业,支持建立若干家大数据资源管理公司,培育一批大数据应用企业,进一步建设包括全省电子政务云在内的云服务产业,推动“云栖小镇”建成全球一流的云计算产业集成区。大力发展信息技术服务业,积极发展网络支付、位置服务、社交网络服务等网络信息服务,加快培育下一代互联网、移动互联网、物联网环境下的新兴服务业态,推动杭州高新技术产业开发区加快建设以网络信息技术产业为重点的国家自主创新示范区。集群化发展基于北斗导航系统的地理信息产业和智慧化应用产业,全力打造地理信息产业强省。

(二)研发服务

推进青山湖科技城、未来科技城等一批科研机构创新基地建设,鼓励有条件的市县建设各具特色的科技服务业集聚区。促进公共科技基础条件平台、行业科技创新服务平台和区域科技创新服务平台等创新平台提质增效。建设一批具有较强创新能力和竞争力、拥有自主知识产权的研发服务企业及机构。完善知识产权交易和中介服务体系。探索完善科技创新服务平台管理体制机制,支持高校和科研院所整合科研资源,提供专业化、市场化研发服务,培育重点科研院所成为国内专业领域的骨干院所。整合浙江省现有各类技术转移转化机构，建立统一规范、分工协作的平台组织管理运行机制。鼓励高校建立独立的大学技术转移中心。支持有条件的机构、联合性协会引进国内、国际技术转移机构或组织，共建国际技术转移中心。加强科技资源开放服务，建立健全科研设施和仪器设备开放运行机制，引导国家重点实验室、国家工程实验室、国家工程（技术）研究中心等向社会开放服务。

（三）创意设计

加快工业设计、时尚设计、软件设计、建筑规划设计、农业创意设计等领域的发展。以杭州、宁波、温州、金华—义乌四大都市区为核心，重点扶持发展我省优势制造领域的工业设计产业。依托专业院校、科研院所和骨干企业支持一批设计机构发展，鼓励发展高等级研发实验室、工业设计公司和工业设计室，支持骨干企业设立工业设计部门。壮大时尚产业，着力提升设计创新能力，大力发展时尚服装服饰、时尚皮革制品、时尚家居用品、时尚消费电子等产业。推动杭州高新技术产业开发区国家软件产业基地、西湖区国家数字娱乐产业园和宁波动漫基地等建设，建立完善公共服务平台和产业体系。推进建筑景观设计行业市场化进程，支持建筑景观设计公司（室）发展，推进“美丽乡村”和差别化城市建筑群落建设。以农业“两区”为主平台，结合各地实际，充分挖掘农业主导产业的生产、经济、生态、文化、艺术等功能，引导扶持发展创意农业，推进农业社会化服务。

（四）融资服务

抓住海洋经济发展（港航金融）、义乌国际贸易配套金融改革、温州金融综合改革示范区、丽水农村金融改革等契机，加快发展基金融资、债券融资以及企业上市融资等服务，积极完善地方金融体系，建设杭州、宁波两大区域性金融集聚地，逐步构建金融机构集聚、金融资源整合、金融资产交易、金融后台服务、农村金融公共服务、投资基金引导等金融公共服务平台。完善融资租赁服务体系，鼓励设立融资租赁企业，积极开展大型制造设备、施工设备、运输工具、生产线等融资租赁服务，鼓励企业利用融资租赁方式进行设备更新和技术改造，引导融资租赁企业加强与金融机构合作，拓展融资空间。

（五）物流与供应链服务

构建以杭州、宁波两个全国性物流节点城市为核心、不同层次的物流枢纽为依托、各类物流示范园区为支撑的物流布局。发挥杭州综合性物流枢纽和宁波—舟山港大宗商品和国际集装箱物流枢纽港的作用，推进全省物流协同发展和区域内合理辐射。积极推进舟山江海联运服务中心建设，推进“义新欧”国际班列常态化运营，加快发展江海陆空联运，增强对“一带一路”和长江经济带国家战略实施的战略支撑能力和枢纽服务能力。重点发展港口物流、产业集群物流、城乡配送物流，提升信息化和智能化水平。鼓励发展第三方物流，按照“成熟一批、认定一批、提升一批”原则开展省级示范园区创建，推进“菜鸟”中国智能物流骨干网、“公路港”等一批重大项目实施，引导物流园区集聚集约发展。推动物流企业与制造业企业联动发展，为制造业企业提供集采购、入厂、交付、回购、金融以及信息追溯等为一体的增值服务，提高总体物流效率和供应链服务水平。

（六）服务外包

根据国际服务外包产业转移趋势和我省现有技术优势，以杭州等国家服务外包示范城市为重点，围绕信息技术外包（ITO）、业务流程外包（BPO）和知识流程外包（KPO）等主要领域，重点发展软件与信息服务、金融服务、人力资源服务等离岸服务外包业务。在发展离岸服务外包业务基础上，积极开拓国内服务外包市场，促进在岸服务外包业务发展，逐步形成离岸、在岸服务外包并重的协同发展格局。

（七）商务服务

支持发展第三方检验检测认证服务、工程咨询、管理咨询、品牌策划、广告会展、知识产权代理、人力资源服务等以提供智力服务为基础的商务服务业。进一步提升会计、审计、税务、资产评估、公证认证等鉴证类服务业的服务水平。深化发展产品配送、安装调试、以旧换新等售后服务，完善产品“三包”制度，鼓励发展远程检测诊断、运行维护和技术支持等售后服务新业态。大力发展专业维护维修服务，鼓励发展设备监理、维护、修理和运行等全生命周期服务。推进工程咨询、评估认证等商务服务市场化改革,积极发展商务服务行业组织,加快破除商务服务机构的行政依附。打击违法违规经营,依法健全商务咨询的职业评价制度和信用管理体系,创造公平竞争的市场环境。

(八)节能环保服务

围绕“五水共治”、创建国家清洁能源示范省等重点工作,大力发展节能环保服务产业。持续加大节能减排约束性政策的执行力度,严格落实奖惩措施,推动高耗能高污染企业主动加强节能环保投入。加快发展清洁生产审核、节能环保产品认证、节能评估等第三方节能环保服务,鼓励大型重点用能单位开展专业化节能环保服务。推进重点领域应用,大力实施天然气热电联产、汽车油改气、煤电清洁排放等工程。鼓励节能环保服务公司引进国内外先进技术做大品牌、拓展服务。积极发展提供系统设计、成套设施、工程施工、调试运行、维护管理等一条龙服务的总承包公司。推广合同能源管理,建设“一站式”合同能源管理综合服务平台。

三、政策措施

(一)推进集聚集群发展

深入实施区域发展战略和主体功能区战略,因地制宜引导生产性服务业在中心城市、制造业集中区域、现代农业产业基地以及有条件的城镇等区域集聚,实现规模效益和特色发展。重点推进 11 个设区市生产性服务业核心区、15 个省级产业集聚区的生产性服务业功能区以及 61 个生产性服务业集聚示范区建设,依托各类开发区(园区)加快建设一批生产性服务业公共服务平台,形成金融、科技、信息、商务、节能环保等一批重点特色生产性服务业集群,推进产城融合发展。

(二)深化改革开放

放宽生产性服务业市场准入门槛,加快落实工商登记制度改革方案,进一步减少生产性服务业前置审批和资质认定事项,对重点领域的生产性服务企业在登记中开通“绿色通道”。鼓励发展生产性服务业行业组织,推进部分政府职能向行业组织有序转移。落实国家在生产性服务业领域扩大开放的政策措施,制订相应配套措施,引导外资企业来浙设立各类生产性服务企业。落实境外投资便利化举措,加快生产性服务企业“走出去”开展跨国投资和跨国经营。加快制订实施跨境贸易电子商务通关便利化措施,研究应用中国(上海)自由贸易试验区可复制改革试点经验,总结和推广省级及各地服务业改革创新试点成果经验,全面推进体制机制改革创新,营造生产性服务业发展良好环境。

(三)完善财税扶持政策

按照深化预算管理制度改革要求,及时调整各级各类政府性资金使用方向,重点支持生产性服务业公共基础设施、公共服务平台、标准体系以及信息化示范项目、新业态新模式试点项目建设。完善政府采购办法,逐步加大政府向社会购买服务的力度。密切跟踪财政部、国家税务总局营业税改征增值税试点扩面、完善促进生产性服务业税收政策的进展情况,及时出台实施细则。帮助生产性服务企业协调解决在业务拓展和模式创新过程中遇到的各类税收政策问题。根据国家扩大生产性服务业服务产品出口退税政策范围的要求,适时研究制订操作办法。

(四)健全土地和价格政策

加强生产性服务业发展用地保障,制订符合生产性服务业实际的投资强度标准,逐步增加生产性服务业建设用地比例,优先保证符合城市规划的生产性服务业特色园区、重大项目建设用地。建立健全生产性服务企业分类管理制度,逐步推进生产性服务企业绩效评价,按照亩产税收贡献等指标,实行城镇土地使用税分类分档差别化征收。推进定价制度改革,采用差别化资源价格、税收政策和资金扶持等方式引导企业提高效益。逐步建立科学的生产性服务业项目准入标准,优化供地方式,对不改变土地权属关系发展生产性服务业项目,符合相关规划并经批准的改建项目按规定减免城市基础设施配套费。

(五)强化金融服务支持

鼓励金融机构开发适合生产性服务业特点的融资模式,发展知识产权质押、仓单质押、股权质押等新型金融产品和服务。鼓励金融资本支持生产性服务企业并购重组和产业整合。鼓励股权投资基金加大对生产性服务业的投资力度。推动符合条件的优质企业到境内外上市发展。支持符合条件的生产性服务企业通过银行间债券市场发行短期融资券、集合票据等直接债务融资工具。积极发挥支小再贷款、再贴现等政策工具对小微生产性服务企业的融资支持。建立生产性服务业重点领域企业信贷风险补偿机制。

（六）加强人才引进培养

加快生产性服务业领军人才集聚，制订实施生产性服务业领军人才培养引进计划，逐步提高生产性服务业高端人才入选省“151”人才工程比例。通过省人力资源服务工作平台，建立海外生产性服务业人才培训基地，加强学习培训。组织生产性服务企业与各类人才供需对接推介会，鼓励人力资源服务企业与省内外中、高职院校“联姻”，开展“订单式”培训，探索“工学结合、半工半读”的培养模式。鼓励和引导市、县（市、区）设立人力资源服务业发展基地或服务街区。统筹推进生产性服务业集聚示范区人力资源服务基地、海外高层次人才创业创新基地、留学人员创业园等平台建设。进一步落实重点高层次人才配偶就业、引进人才等政策，引进一批生产性服务业高层次人才。

（七）加强组织领导和统计考评

各市、县（市、区）要加强组织领导，结合本地实际进一步研究制订扶持生产性服务业发展的具体政策措施。省级各有关部门要密切协作配合，抓紧制订相关配套政策和落实工作任务分工的具体措施；省发改委要会同有关部门对国务院指导意见和本实施意见的落实情况进行督促检查和跟踪分析。要加强生产性服务业统计制度建设，加快开展生产性服务业统计监测和形势分析工作。积极推进重点生产性服务领域标准化建设，对不具备标准化条件的行业领域，重点推进准入资质认定、市场行为规范等工作。要加强生产性服务业工作考核，将发展目标、项目建设等生产性服务业考核内容纳入服务业考核范畴，强化约束和激励，确保各项政策措施落到实处。

浙江省人民政府办公厅

2015 年 3 月 31 日

浙江省人民政府办公厅关于加快推动商贸流通业健康发展的实施意见

浙政办发〔2015〕51 号

各市、县(市、区)人民政府,省政府直属各单位:

商贸流通业是国民经济基础性和先导性产业。加快推动商贸流通业发展,是浙江省深入实施“八八战略”,加快“建设美丽浙江、创造美好生活”的重要抓手和有效途径,对稳增长、促改革、调结构、扩就业具有重要意义。为贯彻落实《国务院办公厅关于促进内贸流通健康发展的若干意见》(国办发〔2014〕51 号)精神,加快推动我省商贸流通业健康发展,经省政府同意,现提出如下实施意见:

一、加快现代流通方式发展

(一)促进电子商务发展

1. 构建电子商务产业体系。深入实施“电商换市”,加快推进电子商务在商品和服务交易等经济领域的应用。培育各类电子商务市场主体,构建集电子商务平台、应用企业、服务企业和产业基地于一体的电子商务产业体系。加快电子商务模式创新,大力发展 O2O、网上定制、移动电子商务等新型电子商务业务。强化电子商务产业支撑,推进电子商务与网络支付、软件技术、安全认证等配套服务衔接。开展电子商务发展综合试点,推进中国(杭州)跨境电子商务综合试验区、电子商务与物流快递协同发展试点建设。(责任单位:省商务厅、省财政厅、省经信委、人行杭州中心支行、省邮政管理局、杭州海关、省旅游局,列第一位者为牵头单位,下同)。

2. 完善电子商务监管体系。加快推进电子商务地方立法,健全法律制度配套体系。探索符合电子商务交易特点的监管方式,建立健全电子商务行业综合监管平台。根据《国务院关于印发注册资本登记制度改革方案的通知》(国发〔2014〕7 号)要求,完善市场主体住所(经营场所)管理。建立电子商务商品质量抽查和投诉举报处理机制,依法打击网络侵权和销售假冒伪劣商品等违法行为。加强网络风险防范,依法落实信息安全等级保护制度和安全技术保护措施。鼓励支付产品创新,促进网络支付健康发展。创新电子商务人才培养和评价机制,引导和支持行业协会加强电子商务行业自律与服务平台创建。(责任单位:省商务厅、省工商局、省公安厅、省统计局、省人力社保厅、省教育厅、省法制办、杭州海关、省地税局、省国税局、省旅游局、人行杭州中心支行)

3. 加大电子商务政策支持力度。加大农村和农产品电子商务发展政策支持。省信息经济创业投资基金要加大对电子商务重点领域的支持力度,引导各类资本对电子商务及相关领域的投资。加快电子商务知识普及,将电子商务相关知识纳入科普教育范围。加强电子商务管理队伍建设,营造良好的电子商务发展环境。鼓励使用旅游电子合同,推动旅游电子商务智慧化、规范化发展。(责任单位:省商务厅、省委组织部、省财政厅、省人力社保厅、省国土资源厅、省建设厅、省国税局、省地税局、省科协、省旅游局)

4. 加快推进电子发票应用。扩大电子发票应用试点,将试点企业范围从线上延伸到线下。

探索电子发票多元化开具方式,将电子发票纳入有奖发票序列。加强电子发票使用宣传,鼓励和引导纳税人索取电子发票。完善电子会计凭证报销、登记入账及归档保管等制度。(责任单位:省财政厅、省发改委、省国税局、省地税局)

(二)加快发展物流配送

1. 提升商贸物流发展水平。加大政策支持力度,推进物流标准化、信息化、社会化、专业化建设,协同发展大宗配送、社区配送、农村物流和跨境物流。优化城市配送网络布局,开展城市共同配送试点,推广统一配送、共同配送等模式。支持大型商贸企业向社会提供第三方物流服务,鼓励发展具备整合供应链能力的嵌入式第三方物流,将物流服务延伸到制造业采购、生产、销售及售后服务等环节。加快发展电子商务物流,有序推进仓储基地、分拨中心、配送中心和自助物流站点建设。推动农产品冷链及农资现代物流发展,支持具有集中采购和跨区域配送能力的农产品冷链物流集散中心和加工配送中心建设。(责任单位:省商务厅、省发改委、省公安厅、省财政厅、省建设厅、省交通运输厅、省邮政管理局)

2. 完善物流配送车辆管理。推动城市配送车辆(包括小型快递运输车辆)统一标识管理,促进配送车型标准化发展。加快推广城市配送车辆新技术应用,支持专业配送企业使用符合规范的新能源专用物流配送车、拖挂式车等物流装备。允许符合国家标准或行业标准的非机动物流配送车辆从事社区配送。对运送生鲜食品、主食制品、药品等车辆,实行特殊运行管理。(责任单位:省经信委、省交通运输厅、省公安厅、省邮政管理局、省质监局、省食品药品监管局)

3. 改善城市道路交通管理。加强大型商业网点周边道路、停车位、公交停靠站点等交通基础设施规划建设,优化客货运交通组织,切实解决城市物流配送存在的通行难、停车难、卸货难等问题。(责任单位:省建设厅、省交通运输厅、省公安厅)

4. 加强仓储物流用地支持。鼓励在符合规划、满足建筑物(构筑物)安全和消防安全、城市防洪安全、环保要求等前提下,开发利用高架桥桥下空间和城市公共设施、公共广场绿地、学校操场等的地下空间,建设物流仓储设施。(责任单位:省国土资源厅、省财政厅、省建设厅、省环保厅、省公安厅、省商务厅)

5. 支持参与高新技术企业认定。对符合国家重点支持高新技术企业认定条件的第三方物流和物流信息平台企业,积极鼓励其参加高新技术企业认定,经认定后依法享受相关优惠政策,其研发过程中发生的相关费用,按规定加计扣除。(责任单位:省科技厅、省国税局、省地税局、省发改委、省财政厅、省商务厅)

(三)大力发展连锁经营

1. 促进连锁经营向多领域延伸。推进发展直营连锁,规范发展特许连锁,引导发展自愿连锁。支持连锁经营企业建设直采基地和信息系统,提升自愿连锁服务机构联合采购、统一分销、共同配送能力。大力发展社区连锁便利店,支持连锁便利店设立ATM机等设施,拓展代收水电煤气费、代收快递、提供旅游资讯服务等便民服务功能。培育农村连锁龙头企业,引导其由规模扩张型向质量升级型转型,提高服务农村生产和农民生活的能力。支持品牌连锁、老字号企业优先进驻学校医院、机场车站、高速公路服务区和旅游景点等,带动商品品质和服务水平提高。(责任单位:省商务厅、省财政厅、省发改委、省经信委、省工商局、省教育厅、省交通运输厅、省卫生计生委、人行杭州中心支行、浙江银监局、省邮政管理局、省旅游局)

2. 落实连锁企业汇总纳税。对跨省市县设立不具有法人资格分支机构的企业,按照《跨地区经营汇总纳税企业所得税征收管理办法》(国家税务总局公告2012年第57号)等政策,可由总机构汇总缴纳所得税。对在我省行政域内,固定业户的总分支机构不在同一县(市)的企业,按照《财政部国家税务总局关于固定业户总分支机构增值税汇总纳税有关政策的通知》(财税〔2012〕9号)要求,经省财政厅和省国税局同意,可由总机构向其所在地主管税务机关汇总缴纳增值税。(责任单位:省地税局、省国税局、省财政厅)

3. 放宽烟草零售经营准入。连锁企业直营门店经营卷烟业务,可由直营门店或连锁总部统一向各门店所在地烟草专卖行政主管部门办理烟草专卖经营许可证，许可证办理可适当放宽现有数量和间距限制；卷烟制品可由门店、总部或区域配送中心向所在地的烟草公司统一订货，由烟草配送中心送货到各门店；对取得烟草专卖许可证的乡镇连锁超市和行政村连锁便民店，由当地烟草公司访销配送，各地要在2015年6月底前落实。对拥有直营门店数20家以上且纳入省重点流通企业培育对象的连锁龙头企业，在符合经营资金要求且拥有独立固定经营场所的前提下，可进一步放宽烟草经营准入门槛。（责任单位：省烟草专卖局、省商务厅）

4. 简化证照办理程序。连锁经营企业开设直营网点，可持加盖总部确认印章的总部营业执照复印件等材料，直接到所在地工商行政管理部门（市场监管部门）办理登记手续。简化零售连锁药店审批程序，促进药品零售连锁企业跨区域发展。简化旅行社在本地社区、便利店增设服务网点的审批手续。加强部门办事环节衔接，推行并联审批、先照后证等方式，提高行政管理效率。（责任单位：省发改委、省工商局、省食品药品监管局、省环保厅、省建设厅、省交通运输厅、省公安厅、省商务厅、省烟草专卖局、省地税局、省国税局、省旅游局）

二、加强流通基础设施建设

（一）推进商品市场转型升级

1. 提升发展商品市场。制订全省商品市场发展规划，推动商品市场专业化提升和精细化改进，拓展商品展示、研发设计、品牌集聚、电子商务、现代物流、价格指数、商品检测、内外贸融合等功能，带动地方产业集群发展。突出全省重点市场的龙头带动作用，提升发展与产业紧密相关的产地型批发市场和为产业提供原材料的重点生产资料市场。统筹公益性市场建设，培育一批大型农产品批发市场，加快形成不同层级、布局合理、便民惠民的公益性市场体系。（责任单位：省商务厅、省财政厅、省发改委、省国土资源厅、省建设厅、省环保厅、省供销社）

2. 支持农产品骨干流通网建设。充分发挥省农产品流通产业发展基金的政策导向作用，推进农产品流通和农村市场体系建设；支持在重要农产品集散节点开展骨干型农产品批发市场建设，建立链接全国的农产品骨干流通网络，完善产销衔接体系。（责任单位：省财政厅、省商务厅、省发改委、省国土资源厅、省建设厅、省环保厅、省供销社）

3. 减免土地使用税和房产税。2015年底前，对专门经营农产品的批发市场、农贸市场使用的房产、土地，暂免征收房产税和城镇土地使用税。对同时经营其他产品的农产品批发市场和农贸市场使用的房产、土地，按其他产品与农产品交易场地面积的比例确定征免房产税和城镇土地使用税。年底前符合条件的纳税人向当地主管税务机关办理备案手续，即可享受上述税收优惠。（责任单位：省地税局、省财政厅）

4. 保障市场搬迁改造用地需求。支持城区商品批发市场异地搬迁改造，政府收回原国有建设用地使用权后，可采取协议出让方式安排商品批发市场用地。（责任单位：省国土资源厅、省建设厅）

（二）增加居民生活服务设施投入

1. 完善生活性服务体系。优化社区商业网点布局和业态配置，支持社区农贸市场转型升级改造，鼓励社区综合服务中心集约化发展，配备社区菜市场、便利店、快餐店、配送站、再生资源回收点及健康、养老服务和旅游服务等功能。完善农村市场流通体系，发展集零售、餐饮、文化、生活、配送等于一体的乡镇商贸中心。鼓励餐饮企业转型，发展大众餐饮，支持连锁早餐快餐进社区，出台第三批不纳入环评审批餐饮项目目录。推进杭州市优化环境促进餐饮业转型发展试点城市建设。扶持员工制家政服务企业发展，健全家政服务培训体系。（责任单位：省商务厅、省财政厅、省建设厅、省国土资源厅、省环保厅、省人力社保厅、省供销社、省旅游局）

2. 强化商业网点规划落实。建立完善商业网点规划实施保障机制，将商务行政主管部门作为城市规划议事协调机构的成员单位。加大宏观调控力度，加强城市商业网点规划与城市总体规划、土地利用总体规划衔接，将乡镇商业网点建设纳入小城市培育试点镇内容和小城镇建设规划。严格执行城市商业网点规划，加强对大型商业网点（5000平方米以上）规划选址的公示。完善社区商业网点配置，新建社区商业和综合服务设施面积占社区总建筑面积比例不低于10%，并在规划审核和竣工验收等环节加强把关。（责任单位：省建设厅、省国土资源厅、省商务厅）

3. 减免增值税和营业税。2015年底前，对月销售额不超过3万元或季度销售额不超过9万元的增值税小规模纳税人，免征增值税；对月销售额不超过3万元或季度销售额不超过9万元的营业税小规模纳税人，免征营业税。（责任单位：省国税局、省地税局、省财政厅）

4. 降低银行卡费率。积极争取国家有关部门支持，尽快完善银行卡刷卡手续费定价机制，取消刷卡手续费行业分类，进一步降低餐饮业刷卡手续费支出。（责任单位：省物价局、人民银行杭州中心支行）

（三）推进绿色循环消费设施建设

1. 发展绿色商贸。培育一批集节能改造、节能产品销售和废弃物回收于一体的绿色市场、商场和饭店。推进再生资源回收体系建设，支持淘汰老旧汽车，加大黄标车淘汰力度，促进报废汽车回收拆解体系建设，推进报废汽车资源综合利用。（责任单位：省商务厅、省环保厅、省经信委、省公安厅、省供销社）

2. 推进节能降耗。大力推广绿色低碳节能设备设施，支持商贸流通企业开展节能技术改造，在具备条件的企业推广分布式光伏发电，试点夹层玻璃光伏组件等新材料产品应用。（责任单位：省经信委、省商务厅、省旅游局）

三、深化流通领域改革创新

（一）培育大型流通企业

1. 支持企业做强做大。推动优势流通企业利用参股、控股、联合、兼并、合资、合作等方式做大做强，培育一批名企、名店和名品。加大省重点流通企业培育力度；进一步完善老字号发展政策，加强老字号培育与保护，推进浙江老字号认定工作；大力培育浙菜品牌，认定浙菜产业化基地和餐饮龙头企业。推进流通企业股权多元化改革，鼓励各类投资者参与国有流通企业改制重组，推进混合所有制发展。（责任单位：省商务厅、省财政厅、省地税局、省国税局、人行杭州中心支行、省金融办、省供销社、省国资委）

2. 加大金融支持。引导金融机构加大金融支持力度，鼓励创新金融产品和服务，积极支持大型优质商贸流通企业兼并重组。推动优势流通企业进入资本市场发行股票或债券等。（责任单位：人行杭州中心支行、省银监局、省金融办、省发改委）

3. 强化用地保障。各地要科学合理安排年度新增建设用地计划指标，优化土地供应结构，优先支持大型商贸流通项目用地。鼓励工业企业“退二进三”，利用存量土地和原厂房发展商贸流通业。对纳入城镇低效用地再开发专项规划的地块，可保留其工业用地性质不变，经城乡规划、国土资源部门依法批准临时改变房屋用途的，按规定缴纳土地收益金；需要改变土地用途并办理有偿使用手续的，在符合城乡规划和原划拨决定书或土地出让合同没有规定（约定）应当由政府收回国有土地使用权的前提下，经市县政府批准，可采取协议方式处置。（责任单位：省国土资源厅、省建设厅、省商务厅）

4. 推进工商用电同价。鼓励大型商贸流通企业参与电力直接交易。在有条件的地区开展试点，商业用户可选择执行分时电价或电度电价。（责任单位：省物价局、省商务厅）

（二）提升中小商贸流通企业活力

1. 推进公共服务平台建设。整合利用社会服务力量，加强中小商贸流通企业公共服务平台建设，完善现有服务平台功能，不断拓展建设新平台，为中小商贸流通企业提供质优价惠的信息咨询、创业辅导、市场拓展、电子商务应用、特许经营推广、企业融资、品牌建设等服务。（责任单位：省商务厅、省经信委、省发改委、省工商局、省文化厅）

2. 落实中小微企业融资政策。推动商业银行开发符合商贸流通行业特点的融资产品，在充分把控行业和产业链风险的基础上，发展商圈融资、供应链融资，完善小微商贸流通企业融资环境。支持融资租赁、融资担保、典当企业创新服务产品。(责任单位:人行杭州中心支行、浙江银监局、省金融办、省发改委、省经信委)

(三)推进大数据平台建设

结合国家商贸流通、交通运输、物流等公共信息服务平台,建设流通领域大数据平台;健全电子商务统计体系,推进电子商务大数据建设;建立健全部门协作机制,以国家平台为基础平台,实现部门间平台数据共享;加强市、县(市、区)平台建设,实现省、市、县(市、区)平台互联互通;强化形势分析和信息引导,加快统计监测信息成果转化。(责任单位:省商务厅、省统计局、省发改委、省经信委、省交通运输厅、省文化厅、省新闻出版广电局、省旅游局、人行杭州中心支行、省供销社)

(四)促进内外贸融合发展

1. 拓展商品市场外贸功能。培育一批布局合理、功能完善、辐射面广、内外贸融合的浙江商品国际采购中心。推广市场采购贸易方式成功经验,逐步扩大试点范围。优化市场采购出口商品流程,简化检验检疫、报关等相关手续。培育特色品牌展会,支持进口贸易平台建设,探索免税交易方式。(责任单位:省商务厅、省财政厅、省发改委、省经信委、人行杭州中心支行、杭州海关、宁波海关、省工商局、省质监局、浙江检验检疫局、宁波检验检疫局、省外汇管理局)

2. 完善税收管理模式。对义乌市场采购贸易方式出口货物实行增值税免税政策,简化税收管理流程,激发外贸企业代理出口的积极性。完善市场采购贸易方式出口货物免税管理模式,支持扩大免税试点范围。(责任单位:省国税局、省财政厅)

3. 鼓励流通企业"走出去"。支持流通企业建立海外营销、物流及售后服务网络,鼓励外贸企业建立国内营销渠道,拓展国内市场,打造一批实力雄厚、竞争力强、内外贸一体化经营的跨国企业。(责任单位:省商务厅、人行杭州中心支行、省外汇管理局)

四、着力改善营商环境

(一)营造公平竞争的市场环境

1. 着力破除各类市场壁垒。及时修改、调整、废止妨碍公平竞争的政策,不得滥用行政权力制订含有排除、限定竞争内容的规定;不得限定或者变相限定单位或者个人经营、购买、使用行政机关指定的经营者提供的商品;取消针对外地企业、产品和服务设定的歧视性收费项目、收费标准或者价格等歧视性政策。对涉企行政事业性收费、政府性基金和实施政府定价或指导价的经营服务性收费,实行目录清单管理,不断完善公示制度,加大对违规设立行政事业性收费的查处力度,坚决制止各类乱收费、乱罚款和乱摊派等行为。(责任单位:省发改委、省商务厅、省国税局、省地税局、省工商局、省法制办、省物价局)

2. 推进法治化营商环境建设。全面清理涉及市场准入、经营行为规范的法规规章,建立维护全省市场统一开放、竞争有序的长效机制。推进商贸流通领域法治化建设,加快流通领域地方立法。规范市场主体竞争行为,查处垄断和不正当竞争行为,规范零售商、供应商公平交易行为。健全消费环节经营者首问和赔偿先付制度,保护消费者合法权益。(责任单位:省商务厅、省法制办、省工商局、省发改委、省质监局、省公安厅、省物价局)

3. 建立完善市场调控机制。完善省级生活必需品应急管理平台建设,建立应急商品重点生产企业、流通企业协作机制。落实大型流通企业应急保供责任,保障应急救灾和市场调控需要。进一步优化样本结构,扩大监测范围,增强市场调控的前瞻性和预见性。严格落实猪肉、食糖等重要农产品分级储备制度,创新储备方式,改进储备管理。(责任单位:省商务厅、省应急办、省财政厅、省民政厅、省发改委、省物价局、省统计局、省农业厅、省粮食局)

4. 加强知识产权保护与转化。推动商贸流通重大技术项目国际合作，保护商贸流通企业自主知识产权；加快商贸流通领域科技成果的研究开发和推广转化，推进商贸流通业科技创新基地、企业研究院和产业技术创新联盟、创新团队等载体建设。（责任单位：省科技厅、省工商局、省质监局、省地税局、省国税局）

5. 健全商贸流通标准体系。加强电子商务、现代物流、农产品流通等领域标准研制工作，引导和鼓励有关单位参与制订国家标准和行业标准，提高参与国家标准化活动的能力。推进商贸流通标准化项目建设，培育一批标准体系较为完善的商贸流通企业。加强追溯体系建设，推进组织机构代码、物品编码在商贸流通企业的应用，促进智慧追溯体系建设。（责任单位：省质监局、省工商局、省食品药品监管局、省商务厅）

（二）加大市场整治力度

1. 完善联合监管机制。加强部门协作，完善联合打击侵犯知识产权和制售假冒伪劣商品行为的工作机制，发挥统筹协调和监督检查作用，严厉打击虚假宣传、侵权假冒、商业欺诈等违法行为，形成监管合力。健全举报投诉办理机制，在大型商业网点和网购平台建立投诉快速处理绿色通道，严肃查处违法违规行为。（责任单位：省商务厅、省工商局、省法制办、省质监局、省食品药品监管局、省安监局）

2. 加大市场监管力度。强化流通领域商品质量、计量监管和抽查，加大对重点商品的整治力度，集中开展互联网、城郊结合部侵权假冒伪劣商品专项整治。建设智慧型商品市场监管体系，加强市场管理信息系统、信息查询公告系统、联网监测监管系统建设。加强网上市场监管，建立工作联系和指导服务制度，促进网上市场健康发展。（责任单位：省工商局、省卫生计生委、省食品药品监管局、省物价局、省公安厅、省商务厅、省质监局）

3. 保障食品药品安全。加强餐饮安全监管，完善相关规定和管理措施，防止不合格食材流向餐桌，严厉打击“黑作坊”“黑快餐”等危害百姓身体健康的企业。加强药品流通监管，开展药品运输环节监管试点，规范药品配送和药学服务等行为。（责任单位：省食品药品监管局、省工商局、省卫生计生委、省公安厅、省建设厅、省商务厅）

（三）加快推进商务信用建设

1. 加强商务诚信体系建设。建立商贸流通企业信用信息记录机制，推进行政管理部门企业信息共享，探索实行企业信用分类管理。构建商务信用评价机制，支持第三方机构开展具有信誉搜索、同类对比等功能的市场化综合评价，鼓励行业组织开展以信用记录为基础的第三方专业评价。引导企业建立信用评价体系，开展商品质量、服务水平、购物环境等内容的消费体验评价。在重点领域推进商务诚信体系建设试点，逐步扩大覆盖范围，建立线上线下消费一体的信用评价体系。积极推进商务信用应用，拓展信用消费服务。（责任单位：省商务厅、省发改委、省质监局、省工商局、省食品药品监管局、省公安厅、人行杭州中心支行）

2. 健全商务信用信息披露制度。加强浙江省企业信用信息公示系统等平台建设，及时披露企业侵权假冒行政处罚等信息，依法发布失信企业“黑名单”。进一步加强行政执法与刑事司法衔接，建立案件曝光平台，推进案件信息公开。完善失信主体特定行业禁入制度，提高失信成本，逐步形成“一处失信、处处受限”的商务诚信市场环境。（责任单位：省工商局、省商务厅、省法制办、省法院、省检察院、省质监局、省食品药品监管局、省公安厅、省国税局、省地税局、省旅游局）

五、加强组织领导

各责任单位要加强协调配合，按照分工要求，切实负起责任，根据本意见抓紧落实工作举措，明确时限要求，确保政策落实到位。各市、县（市、区）政府要根据本地实际，统筹协调，落实责任单位，出台有针对性的配套措施，加大执行力度，形成政策合力。

浙江省人民政府办公厅

2015 年 5 月 18 日

浙江省人民政府办公厅关于进一步促进展览业发展的实施意见

浙政办发〔2015〕131号

各市、县(市、区)人民政府,省政府直属各单位:

展览业是构建现代市场体系和开放型经济体系的重要平台,在浙江省经济社会发展中的作用日益凸显。为贯彻落实《国务院关于进一步促进展览业改革发展的若干意见》(国发〔2015〕15号)精神,促进浙江省展览业加快发展,经省政府同意,现提出如下实施意见:

一、明确发展目标

有效发挥政府引导和促进作用,加快展览业管理体制改革,推动展览业市场化进程,优化展览业规划布局,推动形成若干个具有全国影响力的展览城市、展览企业和品牌展览会。到2020年,形成产业结构优化、服务功能完善、市场运作良好的展览业生态圈,推动浙江省由展览业大省向展览业强省转变。

二、优化产业布局

紧密结合浙江省各地区位优势、产业特点和发展基础,科学规划全省展览业发展布局。杭州、宁波、义乌等展览业基础较好的地区,要加快完善展览场馆和配套设施建设,打造我省展览业品牌城市。杭州要牢牢把握2016年承办G20峰会机遇,争取建设成为国际重要会展之都。余姚、海宁、柯桥、永康、温岭等产业特色鲜明、发展基础较好的县(市、区),要重点发展区域特色专业展。

三、提升展览业市场化水平

加快政府职能转变,创新管理方式,优化公共服务,推动展览业市场化进程。探索建立政府办展退出机制,严格控制各地政府及其部门对展览会进行冠名等行为,减少展览会财政出资和行政参与,逐步加大政府向社会购买服务的力度。鼓励政府投资性展览场馆产权和运营权相分离,提高市场化运营水平。推动政府部门下属展览企业脱钩改制,政府购买展览服务要严格按照政府采购相关规定执行,营造公平有序的市场环境。

四、培育龙头展览企业

引导大型骨干展览企业通过收购、兼并、控股、参股、联合等形式组建国际展览集团,努力打造若干个国内知名的龙头展览企业。鼓励展览企业通过资本市场发展壮大,推动大型骨干展览企业通过新三板上市。积极推广运用国际质量标准体系,提升展览企业专业化、标准化、规范化服务水平。加快展示设计、展览工程等展览服务行业的发展,形成以知名展览企业为龙头,带动展览服务业发展壮大的产业链。

五、做强品牌展览项目

推动浙江省重点展览会与国内外行业组织、中介机构建立长期战略合作关系,加快展览项目国际招商，重点提升中国国际动漫节、中国国际日用消费品博览会、中国义乌国际小商品博览会等展览会国际化水平。发挥浙江省产业集群优势，加快发展以信息经济、环保、健康、旅游、时尚、金融、高端装备制造等七大产业产品为主要展示内容的展览会，提升专业化水平。积极引导国内外知名展览企业和品牌展览项目在我省落户，争取中国—中东欧国家投资贸易博览会永久落户宁波。建立完善重点品牌展会绩效综合评估机制，完善品牌展会扶持政策。

六、深化交流合作

推动浙江省展览企业加强与国际展览业组织及国际知名展览企业的交流合作，为浙江省企业进入国际中高端展览市场创造条件。大力支持企业通过参加展览会开拓国内外市场，利用展览会宣传“品质浙货”品牌，提升“浙江制造”在国际市场的知名度和认可度。制定年度境外展览会目录，培育大阪展、吉达展等浙江省境外自办展览项目。支持浙江省企业参加“一带一路”沿线国家展览会，重点参加在东盟、中东、中亚等地举办的展览会，进一步拓展国际合作领域和空间。加强浙江省与长三角地区展览行业的交流合作，与上海展览业实现差异化发展，鼓励企业利用上海展览平台开拓市场。

七、加快创新发展

充分发挥浙江省电子商务优势，加快发展基于互联网的新型展览业态，推广 APP、微信等互联网手段在展览业的应用。鼓励实体展览会举办网上展览，推动大数据等技术应用，发展网上营销推广、客户挖掘、线上配对等服务，实现线上线下融合发展。积极发展绿色展览，推动展馆在主体设计、展具选材、光照系统等方面应用低碳环保技术。

八、规范行业秩序

建立涵盖展览馆、办展机构（企业）、设计搭建和参展企业的诚信体系，推动展览主办（承办）机构诚信办展。加强知识产权保护，强化监督管理、加大执法力度，打击参展参会单位侵权和假冒行为。鼓励展览企业申请 ISO9001 等服务质量认证，支持展览企业参与国际展览业协会（UFI）、国际大会及会议协会（ICCA）等国际性组织的认证，提升浙江省展览业服务水平。充分发挥展览行业协会和贸易促进机构等经贸组织的功能与作用，加强行业自律管理，推进制定展览业行业标准和经营准则，推动展览业标准化发展。

九、加大政策扶持

认真落实《国务院关于推进文化创意和设计服务与相关产业融合发展的若干意见》（国发〔2014〕10 号）精神，对属于税收政策范围内的创意和设计费用，执行税前加计扣除政策；对符合规定的展览业小微企业，落实小微企业增值税、营业税和所得税优惠政策。积极发挥省转型升级产业基金的引导作用，推动政府、社会和展览企业共同建立展览业发展基金，促进展览业发展壮大。完善展览会展品出入境监管方式，提高展品出入境便利化程度。

十、完善工作机制

建立由省商务行政主管部门牵头，省发展改革、教育、科技（知识产权）、公安、财政、税务、工商、统计、海关、检验检疫等部门共同参与的联席会议制度，统筹推进全省展览业发展的规划编制、政策制定和协调管理等工作。各市应明确展览业管理协调机构。

十一、健全统计制度

建立以国民经济行业分类为基础的展览业统计、监测体系，并建立以此为依据的综合性信息发布平台。加强展览会拓市场监测工作，对以办展机构、展览服务企业、专业参展商等为主要监测对象，以展览数量、展出面积及展览企业经营状况为主要监测内容的展览业经济指标进行科学统计分析，并予以定期发布。

十二、加强人才培育

鼓励中介机构、行业协会、展览企业与相关院校和培训机构联合培养展览业专门人才，提升展览业从业人员的专业素养和技能。深化培养方式改革，鼓励高校会展专业通过加强校企合作、会展大赛等提高专业学生的应用和实战能力。推动浙江省国际会展教育与实践联盟建设，从教育、培训、实践等环节入手，共同推动展览业人才培养。

浙江省人民政府办公厅

2015 年 12 月 28 日

浙江省商务厅等7部门关于印发《浙江省重点培育外贸综合服务企业认定和管理办法》的通知

浙商务联发〔2015〕72号

各市商务局(委)、国税局,外汇局各市中心支局、杭州辖内各县(市)支局,杭州关区各关(办),浙江检验检疫局各分支局,各市金融办,中信保浙江分公司各经营机构,省属有关企业:

为贯彻落实国务院办公厅关于外贸稳增长的各项工作部署和省政府《关于进一步促进全省经济平稳发展创新发展的若干意见》(浙政发〔2015〕18号),通过培育和发展外贸综合服务企业,为广大中小微企业开拓国际市场提供服务,特制定《浙江省重点培育外贸综合服务企业认定和管理办法》,现印发给你们,请认真组织实施。

浙江省商务厅
浙江省国家税务局
国家外汇管理局浙江省分局
中华人民共和国杭州海关
浙江出入境检验检疫局
浙江省人民政府金融工作办公室
中国出口信用保险公司浙江分公司
2015年8月5日

浙江省重点培育外贸综合服务企业认定和管理办法

为贯彻落实国务院办公厅关于外贸稳增长的各项工作部署和省政府《关于进一步促进全省经济平稳发展创新发展的若干意见》(浙政发〔2015〕18号),通过培育和发展外贸综合服务企业,为广大中小微企业开拓国际市场提供服务,特制定本办法。

一、认定办法

(一)外贸综合服务企业是指为国内中小微企业进出口提供物流、通关、信保、融资、收汇、退税等服务的外贸企业;外贸综合服务企业设立的面向中小微企业的一站式线上服务平台称为外贸综合服务平台。

(二)重点培育的外贸综合服务企业须具备以下条件:

1. 在浙江省内登记注册、具有外贸经营者资格。

2. 为国内中小微企业进出口至少提供物流、通关、信保、融资、收汇、退税等服务环节中的5项，其中通关、退税、收汇、信保为必须提供的服务。

3. 服务的中小微企业数量在200家以上。

4. 具有完善的线上外贸综合服务平台，平台近12个月出口额5000万美元以上并保持较快增长速度。

（三）认定工作每年开展一次，符合以上条件的企业可向商务主管部门提出申请，省商务厅组织相关部门对申报企业进行核定。经核定符合条件的，确认为“重点培育的外贸综合服务企业”，可享受本办法第二款提出的各项扶持政策，有效期2年。

二、扶持措施

1. 优惠扶持措施。适当下调重点培育外贸综合服务企业投保出口信用保险费率。将市县培育推进外贸综合服务企业发展的工作情况作为商务促进发展专项资金的分配因素，对工作突出的市县给予奖励，由市县统筹用于支持外贸综合服务企业发展，具体办法由省商务厅会同省财政厅另行制定。

2. 出口退税便利措施。对经认定的重点培育外贸综合服务企业，优化退税服务，每月可多次申报出口退税，优先办理退税，确保及时足额退税。及时协调解决企业在办理出口退税业务中存在的困难和问题。严格按《全国税务机关出口退(免)税管理工作规范(1.0版)》规定的要求进行函调，提高发函的针对性，避免滥发函。

3. 海关通关便利措施。对经认定的重点培育外贸综合服务企业，海关纳入重点企业给予重点帮扶，提供优先办理货物申报、查验、放行手续，优先安排加急通关手续，对进出口适用较低查验率，及时协调解决企业在办理海关业务过程中存在的困难和问题。支持有条件的企业设立市场采购贸易模式项下货物海关监管仓。

4. 检验检疫便利措施。对经认定的重点培育外贸综合服务企业，简化出口监管流程，降低企业核查货证比例。发挥检验检疫部门优势，强化对企业的质量帮扶，建立以风险管理为核心、高风险项目严密监管和低风险产品快速放行的监管机制。

5. 外汇管理便利措施。对经认定的重点培育外贸综合服务企业，充分给予收结汇便利，简化A类外贸综合服务企业外汇账户，货物贸易收入可直接结汇或入外汇结算账户，有效缩短收结汇时间，加快企业资金周转；简化贸易信贷报告流程，允许企业定期向外汇局报备，节约企业人力物力，支持外贸综合服务企业发展。

6. 强化融资服务。金融机构在风险可控制、商业可持续前提下，积极加大对重点培育外贸综合服务企业的信贷支持力度，积极给予融资及息费优惠。探索对通过外贸综合服务企业出口的企业试行信用贷款，创新出口信用保险保单融资模式，逐步建立金融机构与外贸综合服务企业专业服务和网上对接机制。

7. 加大宣传推广力度。通过境内外展会、媒体、门户网站、政策宣讲会等多种形式，宣传推介外贸综合服务企业，拓展外贸综合服务企业与中小微企业对接渠道。支持外贸综合服务企业依托义乌小商品、海宁皮革城等内外贸结合商品市场，扩大客户服务群，为市场业户提供产品展示、客户对接、贸易实务等服务，帮助业户拓展海外销售渠道。

三、保障措施

（一）密切部门协作

建立由省商务厅牵头，财政、国税、外管、海关、检验检疫、金融、信保等单位按职能分工共同参与的促进我省外贸综合服务企业发展联席工作机制，创新管理和服务方式，及时研究协调解决问题并定期通报信息。各市要建立健全相应的工作协调机制，强化部门间的协作配合，确保促进外贸综合服务企业发展措施落到实处。

（二）加大服务力度

各部门、各地市要加大对重点培育外贸综合服务企业的服务力度，采取上门服务、现场办公和“一企一策”等方法，帮助解决企业实际困难和问题，为外贸综合服务企业发展创造良好条件，促进外贸综合服务企业做大做强。

（三）规范企业发展

外贸综合服务企业要严格遵守相关法律法规，不断完善服务内容，提高运行效率，增强服务水平，积极主动发挥推动中小微企业扩大进出口作用，切实促进我省对外贸易稳定增长。外贸综合服务企业应通过建立行业联盟（协会）等形式，加强行业自律，互通相关失信服务对象信息，防范企业自身经营风险。企业在经营过程中，如出现违法违规行为或弄虚作假造成严重负面影响，省商务厅保留取消重点培育资格的权利。

浙江省商务厅等5部门关于印发《浙江省电子商务发展指数评价方案》的通知

浙商务联发〔2015〕20号

各市商务局(委)、统计局、邮政管理局、人民银行,宁波市通信管理局:

为全面贯彻落实《浙江省人民政府办公厅关于深入推进“电商换市”加快建设国际电子商务中心的实施意见》(浙政办发〔2013〕117号),及时反映我省电子商务发展情况,全面评价我省及各市、县(市、区)电子商务发展进程,省商务厅、省统计局、省邮政管理局、省通信管理局、人行杭州中心支行等5部门联合制定了《浙江省电子商务发展指数评价方案》,现印发你们,请遵照实施。

浙江省商务厅
浙江省统计局
浙江省邮政管理局
浙江省通信管理局
中国人民银行杭州中心支行
2015年3月19日

浙江省电子商务发展指数评价方案

为全面贯彻落实《浙江省人民政府办公厅关于深入推进“电商换市”加快建设国际电子商务中心的实施意见》(浙政办发〔2013〕117号),及时掌握我省电子商务发展整体情况,全面科学评价我省及各市、县(市、区)电子商务发展程度,为我省电子商务产业政策制定和行业管理服务提供参考依据,特制定该方案。

一、建立浙江省电子商务发展指数评价体系的必要性和重要性

(一)有助于促进浙江省居民消费和开拓国内外市场

现代居民消费模式多样,产品多为高度市场竞争的日用消费品,且市场两头在外,跨区域、远距离的交易日益频繁,迫切需要电子商务的快速发展和深度应用。因此,发布《浙江省电子商务指

数评价体系方案》,对提升浙江电子商务品牌的知名度、促进居民网络消费、提高产品市场占有率、开拓国内外市场等均具有重要意义。

(二)有助于提高浙江省在电子商务领域的话语权

浙江省发展电子商务起步较早、基础扎实、氛围浓厚,杭州被授予“中国电子商务之都”称号,拥有全球最大的B2B平台、C2C平台和第三方支付平台及一大批全国领先的行业电子商务平台,在国内乃至国际上具有典型性和代表性。因此,发布《浙江省电子商务指数评价体系方案》,对于确立我省在电子商务行业的龙头地位,提高国际贸易话语权,具有重大意义。

(三)有助于提升浙江省电子商务行业管理和服务水平

编制《浙江省电子商务发展指数评价方案》,综合考虑产业发展指标和行业管理服务指标,建立电子商务重点领域统计监测和信息发布制度,将评价指标与浙江省电子商务行业统计工作相结合,将浙江省电子商务领域重点工程和项目纳入评价指标体系,能够高度概括浙江省电子商务发展的优势和存在瓶颈,推动提升浙江省电子商务行业管理和服务水平。

二、浙江省电子商务指数评价体系的指导思想和指标设置原则

(一)指导思想

深入实施贯彻“八八战略”和“创新强省”总战略,紧紧围绕实施“电商换市”和建设国际电子商务中心的总体目标,采取统计综合评价的方法,对浙江省电子商务发展进行描述、监测和评价,并通过相关指标的对比分析,科学评价浙江省区域电子商务发展情况,为浙江省电子商务发展提供决策建议。

(二)指标设置原则

1. 科学性原则。评价指标既能科学反映电子商务产业发展状态与趋势,又能科学反映发展过程中的亮点和制约瓶颈。

2. 完整性原则。评价指标体系不能以偏概全,应多方位、多角度地全面完整反映电子商务发展情况。

3. 可比性原则。由于评价范围将包括浙江省各市县,故评价指标不但要具有各市、县之间的纵向可比性,还要具有与兄弟省市之间的横向可比性。

4. 可操作性原则。评价指标数据主要来源于政府相关部门的统计数据和行政记录,确保数据真实可靠,且能有效地运用于实际分析。

5. 导向性原则。评价指标设置以促进浙江省电子商务发展为目标,以监测电子商务应用创新发展为主线,并与浙江省电子商务管理工作相结合,引导全社会关注和投身电子商务发展。

三、浙江省电子商务发展指数评价指标体系主要内容

浙江电子商务发展指数评价体系主要从以下六个方面进行评价:

1. 产业发展。反映电子商务产业发展的情况,从网络销售、电商交易、居民网络消费、电商服务、电商基地、电商平台、重点示范、从业人员八个方面进行测度。

2. 应用普及。反映电子商务在国民经济和居民生活中应用情况,主要包括工业、农业、跨境贸易、专业市场、传统商业体、生活服务业六个领域的电子商务应用情况。

3. 基础配套。反映电子商务发展的基础支撑能力以及建设情况,包括通信基础设施、快递服务网络、网络支付、城乡居民公共服务网络等五个方面。

4. 创新能力。反映电商发展的创新能力和活力,主要从电商培训、电商人才、电商创新三个方面进行测度。

5. 政策环境。反映电商发展的政府政策支持环境,从规划政策、组织管理、财政税收、行业统计及其他支持五个指标进行测度。

6. 行业氛围。反映电子商务发展的行业氛围,从行业组织、活动组织、活跃、宣传和社会美誉度五个方面进行测度。

同时,考虑一些发展指标难以具有特殊性和地域性等特点,适当增加一些指标作为加减分项。

四、浙江省电子商务发展指数评价体系指标计算方法

电子商务发展指数是在综合评价指标体系的基础上，采用逐级加权汇总的方法，形成既能反映电子商务发展实力及水平的综合指数，也能概括说明一个区域电子商务发展的方向和程度。

（一）指数解释

为了既能测度浙江省电子商务发展实力，又测度浙江电子商务发展的水平及其与各地经济的相适应性，将构建浙江省电子商务综合实力指数和相对水平指数，前者以总量指标为主，主要反映电商发展的综合实力，后者以相对指标、平均指标为主，强调区域之间的可比性，反映电子商务发展的相对水平，并根据需要再合成总指数。同时，浙江省将发布省市县三级电子商务发展综合实力指数、相对水平指数和总指数。

（二）计算方法

电子商务发展指数具体计算过程分5步：

1. 无量纲化处理。对指标进行标准化计算，可以使量纲不同的各类指标值转化为可以直接进行相加计算的数值，将基础指标值除以标准值，得到无量纲化的标准指标值。

2. 计算三级指数。将无量纲后的标准值与基础值或基期水平相比，得到各三级指数。

3. 计算二级指数。二级指数 $y_{ij.}$ 由三级指数加权综合而成，即：$y_{ij}=\sum_{k=1}^{n_k} w_{ijk}y_{ijk}$，其中，$w_{ijk}$ 为相应三级指数的权数。

4. 计算一级指数。一级指数 $y_{i.}$ 由二级指数加权综合而成，即：$y_{i.}=\sum_{j=1}^{n_j} w_{ij.}y_{ij.}$，其中，$w_{ij.}$ 为二级指数相应权数。

5. 计算电子商务指数。由一级指数加权综合。即：$y=\sum_{i=1}^{n_i} w_{i.}y_{i.}$，$w_{i.}$ 为一级指数相应权数。

（三）权重确定

综合相关部门、行业协会及专家学者意见，综合确定权重（详见附件1-2），未标明权重的以等权计算。

五、浙江电子商务发展指数评价体系发布说明

浙江省电子商务发展指数评价体系研究报告每年发布一次，评价体系指标每两年调整一次，对全省及11个设区市、90个县（市、区）分三个层次进行测算和评价。发展指数评价研究报告发布工作由省商务厅负责组织实施。

附件：1. 浙江省电子商务发展指数评价指标体系（略）

2. 部分评价指标体系解释和说明（略）

浙江省商务厅　浙江省住房和城乡建设厅印发《关于加快发展预拌砂浆的实施办法》的通知

浙商务联发〔2015〕55号

各市、县(市、区)散装水泥行政主管部门、建委(建设局、建管局、建工局):

为贯彻落实党的十八届三中全会关于建设美丽中国、深化生态文明建设的重要精神,促进资源节约利用和生态环境保护,保证建设工程质量,推动建筑领域技术进步,根据《中华人民共和国循环经济促进法》、《浙江省促进散装水泥发展和应用条例》、《浙江省大气污染防治条例》等有关法律、法规规定,结合我省预拌砂浆的发展情况,制定《关于加快发展预拌砂浆的实施办法》,现印发你们,请遵照执行。

浙江省商务厅　浙江省住房和城乡建设厅

2015年5月29日

浙江省商务厅　浙江省住房和城乡建设厅　关于加快发展预拌砂浆的实施办法

第一条　为保护和改善环境,促进资源综合利用,保证建设工程质量,促进绿色施工,推动建筑领域技术进步,根据《中华人民共和国循环经济促进法》、《浙江省促进散装水泥发展和应用条例》、《浙江省大气污染防治条例》等有关法律、法规规定,结合本省实际,制定本实施办法(以下简称《办法》)。

第二条　本省行政区域内预拌砂浆的生产、销售、运输、使用及其监督管理适用本《办法》。

第三条　散装水泥行政主管部门主管本行政区域内预拌砂浆发展和应用的管理工作,与建设行政主管部门密切配合,加强对预拌砂浆建设施工现场的监督检查。建设行政主管部门负责对建筑施工、监理、工程验收等环节使用预拌砂浆的监督管理。

各市、县(市、区)散装水泥行政主管部门与建设行政主管部门要加强协作,宣传和贯彻国家、省关于城市禁止现场搅拌砂浆的法律、法规和政策规定,制定本区域实施禁止现场搅拌砂浆政策。

第四条　自本《办法》实行之日起,杭州、嘉兴、湖州、绍兴、舟山、台州市禁止现场搅拌区域内新开工的建设工程必须使用预拌砂浆;自本办法实施满一年之日起,宁波、温州、金华、衢州、丽水市新开工的建设工程必须使用预拌砂浆;根据法律、法规规定可以现场搅拌的除外。

第五条　预拌砂浆生产企业应当符合当地规划布局,按国家和省有关规定取得《浙江省预拌干混砂浆生产企业试验室合格证》,并符合省散装水泥办公室和省建筑业管理局的管理规定；应加强试验室管理，依据《浙江省预拌干混砂浆试验室管理办法》要求做好各类项目的检测，并按规范格式记录试验结果；要从原材料、配方、施工工艺等方面把好质量关，健全质量保证体系，确保预拌砂浆产品质量符合国家标准和施工规范要求。

省散装水泥办公室应对企业试验室组织验收，对预拌干混砂浆产品质量进行抽检。

第六条 预拌砂浆生产企业应建立售后服务体系，对使用预拌砂浆的建设工程工地进行技术指导。

第七条 预拌砂浆生产企业每月应将各建设工程预拌砂浆使用量于下月第5个工作日前报当地散装水泥管理机构和工程质量监督机构。

第八条 预拌砂浆专用车辆必须符合国家及行业标准，应安装全球卫星定位监控系统。预拌砂浆储罐设计制造必须符合国家标准，大力推广安装定位系统和计量监控系统；使用预拌砂浆过程中不得造成扬尘污染。

第九条 建设工程造价管理部门应制定使用预拌砂浆的计价依据，定期发布预拌砂浆价格信息，以满足各类建设工程计价的需要。

第十条 禁止现场搅拌区域内的建设工程，应将使用预拌砂浆价格纳入工程预算。实施招投标的项目应在招标文件中明确使用预拌砂浆，招投标管理部门应对使用预拌砂浆的有关内容进行备案。

第十一条 监理单位应将预拌砂浆的使用情况列入日常监理内容，并做好记录。对不按规定使用预拌砂浆的应以书面形式要求其限期整改；对拒不改正的，要及时向建设单位、建设行政主管部门报告。

第十二条 建设单位应当督促施工单位使用预拌砂浆。建设、施工单位要使用符合国家标准和施工规范要求的预拌砂浆。

施工单位应严格按照相关技术规程使用预拌砂浆，并按规定做好预拌砂浆的进场复验和试块检验工作。

为提高抹灰施工的质量和效率，应鼓励采用机械化泵送和喷浆等先进的施工方法。

第十三条 建设行政主管部门应将预拌砂浆的使用情况纳入日常监督范围，并将预拌砂浆使用情况列入各级标准化工地或绿色工地等标准化示范工地评比的审查内容，各级散装水泥管理机构应在工程竣工后，向建设行政主管部门提供建设工程使用预拌砂浆的情况说明。

第十四条 各级散装水泥行政主管部门、建设行政主管部门应当支持和鼓励各有关单位开展应用预拌砂浆技术培训、技术攻关、技术创新以及预拌砂浆进家庭装修等工作；对推广应用预拌砂浆取得显著成效的单位或个人，给予表彰和奖励。

各级散装水泥管理机构应会同有关部门加强对预拌砂浆设备技术创新的指导，并应组织相关专业技术人员、生产和施工设备操作人员的专业技能培训。

第十五条 省和设区市的散装水泥管理机构应将禁止现场搅拌砂浆工作和生态省建设、文明城市创建工作完成情况纳入对下一级目标责任管理考核的内容。

第十六条 各级散装水泥行政主管部门和建设行政主管部门应建立协作机制，形成信息共享制度，不定期地联合组织行政执法，加强对禁止现场搅拌砂浆的监管，通过政务网等公布禁止现场搅拌区域部分建设、施工、监理单位的违法事实，接受社会监督。

第十七条 严禁预拌砂浆生产企业形成价格联盟或价格垄断，严禁地方保护主义或生产企业联盟控制地区市场。企业违反规定的，由散装水泥管理机构商请有关部门实施处罚。

第十八条 建设、施工、监理单位违反本办法规定，由散装水泥行政主管部门和建设行政主管部门责令其限期整改，并给予以下处理：

（一）对建设单位未将使用预拌砂浆的费用列入预算，不支付使用预拌砂浆的费用，或明示、暗示施工单位现场搅拌砂浆的，由散装水泥行政主管部门和建设行政主管部门进行公示；

（二）对监理单位发现施工单位现场搅拌砂浆未予制止或未及时报告的，由建设行政主管部门进行公示，并对直接责任人和责任主体相应处理；

（三）对施工单位未经批准现场搅拌砂浆或因现场搅拌砂浆被行政处罚的，或杭州、嘉兴、湖州、绍兴、舟山、台州市“禁现”区域内的建设工程预拌砂浆使用率低于85%的，宁波、温州、金华、衢州、丽水市“禁现”区域内的建设工程自本办法实施满一年之日起，建设工程预拌砂浆使用率低于85%的，由建设行政主管部门进行公示，并给予直接责任人和责任主体相应的信用扣分，同时取消其标准化示范工地评比、质量评优资格。

第十九条 禁止现场搅拌砂浆区域内的建设工程预拌砂浆使用率低于85%的，建设单位向散装水泥管理机构预缴的散装水泥专项资金不予退还。

第二十条 未经批准在现场搅拌砂浆，由各级散装水泥管理机构根据《浙江省促进散装水泥发展和应用条例》第三十二条、第三十四条的规定予以处罚。

第二十一条 本办法自2015年8月1日起施行。2014年11月1C日浙江省商务厅、浙江省住房和城乡建设厅发布的《关于加快发展预拌砂浆的实施办法》同时废止。

浙江省商务厅关于印发《2015年外贸稳增长调结构行动计划》的通知

浙商务发〔2015〕53号

各市商务局(委):

当前,外贸形势依然复杂严峻,任务依然艰巨。今年外贸工作将以稳增长、调结构、促改革为总基调,围绕省政府确定的增长7.5%以上的目标,在抓改革中谋创新、在拓市场中稳增长、在调结构中创优势、在优服务中转职能,营造全省合力抓外贸的工作氛围,努力实现浙江省出口健康可持续发展。现将《2015年外贸稳增长调结构行动计划》印发给你们,请各市积极配合,主动开展相关工作,上下联动,全力实现全省外贸稳定增长。

浙江省商务厅

2015年3月23日

2015年外贸稳增长调结构行动计划

2015年,外贸形势依然复杂严峻,任务依然艰巨。今年外贸工作将以稳增长、调结构、促改革为总基调,围绕省政府确定的增长7.5%以上的目标;提高外贸对发展经济、改善民生的贡献;在抓改革中谋创新,在拓市场中稳增长,在调结构中创优势,在优服务中转职能;营造全省合力抓外贸的工作氛围,努力实现浙江省出口健康可持续发展。为此制订以下行动计划:

一、加强年度目标任务的落实与督察

1. 强化年度目标任务考核。根据省政府确定的目标任务,年初量化分解到11个设区市,并由省政府与各市政府签订责任状,目标完成情况将作为年度考核中评选先进的重要参考指标。

2. 深入推进厅市对口联系机制。发挥机制长效作用,开展专项服务,深入研究和分析对口地市出口中存在的主要问题,提出相应政策措施建议,帮助协调相关问题难题,进一步促进出口稳增长。

3. 完善重点企业联系帮扶制度。深入推进处室与基层商务部门对口帮扶,"一企一策",精准施策,培育出口龙头企业。重点培育10家出口超50亿元的"航母"、20家出口超20亿元的"小巨人"和100家出口超5亿元的大企业(见附件)。有针对性地开展帮扶,促进出口稳定增长。积极帮助新增出口企业提高外贸业务能力,尽快启动自营业务,力争新增有出口实绩的企业2000家以上,新增出口规模100亿美元以上。

4. 建立月度通报制度。每月跟踪各市出口年度任务完成情况,分别由省政府和省商务厅通报至各市政府,检查督促进度,营造一种"比学赶

超”的氛围。

二、加快培育外贸新优势

1. 进一步扩大进口。加大对“进口贸易促进创新示范区”、“省级进口平台” 和 “进口龙头企业”的培育力度,发挥好集聚、展示、交易、物流等方面的示范和带动作用。积极培育有影响力的进口商品展会,扩大一般消费品进口。重视进口与产业发展相结合,鼓励企业开展“机器换人”,促进先进技术、装备、关键零部件和紧缺资源原材料进口。

2. 全面推进跨境电商工作。贯彻落实《浙江省跨境电子商务发展三年行动计划》(浙商务发〔2015〕23 号),出台本地区推进跨境电子商务发展的实施方案。积极组织企业参加首届跨境电商博览会暨高峰论坛;积极建设、申报省级跨境电商园区,稳步推动企业建设海外仓;大力培育重点跨境电商企业,做好跨境电商企业认证、人才培训和统计监测系统建设等基础性工作。加快推进中国(杭州)跨境电子商务综合试验区建设,推动浙江省跨境电商全面发展。

3. 培育一批外贸综合服务平台。加快推进“浙江一达通”业务推广,积极培育外贸综合服务平台,并筛选杭州、宁波、义乌等小微企业活跃地区的部分外贸综合服务平台进行重点培育,通过专业化外贸服务带动浙江省中小微企业进一步发挥出口潜力。推进外贸综合服务平台规范、健康发展。探索外贸综合服务与跨境贸易电子商务融合发展。

4. 加快推进“市场采购”贸易方式的复制推广。积极推动海宁皮革城等内外贸结合较好的专业市场推进当地国际贸易改革试点,进一步扩大市场采购贸易试点、放大试点效应。

5. 推广自主出口品牌,打造出口区域品牌。大力实施出口品牌战略和“四换三名”工程。2015 年新培育 100 个左右“浙江出口名牌”,重点培育 10 个消费类带中文 LOGO 的 “浙江出口精品”。积极开展品牌宣传推广工作,着力打造“品质浙货”品牌,统一 LOGO 并大力宣传。开展跨境电子商务创品牌,重点打造嵊州领带、宁波文具等一批“出口区域品牌”。推荐条件成熟的名品、名企进入国际机场等国际高端展销场所。提高品牌出口在全省出口中的比亘。

6. 力拓“一带一路”市场,调整出口市场结构。主动融入“一带一路”建设,为浙江省外贸发展增强活力,重点组织企业参加“一带一路”沿线的十大重点国际性展会和 60 个一般性展会,巩固并提高对“一带一路”沿线国家市场的出口比重。各地市组织、支持企业积极参加各类国际性展会, 特别是省商务厅重点支持的 69 个境外货物贸易展会(其中自办展 4 个,重点展 41 个,境内国际性展会 27 个)。

7. 积极调整出口产品结构。保持机电和高新技术产品出口的稳定增长,提高对出口增长的贡献度。扩大轻工产品及茶叶、丝绸等传统优势产品出口, 进一步提高优势产品的质量和档次。大力发展文化产品出口,为全省出口贡献增量。

8. 引导外资稳存量、扩增量。建立外商投资的重点出口企业跟踪服务责任制,鼓励存量外资向总部争取订单。全力推进外资重大项目建设,推进世界 500 强投资企业以及其他制造类新增和扩产项目尽快形成出口能力。

9. 加快“走出去”带动出口。加强国际营销网络建设带动出口。扩大对外投资带动实物出口。扩大对外承包工程带动设备和原材料出口以及援外项下的出口。

三、继续做好各项服务工作,优化外贸发展良好环境

1. 加强对外贸发展资金使用的指导。进一步优化完善外贸扶持政策和激励措施,强化省级商务发展资金对出口的支持, 突出绩效导向,将资金分配与目标考核挂钩, 激发地方工作积极性,确保出口稳定增长。充分利用信保及中央中小企业国际市场开拓资金,支持中小型民营企业加快发展,引导小微企业扩大出口规模。

2. 做好对基层和企业的服务。积极联合相关涉外部门深入基层和企业开展 “三送三进”服务,送政策、送服务、送信心,进企、进点、进言,深入开展进厂入企、蹲点调查活动并提出对策建

议,有针对性地为企业解决实际困难。进一步优化办事窗口各项发证工作,提高办事效率,为外贸企业提供便利服务。

3. 做好培训服务。开展商务局长、新批外贸企业、跨境电子商务业务骨干、市场采购贸易方式、涉外法律知识等培训计划,分片开展企业外贸业务知识培训活动,集中传授外贸形势、进出口、通关、检验检疫、结汇、法律等专业知识,积极培育外贸新增长点。组织开展跨境电子商务、外贸综合服务平台等新型商业模式应用的专业培训、研讨活动,培养专业人才,鼓励企业积极开展商业模式创新。

4. 做好贸易便利化服务。开展贸易便利化联合行动。联合海关、商检、外管、国税、商务、信保等部门开展政策巡回宣讲等活动。与上述部门定期召开情况通气会。充分发挥综合经济管理部门职能,加强与相关涉外部门的联系,积极推进贸易便利化。

5. 做好贸易救济服务。全力做好贸易救济案件调查,加强产业安全工作宣传和队伍建设。充分发挥“四体联动”应对工作机制作用,加强贸易摩擦重点、难点案件应对,推动依法处理涉外经济事务,加强与 WTO 规则和自由贸易协定对接,维护浙江省企业合法权益,保护浙江省新兴产业发展,提升浙江省产业国际竞争力。

6. 开展“外贸服务月”活动。为切实帮助企业积极应对当前外贸形势和困难,进一步改善浙江省外贸发展环境,确保完成 2015 年各项指标任务,各级商务主管部门要积极开展“外贸服务月”活动。通过开展调研、督促、培训、联合服务、政策咨询等活动,帮助外贸企业解决实际困难,政企联合攻坚克难,切实为外贸企业创造良好的发展环境,确保全省外贸稳定增长。

附件:重点培育企业名单(略)

浙江省商务厅关于印发《支持义乌国际贸易综合改革试点2015年工作要点》的通知

浙商务发〔2015〕55号

厅机关各处室，厅属各单位：

《浙江省商务厅支持义乌国际贸易综合改革试点2015年工作要点》已经厅领导同意，现印发给你们。请结合实际，认真贯彻执行。

浙江省商务厅

2015年3月25日

浙江省商务厅支持义乌国际贸易综合改革试点2015年工作要点

1. 加快推进市场采购贸易方式全面实施。支持义乌全面落实市场采购贸易重大改革措施，大胆试、大胆闯，“边落地、边完善”，促进市场采购贸易方式稳步实施，加快形成“可复制、可推广”的经验，为完成浙江省全年外贸出口增长目标做出更大的贡献。（责任处室：政法处、外贸处）

2. 支持义乌加强重点展会培育。支持义博会、文博会、森博会等的招商招展工作，国际性展会资源在同等条件下优先向义乌倾斜。支持义乌国际小商品博览会，加大进口商品馆发展扶持力度。（责任处室：综合处、外贸处）

3. 创新义乌市场运营模式和商业模式。积极创建国内外知名品牌。做大做强市场经营主体，培育“名企、名品、名家”，推动义乌市场向具有综合服务功能的提供商转变。（责任处室：市场处、商发处）

4. 积极支持义乌外贸转型提升。发挥国贸改革试点优势，为义乌市场采购提供更加规范、专业、优质的代理进出口、报关报检、结汇退税等外贸综合服务。支持义乌市培育进口市场，引进优质进口代理商，支持义乌市申报国家进口贸易促进创新示范区。（责任处室：外贸处、产业处）

5. 支持义乌大力发展跨境电子商务。支持义乌纳入国家层面跨境电子商务试点，推动义乌建设跨境电子商务通关监管中心，推动义乌创新完善通关、检验检疫、结汇、退税等机制，形成适合小商品特点的跨境电子商务新模式。（责任处室：外贸处）

6. 支持国家级义乌经济技术开发区整合优化提升，形成特色产业链，提高核心竞争力，推进创建浙江省开发区特色品牌园区。（责任处室：开发区处）

7. 支持义乌加快保税物流中心（B型）建设，创造条件申报设立综合保税区，协助义乌市政府做好申报设立义乌综合保税区有关工作。（责任处室：开发区处）

8. 支持义乌市参与“一带一路”建设。支持义乌参与“一带一路”经贸合作，推动义乌纳入国家“一带一路”战略规划，推进“义新欧”国际班列运行常态化。对义乌优势企业、市场“走出去”发展、在“一带一路”沿线国家市场开拓、经贸合作平台建设及活动载体搭建上给予支持和帮助。（责任处室：外经处、外贸处）

9. 支持义乌创建国家电子商务示范城市，提升完善“义乌购”电子商务平台。（责任处室：电商处）

浙江省商务厅印发《关于做好2015年全省消费促进工作的意见》

浙商务发〔2015〕71号

各市商务局(委),义乌市商务局:

2015年是"十二五"规划收官之年。为切实做好今年的消费促进工作,确保规划既定目标的全面完成,进一步发挥商贸流通业在稳增长、调结构、促改革、惠民生的作用,根据《国务院办公厅关于促进内贸流通健康发展的若干意见》(国办发〔2014〕51号)、《商务部办公厅关于做好2015年扩大消费工作的通知》(商办运函〔2015〕97号)和《浙江省人民政府办公厅关于进一步做好扩大消费工作的意见》(浙政办发〔2013〕104号)的精神,现提出如下工作意见:

一、指导思想和主要目标

(一)指导思想

贯彻党的十八届三中、四中全会和省委十三届五次、六次全会精神,落实中央和省委经济工作会议部署,按照全国和全省商务工作会议的要求,积极应对经济下行压力,主动适应经济发展新常态,以创新市场供给,完善消费环境,加强政策引导为重点,增强商业创新活力,释放城乡居民消费潜力,以消费量的扩大稳定经济,质的提升引领发展,努力构建扩大消费的长效机制,使消费继续在推动经济发展中发挥基础作用。

(二)主要目标

力争实现社会消费品零售总额18765亿元,增长11%以上,包括未纳入现行统计制度的无证个人网店零售额(测算数据),达到2万亿元;批发零售贸易业商品销售总额突破7万亿元;批零住餐增加值占全省GDP比重达到11.5%左右;实现网络零售额7500亿元,增长35%左右;实现商贸流通业投资1800亿元,增长12%以上。全面达到或超过"十二五"规划目标。

二、加强促消费工作组织领导,发挥政策落实合力

(一)发挥消费组织机构作用

推动建立各级流通与消费工作领导小组,在当地政府领导下,加快落实国务院和省政府扩大消费的一系列意见和部署,积极谋划消费领域跨界合作和融合发展,探索建立大消费统计制度。强化任务分解,统筹推进扩大消费的重点工作,形成促进消费工作合力。加强信息收集、工作调研和政策储备,加大消费促进工作宣传,形成良好的社会舆论导向。

(二)完善消费促进政策环境

贯彻国办发〔2014〕51号,结合商务部六大专项行动计划和浙江省实际,制定出台《浙江省人民政府办公厅关于推动商贸流通健康发展的实施意见》,营造发展商贸流通的良好政策环境。推进金华市现代服务业国家级综合试点,在完成首批5个省级流通业综合改革试点城市建设的基础上,开展第二批省级流通业综合改革试点。

(三)推进市场主体转型升级

落实国务院扶持小微企业政策和全面清理涉企收费、商业用电与工业用电同价等最新要求,增强商贸流通业市场创业活力;指导杭州、宁波、

金华国家级中小商贸流通企业公共服务平台建设。按照省政府意见要求，积极推进商贸业“个转企、小升规”政策实施。切实加大重点商贸流通企业培育，支持105家省重点流通企业发展，增强市场核心竞争力。

三、推进“互联网＋”战略实施，促进线上线下融合

（一）促进互联网与商贸融合创新

按照国家“互联网＋”行动计划要求，增强互联网思维，推动“云、网、端”信息技术和设备在商贸领域的有效运用，加快互联网对各消费领域的渗透，推进商业服务“在线化”，发展线上线下融合的体验式消费和供应链整合。优化网络众筹商业模式发展环境，推动大众创业、万众创新。普及信用卡、支付宝、微信等现代支付手段。

（二）继续大力推动电子商务发展

加快中小城市电商发展，支持电商企业向农村延伸业务。支持产业发展，继续培育一批电商企业、平台、服务商和产业基地，推动所有市级淘宝特色馆上线，并新增10个县级淘宝特色馆。解决城市网购投递难和农村网购不便问题，在城乡各建设3000个以上电商服务站（点）。优化一站式服务，建设市、县电商公共服务中心20个。

四、培育商品消费增长新热点，促进消费升级换代

（一）稳定汽车消费

抓住换代更新需求，促进消费升级。完善清洁汽车消费促进政策，扩大新能源汽车销售。探索多品牌服务共享销售模式，改善乡镇和农村地区消费和售后服务。积极发展汽车用品市场。实施油品提标升级，2015年全省全面供应国Ⅳ标准柴油，杭嘉湖地区全面供应国Ⅴ标准汽油。基本淘汰黄标车。

（二）促进住房消费

结合稳定住房消费政策实施、城镇化和新农村建设、旧房改造，积极研究通过集成化解决方案，推动家庭装修及关联消费，探索开展家具以旧换新、家庭二次装修、多层旧住宅加装电梯、住房节能改造等政策试点，继续实施“绿色建材下乡”政策试点。

（三）培育热点消费

跟踪消费科技发展前沿趋势，通过引进“智能产品体验馆”，加快培育消费群体，关注基于计算机、网络通信、自动控制技术的智能家居市场，积极发展智能手机、智能家电、智能安防、家庭净化设备、扫地机器人、智慧可穿戴设备等新的市场消费热点。

（四）推动绿色消费

加大绿色流通宣传，发挥流通引导生产、促进消费的作用，促进绿色消费。推广绿色采购，探索开展绿色流通、绿色供应链、绿色商场等试点工作。继续开展国家级、省级再生资源回收试点城市（基地）建设。利用旧货交易市场、商业和生活广场、网络平台等举办城市闲置物品交易活动，交换闲置旧货，实现物尽其用。

（五）扩大进口消费

出台加快进口增长三年行动计划。鼓励大型内贸企业与国外消费品供应商、国内进口商建立合作机制，促进进口产品顺利进入市场流通。研究扩大“一带一路”国家进口的政策。充分发挥保税区作用，培育进口创新促进示范区。推动省级进口平台、进口商品展示交易中心、免税店建设。支持杭州市运用跨境电商智能服务平台，为海淘客提供更好的购物体验。

五、发展壮大基本生活服务业，扩大生活服务消费

（一）扩大便民服务消费

健全家政服务体系，提升家政服务水平。大力发展社区连锁便利店，支持连锁便利店设立ATM机等设施，拓展代收水电煤气费、代收快递、提供旅游资讯服务等便民服务功能。完善社区便民服务体系，鼓励社区综合服务中心集约化发展。

（二）促进餐饮住宿消费

推动餐饮住宿企业向大众化转型，通过团购、微博、微信、二维码等新型营销载体，进行市

场细分,增强对不同消费群体的吸引力。培育浙菜品牌,大力发展早餐、快餐和夜市。推进杭州市优化环境促进餐饮业转型发展试点城市建设,探索优化餐饮发展环境新模式。

(三)支持健康养老消费

按照国家促进健康养老消费的要求,加强与民政、卫生等部门的合作,提升社区商业设施和商贸企业的健康养老服务功能,以老年人的生活需求为重点,发展助餐、助购、助洁、助医、助行、助急等定制化的服务项目。鼓励境外投资者在浙江省独立或与浙江省公司、企业和其他经济组织合资、合作举办营利性养老机构。办好浙江国际老龄产业博览会。

六、扩大商贸流通业有效投资,培育商圈特色经济

(一)强化规划引导

制定出台《浙江省城乡商业网点规划指导意见》,强化商业网点规划论证和引导。建立商贸流通重点投资项目库、分级联系制度和部门协同推进机制,扩大有效投资,逐步实现“统一开放、竞争有序、安全高效、城乡一体”的流通体系建设目标。

(二)完善商圈布局

有序推进商业综合体建设,稳步发展大型百货、购物中心和综合超市,构建城市核心商圈和智慧商圈,提升消费集聚辐射力。加快城市社区商业中心和农村乡镇商贸中心建设,打造15分钟便民服务圈和“万村千乡工程”升级版。

(三)发展商业特色

利用历史、人文、旅游资源和产业及区位优势,积极培育商业特色街、专业市场和特色商户,新增10条省级商业特色街,打造3—5个集采购、消费、旅游等功能于一身的浙江商品国际采购中心,培育新增50家浙江老字号。借鉴国内外以及省内宁波等地发展夜市经济的经验,加强统筹规划配套,大力发展夜市经济。支持杭州市上城区开展品牌消费集聚区建设试点。

七、丰富节庆展销活动内容,打造促消费公共平台

(一)精心组织消费促进活动

利用节假日消费集中的特点,积极组织融商、旅、文等为一体的大型“购物节”、“促销季”等综合性活动。按照国家要求,组织开展全国消费促进月浙江活动(已以浙商务发〔2015〕40号文部署)。加强与经信、文化、新闻出版广电、旅游等部门合作,精心办好浙江金秋购物节。

(二)支持品牌展会带动消费

支持引导有关单位选准主题,丰富内容,积极举办汽车展、家居展、消费电子展、食品博览会、老字号展、地方名品展等与人民生活密切相关,以商品展示促销为内容的品牌展会。鼓励举办地方产品跨省推介,参与全国名特优商品大集等展销活动。组织举办特色农产品对接会、推介会和采购会,促进农商对接。将“长三角农超对接洽谈会”打造培育成辐射全国的农超对接平台。

(三)开展生活服务特色活动

把握各地餐饮特色,举办厨师节、美食节、烹饪技能大赛和地方风味及大众菜点联展联销活动,弘扬餐饮文化,推介名菜新品,引导扩大消费。组织风味名店、老字号等餐饮企业,开展家宴推介活动,吸引更多的消费者光顾。通过开展服务企业进社区等活动,支持引导美发美容、人像摄影、家居用品维修等行业深入社区,为方便消费创造各种条件与服务平台。

八、严格规范市场经营秩序,营造商业诚信氛围

(一)强化市场运行监测调控

制定内贸大数据建设方案,加强监测预警分析、专项调查和行业统计,强化市场信息公共服务,提高决策支持力和信息引导力。加强生活必需品市场应急体系建设,完善专项预案、响应队伍,落实应急调运、储备调控手段,改造应急平

台，夯实基础能力，及时处置市场突发事件，保障市场运行平稳。

（二）加强商务诚信体系建设

构建具有商务特色的信用体系，抓好“三项机制”建设。搭建商务行政管理信用信息平台，制订诚信标准，逐步开展企业诚信查询和分类管理。实施商务诚信建设重点推进行动计划，确定12个重点项目进行试点。继续开展“商务诚信示范企业”创建活动，评选100家“诚信示范企业”。

（三）严格规范市场经营秩序

建立双打领域行政执法与刑事司法衔接平台，重点抓好互联网、农村市场和车用燃料等打击假冒伪劣商品专项整治。加强成品油、二手车及报废车、拍卖、典当、酒类、单用途商业预付卡、商业特许经营等行业事中、事后监管。发挥行业协会作用，开展行业调查，制订行业标准，服务行业发展。

各市商务局（委）要按照本通知要求，结合各自实际，抓紧制定工作方案，明确推进措施，认真组织实施。

附件：2015年各市重点打造的消费促进活动一览表（略）

浙江省商务厅

2015年4月13日

浙江省商务厅关于印发《推进全省开发区深化重点领域改革扩面工作的指导意见》的通知

浙商务发〔2015〕96号

各国家级、省级经济开发区管委会：

为引导全省开发区响应中央和省委关于全面深化改革的号召，积极投身全面深化改革热潮，再创开发区发展新优势，2014年浙江省商务厅印发了《关于推进我省开发区深化重点领域改革的指导意见》(浙商务开发〔2014〕15号)，在全省开发区部署开展了“两类十大项目”的重点领域深化改革试点，目前各试点已见成效。为巩固浙江省开发区深化重点领域改革试点已有成果，加快推进全省开发区深化重点领域改革扩面工作，特提出如下指导意见：

一、目的意义

（一）继续推进上级部署的全面深化改革任务

2014年以来，各试点开发区按照省厅“出成果、出经验、可复制、可推广”的要求，积极推进“两类十大项目”的重点领域深化改革试点，并取得了较好的经验和成效。2015年是全面深化改革的关键之年，省政府要求继续深化“四张清单一张网”等一系列改革，并将实施省级产业集聚区、开发区、高新区、海关特殊监管区、工业园区优化提升计划，进一步明确各开发区的产业定位、亩均产出标准和节能减排标准，建立健全与之相应的要素配置机制。开发区要带头深入贯彻上级的决策部署，主动承接重点领域改革任务，为地方改革提供成功样本，为各级政府出台开发区政策提供实践依据。

（二）主动适应新常态构筑开发区新优势

最近一段时间以来，国务院接连发布了《关于加强地方政府性债务管理的意见》(国发〔2014〕43号)、《关于促进国家级经济技术开发区转型升级创新发展的若干意见》(国办发〔2014〕54号)、《关于清理规范税收等优惠政策的通知》(国发〔2014〕62号)、《关于推广中国(上海)自由贸易试验区可复制改革试点经验的通知》(国发〔2014〕65号)等通知，对开发区融资、招商等方面提出了新的要求。这些文件的出台对开发区原有的融资模式、招商政策必将产生巨大的影响，这就更需要开发区加快改革的步伐，以改革新成果引领开发区在新常态下再创新优势。

二、可推广的试点经验的主要内容

（一）开展资源要素市场化配置改革试点，加快土地等关键要素的市场化

2014年试点单位及经验：海宁经济开发区“资源要素市场化配置改革”。

（二）提升开发区行政能力和服务能力，进一步激发开发区“小政府、大服务”的体制优势

2014年试点单位及经验：衢州经济技术开

发区“创新开发区管理体制机制改革”；柯桥经济技术开发区“企业投资项目高效审批改革”；温州经济技术开发区“推进开发区综合执法体制改革”。

（三）提升开发区的开放度和国际化，提升开发区适应经济全球化新形势的能力

2014年试点单位及经验：宁波保税区“推进进口贸易改革”；舟山港综合保税区“贸易投资便利化改革”；桐乡经济开发区“产业结构调整机制创新改革”。

（四）加快园区生态化建设，确保开发区的可持续发展

2014年试点单位及经验：宁波经济技术开发区“推进开发区生态化建设改革”；丽水经济开发区“推进开发区生态化建设改革”。

（五）着眼于推动结构调整和产业升级，培育开发区新时期的关键竞争力

2014年试点单位及经验：平湖经济技术开发区“产业结构调整机制创新改革”。

（六）推动开发区产业和城镇融合发展，完善开发区“产城融合”发展模式

2014年试点单位及经验：杭州经济技术开发区“推动产城融合发展改革”；嘉兴经济技术开发区“推动产城融合发展（智慧园区）改革”。

三、组织实施（略）

浙江省商务厅

2015年5月8日

浙江省商务厅关于印发《浙江省大力开拓国内市场三年行动方案》的通知

浙商务发〔2015〕124号

各市商务局(委),义乌市商务局:

今年以来,浙江省经济运行总体平稳,但不确定因素仍然较多。为贯彻落实省委省政府关于稳增长、调结构、促改革等各项工作部署,加快推动浙江省企业开拓国内市场,提高浙货国内市场占有率和品牌附加值,浙江省商务厅制定了《浙江省大力开拓国内市场三年行动方案》(见附件)。现印发你们,请认真贯彻实施。

浙江省商务厅

2015年6月19日

浙江省大力开拓国内市场三年行动方案

开拓市场是企业的生命,也是稳增长、调结构的重要基础。当前浙江省经济下行压力较大,资源、土地、环境等要素制约加剧,世界经济复苏缓慢,外贸形势复杂严峻,省内消费需求不振,产能过剩矛盾突出,开拓国内市场已成为对冲经济下行风险的缓冲器和打造经济增长新引擎的重要着力点,对扩大内需、促进消费、带动产业转型升级和增强经济增长内生动力具有重要的战略意义。为大力开拓国内市场,提高浙江产品在国内市场的占有率和附加值,加快推动流通业提质增效,特提出以下行动方案:

一、总体思路

以党的十八大和十八届三中、四中全会精神为指引,按照"省内省外市场融合互补、网上网下市场联动对接"的总体思路,坚持市场主导和政府推动相结合,充分发挥流通先导作用,突出浙江省产业特色和市场平台优势,以完善市场营销网络、创新市场营销方式、实施品牌营销战略、优化市场竞争环境为着力点,重点推进拓市场十大行动。通过政策引导、试点带动、模式创新和完善服务多措并举,全面拓展省外市场,深入挖掘省内市场,大力开发农村市场,加快构建"覆盖全国、渠道健全、高效畅通、城乡一体"的现代营销网络,力促浙货销得多、销得好,培育以渠道、品牌、质量和服务为核心竞争力的浙货新优势,全面扩大浙江产品市场占有率和品牌影响力。

二、主要目标

到2017年,内销对经济增长贡献率进一步提高,工业品内销额增速达到7%以上,内销比重达到80%以上;电商换市再上台阶,网络零售额突破1.2万亿元，电子商务公共服务中心覆盖全省各市、县；农产品现代流通体系不断完善，规上农产品流通企业销售额达到4100亿元，农产品网上销售达500亿元；展会拓市场能力进一步增强，培育品牌展会100个，带动浙江产品销售2000亿元；浙货全国营销网络不断优化，各类公共营销平台覆盖全国100个主要城市，设立省外浙货营销中心300家，培育浙货采购基地30家；自主品牌营销深入推进，推动300个浙货品牌进驻国内高端渠道和商业街区。

三、重点行动

（一）大力实施电子商务开拓市场

构建电子商务产业带，建成上线产业带30个，把“阿里巴巴产业带”打造成浙货拓市场的重要载体，引导支持浙江“好企优货”入驻产业带，入驻企业达10万家。加快推进电子商务应用，鼓励省内企业加强与第三方电商平台的合作，在天猫等第三方平台开设网络旗舰店超过3万个；实施“互联网＋工业龙头企业”电商应用模式创新工程，支持家装、厨具、家电、动力电池、服装等优势产业龙头企业整合资源，培育具有行业特色的细分电商平台，规模以上企业电子商务应用普及率达100%。大力发展农村电子商务，推进“淘宝特色馆”建设，建成上线1个省级淘宝特色馆，11个地市级淘宝特色馆和20个县级淘宝特色馆，进一步拓宽农产品网络销售渠道。

（二）努力打造省内浙货采购基地

以省内商品市场为依托，加快推进“浙江商品国际采购中心”公共营销平台建设，打造产业特色鲜明的浙货采购基地。每年推动5个产业特色明显、集聚程度高、辐射能力强的商品市场加快转型升级，创建集品牌集聚、价格发布、物流配送、电子商务、研发设计等功能于一体的浙江商品公共营销平台，鼓励采购中心浙货采销占比达70%以上，带动300个以上浙江品牌销售。加大国内外大型采购商和大型连锁零售企业引进力度，鼓励其在浙江设立采购中心和物流中心，推动更多浙江产品进入其采购体系。

（三）加快拓展省外浙货营销网络

支持省内零售企业走出去，鼓励大型百货、超市、购物中心等实施跨区域经营战略，走出省外拓展营销终端网络。重点支持品牌知名度高、辐射带动力强的区域性重点流通企业到国内主要城市建立营销中心、连锁卖场，带动浙江产品销售。支持省内商品市场走出去，鼓励有条件的重点商品交易市场走出省外，每年到国内主要城市开设50个连锁分市场，推动浙货进一步拓展省外市场。拓展省外浙商营销渠道，借力省外浙江产品营销中心，鼓励开设浙货专区、浙货名优产品展销中心或者展销专区，每年打造50个轻纺、服装、小商品、小五金、家电、皮革皮具等浙货展贸中心和分销配送中心。

（四）提升浙江名品营销终端渠道

深入实施“浙江名品进名店”工程，稳步扩大试点城市范围，每年选择3个城市开展“浙江名品进名店”试点，推动100个以上浙江名品进入知名商业零售企业设立销售专柜或专区，扩大浙货在中高端销售渠道的比重。探索开展“浙江名品进名街”试点，以创建历史经典产业和旅游产业品牌消费集聚区为重点，每年推动10条省内外主要城市的特色商业街（区），设立浙江品牌销售专区，促进商旅文一体化发展。加强工商对接，支持各地选择一批具有产业优势，产品质量好、消费者认可度高的生产企业，同国内大中型商贸企业对接，助推更多浙江名品进军中高端渠道。

（五）加快建设自主品牌营销网络

深入实施“品牌营销工程”，选择服装、鞋类、箱包、小商品、家电等10个浙江优势产业，确定50家具有较强技术、品牌、营销和管理等优势的龙头企业开展试点，支持带动省内生产企业采取直营或特许加盟等方式，在全国设立连锁专卖网络，延伸企业的营销网络终端，扩大浙江产品市场份额和知名度。实施“振兴老字号”工程，扶持50家重点浙江老字号企业到省外市场开设300个分号，推动浙江老字号提升发展。

（六）建立健全农村市场流通网络

深化“万村千乡市场工程”，鼓励商贸龙头企业开拓农村市场，带动优质工业品下乡，促进农村消费。加快农产品流通骨干网络建设，推进农产品批发市场升级改造，建设辐射全国的浙江农产品物流中心，建成规模以上农批市场100家，年成交额达到2000亿元。推进农产品流通方式创新，深化“农超对接”，培育一批省级“农超对接”试点企业，支持建立农产品直采基地和农产品配送中心，发展农产品集中配送业务重点流通企业，扩大农产品销售。完善区域产销合作对接机制，办好长三角农超对接洽谈会、浙江农商对接大会等活动。

（七）优化提升展会公共营销平台

按照“办展和办会并重、组展和参展互动”的思路，大力发展产业类展会。重点培育省内外100场展会，其中：省内80场，支持一批产业特征明显、专业化程度高、品牌影响力大、参会客商分布广的专业性展会，吸引省外展商参展采购；省外20场，重点支持参加“天交会”、“哈洽会”、“东北亚博览会”、“东盟博览会”、“中部博览会”、“西部博览会”、“西洽会”、“渝洽会”等一批国内知名展会，组织省内适销对路产品抱团参展，拓宽参展渠道。建设内贸展会综合服务平台，建立展会统计制度。继续办好“金秋购物节”，鼓励各地结合实际，举办各类促销活动，打造一批具有地方特色的展览展销和节庆活动。

（八）着力创新开拓市场营销模式

整合提升浙商营销网络，依托行业龙头企业的品牌营销网络优势，吸纳中小企业纳入营销链，实现市场营销网络资源共享。支持发展销售联盟，鼓励同行业、跨行业企业通过组合营销、换购等多种形式加强营销合作。支持百货超市发展自营、租赁、联营相结合的经营模式，扩大自营比重，培育自主品牌，发展“粉丝”经济，实施体验式营销、精准营销。鼓励商贸服务相关行业整合客户资源，推动营销网络跨界扩展，实现信息共享和互利共赢。加快发展融资租赁，创新基于产租融合作的装备销售新模式，支持装备制造企业、融资租赁公司和商业银行开展产融对接活动，带动浙江省先进装备制造企业开拓市场，年新增销售产值100亿元以上。

（九）夯实开拓国内市场工作基础

加强市场监测，完善省市县三级重点商品监测信息系统，加快建设浙江产品名录库和浙货营销网络数据库，加强运行监测，把握供求信息、行情走势及营销渠道建设情况。强化大数据分析，加强同阿里巴巴等电子商务企业合作，做好市场分析，引导浙江省企业有针对性地加工生产和市场拓展。加快平台建设，推进中小商贸流通企业公共服务平台、农产品流通公共服务平台和电子商务公共服务中心建设，为浙江名优特新产品开拓国内市场提供公共信息服务。

（十）努力营造开拓市场良好环境

进一步规范市场经济秩序，推进商业信用体系建设，提升浙江企业信誉和产品信誉。加强商务领域市场监管，严厉打击侵权假冒，保护知识产权，规范零供关系管理，积极营造和谐的现代商业文明。完善产品质量安全追溯体系，加强质量标准体系建设，推动技术创新，提高产品质量。加大拓市场工作宣传，加强区域经济交流合作，积极营造有利于浙货销售的良好氛围。发挥行业协（商）会等中介组织的积极作用，加强企业营销队伍建设，形成生产流通一体化的行业促进机制。

四、工作要求

（一）加强组织领导

各地要高度重视开拓国内市场工作，将其列入当前商贸流通工作重点，成立商务牵头，经信、财政、经合、工商、统计、贸促等部门为成员单位的领导小组，明确任务分工，加强协调配合，建立各部门合力推进的开拓国内市场工作机制。

（二）制定实施方案

各地要结合本地区实际情况，研究制定实施方案，明确开拓国内市场工作重点，提出具体工作举措。要建立开拓市场统计制度，量化工作指标，确定一批浙货营销网络建设重点生产企业、零售企业、商品市场及展会，开展拓市场形势评估，形成省市县三级联动的工作格局。

（三）完善配套政策

省商务厅将会同省财政厅等有关部门加大

拓市场政策支持力度,发挥好商务促进发展专项资金的激励引导作用。各地要加强拓市场政策资源整合力度,加大财税、金融等政策支持力度,建立健全拓展国内市场的配套政策促进体系。

(四)认真做好服务

加强拓市场公共服务平台建设,深化开拓国内市场服务保障体系建设,深入重点企业调研,加强对市场情况的分析研究,把握市场动态,采集市场信息,制定开拓市场策略,多渠道为企业服务。

浙江省商务厅关于印发《浙江省文化出口重点企业和重点项目认定管理办法》

浙商务发〔2015〕156号

各市商务局(委):

为做好浙江省文化出口重点企业和项目认定工作,推进浙江文化贸易快速发展,根据国务院《关于加快发展对外文化贸易的意见》(国发〔2014〕13号)精神,浙江省商务厅拟定了《浙江省文化出口重点企业和重点项目认定管理办法》,现印发你们,请认真执行。

浙江省商务厅

2015年8月3日

浙江省文化出口重点企业和重点项目认定管理办法

第一章 总 则

第一条 为培育浙江省文化出口重点企业和重点项目,进一步推动浙江省对外文化贸易发展,根据国务院《关于加快发展对外文化贸易的意见》(国发〔2014〕13号)和浙江省《关于加快文化产品与服务出口若干意见》(浙政发〔2012〕96号)的要求,制定本办法。

第二条 本办法适用于在浙江省行政区域内注册并合法经营,依法纳税,管理规范的文化出口企业。

第三条 浙江省文化出口重点企业和重点项目认定工作,按照公平、公正、公开原则,坚持自愿申报与政府引导相结合。

第二章 申报条件

申报浙江省文化出口重点企业的,应根据出口类别对应达到下列出口额标准:

第四条 新闻出版类

(一)电子书出口、期刊数据库服务年出口额20万美元及以上。

(二)出版单位版权输出年出口额3万美元及以上或版权输出种类达到30种;出版单位合作出版年出口额2万美元及以上。

(三)新闻出版产品营销服务年出口额5万美元及以上;印刷服务年出口额50万美元及以上。

(四)传统出版物境外发行出版单位境外发行年营业额5万美元及以上;传统出版物发行单位、进出口企业境外发行年营业额20万美元及以上。

第五条 广播影视类

（一）电影、电视、广播电视节目境外落地的集成和播出服务；广播影视对外工程承包服务；广播影视对外设计、咨询、勘察、监理服务年出口额20万美元及以上。

（二）中外合作制作电影、电视节目服务年出口额5万美元及以上。

第六条 文化艺术类

（一）演艺及相关服务、商业艺术展览年出口额5万美元及以上。

（二）文化休闲娱乐服务年出口额在20万美元及以上。

（三）艺术品创作及相关服务、工艺美术品创意设计及相关服务年出口额在2万美元及以上。

第七条 综合服务类

（一）游戏、动漫年出口额在20万美元及以上；或版权输出额5万美元及以上；或游戏衍生产品出口额100万美元及以上；或设计出口额5万美元及以上。

（二）网络文化服务、文化产品数字制作及相关服务、创意设计服务年出口额20万美元及以上；文化相关会展服务展会直接年收入30万美元及以上。

（三）节目模式出口、文化产品的对外翻译制作服务年出口额5万美元及以上。

（四）境外文化机构的新设、并购和合作的境外分支机构年营业额30万美元以上。

（五）专业文化产品的设计、调试等相关服务需拥有自主知识产权和自主品牌年出口额2万美元及以上。

（六）文化产品版权代理输出服务年出口额10万美元及以上。

第八条 申报浙江省文化出口重点项目应具备下列条件：

（一）申报企业需符合本办法第四条至第七条对应的文化出口重点企业出口额标准。

（二）申报项目应为上一年度在浙江省内及境外已实施或正在实施的项目。

（三）申报文化出口重点项目分四类：公共服务平台项目带动年出口额30万美元及以上；境外合作项目及境外投资项目营业额30万美元及以上；传统文化（非物质文化遗产）年出口额10万美元及以上；文创演艺年出口额10万美元及以上。

第九条 文化出口重点企业和重点项目申报如为同一法人公司的，以母公司申报为准，母子公司不得重复申报。

第三章 申报材料

第十条 申报浙江省文化出口重点企业的，需提交以下材料：

（一）文化出口重点企业申请表（法人代表签字）。

（二）企业基本信息材料，包括企业营业执照、组织机构代码、税务登记证等。

（三）经会计师事务所审计的企业近两年会计年报。

（四）文化贸易工作总结，包括上一年度文化产品和服务进出口情况（出口国别、出口内容、出口额）、参展情况、推进文化出口和走出去举措及下一年度的文化出口工作计划。

（五）有关证明材料及明细表并加盖公章（出口单证、出口合同、海关报关单、银行收款凭证）。

（六）传统文化（非遗）出口企业需提供非遗产品的生产、制作、出口营销出版物等材料。

（七）其他按要求应当提供的材料。

第十一条 申报浙江省文化出口重点项目的，需提交以下材料：

（一）文化出口重点项目申请表（法人代表签字）。

（二）企业基本信息材料，包括企业营业执照、组织机构代码、税务登记证等。

（三）经会计师事务所审计的企业近两年会计年报。

（四）项目实施概况，包括项目论证情况、项目实施进展情况和下一年度的项目推进计划。

（五）出口项目有关证明材料及明细表并加盖公章（出口单证、出口合同、海关报关单、银行收款凭证）。

（六）传统文化（非遗）项目需提供有关非遗项目的生产、制作、国际营销出版物等材料。

（七）其他按要求应当提供的材料。

第十二条 申请材料必须实事求是，如发现弄虚作假行为，将取消申报资格。

第四章 认定程序

第十三条 符合本办法的文化企业可向所在地商务主管部门提出申请，由各市商务主管部门初审后加盖公章统一行文报省商务厅。省属企业经主管部门初审后向省商务厅提出申请。

第十四条 省商务厅组织第三方会计师事务所依法对申报材料进行审核。

第十五条 省商务厅根据情况，组织专家进行审定。

第十六条 省商务厅对经审定后的确定名单在省商务厅网站进行公示，公示期为7天，公示期满无异议后正式公布。

第五章 支持措施

第十七条 浙江省文化出口重点企业和重点项目，执行国务院《关于加快发展对外文化贸易的意见》（国发〔2014〕13号）、浙江省《关于加快文化产品与服务出口若干意见》（浙政办发〔2012〕96号）、浙江省商务厅《关于浙江省服务贸易考核评价办法》（浙商务联发〔2014〕158号）等文件中的相关支持政策。各市根据本地区实际情况，制定出台配套支持政策。

第十八条 省商务厅会同有关部门建立浙江省文化出口重点企业和重点项目重点联系制度，加强业务指导，及时协调解决其出口经营过程中遇到的困难。

第六章 监督管理

第十九条 浙江省文化出口重点企业与重点项目应在浙江省国际服务贸易统计监测运行分析系统内按规定注册有关信息，并在每年3月底前，填报上一年度经营和文化贸易情况总表；每月填报当月文化贸易数据和动态情况。

第二十条 浙江省商务厅每两年组织一次审查，对符合条件的文化出口重点企业和文化出口重点项目继续列入目录，认定不符合条件的则予以取消。

第二十一条 被列入浙江省文化出口重点企业与重点项目目录的发生合并、分立、转业或者变更名称、住所地、经营范围、法定代表人等事项的，应当在变动后一个月内向当地商务主管部门报告，并在浙江省国际服务贸易统计监测运行分析系统内及时更新有关信息。

第二十二条 被列入浙江省文化出口重点企业与重点项目目录有下列情形的，将予以撤销资格：

（一）申请过程中故意弄虚作假的；

（二）严重侵害知识产权等违法行为，造成恶劣社会影响的；

（三）不按本办法有关规定，定期向商务主管部门填报数据和提供相关资料报表屡催未果的；

（四）经营和对外贸易发生重大变化，或其他原因导致实际情况已严重不符合认定条件的；

（五）其他违法违规行为等依法应予撤销的情形。

被撤销资格的文化出口重点企业和重点项目，自撤销之日起3年内，不得再申请浙江省文化出口重点企业和重点项目的认定。

第七章 附 则

第二十三条 本办法由省商务厅负责解释。

第二十四条 本办法自发布之日起执行。

附件：1. 浙江省文化出口重点企业申报表（略）

2. 浙江省文化出口重点项目申报表（略）

浙江省商务厅关于印发《浙江省服务贸易发展基地创建办法》的通知

浙商务发〔2015〕179号

各市商务局(委),义乌市商务局:

为推进服务贸易产业集聚,促进服务贸易加快发展,根据《国务院关于加快发展服务贸易的若干意见》(国发〔2015〕8号)、《国务院关于促进服务外包产业加快发展的意见》(国发〔2014〕67号)精神,制定《浙江省服务贸易发展基地创建办法》,现予以印发,请遵照执行。

特此通知。

浙江省商务厅

2015年9月9日

浙江省服务贸易发展基地创建办法

第一章 总 则

第一条 为培育浙江省服务贸易发展基地,发挥服务贸易发展基地在推进产业集聚、提升产业规模、加快人才培养等方面的先导作用,形成服务贸易产业集聚,促进服务贸易加快发展,根据《国务院关于加快发展服务贸易的若干意见》(国发〔2015〕8号)、《国务院关于促进服务外包产业加快发展的意见》(国发〔2014〕67号)精神,制定本办法。

第二条 本办法所称的省服务贸易发展基地分别包括:

(一)省货物贸易和服务贸易协调发展基地

省货物贸易和服务贸易协调发展基地是指以制造业和服务业集聚的现有开发区或其他产业园区为发展载体,积极探索通过加强和扩大服务、品牌、技术和质量来推进货物贸易的转型升级,提高档次和水平,切实转变外贸发展方式,通过提高服务贸易在外贸中的比重来促进服务贸易和货物贸易的协调发展。

(二)省文化出口基地

省文化出口基地是指文化服务出口产业相对集中、对外文化服务贸易基础强、示范辐射效应明显的产业集聚平台。文化出口产业是指列入《文化产品和服务出口指导目录》的新闻出版、广播影视、演艺娱乐、动漫创意、工艺美术、数字文化服务等领域。

(三)省离岸服务外包综合园区

省离岸服务外包综合园区是指在全省一定区域范围内离岸服务外包产业相对集中、离岸服务外包产业承接能力较强、示范辐射效应明显、包括两个及以上产业的离岸服务外包产业集聚区域。

(四)省离岸服务外包特色园区

省离岸服务外包特色园区是指在全省一定

区域范围内某一离岸服务外包产业相对集中、承接能力较强、辐射效应明显的产业集聚区域。

（五）省在岸服务外包示范园区

省在岸服务外包示范园区是指在全省一定区域范围内服务外包产业相对集中、服务外包产业承接能力较强、在岸服务外包示范辐射效应明显的产业集聚区域。

第三条 浙江省服务贸易发展基地创建工作，按照公正、公平、公开原则，坚持自愿申报与政府引导相结合开展。

第二章 申报条件

第四条 申请创建省货物贸易和服务贸易协调发展基地，应符合下列条件：

（一）当地政府重视发展服务贸易，推进服务贸易发展目标明确，出台鼓励服务贸易发展的扶持政策。

（二）基地货物贸易发展基础良好，服务贸易发展定位明确，服务贸易进出口额占外贸总额的比重超过5%，服务贸易进出口企业超过5家以上。

（三）基地运营机构健全，设有专门部门，专人专职负责货物贸易、服务贸易协调发展的各项工作落实。

第五条 申请创建省文化出口基地的，应符合下列条件：

（一）当地政府重视发展文化对外贸易，推进对外文化贸易发展目标明确，出台鼓励文化贸易发展的扶持政策。

（二）基地产业特色鲜明，发展定位明确，具有孵化文化出口企业的条件，有能力在3—5年内培育浙江文化贸易领域的领军企业。

（三）基地内文化出口企业10家以上或者文化服务出口超过50万美元。

（四）基地运营机构健全，设有专门部门，专人专职负责文化贸易各项工作的落实。

第六条 申请创建省离岸服务外包综合园区，应符合下列条件：

（一）当地政府重视发展服务外包，发展目标明确，出台鼓励与扶持国际服务外包产业发展的政策。

（二）离岸服务外包综合园区至少包括两个产业的离岸服务外包业务。

（三）园区需同时具备以下两项条件：

1. 园区内离岸服务外包企业5家以上（含）。

2. 离岸服务外包合同执行额合计1000万美元以上（含）。

（四）园区运营机构健全，设有专门部门，专人专职负责服务外包各项工作的落实。

第七条 申请创建省离岸服务外包特色园区，应符合下列条件：

（一）当地政府重视发展服务外包，发展目标明确，出台鼓励与扶持国际服务外包产业发展的政策。

（二）园区内企业某一离岸服务外包领域或产业特色鲜明，发展定位明确。

（三）园区需同时具备以下两项条件：

1. 园区内离岸服务外包企业5家以上（含）。

2. 离岸服务外包合同执行额合计500万美元以上（含）。

（四）园区运营机构健全，设有专门部门，专人专职负责服务外包各项工作的落实。

第八条 申请创建省在岸服务外包示范园区，应符合下列条件：

（一）当地政府重视发展服务外包，发展目标明确，出台鼓励与扶持在岸服务外包产业发展的政策。

（二）园区发展定位明确。

（三）园区需同时具备以下两项条件：

1. 园区内在岸服务外包企业5家以上（含）。

2. 在岸服务外包合同执行额合计5000万元（人民币）以上（含）。

（四）园区运营机构健全，设有专门部门，专人专职负责服务外包各项工作的落实。

第三章 申请材料

第九条 申请创建省服务贸易发展基地，应提交以下申请材料：

（一）《浙江省服务贸易发展基地申请表》（附件1）。

（二）《浙江省服务贸易发展基地创建报告》，内容包括：发展基地所在地经济社会情况介绍、服务贸易发展现状、发展规划、扶持政策（附件2）。

（三）《服务贸易发展基地已设立服务贸易企业一览表》（附件3）。

（四）当地政府为促进服务贸易发展的有关政策文件。

（五）证明服务贸易进出口额的材料（合同、相关凭证等）。

（六）其他按要求应当提供的材料。

第十条 申请材料必须实事求是，如发现弄虚作假行为，将取消参与创建资格。

第四章 认定程序

第十一条 符合本办法的省服务贸易发展基地，可向所在地市商务主管部门提出申请，市商务主管部门对申请对象进行初审，并行文报省商务厅。

第十二条 省商务厅委托第三方机构对各地上报的材料进行审核并组织相关专家对第三方审核的材料予以认定，经公示后正式公布。

第五章 扶持措施

第十三条 对浙江省服务贸易发展基地，执行国家的相关扶持政策。各地对经认定的省服务贸易发展基地也给予相应的政策扶持。

第十四条 省商务厅会同有关部门建立浙江省服务贸易发展基地重点联系制度，加强业务指导，及时协调解决其发展经营过程中遇到的困难。

第六章 监督管理

第十五条 浙江省服务贸易发展基地应在每年3月底前，向省商务厅报送上一年度发展情况表。

第十六条 浙江省服务贸易发展基地每三年组织一次审查，对符合条件的基地继续列入，认定不符合条件的则予以取消。

第十七条 浙江省服务贸易发展基地发生合并、分立、转业或者变更名称、住所地、经营范围、法定代表人等事项的，应当在变动后一个月内向当地商务主管部门报告。

第十八条 浙江省服务贸易发展基地有下列情形的，将予以撤销资格：

（一）申请过程中故意弄虚作假的；

（二）发生偷税漏税等税收违法行为被处税务行政处罚以及恶意欠薪、销售假冒伪劣产品、销售违法违规产品、严重侵害知识产权等违法行为，造成恶劣社会影响的；

（三）不按本办法有关规定，定期向商务主管部门提供相关资料和报表的；

（四）经营发生重大变故，或其他原因导致实际情况已严重不符合认定条件的；

（五）未落实信息网络安全保护措施，造成重大网络安全事故的；

（六）其他违法违规行为等依法应予撤销的情形。

被撤销资格的基地，自撤销之日起3年内，不得再申请省服务贸易发展基地创建。

第七章 附 则

第十九条 本办法由省商务厅负责解释。

第二十条 本办法自2015年10月10日起执行。

附件：1.《浙江省服务贸易发展基地申请表》（略）

2.《浙江省服务贸易发展基地创建报告要点》（略）

3.《服务贸易发展基地已设立服务贸易企业（包括文化出口企业、国际服务外包业务企业）一览表》（略）

第二编

概　述

2015年世界经济贸易形势报告

中华人民共和国商务部 综合司
国际贸易经济合作研究院

一、当前世界经济贸易总体形势

在连续3年低速增长后,2015年世界经济增速进一步下滑。发达国家生产率增长缓慢、投资低迷、债务高企、金融动荡,经济复苏仍处于低速轨道,改善幅度有限。新兴市场和发展中国家经济结构性矛盾突出,内需不振、能源资源出口收入缩水、资本外流,经济增速连续第5年放慢。国际货币基金组织(IMF)预计,2015年全球经济将增长3.1%,较2014年低0.3个百分点,创2009年以来新低。其中,发达国家增长2%,增速较2014年提高0.2个百分点;新兴市场和发展中国家增长4%,较2014年低0.6个百分点。

展望2016年,世界经济低速不均衡复苏的态势仍将持续。发达国家经济有望小幅回升,美国劳动力市场、就业市场状况渐趋好转,将引领发达国家增长,欧元区和日本得益于低油价、低汇率和宽松货币政策,经济增长有望低速趋稳。新兴市场和发展中国家将经历结构性改革的阵痛,经济发展面临诸多困难,复杂多变的外部环境将对其经济金融稳定形成较大压力。根据IMF于2015年10月份作出的预测,2016年全球经济增速将小幅提升至3.6%。其中,发达国家增长2.2%,较2015年上升0.2个百分点;新兴市场和发展中国家增长4.5%,较2015年提高0.5个百分点。但在世界经济政治不确定因素突出、应对经济下滑政策空间有限的情况下,这一预测存在较大的变数。

表1 2013—2016年世界经济增长趋势

单位:%

	2013年	2014年	2015年	2016年
世界经济	3.4	3.4	3.1	3.6
发达国家	1.4	1.8	2.0	2.2
美 国	2.2	2.4	2.6	2.8
欧元区	-0.4	0.9	1.5	1.6
日 本	1.6	-0.1	0.6	1.0
新兴市场和发展中国家	5.0	4.6	4.0	4.5

注:2015年和2016年为预测值。

资料来源:IMF,《世界经济展望》,2015年10月。

在世界经济增长速度放缓特别是新兴经济体经济调整加深、国际市场能源资源价格大幅下跌、多国汇率大幅波动的情况下,全球贸易连续第四年增长率低于3%。据世界贸易组织(WTO)统计,2015年上半年世界货物贸易量同比下降0.7%,其中,发达国家出口下降0.2%,发展中国家出口下降1.9%。9月末,WTO将2015年全球货物贸易量增长预期从此前的3.3%下调至2.8%,并表示若新兴经济体国家经济减速加剧,不排除继续下调的可能。WTO预计,2016年全球贸易量增长3.9%,仍将低于过去20年5%的平均水平。其中,发达国家出口量增长3.9%,发展中国家出口量增长3.8%。

表2　2013—2016年世界贸易增长趋势

单位:%

	2013年	2014年	2015年	2016年
世界货物贸易量	2.5	2.5	2.8	3.9
出口:发达国家	2.2	2.0	3.0	3.9
发展中国家	3.8	3.1	2.4	3.8
进口:发达国家	-0.1	2.9	3.1	3.2
发展中国家	5.2	1.8	2.5	5.2

注:2015年和2016年为预测值。

资料来源:WTO,《贸易快讯》,2015年9月30日。

2014年,受世界经济复苏乏力、全球产业分工格局调整、国际金融市场波动等因素共同影响,全球跨国投资低位下行。联合国贸发会议(UNCTAD)《2015年世界投资报告》显示,2014年全球跨国投资为1.23万亿美元,下降16%。2015年以来,美国等发达经济体经济增速回升推动跨境并购蓬勃发展,各国外资政策总体更趋开放,有望促进跨国投资企稳。UNCTAD预计,2015年全球FDI流入量将达到1.4万亿美元,增长11%,但仍远低于2007年创下的2万亿美元的历史纪录。从长期趋势看,经济全球化继续深入发展,区域一体化进程加快,跨国投资总体将呈回升态势。UNCTAD预计,2016年和2017年全球FDI将分别上升至1.5万亿美元和1.7万亿美元。

二、世界经济贸易发展中需要关注的问题

当前,世界经济仍处于国际金融危机后的修复和调整期。发达经济体经济缓慢复苏,对世界经济的拉动作用远逊于危机以前;新兴市场和发展中国家结构调整任务艰巨,不稳定不确定性突出。总体上看,世界经济上行动力不足,下行风险凸显。

(一)世界经济低速增长,各国增速和政策更趋分化

世界经济面临的最大问题是尚未找到新的强劲增长点。以新兴信息技术、新能源技术为代表的新一轮科技革命和产业变革快速推进,新业态、新产业、新商业模式不断孕育,但尚未形成全球层面的增长驱动力。全球劳动生产率增长减速,经济潜在增长率下降。IMF预计,2015—2020年发达经济体、新兴经济体潜在增长率分别为1.6%和5.2%,低于金融危机前的2.3%和8.5%。经过多年的政策宽松后,各国宏观经济刺激政策的积极效应普遍递减,而负面影响上升,不少国家宏观调控陷入两难境地。

在总体低速的大背景下,不同国家之间经济状况的差异也在扩大。发达国家总体相对较好,经济增速从低谷缓慢爬升;新兴经济体难以恢复到前几年的较高水平,大宗商品价格下跌、资本外流等还可能加大其下行压力。发达国家中,美国经济增长逐步回归到危机前水平,劳动力市场、房地产市场持续改善;欧元区和日本经济增速仍远低于危机前,内需较为疲弱。新兴大国中,印度经济增速回升到7%的较高平台,积极迹象较多;巴西、俄罗斯经济陷入衰退,通胀率大幅攀升。经济形势的分化导致政策取向的分化,美国货币政策逐步收紧,欧元区、日本还在大力宽松,陷入"滞胀"的新兴经济体之间也出现加息和降息的分野。

(二)美联储加息预期多次反复,主要经济体货币政策协调需求上升

2015年,美联储加息预期成为牵动国际金融和商品市场神经的首要因素。年初市场一度认为美联储将在6月份加息,但一季度美国经济数据表现不佳,年中国际金融市场震荡,近期美国新增就业和零售数据下滑,使得市场预期的美联储加息时点一再推迟。目前美国经济增长仍存隐忧而通胀压力较小,9月份劳动力参与率处于历史性低位,通胀率为0。加上世界经济面临下行风险,市场普遍认为,美联储在2015年内加息的可能性显著下降,有研究机构甚至认为2017年前美联储都不会加息。

美联储加息将标志着2008年以来货币宽松

时代的终结。由于美国在全球金融市场处于特殊重要地位，历史上美联储每次加息都曾引发全球市场重大波动，20 世纪 80 年代初期的拉美债务危机、90 年代后期的亚洲金融危机都与美联储加息有着密切关系。美联储加息时点推迟，给国际金融市场带来了喘息机会，近期全球股市、债市、汇市走势基本稳定。但全球央行货币政策失衡的矛盾依然存在，美国的货币紧缩与欧、日的货币宽松并存，新兴经济体货币政策左右为难，为国际资本跨境套利提供了新的机会，资本无序流动的风险凸显，加强主要经济体之间的货币政策协调、为世界经济复苏创造稳定有利的政策环境更加迫切。从较长期的视角看，美联储加息时点终将到来，美元可能进入较长的升值周期，吸引国际资本回流美国，对各国特别是新兴经济体金融稳定造成压力。

（三）国际商品和金融市场震荡加剧，对世界经济造成复杂影响

在世界经济增长疲弱、前期投资建设的产能相继释放、美元升值、金融监管加强等因素共同影响下，近两年来国际大宗商品由牛市转为熊市，价格持续下跌，2015 年下跌势头加剧。9 月底 10 月初汤森路透/商品研究局大宗商品价格指数一度跌至 193，比一年前下跌了 30%左右，创 2002 年以来新低。大宗商品价格下跌导致能源资源出口国收入锐减、资本外逃，经济困难加剧。据 WTO 统计，2015 年前 8 个月，俄罗斯、巴西、阿根廷出口额分别同比下降 31.9%、16.7%和 16.9%。能源资源进口国进口成本下降，贸易条件改善，但对一些经济低迷的国家而言，能源资源进口价格大幅下跌也增加了输入型通缩压力，加大了宏观政策调控难度。9 月份欧元区 CPI 同比下降 0.1%。

在商品市场震荡的同时，国际金融市场也经历多次重大调整。目前，发达国家金融市场已基本稳定，新兴经济体的金融风险仍居高不下，资金外逃现象较为突出。国际金融协会预计，2015 年新兴市场将出现 27 年来首次资本净流出。一些新兴经济体过去几年从国际金融市场借入较多债务，外债大幅增加。随着美元持续升值，这些国家还本付息负担加重，部分增长较低、财政状况较差的国家可能面临债务危机的风险。根据世界银行统计，截至 2015 年二季度末，过去 5 年间巴西、墨西哥外债总额增长超过 1 倍，印度、印尼、泰国增长均超过 60%。

表 3　2013—2016 年新兴市场和发展中国家政府净负债率

单位：%

	2013 年	2014 年	2015 年	2016 年
新兴市场和发展中国家	−1.8	−2.6	−4.3	−4.0
独联体	−0.8	−0.9	−4.9	−3.1
俄罗斯	−1.3	−1.2	−5.7	−3.9
亚洲发展中国家	−2.2	−2.1	−2.8	−3.0
印度	−7.6	−7.0	−7.2	−7.0
拉美及哥伦比亚地区	−3.1	−4.9	−5.8	−5.4
巴西	−3.1	−6.2	−7.7	−7.2
中东及北非	3.4	−1.2	−11.0	−9.7

注：2015 年和 2016 年为预测值。

资料来源：IMF，《全球财政监测报告》，2015 年 10 月。

（四）国际贸易投资长期低迷，经贸规则环境发生新变化

在 2008 年国际金融危机前的几十年里，全球贸易增速曾是经济增速的两倍。2012 年以来，全球贸易增速连续数年低于全球经济增速。究其原因，主要还是世界经济发生了一些结构性变化。一是发达国家新增长点尚未出现，企业投资需求低迷，而国际贸易中资本货物、原材料等用于投资的商品占比较高，以致跨国交易不活跃。二是自动制造、智能制造技术的发展使得劳动力成本在制造业竞争中的作用有所下降，发达国家制造业部分恢复竞争力，对进口形成替代。三是发达国家推进“再工业化”，一些跨国公司缩短全球供应链，将生产基地建在本国。此外，国际金融危机后贸易保护主义一直没有明显降温，全球贸易摩擦高发，也在一定程度上抑制了贸易发展。

在贸易投资低迷的背景下，国际经贸规则体

系面临深刻变化与复杂调整。一方面,多边贸易体制在困境中曲折发展,《信息技术协定》扩围谈判各方就产品范围达成一致,但多哈发展回合自2013年“巴里一揽子协议”后没有新的重大进展。另一方面,区域一体化进程明显加快,自贸区的重要性进一步提升,包括12个成员国的《跨太平洋伙伴关系协定》(TPP)基本达成协议,《区域全面经济伙伴关系协定》(RCEP)谈判方提出力争2015年内完成谈判的目标,美国与欧盟之间的《跨大西洋贸易与投资伙伴关系协定》(TTIP)进行了11轮谈判。未来这些大型自贸区确立的经贸规则如何与多边贸易体制对接、区内区外各国如何互动,将是影响国际经贸规则体系的重大问题。

三、主要国家和地区经济贸易前景

美国 2015年一季度,受严寒天气、美元升值等因素影响,美国对外贸易下降,投资增速放缓,GDP仅增长0.6%,增速远低于2014年第四季度的2.1%。其中,净出口对GDP的贡献率为-1.92个百分点,投资的贡献率为-0.01个百分点。二季度,美国经济强劲反弹,GDP增速回升至3.9%。投资和消费支出均比预期强劲,个人消费增长3.6%,私人投资增长5.0%,分别拉动经济增长2.42个百分点和0.85个百分点。

进入下半年,美国经济数据依然不太稳定。7月份,建筑开支增速创7年来新高。8月份,汽车销售超过预期。但9月份ISM制造业采购经理人指数(PMI)从8月的51.1降至50.2,创2013年5月新低,制造业增长动能减弱。近期经济数据表明,美国经济总体上行,但消费、就业等指标进一步改善也面临压力。IMF预计,2015年全年美国GDP增速为2.6%,较2014年低0.2个百分点。展望2016年,美国经济自身面临的有利条件相对较多,市场信心较为稳固,制造业基础有所恢复,金融条件总体宽松,但在全球经济不景气的形势下,美国经济走势与政策调整也存在不确定性。IMF预计,2016年美国经济增速2.8%,增速仍位居主要发达国家之首。

欧元区 2015年,受益于宽松的货币政策、欧元贬值和原油等大宗商品进口价格下跌,欧元区经济呈现企稳回升态势,一季度GDP环比增长0.5%、同比增长1.2%,个人消费和企业投资增长较快,环比拉动GDP增长均达到0.3个百分点。核心国家表现较强,德国和法国GDP环比分别增长0.3%和0.7%;在债务危机缓解的形势下,希腊经济实现了0.6%的同比增长。二季度,欧元区经济继续稳步复苏,GDP环比增长0.4%、同比增长1.5%,居民消费和净出口是拉动经济增长的主要力量,环比分别拉动GDP增长0.2和0.3个百分点。主要成员国中,德国GDP环比增长0.4%,法国GDP环比零增长。上半年欧元区19国贸易顺差达到1150亿欧元,同比增长51%,创历史新高,其中德国顺差从去年同期的1000亿欧元增加到1255亿欧元。

随着欧洲央行(ECB)实施购债计划改善了金融市场环境,加上弱势欧元对出口的促进作用持续显现,当前欧元区经济中的积极迹象有所增多。7月份开始,欧元区银行业对非金融企业的贷款结束了连续38个月的同比下降态势,转为增长。欧洲央行将欧元区2015年GDP增速预计从此前的1%提高到1.5%,2016年进一步提高至1.9%。IMF也将欧元区2015年的增长率从之前的1.2%调升至1.5%,2016年预计增长1.6%。但欧元区要真正实现经济可持续复苏和长久繁荣依然面临着众多挑战:一是希腊政府负债率高达178.6%,依靠经济增长解决债务问题难度极大,债务危机阴影挥之不去;二是欧洲经济货币联盟的改革完善艰难曲折,经济一体化的深入发展面临诸多阻碍;三是近期爆发的难民潮问题对欧元区消费信心和经营环境的影响有待进一步观察和评估。

日本 2015年,日本经济大幅动荡。日本内阁府数据显示,一季度日本GDP环比折年率增长4.5%。其中,投资是拉动增长的主要动力,住宅投资、企业设备投资环比折年率分别增长7%和11%,而个人消费支出仅增长1.5%。企业拓展国际市场的步伐加快,海外并购额达3.9万亿日元,创9年来新高。二季度,日本经济再次陷入萎缩,环比折年率下降1.2%。其中,个人消费环比折年率下降 2.7%，企业设备投资下降 3.6%，出口和进口分别大幅下降 16.6%和 10.1%。进入下半年，日本生产、出口和个人消费的回暖态势均不如人意。9 月大型制造企业的景气指数恶化，国内新车销售连续 9 个月同比减少。特别是低通胀局面还在恶化，8 月消费物价指数出现了 28 个月以来的首次同比下滑，摆脱通缩难以实现。为应对经济下行局面，日本政府推出了“安倍经济学”的“新三支箭”，即强劲经济、育儿支援及社会保障，但市场反应冷淡，扭转经济颓势的任务依然十分艰巨。IMF 预计，2015 年日本经济增长 0.6%，2016 年增长 1%。

新兴市场和发展中国家 2015 年，新兴市场和发展中国家受到大宗商品价格下跌、资本外流、金融市场动荡、地缘政治冲突等因素的困扰，经济增速继续放缓。9 月份，金砖国家中除印度外，制造业采购经理人指数均低于 50 的荣枯线，印度为 51.2，也降至 7 个月以来新低。截至 2015 年二季度，巴西 GDP 连续 5 个季度同比负增长，进入 25 年来最困难时期。俄罗斯在油价下跌、卢布贬值、美欧制裁的多重压力下，经济“滞胀”局面还在恶化，IMF 预计 2015 年俄罗斯经济下滑 3.4%。在国际金融市场震荡的背景下，新兴经济体一度面临资本大量外流局面。截至 7 月底的 13 个月里，19 个最大新兴市场国家的资本净流出总量达到 9402 亿美元，两倍于 2008—2009 年金融危机时期三个季度的 4800 亿美元净流出总量。但随着美联储加息时点推迟，近期新兴经济体资本外流有所放缓。

展望 2016 年，新兴市场和发展中国家增长环境有望改善，增速具备加快的条件。发达国家经济复苏加快，国际市场需求可能有所回暖。一些新兴大国金融环境的改善，投资增加，也将在一定程度上缓解经济下行压力。IMF 预计，2016 年新兴市场和发展中国家经济增长 4.5%，略好于上年。亚洲开发银行预计，2016 年亚洲经济增长 6%，仍将是全球经济增长的主要来源。其中，印度推行结构性改革，有效地增强了经济活力，2016 年预计增长 7.8%；东南亚地区 2016 年经济增速预期为 4.9%；东亚地区经济增长率预估值为 6%。需要关注的是，2016 年美联储加息的可能性较大，将对新兴经济体造成新的资本外流和金融震荡压力，不排除在部分经济金融状况脆弱国家引发危机的可能。

2015年中国宏观经济形势报告

中华人民共和国商务部 综合司
国际贸易经济合作研究院

2015年以来，国内外经济形势错综复杂，风险挑战增多。面对世界经济复苏缓慢及国内经济下行压力，中国政府先后出台了一系列稳增长、促改革、调结构、惠民生、防风险的政策措施，加强和创新宏观调控，有效对冲了下行风险，经济增长积极因素增多，呈现总体运行平稳、稳中有进、缓中向好的发展势头。前三季度，中国经济运行仍保持在合理区间，就业比较充分，居民收入持续增长，经济环境有所改善，高技术产业保持较高增速，新产品、新业态、新商业模式不断涌现，新的增长动力正在形成。

一、国民经济运行平稳

中国经济在新旧动能转换中平稳运行，经济增速略有回落，但稳中有进、稳中向好的态势没有改变，结构优化成效突出。前三季度，国内生产总值487774亿元，按可比价格计算，同比增长6.9%。分季度看，一季度同比增长7.0%，二季度增长7.0%，三季度增长6.9%。产业结构调整稳步推进，服务业主导型经济发展加快，成为经济稳定增长的重要支撑。分产业看，第一产业增加值39195亿元，同比增长3.8%；第二产业增加值197799亿元，增长6.0%。受益于新兴产业持续快速发展，第三产业增加值250779亿元，增长8.4%，较上年同期提高0.5个百分点，较第二产业快2.4个百分点；占GDP比重达51.4%，较上年同期提高2.3个百分点，高于第二产业10.8个百分点。节能降耗成效明显，前三季度单位国内生产总值能耗同比下降5.7%。

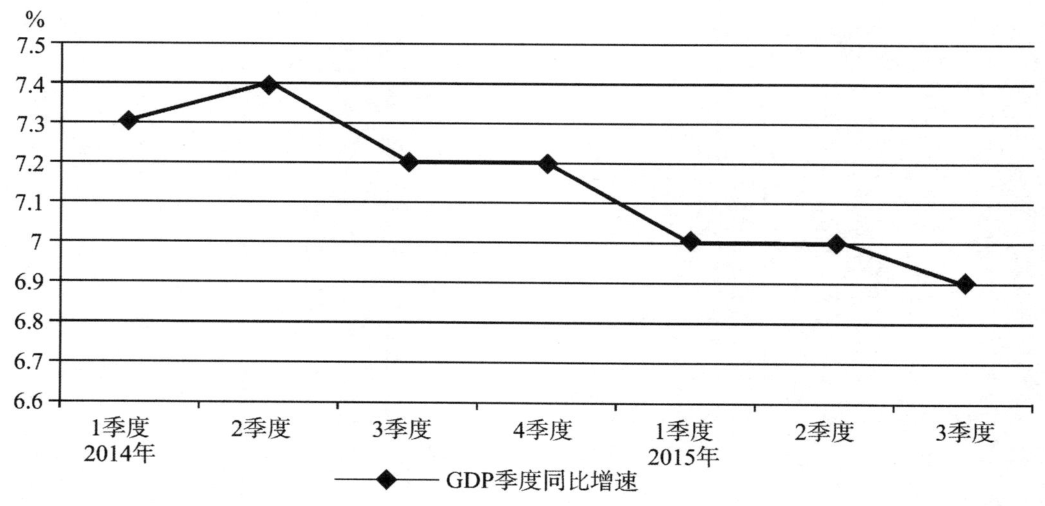

图1 2014年一季度—2015年三季度中国GDP同比增速

数据来源：国家统计局。

二、农业生产形势向好

中国政府持续实施强农富农政策，千方百计保障粮食等主要农产品供给，促进农产品供给水平持续提升。自2004年以来，粮食生产实现历史性的“十一”连增。今年全国夏粮总产量14107万吨，比上年增加447万吨，增长3.3%。早稻总产量3369万吨，比上年减产32万吨，下降0.9%。前三季度，猪牛羊禽肉产量5896万吨，同比下降1.3%，其中猪肉产量3828万吨，下降3.6%。

三、工业生产基本稳定

中国经济发展新常态下，增速换挡、结构调整有序推进，传统产能过剩行业增速下降，新兴产业快速增长，工业生产总体缓中趋稳。前三季度，全国规模以上工业增加值按可比价格计算同比增长6.2%，增速比上半年回落0.1个百分点。其中，高技术产业增加值增速达10.4%，比规模以上工业增速高出4.2个百分点。分经济类型看，国有控股企业增加值同比增长1.3%，集体企业增长1.7%，股份制企业增长7.5%，外商及港澳台商投资企业增长3.5%。分地区看，东中西部地区持续协调发展，9月份，东部地区增加值同比增长6.0%，中部地区增长7.8%，西部地区增长8.0%，东北地区下降1.8%。分行业看，国家深化改革创新，实施“一带一路”及“互联网＋”战略，进一步推动工业结构优化。前三季度，传统行业产量下降，平板玻璃业产量同比下降7.5%，水泥业下降4.7%，粗钢业下降2.1%。高新技术产业增势良好，铁路、船舶、航空航天和其他运输设备制造业同比增长8.4%，电气机械和器材制造业增长7.3%，计算机、通信和其他电子设备制造业增长10.7%。分产品看，565种产品中有288种产品产量保持增长。前三季度，规模以上工业企业产销率达到97.5%。规模以上工业企业实现出口交货值86187亿元，同比下降1.1%。1—9月份，全国规模以上工业企业实现利润总额43032亿元，同比下降1.7%，降幅比1—8月份收窄0.2个百分点。

四、固定资产投资增速回落

受国际市场需求萎缩、国内传统产业产能过剩、房地产市场持续调整等因素影响，固定资产投资增速回落。前三季度，固定资产投资(不含农户)394531亿元，同比名义增长10.3%(扣除价格因素实际增长12.0%)，增速比上半年回落1.1个百分点。从投资主体看，国有控股投资125201亿元，增长11.4%，民间投资255614亿元，增长10.4%，占总投资比重达64.8%，较上年同期增加0.1个百分点，成为拉动投资及经济增长的重要力量。分产业看，结构优化格局基本确立。第一产业投资增长27.4%，增速比上年回落0.3个百分点，第二产业投资增长8.0%，第三产业投资增长11.2%，占全部投资比重56.1%，较上年同期增加1.1个百分点，有力地带动服务业主导型经济发展。国家大力推动以人为核心的新型城镇化，加快推进棚户区改造、保障房及海绵城市建设，促进房地产市场逐步回暖。前三季度，全国房地产开发投资70535亿元，同比名义增长2.6%(扣除价格因素实际增长4.2%)，增速比上半年回落2.0个百分点，其中住宅投资增长1.7%。

五、消费市场平稳增长

居民收入较快增长，消费结构持续升级，带动消费稳步发展。前三季度，社会消费品零售总额216080亿元，同比实际增长10.5%，增速比上半年加快0.1个百分点。其中，限额以上单位消费品零售额101089亿元，增长7.5%。消费对经济的拉动作用持续增强，前三季度，最终消费支出对国内生产总值的贡献率为58.4%，比上年同期增长9.3个百分点。从经营单位所在地看，城镇消费品零售额185843亿元，同比增长10.3%，乡村消费品零售额30237亿元，增长11.7%。按消费形态分，餐饮收入同比增长11.7%，较上年同期加快2个百分点。商品零售增长10.4%，其中限额以上单位增长7.5%。居住类消费较快增长，限额以上单位建材、家具销售额同比分别增长18.6%和16.7%，较上年同期分别加快4.8个及2.2个百分点。新业态、新商业模式发展迅猛。前三季度，全国网上商品零售额同比增长34.7%，占社会消费品零售总额的比重达10%，较前8个月提高0.2个百分点。商务部重点监测企业网络零售同比增速较上年同期加快6.9个百分点。新产品销售快速增长，新能源汽车销售同比增长2.3倍，超高清电视销售量同比增长14.8%。

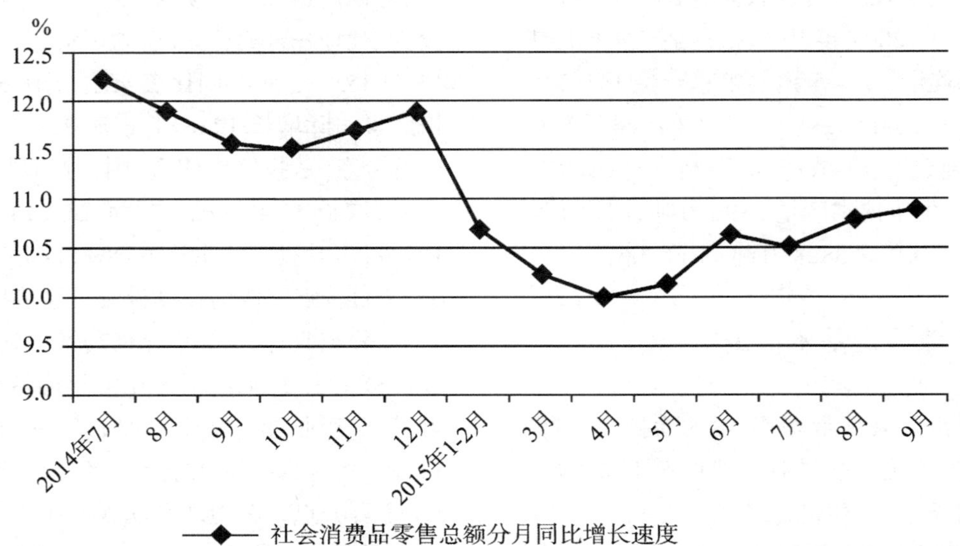

图2　2014年7月—2015年9月社会消费品零售总额同比增长

数据来源：国家统计局。

六、居民消费价格处于较低水平

在市场供过于求的形势下，居民消费价格稳中有降。前三季度，居民消费价格同比上涨1.4%，较上年同期回落0.7个百分点，较上半年扩大0.1个百分点。其中，食品价格上涨2.3%，衣着上涨2.9%，医疗保健和个人用品上涨1.8%，烟酒及用品上涨1.6%，娱乐教育文化用品及服务上涨1.5%，家庭设备用品及维修服务上涨1.1%，交通和通信价格则下降1.8%。受大宗商品尤其是资源及能源产品价格下跌影响，加之国内产能过剩拖累，前三季度，工业生产者出厂价格同比下降5.0%。其中，生产资料价格同比下降6.5%，生活资料价格同比下降0.2%；工业生产者购进价格同比下降5.9%。9月当月，工业生产者出厂价格同比下降5.9%；工业生产者购进价格同比下降6.8%，环比下降0.6%，降幅有所收窄。

七、外贸有所下降，利用外资及"走出去"势头良好

受外需疲弱、内需放缓、大宗商品进口价格下跌等多种因素影响，前三季度，我国进出口总额29041亿美元，较上年同期下降8.1%。其中，进口12400亿美元，下降15.3%；出口16641亿美元，下降1.9%。贸易顺差4241亿美元，增长83%。一般贸易进出口总额15957亿美元，同比下降7.2%；加工贸易进出口总额9017亿美元，下降10.8%。

中国不断深化改革开放，促进吸收外资和境外投资持续较快增长。前三季度，外商投资新设立企业18980家，同比增长10.1%，实际使用外资金额949亿美元，同比增长9%。外资产业结构进一步优化，高端产业外资持续增加。服务业实际使用外资增长19.2%，占使用外资总额比重达61.1%，高技术服务业外资占服务业（除房地

产外)实际使用外资总额的 17.1%。其中,研发与设计服务、信息技术服务、科学研究使用外资分别增长 49.5%、37.2%和 102.5%; 制造业实际使用外资 298.4 亿美元,同比增长 0.7%,占利用外资总额比重 31.4%。先进制造、战略型新兴产业外资占制造业外资总额达 23.5%。其中,集成电路、通信设备、航空航天及设备制造等高端产业实际使用外资同比分别增长 75.5%、171.7%和 49.2%。东、中、西部地区实际使用外资均呈现增长,分别较上年同期增长 10.1%、0.3%及 2.2%。"一带一路"建设快速推进,拓展我国经济发展新空间,推动富余优势产业加快向境外转移,引领对外投资快速发展。

前三季度,中国境内投资者共对全球 150 个国家/地区的 5162 家境外企业进行了非金融类直接投资,累计实现对外投资 873 亿美元,同比增长 16.5%。其中,对"一带一路"沿线的 48 个国家直接投资 120.3 亿美元,同比增长 66.2%,占我国非金融类对外直接投资总额的 15.3%。从投资行业看,主要集中在油气、制造业、房地产和旅游设施等领域。从投资目标市场看,主要集中在新加坡、哈萨克斯坦、老挝、印尼、俄罗斯等周边沿线国家。从投资主体看,地方对外投资增长 78.8%,占比首次超过六成,成为对外投资的主力军。民营企业成为参与"一带一路"建设的重要力量,对外直接投资金额同比增长 179.6%。

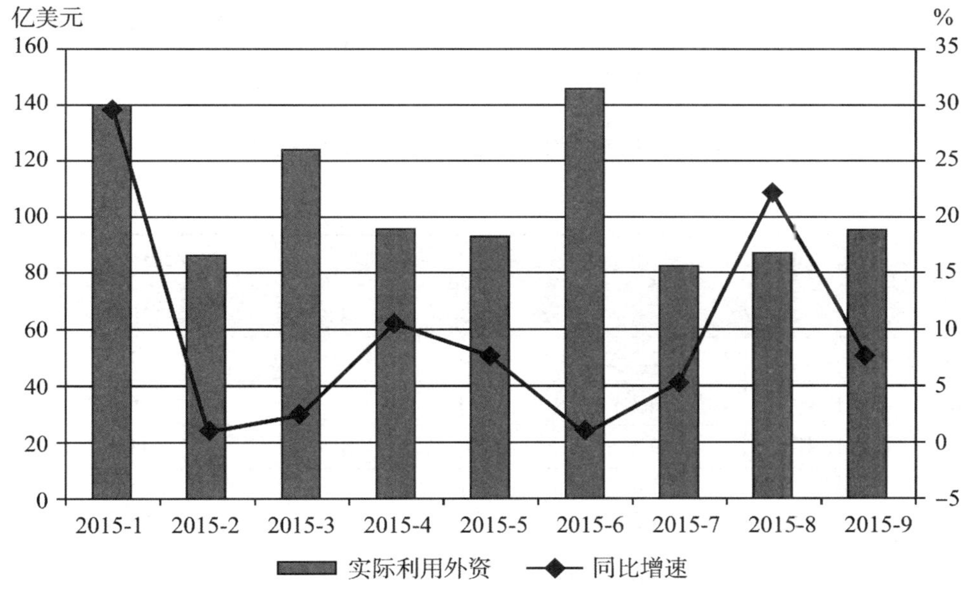

图 3 2015 年 1—9 月中国实际利用外资情况

数据来源:中国商务部。

八、就业和居民收入持续增长

在复杂多变的经济发展环境下,中国政府高度重视做好民生保障工作,就业市场总体保持稳定。前三季度,城镇新增就业人数为 1066 万人,提前完成全年目标任务。三季度末,农村外出务工劳动力总量 17554 万人,与上年同期基本持平。三季度,外出务工劳动力月均收入 3052 元,同比增长 9.1%。全国居民收入持续较快增长,前三季度,全国居民人均可支配收入 16367 元,实际增长 7.7%,领先 GDP 增速 0.8 个百分点,成为经济稳中有进的突出亮点。收入分配结构持续优化,全国城镇居民人均可支配收入 23512 元,实际增长 6.8%,农村居民人均可支配收入 8297 元,实际增长 8.1%,快于城镇居民 1.3 个百分点。城乡居民人均收入倍差 2.83,比上年同期缩小 0.03,城乡居民收入差距持续缩小。

九、财政金融平稳运行

在经济增速放缓、结构性减税及普遍性降费等因素影响下，财政收入呈现低速增长。为支持和保障惠民生等重点工程建设，财政支出持续较快增长。前三季度，全国财政收入114412亿元，比上年同期增加8050亿元，增长7.6%，同比增速回落0.5个百分点。全国公共财政支出120663亿元，比上年同期增加17023亿元，增长16.4%，较上年同期增加3.2个百分点。9月末，广义货币(M2)余额135.98万亿元，同比增长13.1%，增速比上月末低0.2个百分点，比上年末高0.9个百分点；狭义货币(M1)余额36.44万亿元，同比增长11.4%，增速分别比上月末和上年末高2.1个和8.2个百分点；流通中货币(M0)余额6.10万元，同比增长3.7%。前三季度，新增人民币贷款9.90万亿元，同比多增2.34万亿元，人民币存款增加13万亿元，同比多增1.93万亿元。M2增速及新增人民币贷款处于高位，显示稳健的货币政策正对经济稳步增长发挥积极作用。9月末，国家外汇储备余额3.51万亿美元；人民币汇率为1美元兑6.3613元人民币。

总的来看，中国经济整体运行平稳，稳中有进、长期向好的态势没有改变，但国内外经济环境依然错综复杂，经济仍面临新旧动能转换的严峻挑战和下行压力。今后一个时期，中国政府将更加精准有效地实施定向调控、相机调控，深化改革、扩大开放，推进经济结构调整，坚定不移地打造“大众创业、万众创新”和增加公共产品、公共服务“双引擎”。推动经济保持中高速增长、迈向中高端水平。

表1　　2013—2015年前三季度中国宏观经济主要指标

单位：%

指标名称	2013年	2014年	2015年		
			1—3月	1—6月	1—9月
国内生产总值增长率	7.7	7.4	7.0	7.0	6.9
规模以上工业增加值增长率	9.7	8.3	6.4	6.3	6.2
全社会固定资产投资增长率	19.6	15.7	13.5	11.4	10.3
出口增长率	7.9	6.1	4.7	1.0	–1.9
进口增长率	7.3	0.4	–17.6	–15.5	–15.3
居民消费价格总水平涨幅	2.6	2.0	1.2	1.3	1.4
M0增长率	7.1	2.9	6.2	2.9	3.7
M1增长率	9.3	3.2	2.9	4.3	11.4
M2增长率	13.6	12.2	11.6	11.8	13.1

数据来源：国家统计局。

2015年国际商品市场走势报告

中华人民共和国商务部 综合司
国际贸易经济合作研究院

一、2015年以来国际商品市场表现

大宗商品市场在21世纪初开始经历了一轮近10年上涨"超级周期"后，于2014年下半年转而开始进入下跌周期。2015年以来，世界经济和国际贸易增长放缓，全球投资活动低迷，商品市场需求疲软，而供应却持续增长，国际大宗商品市场持续弱势格局。从2014年下半年开始，大宗商品价格呈现逐月下跌态势，至2015年9月初，商品价格指数已跌至2009年以来最低水平。6年来，大宗商品市场经历了2008年国际金融危机爆发导致的价格暴跌、2009—2011年新兴经济体快速增长和全球宽松货币的强心针刺激下的陡升，此后进入时疾时徐的震荡下跌，价格走势呈现马鞍形。

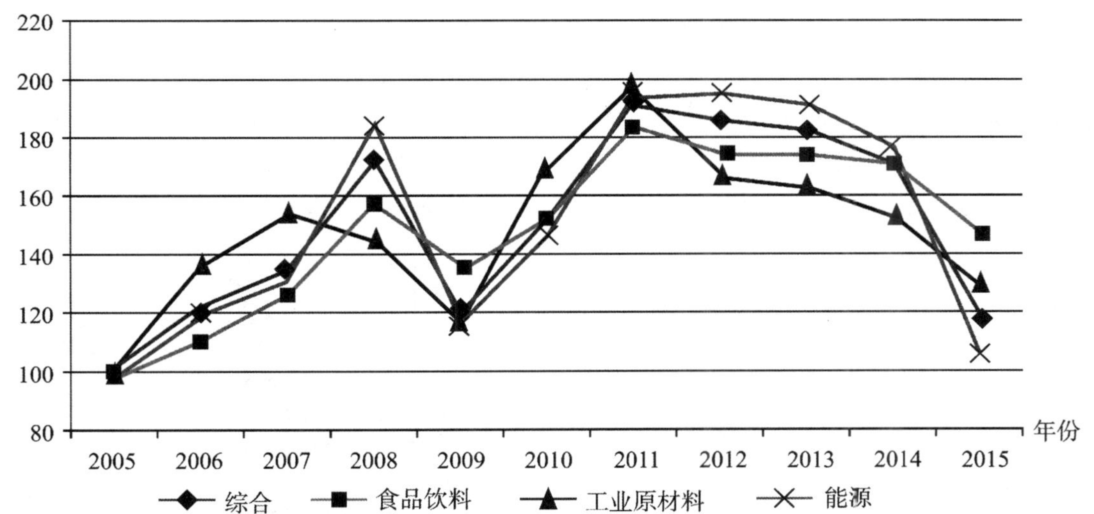

图1　国际大宗商品市场开始进入下跌周期
（IMF初级产品价格指数，美元计价，2005年=100）

数据来源：国际货币基金组织，初级产品价格指数，2015年10月。

2015年前三季度，尽管由于美国经济向好、市场预期乐观，以及俄罗斯与西方对峙、伊朗核谈判进程不确定等地缘紧张因素，商品市场价格多次出现短期上扬，但未能改变市场低迷、价格下跌的大势，在经历第二季度温和走强后，第三季度再度下滑。

大宗商品市场的弱势表现直接反映在各主要商品价格指数的下行态势中。2015年1—9月，道琼斯期货价格指数（DJAIG）、RJ/CRB指数、标普高盛商品指数（GSCI）分别下跌16%、

15.2%和18.9%，与上年同期相比跌幅更大，分别为27.3%、28.9%和40.2%。国际货币基金组织(IMF)编制的初级产品价格综合指数9月比2014年12月下跌21.4%，比上年同期下跌39%。其中，能源类指数跌幅最大，分别为25.7%和49.6%。

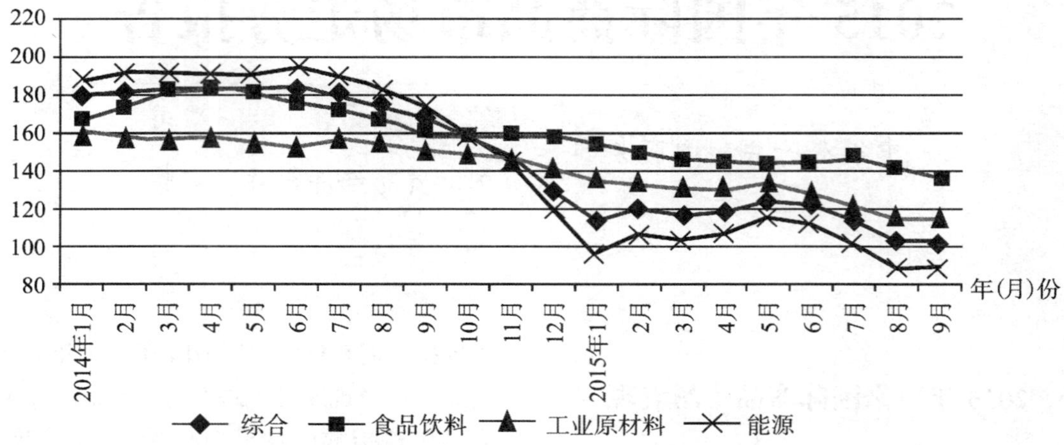

图2　2014年以来国际大宗商品价格不断走低
（IMF初级产品价格指数，美元计价，2005年=100）

数据来源：国际货币基金组织，初级产品价格指数，2015年10月。

具体来看，前三季度各类商品价格全线下跌，多种商品已跌至接近2008年8月暴跌潮时的低点。需求疲软下的供方博弈加剧供应过剩，是能源和金属类商品跌幅深重的主因。1—9月，纽约和布伦特油价下跌14%，其他能源产品亦受到油价拖累，其中澳大利亚煤炭价格下跌13%，美国天然气价格下跌11%；与欧洲的紧张关系令俄罗斯的天然气出口雪上加霜，2015年以来出口价格大幅下跌32%。伦敦金属交易所各有色金属品种跌幅在11%—34%之间。中国、印度、巴西等新兴市场的供需变化对农副产品及原材料市场影响较大。其中，食品工业重要原材料棕榈油需求低迷，价格创6年来新低；但棉花主产国压缩种植面积、削减产量，同时纺织服装市场转暖，使得库存/消费比显著下降，对价格构成支撑，棉花成为少数价格相对稳定的品种之一。

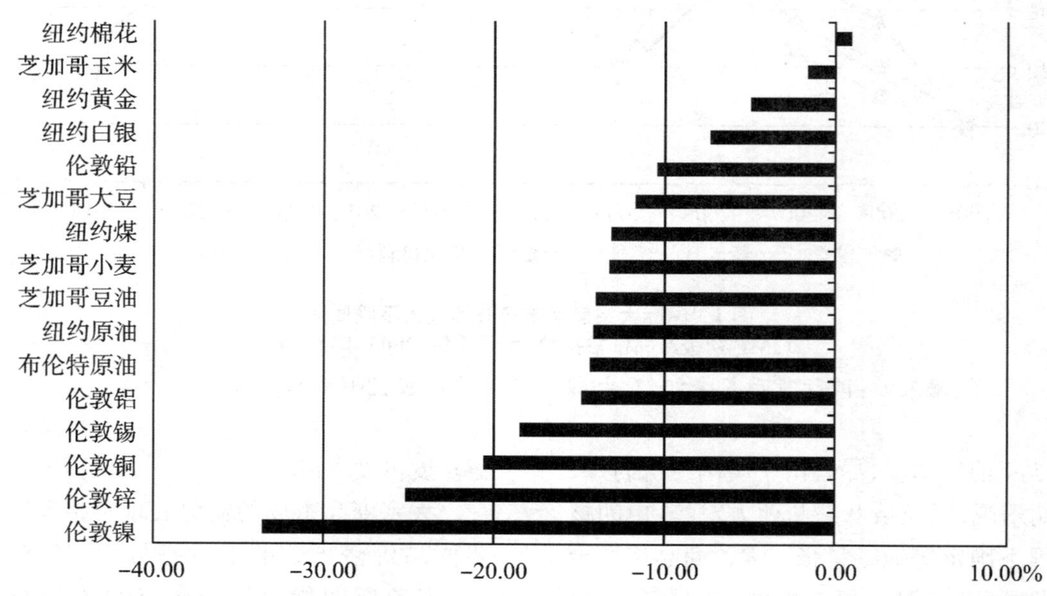

图3　2015年1—9月主要大宗商品期货价格普遍下跌
（交易所价格累计涨跌幅，%）

二、影响国际商品市场的主要因素

目前大宗商品市场的跌势是20世纪80年代以来范围最广、程度最深的，且短期内难有回升迹象，很可能成为与上涨“超级周期”相对应的“超级熊市”。究其原因，主要是全球经济增长乏力的大背景下，需求放缓、产能过剩和美元升值三大因素。

经济减速，结构调整，市场需求放缓。国际金融危机爆发至今已有7年，世界经济依然没有完全走出危机阴影，全球尤其是新兴经济体表现疲弱，IMF预计全年世界经济将增长3.1%，比上年低0.3个百分点，其中新兴市场和发展中国家增长4%，比去年低0.6个百分点。美国经济回升但并不稳定，短期内难以带动外部需求有效好转；中国等新兴经济体进入深度结构调整，需求明显收缩。与此同时，国际资本流动放缓，国际贸易低速增长，进一步抑制大宗商品市场价格。据联合国《世界投资报告》，2014年全球FDI流入量继2013年小幅反弹后大幅下降16%，全球外资流动水平已接近2009年以来的最低点。未来商品市场转旺有待美国为首的发达经济体持续向好、中国经济保持稳定、印度等其他新兴大国发力增长。一些国际研究机构认为，印度政府正在加大基础设施建设和工业化推进力度，对能源、金属的需求有望增长，可能成为未来大宗商品需求的新增长点。

供方博弈，产能过剩，去库存难度大。过去十年商品牛市期间，能源资源行业的大规模资本支出带来产能扩张，至今仍处于产能释放期。大宗商品价格的普遍持续下挫并没有导致生产商大幅削减产能，相反，一些主要资源出口国为弥补价格下跌的收入损失、保持或趁机抢夺市场份额，生产和出口不减反增，加剧了市场供应过剩局面，使去库存更为艰难。石油输出国组织(OPEC)持续超配额生产，俄罗斯、美国也纷纷开足马力，原油产量屡创新高；铁矿石四大矿商继续逆市扩产，产量不断刷新纪录。截至6月30日，必和必拓和FMG的2015财年矿石产量分别比上个财年同期大增14%和22%；2015年上半年，力拓和淡水河谷产量也分别增长11%和6%。然而持续低价已对投资活动有所抑制，一些新矿山的投资计划被推迟，一些高成本油井已经关闭。至9月末，美国钻井平台总数比上年10月的峰值锐减60%。随着企业投资能力下降和投资热情减退，投资活动持续缩减，后期供给将受到影响，对价格形成支撑。此外，一些不确定因素如厄尔尼诺现象、地区冲突等也会对供应预期造成不利影响，短期内刺激价格上涨。

美元走强，加息在即，压低商品价格。作为全球主要储备货币及国际贸易和大宗商品期货市场的主要计价货币，美元强弱与商品市场价格变动息息相关，美元强则商品弱，美元弱则商品强。上一轮商品牛市中，除了世界经济特别是以中国为首的新兴市场的繁荣，美元的低汇率、低利率也是重要推动力。美国经济自2014年开始保持相对较快增长，美元对主要货币持续大幅升值，2015年3月美元指数一度突破100，为2003年4月以来高点，此后也一直维持在95以上。美国经济向好、美元走强，加之欧美对商品市场监管加强，使得金融资本对大宗商品的投资热度降低，而美联储加息日益临近，更对大宗商品价格进一步形成打压。

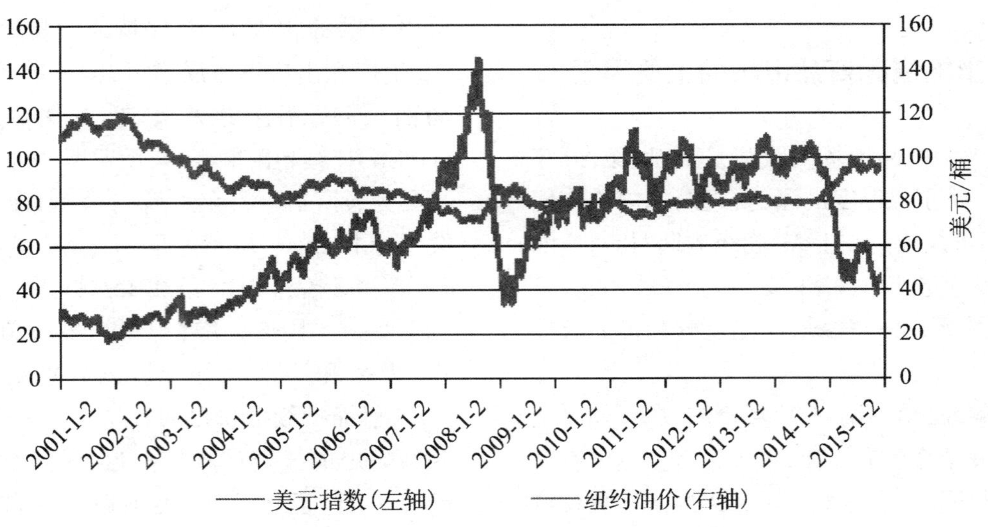

图4　国际油价与美元指数走势呈现背离

专栏　大宗商品价格持续低迷的长期影响

大宗商品价格在石油带领下持续大幅下挫,对经济复苏形成新的重大阻碍。其中大宗商品出口国遭受打击最为沉重:外汇收入锐减、财政失衡、货币贬值、国内经济发展减速。部分严重依赖资源收入的国家因经济体系不健全、产业结构不平衡,加之货币政策失当,经济陷入困境,例如金砖国家中的俄罗斯、巴西正面临严峻的经济萎缩、通胀飙升的滞胀局面。IMF预计,由于大宗商品市场前景不乐观,大宗商品出口国2015—2017年的经济年均增长率将比2012—2014年下降1个百分点,对能源出口国的不利影响更大,下降幅度为2.25个百分点。从商品市场的走向看,牛熊交替转换是客观规律。大宗商品价格的波动既是供求变化的结果,同时也推动供求关系向新的均衡调整。当前商品价格持续回落,一方面使能矿企业投资能力下降、投资活动收缩,从而将减少后期供给;另一方面也对需求产生一定刺激,从而达成较低价格水平上的新平衡。但能源资源投资周期长,产能的变化滞后于市场变化,实现新的均衡可能经历较长过程。

三、主要商品市场发展前景

当前主要大宗商品供需、货币两方面因素都难以对市场构成强力支撑,后市依然不乐观。但经过一年来价格水平震荡走低,能源资源领域投资明显下降,价格下跌空间已经收窄。在世界经济没有全面转好、商品需求没有实质恢复的情况下,市场的稳定和复苏有赖于供应方压缩产能、供需双方消化前期库存,在较低价格水平上达成新的平衡。预计近两年大宗商品市场将继续在低位徘徊,只有在经济转暖、需求转旺后,大宗商品价格才可能出现新一轮的上涨。

表 1 国际商品市场价格走势

（美元计价，年率，%）

	1997—2006 年	2007—2016 年	2011 年	2012 年	2013 年	2014 年	2015 年	2016 年
制成品	0.3	0.8	6.4	0.5	−1.1	−0.6	−4.1	−0.7
石　油	12.2	−2.4	31.6	1.0	−0.9	−7.5	−46.4	−2.4
非燃料初级产品	2.2	0.4	13.9	−10.0	−1.2	−4.0	−16.9	−5.1
食　品	−0.1	2.0	14.8	−2.4	1.1	−4.1	−16.8	−4.7
饮　料	0.2	4.5	13.8	−18.6	−11.9	20.7	−4.7	−1.2
农业原材料	−0.6	1.0	5.0	−12.7	1.6	1.9	−11.8	−1.4
金　属	8.9	−3.0	17.4	−16.8	−4.3	−10.3	−22.3	−9.4

注：1. 制成品：占发达国家货物出口 83%的制成品的出口单位价值；石油：英国布伦特原油、迪拜原油及西得克萨斯原油的平均价格；非燃料初级产品：以 2002—2004 年在世界初级产品出口贸易中的比重为权数。

2. 2015 年和 2016 年数据为预测数。

资料来源：国际货币基金组织，《世界经济展望》，2015 年 10 月，表 A9。

粮农产品：2015 年以来，因农业收成预期良好、库存较高，加之受石油及其他大宗商品价格下跌影响等因素，国际农产品市场一直处于下行趋势。9 月联合国粮农组织（FAO）食品价格指数比上年同期下跌 18.9%，其中肉、奶、粮、油、糖分别下跌 19.2%、24.2%、13.1%、17.2%和 26%。

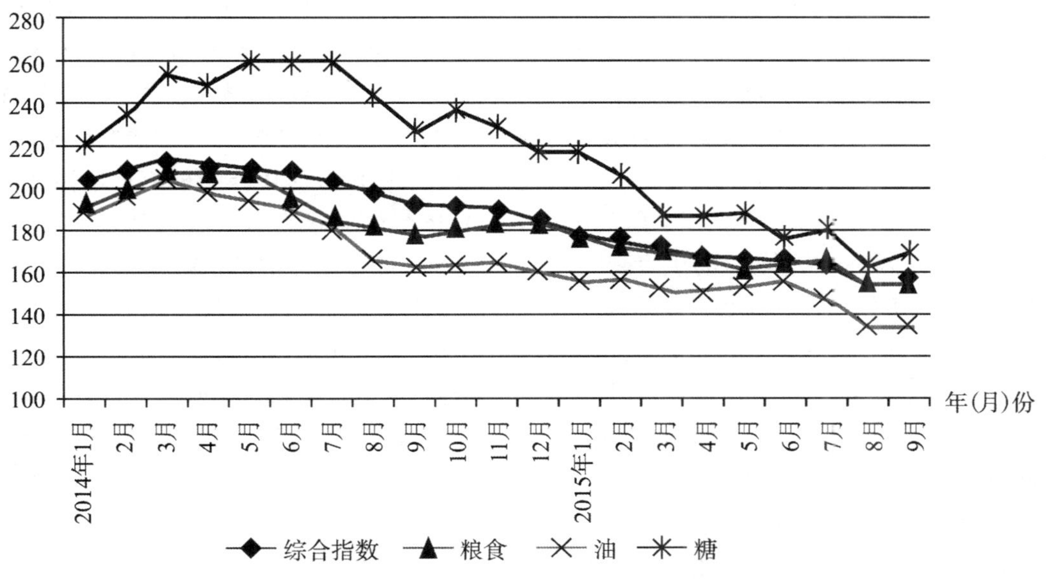

图 5 2014 年以来主要农产品价格持续下跌

（FAO 食品价格指数，2002—2004＝100）

数据来源：FAO 食品价格指数，2015 年 10 月。

未来一段时期主要大宗粮油产品市场依然面临高产量和高库存压力，不同品种价格震荡幅度因收成而异。据美国农业部9月发布的预测报告，2015和2016年度全球小麦产量将再创纪录，承压最大；玉米产量有较大幅度下降，有利于后市价格稳定；大豆供应宽松，继续面临下行压力；大米主产国的补贴收储变化和出口政策抵消了收成和库存下降的利好因素，同时比价效应也将压制大米价格。未来农产品市场的风险主要来自气候条件的不确定性，如果厄尔尼诺现象导致严重的气候异常，将在2016年上半年之前对美国、澳大利亚等农产品主产国产生不利影响。

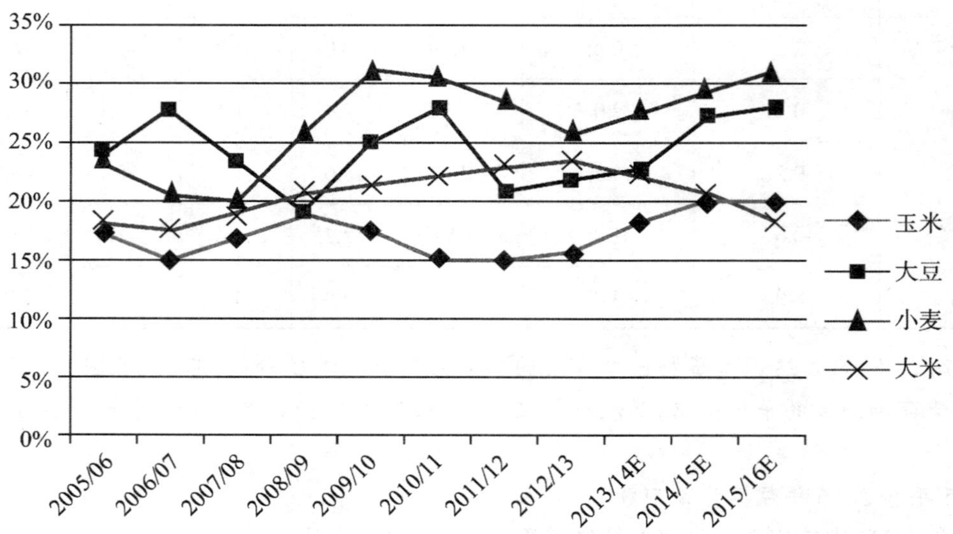

图6 主要大宗粮油产品的库存处于10年来高水平

数据来源：美国农业部，2015年9月。

石油：总体供应过剩是目前世界石油市场的主基调。国际油价于2014年6月开始进入下跌区间后，为应对低油价导致的财政收入减少、维持和扩大市场份额，主要产油国采取了"以量取胜"的策略。石油输出国组织（简称OPEC）持续超配额生产，6月份沙特和伊拉克产量都达到了历史高位。俄罗斯石油日产量也一直保持在1100万桶左右的高水平。此外，伊朗完全取消出口限制后将增加50万—80万桶/日的供应能力，将进一步加剧石油市场供需失衡的压力。高产量、高库存预示着油价在未来一段时间仍将承压。不过，原油市场的支撑力量也在逐步增强。供应方面，随着油价持续低位运行，大批高成本的页岩油、深海油、油砂等非传统油气资源开采设施陆续关闭，新增投资开始下滑。OPEC统计显示，截至7月份，非OPEC油井数量由2014年4季度的3106个降至1668个，降幅达到46%，其中美国由1912个降至866个，降幅达到55%。国际能源署（简称IEA）在9月报告中预计，随着美国页岩油减产，2016年，非OPEC国家原油供应将减少50万桶/日，为20年来最大降幅。需求方面，在低油价刺激下，石油消费有所提升，特别是经合组织（OECD）国家的需求增长迹象尤为明显。IEA对全球能源需求预计较为乐观，认为2015年四季度原油需求将显著好转，全年平均日需求量增长160万桶，为5年来最大增量，2016年继续稳步回升，日需求增量为140万桶，供给过剩的情况将逐步收窄。预计2015年年底至2016年年初，原油市场以逐步消耗库存、出清产能、实现再平衡为主线，国际油价将维持在目前较低水平。

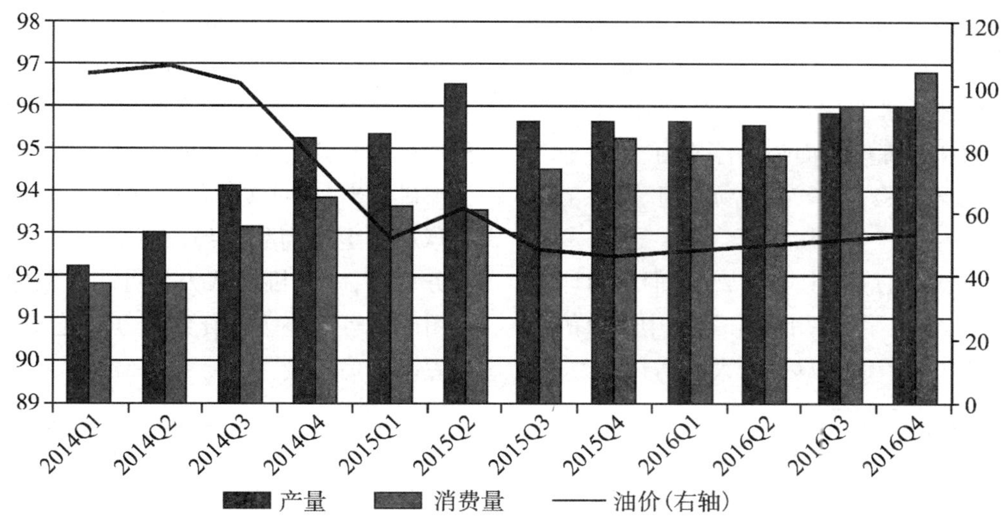

图 7 世界石油市场供应过剩

(产量与消费量数据来源:国际能源署,石油市场报告,2015 年 9 月)
价格数据来源:IMF,大宗商品价格预测,2015 年 9 月。

专栏 国际能源市场的供方博弈

2014 年下半年开始,原油价格进入下降通道,但出于稳定收入和市场份额的考虑,无论是OPEC、俄罗斯等传统的石油出口国还是美国等非传统油气资源供应国,均持续增加生产。沙特石油日产量在 2015 年 6 月达到了 1046 万桶的历史最高纪录,此后一直保持在日产量 1000 万桶以上的高水平,OPEC 其他成员也纷纷效仿,持续超配额生产,6 月平均日产量达到了 3181 万桶。俄罗斯经济发展过度依赖能源收入,尽管国际油价不断走低,俄罗斯原油产量不减反增,不断创下苏联解体后的最高水平。虽然近期美国石油生产增长步伐出现放缓迹象,大批高成本、高负债的页岩油生产商停产,运营的油井数量锐减,但页岩油生产商还在通过采用新技术降低成本、提升效率。一旦国际油价出现反弹,复产的油井可以使产量迅速回升,夺回市场。

不仅产油国争夺市场份额的行动影响了石油价格,其他能源产品的发展也在对油价构成压力。一方面煤炭行业有巨大的过剩产能需要消化,不会停止对市场的争夺;另一方面,风能、太阳能等新能源成本随技术发展不断降低而增强了竞争力,依然保持快速发展势头。2015 年全球可再生能源新增容量将连续第 5 年超过化石能源,风电、光伏发电和水电等约占电力净增装机容量的 59%左右。根据 IEA 的预测,至 2030 年,能源消费结构中的煤炭占比将由 2012 年的 29%下降到 26%,石油占比由 31%下降到 28%,作为清洁能源的天然气、核能和可再生能源合计比重将从 40%提高到 46%。全球能源消费结构持续优化和对石油依赖度长期看低将在一定程度上对油价有抑制作用。

有色金属:供大于求是导致目前有色金属价格全面下跌的根本原因。21 世纪以来,有色金属的消费重心逐渐由发达经济体转向新兴市场和发展中经济体,中国迅速成为铜、铝、镍等金属的消费大国,占世界总消费量的一半左右,印度、俄罗斯等其他金砖国家也成为消费主力。2015 年以来中国等新兴市场结构调整、需求低迷,成为抑制金属需求和价格的重要因素。与此同时,低能源价格降低了成本,也使金属价格失去支撑。面对价格持续下挫,金属产能已开始削减,但首先关闭的是高成本矿山和冶炼厂,短期内难以刺激市场价格反弹。在需求疲软、供应稳定、成本结构因素的共同作用下,预计有色金属价格将在较长时期内维持在低水平,不仅高成本、低附加值、小规模的矿山和冶炼厂将面临关停压力,大企业也同样面临资金风险,新一轮市场重组、优胜劣汰不可避免。

分品种看,当前铜需求增长放缓,但来自印度、中国、中亚、非洲等新兴市场和发展中国家的电力及其他基建需求使其具有较大的增长潜力,铜有望成为最先走出低谷的有色金属品种。铝需求相对稳定,但供应能力严重过剩抑制价格回升,低能源价格使铝的产能出清相对更为漫长,预计铝需要较长时间才能达到供求平衡;印尼禁止镍矿石出口,对缓解供应过剩有所助益。此外,全球最大上市商品交易商嘉能可公司近日陷入债务危机,一些机构认为其可能采取抛售库存、关闭矿山等措施缓解资金压力,有色金属市场面临短期动荡风险。

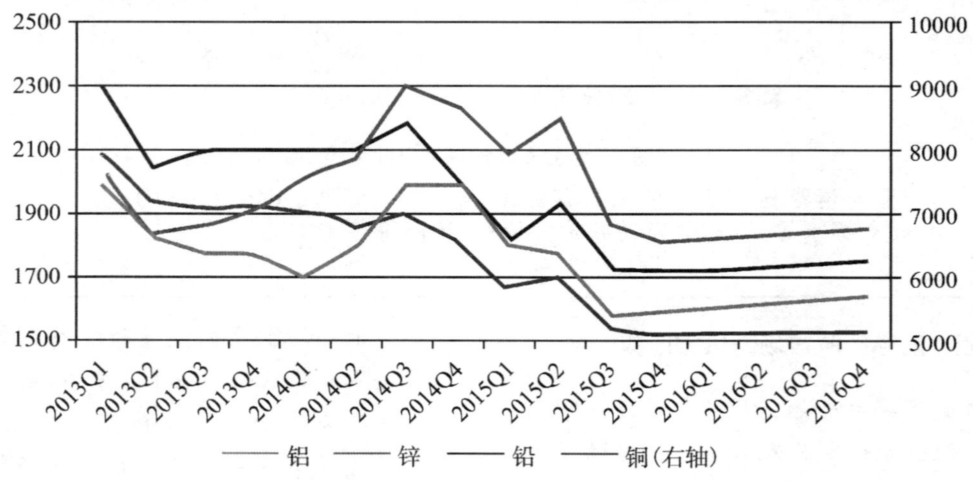

图8 有色金属价格全面下跌

数据来源:IMF,大宗商品价格预测,2015年8月20日。

钢铁:2015年以来,世界经济低速增长,制造业缺乏活力,能源资源出口国财政收入锐减、基础建设放缓,中国房地产市场萎缩,致使全球钢材需求低迷。加之金融市场动荡、美元升值等因素,国际钢材价格持续下跌。"我的钢铁"网编制的国际钢价指数显示,截至10月初,全球钢材

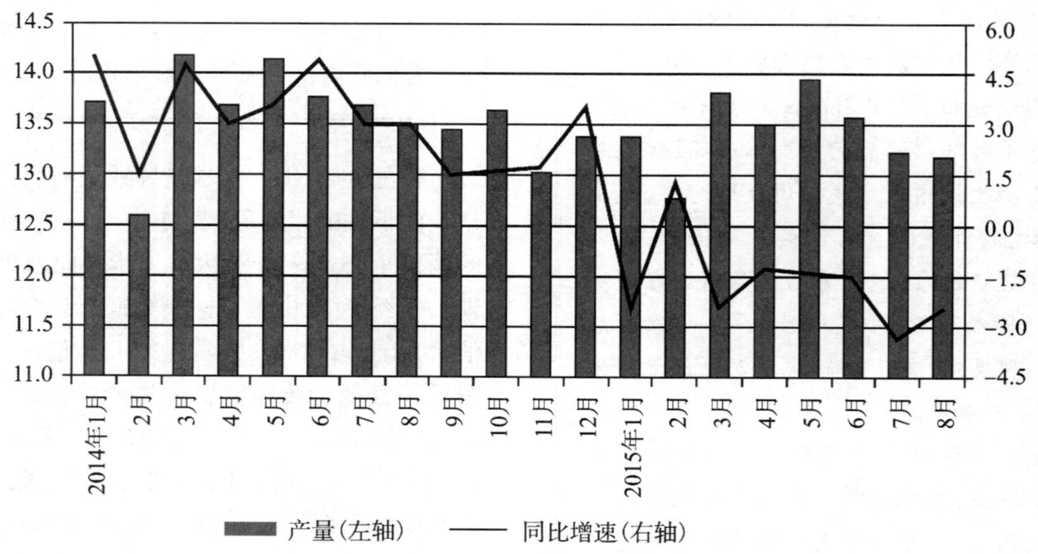

图9 国际钢产量月增幅下降

数据来源:国际钢铁协会,2015年9月。

价格比上年同期下跌 23.5%，其中扁平材和长材分别下跌 25.5%和 20.9%；分地区看，北美、亚洲、欧洲同比分别下跌 29.9%、25.4%和 16.6%。严峻的市场环境迫使世界主要钢铁生产国开始削减产能，2015 年以来产量增幅呈逐月收缩之势，至 9 月，全球钢铁产能利用率已降至 68%。面对激烈的市场竞争，一些国家采取贸易限制手段保护本国产业，除了传统的反倾销措施外，贸易限制还向环境、劳工等领域延伸。

作为钢铁工业重要原料，铁矿石价格与钢材价格同步下跌。1—9 月，中国到岸 62%矿粉价格下跌 16.3%。从需求方面看，钢铁行业削减产能、开工率下降，对铁矿石的需求下滑，监管层加强商品投资的风险管控，进一步减少了融资需求。从供给方面看，上半年全球主要矿山逆势扩产，加剧了供应过剩局面。目前主要矿商继续看好中国、印度以至越南、泰国等新兴市场未来经济发展和钢铁需求增长的潜力，且希望利用资源禀赋优势和规模优势，通过提升效率、调整矿山结构等措施进一步降低生产成本，从而扩大市场份额、强化垄断格局。市场竞争日益激烈，产能扩张势头可能持续一段时间。需求不足、供应过剩，未来 2—3 年铁矿石价格将持续面临巨大压力。

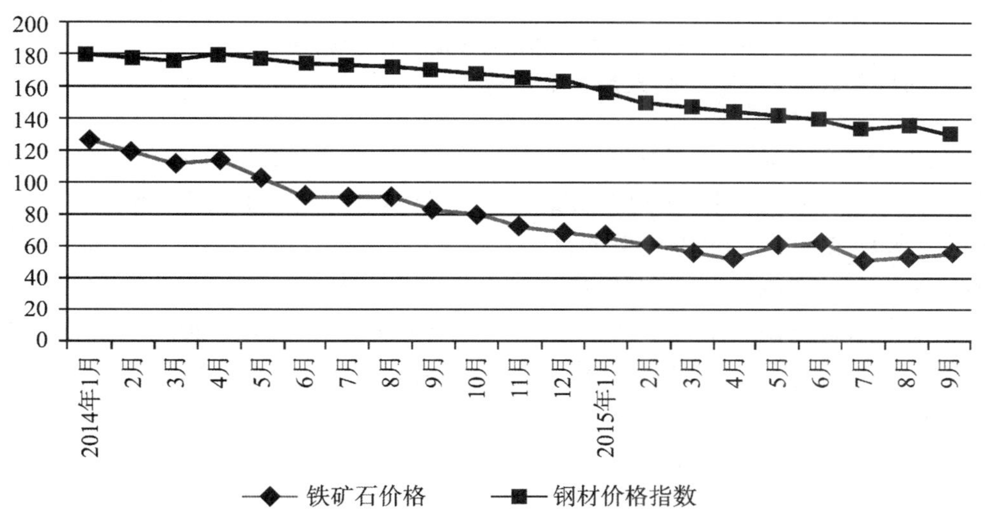

图 10 铁矿石价格与钢材价格同步下跌

铁矿石价格数据来源：IMF，中国进口，天津港到岸价。
钢材价格指数数据来源："我的钢铁"网，全球综合指数。

汽车：2015 年，全球汽车市场呈分化态势。在经济缓步复苏和低油价刺激下，发达国家汽车市场整体向好。前三季度，欧盟 27 国商用车新增注册量同比增长 12.2%，乘用车新增注册量同比增长 8.8%，其中欧盟 12 国分别增长 18.1%和 10.4%；美国新车累计销量同比增长 5%。相比之下，新兴市场和发展中国家汽车市场表现不佳。1—9 月，俄罗斯、巴西、南非乘用车销量分别比上年同期大幅下滑 33%、20.5%和 13.7%，中国乘用车销量同比增加 5.2%，但与前些年两位数的涨幅相比，增速大为放缓。受制于宏观经济形势，未来 2—3 年汽车市场难以再现前几年高速发展的势头，新兴市场也将趋向成熟。汽车产业发展空间向"后市场"扩展，二手车流通、汽配维修、汽车改装、汽车金融、汽车共享等可能迎来快速发展期。最近德国大众汽车集团在美造假事件曝光，可能面临高达 180 亿美元的罚款，欧盟和韩国也已跟进展开调查。大众公司是 2014 年汽车销量冠军，汽车业是德国最重要产业之一，其研发、生产、就业以及产业链都在德国经济中占举足轻重地位。大众此次造假丑闻可能重创其在汽车行业的地位，对世界汽车市场格局乃至德国制造业的后续影响有待观察。

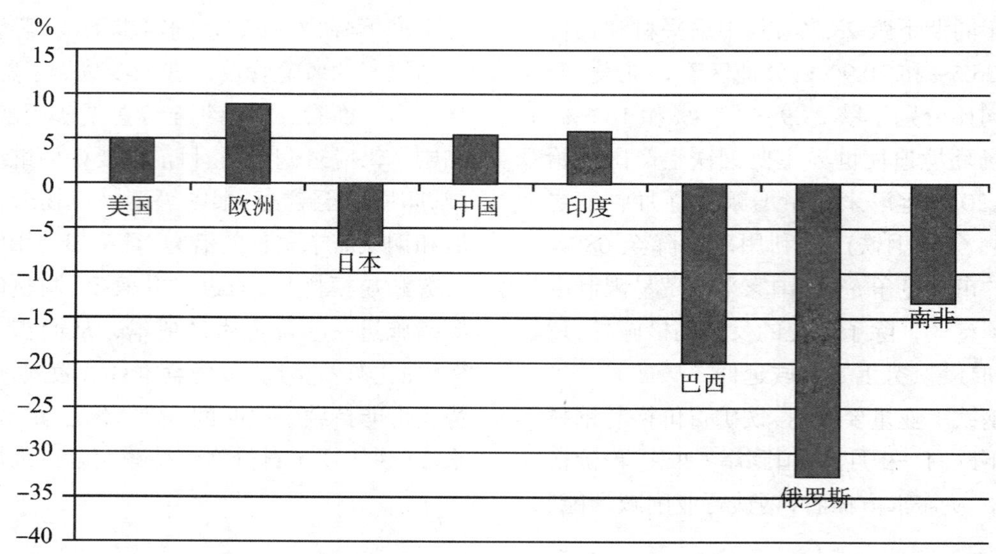

图 11 2015 年 1—8 月全球主要汽车市场冷暖不一

数据来源：盖世汽车网，乘用车累计销量。

电子信息：在全球经济低迷的背景下，电子信息产业难以独善其身。市场研究公司 Gartner 预计，2015 年全球 IT 支出为 2.69 万亿美元，比 2014 年下跌 3.5%。在消费电子产品市场，传统个人电脑和平板电脑销量预计都将下滑 8%左右。智能手机市场也结束了过去数年来 20%—30%的高速增长，涨幅滑落至个位数，市场研究机构 TrendForce 预计 2015 年和 2016 年智能手机出货量分别增长 8.3%和 5.8%。受此影响，上游半导体市场前景也趋于黯淡。二季度以来，多个行业机构和市场研究公司连续下调了半导体市场预期增长率。世界半导体贸易统计组织（WSTS）预计，2015—2017 年全球半导体市场仅能维持年均 3%左右的增长率，远低于 2014 年 9.9%的水平。

2015 年中国对外贸易形势报告

中华人民共和国商务部 综合司
国际贸易经济合作研究院

受世界经济增长放缓、国际市场需求萎缩、大宗商品价格下跌以及国内因结构调整而导致的投资需求放缓等多重因素影响，2015 年以来中国对外贸易发展遇到较大困难，出口下行压力增大，进口出现较大下降。面对困难局面，中国政府加大外贸稳增长调结构政策力度，相关部门狠抓政策落实，取得积极成效。与其他国家相比，中国进出口降幅较小，国际市场份额仍在上升。同时，中国外贸结构全面优化，质量效益继续改善。从中长期看，中国外贸正处于从"提速增量"的成长期向"提质增效"的成熟期过渡的关键阶段，培育综合竞争新优势和夯实持续发展基础是这一时期的重点任务。

2015 年前三季度，中国进出口总额 17.87 万亿元人民币，比上年同期下降 7.9%。其中，出口 10.24 万亿元，下降 1.8%；进口 7.63 万亿元，下降 15.1%。贸易顺差 2.6 万亿元，扩大 82.1%。按美元计，中国进出口总额 2.9 万亿美元，下降 8.1%。其中，出口 1.66 万亿美元，下降 1.9%；进口 1.24 万亿美元，下降 15.3%。贸易顺差 4241 亿美元，扩大 82.3%。

前三季度外贸运行呈现如下特点：

一、出口占全球份额上升，近期降幅收窄

2015 年第一季度，中国出口增长 4.7%（以下均以美元计算）。第二、三季度，出口分别下降 2.1%和 5.9%。出口由增长转为下降是内外因共同作用的结果。从外部环境看，世界经济复苏势头趋缓，特别是美国增长率不如预期强劲，新兴市场和发展中国家连续五年增速放慢，国际市场

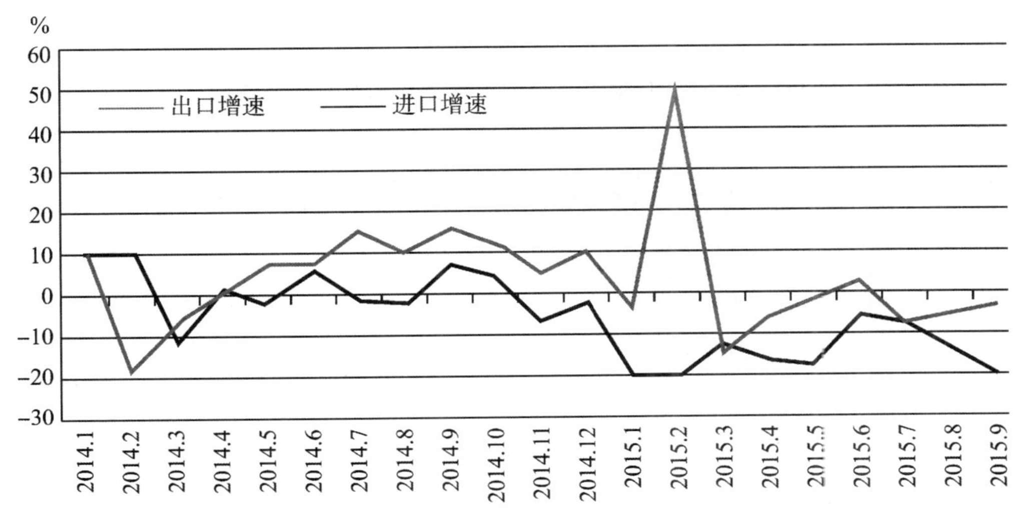

图 1 2014 年以来中国月度进、出口增速

资料来源：中国海关统计（下同）。

需求疲弱对中国出口形成较大冲击。从内因看，外贸综合成本居高不下，传统竞争优势继续削弱。加上前期人民币实际有效汇率升值，出口进一步受到抑制。随着稳增长措施逐步落实和简政放权、鼓励创新等改革措施的持续推进，三季度月度出口降幅逐月收窄，8、9月出口降幅从7月的8.4%逐月收窄至5.5%和3.7%。中国出口占全球市场份额进一步提高，据世贸组织统计，上半年中国出口占全球市场份额为13.1%，比上年同期提高1.8个百分点。

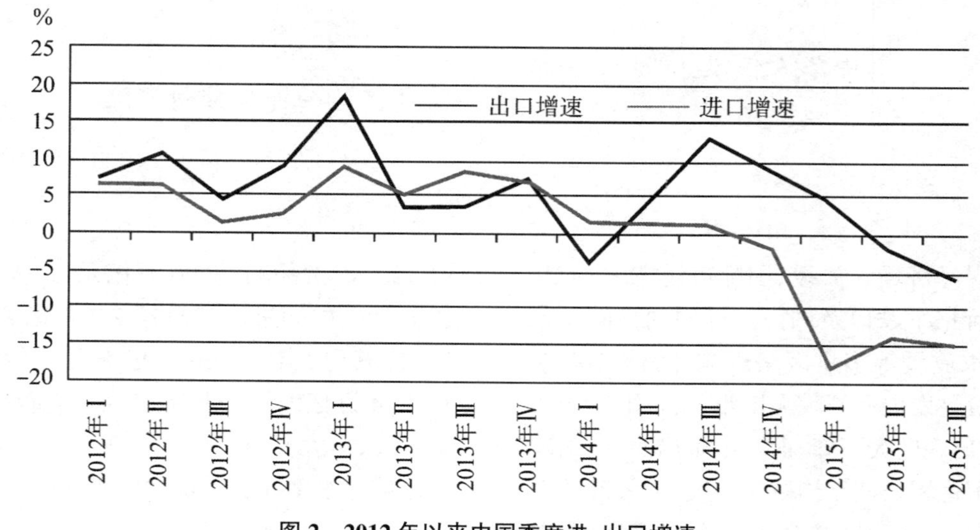

图2　2012年以来中国季度进、出口增速

二、一般贸易出口保持增长，民营企业出口超过外资企业

前三季度，一般贸易出口9013.9亿美元，增长2.5%，比整体出口增速快4.4个百分点，占整体出口的比重为54.2%，较上年同期扩大2.1个百分点。加工贸易出口5775.6亿美元，下降8.8%，占整体出口比重为34.7%，比上年缩小2.5个百分点。一般贸易出口增速显著快于加工贸易，显示外贸企业自主开拓国际市场能力进一步增强，贸易方式继续优化。

随着各项支持外贸稳定增长的政策措施逐步落实，企业经营环境进一步改善，通关效率和贸易便利化程度日益提高，民营企业活力持续释放，首次超过外资企业成为最大出口主体。前三季度，民营企业出口7460.9亿美元，比外资企业多出口92.4亿美元，增长2.1%，比外资企业出口增速高7.2个百分点。

表1　　2015年1—9月中国进出口贸易方式和企业性质情况

项　目		出口			进口		
		金额（亿美元）	同比增长（%）	占比（%）	金额（亿美元）	同比增长（%）	占比（%）
总　值		16641.2	−1.9	100.0	12400.3	−15.3	100.0
贸易方式	一般贸易	9013.9	2.5	54.2	6943.1	−17.5	56.0
	加工贸易	5775.6	−8.8	34.7	3241.7	−13.8	26.1
	其他贸易	1851.7	1.0	11.1	2215.5	−10.1	17.9
企业性质	国有企业	1812	−4.4	10.9	3097	−17.6	25.0
	外商投资企业	7369	−5.1	44.3	6165	−8.2	49.7
	其他企业	7461	2.1	44.8	3138	−24.6	25.3

三、机电产品出口保持增长，劳动密集型产品出口有所下降

前三季度，机电产品出口 9508.2 亿美元，增长 1.2%，占出口总额的 57.1%，是当前拉动中国出口增长的主要力量。装备制造成为出口亮点，大型成套设备出口增长约 10%，铁路设备出口到全球 80 多个国家，电力设备出口到全球 50 多个国家，并进入美欧等中高端市场。这是外贸企业加快产品结构优化和转型升级步伐，努力扩大高端制造、高附加值产品出口的重要体现。

受劳动力成本上涨、汇率波动等因素影响，劳动密集型产业出口有所下降。前三季度，纺织品、服装、箱包、鞋类、玩具、家具、塑料制品七大类传统劳动密集型产品出口 3509.5 亿美元，下降 2.3%，占中国出口总额的 21.1%。

表 2　2015 年前三季度中国出口主要商品量值表

商品名称	单位	数量	同比增长（%）	金额（亿美元）	同比增长（%）
煤及褐煤	万吨	402.1	-7.9	3.9	-27
钢　材	万吨	8311.4	27.2	486.6	-4.8
纺织纱线、织物及制品	—	—	—	818.6	-1.5
服装及衣着附件	—	—	—	1294.7	-6.7
鞋　类	万吨	343.7	-7.9	407.8	-4.3
家具及其零件	—	—	—	386.8	3.8
自动数据处理设备及其部件	万台	124814.4	-9	1103.4	-13.7
手持无线电话机及其零件	—	—	—	1049.3	13.3
液晶显示板	百万个	1677.3	-6.8	227.7	-4.6
汽车及汽车底盘	万辆	57.1	-15.3	86.9	-4.5
汽车零配件	—	—	—	352.7	-4.1
* 机电产品	—	—	—	9508.2	1.2
* 高新技术产品	—	—	—	4623.5	-0.3

注：* “机电产品”和“高新技术产品”包括部分相互重合的商品。

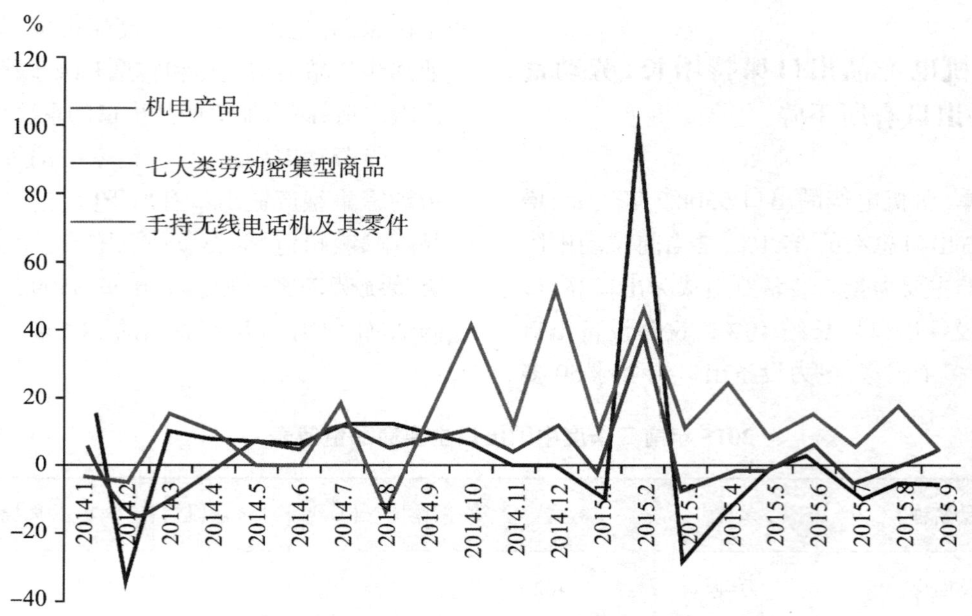

图 3　2014 年以来中国重点商品月度出口增速

四、对传统市场出口明显分化，对“一带一路”沿线国家出口好于总体出口

对传统市场出口明显分化。主要发达经济体中，除美国需求有所增长外，其他经济体需求普遍疲弱。前三季度，中国对美国出口额为 3027.6 亿美元，同比增长 6%，实现正增长，对欧盟、日本和中国香港特别行政区出口额分别为 2622.5 亿美元、1005.1 亿美元和 2242.9 亿美元，同比分别下降 4.3%、9.7%和 11.5%。对新兴经济体出口情况总体略好于发达经济体，对东盟、印度、南非出口分别增长 6%、9%和 8%。

对“一带一路”沿线国家出口降幅低于总体出口。前三季度，中国对沿线国家出口 4550 亿美元，同比下降 1.5%，低于同期对全球出口降幅 0.4 个百分点，占同期中国出口总额的 27.3%。

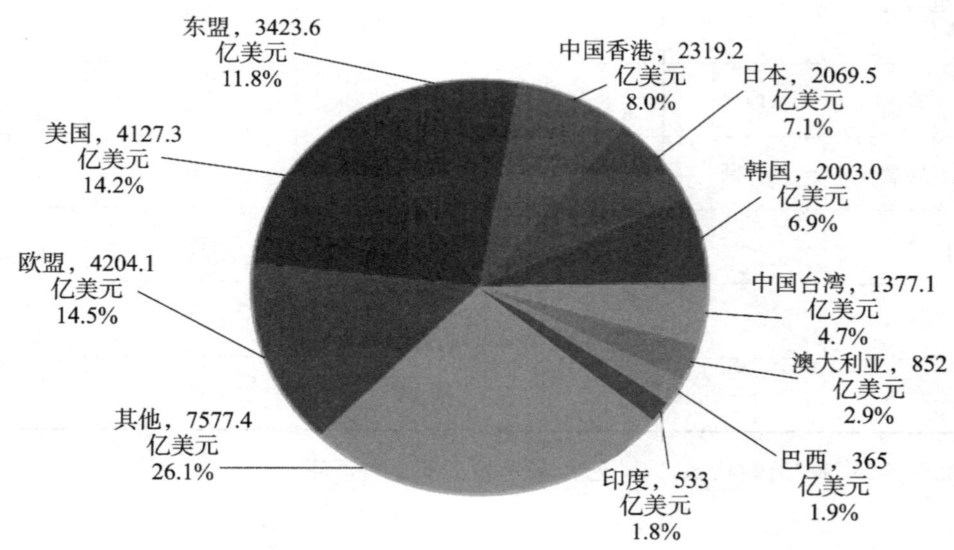

图 4　2015 年前三季度中国与主要贸易伙伴进出口额及比重

五、 部分沿海外贸大省出口稳增长、调结构成效显现，一些中西部省份出口快速增长

近年来，中国广东、江苏等外贸大省主动适应国内外形势变化，加快外贸转方式和调结构，积极采取措施促进外贸稳定增长，大力推动外贸新型商业模式发展，成效逐步显现。今年前三季度，广东、浙江、福建出口分别增长 0.8%、1.1%和 2.2%。中西部地区加快承接东部地区外向型产业转移，部分省份出口实现高速增长。前三季度，河南、湖北、湖南、广西出口分别增长 14.6%、14.3%、9.3%和 18.7%。

表 3　　2015 年前三季度中国东中西部进出口情况

	进出口额（亿美元）	增长（%）	占比（%）	出口额（亿美元）	增长（%）	占比（%）	进口额（亿美元）	增长（%）	占比（%）
全国	29041.4	-8.1	100.0	16641.2	-1.9	100.0	12400.3	-15.3	100.0
东部	24809.5	-8.0	85.4	13925.5	-1.6	83.7	10884.0	-15.1	87.8
中部	2091.4	-5.0	7.2	1264.4	0.3	7.6	827	-12.2	6.7
西部	2140.6	-12.0	7.4	1451.3	-6.3	8.7	689.3	-21.9	5.6

注：东部 11 省市包括北京、天津、河北、辽宁、上海、江苏、浙江、福建、山东、广东和海南；中部 8 省市包括山西、吉林、黑龙江、安徽、江西、河南、湖北和湖南；西部 12 省市、自治区包括内蒙古、广西、四川、重庆、贵州、云南、西藏、陕西、甘肃、青海、宁夏和新疆。

六、 部分大宗商品进口量增价跌，贸易条件明显改善

前三季度，中国进口总体下降幅度较大。其中，机电产品、高新技术产品进口额分别下降 6.2%和 1.5%。受国际大宗商品价格下跌影响，中国大宗商品进口额全面下降，但部分大宗商品进口量保持增长。其中，原油、成品油、大豆进口量分别增长 8.8%、4.7%和 13.1%，为缓解国际贸易的下滑作出了贡献。进口价格的下降也节约了中国的外汇支出，降低了国内企业的生产成本，原油、成品油、铁矿砂等 10 种大宗商品价格下降共节约外汇 1561 亿美元。

在大宗商品进口价格下跌的情况下，中国贸易条件明显改善，对外贸易效益有所提升。前三季度，中国出口价格总体下跌 1%，明显小于同期进口价格 11.6%的下跌幅度。由此测算，前三季度我国贸易价格条件指数为 112，这意味着出口一定数量的商品可以多换回 12%的进口商品。

表 4　　2015 年前三季度中国进口主要商品量值表

商品名称	单位	数量	比上年增长（%）	金额（亿美元）	比上年增长（%）
大　豆	万吨	5964.8	13.1	260.9	-15.5
食用植物油	万吨	493.2	-4.1	37.5	-21.9
铁矿砂及其精矿	万吨	69904.7	—	435.6	-42.0
原　油	万吨	24862.0	8.8	1049.2	-40.9

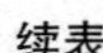
续表

商品名称	单位	数量	比上年增长(%)	金额(亿美元)	比上年增长(%)
成品油	万吨	2318.8	4.7	114.2	-36.5
初级形状的塑料	万吨	1960.1	2.1	344.7	-12.2
钢　材	万吨	973.4	-11.6	111.5	-18.7
未锻造的铜及铜材	万吨	339.4	-5.5	214.0	-20
汽车和汽车底盘	万辆	81.9	-23.1	340.9	-25.2
*机电产品	—	—	—	5881.1	-6.2
*高新技术产品	—	—	—	3955.8	-1.5

注:*“机电产品”和“高新技术产品”包括部分相互重合的商品。

2015年浙江省国民经济和社会发展统计公报

浙江省统计局 国家统计局浙江调查总队

2015年，全省上下全面落实中央和省委、省政府决策部署，主动适应经济发展新常态，坚定不移打好转型升级组合拳，经济持续平稳健康发展，社会保持和谐稳定。

一、综 合

据2015年全省1%人口抽样调查推算，年末全省常住人口为5539万人，比上年末增加31万人。其中，男性人口为2836.5万人，女性人口为2702.5万人，分别占总人口的51.2%和48.8%。全年出生人口58.1万人，出生率为10.52‰；死亡人口30.4万人，死亡率为5.50‰；自然增长率为5.02‰。城镇化率为65.8%，比上年提高0.93个百分点。

初步核算，全年地区生产总值(GDP)42886亿元，比上年增长8%。其中，第一产业增加值1833亿元，第二产业增加值19707亿元，第三产业增加值21347亿元，分别增长1.5%、5.4%和11.3%，第三产业对地区生产总值的增长贡献率为65.7%。三次产业增加值结构由上年的4.4:47.7:47.9调整为4.3:45.9:49.8，三产比重提高1.9个百分点。信息经济和现代服务业等核心产业的引领支撑作用进一步显现。全年信息经济核心产业增加值3310亿元，增长15.1%，占GDP的7.7%，比重比上年提高0.6个百分点。

全年人均地区生产总值为77644元(按年平均汇率折算为12466美元)，增长7.6%。全员劳动生产率为11.5万元/人，比上年提高7.7%。

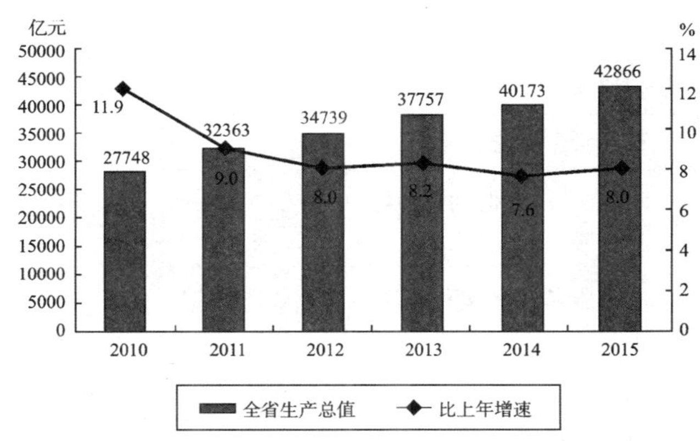

图1 2010—2015年地区生产总值及增长速度

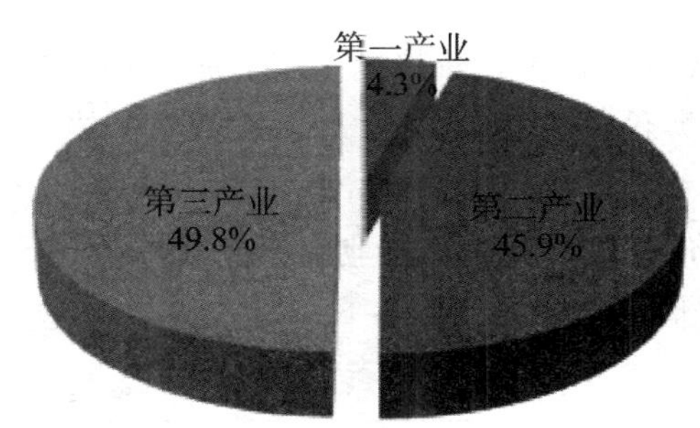

生产总值构成

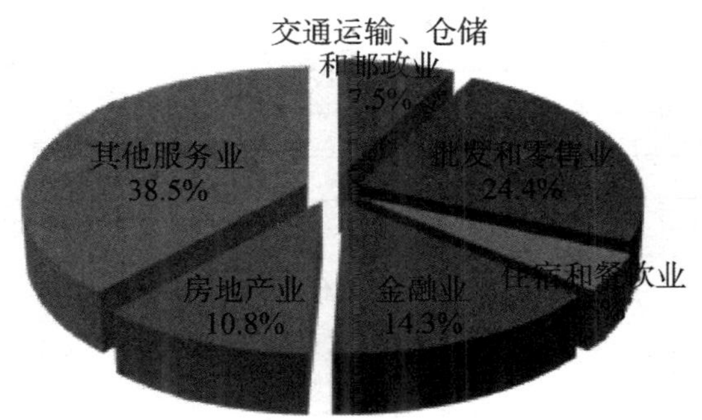

第三产业增加值构成

图2 2015年地区生产总值及第三产业增加值构成

表 1　2015 年规模以上服务业企业主要行业营业收入情况

行业	营业收入（亿元）	增长速度（%）
规模以上服务业企业总计	8903.1	16.7
交通运输、仓储和邮政业	2242.0	1.6
信息传输、软件和信息技术服务业	3223.4	35.7
房地产业（除房地产开发经营）	186.9	10.2
租赁和商务服务业	1783.6	16.6
科学研究和技术服务业	753.8	7.0
水利、环境和公共设施管理业	232.3	8.5
居民服务、修理和其他服务业	49.1	3.9
教育	43.6	3.1
卫生和社会工作	88.2	22.2
文化、体育和娱乐业	300.3	13.3

全年居民消费价格比上年上涨 1.4%，其中，食品类价格上涨 3.3%。商品零售价格下降 0.1%。农业生产资料价格上涨 0.9%。工业生产者出厂价格下降 3.6%，工业生产者购进价格下降 5.5%。固定资产投资价格下降 2.6%。

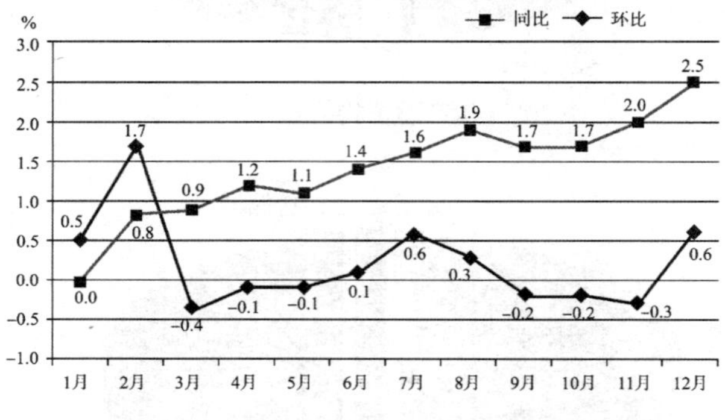

图 3　2015 年居民消费价格月度涨跌幅度

表 2　2015 年居民消费价格指数情况（上年＝100）

指标	全省	城市	农村
居民消费价格指数	101.4	101.4	101.4
其中：食品	103.3	103.1	103.7
其中：粮食	102.5	102.4	102.5
烟　酒	103.3	103.4	103.1
衣　着	101.8	101.6	102.6
家庭设备用品及维修服务	100.9	100.9	101.0
医疗保健和个人用品	102.7	102.9	102.4
交通和通信	96.0	95.8	96.6
娱乐教育文化用品及服务	101.4	101.5	100.9
居　住	100.8	101.2	99.6

全年财政总收入 8549 亿元，比上年增长 8.7%；地方公共财政预算收入 4810 亿元，增长 7.8%。

全年新增城镇就业人数 110.5 万人，其中 42.95 万名城镇失业人员实现再就业。年末城镇登记失业率为 2.93%，比上年下降 0.03 个百分点。

二、农业和农村建设

全省粮食播种面积 1278 千公顷，比上年增长 0.9%；粮食单产和总产量分别为 5886 公斤/公顷和 752 万吨，分别下降 1.5%和 0.7%。油菜籽播种面积 122 千公顷，下降 3.2%；蔬菜 618 千公顷，增长 2.0%；花卉苗木 145 千公顷，增长 3.9%；中药材 39 千公顷，增长 5.6%；果用瓜 100 千公顷，增长 4.7%。

生猪年末存栏 730 万头，年内出栏 1316 万头，分别比上年下降 24.3%和 23.7%；肉类总产量 130 万吨，下降 16.6%；水产品总产量 602 万吨，增长 4.7%，其中，海水产品产量 491 万吨，增长 4.9%；淡水产品产量 111 万吨，增长 3.7%。

表 3　2015 年主要农产品产量情况

指标	绝对数(万吨)	比上年增长(%)
粮　食	752.2	-0.7
其中:春粮	72.3	6.5
早稻	67.7	-5.3
秋粮	612.2	-1.0
油菜籽	25.1	-3.0
茶　叶	17.36	4.3
果用瓜	280.8	3.6
蔬　菜	1775.7	2.6

2015 年，全省新建粮食生产功能区 1445 个，面积 105 万亩，累计建成粮食生产功能区 7886 个，总面积 677 万亩。全省累计建成现代农业园区 818 个，总面积 517 万亩；其中，现代农业综合区 107 个，主导产业示范区 200 个，特色农业精品园 511 个。全省已有农业龙头企业 7470 家。全省土地流转率为 50%，累计流转面积 955 万亩。

全年各级投入美丽乡村建设资金 254 亿元。截至年末，全省共开展 10010 个村的农村生活污水治理，受益农户（已接入和正在接入）245 万户；开展农村垃圾减量化资源化处理试点村 104 个。全省 98%的村实现生活垃圾集中收集处理，79%的村实现生活污水有效治理，农村生活污水治理农户受益率为 66%，已有 58 个县（市、区）成为美丽乡村创建先进县。全省在建历史文化村落保护利用重点村 130 个，保护利用一般村 649 个；农家乐特色村 897 个、特色点（各类农庄、山庄、渔庄）2389 个。“千万农民素质提升工程”培训总人数为 35 万人。

三、工业和建筑业

全年规模以上工业增加值 13193 亿元，比上年增长 4.4%，轻、重工业增加值分别为 5689 亿元和 7505 亿元，分别增长 3.5%和 4.8%。规模以上工业销售产值 64544 亿元，增长 0.2%，其中出口交货值 11707 亿元，下降 3.7%。

表 4　2015 年规模以上工业增加值

指标	绝对数(亿元)	比上年增长(%)
规模以上工业增加值总计	13193	4.4
其中:轻工业	5689	3.5
重工业	7505	4.8
其中:国有企业	661	2.4
有限责任公司	3122	9.2
股份有限公司	1127	3.2
私营企业	5143	3.6
港澳台商投资企业	1474	2.8
外商投资企业	1625	1.1
其中:国有及国有控股企业	2308	6.5

规模以上工业中，高新技术产业增加值 4910 亿元，增长 6.9%，占规模以上工业的比重为 37.2%，对规模以上工业增长贡献率为 55.7%；装备制造业增加值 4856 亿元，增长 6.3%，占规模以上工业的比重为 36.8%。在规模以上工业中，健康产品制造、节能环保产业增加值分别增长 6.2%、5.9%；新一代信息技术和物联网、新能源、新能源汽车、新材料、生物、海洋新兴产业增加值分别增长 15.1%、17.1%、10.9%、8.1%、6.6%和 6.1%。规模以上工业新产品产值 21555 亿元，增长 13.8%；新产品产值率 32.2%，比上年提高 3.7 个百分点。

表 5　2015 年规模以上工业重点产业增加值

行业	绝对数(亿元)	比上年增长(%)
高新技术产业	4910	6.9
装备制造业	4856	6.3
战略性新兴产业	3367	6.9
高耗能产业	4542	3.5
信息经济核心产业制造业	1389	9.3
高端装备制造业	1607	4.1

表 6　　2015 年主要工业产品产量

产品名称	单位	绝对数	比上年增长(%)
纱	万吨	220.0	–4.9
布	亿米	152.8	0.5
化　纤	万吨	2186.4	15.8
卷　烟	亿支	948.3	1.9
房间空调器	万台	634.8	–3.4
发电量	亿千瓦时	2905.3	2.5
钢　材	万吨	4047.7	–1.6
水　泥	万吨	11286.5	–7.8
化肥(折 100%)	万吨	35.3	10.8
集成电路	亿块	63.4	6.1
电子元件	亿只	947.8	0.7
微型计算机设备	万台	151.4	–20.7

全年规模以上工业企业实现利润 3718 亿元,比上年增长 5%。其中,国有及国有控股企业 581 亿元,增长 9.1%;股份制企业 534 亿元,增长 19.1%;外商及港澳台投资企业 1039 亿元,增长 3.7%;私营企业 1271 亿元,增长 2.9%。劳动生产率为 19.3 万元/人，按可比价计算增长 8.1%。

全年建筑业增加值 2563 亿元，比上年增长 9.4%。资质以上总承包和专业承包建筑业企业完成建筑业总产值 23980 亿元,增长 5.8%;实现利润 598 亿元,增长 3.8%;税金总额 686 亿元,增长 10.3%。

四、固定资产投资和房地产业

全年固定资产投资 26665 亿元,比上年增长 13.2%。非国有投资 17662 亿元,增长 8.3%,占固定资产投资的 66.2%，其中民间投资 16109 亿元,增长 9.2%,占固定资产投资的 60.4%。

在固定资产投资中，第一产业投资 339 亿元，比上年增长 28.7%。第二产业投资 8803 亿元，增长 11%,其中工业投资 8747 亿元，增长 11%;在工业投资中,工业技术改造投资 6701 亿元,增长 23.6%,占工业投资的 76.6%。第三产业投资 17523 亿元，增长 14.1%。全年投资项目 48022 个，比上年增长 2.2%，其中新开工项目 30106 个,增长 8.8%。

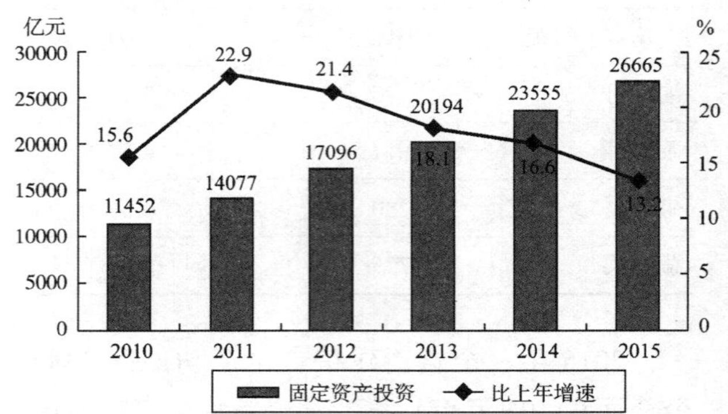

图 4　2010—2015 年固定资产投资及其增长速度

表 7　　2015 年固定资产投资分项情况

指标	绝对数(亿元)	比上年增长(%)
按投资主体划分:		
其中:国有投资	9002	24.2
非国有投资	17662	8.3
其中:民间投资	16109	9.2
按项目划分:		
其中:项目投资	19553	20.0
其中:基础设施投资	7418	29.2
其中:房地产开发投资	7112	–2.1
其中:住宅投资	4451	–3.1
按产业划分:		
其中:农业投资	339	28.7
工业投资	8747	11.0
其中:工业技术改造投资	6701	23.6
其中:制造业投资	7579	11.1
其中:装备制造业投资	3658	14.7
高新技术产业投资	2162	18.2

续表

指标	绝对数（亿元）	比上年增长（%）
战略性新兴产业投资	2545	15.8
建筑业	55	10.1
服务业投资	17523	14.1
其中：水利、环境和公共设施管理业	3092	38.7
生态保护和环境治理业	217	89.3
信息传输、软件和信息技术服务业	275	30.8
高技术服务业	598	38.4

全年房地产开发投资7112亿元，比上年下降2.1%，其中，住宅投资4451亿元，下降3.1%。商品房销售面积5985万平方米，增长28%；商品房销售额6299亿元，增长28%。

五、国内贸易

全年社会消费品零售总额19785亿元，比上年增长10.9%，扣除价格因素增长11%。按经营地分，城镇消费品零售额16523亿元，增长10.6%；乡村消费品零售额3262亿元，增长12.4%。按消费类型统计，商品零售额17797亿元，增长11.1%；餐饮收入额1988亿元，增长9.8%。全省网络零售额7611亿元，比上年增长49.9%，其中，省内居民网络消费4012亿元，增长39.6%。

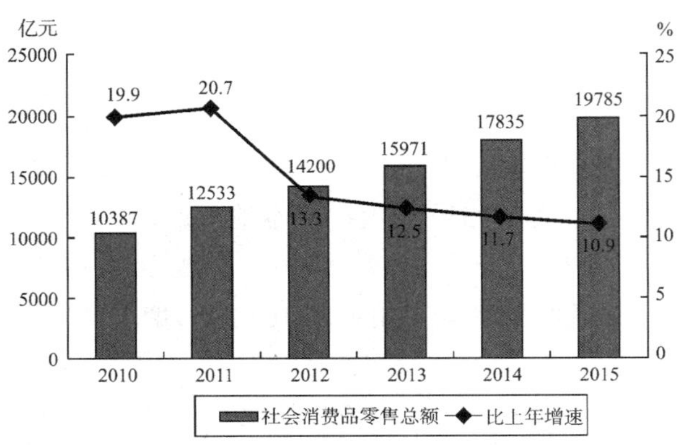

图5 2010—2015年社会消费品零售总额及其增长速度

在限额以上批发零售贸易业零售额中，汽车类零售额比上年增长5.5%，石油及制品类下降7.1%，食品饮料烟酒类增长17.2%，服装、鞋帽、针纺织品类增长23.8%，中西药品类增长11.8%，日用品类增长16.5%，金银珠宝类增长16.9%，通信器材类增长73.6%，家具类增长59.3%，五金、电料类增长27.5%，建筑及装潢材料类增长43.3%。

年末全省已登记商品交易实体市场名称4243家，交易额为2.05万亿元，比上年增长5.3%。

六、对外经济

全年货物进出口总额21566亿元（3474亿美元），比上年下降1.1%(-2.1%)。其中，出口17174亿元(2767亿美元)，增长2.3%(1.2%)；进口4392亿元（707亿美元），下降12.5%(-13.4%)。民营企业出口12579亿元，增长7.1%，占全省出口总值的73.2%，拉动全省出口增长5.0个百分点。机电产品出口7236亿元，增长4.7%；高新技术产品出口1047亿元，增长10%。全省跨境电子商务出口270亿元，增长34.7%。

全年服务贸易进出口额442亿美元，比上年增长16%，其中，出口285亿美元，增长16.5%；进口158亿美元，增长15.3%。

表8 2015年货物进出口主要分类情况

指标	绝对数（亿元）	比上年增长（%）
货物进出口总额	21566	-1.1
货物出口额	17174	2.3
其中：一般贸易	13361	0.3
加工贸易	1827	-8.9
市场采购贸易	1766	42.6
其中：机电产品	7236	4.7
高新技术产品	1047	10.0

续表

指标	绝对数(亿元)	比上年增长(%)
货物进口额	4392	-12.5
其中:一般贸易	3230	-9.6
加工贸易	679	-21.8
其中:机电产品	823	-7.8

表9　2015年对主要市场货物进出口情况

国家和地区	出口额(亿元)	比上年增长(%)	进口额(亿元)	比上年增长(%)
欧　盟	3761	-2.3	539	-9.3
东　盟	1502	7.7	555	-13.8
美　国	3042	7.3	379	-0.4
日　本	737	-5.6	493	-13.8
俄罗斯	419	-26.9	60	-16.2
韩　国	400	4.0	354	-21.3
中国香港特别行政区	352	-1.4	13	-4.1
中国台湾地区	195	12.4	494	-18.2

新批外商直接投资项目1778个，比上年增加228个;合同外资278亿美元,实际利用外资170亿美元,分别增长14%和7.4%。第二产业投资势头良好,合同外资103亿美元,实际利用外资72亿美元,分别增长7.6%和21.4%。其中制造业实际利用外资69亿美元,增长27.4%,占实际利用外资总额的40.9%，比重比上年提高4.8个百分点。第三产业合同外资175亿美元,实际利用外资97亿美元,分别比上年增长20.1%、下降1.2%,占外资总额的比重分别为62.8%和57.1%。

对外承包工程完成营业额401亿元,比上年增长26.4%;全省外派劳务人员实际收入总额9.5亿元。经审批和核准的境外投资企业和机构共计760家,比上年增加183家;对外直接投资额908亿元,增长1.5倍;实际投资350.5亿元,增长54.9%。

七、交通运输、邮电和旅游

全年交通运输、仓储和邮政业增加值1599亿元,比上年增长5.7%。

全年铁路、公路和水运完成货物周转量9878亿吨公里,比上年增长3.5%;旅客周转量1063亿人公里,增长0.5%。港口完成货物吞吐量13.8亿吨,下降0.7%,其中,沿海港口完成11亿吨,增长1.6%;内河港口完成2.8亿吨,下降8.7%。

表10　2015年交通客货运输量

指标	单位	绝对数	比上年增长(%)
货物周转量	亿吨公里	9878	3.5
其中:铁路	亿吨公里	212	-4.8
公路	亿吨公里	1514	6.7
水运	亿吨公里	8152	3.1
旅客周转量	亿人公里	1063	0.5
其中:铁路	亿人公里	542	9.8
公路	亿人公里	515	-7.7
水运	亿人公里	6	5.0
民航旅客吞吐量	万人	4521	9.4

全年邮电业务总量2392亿元,比上年增长42%。其中,邮政业务总量811亿元,增长50.5%;电信业务总量1581亿元,增长38%。年末本地电话交换机容量1132万门，比上年减少636万门;移动电话交换机容量11423万户,增加282万户。移动电话用户7466万户,比上年增加95万户,普及率135.6部/百人;本地电话用户1500万户,减少142万户,普及率27.2线/百人;(固定)互联网宽带接入用户1316万户,增加40万户,普及率23.9户/百人;移动互联网用户5430万户,增加365万户。全省快递业务量38.3亿件,比上年增长55.9%。

全年实现旅游总收入7139亿元,比上年增长13%。其中,接待国内旅游者5.25亿人次,增长9.7%,实现国内旅游收入6720亿元,增长13%;接待入境旅游者1012万人次,增长8.8%,实现旅游外汇收入67.9亿美元,增长13.7%。

表11 2010—2015年接待旅游人数

年份	入境旅游人数(万人次)	国内旅游人数(亿人次)
2010	685	2.95
2011	774	3.43
2012	866	3.91
2013	866	4.34
2014	931	4.79
2015	1012	5.25

八、金融、证券和保险

年末全部金融机构本外币各项存款余额90302亿元,比上年末增长10.2%,其中人民币存款余额增长9.4%。全部金融机构本外币各项贷款余额76466亿元,比上年末增长7.1%,其中人民币贷款余额增长8%。年末住户本外币存款余额34787亿元,比上年末增长6.5%。

表12 2015年全部金融机构本外币存贷款情况

指标	年末数(亿元)	比上年增长(%)
各项存款余额	90302	10.2
其中:住户存款	34787	6.5
非金融企业存款	31485	6.2
各项贷款余额	76466	7.1
其中:住户贷款	23536	13.4
非金融企业及机关团体贷款	52614	4.4

年末共有境内上市公司299家,累计融资5181亿元;其中,中小板上市公司127家,占全国中小板上市公司总数的16.4%;创业板上市公司50家,占全国创业板上市公司总数的10.2%。

全年保险业实现保费收入1435亿元,比上年增长14.1%。其中,财产险保费收入647亿元,增长10.7%;人身险保费收入789亿元,增长17.1%。支付各类赔款及给付559亿元,比上年增长17.7%。其中,财产险赔付支出380亿元,人身险赔付支出179亿元。

九、教育和科学技术

全省共有小学3303所,招生59.9万人;在校生357万人,比上年增长0.7%,小学学龄儿童入学率为99.99%。小学生均校舍建筑面积8.2平方米;生均图书26.8册;每百名学生拥有计算机17.1台;小学体育运动场(馆)面积达标的学校比例为97.3%,比上年提高1.9个百分点。共有初中1712所,招生48.9万人;在校生147.9万人,初中入学率为99.99%。初中生均校舍建筑面积18.3平方米;生均图书45.7册;每百名学生拥有计算机28.3台;初中体育运动场(馆)面积达标的学校比例为97.6%,比上年提高1.3个百分点。

义务教育中小学随迁子女在校生146.1万人,比上年增长1.5%,其中在公办学校就读人数为105.9万人,占72.5%。随迁子女在校生中,在小学就读的有115.6万人,比上年增长1%;在初中就读的有30.5万人,增长3.7%。

全省各类中等职业教育学校357所,招生22.9万人,在校生64.6万人;普通高中563所,招生26万人,在校生77.3万人,毕业生27.1万人。

全省共有普通高校108所(含独立学院及筹建院校)。研究生、本科、专科招生比例为1:7.2:6.2;普通高考录取率为87.1%,高等教育毛入学率为56%。全年研究生招生21496人,其中,博士生2421人,硕士生19075人,招生总数比上年增长6.6%。

义务教育中小学专任教师31.5万人,比上年增长1.6%。中等职业教育专任教师3.35万人，生师比15.6:1；专任教师学历合格率为96.3%。双师型教师占专任教师和专业课教师的比例分别为44%和77.1%。普通高等学校专任教师中副高职称以上教师所占比例为45%；具有硕士以上学位教师比例为78.8%。

全省共有幼儿园8909所，在园幼儿190.2万人。幼儿园专任教师11.6万人，比上年增加0.4万人；幼儿教师学历合格率为99.8%。

全年全社会研究和发展（R&D）经费支出1000亿元，相当于地区生产总值的比例为2.33%，比上年提高0.07个百分点。地方财政科技支出251亿元，比上年增长20.6%。

全省有国家认定的企业技术中心93家（含分中心）。新认定高新技术企业1046家，累计7905家。新培育科技型中小企业8536家，累计23930家。全年专利申请量、授权量分别为30.7万件和23.5万件，分别比上年增长17.5%和24.6%，其中发明专利授权量为2.33万件，增长74.6%。

十、卫生和文化体育

年末共有卫生机构3.1万个（含村卫生室）。各类医院床位数23.8万张，比上年增长11.7%。卫生技术人员40.4万人，增长7.7%；其中，执业（助理）医师15.7万人，注册护士15.9万人，分别增长7.8%和9.6%。医院年诊疗24621万人次，增长2.9%。孕产妇死亡率5.28/10万，5岁以下儿童死亡率4.65‰，婴儿死亡率3.27‰。

全年省预约诊疗服务平台预约请求量670.6万人次，预约成功量为482.7万次，比上年分别增长23.2%和20.9%。日均预约成功量13224次；新增注册用户130.1万人，增长3.8%，日均注册量为4564人次。全年完成新接入医院16家，累计接入医院220家。

年末全省共有公共图书馆100个，文化馆102个，博物馆223个，隶属文化部门艺术表演团体57个。全省有线广播电视用户数1538万户，比上年增长2.6%；广播、电视人口综合覆盖率分别为99.6%和99.7%。全年制作电视剧66部2906集；制作影片57部，比上年增长50%；制作动画片55部27256分钟，部数和时长分别增长34.1%和43.3%。全省新闻出版广播影视业营业收入比上年增长8%。影视制作机构1435家，其中上市公司32家。全省14家图书出版社，共出版图书14139种，总印数3.9亿册，比上年增长5.4%；公开发行报纸69种；出版期刊227种。

浙江运动员在各类国际性、洲际性、全国性比赛中共获得世界锦标赛冠军10个、世界杯分站赛冠军10个、世界青年锦标赛冠军4个，亚洲锦标赛冠军8个、亚洲青年锦标赛冠军12个，全国各类比赛冠军204个。共创建省级青少年体育俱乐部20个，青少年户外体育活动营地5个。年末全省共有省级青少年体育俱乐部404所，国家级青少年体育俱乐部148所；省级青少年户外活动营地54个，国家级营地6所。全年共销售体育彩票108.8亿元，比上年增加1.7亿元，增长1.6%。

十一、人民生活和社会保障

根据城乡一体化住户调查，全年全体居民人均可支配收入35537元，比上年增长8.8%，扣除价格因素增长7.3%。其中，城镇常住居民和农村常住居民人均可支配收入分别为43714元和21125元，增长8.2%和9%，扣除价格因素分别增长6.7%和7.5%。全年全体居民人均可支配收入中位数31499元，比上年增加2919元，增长10.2%。其中，城镇常住居民人均可支配收入中位数40161元，比上年增加3757元，增长10.3%；农村常住居民人均可支配收入中位数20665元，比上年增加2205元，增长11.9%。

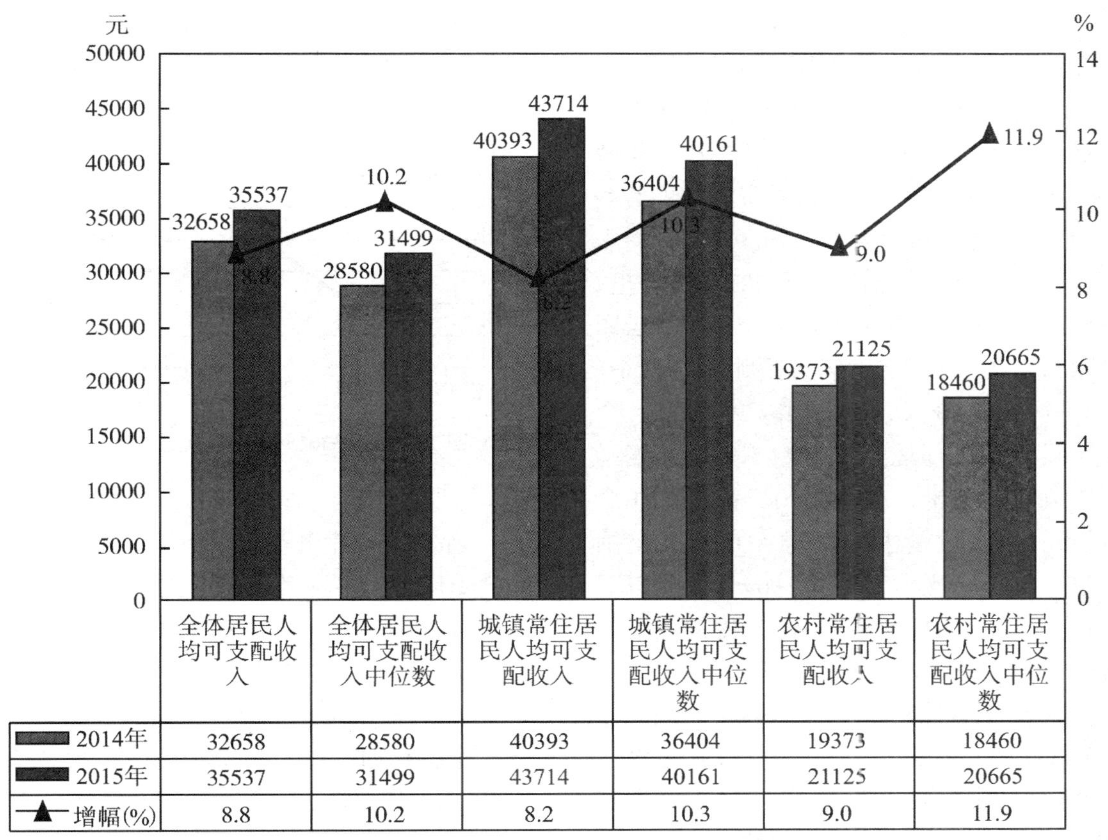

图 6 2015 年居民人均可支配收入、中位数及其增幅

全体居民人均生活消费支出 24117 元，比上年增长 6.9%，扣除价格因素增长 5.4%。其中，城镇常住居民和农村常住居民人均生活消费支出分别为 28661 元和 16108 元，增长 5.2%和 11.1%，扣除价格因素分别增长 3.7%和 9.6%。

年末居民人均住房建筑面积 48.0 平方米，其中，城镇常住居民人均住房建筑面积 40.5 平方米，农村常住居民人均住房建筑面积 61.3 平方米。

全年参加企业基本养老保险人数 2398 万人，参加城镇职工基本医疗保险人数 1993 万人，参加失业保险人数 1260 万人，参加工伤保险人数 1930 万人，参加生育保险人数 1285 万人。正常缴费企业退休人员基本养老金月均水平超过 2750 元；城乡居保基础养老金最低标准提高到 120 元；因工死亡职工供养亲属抚恤金月人均提高 130 元。

年末在册低保对象 66.5 万人，其中，城镇 7.3 万人，农村 59.2 万人（含五保对象 2.6 万人）。低保资金（含各类补贴）支出 25.8 亿元；城乡低保平均标准分别为每人每月 653 元和 570 元，分别比上年增长 11.2%和 17%。获得生活补助的城乡低收入家庭持证重度残疾人 7.3 万名，发放补助金额 5.35 亿元，比上年增长 11.5%。

全年共支出医疗救助资金 10.1 亿元，比上年增加 0.3 亿元。中央和省财政投入补助资金 3.1 亿元，新增各类养老机构床位数 3.6 万张，新建成社区居家养老服务照料中心 6120 个。

年内共发行各类福利彩票 146.7 亿元，比上年增加 8.9 亿元，共筹集公益金 40.7 亿元。

十二、资源、环境保护和社会安全

全年全省平均降水量为 2042 毫米（折合降水总量 2116 亿立方米），全省总水资源量为 1430.6 亿立方米，比多年平均 955.4 亿立方米多 49.7%；人均水资源量为 2590 立方米。

全省完成造林更新面积 39.7 千公顷，比上年减少26.2%，其中，人工造林19.6千公顷，无林地和疏林地封育10.6千公顷，迹地更新9.5千公顷。全省森林抚育面积233.2千公顷，比上年增加0.5%。完成义务植树6600万株，比上年减少2.9%。根据2015年浙江省森林资源年度监测结果显示，全省森林覆盖率为60.91%（含灌木林）。全省新增水土流失治理面积682平方公里。

全省有气象雷达观测站点10个，卫星云图接收站点25个，区域自动气象观测站2482个。全省霾平均日数53天，比上年减少16.7天。全省11个设区城市环境空气PM2.5年均浓度平均为47微克/立方米，比上年下降11.3%；11个设区城市日空气质量达标天数（AQI）比例范围为59.7%—90.8%，平均为78.2%；69个县级以上城市日空气质量达标天数（AQI）比例范围为59.7%—99.4%，平均为85.0%。

全省221个省控断面中，Ⅰ—Ⅲ类水质断面占72.9%，比上年提高9.1个百分点；满足水环境功能区目标水质要求断面占75.1%。11个设区城市的主要集中式饮用水水源地水质达标率为92.8%，县级以上城市集中式饮用水水源地水质达标率为89.4%。全省145个跨行政区域河流交接断面中，满足水环境功能区目标水质要求断面占73.1%。全省近岸海域共发生赤潮12次，累计面积约837.5平方千米，其中有害赤潮3次，有害面积78.5平方千米，与上年同期相比，赤潮发生次数下降6次，减少面积882.5平方千米。

全省城市污水排放量29.9亿立方米，比上年增长2%；城市污水处理量26.9亿立方米，增长2.2%；城市污水处理率90.1%，比上年提高0.16个百分点；城市生活垃圾无害化处理率99.96%；城市用水普及率99.93%；城市燃气普及率99.66%；人均公园绿地面积13.33平方米，比上年增长3.7%。

全年累计建成国家级生态县16个，国家环境保护模范城市7个，国家级生态乡镇691个，省级生态县（市、区）62个，省级环保模范城市12个。

全年规模以上工业企业能源消费比上年增长2.1%，单位工业增加值能耗下降2.2%。其中，千吨以上和重点监测用能企业能源消费分别比上年增长0.7%和0.9%，单位工业增加值能耗分别下降2.8%和3.3%。

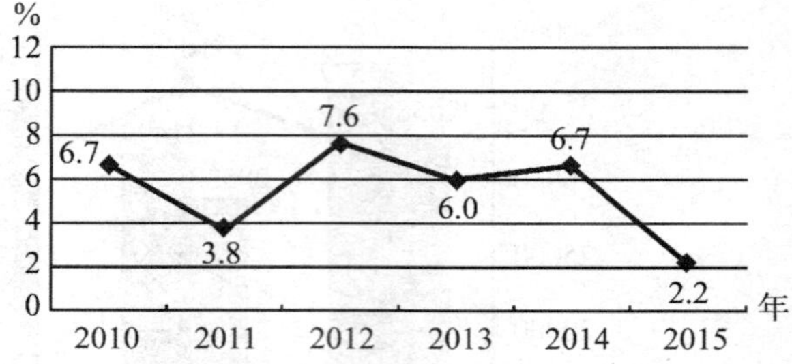

图7　2010—2015年规模以上工业单位增加值能耗降幅

全年共发生各类事故16767起、死亡4815人、受伤16174人，分别比上年下降5.5%、4%和6.5%。其中，发生较大事故33起、死亡124人，比上年减少7起、22人；发生重大事故1起、死亡14人，与上年持平、减少2人。道路交通共发生事故16271起、死亡4280人、受伤16153人，分别比上年下降5.2%、3.2%、6.5%。

注释：

（1）本公报所列各项数据为年度初步统计数据。部分数据因四舍五入的原因，存在与分项合计不等的情况。

（2）全省地区生产总值和各产业增加值绝对数按现价计算，增长速度按不变价格计算，三次产业划分执行国家统计局2012年制定的《三次产业划分规定》。2010—2013年生产总值数据为经济普查后修订数，2014年为年报核实数。

（3）规模以上服务业企业不包括批发零售住宿餐饮、房地产开发和银行、证券、保险业数据。

（4）高端装备制造业增加值数据口径范围有调整，与往年公报中数据不可比。

（5）2012年四季度，国家统计局实施城乡一体化住户调查改革，统一了城乡居民收入名称、分类和统计标准，在浙江选取6200宅（户）城乡居民家庭，直接开展调查。在此基础上，计算了城乡可比的新口径浙江全体居民人均可支配收入以及分城乡常住居民人均可支配收入。

（6）人均可支配收入中位数是指将所有调查户按人均可支配收入水平从低到高顺序排列，

处于最中间位置的调查户的人均可支配收入。

(7) 各类事故口径包括工矿商贸企业、道路交通、水上交通、渔业船舶、铁路路外事故。

资料来源:

本公报中财政数据来自省财政厅;新增城镇就业、登记失业率、社会保障数据来自省人力社保厅;水产品产量、近岸海域赤潮数据来自省海洋与渔业局;粮食生产功能区、现代农业园区和综合区、特色农业精品园、农业龙头企业、土地流转数据来自省农业厅;美丽乡村建设、农村生活垃圾处理、农村生活污水治理、历史文化村落保护利用村、农家乐特色村和特色点个数、农民素质提升工程培训数据来自省农办;商品交易实体市场和交易额数据来自省工商局;货物进出口数据来自杭州海关;网络零售额、省内居民网络消费、跨境电子商务出口、服务贸易进出口、外商直接投资、对外直接投资、对外承包工程、外派劳务人员实际收入数据来自省商务厅;货物周转量、旅客周转量、港口货物吞吐量数据来自省交通运输厅;邮政业务、快递业务量数据来自省邮政管理局;电话交换机容量、电话用户、互联网用户数据来自省通信管理局;旅游数据来自省旅游局;货币金融数据来自人民银行杭州中心支行;上市公司数据来自浙江证监局;保险业数据来自浙江保监局;教育数据来自省教育厅;企业技术中心、高新技术企业、科技型中小企业、专利数据来自省科技厅;公共图书馆、文化馆、博物馆、艺术表演团体数据来自省文化厅;广播电视电影、出版数据来自省新闻出版广电局;卫生、诊疗数据来自省卫生计生委;体育、体育彩票金额数据来自省体育局;低保、社会服务和救助、福利彩票数据来自省民政厅;水资源、水土流失治理面积数据来自省水利厅;森林资源数据来自省林业厅;气象数据来自省气象局;生态建设、环境监测数据来自省环保厅;城市污水处理、城市生活垃圾处理、用水和燃气普及率、人均公园绿地面积数据来自省建设厅;各类事故发生起数、死亡和受伤人数来自省安监局;价格、粮食面积与产量、生猪存出栏、城乡居民收支、人均住房面积数据来自国家统计局浙江调查总队;其他数据均来自于省统计局。

2015年浙江省商务运行形势分析

浙江省商务厅

2015年,全省商务运行总体平稳,消费市场平稳运行,外贸出口实现正增长,外商投资质量提升,对外投资快速增长,服务贸易势头良好,电商网络销售较快发展。

社会消费品零售总额19785亿元,同比增长10.9%,扣除价格因素,实际增长11%。

外贸进出口总额3474.1亿美元(21566.2亿元),下降2.2%(-1.1%)。其中,出口2766.6亿美元(17174.2亿元),增长1.2%(2.3%),位居沿海主要出口省市第一位,占全国比重为12.2%,比上年提高0.4个百分点。进口707.5亿美元(4392亿元),下降13.4%(-12.5%)。

新批外商投资企业1778家,投资总额411.4亿美元;合同外资278.2亿美元(1734亿元),增长14%(15.6%);实际外资169.6亿美元(1058.8亿元),增长7.4%(9.1%),完成年度目标的107.5%。

新备案、核准的境外企业和机构760家,对外直接投资额139.9亿美元(908亿元),增长1.4倍(1.5倍);实际投资额55亿美元(336亿元),增长55%(57.2%)。国外经济合作完成营业额63.25亿美元(405.6亿元),同比增长18.6%(23.9%)。

服务贸易进出口总额442.2亿美元(2747.8亿元),增长16.1%(17.4%)。其中,出口284.6亿美元(1761.9亿元),增长16.5%(17.4%);进口157.6亿美元(976.7亿元),增长15.3%(16.3%)。服贸总额占全省外贸总额比重为11.3%,比上年同期提高1.6个百分点。

网络零售7610.6亿元,增长49.9%;省内居民网络消费4012.3亿元,增长39.6%;网络零售顺差3598.3亿元。

全省共遭遇来自印度等18个国家和地区发起的贸易救济调查案件91起,下降19.5%;涉案金额17.6亿美元,增长8.59%。

一、消费市场平稳运行

1. 社零增速逐月回升。1—12月,全省实现社会消费品零售总额19785亿元,增长10.9%,扣除价格因素,实际增长11%,分别比1—11月提高2.2个和2.1个百分点。从企业类型看,限上企业增长9.7%,高于限下增速2.2个点。从商品类别看,吃、穿类分别增长17.2%和23.8%,分别比上年同期提高3.4和4.9个百分点;居住类商品增长22.5%,其中家电增长15.5%,家具增长59.3%。信息消费中的通信器材类商品增长73.6%,健康养老消费的中西药品增长11.8%。金银珠宝增长16.9%。从城乡消费看,城镇消费增长10.6%,低于乡村1.8个点。从住宿餐饮行业看,限上住宿及餐饮行业营业额分别增长2.6%和7.2%,比上年提高1.6个和3.6个百分点。

2. 重点流通企业销售业绩小幅走低。据浙江省重点流通企业监测系统显示,1—12月受监测的500多家重点流通样本企业共实现销售(营业)收入7902亿元(不含省物产集团,下同),同比下降2.7%。分行业看,批发实现销售额4623亿元,增长0.4%;零售、服务业分别实现零售额3103亿元和176亿元,下降7.1%、0.1%。分业态看,超级市场、便利店、仓储式商场、大型综合超市、百货店、专卖店和专业店分别下降0.4%、0.8%、1.4%、2.7%、3.9%、5.1%和9.4%。

3. 蔬菜、猪肉价格大幅上涨。1—12 月，全省 CPI 上涨 2.1%，高出国家 0.7 个百分点。七大类食用农产品批发价格同比三涨四降，平均价格上涨 1.9%，涨幅比上年提高 0.7 个百分点。其中，水产品、猪肉和蔬菜价格分别上涨 6.3%、12.7% 和 13.5%，鸡蛋、水果、粮食、食用油价格分别下降 15.5%、2.7%、0.5%、0.3%。从环比数据来看，粮食、食用油、猪肉价格小幅上涨 0.3%、0.3%和 0.5%，鸡蛋、水果、水产品价格分别上涨 1.6%、2.8%和 3.1%，蔬菜上涨幅度较大，为 11.6%。从销量来看，蔬菜、水产品、粮食价格小幅波动，鸡蛋价格增长 1.7%，食用油价格下降 4%，猪肉、水果价格波动较大，分别为下降 22.5%和增长 41.4%。

4. 重要生产资料价格总体下行。12 月，钢材、煤炭、有色金属、橡胶、成品油、水泥、化肥七大类商品月平均价格分别同比下降 31.3%、19.2%、19.2%、18.6%、17.9%、16.6%、0.5%，平均降幅达 17.6%。环比来看，七大类商品月平均价格平均降幅为 1.2%，除动力煤价格环比上涨 2.9%外，成品油、钢材均下降 3.1%，橡胶、有色金属、水泥、化肥分别下降 2.3%、1.6%、0.7%、0.3%。从重点监测点销量来看，1—12 月，除钢材销量同比下降 13.6%外，煤炭、水泥、成品油、有色金属、化肥、橡胶分别增长 50.2%、39.9%、39.6%、35.3%、34.7%和 28.5%。

二、外贸出口实现正增长

1. 出口订单景气指数、企业出口信心指数"双回升"。据浙江省商务运行调查监测系统调查显示，受全球经济低迷等因素影响，2015 年以来企业在手订单情况持续下行，12 月份情况略有好转，62.0%的企业在手订单同比增长或持平，环比提高 1.7 个百分点；其中在手订单同比增长的企业占 18.5%，环比提高 0.6 个百分点。出口订单景气指数为 80.5，环比上升 2.3 个点，预计 2016 年一季度出口情况将有所好转。企业后期出口信心指数也出现一定回升，为 84.9，环比上升 2.6 个点，其中持乐观态度的企业占 13.9%，环比上升 0.6 个百分点。从趋势上看，出口信心指数自 2014 年 1 月起逐月下降，当年 11 月首次跌破荣枯点后连续三个月回升，2015 年 2 月之后又持续下降，12 月再现小幅回升。

2. 从企业性质看，全年民营企业出口增长较快，国有企业、外资企业降幅收窄。12 月，全省民营企业出口增长 15.5%。国有企业和外资企业出口降幅大幅收窄，分别为 8.5%和 10.4%，比 11 月份收窄 13.7 和 13.9 个百分点。从累计情况看，1—12 月，全省民营企业出口增长 6.0%，拉动全省出口增长 4.2 个百分点。外资企业出口下降 9.5%，国有企业出口下降 10.7%，两者合计拖累全省出口增长 2.9 个百分点。

3. 从出口商品看，全年机电、高新、轻工和文化产品出口增长，纺织服装和农副产品出口下降。12 月，高新、机电、轻工、文化、纺织服装出口额均比 11 月大幅回升，分别为 35.1%、11.9%、9.6%、9.2%和 3%。从累计情况来看，1—12 月，文化、高新技术、八大类轻工、机电产品分别增长 19.2%、8.7%、6.1%、3.6%，合计拉动全省出口增长 3.1 个百分点；纺织服装、农副产品分别下降 3.2%和 3.6%，合计拖累全省出口增长 1 个百分点。其中，半导体器件实现了 45.4%的高速增长，船舶、工具、塑料制品、玩具、眼镜等商品增速也超过 10%。鞋类、电线电缆、自动数据处理设备分别下降 1.6%、8.9%、20.3%。

4. 从出口市场看，全年对美国、欧盟、日本等传统市场有增有降，对中东等新兴市场保持增长。12 月，全省对中东出口增速比上月提高 14.8 个百分点，增长 19.3%；对美国、欧盟、东盟、日本等市场出口由负转正，分别增长 10.2%、8.6%、3.8%、0.1%。从累计情况看，1—12 月，全省对美国出口增长 6.2%；对欧盟、日本、俄罗斯、香港出口分别下降 3.3%、6.6%、27.7%、2.9%，降幅比 1—11 月有不同程度的收窄。对新兴市场国家出口增长 2.2%，拉动全省出口增长 0.9 个百分点。其中，对中东、东盟、印度、墨西哥等市场出口增长较快。同期，对"一带一路"沿线国家出口增长 1.8%，拉动全省出口增长 0.6 个百分点。

5. 从贸易方式看，全年市场采购贸易出口大幅上涨，一般贸易出口小幅下降，加工贸易出口降幅明显。12 月，一般贸易出口同比增长

10.8%。加工贸易出口同比下降8.1%，比11月份收窄17.6个百分点。市场采购贸易出口27.1亿美元，同比下降6.4%。从累计情况来看，1—12月，全省市场采购贸易累计出口284.8亿美元，增长41.1%，拉动全省出口增长3个百分点，占全省出口总额的10.3%。一般贸易出口下降0.7%，占全省出口总额的77.8%；加工贸易出口下降9.8%，占出口总额的10.7%；两者合计拖累全省出口增速1.7个百分点。同期，外贸综合服务平台出口61.7亿美元，增长2倍有余，拉动全省出口增长1.5个百分点。海关统计的跨境零售出口4.7亿美元，增长2.5倍。

6. 各市出口表现不一，金华领跑全省，丽水紧随其后，衢州快速增长，杭、湖、舟保持增长。12月，衢州、宁波、丽水出口分别增长111.4%、19.2%、16.6%；台州、温州、杭州、湖州出口由负转正；金华保持增长态势；绍兴、嘉兴出口分别微降0.2%和0.4%，比上月大幅收窄。从累计情况看，1—12月，全省各市出口增长1.5%。其中，金华增长20.2%，丽水、衢州、舟山、杭州、湖州均实现正增长，宁波、温州、嘉兴、绍兴、台州降幅也有所收窄。从进口情况看，除湖州、温州分别增长14.3%、6.0%外，其他市均为负增长。

7. 进口降幅有所收窄，主要原材料资源性商品进口量增价跌。1—12月，全省进口同比下降13.4%。其中，20大类原材料资源性商品进口下降20.4%，占全省进口的45.8%。其中，初级形状的塑料、废金属、铁砂矿、二甲苯、成品油和原油等主要进口商品的降幅分别为8.3%、18.7%、42.8%、34.8%、28.5%和25.3%。国际大宗商品价格下跌是进口额大幅下降的主要原因，据测算，20大类原材料资源性进口商品的综合平均价格同比下降25.9%，进口数量增加6.2%。

8. 贸易摩擦案件总数减少，但涉案金额呈上升趋势。全省案件数量虽然同比减少19.5%，但涉案金额同比增长8.6%。其中涉案金额千万美元以上的大案有23起，案值共计16.1亿美元，占涉案总额的91.5%。欧盟发起的6个光伏产品“双反”案件，涉案金额约8.3亿美元，约占涉案总额的47.2%。发展中国家是贸易救济调查案件的主要发起者，共61起，占案件总数的89%，拉美地区增长尤为迅速。反倾销案件共70起，涉案金额约为15.8亿美元，占总数的76.9%。反补贴案件共12起，同比增长20%。其中，90%以上的“双反”案由发达国家发起。从行业看，光伏产品继续受到欧盟的围堵，冶金、化工、机械行业仍然是国外贸易救济调查的重点。

三、外商投资质量提升

截至2015年底，全省累计共批外商投资企业55905家，投资总额5147.5亿美元，合同外资2906.6亿美元，实际外资1586.5亿美元。

1. 外商投资区域继续集中。浙北五市（杭、宁、嘉、湖、绍）的合同外资、实际外资分别为278.2亿美元、169.5亿美元，占全省比重的94.0%、93.8%，比上年提高5.8、3.3个百分点；其中杭州、宁波、嘉兴市实际外资合计140.3亿美元，占全省比重的82.7%。

2. 大项目和增资项目拉动明显。全年新批（含增资）投资总额3000万美元以上项目131个，投资总额243.9亿美元，合同外资131.7亿美元，投资总额和合同外资分别占总数的59.2%和47.3%。其中1亿美元以上项目62个，投资总额131.1亿美元，合同外资54.4亿美元。合同外资增资89.2亿美元，占总数的32.1%，增长5.3%。

3. 欧美国家投资快速增长。中国香港特别行政区仍为第一大投资来源地，实际外资为107.0亿美元，占总数的63.1%，同比下降5.1%。来自欧盟的合同外资23.1亿美元，实际外资19.9亿美元，分别增长2.2倍和2.6倍。其中德国、英国、荷兰、卢森堡实际外资分别为9.7亿美元、3.3亿美元、2.2亿美元、2亿美元，分别增长9.9倍、5倍、13.1倍和5.1倍。美国实际外资4.9亿美元，增长1.7倍。

4. 三产结构更加优化。第二产业合同外资102.5亿美元，实际外资71.9亿美元，分别增长7.6%和27%，实际外资比重已从上年同期的37.5%上升到42.4%。其中高新技术项目实际外资10.0亿美元，分别增长37.5%。医药制造业实际外资3.3亿美元，同比增长5倍。第三产业合同外资174.6亿美元，实际外资96.8亿美元，除房地产外实际外资同比增长29.5%。信息传输、计算机服务和软件服务业实际外资11.2亿美元，同比增长76.2%；金融服务业实际外资8.2亿美元，同比增长2.7倍。

5. 引进世界500强稳步推进。新批世界500强投资企业24家，投资总额15.2亿美元，合同外资9亿美元。其中，辉瑞制药有限公司投资的辉瑞生物制药（杭州）有限公司、兆丰国际商业银行股份有限公司投资的宁波分行投资总额和合同外资均超过1亿美元。截至目前，全省已累计批准174家世界500强投资企业526个，投资总额266.0亿美元，合同外资108.0亿美元。

四、对外投资快速增长

截至2015年12月底，全省经审批核准或备案的境外企业和机构共计7816家，累计对外直接投资额417.19亿美元。

1. 大型项目数量众多，推动本年度境外直接投资取得历史性突破。因新的境外直接投资管理办法规定不设投资金额上限，“两敏感”以外一律由省级商务主管部门备案，大型项目境外直接投资备案积极性大幅提高。全省大型境外投资项目数量激增，全年1亿美元以上对外投资项目达29个，投资金额为99.4亿美元，占比为71.5%。

2. 境外直接投资多措并举，为供给侧改革提供有力支撑。全省以并购形式实现的境外投资项目135个，并购额51.1亿美元，平均单个项目并购额同比上升1.4倍。其中技术研发类对外投资达到17.4亿美元，增长13.9倍。制造业对外投资29.9亿美元，增长2.2倍，主要集中在钢铁、水泥等浙江省传统过剩行业，有利于化解过剩产能。同时，贝达医药、天马轴承等企业瞄准国内消费升级所形成的市场需求，通过“走出去”境外直接投资，利用国外资源，满足国内需求。

3. 区域布局更加合理，“一带一路”投资迅猛增长。全省对北美地区投资42.3亿美元，增长4.4倍，占比为30%。对大洋洲投资6.1亿美元，增长1.3倍。在亚洲传统市场，全省对外投资额达到61.2亿美元，增长97%。对非洲投资大幅增长，投资额达到6.9亿美元，增长1.5倍。同时，浙江省企业积极参与“一带一路”国家战略建设，在沿线国家投资项目163个，投资额为44亿美元，增长3.8倍，呈井喷态势。

4. 电商领域境外直接投资加速，国际化步伐加快，用好全省电商优势。全年电商领域投资项目30个，投资额约为1.5亿美元。其中，在境外设立海外仓、建立电商平台或收购电商技术服务公司的企业共有25家，总投资金额为4500万美元。奥康集团、森马服饰、格兰家居等传统行业也纷纷赴境外收购电商平台，加速了浙江省传统行业转型。同时，杭州东方网升科技股份有限公司等垂直类服务电商也赴境外获取优质服务资源，服务境内电商平台发展。

5. 资本输出带动商品输出，境外直接投资与对外贸易融合发展。全省设立境外营销网络项目742个，对外直接投资额109.3亿美元，占总量的78%。自2008年以来，全省共审批、核准或备案设立境外营销网络4273家，投资总额为326亿美元。根据对1000多家境外营销网络建设重点企业的统计，境外营销网络拉动出口占全省出口15%以上。同时，开展国际产能合作，进行跨国经营，也有效地带动浙江省上游设备、原料的出口。

6. 国际经济合作稳步增长，市场份额向大型企业集中。在市场竞争激烈化、项目大型化的趋势下，市场份额进一步向拥有资源优势的大企业集中。全省完成营业额超5000万美元的企业有浙江建设投资集团等31家企业，合计营业额41.8亿美元，以占10.6%的对外工程承包资质企业实现了67.7%的营业额。行业结构分布主要集中在房屋建筑、电力工程建设、交通运输建设、制造加工设施建设等行业，分别完成营业额20.4亿美元、11.3亿美元、5.4亿美元和2.5亿美元。市场分布更加完善，全省在亚洲、非洲分别完成营业额21.9亿美元、21.2亿美元，均增长19%左右，合计占总量的69.7%。拉美、北美等市场也稳定增长，分别增长23.4%、66.3%。在“一带一路”沿线国家，全省完成营业额18.8亿美元，占比达

30.5%,比 2014 年提高了约 5 个百分点。

五、服务贸易势头良好

1. 规模进一步扩大。全省服务贸易规模进一步扩大,2015 年度服务贸易进出口达 442.16 亿美元,继续保持在全国第一方阵。从各市看,杭州、湖州、金华和衢州增幅超过 20%。从各领域看,服务外包、金融、通信、教育、医疗、其他商业服务等领域增幅超过 20%。

2. 结构进一步调整。运输、旅游和建筑三大传统领域占服贸进出口总额的比重为 61.6%,比上年下降 5.6 个百分点。新兴领域发展迅速,所占比重比上年上升 5.7 个百分点。其中,离岸服务外包出口首次超越三大传统行业,成为出口第一大行业,全年出口 70.9 亿美元,占全省服贸出口比重达 24.9%;金融、通信、教育、文化等新兴领域增幅也均在 20%以上。文化出口增幅达到 24.78%。

3. 市场分布进一步调整。从大洲分布看,亚洲占全省服贸出口额的 43.2%,同比下降 23.7 个百分点;欧美占全省服贸出口额的 45.2%,提高 18.2 个百分点;非洲和大洋洲占 11.64%,同比提高 5.5 个百分点。从国别地区看,美国占全省出口总额的 14.1%,为浙江省服务贸易出口第一大市场。中国香港特别行政区为第二大出口市场,占全省总额的 14%。此后依次为日本、卢森堡、新加坡、韩国、英国、中国台湾地区、委内瑞拉和德国。

4. 顺差进一步扩大。全年顺差达 127 亿美元,比上年增加 19.4 亿美元。其中顺差最大的行业是国际服务外包,达 66.9 亿美元;其次是建筑,达 59.4 亿美元;第三是运输,顺差达 41.1 亿美元。逆差主要集中在旅游、教育、文化等行业,且随着出国留学、旅游等的进一步发展,逆差还在扩大中。

5. 区域分布进一步合理。杭州服贸进出口总额占全省的 43%,宁波、温州分别为 19.7%、7.9%,三市合计占全省总额的 70.6%,比上年下降 0.6 个百分点;金华、嘉兴、绍兴合计占总额的 16.6%,下降 0.3 个百分点;湖州、舟山、台州、衢州、丽水等市占比相对偏小,合计占全省的 12.8%,提高了 0.9 个百分点。

2015年浙江国税工作情况分析

浙江省国家税务局

2015年以来，全省国税系统进出口税收管理部门认真贯彻落实《国务院办公厅关于支持外贸稳定增长的若干意见》，紧紧围绕省委、省政府各项重大决策部署，以服务地方经济发展为目标，全面落实出口退税政策，不断优化出口退（免）税服务，切实提高管理质效和服务水平，有力地促进了浙江外贸出口的稳定增长。2015年，浙江省已办理出口退（免）税2100.64亿元，同比增长13.27%，出口退（免）税增长幅度比外贸出口增长幅度（2015年1—11月份）高出约12个百分点。全省（不含宁波）办理出口退（免）税1511.96亿元，同比增长11.95%。

一、落实出口退税政策，支持重点行业发展

1. 支持跨境电子商务发展。全面落实跨境电子商务出口税收政策，加强宣传，优化服务，使电子商务企业尽快享受税收政策优惠。自2015年3月7日国务院同意设立中国（杭州）跨境电子商务综合试验区以来，浙江省国家税务局就跨境电子商务退（免）税政策和管理进行多次调研，针对跨境电子商务企业取得退税凭证难且需要视同内销征税等问题，创新工作思路，积极向财政部和国家税务总局提出在一定条件下“无票免税”的建议并获得支持，使杭州市成为全国唯一获得跨境电子商务零售出口业务“无票免税”的地区。积极支持杭州市跨境电子商务“单一窗口平台”的开发应用，配合做好中国（杭州）跨境电子商务综合试验区推进工作。

2. 支持义乌市、海宁皮革城试点市场采购贸易方式。全力推进市场采购贸易方式出口货物免税政策的落实，2015年义乌市场采购贸易方式出口283.94亿美元，同比增长59.65%。截至2015年12月底，市场采购贸易经营者在国税机关登记备案481户，已实现与市场采购贸易信息平台联网的市场经营户有6.41万户左右；贯彻落实《国务院办公厅关于促进进出口稳定增长的若干意见》，积极参与研讨《海宁皮革城实施市场采购贸易方式试点工作方案》，配合做好联网信息平台的验收工作，积极争取税务总局的政策支持。2015年12月，税务总局发布《市场采购贸易方式出口货物免税管理办法（试行）》。

3. 支持外贸综合服务企业发展。积极落实国务院《关于加快培育外贸竞争新优势的若干意见》，加快培育新型贸易形式，培育一批外贸综合服务企业，支持中小企业利用优质高效的外贸综合服务企业优势，更加有效地开拓国际市场。2015年，全省为30户外贸综合服务企业办理出口退税14.54亿元。积极支持浙江一达通公司的业务发展，对其申报退税予以优先审核，浙江一达通公司2015年申报退税出口额10.93亿美元，申报出口退税10亿元，办理出口退税7.68亿元。

4. 促进船舶制造产业发展。浙江省继续在舟山试行船舶出口“先退税后核销”管理服务举措，船舶制造企业在船舶尚未报关出口的情况下，税务机关根据船舶建造进度核定出口销售额，计算确认应退税额后予以先行办理，待船舶实际报关出口后再办理核销手续。2015年，累计为5户船舶制造企业办理退税款10.53亿元，有力地支持了船舶制造出口企业的发展，在盘

活大型船舶出口企业流动资产、服务地方经济发展方面成效显著。

5. 支持服务贸易出口。为积极推进贸易便利化,浙江省认真落实增值税零税率应税服务退(免)税管理办法,对适用增值税零税率政策的国际运输服务和研发设计服务,实行出口退(免)税。2015 年,浙江省为 25 户适用增值税零税率政策的“营改增”企业办理退(免)税 3045 万元,充分发挥了增值税零税率应税服务退(免)税政策导向作用,支持浙江省服务贸易保持快速增长。

二、创新出口退税服务,加快出口退税进度

1. 推行分类管理,加快退税进度。自 2015 年 3 月 1 日起,浙江省认真执行国家税务总局统一发布的出口退税分类管理办法。截至 2015 年 12 月底,浙江省共有一类出口企业 2630 户,二类出口企业 23212 户,三类出口企业 45029 户,四类出口企业 2159 户。推行全新的分类管理后,对纳税信誉较好、税收遵从度较高的一类企业,办理退税时不需提供出口退税纸质凭证,电子信息核对无误的,2 个工作日内办结退税手续,大大缩短退税周期。2015 年 4—12 月,浙江省一类企业办理出口退税 201.71 亿元,占全省退税总额的 18.13%,相当于全省有接近五分之一的出口退税在 2 个工作日内办结退税手续,比原退税周期缩短 10—15 个工作日,为出口企业节约大量的资金成本。

2. 取消 6 项行政审批事项,方便出口企业办税。积极落实国务院关于取消和调整一批行政审批事项的决定,坚持把深化行政审批制度改革作为简政放权的重要突破口,进一步转变工作职能,取消出口退(免)税认定、变更、注销等六项非行政许可审批事项,其中将出口退(免)税认定、变更及研发机构采购国产设备退税资格认定等 3 项内容变为即办事项。不以任何形式保留或变相审批,一并实施取消审批后的后续管理措施,确保取消审批与强化后续管理的无缝衔接,确保“放、管、服”各个环节工作落实到位,最大限度地方便出口企业办税,使出口企业充分享受改革红利。

3. 下放审批权限,提高审批效率。加大出口退(免)税审批权限下放力度,2015 年 2 月 1 日起,浙江省生产企业出口退(免)税审批权限已全部下放到县(市、区)局;5 月 1 日起,扩大外贸企业出口退税审批权限下放地区范围,进一步下放至符合条件的 37 个县(市、区)局,外贸企业出口退税审批权限已累计下放至 49 个县(市、区)局。下放审批权限后,变原来的市、县(市、区)局“审核审批两级制”为县(市、区)局“一级终审制”,取消出口退税资料市局审批环节,缩短了审批时间,提高了办税效率,平均缩短审批时间 3—5 个工作日。

4. 试行无纸化管理,优化出口退税服务。为提升出口退税服务水平,从 2015 年 5 月 1 日起,浙江省在湖州市本级、柯桥区、桐乡市三个单位先行开展出口退(免)税无纸化管理试点,利用信息技术,实现申报、证明办理、审核审批、退库等出口退(免)税业务“网上办理”。出口企业既不需提供纸质申报资料,也不需前往办税服务厅,“一点鼠标”就可实现出口退(免)税申报,而且出口退(免)税审核、审批、退库全程无纸化,切实方便出口企业办理退税,提高税务机关退税审核审批的效率,有利于促进浙江省外贸经济的发展和开放型经济新体制的构建。此项创新得到国家税务总局王军局长批示肯定。从 2015 年 11 月起,浙江省全面推行无纸化管理试点,无纸化管理认定企业户数 63739 户,占比 87.28%。

5. 开辟绿色通道,满足出口企业需求。对重点出口企业开辟出口退税绿色通道,每月可多次办理出口退税。2015 年,全省累计开展绿色通道服务 1400 多次,服务出口企业近 2300 户,部分地区对有特殊困难的中小企业,优先给予政策支持,快速准确办理退税,减轻中小企业资金周转压力,真正做到“想企业之所想、急企业之所急”。

6. 落实延期申报政策,解决出口企业实际问题。贯彻落实出口退(免)税延期申报有关政策,积极做好出口退(免)税延期申报申请受理、初审、批复工作,对出口企业逾期未申报的出口

业务，符合政策要求的，准予延期申报。2015 年，浙江省共受理 7456 项出口退（免）税延期申报申请，经初审、审核，同意符合条件的 1558 户企业可延期申报，涉及出口额 3.61 亿美元，出口退（免）税 3.15 亿元，为出口企业成功化解出口退税风险，免予遭受不必要的经济损失。

三、强化预警监控分析，防范打击骗取出口退税

1. 加强预警，强化定期监控分析。在日常预警监控工作中，对出口商品单价变动率、出口销售额增长率、商品出口额及结构变动率（分企业分商品变动率）、外贸企业货源地情况、生产企业税负率、应退税额比重、出口口岸及国别变动、到期不能收汇等情况进行监控分析，发现异常及时进行核查。据初步统计，2015 年浙江省各地共发现 188 户企业指标显示异常。截至目前，188 户疑点企业中，已完成核查企业 176 户，其中排除疑点企业 131 户，有问题企业 45 户。有问题企业中：处理完毕企业 33 户，经核查追回已退税款 74.93 万元，其他问题补缴税款 529.05 万元；移送稽查企业 12 户，涉及出口额 6658.07 万美元，涉及退（免）税额 1303.25 万元。未完成核查企业 12 户，暂缓办理退（免）税 1919.38 万元。

2. 抓住重点，注重开展专项核查。根据总局发布的骗税线索和预警企业名单组织开展专项重点核查工作。一是根据《国家税务总局关于发布出口退税风险管理企业名单（2015 年第一批）的通知》（税总函〔2015〕143 号）的要求，立即下发通知布置嘉兴市局、绍兴市局、湖州市局对所涉及的嘉兴领航服饰有限公司等 6 户出口企业开展专项核查。二是按照总局《关于加强出口退（免）税预警评估工作的通知》（税总发〔2015〕97 号）和《国家税务总局货物和劳务税司关于各省级国家税务局发布第一批预警供货企业名单有关问题的通知》（税总货便函〔2015〕226 号）要求，根据税务总局下发的全国出口企业名单，对全省增值税专用发票数据进行分析，生成了 2015 年第一批预警供货企业信息。

下发《浙江省 2015 年第一批预警监控关注企业名单》，并组织专项核查。2015 年初，浙江省通过出口货物退（免）税预警监控系统对 2014 年度全省出口企业的出口情况进行了监控分析，将 124 户短期内出口额增长迅速、单张报关单金额较大、货物单价较高且货物单价相同或相近、货物流异常等疑点较大的出口企业名单下发给各市地，要求进行重点核查。根据各市地核查情况统计，124 户核查企业名单中：65 户企业排除疑点；41 户企业经核查存在问题，其中 21 户企业存在出口业务问题核查处理完毕，8 户企业移送稽查，12 户企业存在其他涉税问题处理完毕；18 户企业尚未完成核查，其中 2 户企业因走逃、停业等原因无法核实。21 户出口业务存在问题企业共涉及出口额 1234 万美元，出口退（免）税额 249.06 万元，其中不予退（免）税 43.57 万元，追回已退税款 205.49 万元。8 户企业移送稽查，共涉及出口额 2543.99 万美元，暂缓退（免）税 1050.71 万元；18 户企业尚未完成核查，共涉及出口额 14559.56 万美元，暂缓退（免）税 1002.72 万元；12 户存在其他涉税问题企业，补缴税款 671.67 万元。

2015 年浙江省外汇管理工作情况分析

国家外汇管理局浙江省分局

2015 年，国内外经济形势严峻复杂，浙江经济面临下行压力，尤其是下半年人民币汇率波动幅度加大后，企业和个人结汇萎缩、购汇快速增长，收支顺差与结售汇顺差大幅下降，贸易融资和外汇贷款余额明显减少，外币负债去杠杆化有所提速。面对这种情况，国家外汇管理局浙江省分局认真贯彻落实年初全国外汇管理工作会议精神，主动适应涉外经济发展新常态，抓住外汇形势的新变化、新特点、新机遇，以改革促便利，以转型促发展，加快简政放权和职能转变，积极营造良好外汇环境，有效推动了全省经济平稳健康发展。

一、推动改革扩围，全面支持实体经济发展

1. 深化跨国公司外汇资金集中运营管理业务试点。跨国公司外汇资金集中运营管理试点是总局推进资本项目可兑换和主体监管工作的重要创新。在前期试点 8 家的基础上，2015 年全省又有 48 家跨国企业集团获得试点资格，成为新增一批试点企业中最多的省份（除北京、上海外），具有试点资格的企业年跨境收支总规模达到 514 亿美元，资产规模达到 600 亿美元。

2. 大力支持杭州综试区建设。国务院批复同意设立中国（杭州）跨境电子商务综合试验区以来，浙江省分局加强政策研究，全程参与拟订《综试区实施方案》及首批制度创新清单。浙江省分局主动向总局汇报，结合综试区内跨境电商主体的实际需求拟订了八项便利化措施，包括简化跨境电子商务企业名录登记手续，支持电子化单证使用，取消综试区内 A 类电商企业外汇待核查账户，允许贸易综合服务平台企业按季向当地外汇局批量报备贸易信贷数据等。这些措施极大地节约了企业的人力物力，实现了外汇管理措施与综试区建设的全面对接。

3. 稳步推进跨境电子商务外汇支付试点。按照总局试点推进原则，在风险可控的基础上积极支持第三方支付外汇业务健康发展。2015 年新批准网易宝有限公司、浙江连连银通电子支付有限公司参与试点，全省试点机构增至 4 家，业务增量由前期进口海淘项下的购付汇单向为主逐步转向进出口平衡发展。外汇局同时在实践中探索非现场监测和现场核查管理方式，稳妥推进试点业务。

4. 助力企业拓宽跨境融资渠道。为增强浙江企业利用“两个市场、两种资源”的能力，在总局的支持下，2015 年核定浙江省短期外债指标 8.92 亿美元，在 2014 年的基础上增长 55.1%。新增短债指标大大缓解了浙江省金融机构与中资企业短期外债指标不足的问题，有助企业获得境外低成本资金。为提高短债指标利用率，浙江省分局通过系统实时掌握全省短期外债指标使用情况，不定期调整外债指标分配，确保外债指标使用最大化。同时，指标分配向服务于中小企业的银行和中资企业倾斜，近三年来浙江省中资企业外债指标从 1800 万美元、8000 万美元增加到 1.52 亿美元。

二、大力简政放权，提升贸易投资便利化水平

1. 个人贸易简化单证试点取得实效。个人贸易外汇管理改革在全省推广以来，外汇局通过简化单证、开立个人结算账户等措施，为个人贸易经营者在降低成本、加速货款回笼等方面带来时效。2015 年，全省个人跨境贸易收入 116.7 亿美元，增长 31.6%。在改革红利逐步释放的同时，我们还重点强化事后监管，运用跨境资金流动监测与分析系统，构建了 14 项个人贸易非现场监测指标体系，实现了对个人贸易外汇收支的立体式监管。

2. 积极推动保险外汇业务管理改革。2015 年 3 月 1 日起，《保险业务外汇管理指引》在全国实施，外汇局扎实做好改革落地的各项工作，于 4 月底在杭州举行了全省保险外汇业务政策培训班，省级以上保险公司、银行及辖内分支局有关人员共计 160 余人参加了培训。我们还完成了全省范围内保险外汇账户清理工作，派员参与总局《保险业务外汇管理工作制度》的撰写。

3. 大幅取消直接投资外汇行政审批事项。一是积极推广直接投资外汇管理改革。通过承办总局直接投资外汇管理政策培训、组织银行参加总局培训、分批次在外汇局实习、编写《银行办理直接投资外汇登记业务系统操作指南》等形式，分层次对银行负责人和业务骨干开展培训。二是完善信息沟通机制。通过互联网、微信等平台与银行开展互动，及时解答和共享银行在业务办理中遇到的问题。三是定期通报各银行改革政策执行情况以及资本项目信息系统数据质量，对政策执行不力、数据质量较差的银行开展定向督导和政策再培训，确保改革的平稳过渡。

4. 多形式开展培训宣传。围绕“倡导诚信理念 共创诚信营商环境”的主题，外汇局继续积极推进外汇信用体系建设，开展一系列政策宣传活动。全省各级外汇局共组织宣传活动 324 次，举办专题研讨会 29 次，播放各类公益广告 564 次，发放诚信宣传册 35213 份，发送诚信宣传短信 456325 条，与人民银行、公安厅联合发布公告张贴达 3000 份。

2015年浙江出入境检验检疫情况分析

浙江出入境检验检疫局

一、综　述

2015年是“十二五”的收官之年，是全面深化改革的关键之年。一年来，浙江出入境检验检疫局以“干在实处永无止境，走在前列要谋新篇”为新使命，深入落实“抓质量、保安全、促发展、强质检”工作方针，主动适应经济发展新常态，努力提升检验检疫监管服务水平，为服务浙江开放型经济发展作出了新贡献。

2015年1—12月，累计共检验检疫出入境货物66.13万批，查验出入境人员448.18万人次，检疫出入境集装箱96.68万箱，累计签发17种原产地证750538份，货值295.34亿美元。

二、具体工作

1. 完成权力清单试点工作。2015年，浙江出入境检验检疫局完成全国检验检疫系统权力清单试点工作。权力清单编制工作小组共对浙江出入境检验检疫局各业务处室报送的权力清单进行四次调整，确定了10大类行政权力共计44项，其中行政处罚类权力122项，报送国家质检总局法规司审核通过后在浙江出入境检验检疫局门户网站进行对外公布。

2. 简政放权增活力。逐项清理行政许可项目，取消重要出口商品注册登记等许可事项，将7大类12个许可项目的审批权限下放至分支局。大力推行网上审批、单一窗口建设，5大类、1.4万件行政许可事项实现网上审批。

3. 促进地方发展。服务舟山群岛新区建设，全力支持舟山江海联运服务中心、宁波—舟山港一体化和舟山国际海事服务基地等重点项目，舟山港综保区配套码头接靠国际船舶艘次同比增长3.6倍。帮扶义乌铁路西站临时对外开放，金义综保区获国务院批准，义乌国际邮件互换局正式启用。杭州萧山国际机场和温州龙湾国际机场通过全国首批进境水生动物指定口岸现场考核，温州龙湾国际机场通过全国首批进境冰鲜水产品指定口岸现场考核，舟山港澳洲屠宰肉牛指定隔离检疫场、进口冷冻肉类指定口岸获准筹建，舟山海港和杭州空港进境水果指定口岸获批立项。全省首个获准筹建的内陆地区进口肉类指定查验场落户金华。

4. 支持跨境电商新型业态。主动支持跨境电商新型业态发展，促成质检总局出台支持中国（杭州）跨境电子商务综合试验区发展的16条意见，跨境电商商品和检验检疫产品质量安全风险2个国家级监测中心落户杭州综试区，跨境电商产品质量安全监控体系初步建成，在全国系统首个提出进出境电商监管模式并向全国其他城市复制推广。

5. 持续深化出口工业产品质量安全示范区建设。2015年初成功创建杭州临安出口电光源、杭州建德低压电器、温州鹿城鞋类、台州路桥机动车四家国家级示范区，新增湖州南浔出口电机、丽水庆元铅笔两家省级示范区。截至2015年12月31日，浙江出入境检验检疫局辖区已经培育国家级示范区6家、省级8家、市级6家，数量、层次和结构保持全国领先。

6. 推进中国出口质量安全示范企业创建工作。顺利启动示范企业创建工作，辖区52家龙头企业成功入围首批中国出口质量安全示范企业名录，占全国总量的1/4，数量高居首位。

7. 助力生态原产地保护。充分利用地理标志、生态原产地保护、境外注册等手段，建立“临海蜜橘”省级地理标志产品保护示范区，龙泉黑木耳、龙泉石蛙、森山铁皮枫斗制品等通过生态原产地评审，受到质检总局公告保护。

8. 服务海宁市场采购贸易方式试点。2015年10月28日，海宁皮革城市场采购贸易方式正式启动，首单市场采购贸易方式绵羊皮手套顺利出口日本。浙江出入境检验检疫局以“管得住、通得快、质量可追溯、责任可追究”为目标，创新监管手段和方法，通过构筑质量安全综合管理体系，优化流程，简化办事程序，将义乌市场采购贸易方式的检验检疫监管方式进一步升级优化，全面复制推广至海宁皮革城。

9. 推进检验检疫一体化。加快推进长江经济带、丝绸之路经济带检验检疫一体化步伐，与宁波局、新疆局签署一体化合作备忘录。浙沪实现出口直放、进口直通和无纸化通关，其中出口直放为企业节省通关时间约50万小时、成本1224万元。浙甬实现出口直放11.27万批，直放率从2014年的28.7%上升到2014年的75.6%，为企业节省通关时间约45万小时、成本1127万元。实施辖区进出口检验检疫一体化，企业办理检验检疫手续不再受行政区域和机构管辖的限制。

10. 利用优惠原产地证书。2015年，浙江出入境检验检疫局共签发13种自贸协定优惠原产地证22.25万份，货值86.5亿美元，遍及26个出口国和地区，为全省出口产品减免关税43.6亿元人民币，提高出口产品竞争力。浙江检验检疫局签发了全国首份中澳自贸协定优惠原产地证书。

11. 诚信体系建设。2015年初，浙江出入境检验检疫局制定了《浙江检验检疫局质量诚信体系建设工作方案》，明确了全局诚信体系建设的工作任务和职责分工，通过积极参与浙江省公共信用信息平台建设，全年共向浙江省信用办报送信用信息九大类，23000余条，促进了检验检疫信用信息的共享和应用。

12. 推进风险预警监管体系的深化应用。一是深化风险评估，及时发布风险预警。2015年，浙江出入境检验检疫局根据进出口工业产品检验监管、通报退货调查、目录外商品监督抽查反映出的产品风险信息，在全省系统内发布风险预警27个，涉及产品有X光机、原料药、塑料制品、鞋类产品和安全座椅等，以提醒行业和相关企业引起重视，切实做好进出口产品质量安全风险的防范措施。

13. 维护企业权益和国家利益。浙江出入境检验检疫局以进口能源和矿产品“短重”和“明水”问题为导向，在法检商品重量鉴定工作的基础上，狠抓事中监管，跟踪督促收货人根据合同和重量鉴定证书落实赔偿责任。2015年浙江出入境检验检疫局共上报短重索赔成功案例9起，共为中石油、宝钢等企业挽回经济损失254万美元和160万元人民币，维护了相关企业的合法权益和国家利益。

14. 组织开展“汽车售后服务质量提升”行动。根据质检总局的统一部署，2015年浙江出入境检验检疫局结合进口缺陷汽车召回监管和“三包”监管等工作，在进口汽车领域组织开展售后服务提升行动。全年全局系统共核实登记辖区619家进口汽车经营者和修理者信息，并对293家经销商实施现场监管，对17项问题实施监督整改；同时核查验证35144辆涉及召回车辆，监督经销商整改问题20余项。

15. 在全国系统率先实施进出口工业产品检验结果采信工作。按照国务院“推进政府职能转变、简政放权”的总体思想，从2015年8月份率先在浙江出入境检验检疫局辖区开始试点实施对出口玩具和进出口儿童用汽车安全座椅的检验结果采信工作，成为全国首批获得质检总局批复同意的四个试点局之一，也是全国首个在非自贸区实施该项制度的直属局。为确保采信工作有序推进，成立了第三方采信工作组，并在浙江出入境检验检疫局检验处设立工作组办公室，承担第三方采信的组织推进工作，召开采信工作研讨会。2015年被采信机构的数量达到61家，给进出口企业提供了便利，加快了通关速度，也节约了部分检测成本。

16. 打击出口假冒伪劣商品成效初显。充分发挥全国检验检疫系统打假工作组组长单位的作用，继续深入推进“两个主要环节、三个工作机制、三个重点领域”为核心的打假工作体系。2015年共查处假冒伪劣工业产品案件29起，行政处罚28起，移交1起，案例数位居全国前列。积极参与全国打击假冒伪劣商品海外监测网络，推荐辖区内6家企业作为成员单位，全面发挥打假海外监测网的作用。

17. 召开邮寄物检疫工作新闻发布会。2015年1月26日下午，浙江出入境检验检疫局就2014年邮寄物检疫情况召开新闻发布会。新华社、中新社、《浙江日报》、浙江卫视、浙江经视、浙江7套新闻大直播、《东方早报》、《钱江晚报》、《今日早报》、浙江在线、《都市快报》、《每日商报》等12家中央级媒体和省市级媒体应邀参加此次发布会。此次新闻发布会由出入境浙江检验检疫局副局长游忠明担任新闻发言人，办公室主任许顺华主持，动植物检疫监管处相关负责人和杭州邮检办事处负责人担任辅助发言人。

18. 与省食药局签署《合作备忘录》。2015年3月13日，浙江出入境检验检疫局与浙江省食品药品监督管理局签署了《“建立协调合作机制共同保障食品安全”合作备忘录》。浙江出入境检验检疫局阎震局长、王继蓬副局长，浙江省食品药品监督管理局朱志泉局长、陈智慧副局长及双方相关部门人员出席签字仪式。此次备忘录的签署，旨在按照“信息互通、资源共享、执法联动”的合作框架，充分发挥双方职能作用和技术优势，以进出口食品为重点，加强日常监管、检验检测、信息交流等领域的合作，构建形成“互惠、互补、双赢、共进”的食品安全监管新机制，共同推进浙江食品生产经营秩序的优化和食品质量安全水平的提升。

19. 浙江省食品安全知识展览。2015年12月4—6日，浙江出入境检验检疫局作为8家省级参展单位之一参与了全省大型食品安全知识展览活动，重点展示了浙江出入境检验检疫局在推进出口食品农产品质量安全示范区创建、应对国外技术性贸易措施、保障进口食品安全、支持跨境电商进口食品产业、进境邮寄物截获等方面所做的工作及取得的成绩。在为期3天的展览中共接待现场观展人员2000多人次，答复各类咨询300多次，发放各类宣传资料1500余份，较好地展示了检验检疫的良好形象。活动期间，中共浙江省委书记夏宝龙、省长李强、省政协主席乔传秀、省人大常委会副主任茅临生、常务副省长袁家军等多位省级领导及国家食品药品监督管理总局滕佳材副局长来到“进出口食品安全展区”观展，在听取现场讲解人员的介绍后，对浙江出入境检验检疫局保障进出口食品安全的举措和取得的成效给予了充分肯定，省局贺水山局长、陈孟裕副局长来到展区陪同观展。

20. “世界认可日”宣传活动。2015年6月8日，浙江出入境检验检疫局采用现场和视频相结合的方式，成功举办2015年世界认可日活动暨认证认可服务社会经济发展大型讲座，大力宣传如何应用认证认可促进贸易便利畅通和国际互信的有效作用，来自浙江出入境检验检疫局辖区生产企业及浙江检验检疫系统代表共计280人参加讲座。同时打造“微宣传”，利用微信公众号等服务平台发送“世界认可日”相关宣传信息。

21. 合力打造和谐机关。扎实开展“三严三实”专题教育，党建工作持续加强。提炼“崇检、尚德、图强、担责”浙检精神，国检文化建设更加深入。温州、湖州、衢州、嵊泗四局通过“全国文明单位”复评，台州、绍兴、丽水等局荣获第四批“全国文明单位”称号，绍兴局被评为“全国质检系统先进集体”，省局机关被评为国家级“节约型公共机构示范单位”。51个检验检疫窗口全部完成标准化建设，35个获评“全国检验检疫示范窗口”，数量居全国第三。在全国系统率先探索实施分支机构纪检监察管理体制改革，获质检总局领导高度评价。

2015年杭州海关运行情况分析

杭州海关

2015年，杭州海关坚持将有效服务杭州市经济社会发展作为全关工作的重中之重，紧紧围绕市委、市政府的决策部署，注重对接融入，强化政策支持，优化海关服务，提升通关效率，努力为打造东方品质之城、建设幸福和谐杭州作贡献，全力服务杭州市经济社会特别是开放型经济稳定健康发展。全年共审核报关单108.40万份，增长7.8%；监管进出口货运量1.41亿吨、集装箱236.05万标箱，分别增长3.7%、17.6%；监管出入境人员399.47万人次、邮递物品6208.73万件、快件2713.40万件，分别增长14.9%、89.7%、87.1%。

一、坚持先行先试，全力服务杭州综试区建设

一是注重制度创新，着力构建跨境电子商务监管通关体系。率先开展跨境电子商务B2B出口试点，支持综试区跨境电子商务“单一窗口”上线运行，出台了涵盖15项创新举措的《中国(杭州)跨境电子商务综合试验区海关监管方案》，基本建成与跨境电子商务特点相适应的通关监管体系。二是注重统筹协调，着力优化跨境电子商务海关管理机制。设立专门机构负责对接服务综试区建设和业务一线的各项工作，无条件克服人力资源极度紧张的困难，从关区各业务现场选调35名业务骨干增配到跨境电子商务通关作业现场，为综试区企业提供“全年365天无休，24小时内办理海关结关手续”的通关服务。三是注重“机器换人”，着力推进跨境电子商务通关实现全程无纸化。采取整体规划、分步实施、迭代开发的信息化建设策略，切实发挥科技在规范跨境电子商务管理上的重要作用，2012年以来杭州海关先后投入2000余万元，强化海关信息化管理系统、物流监控系统及大数据分析系统的研发运用，有效提升了跨境电子商务管理的信息化和智能化水平。四是注重实际监管，切实推动跨境电子商务规范发展。坚持法治思维和底线思维，对电商企业实施诚信验证并适用不同的通关便利政策，鼓励企业自律经营。充分发挥全流程数据汇聚的基础性作用，强化信息比对，建立了三大类13项风险参数，科学防控跨境电子商务走私违规风险。

二、强化政策支持，服务外贸稳定发展

一是针对严峻外贸形势，研究制订服务杭州市外向型经济发展的具体举措，印发《杭州海关关于印发进一步促进外贸增长重点工作实施意见的通知》等文件，举全关之力，力促外贸出口稳定发展。二是加快职能转变，切实助推贸易便利化水平。积极落实“四张清单一张网”改革，全面清理、规范管理制度，梳理权力和责任清单，规范内部核批事项，深化行政审批制度改革。设立47个“一个窗口”，统一受理行政审批申请，缩短审批时间，提高办事效率。三是加大政策法规宣传，引导企业用足用好海关优惠政策。为杭氧、杭汽轮、南源环境等高端装备制造业进口的关键零部件给予关税、增值税减免。全年共审批进口重大技术装备21批次，涉及货值872.77万美元，共计减免关税、增值税1257.4万元。四是充分发挥12360公益服务热线作用，全天候为企业提供通

关等咨询服务。

三、改进企业管理，创新关企合作长效机制

一是积极推广海关信用管理办法，顺利完成企业分类类别向信用等级的过渡转换，接受5686家原A类及以上企业的认证换证申请，其中155家原AA类企业成功转换为高级认证企业。二是升级改造“杭州海关关企联络平台”系统，实现关企点对点批量通信，并利用微信群、公众号等新媒介建立AEO企业微信群26个，为AEO企业提供一站式在线服务。三是全面推行企业协调员制度，为诺基亚公司检测物品提供暂时进出口通关便利，为长安福特杭州分公司打造“杭州—乍浦直通线”通关模式，对浙江融易通、阿里巴巴“一达通”电商平台建立专项帮扶长效联系机制。

四、深化业务改革，着力提升服务整体效能

一是平稳推进区域海关通关作业一体化改革，全面完成“杭州海关大通关平台”的升级改造，与上海、宁波等海关签订联系配合办法，推动杭州一体化报关货物在上海、宁波等地实现电子化放行操作。二是切实推进关检合作“三个一”改革，深化与检验检疫部门的协作联动，实现“一次申报”报关单1.75万票，一次查验和一次放行报关单各3583票，业务量均居全国前列。三是优化查验工作机制，制订查验规范实施细则和查验指数，强化非侵入式查验设备使用比例，有效提升通关效率。四是改进监管方式，为展会提供上门监管服务。2015年共监管“海上瓷路——粤港澳文物大展”、“仍在曹家——曹其镛夫妇珍藏中国古代漆器特展”、“吴赵风流——吴让之、赵之谦书画印特展”等展会进出境展品6批次，累计货物价值约6.7亿元人民币，减免各类保证金约1.3亿元人民币。

五、优化空港服务环境，增强空港发展后劲

一是支持杭州萧山国际机场新开马德里、哥本哈根等“一带一路”沿线航点5个、加密9条国际（地区）航线。二是支持近百架公务机起降，支持全省首个65吨级全货机升级，支持设立口岸进境免税店，支持保税供油业务等口岸特色业务，优化杭州空港服务功能。三是自主研发的“智慧空港”项目，大力推进“机器换人”，实现监管场所可视化监控、数据化跟踪、智能化监管，推动空港物流发展。四是保障西博会等地方重大节庆活动及文化经贸交流活动的通关服务，全年为重要旅客提供通关礼遇和便利428人次。五是加强进出境行李物品监管，改造升级旅检监管场所，顺畅进出境人员通关秩序，提升杭州空港口岸形象。

六、加强统计监测预警，切实抓好决策辅助服务

一是加强统计分析的针对性，认真做好外贸进出口海关监测预警，累计编发统计分析215篇，获省领导批示15篇次。二是加强虚假贸易管控，开发贸易统计数据宏观监控平台，按月监控分析进出口情况、价格指数，发布虚假贸易风险信息。全年共编发《虚假贸易风险通报》6期，共核查虚假贸易风险企业22家，涉及进出口金额约150亿元。三是强化统计质量，保障数据安全，全年共上报有效统计监督信息93篇，积极发展数据统计监督作用。

七、坚持理性执法，切实规范进出口贸易秩序

根据海关总署统一部署，全面开展打击农产品走私攻坚战、打击成品油走私“春雷”专项行动、打击毒品枪支走私攻坚战、打击“洋垃圾”走

私攻坚战、打击象牙等濒危动植物及制品走私攻坚战等“五大战役”，严厉打击各类走私违法行为。全年查处杭州地区农产品走私犯罪案件 14 起、案值 3.71 亿元、涉税 1.41 亿元、涉案棉花、冻品、坚果等农产品 1.82 万吨；查获走私毒品案件 2 起，查获大麻等各类毒品 5.91 公斤；查获枪支弹药走私犯罪案件 1 起，缴获枪支 4 支、铅弹 1467 发；查获走私珍贵动植物及制品犯罪案件 6 起，查获象牙等珍贵动物制品 86.47 千克、濒危动植物 36 个(只)。

2015年浙江省服务贸易发展报告

浙江省商务厅

2015年，浙江省服务贸易整体发展平稳，实现进出口总额为442.16亿美元（折合人民币2747.84亿元），同比增长16.05%（17.39%）；其中出口为284.58亿美元（折合人民币1761.90亿元），同比增长16.48%（17.38%）；进口为157.58亿美元（折合人民币976.71亿元），同比增长15.28%（16.30%）。2015年度服贸总额占全省外贸总额11.31%，同比提高1.62个百分点。

一、2015年度服务贸易发展主要特点

一是规模进一步扩大，增速较快。全省服务贸易规模进一步扩大，2015年度服务贸易进出口达442.16亿美元，继续保持在全国第一方阵。从各市看，绝大多数市进出口增幅超过全省平均增幅，其中杭州、湖州、金华和衢州增幅超过20%；从各领域看，服务外包、金融、通信、教育、医疗、其他商业服务等6个领域进出口增幅超过20%。服务贸易进出口额的规模发展较快，从2008年的150亿美元发展到2015年的442亿美元，已经翻了将近两番。

二是结构进一步调整，不断优化。传统领域仍然占据主导地位，但在服务贸易总量中所占比例持续下降。2015年度全省运输、旅游和建筑三大传统领域进出口平均增幅6.24%，低于全省服务贸易进出口平均增幅9.81个百分点。而新兴领域占比持续上升，2015年达38.39%，同比上升5.69个百分点，新兴领域平均增幅达36.25%，超过全省服贸进出口平均增幅20.2个百分点，其中离岸服务外包首次超越三大传统行业，成为出口第一大行业，占全省服贸出口比重达24.91%；金融、通信、教育、文化等6个新兴领域增幅均在20%以上，其中通信、医疗、教育和金融增幅超过50%。

三是国际市场分布进一步多元化，加快调整。全省服务贸易出口市场遍布五大洲200多个国家和地区。从大洲分布看，2015年度亚洲仍为最主要海外市场，进出口额达172.10亿美元，市场份额占38.72%，但是同比下降了17.12个百分点。其中出口额达122.83亿美元，市场份额占43.16%，同比下降了23.71个百分点，进口额达49.27亿美元，市场份额占31.27%，同比下降1.12个百分点，亚洲市场的主要进出口领域为运输服务、旅游服务、服务外包、文化服务、金融服务、通信服务等。美洲市场进出口额达113.73亿美元，市场份额占25.72%，同比增长了6.58个百分点，其中出口额达68.60亿美元，市场份额占24.11%，同比增长了13.38个百分点，进口额达45.13亿美元，市场份额占28.64%，同比下降了0.8个百分点，主要进出口领域为运输服务、旅游服务、服务外包、文化服务、金融服务、教育服务、通信服务等。欧洲市场进出口额达103.58亿美元，市场份额占23.43%，同比增长了4.59个百分点，其中出口额达60.03亿美元，市场份额占21.09%，同比增长了7.48个百分点，进口额达43.55亿美元，市场份额占27.63%，同比下降了0.57个百分点，主要进出口领域为运输服务、旅游服务、服务外包、文化服务、金融服务、教育服务、通信服务等。非洲是服务贸易新兴市场，进出口额达25.17亿美元，市场份额占5.69%，同比增加2.34个百分点，主要出口领域为工程承包、运输服务等。大洋洲同样是服务贸易新兴

市场,进出口额达 27.58 亿美元,市场份额占 6.24%,同比增加 2.07 个百分点,主要出口领域为工程承包、运输服务等。

从国别地区看,2015 年度服务贸易出口至美国为 40.05 亿美元,占全省出口总额的 14.07%,为浙江省服务贸易出口第一大市场。中国香港特别行政区为第二大出口市场,出口额达 39.81 亿美元,占全省总额的 13.99%。第三、第四为日本、卢森堡,出口额分别为 29.12 亿美元和 21.67 亿美元,分别占全省总额的 10.23%、7.62%。第五至第十大市场分别为新加坡、韩国、英国、中国台湾地区、委内瑞拉和德国。前十大市场中亚洲占 5 个,欧洲占 3 个,美洲占 2 个。

四是顺差进一步扩大,趋势明显。2015 年度达到了 127 亿美元,同比增加了 19.37 亿美元。几大顺差行业分别为运输、建筑、国际服务外包、分销等,其中顺差最大的行业是国际服务外包,截至 2015 年 12 月底,国际服务外包顺差达 66.88 亿美元,其次是建筑,顺差达 59.37 亿美元,第三是运输,顺差达 41.06 亿美元,这三大行业顺差超 160 亿美元且仍在继续扩大。几大逆差行业分别为旅游、教育、文化等,其中教育逆差最大,达 25.58 亿美元,且随着出国留学生源继续扩大,逆差正在加大,其次是旅游,逆差达 14.69 亿美元,出境旅游增长明显,旅游逆差扩大。

五是区域分布进一步合理,差距缩小。2015 年各市在全省服贸中所占比重总体基本与 2014 年相同。杭州仍然保持最大份额为 43.04%,宁波、温州分别为 19.72%、7.87%,这三个市合计占全省总额的 70.63%,同比下降了 0.63 个百分点;金华、嘉兴、绍兴市占比分别为 7.00%、5.23%、4.36%,合计占总额的 16.59%,同比下降了 0.3 个百分点;湖州、舟山、台州、衢州、丽水等市占比相对偏小,五市相加占全省总额 12.78%,同比增长了 0.93 个百分点,各市差距正在逐步缩小。且从增幅上看,这五个市增速均超过全省进出口平均增速,快于其余各市,进一步显示差距正在逐步缩小。

二、2015 年服务外包发展情况

2015 年,全省离岸合同执行额为 70.97 亿美元,同比增长 25.73%;在岸执行额 32.00 亿美元,同比增长 3.17%,相比离岸服务外包增速明显较慢。2015 年 12 月离岸执行额 23.38 亿美元,环比增加 137.59%,年末各地存量业务集中释放上报,对统计数据稳定性造成一定影响。

从业务类型分类情况看,2015 年离岸服务外包合同中,信息技术外包(ITO)合同接包执行金额为 42.88 亿美元,占总执行金额的 60.43%,较 2014 年同期的 57.22%增加 3.21 个百分点,占比稍有扩大,信息技术外包仍是服务外包领域的发展主体。业务流程外包(BPO)合同接包执行金额占 7.79%。知识流程外包(KPO)合同接包执行金额占 31.24%。其他(未分类项)占 0.55%。

从业务分类指标看,2015 年的离岸服务外包合同中,软件(含嵌入式)研发执行金额为 38.33 亿美元,占总执行金额的 54.02%;商务及技术服务接包执行金额为 16.38 亿美元,占总执行金额的 23.08%;信息技术服务接包执行金额为 4.55 亿美元,占总执行金额的 6.41%;文化动漫外包接包执行金额为 3.99 亿美元,占总执行金额的 5.63%;物流、金融及管理服务、生物医药外包的接包执行金额占比分别为 4.39%、3.40%、3.08%。

从全省离岸市场分布情况看,美国、日本、中国香港特别行政区仍是服务外包业务的主要发包源。2015 年,来自美国的服务外包合同执行额 22.71 亿美元,占全省离岸执行额的 32.00%,同比上升 2.66 个百分点;日本 7.15 亿美元,占 10.07%,同比下降 1.99 个百分点;中国香港特别行政区 6.92 亿美元,占 9.76%,同比下降 0.04 个百分点;第四至八位分别为:芬兰、德国、印度、英国、荷兰。

从企业执行情况看,执行额较高的企业数量增幅稳定。系统内数据显示,2015 年有离岸服务外包业务执行的企业总数为923家，12月增加67家填报离岸执行额数据。其中，离岸执行额在500万美元以上的服务外包企业208家，比2014年同期增加17家，离岸执行额共计61.80亿美元，同比增幅30.16%，占全省离岸服务外包合同执行额的87.08%。离岸执行额1000万美元以上的服务外包企业有110家，比2014年同期减少4家，离岸执行额54.69亿美元，同比增幅30.49%，占全省总额的77.06%。

三、2015年文化贸易发展情况

2015年全省文化服务进出口总额达5.03亿美元，同比增长15.10%，占服务贸易进出口总额的1.14%。其中文化服务出口达9800万美元，同比增长24.78%，增速高于全省平均水平8.3个百分点；文化服务进口达4.05亿美元，同比增长12.81%。

从文化服务出口各市分布看，2015年杭州继续领跑全省文化服务贸易出口，但比重有所下降，2015年占全省文化服务出口的48.77%，比重下降近30%。宁波比重提高至15.03%，居全省第二。金华、湖州、温州等比重迅速增加，三市比重占全省的四分之一，舟山、衢州、丽水等市也均实现零的突破，迈出新的步伐。

从文化服务出口内容看，2015年文化服务出口主要集中在文化创意和设计服务、广播影视服务，占总出口额近80%，影视剧出口逐步加大，说明浙江省影视文化产品逐渐被西方国家所接纳。2015年文化创意和设计服务出口达4128万美元，占全省总额的42.12%；广播影视服务出口达3445万美元，占全省总额的35.15%；文化艺术服务出口达961万美元，占全省总额的9.81%；新闻出版服务出口达482万美元，占全省总额的4.92%；其他文化服务出口达784万美元，占全省总额的8.00%。

从文化服务出口市场看，2015年文化服务出口到美国的达到2464.7万美元，占全省总额的25.15%；出口至香港特别行政区达1587.6万美元，占全省总额的16.20%；出口至英国的达982万美元，占全省总额的10.02%；出口至日本的达921.2万美元，占全省总额的9.40%；出口至台湾地区的达774.2万美元，占全省总额的7.90%；第六至第十分别为韩国、吉尔吉斯斯坦、意大利、泰国和法国等新兴市场。

文化走出去取得积极成效。据不完全统计，2015年新增文化走出去项目3个，浙江画之都、杭州夏天岛、浙江出版联合集团，三家公司分别在美国、日本、法国、德国创建成立了分公司，投资总额超300万美元，走出去步伐进一步加快。

四、2015年度运输服务发展情况

运输服务是四大服务贸易领域之一，2015年受全省外贸形势影响，由长期以来的全省服务进出口第二大行业下降到第三，被国际服务外包超过。2015年度实现进出口69.38亿美元，占全省服务贸易总额的比重达15.69%。其中运输服务出口55.22亿美元，运输服务进口14.16亿美元。

从进出口市场看，由于香港特别行政区是一个高度发达的自由贸易港，进出口政策相对宽松，无论是从税收、费用方面还是从出入关程序方面看，都比由内地直接进出口国外方便，所以香港特别行政区作为中转站，占了全省运输服务进出口市场的60%以上。

五、2015年度教育服务发展情况

截至2015年底，浙江省独立设置的本科层次中外合作办学机构2个，即宁波诺丁汉大学（中国第一所独立设置的中外合作大学，2005年正式批准设立）和温州肯恩大学（浙江省第一所中美合作的大学，2014年9月正式开学）；非独立设置的中外合作办学机构5个，即浙江科技学院中德工程师学院、浙江越秀外国语学院印第安纳波利斯大学国际学院、宁波城市职业技术学院中澳合作技术与继续教育学院和浙江纺织服装职业技术学院中英时尚设计学院、金华职业技术学院怀卡托国际学院。目前全省中外合作办学项目和机构共146个。

2015年在浙江省学习的外国留学生达

25964人，来自176个国家和地区，占全省高校全日制在校生总数的2.46%。浙江省教育服务进出口达36.27亿美元，其中出口5.35亿美元，进口30.92亿美元。教育进口占全省服务贸易进口已经达到14.96%。

2015年浙江教育“走出去”实现零的突破，浙江师范大学与新加坡智源教育学院合作在新加坡举办学前教育专业硕士学位教育项目获得教育部批复，是浙江省高校首个境外合作项目。截至2015年底，浙江省共有14所高校在19个国家举办了23所孔子学院。

六、2015年度旅游服务发展情况

2015年，全省接待入境游客1012.04万人次，同比增长8.78%，实现国际旅游（外汇）收入67.88亿美元，同比增长13.67%，其中接待外国人672.3万人次，增长9.6%；香港同胞114.3万人次，同比增长4.1%；澳门同胞42.7万人次，同比增长10.1%；台湾同胞182.7万人次，同比增长8.7%。入境游客人均花费671美元，入境过夜游客平均停留时间2.83天。全省住宿设施接待入境过夜游客459.02万人次，同比增长0.02%，实现国际旅游（外汇）收入27.69亿元，同比增长6.03%；全省旅行社组织出境游客226.95万人次，同比增长22.84%。

2015年浙江省入境外国游客按各大洲的分布情况是：亚洲游客327.7万人次，同比增长13%；欧洲游客167.6万人次，同比增长6.2%；美洲游客83.2万人次，同比增长5.7%；大洋洲游客23万人次，同比下降0.8%；非洲游客25.3万人次，同比增长34.4%。入境游最大客源为中国台湾地区，占全省总额的18.05%，其次为香港特别行政区，占全省总额的11.29%，第三至第五分别为韩国、日本和美国，占全省总额分别为10.90%、5.25%、4.79%，第六至第十大客源分别是澳门、意大利、马来西亚、德国和新加坡。

从各市接待入境游客情况看，2015年度杭州市接待入境游客341.6万人次，实现外汇收入29.31亿美元，占全省旅游收入的43.18%；宁波市接待入境游客157.5万人次，实现外汇收入8.00亿美元，占全省旅游收入的11.79%。全省接待入境旅游人次增长最快的义乌、温州和湖州，分别增长18.3%、17.5%和17.3%；旅游外汇收入增长最快的是湖州、义乌和金华，分别增长29.2%、22.0%和20.9%。

2015年，全省旅行社组织出境游客226.95万人次，同比增长22.84%。其中出国游累计组团人数182.9万人次，同比增长40.5%，港澳游累计组团人数32.3万人次，同比下降21.3%。全年台湾游累计组团人数10.5万人次，同比下降2.6%。

七、2015年度建筑工程服务发展情况

2015年，浙江省建筑工程服务在“一带一路”等国家战略的推动下继续稳步增长。全省建筑工程服务出口63.25亿美元，同比增长18.60%，呈现稳定增长的态势。浙江省国际经济合作的稳健发展，推动了浙江省建筑、交通、电力等基础设施领域“走出去”开拓市场，在化解产能过剩支持供给侧改革的同时，也带动了成套装备、技术标准的“走出去”。

在市场竞争更趋激烈的现状下，项目大型化的趋势明显，对承包企业的资金、技术、商务能力的要求不断提高，导致市场份额进一步向拥有资源优势的大企业集中。全年浙江省完成营业额超5000万美元的企业有浙江建设投资集团、中石化宁波工程、中国联合工程、浙江城建建设、东阳三建、宁波市建设集团、中国电建华东院、中地海外水务、中国能建浙江火电、万向集团、正泰太阳能、浙江华友、杭州海兴、浙江交工、宁波东海集团、上航建设公司、宁波建工、浙江天时国际、尤利卡、东方日升、龙元建设、华丰建设、宏润建设、东南网架、东方机电、浙江华业电力、宁波中策动力、中天建设、宁波乐惠食品、杭州之江市政、东芝水电等31家企业。上述31家企业营业额合计为41.84亿美元，企业家数占全省有工程承包资质企业的10.6%，但营业额占总营业额的67.71%。浙江省对外工程企业营业额呈现向大企业集中的态势。

2015年，浙江省在非洲完成对外承包工程营业额21.21亿美元，同比增长19.49%，主要由

房建项目带动；亚洲完成对外承包工程营业额为21.89亿美元，同比增长19.03%；亚非合计为43.10亿美元，占总量的69.75%。在传统市场仍为主流的同时，拉美、北美等新兴市场也取得了稳定增长，浙江省境外工程承包市场得到了较大的改善。全年拉美地区完成营业额10.87亿美元，同比增长23.38%；北美地区完成营业额1.48亿美元，同比增长66.29%。全年完成营业额较大的国家有阿尔及利亚、澳大利亚、阿根廷、秘鲁、越南、埃塞俄比亚、委内瑞拉、尼日利亚等。此外，浙江省企业积极参与"一带一路"建设，努力在沿线国家承揽工程，在沿线42个国家完成工程营业额18.83亿美元，占比为30.47%，占比与2014年相比提高了约5个百分点。

八、2015年度分销、通信、金融等新兴服务贸易行业发展情况

随着经济转型升级推进力度的加大，近年来，浙江省新兴服务贸易行业实现了快速发展。分销服务是新兴服务贸易行业里发展最迅速的行业之一，主要为加工贸易及贸易佣金进出口，其中加工贸易为出口居多，贸易佣金为进口佣金居多；通信、金融、保险等总量虽小，但增幅明显。其中通信、金融增幅均超过50%，结构趋于优化。

九、2015年度其他商业服务发展情况

2015年其他商业服务进出口额达到24.55亿美元，占服贸进出口总额的5.55%，同比增长27.58%。包含专利特许权、非专利发明或专有技术、经营性租赁、技术服务、法律会计和管理咨询服务、认证公证、国际会展、国际组织的驻华机构办公经费和会费收支等项目。其中研发成果转让费及委托研发进出口额达7.37亿美元，占其他商业服务进出口总额的30.02%；技术服务进出口额达6.15亿美元，占其他商业服务总额的25.05%；管理咨询和公共关系服务进出口达5.11亿美元，占总额的20.81%；其他类占总额的24.12%。

2015年浙江省经济(技术)开发区经济发展报告

浙江省商务厅

“十二五”时期,浙江省经济(技术)开发区(以下简称“经开区”)以发展为第一要务,以“四个全面”战略布局为统领,以五大发展理念为引领,以“八八”战略为总纲,自觉肩负起“干在实处永无止境,走在前列要谋新篇”的新使命,在全球经济下行的大背景下,采取多种措施克服困难应对挑战。5年间,全省开发区从快速发展转入稳定发展,发展模式从粗放型向集约型过渡、业态由传统向新兴过渡、功能从单一生产功能区向城市综合功能区过渡,虽在发展中遇到了不少困难和问题,但总体上路子越走越宽,层次越走越高,国际化水平日益提高,体制机制也在不断创新探索中取得较好成果。经过5年的发展,全省经开区成为了带动地区经济发展和实施区域发展战略的重要载体,成为了构建开放型经济新体制和培育吸引外资新优势的排头兵,成为科技创新驱动和绿色集约发展的示范区,成为了大众创业和万众创新的落脚地。

一、“十二五”经济发展和平台建设主要亮点

1. 综合实力稳定增长。“十二五”期间,浙江省经济(技术)开发区各项经济指标年均增速较“十一五”期间回落,但仍然保持稳定增长。5年累计实际利用外资377.2亿美元、进出口总额7595.7亿美元(含宁波保税区)、实现规模以上工业增加值33109.4亿元,年均增幅分别为8.8%、8.9%和11.2%。实际利用外资历年保持全省半壁江山的地位不动摇。对外贸易和工业总量5年来占全省比重分别从2010年的42.9%和46.0%提高到2015年的44.1%和61.5%。全省经济(技术)开发区对全省“十二五”经济发展做出了显著贡献。

2. 平台建设取得重大突破。“十二五”期间,全省新获批国家级经济技术开发区10家、综合保税区2家;整合设立省级经济开发区10家;设立对台经贸合作区4家。至“十二五”末,全省外向型平台有国家级经济技术开发区20家,国家级开发区1家,海关特殊监管区8家,省级经济开发区51家,列入省级经济开发区管理序列的区块3个,对台经贸合作区4家。结束了金华、衢州、丽水三市没有国家级外向型经济发展平台的历史;打破了全省没有对台省级合作区的现状;开始了海关特殊监管区逐渐向综保区转型的进程。“十二五”期间全省经开区累计投入基础设施建设7926亿元,年均增速22.5%,平台建设取得重大突破。

3. 整合提升进入深化阶段。在“十一五”空间整合的基础上,“十二五”期间的新一轮整合提升重在“提升”,以创新体制机制为突破口,形成核心区和整合区不拘一格的统筹模式,以打造统一规划、统一招商、产业集群的大平台为目标,最大限度地减少小区域割裂造成的资源浪费,最大限度地发掘浙江省开发区的竞争优势。全省34家经开区进行了新一轮整合提升,发展理念得到升华,体制机制得以创新发展,各区块间招商、规划、产业等正在融合,为今后进行统一规划、体

制创新和夯实产业等方面做出了有效的探索。

4. 转型升级有效推进。"转型升级"是经开区"十二五"发展的主线。"十二五"期间，全省经开区积极实施国际化战略，创建了 11 个国际产业合作园；积极开展"四换三名"工程，探索创建全省智慧开发区，推动创新发展；深化重点领域改革，开展产城融合等 12 个深化重点领域改革试点，积极复制自贸区改革试点经验；创新国际化招商模式，积极探索以区中园形式推动经开区国际化、品牌化发展，创建了 37 个"开发区特色品牌园区"和 15 个"外商投资新兴产业示范基地"；整合优化海关特殊监管区，海关特殊监管区开放型经济先行区作用进一步得到发展；建立了"争先进位　末位退出"机制，倒逼弱小经开区加快整合推进转型升级。全省经开区产业较"十一五"末得到提升，新经济新业态迅猛发展，汽车制造、医药制造等产业在一些经开区正逐步取代纺织服装等传统制造业成为主导产业；工业土地工业总产值产出率提高 55.5 万元/亩；人均税收贡献率提高 1.8 万/人；5 年获绿色企业称号的规模以上工业企业 442 家。

二、2015 年全省经济(技术)开发区经济发展情况

1. 主要经济指标。截至 2015 年底，全省经济(技术)开发区及其托管地区已开发面积 2082 平方公里，其中工业用地 1054 平方公里，规模以上企业 3.5 万家，外商投资企业 1.1 万家，就业人口 654 万。2015 年主要经济指标运行如下：

利用外资。新批外资项目 598 个、合同利用外资 127.5 亿美元，实际利用外资 90.5 亿美元，分别占全省的 33.6%、45.8%和 53.4%，新批项目和合同利用外资基本与上年持平，实际利用外资同比增 5.1%，增幅较上年回落 6 个百分点。从区域看，杭州和宁波两市的经开区实际利用外资占全省经开区的 52.2%，占全省的 27.9%；从类别看，国家级经开区占全省经开区的 67.4%，占全省的 36.0%。2015 年度全省经开区新批项目投资总额超 5000 万美元以上 94 个，其中 1 亿美元以上 36 个，占全省的 58.1%；新批世界 500 强投资项目 13 个。

对外贸易。全省经济(技术)开发区的进出口总额、出口额和进口额分别为 1533.7 亿美元、1145.6 亿美元和 388.1 亿美元，分别占全省的 44.1%、41.4%和 54.9%，同比分别下降 2.6%、1.3%和 5.6%，增幅较上年有较大回落。从个体看，有 12 家省级经开区和 2 家国家级经开区进出口额实现 10%以上增幅，但有 16 家经开区跌幅超过 10%，其中有 7 家为国家级。

规模以上工业。全省经济(技术)开发区规模以上工业企业 21622 家，占全省的 53.8%，年末就业人数 390.7 万人，实现规模以上工业增加值 8129.5 亿元，同比增 9.3%，占全省的 61.6%，比重较上年提高 3.7 个百分比。工业增加值率为 20.3%。有 13 家经开区规模以上工业总产值超千亿，其中 7 家为国家级，分别是：宁波、嘉兴、杭州、甬石化、柯桥、杭州湾上虞和富阳经开区；6 家为省级，分别是：乐清、余姚、桐乡、德清、诸暨和海宁经开区。宁波和嘉兴经开区规模以上工业总产值超过 2000 亿元。

财税收入。全省经济(技术)开发区实现财政总收入 3067.4 亿元，占全省的 35.9%，其中税收收入 2813 亿元，同比增长 13.6%，占全省财政总收入的 32.9%，占比较上年提高 0.4 个百分点。5 家经开区税收收入超 100 亿元，其中 4 家为国家级开发区。

固定资产投资。全省经济(技术)开发区全年限额以上固定资产投资 11023.2 亿元，占全省的 41.3%，同比增长 14.5%，较全省高 1.2 个百分点。其中基础设施投入 2327.9 亿元，占全省的 31.4%，同比增长 21.4%，较全省低 7.8 个百分点；制造业投入 5392.4 亿元，占全省的 71.1%，同比增长 18.1%，较全省高 7 个百分点。

表 1　　2015 年主要经济指标

项　目	绝对值	占全省比重(%)	增幅(%)	增幅较全省
实际利用外资(亿美元)	90.5	53.4	5.1	−2.3
进出口总额(亿美元)	1533.7	44.1	−2.6	−0.4

续表

项 目	绝对值	占全省比重(%)	增幅(%)	增幅较全省
规模以上工业增加值(亿美元)	8129.5	61.6	9.3	+4.9
财政总收入(亿美元)	3067.4	35.9	13.6	+4.9
固定资产投资(亿美元)	11023.2	41.3	14.5	+1.3

2. 发展质量和综合效益情况。2015 年全省经济(技术)开发区招优引强、加大科技投入、加快引进培育人才、积极创建科技创新平台,打好组合拳推进开发区创新发展,提质增效明显。

招优引强、招才引智,放大开发区集聚效应。全年引进投资总额 3000 万美元以上外资项目 169 个, 其中世界 500 强外商投资企业 9 个;当年设立备案总投资 2 亿元人民币以上内资项目数 670 个;"国千"、"省千" 等专家人才入股项目 142 个。在人才培育引进方面,规模以上工业企业每万人科技活动人员 795 人, 较上年增加 5 人;引用"国千"、"省千"、院士和外国专家分别为 382、402、155 和 560 人次,分别比上年增加 137、89、29 和 215 人次。

发挥企业创新主体作用,推动科技创新驱动发展。全省经开区拥有省级以上高新技术企业 3253 家,其中规模以上工业高新技术企业 2760 家,占规模以上工业企业的 12.8%,实现工业总产值 12076.3 亿,占规模以上工业总产值的 30.1%;拥有研发中心、技术中心、院士工作站和博士后工作站 1201 家;规上工业企业科技活动经费支出 657.7 亿元,支出强度 8.1%,高于上年 0.4 个百分点;工业技改投入 4252.7 亿元,占全省 63.0%,同比增长 30.5%,增幅较全省高 6.9 个百分点。2015 年度创新成果斐然,实现新产品产值率 34.9%,比上年提高 4.9 个百分点;企业新获发明专利授权量 6923 件,同比猛增 86.3%,占全省的 29.7%;3 年内经评定的知名品牌(商标)、出口名牌共计 3807 件。

提高效益促进绿色、协调、共享发展。集约节约利用土地。全省经开区核心区及托管区已开发完成土地面积约 312 万亩,土地利用率较上年上升 1.0%,工业土地投资强度 196.6 万元/亩,比上年提高 13.6 万元/亩;亩均税收产出率 9.0 万元,比上年提高 0.8 万元,规模以上工业企业亩均工业增加值 93.1 万元,比上年提高 8.2 万元/亩。劳动生产率提高。人均实现税收收入 4.3 万元,比上年提高 0.6 万元,规模以上工业企业人均实现工业增加值 20.8 万元,比上年提高 1.4 万元/人。绿色生产。50 家经开区已通过了 ISO14001 认证,占 70%。442 家规模以上工业企业获得清洁生产先进企业称号,比上年增加 51 家。当年规模以上工业企业能耗下降率 8.3%。社会贡献。为社会提供大量的工作岗位,2015 年末全省经开区就业人口 654 万人。

3. 新业态新经济发展情况。这几年,传统产业下行压力较大,全省经开区在加快提升改造传统业态同时,新业态、新经济正在孕育新的发展动力,战略性新兴产业崭露头角,电子商务、物流业等新经济模式迅猛发展,或将成为经济发展新的支撑之一。

战略性新兴产业。经初步统计,2015 年全省经开区实现九大战略性新兴产业产值约占工业总产值的 25.5%,其中新材料、节能环保、高端装备制造业和生物产业贡献较大, 分别占 8.8%、4.5%、4.1%和 2.5%。

制造业主导产业。虽然传统制造业依然是经开区的主要产业,但汽车制造、医药制造开始成为一些经开区的主导产业。2015 年,全省 17%的经开区以化学原料和化学制品制造业为第一大主导产业,16%的经开区以电气机械和器材制造业为第一大主导产业,13%的经开区以纺织、纺织服装业为第一大主导产业。有 4 家经开区以汽车制造业为第一大主导产业,2 家经开区以医药制造为第一大主导产业。

新经济模式。2015 年度全省经开区纷纷触电上网,创新经济模式和园区管理模式。以杭州、宁波经开区为代表,不少经开区成为跨境电子商务的主要服务平台,物流、资金流也随之开始集聚。

三、落实新考核制度，推动“十三五”时期全省经济（技术）开发区转型升级创新发展

“十二五”时期经济发展的圆满收官为下一个五年发展提供了新的起点，但2016年作为“十三五”的开局之年，困难和挑战依然不少，全省经济（技术）开发区也面临着不少问题，如经济发展的引擎作用有所减弱，发展受到了体制机制等资源要素的制约，科技创新发展不足，转型升级难，营商环境、产业发展水平、发展理念等有待改善。针对新问题，党中央、国务院高度重视开发区的发展，分别在2014年和2016年连续发文并召开电视电话会议推进全国经开区“转型升级创新发展”工作，并明确要求完善国家级经开区考核制度，实行严格的动态管理机制。为此，商务部完善了对国家级经开区的考评办法，浙江省也将召开全省开发区会议并进一步完善浙江省开发区考评办法。

新完善的《国家级经济技术开发区综合发展水平考核评价办法》和《浙江省开发区综合考评办法》是“十三五”时期全省经开区经济、科技、生态、社会以及体制创新的新指挥棒和刻度尺，全省经开区仍然需要砥砺前行，在创新转型、提升国际化发展水平、优化体制机制营商环境中继续谋新篇创实绩，在经济新常态下，为全省经济稳增长、促转型再做新贡献。

2015年浙江省电子商务发展报告

浙江省商务厅

2015年是“十二五”规划的收官之年，这一年来浙江省电子商务保持了快速发展的良好态势，产业规模不断扩大，发展水平持续提高，行业应用深入普及，跨境电商试点成效显现，电子商务与农业、制造业及服务业等领域的融合加快，催生了一批新兴业态。电子商务对浙江经济的发展贡献日益提高，提升了流通效率，扩大了消费需求，促进了消费方式转变和消费升级，是“大众创业、万众创新”的重要阵地，成为促进浙江省经济转型升级和提升发展的新引擎。经过“十二五”时期的发展，电子商务已成为浙江践行“干在实处，走在前列”的标志性成果，也是继民营经济和专业市场之后浙江的又一张金名片。

一、2015年浙江省电子商务发展概况

2015年浙江省实现网络零售额7610.62亿元，同比增长49.9%，总量居全国第二位，超额完成“十二五”规划目标。网络零售额与社会消费品零售总额比值达38%，远远高于全国约15%的水平。各类电子商务市场主体蓬勃发展，拥有各类活跃网店100多万家，天猫网店2.5万家，跨境电商经营主体近4万个，电商服务企业3000家左右，其中规模以上电子商务服务企业约1000家；建有电商产业基地204个；电子商务带动直接就业超过200万人。

（一）浙江省电子商务继续保持全国领先优势

浙江省电子商务产业发展水平显著提高。在发展规模上，浙江省网络零售额相当于全国网络零售总额的五分之一，活跃电商主体数约占全国的四分之一，电商园区数约占全国园区总数的五分之一，均居全国前列。从产业基础上看，以阿里巴巴为代表的浙江省第三方电子商务平台发展水平位居全国前列，还拥有3000家左右各类专业的电子商务服务商，在仓储物流、配送快递、软件开发、代运营、网络推广、数据分析、支付融资、信用认证、咨询培训等领域中小企业提供专业化的电商服务。从发展速度上看，浙江电子商务仍处于快速发展阶段，网络零售额同比增长高于全国18个点，电商业态创新加快，在全国同行中发挥着引领作用。

（二）电子商务对经济发展的贡献不断凸显

浙江省网络零售额占同期社会消费品零售总额的比值由2010年的10%提高到2015年的38%；2015年通过电子商务实现的网络零售额拉动社会消费品零售总额增长约19个百分点，对浙江地区生产总值的贡献率约为23.9%。据初步估算，电子商务直接解决就业超过200万人，间接带动就业约500万人。“电商换市”速度加快，截至2015年底浙江省已登记网上市场名称167家（另外的说法：382个专业市场开展了电子商务应用），比上年增长10%，交易总额2.56万亿元，增长31%，义乌中国小商品城、绍兴中国轻纺城、海宁中国皮革城、永康中国五金城、四季青服装市场、余姚中国塑料城和永康中国科技五金城等重点市场均已开通网上平台。电商产业基地作为根植于地方经济的区域创新网络，与当地产业联系密切，及时传递最新的信息、知识、技术等创新要素，逐步成为“大众创业、万众创新”的主平台、孵化器和集聚区。电子商务有力地推动了全省区域经济的转型升级，增强了创新发展

动力。

（三）农村电商发展量质并举

围绕农产品销售、农民消费和农村创业，浙江省率先实施“电子商务进万村工程”，共建成农村电商服务站点8800多个；积极搭建“淘宝特色馆”等农产品销售平台，浙江省实现农产品网上销售304亿元，均居全国首位。浙江省初步形成了以特色馆为主，区域性农产品平台为辅，专业性平台为有益补充的农村电商平台建设体系。2015年浙江省特色馆总数达到25个（新增14个），销售额超过18亿元，特色馆正不断成为浙江各地名特优农产品销售的重要渠道和平台。一批电子商务村、镇扎堆涌现，呈井喷式爆发发展，根据阿里巴巴发布的“2015中国淘宝村名单”，浙江省共有280个“淘宝村”、20个“淘宝镇”入围，村、镇数量分别占全国总数的35.9%和28.2%，淘宝村数量居全国第一，比2014年增加了218个，总数超出第二名的广东省123个。此外，浙江农村电商的新业态、新模式层出不穷，以义乌为代表的农村跨境电商既帮助电商村实现了产品升级和市场升级，也保持了义乌跨境电子商务的成本优势；诸暨的B2B模式紧密结合产业集群，采用“批发+零售”方式拓展交易规模；“山区旅游遂昌模式”呈现了从过去的“卖产品”转向“卖服务”的趋势。

（四）跨境电商试点成效显现

近年来，浙江省跨境电商总体上呈现良好发展态势，据初步统计，截至2015年底，浙江省共有4万多卖家，在各类平台上开设跨境出口网店30多万个，2015年浙江省实现跨境电商出口超40亿美元，约占全国的16%，居广东之后列全国第二位。2015年3月7日国务院批复杭州成为全国首个跨境电商综试区（国函〔2015〕44号），有效推动了跨境发展模式和监管服务制度创新。2015年杭州跨境电商综试区新引进跨境电商产业链企业366家，完成年度目标的183%，其中龙头企业99家，完成年度目标的198%。跨境电商平台发展良好，阿里巴巴旗下的“速卖通”、天猫国际分别是全国最大的跨境电商出口和进口平台。截至2015年底，全省共有20家省级跨境电子商务园区和32个省级公共海外仓，海外仓覆盖美国、日本、俄罗斯、德国、匈牙利等主要跨境电商出口国家，有效破解跨境电商物流问题，推动“浙江制造”建立境外自主零售体系，提升国际市场定价话语权。

（五）工业企业电商应用加快

2015年浙江省工业企业电商应用的企业数达到8.29万家，比2014年新增0.56万家，增幅为6.76%，其中，工业企业直接开设天猫店2.04万家，销售额超过2000亿元。截至2015年底，浙江已开展电子商务应用的规模以上企业数量为18551家。建成阿里巴巴等区域产业带24个，入驻商家达11.5万家，交易额突破500亿元，居全国首位。

（六）电商服务业方兴未艾

浙江省拥有各类电商服务企业3000家左右，营业收入约1400亿元，约占全国30%左右的市场份额，总量居全国首位。浙江中小企业上网比重、B2B平台的服务收入、C2C综合交易平台的交易额均居全国第一。在2015年的“双十一”购物节上，阿里巴巴天猫的最终交易额达912.17亿元。阿里巴巴、淘宝网和支付宝已分别成为全球最大的中小企业电子商务平台、网络零售平台和网上支付平台。浙江电子商务第三方平台网站已逾1000家，浙江省行业网站数占全国的21%，全国行业电子商务网站100强中，浙江占54席，仅杭州地区就占全国总数的七分之一。

（七）电商发展环境逐步优化

一是电子商务支撑服务体系逐步完善。物流配送能力持续提升，浙江省拥有快递企业1394家，快递业务量居全国第二，业务收入居全国第三，杭州成为全国首批电子商务与物流协同发展试点城市，电子商务与物流快递协同发展稳步推进；建成社区智能投递终端12000余个，有效解决了配送“最后一公里”问题，全年超额完成了省政府为民办实事任务。建成了覆盖浙江省的电商公共服务平台及50多个市县电商公共服务中心，举办了27场电商服务资源对接会；率先成立了电商大数据研究基地，并利用大数据开展统计监测和管理，是全国唯一分县（市、区）统计的省份；截至2015年共发布了9项电商地方标准，数量居全国第一。二是通信基础设施建设进一步优化。截至2015年底，浙江省固定互联网宽带接入用户达到1872.45万户，普及率达34%，比“十二五”期初提高了14.4个百分点。第三方支付平台继续领先，农村支付和跨境结算得以有效解决。

（八）地方电商发展各有特色

总体上，浙江省各地市都以电商园区为载体，把农村电商、跨境电商作为重点，发展速度普遍较快，网络零售额和居民网络消费额的增幅均为两位数。但在规模上，各地发展很不平衡，差距较大，杭州、金华、温州和嘉兴等四个地方占了四分之三，其中杭州就占了浙江省35.21%，是舟山的223倍。杭州电子商务发展继续领跑浙江省，网络零售、居民网络消费和网络零售顺差等主要指标均稳居浙江省首位。在排名前十的县（市、区）中，杭州市占据了70%。金华电商发展集聚效应明显，电子商务园区数量位居全国第二。嘉兴电商融入地方产业，海宁皮革市场、五芳斋等一批传统市场、传统企业实现了转型。温州组建温州鞋服、眼镜等电商联盟，推动新业态发展，电商创业集聚效应显现。宁波电商应用普及，同城物流配送和冷链物流配送的社区城市电商试点逐步扩大。台州网商创业亮点突出，居全国第七（省内第三），本地电商创新业态快速成长。绍兴专业市场转型电商发展取得突破，全市400多个专业市场中近百个市场开展电商应用工作。湖州紧抓电子商务发展机遇，助推集群产业转型升级。丽水的农村电商服务率先基本覆盖、电商全域化推进拉开框架，智慧旅游电商强势推进。衢州的电商市县布局逐步成形，电商氛围浓厚。舟山电商的一大特色是大宗商品交易，2015年共有品种34种，交易额1.38万亿元。

二、2015年电子商务主要工作

2015年，根据省委省政府决策部署，浙江省认真组织实施“电商换市”和“互联网＋流通”的有关工作，进一步明确目标、突出重点、落实措施，扎实推进电子商务发展，不断做大产业规模，提升发展水平和创新能力，确保电子商务发展继续保持全国领先地位。主要工作有：

（一）明确思路，系统部署电商发展

先后召开了浙江省电子商务工作领导小组会议、中国（杭州）跨境电商综试区工作领导小组会议、浙江省农村电商现场会和浙江省跨境电商推进会，李强省长、王辉忠副书记和梁黎明副省长出席，进行了电商工作部署；制定出台了《浙江省关于大力发展电子商务加快培育经济新动力的意见》（浙政发〔2015〕49号）和《浙江省人民政府办公厅关于加快农村电子商务发展增强农村经济社会发展活力的实施意见》等政策文件，印发了《2015年浙江省电子商务工作要点》和《中国（杭州）跨境电子商务综合试验区实施方案》，为浙江省电商工作开展提供强有力的组织和政策保障。

（二）突出重点，全面推进电商应用

按照电商拓市场、兴农村、强外贸、惠民生的思路，扎实开展电商工作。大力发展农村电商。围绕农产品销售、农民消费和农村创业，深入实施“电子商务进万村工程”，农村电商支撑配套建设加快。下发《关于发展和提升电子商务村的指导意见》（浙商务联发〔2015〕80号）。2015年底浙江省电子商务公共服务平台共入驻企业620家。依托省级平台，浙江省新建29个县级公共服务中心，3688个村级服务点，分别同比增长96.7%和82.1%。其中，280个“淘宝村”已建成农村电商公共仓储中心48个，农村电商公共服务中心101个。形成了省、市、县三级联动的公共服务体系，为浙江省农村开展电子商务提供了全方位、一体化的服务。全面启动跨境电商。制定出台了《浙江省跨境电子商务发展三年行动计划（2015—2017）》（浙商务发〔2015〕23号），研究制定浙江省跨境电子商务业务试点和管理机制试点流程并绘制了流程图，以杭州跨境电商综试区建设为契机，推动跨境发展模式和监管服务制度创新。积极培育和引进跨境电商经营主体。深入推进工业电商和专业市场电商化。会同财政等部门制定了工业企业电子商务应用和专业市场电商化行动计划。建成阿里巴巴产业带24个，入驻商家达11.5万家，交易额突破500亿元。

（三）提升服务，优化电商发展生态

2015年6月在全国率先成立了省级电子商务促进中心，定位“电商数据权威、公共服务平台、创业创新工场和对外合作窗口”，探索电商促进新途径。10月设立了电商大数据研究基地，从事电商领域的数据采集、整理与分析。建成了覆盖浙江省的电商公共服务平台及50多个市县电商公共服务中心，举办了27场电商服务资源对接会。建立了电商人才培养培训机制，编写了电商教材，征集了题库，新建了技能鉴定系统，制定了各类培训的标准。出台了《浙江省商务厅关于开展电子商务专业人才自主评价的通知》、《职业经理人培训认证办法》、《电子商务职业技能培训机构和实践基地备案办法》、《浙江省技能人才自主评价办法的通知》一系列文件，公布了《浙江省电子商务培训机构和实践基地名录》、《浙江省电子商务百强名师》等一系列名录。

（四）创新举措，完善电商管理机制

率先成立了电商大数据研究基地，利用大数据开展电商统计监测和行业管理，目前是全国唯一将网络零售分县、市、区进行统计的省份；制定了《电子商务仓储管理与服务规范》等9项电商地方标准，数量居全国第一。积极推进电子商务地方立法工作，参与国家《电子商务法》的起草。积极申报国家电子商务示范城市、示范基地和示范企业，总数居全国首位。创建了一批省级电商示范县（市、区）、企业和基地，认定了一批农村电商带头人。

同时，浙江省各地进一步理顺了管理机制。截至2014年底，浙江省11个地市中，9个地市和29个县单独设立了电子商务处（科），杭州和宁波还设立了跨境电商处和跨境电商促进中心。46个市县增挂了电子商务科的牌子。

三、浙江省电子商务发展中的问题、机遇与挑战

浙江省电子商务快速发展的同时，也存在着不可忽视的问题。一是认识不到位。部分地方对电子商务的重要意义认识不足，而部分地方又存在一定盲目性。二是发展不平衡。地区之间、行业之间发展水平差异较大，关注点主要集中在网络零售，而忽视了对其他业态的培育。三是配套不完善。物流、仓储、通信等线下配套建设滞后于网上交易的快速发展，电子商务专业人才短缺问题比较突出。四是市场不规范。网上商品质量和侵权问题依然存在，交易规则不完善，法律法规不健全，电子商务模式也有待于进一步创新。

随着经济全球化深入发展，新一轮科技革命和产业变革蓄势待发；一批国家战略不断推进，我国综合国力和国际竞争力都将达到一个新高度；浙江省通过一系列转型升级“组合拳”，正在市场化改革、倒逼转型机制和发展信息经济等方面逐步形成新的先发优势。但全球经济增长乏力，贸易保护主义抬头；我国经济发展进入新常态，传统增长动力减弱，由高速增长转入中高速增长；省内经济结构性矛盾依然突出，粗放型增长方式、低成本和低价格竞争模式没有得到根本性改变。

电子商务作为浙江省“十三五”期间经济社会发展的新引擎新动力，正迎来一次难得的发展机遇。

第一，“一带一路”、“长江经济带建设”和“互联网＋”行动计划的实施，将更好地发挥浙江省电子商务先发优势，将有效开拓国内外网络销售市场，全面推动互联网和经济融合发展，拓展电子商务发展新空间。

第二，实施创新驱动和“大众创业、万众创新”将进一步激发创新创业活力，催生新技术、新业态和新模式，推动体制机制改革，逐步打破传统产业发展格局，增强电子商务发展新动力。

第三，大数据、云计算、移动互联网、3D打印和FRD等新技术的创新应用，将不断提升电子商务智能化水平、优化物流配送流程、加强信息安全保障，强化电子商务发展新支撑。

第四，国家先后针对农村电子商务、跨境电子商务和线上线下融合发展出台了政策文件，对电子商务发展进行全面部署，中国（杭州、宁波）跨境电子商务综试区建设正稳步推进，这些重大举措赋予了电子商务发展新内涵。今后一段时期，浙江省电子商务有望掀起新一轮发展热潮。

然而，电子商务发展面临的挑战也不容忽

视。一是趋势预判的挑战。浙江省已处于电子商务发展前沿，没有现成的经验和模式可参考，把握发展趋势难度较大。二是体制创新的挑战。随着电子商务发展水平不断提高，对市场主体、组织形态、管理模式甚至经济理论等都产生重大影响，现有机制体制已经不适应电子商务发展，需要进行全面改革创新。三是市场竞争的挑战。国内其他省市日益重视电子商务发展，浙江省原有的先发优势正逐步缩减，电子商务产业资源集聚能力和辐射能力有所降低，亟须形成发展新优势。

四、2016年浙江省电子商务工作总体思路和主要工作

2016年，浙江省将深入贯彻十八届五中全会、省委十三届七次全会精神，按照“干在实处永无止境，走在前列要谋新篇”的要求，围绕“建设国际电子商务中心”的发展目标，落实电商“十三五”发展规划，深入实施“电商换市”，大力推进农村、跨境和服务业电商三大重点，创新工作机制，营造发展环境，不断做大规模、突出优势、补齐短板、完善机制，全面提升电子商务发展水平。

全年争取实现网络零售额突破1万亿元，同比增长30%以上，确保浙江省电子商务发展保持全国领先水平。争取全年实现电子商务交易额突破3万亿元，网络零售额突破1万亿元，同比增长30%以上，确保浙江省电子商务发展保持全国领先水平。

一是提升发展农村电商。加强农村电商平台建设，提升淘宝特色馆质量，并向各大电商平台复制；深入实施电子商务进万村工程，新增村级电商服务站点3000个；培育500个电商专业村，认定一批省级电商示范村。开展农村电商物流试点，做好丽水、衢州等地农村电商试验区建设。

二是加快发展跨境电商。建设浙江省跨境电商综合管理信息平台，推进跨境电商业务流程和管理机制创新。继续推动杭州跨境电商综试区建设，完善管理机制，并逐步向全省推广。培育跨境电商经营主体，认定一批跨境电商综合服务企业。选择20个产业集群开展“区域产业集群＋跨境电商”试点。完善服务支撑体系，会同海关等部门在特殊监管区建设跨境电商园区和物流仓储中心；推进与海外仓合作，构建通畅的跨境电商物流体系。

三是创新发展服务业电商。以深入贯彻落实国办发〔2015〕72号文件为契机，制定出台具体的实施方案，按照线上线下融合的思路推进服务业电商发展。推动生活服务业发展O2O业务，培育50个O2O创新项目。推动社区便利店与电子商务的对接，发展电商线下体验店。推动专业市场电商化，新增100个专业市场应用电子商务。

四是做强做大电商产业体系。依托电子商务可追溯等特点，开展“浙江质造”网货质量提升行动，培育网上浙货品牌。引导电商领域重点项目投资，培育电子商务领域龙头企业。实施电商创业创新工程，建设电商创业创新基地和众创空间，设立省电商产业基金。完善浙江省电商公共服务平台，推动30个市县建设电商公共服务中心，办好电商服务资源对接会。新增3000个社区智能投递终端，完善电商服务网络。开展“仓配一体化”试点，建设20个电子商务公共仓，降低电商物流成本。推动电商“走出去”，推行电商国际化和品牌化。

五是提升电商行业管理水平。进一步完善电商统计监测，发布电商发展指数。利用大数据创新电商管理方式。完善电商地方标准体系，制定10项电商标准。推进电商地方立法。加强电商人才培训体系建设，做好电商职业经理人、师资和技能人才培训和鉴定工作。办好电商博览会和电商大赛。开展电商示范创建工作，全面提升浙江省电子商务发展水平。

2015年浙江商务大事记

1月

1月7日 梁黎明副省长赴杭州调研跨境电子商务工作,浙江省商务厅领导陪同。

1月14日 为积极践行党的群众路线教育实践活动,进一步贯彻落实《浙江省人民政府办公厅关于进一步加快民族乡(镇)经济社会发展的意见》,浙江省商务厅积极开展"走亲连心"系列活动。周日星厅长带队赴浙江省商务厅结对帮扶点——龙游县沐尘乡开展帮扶工作。

1月19—22日 全国打击侵权假冒绩效考核组对浙江省2014年度打击侵权假冒工作进行绩效考核。考核组充分肯定了浙江省2014年度打击侵权假冒工作。

1月20日 汪洋副总理考察调研浙江省电子商务工作,省委常委、中共杭州市委书记龚正,梁黎明副省长和周日星厅长陪同。汪洋副总理一行参观调研了阿里巴巴集团和蚂蚁金服,并重点考察阿里巴巴在网络安全防范及应用大数据打击假冒产品方面的情况。随后,汪洋副总理一行视察调研(杭州)跨境电子商务产业园。调研组一行听取了浙江省商务厅关于外贸和跨境电商方面的专题汇报。

1月26日 浙江省商务厅召开厅党组扩大会议。会议传达了省纪委十三届四次会议精神,及省人大十二届三次会议、省政协十一届三次会议精神。厅党组成员,巡视员、副巡视员,厅机关各处室、厅属各单位主要负责人及各党支部书记参加会议。

1月27日 周日星厅长会见了新加坡绿科集团李添胜主席一行。

1月28日 全省商务工作电视电话会议在杭州召开。梁黎明副省长出席会议并讲话,省政府副秘书长陈宗尧主持会议。省级有关单位、各市政府及商务主管部门等在主会场参加了会议。会议贯彻了中央经济工作会议、省委经济工作会议和全国商务工作会议精神,回顾总结了2014年全省商务工作,分析当前面临的形势,并部署了2015年商务工作。

1月29—30日 为落实国务院《关于推广中国(上海)自由贸易试验区可复制改革试点经验的通知》精神,浙江省商务厅领导带队赴上海考察自贸区融资租赁业发展。

2月

2月4日 全省外经工作座谈会在杭州顺利召开。浙江省商务厅领导围绕如何支持浙江企业在新常态下加快全球布局,进一步深化浙江省开发型经济发展做了重要讲话。各市商务主管部门及相关重点县区外经工作负责人,省财政厅、省外汇管理局等部门,厅外经处、办公室、综合处、财务处、外联处以及商务研究院、投促中心相关负责人参加会议。

2月9—10日 全省服务贸易工作座谈会在湖州召开。会议回顾了2014年服务贸易工作并对2015年工作进行了布置;各市商务局(委)进行了交流发言并提出了工作建议;浙江华麦网络技术有限公司等四家企业介绍了相关平台建设情况;浙江省商务厅领导作了重要讲话。

2月10日 全省外贸与产业工作会议在杭州召开。会议学习贯彻国家和省委、省政府领导关于外贸工作的重要指示,贯彻落实全国进出口工作会议和全省商务工作会议精神,总结2014年外贸与产业工作,分析当前和今后一个时期的外贸形势,部署2015年工作任务。

2月10—12日 全省外经贸运行调查监测

点年度考评会议在杭州召开，来自37个外经贸运行调查监测点负责人和省商务厅、11个市商务部门的考评专家共同对2014年度全省监测工作进行回顾和总结。

2月15日 周日星厅长拜访了国家税务总局浙江省分局周广仁局长，双方就加强税贸合作、服务全省经济发展进行了座谈交流。

2月25日 浙江省商务厅召开新春干部大会。厅领导、机关全体干部、厅属事业单位领导干部和受表彰人员参加了会议。会议首先对先进集体和个人进行了表彰，厅领导为获得表彰的集体和个人进行颁奖。周日星厅长在会上作新春讲话，他充分肯定2014年商务工作发展取得的显著成绩，要求商务厅要适应新常态，谋划新思路，促进新发展，全面落实2015年各项工作。

2月26日 全国外贸工作电视电话会议在省政府电视电话会议室召开。商务部高虎城部长作全国外贸工作情况汇报，广东、浙江、广西壮族自治区等负责人作典型发言，最后汪洋副总理作讲话。财政部、海关总署、质检总局等国家部委参加会议。浙江省政府办公厅及相关厅局参加省政府主会场会议，浙江省商务厅周日星厅长等相关厅领导、有关处室负责人参加。

3月

3月1—5日 第25届中国华东进出口商品交易会在上海举办，浙江省参展企业共有1057家，展位总数1683个，展位数占“华交会”出口展位总数的29.1%，居参展的华东各省市第一位。本届“华交会”浙江省共出口成交10.4亿美元，位列各参展省市首位。

3月2日 周日星厅长率调研组一行赴杭州市调研商务工作。调研组一行分别在一达通公司和杭州市商务委召开座谈会。座谈会上，杭州市商务委汇报了2014年工作情况和2015年主要工作举措，周日星厅长就有关工作提出指导性意见。

3月3日 浙江省商务厅党组召开了2015年度党风廉政建设工作会议，会议深入贯彻省纪委十三届四次全会精神，全面总结2014年党风廉政建设工作，动员和部署2015年主体责任和监督责任各项工作任务。省商务厅党组书记、厅长周日星同志出席会议并作了题为《坚持目标统领、把握任务要求，在新的起点上推进党风廉政工作向前发展》的工作报告，厅党组成员、驻厅纪检组长黄克旭同志作了《聚焦中心任务、突出主业主责，担当起维护政治纪律和政治规矩的责任》的工作报告。

3月3—5日 梁黎明副省长率团访问德国北威州，浙江省商务厅相关领导、浙江省驻德国代表处首席代表陪同访问。

3月5日 梁黎明副省长一行考察2015年德国科隆亚太采购交易会，并与科隆国际展览有限公司高层进行座谈交流。浙江省商务厅相关领导陪同。

3月5日 浙江省商务厅组织召开省电子商务地方标准制定座谈会，省电子商务促进会、部分地区商务主管部门及典型电子商务企业等相关单位代表约20人参加。

3月19日 周日星厅长会见了澳大利亚驻上海总领事柯未名一行。

3月25日 第六届浙交会第一次筹备会议在厅机关召开。

3月26日 2014年度全省公平贸易工作暨对外贸易预警示范点总结会在丽水市召开。

3月31日 省电子商务工作领导小组第四次会议在省政府召开。领导小组省级部门33家成员单位参加会议，领导小组组长梁黎明副省长到会并作重要讲话。省电子商务工作领导小组通报了全省2014年电子商务工作及2015年工作思路和计划。

4月

4月7日 由浙江省商务厅与阿里巴巴集团联手推动的“淘宝特色中国——浙江馆”正式上线。浙江省商务厅领导出席“淘宝特色中国——浙江馆”开馆仪式。

4月14日 一季度全省外经贸形势分析会在杭州召开。梁黎明副省长出席会议并讲话，省政府副秘书长陈宗尧主持会议。

4月14日 第十七届“浙洽会”第二次筹备工作会议在之江饭店召开。省发改委、省经信委等15个省级部门相关负责人，各市政府分管领导和商务局局长、分管副局长等参加会议。会议由省政府陈宗尧副秘书长主持，梁黎明副省长到会并讲话。浙江省商务厅作为主要牵头部门，周日星厅长等也参加了会议。

4月15日 梁黎明副省长赴临安、桐庐进行农村电子商务专题调研。浙江省商务厅领导和相关处室负责人陪同调研。调研组一行先后走访了临安锦北街道龙马村龚家头、市电子商务科技园和桐庐浙江百岁坊农业开发有限公司、“农村淘宝”桐庐运营中心、富春江镇金家村等地，并听取了相关负责人的工作汇报。

4月21日 浙江省—捷克皮尔森州经贸友好洽谈会在杭州举行，浙江省商务厅周日星厅长出席捷克皮尔森州—浙江联络处揭牌仪式。

4月22日 浙江省商务厅党组理论学习中心组举行扩大学习会，专题学习贯彻“四个全面”战略布局。厅党组书记、厅长周日星同志作中心发言。

4月22日 浙江省商务厅召开全面深化改革领导小组会议。会议学习了《省委全面深化改革领导小组第五次会议精神传达提纲》，听取了政法处《全面深化改革领导小组2015年工作计划有关情况的说明》，审议通过了《省商务厅全面深化改革领导小组2015年工作计划》。周日星厅长在会上发表重要讲话。

4月22—24日 浙江省商务厅在杭州经济技术开发区举办了国家级经济技术开发区绿色智慧发展产业对接及培训系列活动，浙江省2家国家级开发区和8家省级开发区派人参加了培训。

4月28日 浙江省商务厅组织全省30家重点企业赴北京举办了以“主动融入一带一路，共筑开放合作新格局”为主题的浙江省丝路沿线合作项目对接交流会。周日星厅长在会上致辞。商务部、中国进出口银行、国家开发银行、中国出口信用保险公司、丝路基金、东盟基金等有关负责人到会演讲，并与浙江省企业家代表就合作项目的投融资支持开展了对接交流活动。

5月

5月5日 周日星厅长陪同梁黎明副省长调研慈溪滨海经济开发区。梁黎明副省长一行先后实地视察了公牛集团和太平鸟集团现代物流仓，并听取了相关工作汇报。

5月6日 为加快贯彻落实省委、省政府经济形势分析会以及全省抓好当前经济工作会议的有关精神，进一步抓好消费促进工作，确保实现“社零增长”年度经济工作责任目标，浙江省商务厅在杭州召开了全省促进消费增长工作会议。

5月8日 浙江省政法委副书记、维稳办主任李新强一行3人来浙江省商务厅调研散装汽油销售管控工作并座谈。

5月9—11日 时任浙江省委副书记、省长李强率领浙江代表团在白俄罗斯进行了友好访问，会见了明斯克州州长沙必罗，并举行了省州经贸交流活动。浙江省商务厅周日星厅长陪同。

5月11—14日 为积极参与国家“一带一路”建设，深化推进与“一带一路”沿线国家的贸易合作，由浙江省商务厅与沙特哈里喜展览有限公司联合主办的首届浙江出口商品(吉达)交易会，在沙特经济中心吉达成功举办。

5月12日 浙江省政府召开省级单位“十三五”规划重大项目、重大工程和重大政策谋划工作汇报会。袁家军常务副省长主持会议。省发改委、省经信委、省国土厅、省环保厅、省商务厅等28家省级厅局分管负责人参加汇报会。

5月15日 2015中国天津投资贸易洽谈会在天津梅江会展中心举办，浙江省商务厅领导带团出席会议，并与天津市领导及有关省市代表团负责人一起巡视展馆。

5月18日 由浙江省商务厅主办，海宁市人民政府、省电子商务促进中心、省电子商务促进会等承办的浙江省首场电子商务服务资源巡回对接会在海宁市顺利举办，省内外知名第三方电子商务平台、省内优质电子商务服务企业、海宁市传统品牌企业以及部分商务主管部门、行业协会、新闻媒体等400余人参加此次活动。

5月22日 浙江省商务厅召开浙江省开发区立法工作专题会议。

5月25日 浙江省商务厅联合杭州市政府召开2015年中国(杭州)国际电子商务博览会新闻发布会。杭州市副市长谢双成、阿里巴巴、新盟国际等合作伙伴代表人、《杭州日报》等新闻媒体参加发布会。浙江省商务厅领导出席并发表讲话。

5月26日 第十七届中国浙江投资贸易洽谈会、第十四届中国国际日用消费品博览会、首届中东欧博览会新闻发布会在杭州之江饭店举行。大会组委会办公室主任、省商务厅领导介绍了“浙洽会”的相关情况,大会组委会办公室主任、宁波市政府副秘书长张延介绍了“消博会”和中东欧博览会的相关情况。

5月28日 浙江省商务厅举行“三严三实”专题党课报告会,厅党组书记、厅长周日星作党课辅导报告,报告会由厅党组成员、副厅长、机关党委书记胡潍康主持并作动员部署。厅机关全体干部、厅属事业单位班子成员参加报告会。

5月29日 为具体落实省融资租赁业与省交通银行的战略合作框架以及针对融资租赁行业的产品设计,浙江省商务厅与浙江省交通银行在杭州共同举行推进银租合作座谈会。

5月29日 浙江省商务厅党组召开党组会传达学习中纪委王岐山书记在浙江考察调研时的重要讲话精神,联系实际,提出贯彻落实意见。会议由厅党组书记、厅长周日星主持,省纪委驻厅纪检组组长黄克旭传达了王岐山书记和省纪委任泽民书记的重要讲话精神,部分厅党组成员参加会议,派驻纪检组监察室、厅直属机关党委(机关纪委)负责同志列席会议。

6月

6月3日 为深入贯彻实施新的《中华人民共和国行政诉讼法》,扎实推进商务系统依法行政,规范商务系统行政应诉工作,浙江省商务厅邀请浙江大学光华法学院章剑生教授在厅机关举办行政诉讼法专题讲座。

6月4日 为有效应对日益增多的美国337调查案件,浙江省商务厅在杭州举办了“2015年中美337知识产权调查研讨培训会”。商务部贸易救济调查局刘丹阳副局长参加会议并就中美337案件调查的形势发展进行了分析研判。

6月8—12日 由商务部、浙江省人民政府共同主办的第十七届中国浙江投资贸易洽谈会、第十四届中国国际日用消费品博览会、首届中国—中东欧国家投资贸易博览会(以下统称“三会”)在宁波市成功举办。“三会”以“扩大开放合作、共建一带一路”为主题,着眼全局谋长远,通过举办投资洽谈、展览交易、会议论坛、人文交流四大板块58项重点活动,为提升浙江参与国际交流合作水平、搭建中国与中东欧国家经贸合作大平台起到了有力的促进作用。全省推出重点招商项目300多个,200余家世界500强和跨国公司行业龙头企业参与对接。全省共签约重大投资项目33个,总投资81.4亿美元。

6月9日 由浙江省人民政府主办,浙江省商务厅、英国《金融时报》承办的第十七届中国浙江投资贸易洽谈会主场活动“之江峰会”在宁波香格里拉大酒店举办。时任浙江省省长李强出席会议并致开幕辞。美国史丹利百得、CISCO、ABB、江森自控,德国林德集团、汉高、拜耳、贺利氏等200多家500强和跨国公司行业龙头企业以及150多家省内外企业高层;省商务厅、省发改委、省经信委等9个省级部门和浙江11个市、40多家开发区以及相关企业代表共500余人参加了之江峰会。浙江省商务厅周日星厅长等厅领导参加了相关活动。

6月9—12日 为进一步贯彻落实国务院《关于加快发展服务贸易的若干意见》等文件精神,浙江省商务厅在杭州举办了2015浙江省服务贸易培训班。来自全省11个市和义乌市及所属县市区商务系统领导,相关企业负责人及技术骨干共100余名学员参加了本期培训。

6月13日 由浙江省教育厅、浙江省商务厅主办,浙江工业大学承办、浙江理工大学执行承办的“万朋杯”第四届浙江省大学生服务外包创新应用大赛圆满举办。全省34所高校共500多名师生共同出席了颁奖典礼。

6月15—16日 为进一步推动浙江省农村电子商务发展,浙江省委、省政府在临安召开了全省农村电子商务工作现场会，省委副书记王辉忠、副省长梁黎明出席会议并分别作重要讲话，周日星厅长通报了全省农村电子商务工作情况。

6月16日 浙江省商务厅与阿里研究院在临安举行的全省农村电子商务工作现场会会场联合发布了《浙江省淘宝村研究报告(2015)》。

6月16—19日 第十三届中国国际软件和信息服务交易会在大连召开。浙江省商务厅领导率浙江团参加本届"软交会"，杭州市、嘉兴市、湖州市商务局等县市区商务局领导一同参加开幕式论坛。

6月18日 浙江省委副书记、省政法委书记王辉忠一行专题调研浙江省散装汽油销售管控工作。省委副秘书长张才方、省综治办主任刘树枝、省维稳办主任李新强、周日星厅长等领导陪同调研，相关企业主要负责人参加座谈。

6月18—19日 梁黎明副省长赴丽水经济技术开发区实地调研，并参加了国家级丽水经济技术开发区授牌仪式暨百亿新兴产业项目集中签约活动。浙江省商务厅领导及丽水市有关领导陪同调研。

6月18—21日 由浙江省人民政府和宁波市人民政府支持举办的"2015浙江(宁波)台湾名品博览会"在宁波举办。宁波市副市长王剑侯、台湾贸易中心副董事长单骥分别致辞，省政府副秘书长陈宗尧与单骥副董事长共同启动开幕。省台办主任裘小玲主持开幕式。浙江省商务厅领导出席了开幕式和巡馆活动。

6月19日 中共浙江省商务厅直属机关党员大会胜利召开，会议听取并审议通过了厅党组成员、副厅长、厅直属机关党委书记胡潍康同志代表第一届直属机关党委所作的工作报告，审议通过了第一届直属机关纪委工作报告（书面形式）和第一届直属机关党委党费收缴使用情况报告(书面形式)，选举产生了第二届直属机关党委和直属机关纪委。省委副秘书长、省直机关工委书记施利民同志到会指导并作重要讲话，厅党组书记、厅长周日星同志全程参会并作重要讲话。

6月24日 中国(杭州)跨境电子商务综合试验区工作领导小组办公室召开首次会议。浙江省商务厅、省发改委、省经信委等28个省级有关部门和杭州市商务委、杭州综试办等单位参加会议。

6月26日 浙江省商务发展研究会第一届会员大会在厅机关召开，来自省内各高校、科研机构、商务部门、企业等100多名会员参加。会议审议通过了研究会的章程，选举产生了协会领导。

6月26日 为加强对浙江省"走出去"企业的金融支持，浙江省商务厅与工商银行省分行、中国银行省分行、建设银行省分行、进出口银行省分行、国开行省分行召开了"走出去"政银协商会议。

7月

7月2日 省政府召开第十七届中国浙江投资贸易洽谈会总结会。梁黎明副省长出席会议并讲话，陈宗尧副秘书长主持会议，省发改委、省经信委、省科技厅、省人力社保厅、省商务厅、省旅游局、省外侨办、省金融办、省贸促会有关负责人参加会议。

7月3日 周日星厅长赴绍兴专题调研外贸工作。周日星厅长走访了七色彩虹、向日葵光能、苏泊尔电器、凡特思纺织品、精工钢构等企业，并听取了当地商务部门的工作汇报。绍兴市副市长徐明光、绍兴市商务部门负责人等陪同调研。

7月8日 由浙江省商务厅主办、对外承包工程商会承办的"新常态下的对外承包工程论坛暨业务培训班"在浙江国际大酒店举行。全省对外承包工程企业负责人和海外业务经理，各市商务局(商委)分管局长和外经负责人共240余人参加了培训。

7月8—11日 第六届俄罗斯国际创新工业展在俄罗斯叶卡捷琳堡国际展览中心举办。浙江作为主宾国7个拥有独立展区的省份之一，集中展出面积为112平方米，浙江春风动力股份有限公司、浙江大华技术股份有限公司、加西贝拉压缩机有限公司、浙江跃岭股份有限公司和浙江南都电源动力股份有限公司参展。

7月9日 浙江省商务厅组织2015年商贸流通领域地方标准立项论证。专家组由省商贸流通业标准化技术委员会的九位委员组成，与会专家对申报立项的标准项目进行了充分论证，同意立项的共7项，并逐项提出了进一步修订完善的反馈意见；需要提升的共2项，指出了提升的方向；不同意立项的共3项。

7月10日 人民银行杭州中心支行与浙江省商务厅联合举办“跨境人民币助推实体经济发展推进会”专题活动，各地市人民银行和商务系统负责人、在杭金融机构负责人、外贸企业负责人代表、在杭第三方支付机构代表等约220人参加了会议。

7月12日 浙江省商务厅组织商务研究专家组赴那曲开展那曲商务“十三五”规划前期调研工作。

7月14日 为进一步贯彻商务部、国家统计局关于《服务外包统计报表制度》文件精神，全面提升浙江省服务外包统计工作，浙江省商务厅举办了全省服务外包专题培训班，邀请商务部服贸司来浙江进行专题辅导，全省市、县（区）商务主管部门服务外包业务处室负责人及服务外包系统管理人员、省级服务外包示范园区代表100余人参加了培训。

7月15日 全省上半年度外经贸形势分析会在杭州召开。梁黎明副省长参会并作重要讲话，陈宗尧秘书长主持会议，省商务厅就上半年全省外经贸工作进行了汇报，各市政府和部分省级部门进行了交流发言。周日星等厅领导，各市分管市领导、商务部门负责人，省级有关单位，厅相关处室负责人参加会议。

7月15—17日 由浙江省商务厅主办，省商务厅培训中心、省电商促进会联合承办的浙江省首届电子商务师资培训班在杭州成功举办，这是浙江省电子商务职业经理人培训中的重要内容。

7月17日 浙江省商务厅会同省公安厅、省工商局对互联网领域打击侵权假冒专项行动开展调研。杭州市打击侵权假冒领导小组办公室领导陪同。

7月24日 浙江省商务厅助推嘉善县域科学发展示范点建设年中推进会在会展中心举行。

7月28日 为贯彻省委、省政府关于协调推进“四个全面”战略布局试点（浦江）县建设的重大战略部署，迅速落实省委、省政府出台的《浙江省协调推进“四个全面”战略布局试点（浦江）县建设总体方案》。省商务厅党组书记、厅长周日星带队赴浦江对接“四个全面”战略布局试点县工作。

7月29日 浙江省电子商务百强表彰大会暨浙江省电子商务促进会一届三次理事会议在杭州召开。来自全省260多名行业主管部门领导、电商企业代表及行业专家学者等参加会议。

7月29—31日 浙江省电子商务服务资源巡回对接会在青田、温州、桐乡顺利召开，省商务厅、省电商促进中心、省电商促进会、省内外部分知名电商平台或服务企业、地方传统企业等1000余人参加活动。

7月30日 周日星厅长率队赴湖州开展商务工作调研。先后走访了久立集团、中国国际电子商务中心培训学院湖州分院、织里童装精品一条街等地，并听取了湖州市商务局和吴兴区政府的工作汇报。

8月

8月4—5日 2015年法律服务月活动启动仪式暨对外贸易摩擦应对策略培训会在湖州德清召开。

8月9—11日 浙江省商务厅举办全省商务系统“十三五”规划专题研讨班，研究推进浙江省商务发展“十三五”规划编制工作和近期外贸工作。厅党组书记、厅长周日星主持会议，商务部综合司李继刚副司长就“十三五”商务发展基本思路及商务参与“一带一路”进行专题授课。

8月10—14日 梁黎明副省长赴宁波、杭州和嘉兴调研外贸工作。

8月15—18日 周日星厅长率考察组赴新疆考察“丝绸之路经济带”。考察期间，举行了浙江·阿克苏商务发展战略合作签约仪式暨商务援疆工作对接会，考察了霍尔果斯口岸和2015亚欧商品贸易博览会，并赴浙江省援疆指挥部看望慰问援疆干部。

8月18日 浙江省商务厅组织省融资租赁综合服务信息平台启动仪式，平台的启动标志着这项工作取得了阶段性成果。

8 月 25 日 《中国省与美国密歇根州贸易投资合作联合工作组谅解备忘录》签署活动在商务部举行。商务部国际贸易谈判代表兼副部长钟山会见了来访的密歇根州州长里克·斯奈德一行，并与斯奈德共同签署备忘录。浙江省商务厅领导代表工作组成员单位之一浙江省参加上述活动。

8 月 26 日 第四届中非民间论坛在义乌举行。来自非洲 30 多个国家的政要、前政要和非政府组织、青年组织、智库、媒体代表与中方有关部门和代表就会议议题进行了深入探讨。国家副主席李源潮出席开幕式并致辞，多哥议长德拉马尼、纳米比亚前总统波汉巴、时任浙江省省长李强致辞，中国民间组织国际交流促进会会长孙家正出席。周日星厅长参加论坛有关活动。

8 月 28 日 浙江省商贸业联合会特色商业街专业委员会成立大会在杭州举行。

8 月 28 日 由浙江省商务厅、临安市人民政府主办，浙江省电子商务促进会、临安市商务局承办的浙江省电子商务服务资源巡回对接会（临安站）中国（杭州）跨境电子商务综合试验区临安园区举行。

9 月

9 月 1 日 浙江省商务厅贸易救济调查局在湖州南浔举办美国对华复合木地板反倾销反补贴案后续应对策略研讨会。湖州、嘉兴商务部门、20 多家涉案企业和相关商（协）会、预警点的 30 多名代表参加了此次研讨会。

9 月 8 日 2015 厦门国际投资贸易洽谈会及 2015 国际投资论坛在厦门开幕，100 多个国家和地区的约 5 万名客商参会。本届“厦洽会”将突出“一带一路”，“自贸试验区”、“互联网＋”、“金融与资本”等主题，举办各种形式的主题活动。浙江省代表团由省政府副秘书长陈宗尧带队，省商务厅领导率厅相关处室，各市、县（市、区）商务主管部门、开发区及企业代表共 650 多人参加了展会。

9 月 8 日 由浙江省商务厅主办、浙江远大国际会展有限公司承办的第八届浙江出口商品（大阪）交易会在大阪 INTEX OSAKA 国际展览中心顺利开幕，本届展会共组织近 200 家浙江外贸企业参加，展览面积近 7000 平方米。中国驻大阪总领事馆孙淑强参赞到会巡展。

9 月 9 日 第五届中国（贵州）国际酒类博览会在贵阳开幕，来自法国、美国、德国等 35 个国家和地区的 1600 余家知名酒企、2000 余家采购商参会。浙江省浙江塔牌绍兴酒有限公司、会稽山绍兴酒股份有限公司等 5 家黄酒企业参加了展会。浙江省商务厅领导带队参加展会，并走访了浙江展团。

9 月 10 日 2015 中国—阿拉伯国家博览会在宁夏回族自治区银川市国际展示中心举办，由浙江省委常委、常务副省长袁家军率省政府代表团参加了该博览会，全省共有 33 家企业参展。省委常委、常务副省长袁家军和宁夏回族自治区副书记崔波为浙江“主题省”开馆仪式剪彩，浙江省商务厅周日星厅长致辞。浙江省商务厅和宁夏回族自治区商务厅共同签订了战略合作备忘录。

9 月 14—17 日 第六届中国浙江商务服务交易博览会（简称“浙交会”）在杭州成功举办。本届“浙交会”以“跨境电商，服务引领”为主题，深入解读“互联网＋”，集中展示外贸综合服务平台、跨境电商等新业态、新模式。

9 月 15 日 梁黎明副省长赴浙交会展馆巡视，省商务厅周日星厅长等陪同。

9 月 18 日 浙江省商务厅联合省农业厅、团省委和嘉兴市政府在嘉兴市举办了第四届长三角地区农超对接洽谈会。现场共有 300 多家企业达成合作项目 340 多个，意向合同采购总额 3.39 亿元，项目数和金额分别比上届增长 18.47%和 32.94%，会上三省一市签署了《长三角地区农产品流通战略合作协议》。

9 月 19 日 浙江省商务厅、省经信委、省文化厅、省新闻出版广电局、省旅游局会同杭州市、上城区政府在杭州吴山广场联合举行了“2015 浙江金秋购物节”启动仪式。金秋购物节于 9 月 19 日至 10 月 21 日在全省开展。

9 月 21 日 梁黎明副省长在浙江省商务厅主持召开省级外贸企业座谈会。省政府陈宗尧副秘书长、省政府办公厅、浙江省商务厅领导和相关处室负责人参会。

9月21—23日 "2015中国全球投资峰会:杭州"成功举办。此次峰会由杭州市人民政府、浙江省商务厅和欧洲货币集团主办,规模大,参与广,层次高,以"中国新常态与新经济"为主题,设有开幕仪式、重大项目签约、宣传展示、讨论演讲、重大平台推介、项目对接等10个环节。浙江省120多家企业、170余名各市、县(市、区)、开发区招商工作人员参加了会议。浙江省副省长梁黎明,比利时前首相居伊·费尔霍夫施塔特,杭州市常务副市长马晓辉,商务部投资促进事务局副局长张玉中出席开幕式并致辞。省商务厅厅长周日星等厅领导出席相关活动。

9月22日 浙江省外商投资企业履行社会责任工作交流会在杭州召开,会议公布了外商投资企业履行社会责任示范企业名单并授牌。

9月22—23日 由浙江省商务厅主办的2015浙江金秋购物节浙江餐饮美食博览会暨第五届浙江厨师节在嘉兴市举办,中共浙江省委书记夏宝龙来到厨师节现场,考察浙菜名厨大师优秀菜品及省内外优质食材汇展,慰问全省厨师代表并就繁荣浙江美食、促进浙菜创新发展作重要讲话。梁黎明副省长、省商务厅周日星厅长等出席活动。

9月23—25日 商务部刘海泉部长助理一行赴浙调研浙江服务贸易和开发区工作,出席中国国际服务外包交易博览会并致辞,走访了阿里巴巴等企业,并在浙江省商务厅召开了座谈会。

9月23日 周日星厅长会见了来访的俄罗斯新任驻沪总领事叶夫西科夫、领事库利科夫一行。周厅长邀请俄方积极组织企业参加浙江省的"浙洽会"、"义博会"等经贸活动。叶夫西科夫总领事表示将积极向俄罗斯推介浙江企业,努力为双边经贸团组互访提供便利。

9月24日 浙江省商务厅和温州市政府联合主办的"2015温州对韩经贸合作推介会"在上海成功举办。韩国驻沪总领事馆、韩国全罗南道、釜山市、大邱市等政府机构,大韩贸易投资振兴公社,乐金电子、现代、三星等韩国跨国公司高管等共60余位代表参加了推介会。

9月30日—10月3日 由浙江省商务厅主办,浙江省老字号企业协会承办的第12届中国中华老字号精品博览会在杭州世贸国际展览中心举办。省政协原副主席徐鸿道、省商务厅周日星厅长等考察了博览会。本届博览会设标准展位460多个,共有天津、厦门、吉林、广东13个省市及浙江省近300家老字号企业参展。

10月

10月8日 全国部分省市外贸工作座谈会在杭州举行。汪洋副总理主持会议,时任浙江省省长李强和其他参会省市领导汇报了工作。汪洋副总理强调,要从全局和战略高度认识对外贸易的重要作用,增强做好外贸工作的责任感、使命感,切实把党中央、国务院的各项决策部署落到实处,坚持创新引领,努力扩大市场份额,促进对外贸易稳定增长和结构调整。周日星厅长出席会议。

10月8—11日 由浙江省商务厅主办的第二届"浙江出口商品(伊斯坦布尔)交易会"在土耳其伊斯坦布尔会议及展览中心举行。本届展会展出面积近5000平方米,共设展位151个,参展企业近100家,参展商品涉及电子消费品及五金建材机械工具与日用消费品礼品两大类。

10月9日 汪洋副总理到中国(杭州)跨境电子商务综合试验区展示中心调研,时任浙江省省长李强、周日星厅长参加调研。汪洋副总理首先来到综合试验区展示中心参观。在随后召开的座谈会上,汪洋副总理听取了浙江省和杭州市工作汇报,充分肯定综合试验区工作进展,并就下一步工作作出重要指示。

10月10日 2015年第三季度全省外经贸形势分析会在杭州召开。梁黎明副省长出席会议并作重要讲话;陈宗尧副秘书长传达了汪洋副总理在部分省市外贸工作座谈会上的讲话精神;浙江省商务厅通报了三季度全省外经贸工作情况并提出四季度重点工作举措;杭州市政府、宁波市政府、杭州海关、省国税局等作了交流发言。

10月10日 浙江省商务厅召开开放型经济"十三五"发展规划座谈会,周日星厅长主持会议并作重要讲话。

10月12—13日 2015澳门世界旅游经济

论坛在澳门举行。王辉忠副书记、梁黎明副省长、周日星厅长等出席开幕式。全国政协副主席、澳门特别行政区首任行政长官何厚铧参观了展会。浙江老字号展作为“诗画浙江”旅游展重要内容之一,参展企业充分展示了浙江省中华老字号企业百年技艺、工艺和品牌风采,取得圆满成功。

10月12—15日 浙江省商务厅与省广电局、英国驻沪总领馆等共同在英国伦敦组织举办了中国(浙江)——英国影视文化合作对接会。十余家浙江影视动漫企业派代表参会,Zodiak、Zig Zag、ITV、UKTV、Blue-Zoo等众多英国大牌影视动漫企业参加了交流对接洽谈,活动取得圆满成功。

10月12—16日 第二届中俄博览会暨哈洽会在哈尔滨国际会议体育中心举行,本届博览会主会场总面积8.6万平方米,来自103个国家和地区的近万名境外客商参会。浙江省商务厅组织浙江企业参展,共15家企业、23个展位,主要分布在建材区和机电区。

10月15—19日 10月22—27日 第118届“广交会”第一期、第二期在广州琶洲展馆举办。本届“广交会”全省共有5322家企业参展,展位数达11517个,分别占全国的22.1%和19.5%。参展浙江企业涉及汽车配件、通用机械、建筑材料、家用电器、卫浴设备、摩托车、家具、餐厨用具、家居用品、家居装饰品、礼品等行业。

10月16日 全省出口专题座谈会在杭州举行。夏宝龙书记主持会议,梁黎明副省长出席会议,周日星厅长作重点汇报。省国税局、杭州海关、杭州市委、义乌市委及省国贸集团、杭州中策橡胶、海亮集团、申洲国际集团、浙江一达通等负责人在会上发言。

10月19日 浙江省商务厅公布首批24个省级电子商务创新试点项目。

10月19日 由商务部主办的2015年“发展中国家水资源管理及开发规划部级研讨班”在杭州举行开班仪式,来自阿富汗、巴拿马、波黑、厄瓜多尔、埃及、埃塞俄比亚、加纳、马拉维、乌干达、津巴布韦10个国家和地区的24名部级及司局级官员参加了此次研讨班。

10月23日 浙江省电子商务大数据研究基地成立暨揭牌仪式在温州成功举行。省电子商务促进中心负责人与中津先进科技研究院负责人签订战略合作框架协议。浙江省商务厅领导与温州市领导共同为研究基地揭牌。

10月25—27日 第三届世界浙商大会在杭州隆重举行,夏宝龙书记、时任省长李强出席大会开幕式并致辞。浙江省商务厅领导带队参加了大会开幕式、浙商论坛、2015浙江成长型中小企业投融资大会、浙江民营企业联合投资股份有限公司投资推介会等活动。

10月27—29日 周日星厅长主持召开2015年度商务工作专题汇报会,分外贸、内贸、投资、电商四个专题。厅相关处室主要负责人汇报了2015年工作情况和2016年工作思路。周日星厅长强调,2016年工作安排要与“十三五”重点工作相衔接,按市场规律谋实招。

10月28日 海宁皮革市场采购贸易试点启动仪式在海宁举行。陈宗尧副秘书长等领导出席启动仪式。在仪式上进行了首单测试,首单市场采购贸易商品是由海宁中国皮革城进出口有限公司出口至日本的皮手套,成交金额约13万美元。

10月29日 由浙江省人民政府指导,浙江省商务厅、杭州市人民政府、中国电子商务协会主办的2015中国(杭州)国际电子商务博览会盛大开幕,周日星厅长出席开幕式。10月30日起,电博会在浙江世贸国际展览中心进行为期三天的展览展示。跨境电商体验馆、城市馆、智慧应用馆、电商名企馆/园区馆、区县(市)馆等五大展馆将有60多个展团、600余个展位精心布展展示。同时,网络虚拟馆(www.hziebe.com)将打造无界观展平台。

11月

11月 为贯彻落实《国务院关于加快发展对外文化贸易的意见》,进一步扩大浙江省文化服务出口,根据《浙江省文化出口重点企业和重点项目认定管理办法》和《浙江省商务厅关于组织开展2015—2016年度浙江省文化出口重点企业和重点项目申报工作的通知》要求,浙江省商务厅会同省委宣传部、省文化厅、省新闻出版广电局联合认定了2015—2016年度浙江省文化出口重点企业和重点项目。

11月2日 国务院在北京召开全国推进内贸流通现代化电视电话会议，部署贯彻落实《关于推进国内贸易流通现代化建设法治化营商环境的意见》(国发〔2015〕49号)，深入推进内贸流通创新转型发展工作。李克强总理作重要批示，汪洋副总理出席会议并讲话。梁黎明副省长在浙江分会场作了《坚持线上线下融合全面提升网络零售发展水平》经验介绍。

11月3日 商务部召开商务系统贯彻落实国发49号文件工作会议，房爱卿副部长提出具体工作要求。

11月10日 浙江—新加坡经济贸易理事会第十一次会议在绍兴召开。会议由陈宗尧副秘书长主持，梁黎明副省长和新加坡文化社区及青年部长傅海燕分别致辞。浙江省商务厅周日星厅长出席。会议现场签署了14个项目的合作备忘录和框架协议，涉及科技、教育、物流、电商、金融、环保、城镇建设等领域。理事会期间举办了投资新加坡经验介绍会、浙新企业合作洽谈会两场配套活动。

11月12日 全国打击侵权假冒工作领导小组办公室、中宣部对外新闻局联合中央电视台、《人民日报》、新华社、《中国日报》、中新社等19家媒体，对浙江省及义乌市"清风行动"进行采访。2015年，浙江省开展"2015—云剑行动"，对全省互联网领域侵权假冒行为进行专项打击。此次行动具有三个新尝试：一是利用双打机构协调机制，创新联合开展打击方式；二是利用网络数据信息技术，创新锁定网络售假线索；三是利用涉嫌售假线索分析，创新开展头部人员打击。

11月12—14日 由省人力资源与社会保障厅与浙江省商务厅主办、浙江省商务研究院承办的"一带一路与跨境电子商务创新发展高级理论研修班" 在浙江省社会主义学院成功举办。来自全省商务系统、开发区、相关企业、高校和科研机构的120余名学员参加了本次培训。

11月12—16日 第四届浙江国际养老服务业博览会在杭州举行。本届"老博会"由省老龄工作委员会、省民政厅、省商务厅、省残联、浙江日报报业集团、省贸促会联合主办，省商贸业联合会、省老年服务业协会、杭州市下城区人民政府联合承办，汇集了海内外数百家养老地产、养老机构、养老保险、医疗器械、康复器材、健康保健等领域的知名企业参展。

11月13—15日 由浙江省商务厅与温州市政府联合主办的第十一届浙江(温州)轻工产品暨2015国际时尚消费博览会在温州国际会展中心举行，展出面积18000平方米，标准展位500个以上。同期举办时尚产业论坛，内容包括国际时尚名品、国内外设计师作品、国内外高级定制品牌、温州知名时尚品牌及时尚相关产业等。

11月13—16日 由中国商业联合会、浙江省人民政府主办，浙江省商务厅与宁波市人民政府承办，宁波市贸易局执行承办的第十一届中国食品博览会在宁波国际会展中心举行。本届博览会以"创造客户价值与引领产业发展"为主题，设9个展馆，展会面积7万平方米，国际标准展位3500个。

11月17日 浙江省—静冈县经济交流促进机构第24次全体会议在杭州召开。静冈县日中友好协会理事长栗原绩率静冈代表团出席，梁黎明副省长出席会议并致辞。

11月22—24日 由浙江省商务厅和商务部国际贸易经济合作研究院、金华市政府联合举办的2015全球服务外包大会在金华举行。来自美国、英国、德国、法国、俄罗斯等20多个国家和地区的知名企业高层、专家学者围绕"打造创新驱动新引擎、培育跨界融合新产业"开展高峰对话和项目交流。

11月24日 全省海关特殊监管区工作会议在杭州举行，陈宗尧副秘书长主持会议，梁黎明副省长作重要讲话，周日星厅长等出席会议。会议号召全省海关特殊监管区充分发挥全省开放型经济发展的先行区和示范区作用。

11月30日 浙江省商务厅召开第五批"浙江老字号"评审会，通过审核论证，确定49家"浙江老字号"进行公示。

12月

12月 浙江省商务厅公布2016年展会目录，确定了2016年度重点举办和支持的展会项目，并对列入目录的展会在支持政策、展会管理、承办要求、绩效评估等方面作了明确规定。2016年，浙江省商务厅将重点举办和支持展会项目111个，比上年增长8.8%，其中境外自办类货物贸易展会7个，境外重点类货物贸易展会42个，服务贸易展会20个，境内国际性展会20个，商贸流通展会21个，境外工程技术合作展1个。

12月1日 由浙江省商务厅联合省财政厅进行的第二批省级跨境电子商务园区和公共海外仓评审完成。本次评审首次采用市县互评的方式，市县商务主管部门代表同时作为评委打分，并广泛邀请厅内干部作为大众评委参与。最终评审小组确定了12个省级跨境电子商务园区和20个省级跨境电子商务公共海外仓，分布在杭州、嘉兴、湖州、绍兴、金华、舟山、台州等多地。

12月2日 周日星厅长赴上海国家会展中心考察"上海国际汽车零配件、维修检测诊断设备及服务用品展览会"，调研浙江汽配企业参展情况；并与主办方法兰克福展览总公司的总裁Wolfgang Marzin先生进行会谈，双方签署了"浙江省商务厅与法兰克福展览总公司关于建立紧密合作关系的框架协议"。

12月4日 "在岸外包互联交易平台"上线仪式在湖州举行。

12月6日 由浙江省商务厅和中国商业联合会、杭州市人民政府联合主办的第三届中国国际钟表珠宝商业大会在杭州举行。国务院参事室特邀研究员姚景源作主题发言，并与企业嘉宾对话。

12月10日 浙江省商务厅召开全省市场运行和消费促进工作会议，传达全国市场运行和消费促进工作会议精神，总结2015年工作情况，部署2016年工作任务。

12月10日 2015浙江省人民政府(上海)商务答谢晚宴在上海圆满举行。来自近30个国家和地区的80余家驻沪商务机构、总领馆、商会及境外知名跨国公司等共120多位嘉宾应邀出席。陈宗尧副秘书长、驻沪办朱绍平主任和浙江省商务厅周日星厅长等厅领导出席。周日星厅长以"四大关键词：经济(风生水起，稳中向好)、生态(绿色发展，天蓝水清)、政府(简政放权，战略布局)、企业(创新引领，活力四射)"为主线发表主旨演讲。

12月10日 浙江省商务厅举办国际投资96357公共服务平台发布会，播放了96357平台宣传片，全面介绍了平台的功能与应用。陈宗尧副秘书长、周日星厅长等按下启动按钮，96357平台隆重启动。

12月11日 浙江省商务厅召开全省商贸发展工作研讨会。会议围绕2016年商贸发展工作中心任务进行交流研讨，并对《浙江省"十三五"商贸流通发展规划(征求意见稿)》提出意见建议。

12月11日 全省推进跨境电子商务发展现场会在杭州举行。陈宗尧副秘书长主持会议，梁黎明副省长出席会议并讲话。本次现场会采取现场考察和会议相结合的方式，参会代表实地考察了杭州跨境电子商务综合试验区江干园区，参观了阿里巴巴滨江园区。

12月15日 浙江省商务厅举办浙江—安哥拉贸易投资洽谈会，周日星厅长到会致辞，安哥拉水电部乔奥·博格斯部长率领安哥拉代表团一行11人出席会议。会上，浙江省商务厅与安哥拉私人投资促进局签订了经贸合作备忘录。

12月30日 浙江省商务厅党组召开扩大会议，传达学习省委经济工作会议和全国商务工作会议精神。周日星厅长主持会议，党组成员全体出席，厅机关各处室主要负责人、厅属事业单位主要负责人列席。会上，周日星厅长传达了省委关于经济工作的部署和商务部对浙江省商务工作的要求，强调要紧跟全国和省里的政策导向，着力加强供给侧结构性改革，切实抓好重要试点和重大项目，编制实施好全省开放型经济、商贸流通、电子商务三个专项规划，为"十三五"商务发展谋好篇、开好局、起好步。

第三编

商务统计

一、国内贸易

2015年浙江省限上批发和零售业类值汇总表

单位:万元

指标名称	当　年	上年累计	增速(%)
合　计	84194331.7	76572790.2	10.0
通过公共网络实现的零售额	6031096.7	5009966.5	20.4
1. 粮油、食品类	6582515.9	5602216.1	17.5
其中:粮油类	1332161.9	1209872.3	10.1
肉禽蛋类	814230.2	705203.5	15.5
水产品类	405672.7	263127.4	54.2
蔬菜类	425296.5	353630.6	20.3
干鲜果品类	1070996.9	733056.6	46.1
2. 饮料类	871229.2	727781.2	19.7
3. 烟酒类	1163822.9	1019769.7	14.1
4. 服装、鞋帽、针纺织品类	8283425.4	6691436.7	23.8
（1）服装类	6435476.8	5170014.3	24.5
（2）鞋帽类	1000747.8	854626.4	17.1
（3）针纺织品类	847200.8	666796.0	27.1
5. 化妆品类	1008285.5	893233.4	12.9

续表

指标名称	当　年	上年累计	增速(%)
6. 金银珠宝类	2100069.5	1797037.9	16.9
7. 日用品类	2790184.0	2394440.8	16.5
其中:儿童玩具类	118424.4	99758.0	18.7
8. 五金、电料类	353866.2	277495.1	27.5
9. 体育、娱乐用品类	187012.1	163099.0	14.7
其中:照相机类	17135.3	7021.7	144.0
10. 书报杂志类	566836.2	504554.6	12.3
11. 电子出版物及音像制品类	19994.8	19540.0	2.3
12. 家用电器和音像器材类	3786986.0	3277588.5	15.5
13. 中西药品类	7119441.0	6366377.2	11.8
其中:西药类	5199897.7	4692520.2	10.8
中草药及中成药类	1305657.7	1210026.2	7.9
14. 文化办公用品类	1018789.8	846905.6	20.3
其中:计算机及其配套产品	199717.4	65466.1	205.1
15. 家具类	840621.5	527698.3	59.3
16. 通信器材类	1428746.4	823226.2	73.6
17. 煤炭及制品类	41592.4	33089.2	25.7
18. 木材及制品类			
19. 石油及制品类	12407930.7	13350674.0	-7.1
20. 化工材料及制品类			

续表

指标名称	当　年	上年累计	增速(%)
其中:化肥类			
21. 金属材料类			
22. 建筑及装潢材料类	1200256.9	837365.1	43.3
23. 机电产品及设备类	131320.4	116736.8	12.5
其中:农机类			
24. 汽车类	31091157.8	29479073.4	5.5
25. 种子饲料类			
26. 棉麻类	745.6	746.3	-0.1
27. 其他类	1199500.5	822705.1	45.8

数据来源:浙江省统计局。

2015年浙江省核心零售企业分业态销售经营情况表

业态分类	企业数(家)	2015年销售额(亿元)	2014年销售额(亿元)	同比增长(%)
大型综合超市	35	285	277.2	-2.7
超　市	46	133.8	133.3	-0.4
便利店	16	25.9	25.7	-0.8
仓储式商场	4	30.8	30.4	-1.4
百货店	68	552.3	530.8	-3.9
专业店	80	2203.6	1996.4	-9.4
专卖店	4	14.6	13.8	-5.1
合　计	253	3246.0	3007.6	-7.3

数据来源:浙江省市场运行监测网。

2015年浙江省重要生产资料市场运行情况表

种　类	12个月平均价格（元/吨）	价格环比增幅（%）	价格同比增幅（%）	当年销量（万吨）	销量累计同比增幅（%）
煤　炭	455	2.9	-19.2	6958.0	50.2
成品油	6469	-3.1	-17.9	1334.0	39.6
钢　材	2329	-3.1	-31.3	2127.0	-13.6
橡　胶	9434	-2.3	-18.6	1.8	28.5
化　肥	2409	-0.3	-0.5	104.0	34.7
有色金属	17616	-1.6	-19.2	41.0	35.3
水　泥	299	-0.7	-16.6	3365.0	39.9

注：数据来源为浙江省重要生产资料市场监测系统。销量同比增幅采用商品可比口径计算。

2015年浙江省主要生活必需品销售发展情况表

序号	商品类别	价格情况			销售情况		
		单　位	12月份平均价格	同比增长(%)	单　位	1—12月累计销售额	同比增长(%)
1	粮食(零售)	元/公斤	6.27	0.5	万元	121425	3.5
	粮食(批发)	元/公斤	4.05	-0.5	万吨	264	0.4
2	食用油(零售)	元/升	16.09	-0.3	万元	62576	-2.0
	食用油(批发)	元/公斤	13.80	-0.3	万吨	18	-4.0
3	猪肉(零售)	元/公斤	30.82	10.4	万元	122906	4.9
	猪肉(批发)	元/公斤	22.08	12.7	万吨	14	-22.5
4	鸡蛋(零售)	元/公斤	10.26	-9.4	万元	25416	-19.4
	鸡蛋(批发)	元/公斤	8.92	-15.5	万吨	8	4.5
5	蔬菜(农贸)	元/公斤	9.69	6.8	万吨	—	—
	蔬菜(批发)	元/公斤	5.18	13.5	万吨	622	0.9
6	水产品(批发)	元/公斤	21.49	6.3	万吨	363	-0.3
7	水果(批发)	元/公斤	5.61	-2.7	万吨	1684	41.4
8	牛奶(零售)	元/公斤	92.72	1.2	万吨	83624	-0.9
9	糖(零售)	元/公斤	8.41	-6.2	万元	5268	-6.2
10	盐(零售)	元/公斤	5.39	3.8	万元	1784	6.6
	盐(批发)	元/公斤	3.61	6.8	万吨	8	1.7

数据来源：浙江省城市生活必需品市场监测系统。

2015年浙江省网络零售发展情况表

单位:亿元

地市	网络零售总额		居民网络消费总额		顺差
	当年累计	占比(%)	当年累计	占比(%)	
全省	7611	100.0	4012	100.0	3598
杭州市	2680	35.2	1119	27.9	1561
宁波市	704	9.3	587	14.6	117
温州市	894	11.7	568	14.2	325
嘉兴市	836	11.0	312	7.8	524
湖州市	224	2.9	163	4.1	60
绍兴市	235	3.1	289	7.2	–53
金华市	1344	17.7	395	9.8	949
衢州市	67	0.9	76	1.9	–10
舟山市	12	0.2	80	2.0	–68
台州市	494	6.5	322	8.0	173
丽水市	121	1.6	101	2.5	20

数据来源:浙江省商务厅。

二、对外贸易

2015年全国及沿海部分省、市进出口情况表

单位:亿美元

地 区	进出口		出 口		进 口		12月出口		
	当年累计	同比增长(%)	当年累计	同比增长(%)	当年累计	同比增长(%)	金 额	比上月增长(%)	同比增长(%)
全 国	39586.4	-8.0	22765.7	-2.8	16820.7	-14.1	2241.9	14.1	-1.5
广东省	10229.5	-5.0	6435.6	-0.4	3793.9	-11.9	695.5	16.8	-0.8
上海市	4492.4	-3.7	1959.4	-6.8	2533.0	-1.2	162.9	-1.0	-13.0
江苏省	5456.1	-3.2	3386.7	-0.9	2069.5	-6.7	307.1	9.8	4.7
浙江省	3474.1	-2.2	2766.6	1.2	707.5	-13.4	275.9	29.9	8.0
山东省	2417.4	-12.7	1440.5	-0.5	976.9	-26.1	159.9	19.6	16.9
福建省	1693.8	-4.5	1130.4	-0.4	563.4	-11.9	99.3	13.7	-7.8

注:浙江省2015年12月份当月进口65.1亿美元,比上月增长13.6%,比上年同月下降7.4%。

2015年全国及沿海部分省、市出口情况表

单位:亿美元

地区	出口合计		一般贸易		加工贸易		国有企业		外商投资企业		集体企业		私营企业		机电产品		高新技术产品	
	累计	同比增长(%)	累计	同比增长(%)	累计	同比增长(%)	累计	同比增长(%)	累计	同比增长(%)	累计	同比增长(%)	累计	同比增长(%)	累计	同比增长(%)	累计	同比增长(%)
全国	22766	-2.8	12173	1.2	7978	-9.8	2424	-5.5	10047	-6.5	—	—	9738	2.0	13119	0.1	6559	-0.7
上海市	1970	-6.3	839	-4.6	843	-8.4	255	-9.7	1321	-6.7	18	-0.8	374	-3.1	1379	-5.3	861	-3.3
江苏省	3387	-0.9	1552	-2.0	1480	-0.9	325	3.4	1930	-2.3	49	-16.4	1080	1.3	2249	1.5	1306	1.4
浙江省	2767	1.2	2152	-0.7	295	-9.8	174	-10.7	567	-9.5	83	-7.8	1936	6.7	1165	3.6	169	8.7
山东省	1441	-0.5	116	42.8	39	-20.7	9	-10.3	49	-15.3	6	-24.1	99	62.0	65	16.6	16	-7.6
福建省	1130	-0.4	837	3.1	256	-6.0	84	-10.3	400	-6.2	8	-9.4	648	7.0	399	1.0	144	-1.0
广东省	6436	-0.4	2761	10.5	2812	-12.3	496	-0.3	3330	-6.5	186	7.2	2415	8.6	4381	2.2	2326	0.7

注:本表数据由各省、市提供。

2015年浙江省进出口分贸易方式情况表

单位:万美元

项目名称	12月			累 计			
	金 额	同比增量	同比增长(%)	金 额	同比增量	同比增长(%)	比重(%)
进出口总额	3409358	154127	4.7	34740792	-763184	-2.2	100.0
一般贸易	2575405	148217	6.1	26725816	-769444	-2.8	76.9
加工贸易	398705	-26854	-6.3	4039315	-637850	-13.6	11.6
其他贸易	435248	32763	8.1	3975660	644109	19.3	11.4
出口总额	2758772	205951	8.1	27666010	333305	1.2	100.0
一般贸易	2130539	207297	10.8	21521586	-154726	-0.7	77.8
加工贸易	286182	-25370	-8.1	2945464	-319073	-9.8	10.7
其他贸易	342051	24023	7.6	3198959	807104	33.7	11.6
其中:市场采购	270797	-18566	-6.4	2848426	829167	41.1	10.3
进口总额	650586	-51824	-7.4	7074782	-1096490	-13.4	100.0
一般贸易	444866	-59080	-11.7	5204230	-614718	-10.6	73.6
加工贸易	112523	-1484	-1.3	1093850	-318778	-22.6	15.5
其他贸易	93198	8741	10.4	776701	-162995	-17.4	11.0

2015年浙江省进出口分企业性质情况表

单位:万美元

项目名称	12月			本年累计			
	金额	同比增量	同比增长（%）	金额	同比增量	同比增长（%）	比重（%）
进出口总额	3409358	154127	4.7	34740792	-763184	-2.2	100.0
国有及国有控股企业	228135	-18583	-7.5	2518992	-369145	-12.8	7.3
外商投资企业	725568	-131764	-15.4	8413876	-1263290	-13.1	24.2
民营企业	2449076	304336	14.2	23734013	906720	4.0	68.3
集体企业	107887	-4642	-4.1	1157180	-142247	-11.0	3.3
私营企业	2341189	308978	15.2	22576833	1048967	4.9	65.0
出口总额	2758772	205951	8.1	27666010	333305	1.2	100.0
国有及国有控股企业	152374	-14209	-8.5	1744627	-209703	-10.7	6.3
外商投资企业	512797	-59236	-10.4	5665116	-592867	-9.5	20.5
民营企业	2088191	280212	15.5	20190090	1144335	6.0	73.0
集体企业	74609	-1898	-2.5	828457	-69819	-7.8	3.0
私营企业	2013581	282108	16.3	19361633	1214155	6.7	70.0
进口总额	650586	-51824	-7.4	7074782	-1096490	-13.4	100.0
国有及国有控股企业	75761	-4374	-5.5	774365	-159442	-17.1	11.0
外商投资企业	212771	-72528	-25.4	2748760	-670423	-19.6	38.9
民营企业	360886	24125	7.2	3543923	-237616	-6.3	50.1
集体企业	33278	-2745	-7.6	328723	-72428	-18.1	4.7
私营企业	327608	26870	8.9	3215200	-165188	-4.9	45.5

2015年浙江省进出口分月进度情况表

单位：亿美元

月份	当年			上年			同比增长(%)		
	进出口	出口	进口	进出口	出口	进口	进出口	出口	进口
1月	313.7	252.6	61.1	332.3	244.9	87.4	–5.5	3.2	–30.0
2月	273.3	229.7	43.6	180.0	119.3	60.7	14.8	32.5	–29.0
3月	192.2	128.6	63.6	247.8	176.0	71.8	2.7	13.1	–23.1
4月	271.7	210.1	61.6	307.2	232.9	74.3	–1.4	6.2	–21.6
5月	289.0	231.8	57.2	318.4	252.9	65.4	–3.2	2.6	–19.9
6月	307.6	243.4	64.2	304.4	240.3	64.1	–2.4	2.4	–16.8
7月	310.8	245.2	65.5	334.3	266.4	68.0	–3.2	0.6	–15.0
8月	317.8	262.2	55.6	324.0	259.3	64.7	–3.0	0.7	–14.9
9月	309.9	250.7	59.3	312.2	240.5	71.7	–2.8	1.1	–15.2
10月	279.1	224.8	54.3	284.5	223.3	61.2	–2.7	1.0	–14.8
11月	269.7	212.4	57.3	283.1	223.1	60.0	–2.8	0.5	–13.9
12月	340.9	275.9	65.1	326.0	255.4	70.7	–2.2	1.2	–13.4
累计	3475.7	2767.4	708.4	3554.2	2734.3	820.0	–2.2	1.2	–13.4

2015年浙江省出口主要市场情况表

单位:万美元

项目名称	12月			本年累计			
	金　额	同比增量	同比增长（%）	金　额	同比增量	同比增长（%）	比重（%）
国别地区	2758772	205951	8.1	27666010	333305	1.2	100.0
亚　洲	1022777	133481	15.0	9757001	410182	4.4	35.3
欧　洲	749633	54613	7.9	7022761	–494861	–6.6	25.4
北美洲	493592	46462	10.4	5368991	295073	5.8	19.4
拉丁美洲	219208	–37920	–14.8	2494733	–51279	–2.0	9.0
非　洲	220273	8373	4.0	2312227	108183	4.9	8.4
大洋洲	53289	942	1.8	710296	66006	10.2	2.6
区域(经济)组织							
欧盟(28)	649857	51375	8.6	6061322	–205770	–3.3	21.9
中　东	370243	59852	19.3	3478658	279000	8.7	12.6
东　盟	239960	8778	3.8	2417741	147853	6.5	8.7
独联体国家	83263	–3093	–3.6	810995	–311015	–27.7	2.9
20个主要国家和地区合计:	1758960	152600	9.5	17536117	–132979	–0.8	63.4
美　国	446589	41490	10.2	4901873	286648	6.2	17.7
日　本	102829	109	0.1	1187410	–83323	–6.6	4.3
德　国	127068	3619	2.9	1135643	–105981	–8.5	4.1
英　国	115989	21171	22.3	1082302	89118	9.0	3.9
印　度	90394	13247	17.2	964748	105938	12.3	3.5

续表

项目名称	12月			本年累计			
	金　额	同比增量	同比增长（%）	金　额	同比增量	同比增长（%）	比重（%）
阿拉伯联合酋长国	70350	12000	20.6	714623	-4490	-0.6	2.6
俄罗斯	68960	-2671	-3.7	674474	-258508	-27.7	2.4
韩　国	57724	1984	3.6	644308	17372	2.8	2.3
荷　兰	68902	8143	13.4	603846	-51800	-7.9	2.2
巴　西	49659	-21492	-30.2	592227	-135111	-18.6	2.1
意大利	61705	3761	6.5	582597	-24218	-4.0	2.1
中国香港特别行政区	113765	58361	105.3	565364	-17039	-2.9	2.0
澳大利亚	42717	561	1.3	543528	21016	4.0	2.0
墨西哥	50436	10648	26.8	528721	64980	14.0	1.9
法　国	58381	2975	5.4	505173	-25493	-4.8	1.8
西班牙	48943	5029	11.5	503108	-2308	-0.5	1.8
越　南	46184	-10783	-18.9	485774	40589	9.1	1.8
加拿大	46988	4970	11.8	466905	8538	1.9	1.7
伊　朗	49201	-1253	-2.5	434759	-23514	-5.1	1.6
印度尼西亚	42177	731	1.8	418734	-35392	-7.8	1.5

2015年浙江省出口主要商品情况表

单位:万美元

项目名称	12月			本年累计			
	金 额	同比增量	同比增长(%)	金 额	同比增量	同比增长(%)	比重(%)
所有商品	2758772	205951	8.1	27666010	333305	1.2	100.0
机电产品	1221681	129768	11.9	11652225	403083	3.6	42.1
纺织服装	629929	18578	3.0	6868679	-227571	-3.2	24.8
高新技术产品	197232	51229	35.1	1686544	135216	8.7	6.1
八大类轻工产品	472333	47386	11.2	4653096	265394	6.1	16.8
农副产品	94355	3099	3.4	991621	-36414	-3.5	3.6
其中:农产品	50952	1726	3.5	509341	-25882	-4.8	1.8
文化产品	112085	21119	23.2	1025486	165419	19.2	3.7
30个主要商品合计:	1572777	67514	4.5	16278549	17405	0.1	58.8
纺织纱线、织物及制品	335508	11391	3.5	3634006	-134662	-3.6	13.1
服装及衣着附件	294421	7187	2.5	3234673	-92908	-2.8	11.7
家具及其零件	117793	11679	11.0	1040341	30873	3.1	3.8
塑料制品	95499	8215	9.4	941893	134464	16.7	3.4
鞋 类	97429	8806	9.9	937122	-14793	-1.6	3.4
灯具、照明装置及类似品	59435	9602	19.3	637750	58578	10.1	2.3
汽车零配件(不包括新的充气橡胶轮胎)	57870	5114	9.7	588671	8284	1.4	2.1
旅行用品及箱包	43728	539	1.3	480633	11826	2.5	1.7
阀 门	45183	5471	13.8	419193	-3508	-0.8	1.5

续表

项目名称	12月			本年累计			
	金　额	同比增量	同比增长（%）	金　额	同比增量	同比增长（%）	比重（%）
钢　材	33683	–14465	–30.0	413606	–34531	–7.7	1.5
通断及保护电路装置	37107	5151	16.1	356423	29537	9.0	1.3
船　舶	30229	–18009	–37.3	341886	39404	13.0	1.2
电线和电缆	25374	–24	–0.1	266236	–26119	–8.9	1.0
手用或机用工具	25266	1269	5.3	256843	33871	15.2	0.9
医药品	21475	–1857	–8.0	237819	–2832	–1.2	0.9
床垫、寝具及类似品	21249	2116	11.1	228283	1171	0.5	0.8
二极管、晶体管及类似半导体器件	35844	21696	153.4	206509	64479	45.4	0.8
玩　具	19542	6048	44.8	206378	33337	19.3	0.8
钢铁或铜制标准紧固件	17841	–1216	–6.4	201698	–12811	–6.0	0.7
电动机及发电机	18388	2057	12.6	190789	–870	–0.5	0.7
水海产品	19500	997	5.4	183246	–16530	–8.3	0.7
体育用品及设备	17658	380	2.2	180695	9937	5.8	0.7
玻璃制品	18949	–27	–0.1	178866	9640	5.7	0.7
未锻造的铝及铝材	13317	–3337	–20.0	158351	–7966	–4.8	0.6
眼镜及其零件	16142	2129	15.2	148382	16257	12.3	0.5
成品油	9416	–5530	–37.0	135138	–81094	–37.5	0.5
纸及纸板（未切成形的）	12756	2860	28.9	127380	6290	5.2	0.5
未锻造的铜及铜材	11080	50	0.5	118404	–6331	–5.1	0.4
轴　承	11518	723	6.7	115593	–7128	–5.8	0.4
自动数据处理设备及其部件	9575	–1505	–13.6	111742	–28458	–20.3	0.4

2015年浙江省进口主要市场情况表

单位:万美元

项目名称	12月			本年累计			
	金　额	同比增量	同比增长(%)	金　额	同比增量	同比增长(%)	比重(%)
国别地区	650586	-51824	-7.4	7074782	-1096490	-13.4	100.0
亚　洲	367418	-6090	-1.6	3899456	-692081	-15.1	55.1
欧　洲	90838	-9696	-9.6	1021781	-153154	-13.0	14.4
北美洲	92810	13226	16.6	756217	-22876	-2.9	10.7
拉丁美洲	34260	-21293	-38.3	547397	-105248	-16.1	7.7
非　洲	23697	-6700	-22.0	302717	13559	4.7	4.3
大洋洲	41551	-21268	-33.9	547000	-136695	-20.0	7.7
区域(经济)组织							
欧盟(28)	75187	-7379	-8.9	867880	-97958	-10.1	12.3
中东(20)	42701	-1074	-2.5	600794	-38214	-6.0	8.5
东　盟	98275	9289	10.4	893910	-155773	-14.8	12.6
独联体国家	11851	-3178	-21.2	111805	-21324	-16.0	1.6
20个主要国家和地区合计:	502315	-62763	-11.1	5504013	-899437	-14.1	77.8
中国台湾地区	85278	813	1.0	795799	-188848	-19.2	11.3
日　本	68603	-6525	-8.7	794161	-135422	-14.6	11.2
美　国	82957	17193	26.1	610346	-10040	-1.6	8.6
韩　国	47160	-9966	-17.5	570900	-162683	-22.2	8.1
澳大利亚	32202	-18879	-37.0	426532	-115467	-21.3	6.0

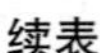
续表

项目名称	12月			本年累计			
	金　额	同比增量	同比增长（%）	金　额	同比增量	同比增长（%）	比重（%）
德　国	22230	–5384	–19.5	261281	–57526	–18.0	3.7
巴　西	8943	–8287	–48.1	211905	–22262	–9.5	3.0
沙特阿拉伯	10962	–8478	–43.6	203261	–30268	–13.0	2.9
新加坡	14749	–867	–5.6	178017	–72404	–28.9	2.5
印度尼西亚	16271	–1062	–6.1	166656	–31540	–15.9	2.4
伊　朗	15092	3497	30.2	163480	26684	19.5	2.3
泰　国	14314	–3501	–19.7	162196	–46766	–22.4	2.3
马来西亚	13353	–3087	–18.8	146191	–22684	–13.4	2.1
加拿大	9853	–3967	–28.7	145809	–12896	–8.1	2.1
法　国	8990	–125	–1.4	129309	2716	2.2	1.8
越　南	11665	–1423	–10.9	123675	16240	15.1	1.8
南　非	8885	–6910	–43.8	114253	–1392	–1.2	1.6
智　利	11368	–3916	–25.6	113419	–21112	–15.7	1.6
俄罗斯	11199	–1309	–10.5	96712	–20144	–17.2	1.4
英　国	8242	–577	–6.6	90112	6377	7.6	1.3

2015年浙江省进口主要商品情况表

单位:万美元

项目名称	12月			本年累计			
	金 额	同比增量	同比增长(%)	金 额	同比增量	同比增长(%)	比重(%)
所有商品	650586	-51824	-7.4	7074780	-1096492	-13.4	100.0
机电产品	162254	35965	28.5	1322288	-128481	-8.9	18.7
高新技术产品	85059	13862	19.5	760064	-60258	-7.4	10.7
纺织服装	19529	-2356	-10.8	229133	-7365	-3.1	3.2
八大类轻工产品	4565	1125	32.7	40773	1587	4.1	0.6
农副产品	70660	-7361	-9.4	832588	48586	6.2	11.8
其中:农产品	48541	-1106	-2.2	533613	41336	8.4	7.5
文化产品	2006	173	9.4	23356	64	0.3	0.3
30个主要商品合计:	386483	-71918	-15.7	4596774	-877781	-16.0	65.0
初级形状的塑料	44854	-13647	-23.3	600991	-54364	-8.3	8.5
废金属	38637	-5280	-12.0	409453	-94073	-18.7	5.8
铁矿砂及其精矿	23597	-21978	-48.2	358449	-268464	-42.8	5.1
二甲苯	20146	-9682	-32.5	283459	-151097	-34.8	4.0
成品油	24453	-4492	-15.5	268734	-107098	-28.5	3.8
集成电路	34198	15590	83.8	241528	26625	12.4	3.4
纺织纱线、织物及制品	18192	-2284	-11.2	213212	-6781	-3.1	3.0
未锻造的铜及铜材	17343	-6342	-26.8	196460	-69135	-26.0	2.8
纸 浆	12862	-1663	-11.5	165110	2060	1.3	2.3

续表

项目名称	12月			本年累计			
	金　额	同比增量	同比增长（%）	金　额	同比增量	同比增长（%）	比重（%）
乙二醇	8535	-7822	-47.8	159805	-22728	-12.5	2.3
粮　食	12479	-6813	-35.3	155493	42269	37.3	2.2
原　木	11439	-3490	-23.4	150236	9205	6.5	2.1
液晶显示板	9612	-6918	-41.9	128989	-62748	-32.7	1.8
医药品	8252	-1544	-15.8	127788	20061	18.6	1.8
原　油	2991	2991	—	115852	-39130	-25.3	1.6
液化石油气及其他烃类气	15564	8054	107.2	100079	17256	20.8	1.4
苯乙烯	5339	-589	-9.9	95725	3407	3.7	1.4
煤及褐煤	7435	-6181	-45.4	92274	-20562	-18.2	1.3
废　纸	8227	841	11.4	85302	-4859	-5.4	1.2
钢　材	5781	-1488	-20.5	79878	-14399	-15.3	1.1
纺织机械及零件	7069	470	7.1	71514	-18937	-20.9	1.0
锯　材	5002	-1161	-18.8	66623	547	0.8	0.9
计量检测分析自控仪器及器具	7097	642	10.0	64624	-7310	-10.2	0.9
铜矿砂及其精矿	6595	-1186	-15.2	63693	5341	9.2	0.9
二极管及类似半导体器件	11671	6957	147.6	53787	5315	11.0	0.8
乳　品	5258	2445	86.9	52730	-25935	-33.0	0.8
废塑料	4499	-1144	-20.3	51674	-24448	-32.1	0.7
通断及保护电路装置	3834	-686	-15.2	48080	-9497	-16.5	0.7
非泡沫塑料的板、片、膜、箔	2727	-2944	-51.9	47887	-13101	-21.5	0.7
羊　毛	2794	-2576	-48.0	47342	4800	11.3	0.7

2015年浙江省各地市进出口情况表

单位:万美元

地区	进出口		出口		进口	
	累计金额	同比增长(%)	累计金额	同比增长(%)	累计金额	同比增长(%)
全省合计	34740792	-2.1	27666010	1.2	7074782	-13.4
省级公司	722689	-12.1	560191	-12.4	162498	-11.0
各地市合计	34018102	-1.9	27105819	1.5	6912283	-13.5
杭州市	5933947	-0.7	4446487	4.0	1487460	-12.4
宁波市	10046582	-4.0	7142946	-2.3	2903635	-8.0
温州市	1947847	-6.3	1711510	-7.7	236336	6.0
嘉兴市	3108529	-7.8	2292734	-3.1	815795	-19.1
湖州市	1020740	2.2	885512	0.6	135228	14.3
绍兴市	2990227	-13.8	2714241	-8.8	275986	-44.0
金华市	4905842	18.3	4767317	20.2	138524	-23.7
其中:义乌	3422126	41.5	3386120	42.82	36006	-25.2
舟山市	1170088	-5.1	618522	7.1	551565	-15.9
台州市	2116577	-4.1	1882887	-2.7	233690	-14.3
衢州市	441299	-0.8	329242	14.1	112057	-28.3
丽水市	336426	15.7	314419	19.2	22007	-18.8

2015年浙江省各县(市、区)出口情况表

单位:万美元

序号	县(市、区)	出口额	同比增长(%)	序号	县(市、区)	出口额	同比增长(%)
1	义乌市	3386120	42.8	24	宁波市江北区	285916	4.1
2	宁波市鄞州区	1231513	2.0	25	嘉善县	266815	−1.6
3	绍兴市柯桥区	1041621	−5.4	26	临海市	265425	6.6
4	宁波开发(北仑)区	1018017	−1.8	27	奉化市	256729	1.4
5	杭州市萧山区	916321	−8.4	28	安吉县	256290	3.8
6	慈溪市	893755	−4.6	29	东阳市	254386	4.7
7	余姚市	679793	−4.0	30	杭州市西湖区	233970	8.4
8	宁波市海曙区	553684	−6.1	31	象山县	231497	−1.7
9	宁波市江东区	530363	−6.0	32	宁海县	230191	3.4
10	海宁市	515537	1.4	33	武义县	228011	−11.0
11	杭州高新(滨江)区	507882	8.6	34	杭州市下城区	226846	11.6
12	杭州市余杭区	499847	−10.5	35	嘉兴市南湖区	222337	−13.0
13	诸暨市	409302	−16.7	36	台州市黄岩区	199668	−0.5
14	舟山市普陀区	394961	9.9	37	乐清市	199372	−6.9
15	永康市	392273	−10.6	38	台州市椒江区	198975	−7.1
16	平湖市	385452	−5.4	39	温州市瓯海区	194380	−9.4
17	温岭市	372092	−3.2	40	德清县	192562	−1.7
18	宁波市镇海区	346486	5.0	41	杭州市江干区	191895	0.4
19	玉环县	340906	−3.7	42	绍兴市越城区	191172	−9.9
20	绍兴市上虞区	334743	1.2	43	嘉兴市秀洲区	189714	−1.4
21	温州市鹿城区	332632	−5.5	44	温州市龙湾区	187146	−2.0
22	瑞安市	308519	−8.5	45	台州市路桥区	181320	−15.0
23	桐乡市	306180	−0.1	46	临安市	175282	11.5

续表

序　号	县(市、区)	出口额	同比增长(%)	序　号	县(市、区)	出口额	同比增长(%)
47	新昌县	173766	-8.3	69	天台县	65965	1.6
48	杭州市拱墅区	165834	13.3	70	永嘉县	62585	-8.7
49	长兴县	161810	-0.2	71	金华市婺城区	54165	-12.3
50	海盐县	153509	-7.5	72	衢州市衢江区	50140	21.4
51	富阳区	151073	10.5	73	青田县	50008	18.6
52	桐庐县	140497	11.6	74	磐安县	37292	1.5
53	嵊州市	134864	-13.0	75	龙泉市	36284	16.5
54	兰溪市	122940	-2.5	76	龙游县	35281	14.1
55	舟山市定海区	120335	16.6	77	松阳县	31229	29.5
56	杭州市上城区	117237	-21.7	78	衢州市柯城区	25223	7.7
57	湖州市吴兴区	108463	1.0	79	开化县	23294	29.6
58	湖州市南浔区	107297	0.9	80	常山县	21217	19.1
59	金华市金东区	103115	6.6	81	淳安县	18040	-12.4
60	岱山县	96319	-5.0	82	遂昌县	16861	14.8
61	建德市	94713	9.4	83	丽水市莲都区	14847	12.1
62	浦江县	81392	-12.2	84	云和县	14496	15.6
63	缙云县	80412	14.1	85	庆元县	8732	7.9
64	平阳县	72601	3.5	86	景宁县	8308	14.1
65	仙居县	71052	5.0	87	温州市洞头区	4448	-30.2
66	苍南县	68159	-0.8	88	泰顺县	4090	17.0
67	江山市	66254	5.3	89	文成县	3812	14.0
68	三门县	66242	-4.2	90	嵊泗县	2138	-79.2

2015年浙江省各县（市、区）进口情况表

单位：万美元

序号	县（市、区）	进口额	同比增长（%）	序号	县（市、区）	进口额	同比增长（%）
1	宁波开发（北仑）区	759435	-7.8	24	宁波市海曙区	65972	-5.1
2	舟山市定海区	306075	-19.8	25	诸暨市	59732	-19.0
3	平湖市	296187	-28.5	26	嵊泗县	57124	-30.5
4	杭州市萧山区	272718	-29.2	27	海盐县	44396	3.3
5	宁波市镇海区	260712	-14.8	28	绍兴市上虞区	38347	-10.6
6	宁波市鄞州区	237821	-7.6	29	杭州市余杭区	37558	-13.6
7	余姚市	208997	0.1	30	义乌市	36006	-25.2
8	舟山市普陀区	152612	-5.1	31	兰溪市	35395	-8.9
9	杭州高新（滨江）区	140015	12.9	32	湖州市吴兴区	35050	21.4
10	杭州市富阳区	134467	-8.1	33	嘉兴市秀洲区	34738	-25.5
11	慈溪市	130612	-34.2	34	杭州市拱墅区	34218	-16.1
12	桐乡市	119378	-2.4	35	台州市椒江区	34072	-39.9
13	宁波市江北区	113929	-8.3	36	临安市	33868	-6.7
14	台州市路桥区	109258	-12.8	37	奉化市	33081	-20.7
15	温州市龙湾区	95182	33.2	38	永康市	32984	-32.9
16	杭州市下城区	91933	-26.8	39	岱山县	32889	19.4
17	绍兴市柯桥区	81727	-48.7	40	瑞安市	31474	-16.6
18	杭州市上城区	81650	-29.5	41	长兴县	31072	43.5
19	宁波市江东区	79249	-17.2	42	温州市鹿城区	30305	19.7
20	嘉善县	77616	-14.2	43	德清县	27220	-9.2
21	杭州市西湖区	76595	-14.4	44	湖州市南浔区	23802	7.0
22	嘉兴市南湖区	72279	-16.0	45	衢州市衢江区	20404	11.0
23	海宁市	70082	-26.1	46	宁海县	20253	-14.0

续表

序号	县(市、区)	进口额	同比增长(%)	序号	县(市、区)	进口额	同比增长(%)
47	杭州市江干区	19967	−46.5	69	安吉县	4171	−27.9
48	温州市瓯海区	19714	11.3	70	绍兴市越城区	3434	−24.4
49	东阳市	17963	−25.8	71	遂昌县	3297	−56.1
50	临海市	16327	4.9	72	江山市	2994	78.6
51	象山县	16038	−12.0	73	淳安县	2774	−13.0
52	温州市洞头区	11478	−43.1	74	三门县	2569	−36.8
53	台州市黄岩区	11342	−1.7	75	仙居县	2334	−13.5
54	玉环县	10446	−3.6	76	武义县	2234	−30.5
55	温岭市	10336	−31.1	77	苍南县	2174	11.3
56	龙游县	10203	−28.1	78	金华市金东区	1426	−9.8
57	青田县	10160	14.6	79	衢州市柯城区	1184	−72.0
58	嵊州市	8764	2.6	80	缙云县	1138	−16.9
59	新昌县	8721	58.5	81	磐安县	643	−50.8
60	永嘉县	8621	2.7	82	景宁县	382	26.7
61	乐清市	7880	−0.2	83	云和县	257	9.2
62	平阳县	7435	−23.0	84	丽水市莲都区	119	−66.3
63	桐庐县	6830	−8.9	85	常山县	102	−57.5
64	建德市	6252	−17.9	86	龙泉市	52	−53.6
65	开化县	5763	78.4	87	文成县	36	−44.8
66	天台县	4756	92.2	88	松阳县	18	−48.6
67	浦江县	4451	−29.7	89	庆元县	5	294.1
68	金华市婺城区	4304	11.2	90	泰顺县	0	−14.0

2015年浙江省国际服务贸易进出口情况表

单位：万美元

项目	进出口			出口			进口		
	金额	比重(%)	同比增长(%)	金额	比重(%)	同比增长(%)	金额	比重(%)	同比增长(%)
总值	4421607	—	16.0	2845815	—	16.5	1575792	—	15.3
运输服务	693800	15.7	-2.3	552200	19.4	1.0	141600	9.0	-13.4
旅游服务	1413949	32.0	10.0	633500	22.3	10.1	780449	49.5	9.8
建筑及相关工程服务	616328	13.9	8.5	605000	21.3	13.3	11328	0.7	-66.8
计算机和信息服务(国际服务外包)	749237	16.9	29.8	709000	24.9	25.6	40237	2.6	211.3
金融服务	3650	0.1	51.0	518	0.0	21.0	3132	0.2	57.5
保险服务	3983	0.1	-12.0	2014	0.1	-24.8	1969	0.1	6.5
通信服务	74238	1.7	2115.4	71389	2.5	3756.8	2849	0.2	89.9
教育服务	362650	8.2	56.0	53450	1.9	91.6	309200	19.6	51.2
文化、娱乐和体育服务	50300	1.1	15.0	9800	0.3	24.8	40500	2.6	12.9

续表

项目	进出口			出口			进口		
	金额	比重(%)	同比增长(%)	金额	比重(%)	同比增长(%)	金额	比重(%)	同比增长(%)
医疗、保健和社会服务	114	0.0	137.5	6	0.0	200.0	108	0.0	134.8
分销服务	207842	4.7	9.7	140145	4.9	14.1	67697	4.3	1.5
其他商业服务	245516	5.6	27.6	68793	2.4	16.1	176723	11.2	32.7
2015年1—12月占全省服务和货物比重(%)	11.3			9.3			18.2		
2014年1—12月占全省服务和货物比重(%)	9.7			8.2			14.3		

注:本表数据由国家外汇管理局浙江分局、浙江省统计局、浙江省商务厅提供的数据综合整理。进出口项目基本遵循商务部、国家统计局2010年修订的《国际服务贸易统计制度》:1.通信服务增加国际快递服务。2.教育服务增加出国留学生及外国留学生外汇收支。3.其他商业服务增加境外展览服务。4.分销服务增加来料加工服务。5.建筑及相关工程服务增加劳务承包。

2015年浙江省服务外包产业结构分类表

单位：亿美元

产业结构分类		离岸执行额	占全省的比重（%）
全省合计		70.97	100.0
ITO	软件研发外包	38.33	54.0
	信息技术服务外包	2.09	2.9
	运营和维护服务	2.46	3.5
BPO	内部管理外包服务	0.24	0.3
	业务运营外包服务	2.17	3.1
	供应链外包服务	3.11	4.4
KPO	商务服务外包	0.45	0.6
	技术服务外包	15.93	22.4
	研发服务外包	5.79	8.2
其他		0.39	0.6

2015年浙江省服务外包离岸市场分布情况表

单位：亿美元

发包企业国家和地区	离岸执行额	比重（%）
全省合计	57.0	100.0
美　国	22.71	39.8
日　本	7.15	12.5
中国香港特别行政区	6.92	12.1
芬　兰	2.55	4.5
德　国	2.20	3.9
印　度	2.02	3.5
英　国	1.91	3.4
荷　兰	1.39	2.4
意大利	1.17	2.1
法　国	1.04	1.8
中国台湾地区	1.01	1.8
韩　国	0.92	1.6
印度尼西亚	0.85	1.5
俄罗斯	0.83	1.5
澳大利亚	0.82	1.4

续表

发包企业国家和地区	离岸执行额	比重(%)
巴　西	0.75	1.3
柬埔寨	0.72	1.3
新加坡	0.72	1.3
泰　国	0.66	1.2
越　南	0.66	1.2

2015年浙江省各地市服务外包离岸执行额统计表

单位:亿美元

地市	离岸合同额		离岸合同执行额		
	绝对值	同比增长（%）	绝对值	同比增长（%）	占全省比重（%）
全省合计	77.95	8.1	70.99	25.7	
杭州市	55.24	3.1	51.94	26.7	73.2
宁波市	13.09	23.0	10.91	19.9	15.4
温州市	1.08	53.1	0.78	92.1	1.1
嘉兴市	1.55	67.3	1.23	56.7	1.7
湖州市	1.33	35.5	1.25	53.8	1.8
绍兴市	1.14	–3.4	1.00	–8.6	1.4
金华市	2.07	–0.6	1.68	4.5	2.4
衢州市	0.04	131.7	0.02	–15.4	0.0
舟山市	1.92	42.0	1.72	44.0	2.4
台州市	0.41	–27.4	0.42	5.7	0.6
丽水市	0.08	–28.2	0.04	–15.8	0.1

2015年浙江省各地市文化服务出口统计表

单位:万美元

地　市	出口额	
	绝对值	占全省的比重(%)
全省合计	9800.0	100.0
杭州市	4759.0	48.6
宁波市	1469.0	15.0
温州市	576.0	5.9
嘉兴市	89.0	0.9
湖州市	850.0	8.7
绍兴市	536.0	5.5
金华市	1211.0	12.4
其中:义乌市	0.0	0.0
衢州市	45.0	0.5
舟山市	109.0	1.1
台州市	57.0	0.6
丽水市	99.0	1.0

2015年浙江省文化服务贸易出口分大洲情况表

单位：万美元

洲　别	出口额	比重（%）
全省合计	9800.0	100.0
亚　洲	4658.2	47.5
非　洲	70.2	0.7
欧　洲	2177.6	22.2
美　洲	2772.5	28.3
大洋洲	121.4	1.2

2015年浙江省文化服务贸易分国别地区分布情况表

单位:万美元

国家和地区	出口额	比重(%)
全省合计	9800.0	100.0
美　国	2464.7	25.2
中国香港特别行政区	1587.6	16.2
英　国	982.0	10.0
中国台湾地区	774.2	7.9
日　本	921.2	9.4
韩　国	553.1	5.6
意大利	455.3	4.6
吉尔吉斯斯坦	483.0	4.9
泰　国	368.2	3.8
法　国	350.2	3.6
其他国家	860.6	8.8

2015年浙江省文化服务贸易分内容情况表

单位:万美元

出口内容	出口额	比重(%)
全省合计	9800	100.0
文化创意和设计服务	4128	42.1
广播影视服务	3445	35.2
文化艺术服务	961	9.8
新闻出版服务	482	4.9
其他文化服务	784	8.0

三、利用外资

2015年浙江省各地市外商直接投资情况表

单位：万美元

各地市	企业个数			合同外资			实际利用外资		
	当年新批	占总数（%）	同比增长（%）	当年新批	占总数（%）	同比增长（%）	当年实投	占总数（%）	同比增长（%）
全省总计	1778	100.0	14.7	2782198	100.0	14.0	1696024	100.0	7.4
宁波市	443	24.9	-6.1	765369	27.5	5.1	423375	25.0	11.1
小　计	1335	75.1	23.8	2016829	72.5	17.8	1272649	75.0	6.2
杭州市	475	26.7	16.4	1038042	37.3	43.4	711253	41.9	12.3
温州市	44	2.5	2.3	29782	1.1	-43.0	30123	1.8	-43.4
绍兴市	196	11.0	39.0	157570	5.7	53.0	94152	5.6	40.3
嘉兴市	249	14.0	1.2	487184	17.5	10.3	268427	15.8	7.6
湖州市	107	6.0	24.4	166290	6.0	5.7	94188	5.6	-4.3
金华市	190	10.7	171.4	34896	1.3	-39.0	27431	1.6	-1.5
其中：义乌市	149	8.4	217.0	1720	0.1	-84.2	6167	0.4	2.2
衢州市	11	0.6	-21.4	10094	0.4	-6.3	6006	0.4	-14.3
台州市	17	1.0	-57.5	18289	0.7	-47.1	11635	0.7	-51.9
丽水市	27	1.5	68.8	36512	1.3	47.0	21642	1.3	21.3
舟山市	19	1.1	35.7	38170	1.4	-64.5	7792	0.5	-61.0

2015 年浙江省外商直接投资主要行业情况表

单位:万美元

行 业	项目(企业)个数			合同外资			实际外资		
	本年累计	占总数(%)	同比增长(%)	本年累计	占总数(%)	同比增长(%)	本年累计	占总数(%)	同比增长(%)
总 计	1778	100	14.7	2782198	100.0	14.0	1696024	100.0	7.4
第一产业	13	0.7	-63.9	10657	0.4	-69.2	9002	0.5	10.5
农 业	11	0.6	-57.7	10119	0.4	-46.1	5594	0.3	30.8
第二产业	399	22.4	-13.4	1025283	36.9	7.6	719328	42.4	21.4
工 业	394	22.2	-14.3	1020327	36.7	7.3	714205	42.1	26.7
采矿业	1	0.1		-39			7101	0.4	23570
石油和天然气开采业				-320			7101	0.4	
制造业	372	20.9	-17.0	951649	34.2	2.2	694289	40.9	27.4
纺织业	18	1.0	38.5	36180	1.3	12.3	23531	1.4	-19.6
化学原料及化学制品制造业	16	0.9	14.3	43796	1.6	-23.6	38886	2.3	-14.7

续表

行业	项目(企业)个数			合同外资			实际外资		
	本年累计	占总数(%)	同比增长(%)	本年累计	占总数(%)	同比增长(%)	本年累计	占总数(%)	同比增长(%)
医药制造业	5	0.3	−28.6	41834	1.5	542.0	32816	1.9	507.3
通用设备制造业	57	3.2	5.6	99441	3.6	−4.6	48754	2.9	−12.3
专用设备制造业	30	1.7	−34.8	36209	1.3	−47.2	18067	1.1	−55.2
通信设备、计算机及其他电子设备制造业	32	1.8	−8.6	55505	2.0	7.5	47083	2.8	−1.4
电力、燃气及水的生产和供应业	21	1.2	75.0	68717	2.5	248.9	12815	0.8	−32.5
建筑业	5	0.3	400.0	4956	0.2	96.8	5123	0.3	98.3
第三产业	1366	76.8	29.7	1745932	62.8	20.1	967694	57.1	−1.2
交通运输、仓储和邮政业	31	1.7	106.7	93684	3.4	94.3	34959	2.1	21.8
信息传输、计算机服务和软件业	131	7.4	40.9	212120	7.6	82.8	111570	6.6	76.2
批发和零售业	626	35.2	22.5	334124	12.0	−6.2	127107	7.5	−29.4
住宿和餐饮业	22	1.2	37.5	5876	0.2	−49.2	5167	0.3	4.4
旅游饭店	1	0.1		2444	0.1	−38.4	2970	0.2	35

续表

行业	项目(企业)个数			合同外资			实际外资		
	本年累计	占总数(%)	同比增长(%)	本年累计	占总数(%)	同比增长(%)	本年累计	占总数(%)	同比增长(%)
金融业	46	2.6	35.3	248325	8.9	73.5	82075	4.8	273.4
房地产业	29	1.6	0.0	261946	9.4	-2.2	303721	17.9	-34.9
房地产开发经营	26	1.5	36.8	258873	9.3	-1.9	300703	17.7	-35.3
租赁和商务服务业	209	11.8	35.7	258014	9.3	27.2	134057	7.9	47.6
科学研究、技术服务和地质勘查业	228	12.8	44.3	280876	10.1	21.0	138560	8.2	49.9
水利、环境和公共设施管理业	3	0.2	-25.0	14413	0.5	-30.4	10775	0.6	-39.4
居民服务和其他服务业	28	1.6	47.4	26113	0.9	180.9	6391	0.4	73.0
教育	2	0.1	-50.0	21	0.0	-97.0			
卫生、社会保障和社会福利业	3	0.2	0.0	7895	0.3	340.1	10508	0.6	468.6
文化、体育和娱乐业	8	0.4	-38.5	2525	0.1	-94.1	2804	0.2	-61.2

2015年浙江省各县(市、区)外商直接投资同期比较表

单位:万美元

序号	地区	实际外资金额	同比增长(%)	序号	地区	实际外资金额	同比增长(%)
	合计	1419511	4.7	23	绍兴市上虞区	22730	3.2
1	杭州市余杭区	108620	0.8	24	嘉兴市秀洲区	22616	0.5
2	宁波市北仑区	100007	11.4	25	湖州市吴兴区	21615	7.8
3	杭州市萧山区	85572	-32.0	26	诸暨市	20026	99.4
4	杭州市西湖区	79781	45.1	27	桐庐县	18986	35.4
5	杭州市滨江区	76615	6.6	28	临安市	18609	67.5
6	宁波市江东区	65000	61.6	29	德清县	18192	-5.0
7	宁波市鄞州区	54168	-2.8	30	海盐县	15362	41.0
8	平湖市	47964	6.4	31	宁波市海曙区	15238	-2.7
9	余姚市	46074	17.7	32	安吉县	15071	5.8
10	嘉善县	44674	6.8	33	温州市鹿城区	14634	27.0
11	海宁市	44533	1.2	34	建德市	14069	0.4
12	杭州市拱墅区	39101	17.0	35	宁海县	13001	16.1
13	桐乡市	33597	1.4	36	长兴县	12976	-32.8
14	杭州市江干区	32529	9.2	37	象山县	12252	22.4
15	杭州市下城区	31913	12.0	38	奉化市	8253	-29.7
16	宁波市镇海区	31710	2.5	39	嵊州市	7549	3512.0
17	杭州市富阳区	28212	9.9	40	义乌市	6167	2.2
18	宁波市江北区	27811	-16.3	41	金华市金东区	5858	12.7
19	杭州市上城区	24902	28.0	42	临海市	5410	31.6
20	绍兴市柯桥区	23133	10.1	43	湖州市南浔区	4755	17.0
21	慈溪市	23097	70.3	44	缙云县	4332	-6.0
22	嘉兴市南湖区	23044	20.2	45	青田县	3756	35.5

续表

序号	地区	实际外资金额	同比增长(%)	序号	地区	实际外资金额	同比增长(%)
46	苍南县	3264	-57.2	69	温州市龙湾区	977	-44.3
47	淳安县	3000	-54.0	70	遂昌县	928	-17.2
48	新昌县	2287	3.7	71	庆元县	850	30.8
49	兰溪市	2142	-5.8	72	景宁畲族自治县	850	21.4
50	舟山市定海区	2100	19.0	73	云和县	850	30.4
51	永康市	2099	4.3	74	衢州市柯城区	815	26.4
52	平阳县	2092	-63.9	75	温州市瓯海区	737	-56.9
53	东阳市	2005	-17.2	76	江山市	704	-32.9
54	乐清市	1921	-79.3	77	三门县	602	-49.5
55	绍兴市越城区	1431	36.2	78	丽水市莲都区	463	2215.0
56	松阳县	1423	626.0	79	舟山市普陀区	460	-93.5
57	衢州市衢江区	1307	151.3	80	永嘉县	347	395.7
58	龙游县	1290	-49.5	81	文成县	200	102.0
59	瑞安市	1168	-42.1	82	天台县	187	-69.3
60	龙泉市	1100	43.6	83	仙居县	80	-93.6
61	温岭市	1090	-81.2	84	岱山县	19	—
62	玉环县	1076	-1.5	85	嵊泗县	8	-99.3
63	台州市椒江区	1045	-73.4	86	磐安县	—	—
64	台州市黄岩区	1043	-75.0	87	温州市洞头区	—	—
65	金华市婺城区	1030	-1.2	88	常山县	—	—
66	浦江县	1012	-19.2	89	泰顺县	—	—
67	武义县	1000	-2.3	90	开化县	—	—
68	台州市路桥区	995	8.4				

注:按实际金额外资排序。

2015年浙江省国家级、省级开发区外商直接投资情况表

单位:万美元

序号	地区	实际外资金额	同比增长(%)	序号	地区	实际外资金额	同比增长(%)
开发区合计		994449	9.4	15	湖州经济技术开发区	21579	10.5
其中:国家级开发区		624258	-2.4	16	杭州之江旅游度假区	20934	9.8
省级经济开发区		370191	37.3	17	浙江桐庐经济开发区	15486	10.5
1	宁波经济技术开发区	108576	6.0	18	浙江镇海经济开发区	15471	7.7
2	杭州高新技术产业开发区	76615	6.6	19	浙江海盐经济开发区	12739	48.8
3	大江东产业集聚区	59416		20	浙江乍浦经济开发区	12201	10.0
4	杭州经济技术开发区	58401	-28.1	21	浙江德清经济开发区	11857	31.2
5	嘉善经济技术开发区	42345	5.1	22	浙江临安经济开发区	11709	235.4
6	萧山经济技术开发区	40000	-5.6	23	宁波石化经济技术开发区	11187	-14.2
7	浙江余姚经济开发区	39549	21.5	24	浙江建德经济开发区	11084	30.5
8	浙江海宁经济开发区	38748	27.8	25	宁波大榭开发区	11000	-1.1
9	宁波杭州湾经济技术开发区	38723	28.4	26	浙江安吉经济开发区	10042	-10.0
10	余杭经济技术开发区	37543	-22.2	27	浙江上虞经济开发区	9925	18.4
11	嘉兴经济技术开发区	36737	11.6	28	长兴经济技术开发区	9837	-41.0
12	平湖经济技术开发区	32374	2.5	29	袍江经济技术开发区	9749	43.2
13	浙江桐乡经济开发区	28852	-3.1	30	浙江鄞州经济开发区	9223	4.8
14	富阳经济技术开发区	26379	12.2	31	浙江宁海经济开发区	9133	5.7

续表

序号	地区	实际外资金额	同比增长（%）	序号	地区	实际外资金额	同比增长（%）
32	浙江象山经济开发区	9048	20.6	52	义乌经济技术开发区	1768	1.4
33	浙江奉化经济开发区	8253	–19.7	53	宁波高新技术产业开发区	1427	–66.3
34	杭州湾上虞经济技术开发区	7739	–26.2	54	浙江衢江经济开发区	1307	151.3
35	浙江诸暨经济开发区	7734	52.0	55	浙江兰溪经济开发区	1213	39.7
36	浙江嵊州经济开发区	7549	3512.0	56	浙江温岭经济开发区	1080	–11.8
37	浙江慈溪滨海经济开发区	7505	59.7	57	浙江玉环经济开发区	1061	3.8
38	金华经济技术开发区	6118	–6.0	58	浙江黄岩经济开发区	1011	–75.8
39	绍兴柯桥经济技术开发区	5920	5.3	59	浙江浦江经济开发区	1011	–19.3
40	浙江丽水经济开发区	5817	39.4	60	浙江武义经济开发区	1000	–0.9
41	温州经济技术开发区	4783	68.5	61	浙江青田经济开发区	906	–67.3
42	浙江南浔经济开发区	4755	17.0	62	浙江江山经济开发区	654	227.0
43	杭州钱江经济开发区	4255	25.0	63	浙江普陀经济开发区	460	–2.1
44	浙江金东经济开发区	4000	–4.2	64	浙江东阳经济开发区	308	–83.0
45	浙江临海经济开发区	3741	1016.7	65	浙江瓯海经济开发区	213	—
46	浙江舟山经济开发区	3565	–40.1	66	浙江台州经济开发区	107	–85.9
47	绍兴高新技术产业开发区	3520	58.1	67	浙江瑞安经济开发区		
48	宁波保税区	3297	–62.8	68	浙江淳安经济开发区		
49	浙江永康经济开发区	2099	965.5	69	浙江平阳经济开发区		
50	浙江乐清经济开发区	1921	–56.4	70	浙江岱山经济开发区		
51	衢州经济技术开发区	1890	9.8	71	浙江景宁经济开发区		

2015年浙江省主要投资国家(地区)投资情况表

单位:万美元

国家(地区)	项目(企业)个数			合同外资			实际使用外资		
	本年累计	占总数(%)	同比增长(%)	本年累计	占总数(%)	同比增长(%)	本年累计	占总数(%)	同比增长(%)
总　计	1778	100.0	14.7	2782198	100.0	14.0	1696024	100.0	7.4
亚　洲	1296	72.9	16.1	2099891	75.5	5.6	1172998	69.2	-4.9
阿富汗	32	1.8	300.0	583	0.0	188.6	10		-85.1
孟加拉国	9	0.5	350.0	5032	0.2	22.7			
文　莱	1	0.1	0.0	152	0.0	-90.6	-35		
柬埔寨									
塞浦路斯	1	0.1		1		-99.3			
朝　鲜									
中国香港特别行政区	805	45.3	5.4	1851212	66.5	11.4	1069575	63.1	-5.3
印　度	24	1.3	118.2	332	0.0	-87.9	1872	0.1	408.7
印度尼西亚	1	0.1	-87.5	27	0.0	-67.5	23	0.0	-93.5

续表

国家(地区)	项目(企业)个数			合同外资			实际使用外资		
	本年累计	占总数(%)	同比增长(%)	本年累计	占总数(%)	同比增长(%)	本年累计	占总数(%)	同比增长(%)
伊　朗	17	1.0	21.4	312	0.0	-91.8	303	0.0	461.1
伊拉克	14	0.8	366.7	345	0.0	118.4	101	0.0	
以色列	1	0.1	0.0	16	0.0	-93.2			
日　本	28	1.6	-26.3	16851	0.6	-89.3	27630	1.6	-3.5
约　旦	7	0.4	600.0	66					
黎巴嫩	8	0.4	700.0	373	0.0	2769.2	9		
中国澳门特别行政区	7	0.4	-12.5	4292	0.2	-64.2	7922	0.5	81.5
马来西亚	10	0.6		12413	0.4		236		-88.6
尼泊尔									
巴基斯坦	13	0.7	-23.5	2089	0.1	-58.0	8		
巴勒斯坦	2	0.1		2		100.0			
菲律宾				301		-82.0	650		-63.2
卡塔尔	1	0.1		16					
沙特阿拉伯	6	0.3	200.0	236	0.0	-15.1	74	0.0	-71.9
新加坡	56	3.1	115.4	110350	4.0	90.6	44238	2.6	-3.7

续表

国家(地区)	项目(企业)个数			合同外资			实际使用外资		
	本年累计	占总数(%)	同比增长(%)	本年累计	占总数(%)	同比增长(%)	本年累计	占总数(%)	同比增长(%)
韩　国	71	4.0	47.9	32189	1.2	96.1	12294	0.7	82.2
斯里兰卡	1	0.1	0.0	8	0.0	-50			
叙利亚	21	1.2	425.0	210	0.0	288.9	8	0.0	-92.6
泰　国	6	0.3	200.0	1951	0.1	361.2	215	0.0	-76.4
土耳其	9	0.5	0.0	8555	0.3	318.7	2150	0.1	183.6
阿拉伯联合酋长国	4	0.2	0.0	500	0.0	-13	52	0.0	-86.5
也门共和国	23	1.3	475.0	1718	0.1	3081.5	24	0.0	-46.7
越　南									
中国台湾地区	118	6.6	-4.8	49759	1.8	-15.1	5639	0.3	-42.1
非　洲	67	3.8	131.0	12197	0.4	-44	8631	0.5	-33.8
阿尔及利亚	2	0.1		3					
安哥拉									
贝　宁	1	0.1		12					
博茨瓦那	1	0.1		4			4		
佛得角				-70					

续表

国家(地区)	项目(企业)个数			合同外资			实际使用外资		
	本年累计	占总数(%)	同比增长(%)	本年累计	占总数(%)	同比增长(%)	本年累计	占总数(%)	同比增长(%)
埃　及	10	0.6	66.7	37	0.0	-19.6	7	0.0	-53.3
埃塞俄比亚	3	0.2	200.0	5	0.0	66.7			
加　纳	2	0.1	100.0	3	0.0	-91.9			
几内亚	3	0.2		20					
肯尼亚	1	0.1		2					
利比亚	2	0.1	100.0	19	0.0	-62	10	0.0	11.1
马达加斯加	1	0.1		2					
马　里	2	0.1		3					
毛里求斯	3	0.2	50.0	2731	0.1	-31.1	1067	0.1	-6.5
摩洛哥	3	0.2	50.0	33	0.0	-98.7	2600	0.2	-16.1
尼日利亚	7	0.4		23					
塞内加尔	1	0.1		33					
塞舌尔	17	1.0	21.4	9219	0.3	-20.9	4315	0.3	-35.2
塞拉利昂	1	0.1		10					
索马里	2	0.1		11					

续表

国家(地区)	项目(企业)个数			合同外资			实际使用外资		
	本年累计	占总数(%)	同比增长(%)	本年累计	占总数(%)	同比增长(%)	本年累计	占总数(%)	同比增长(%)
南非							78	0.0	290.0
苏丹	1	0.1		2					
坦桑尼亚							25	0.0	-98.5
多哥	1	0.1		6					
突尼斯	1	0.1		79	0.0	107.9	13	0.0	
布基纳法索	1	0.1		10					
赞比亚							512		
津巴布韦	1	0.1							
厄立特里亚									
欧洲	150	8.4	23.0	234198	8.4	211.8	200637	11.8	247.7
欧盟	130	7.3	22.6	230781	8.3	217.0	198588	11.7	265.0
比利时	4	0.2	33.3	-479					
丹麦	2	0.1		15901	0.6	374.9	14977	0.9	67.4
英国	26	1.5	36.8	51600	1.9	386.2	33499	2.0	504.6
德国	27	1.5	35.0	104687	3.8	473.6	97435	5.7	993.1

续表

国家(地区)	项目(企业)个数			合同外资			实际使用外资		
	本年累计	占总数(%)	同比增长(%)	本年累计	占总数(%)	同比增长(%)	本年累计	占总数(%)	同比增长(%)
法　国	14	0.8	7.7	3277	0.1	−71.9	1151	0.1	−89.8
爱尔兰	3	0.2	50.0	180			17		13.3
意大利	18	1.0	−18.2	5176	0.2	−21.0	4582	0.3	−10.8
卢森堡	2	0.1	100.0	13230	0.5	958.4	20172	1.2	508.9
荷　兰	10	0.6	66.7	15882	0.6	1586.0	21882	1.3	1307.2
葡萄牙				−86			1		
西班牙	7	0.4	0.0	4070	0.1	415.8	12	0.0	−99.1
阿尔巴尼亚									
奥地利	2	0.1	100.0	3089	0.1	−43.4	2985	0.2	−52.2
保加利亚				473					
芬　兰				1307	0.0	−73.4	1361	0.1	27120.0
匈牙利	2	0.1		4108	0.1	423.3			
挪　威	1	0.1	−50.0	2429	0.1		500		33.3
波　兰	1	0.1	−50.0	150			13		550.0
罗马尼亚	2	0.1		988					

续表

国家(地区)	项目(企业)个数			合同外资			实际使用外资		
	本年累计	占总数(%)	同比增长(%)	本年累计	占总数(%)	同比增长(%)	本年累计	占总数(%)	同比增长(%)
瑞　典	6	0.3	100.0	1478	0.1	132	21	0.0	-97.9
瑞　士	5	0.3	150.0	837	0.0	-68.9	1471	0.1	-37.4
亚美尼亚									
阿塞拜疆	1	0.1		2					
白俄罗斯									
哈萨克斯坦	1	0.1		6					
吉尔吉斯斯坦	1	0.1		20					
俄罗斯	8	0.4	0.0	106	0.0	158.5	28	0.0	-95.0
塔吉克斯坦									
土库曼斯坦	2	0.1		17					
乌克兰							50		
乌兹别克斯坦	1	0.1	0.0						
斯洛文尼亚共和国	2	0.1	-33.3	4964	0.2	-21.2			
克罗地亚共和国									
捷克共和国				500			280		283.6

续表

国家（地区）	项目（企业）个数			合同外资			实际使用外资		
	本年累计	占总数（%）	同比增长（%）	本年累计	占总数（%）	同比增长（%）	本年累计	占总数（%）	同比增长（%）
斯洛伐克共和国	2	0.1		286			200		
南美洲	56	3.1	21.7	174870	6.3	97.7	113687	6.7	16.8
阿根廷				74			74		
巴　西	1	0.1	-66.7	216	0.0	-77.4			
开曼群岛	9	0.5	28.6	19797	0.7	177.2	50040	3.0	342.2
智　利				15	0.0	650.0			
哥伦比亚	4	0.2	300.0	3175	0.1	158650.0	8	0.0	
哥斯达黎加	1	0.1		16					
厄瓜多尔	2	0.1		1002					
墨西哥				-470			381		136.6
巴拿马				21	0.0	250.0	6	0.0	-97.1
秘　鲁	2	0.1	100.0	8					
乌拉圭							12		140.0
委内瑞拉									
英属维尔京群岛	37	2.1	27.6	151016	5.4	84.3	63166	3.7	-26.0

续表

国家(地区)	项目(企业)个数			合同外资			实际使用外资		
	本年累计	占总数(%)	同比增长(%)	本年累计	占总数(%)	同比增长(%)	本年累计	占总数(%)	同比增长(%)
拉丁美洲其他									
北美洲	168	9.4	-3.4	107929	3.9	77.2	52616	3.1	148.3
加拿大	32	1.8	-17.9	16184	0.6	55.4	3262	0.2	26.8
美　国	135	7.6	0.0	91697	3.3	82.4	49349	2.9	168.6
百慕大	1	0.1		48	0.0	-78.2			
北美洲其他							5		-73.7
大洋洲	52	2.9	-14.8	56033	2.0	21.0	55792	3.3	105.5
澳大利亚	24	1.3	33.3	22179	0.8	143.8	15063	0.9	173.2
库克群岛									
新西兰	4	0.2	-33.3	515	0.0	-88.5	102	0.0	-82.0
萨摩亚	22	1.2	-33.3	31768	1.1	12.9	34374	2.0	69.9
马绍尔群岛共和国	2	0.1	100.0	1571	0.1	4.7	3099	0.2	281.2
安奎拉							3154	0.2	
其他太平洋岛屿									
其　他	28	1.6	-17.6	96754	3.5	-39.8	91663	5.4	-11.2

续表

国家(地区)	项目(企业)个数			合同外资			实际使用外资		
	本年累计	占总数(%)	同比增长(%)	本年累计	占总数(%)	同比增长(%)	本年累计	占总数(%)	同比增长(%)
创业投资公司投资	1	0.1	-50.0	3442	0.1	-32.8	3441	0.2	-30.9
股权投资公司投资							5846	0.3	1182.0
其　他				2070	0.1	-71.0	2070	0.1	-71.0
投资性公司投资	27	1.5	-6.9	91242	3.3	-32.8	80306	4.7	-11.5

四、对外经济合作

2015年浙江省国外经济合作情况汇总表

单位:万美元

内　　容	当年累计	比上年同期增长(%)
境外企业总投资额	1921131.1	198.54
境外企业中方投资额	1398827.8	140.56
境外企业实际投资额	539701	54.94
境外投资企业数(个)	760	
营销网络项目	742	
并购项目	135	
研发项目	38	
国外经济合作营业额	633353	18.62
其中:对外承包工程营业额	618719	19.54
对外劳务合作实际收入总额	14634	-10.43
国外经济合作合同额	587412	38.69
其中:对外承包工程合同额	579568	49.40
对外劳务合作合同工资总额	7844	-77.97
期末在外人数(人)	32234	
外派人次	19929	

2015年浙江省各地市国外经济合作情况统计表

单位:万美元

单　位	营业额及收入总额（合计）	同比增长（%）	对外承包工程		对外劳务合作		外派人数（人）	期末在外人数(人)
			合同额	营业额	合同工资总额	实际收入总额		
全　省	633352	18.62	579568	618717	7843	14635	19929	32234
省　属	107942	-19.41	197054	105347	1403	2595	4047	9621
杭州市	177901	64.71	181369	176752	408	1149	1598	3938
宁波市	192078	13.89	136365	191681	28	397	449	877
温州市	7316	16.44	2450	7310	9	6	13	347
嘉兴市	14134	15.93	4378	13200	0	934	20	474
湖州市	3201	25.38	3474	2926	10	275	77	200
绍兴市	18978	23.54	23406	18757	49	221	10	208
金华市	45030	59.82	48571	45030	0	0	3139	3746
舟山市	58607	11.82	0	49549	5936	9058	10336	12573
台州市	8165	19.51	1501	8165	0	0	240	250

2015 年浙江省国外经济合作前十位国家(地区)情况表

单位:万美元

名 次	国家(地区)	营业额
1	阿尔及利亚	101606
2	中国香港特别行政区	34198
3	澳大利亚	30214
4	阿根廷	29967
5	秘 鲁	26785
6	越 南	22823
7	埃塞俄比亚	20680
8	委内瑞拉	19156
9	尼日利亚	17896
10	马来西亚	17428

2015年浙江省境外投资前十位国家(地区)统计表
(按累计中方投资排序)

单位:万美元

名次	名称	项目数	投资总额	中方投资
1	中国香港特别行政区	1242	1076058	1016530
2	美国	1249	1133698	839220
3	瑞典	20	200121	199049
4	开曼群岛	34	303432	169670
5	新加坡	133	168183	162112
6	印度尼西亚	92	172072	138696
7	澳大利亚	193	120386	101540
8	墨西哥	59	93214	84714
9	德国	264	75460	69568
10	加拿大	153	90674	66863

2015年浙江省境外投资分市地情况表

单位:万美元

名　称	累计项目数	上年同期	累计投资总额	同比增长(%)	累计中方投资额	同比增长(%)
全省合计	760	577	1921133	198.5	1398828	140.6
省　属	13	23	4573	-59.9	4573	-51.1
杭州市	239	128	386345	233.8	259121	141.0
宁波市	235	203	841998	207.3	583311	138.4
温州市	31	26	136374	525.5	97381	464.0
嘉兴市	49	41	75540	135.3	62227	99.6
湖州市	38	25	163324	325.3	124128	225.9
绍兴市	48	37	171560	162.6	164897	171.4
金华市	48	40	113819	114.9	83167	67.2
其中:义乌市	17	14	3320	1.1	3220	19.9
衢州市	7	3	5194	88.9	1424	-48.2
舟山市	8	8	4022	-4.3	4015	13.4
台州市	34	35	17466	4.4	13693	58.0
丽水市	10	8	918	-88.7	892	-88.8

2015年浙江省实际对外投资分形式和地区情况表

单位:万美元

国家(地区)	中方实际投资额							
	合计		货币投资		实物投资		其他投资	
	12月额	当年累计	12月额	当年累计	12月额	当年累计	12月额	当年累计
合　计	70783	515125	69769	505526	1000	9585	14	14
北美洲	19323	208674	19323	208674	0	0	0	0
加拿大	8	292	8	292	0	0	0	0
美　国	19315	208382	19315	208382	0	0	0	0
大洋洲	725	8063	725	8063	0	0	0	0
澳大利亚	700	6377	700	6377	0	0	0	0
巴布亚新几内亚	2	6	2	6	0	0	0	0
萨摩亚	0	1357	0	1357	0	0	0	0
新西兰	0	282	0	282	0	0	0	0
斐　济	23	40	23	40	0	0	0	0
非　洲	16	9570	16	9570	0	7500	0	0
埃塞俄比亚	0	1550	0	1550	0	0	0	0
加　纳	0	2	0	2	0	0	0	0

续表

国家（地区）	中方实际投资额							
	合　计		货币投资		实物投资		其他投资	
	12月额	当年累计	12月额	当年累计	12月额	当年累计	12月额	当年累计
加　蓬	0	40	0	40	0	0	0	0
南　非	16	280	16	280	0	0	0	0
坦桑尼亚	0	7698	0	198	0	7500	0	0
拉丁美洲	1937	82562	1937	82462	0	100	0	0
阿根廷	0	5	0	5	0	0	0	0
巴　西	0	48	0	48	0	0	0	0
哥伦比亚	0	14	0	14	0	0	0	0
开曼群岛	779	77748	779	77748	0	0	0	0
墨西哥	157	2053	157	1953	0	100	0	0
英属维尔京群岛	1000	2594	1000	2594	0	0	0	0
欧　洲	2216	17839	2216	17739	0	100	0	0
爱尔兰	0	48	0	48	0	0	0	0
比利时	0	514	0	514	0	0	0	0
冰　岛	0	1400	0	1400	0	0	0	0
德　国	37	9903	37	9903	0	0	0	0
俄罗斯联邦	0	0	0	0	0	0	0	0

续表

国家(地区)	中方实际投资额							
	合　计		货币投资		实物投资		其他投资	
	12月额	当年累计	12月额	当年累计	12月额	当年累计	12月额	当年累计
法　国	0	118	0	118	0	0	0	0
荷　兰	1301	1819	1301	1819	0	0	0	0
卢森堡	0	237	0	237	0	0	0	0
罗马尼亚	0	1440	0	1340	0	100	0	0
葡萄牙	0	289	0	289	0	0	0	0
瑞　典	0	13	0	13	0	0	0	0
瑞　士	10	246	10	246	0	0	0	0
塞尔维亚	118	392	118	392	0	0	0	0
匈牙利	0	64	0	64	0	0	0	0
意大利	534	839	534	839	0	0	0	0
英　国	215	517	215	517	0	0	0	0
亚　洲	46568	188518	46568	186619	1000	1835	14	14
阿拉伯联合酋长国	41	87	41	87	0	0	0	0
巴基斯坦	100	147	100	147	0	0	0	0
菲律宾	0	131	0	131	0	0	0	0
韩　国	14	2348	0	2334	0	0	14	14

续表

国家(地区)	中方实际投资额							
	合　计		货币投资		实物投资		其他投资	
	12月额	当年累计	12月额	当年累计	12月额	当年累计	12月额	当年累计
吉尔吉斯斯坦	2	2974	2	2324	0	650	0	0
柬埔寨	0	713	0	713	0	0	0	0
老　挝	0	40	0	40	0	0	0	0
马来西亚	231	525	131	425	100	100	0	0
蒙　古	0	164	0	164	0	0	0	0
孟加拉	7	95	7	95	0	0	0	0
缅　甸	30	125	30	125	0	0	0	0
日　本	0	822	0	822	0	0	0	0
沙特阿拉伯	0	110	0	110	0	0	0	0
斯里兰卡	0	49	0	49	0	0	0	0
塔吉克斯坦	0	33	0	33	0	0	0	0
中国台湾地区	0	4201	0	4201	0	0	0	0
泰　国	210	3745	210	3745	0	0	0	0
土耳其	0	151	0	151	0	0	0	0
乌兹别克斯坦	1000	1135	0	0	1000	1135	0	0
新加坡	6730	9038	6730	9038	0	0	0	0

续表

国家(地区)	中方实际投资额							
	合　计		货币投资		实物投资		其他投资	
	12 月额	当年累计	12 月额	当年累计	12 月额	当年累计	12 月额	当年累计
以色列	0	151	0	151	0	0	0	0
印　度	0	244	0	244	0	0	0	0
印度尼西亚	5292	15047	5292	15047	0	0	0	0
越　南	43	5928	43	5928	0	0	0	0
中国香港特别行政区	32967	141054	32967	141054	0	0	0	0

注:此项统计数据来源于商务部合作司。

2015年浙江省境外投资按行业分类统计表

单位：万美元

名　称	项目数(个)	投资总额	中方投资额
农、林、牧、渔业	8	17078	16818
畜牧业	3	7680	7680
林　业	1	5188	5188
农、林、牧、渔服务业	2	1910	1910
农　业	1	1300	1040
渔　业	1	1000	1000
采矿业	10	299744	289170
石油和天然气开采业	4	252561	252561
有色金属矿采选业	4	44744	34171
其他采矿业	2	2439	2439
制造业	102	393534	298724
有色金属冶炼及压延加工业	1	82247	77247
非金属矿物制品业	2	89524	61015
纺织服装、鞋、帽制造业	7	40918	37918
电气机械及器材制造业	4	29489	27261
通用设备制造业	16	21350	19985
医药制造业	15	49813	19981
纺织业	8	26927	15879

续表

名　称	项目数(个)	投资总额	中方投资额
专用设备制造业	19	14132	13077
其他制造业	3	13903	13015
橡胶制品业	增资项目	3300	3300
金属制品业	5	9076	3000
通信设备、计算机及其他电子设备制造业	1	3860	1800
农副食品加工业	4	2398	1494
交通运输设备制造业	3	3552	1060
家具制造业	7	1017	965
化学纤维制造业	1	866	866
文教体育用品制造业	1	500	500
食品制造业	2	150	113
印刷业和记录媒介的复制	1	100	100
废气资源和废旧材料回收加工业	1	322	81
仪器仪表及文化、办公用机械制造业	1	90	68
建筑业	5	3797	2952
房屋和土木工程建筑业	3	2510	2510
建筑安装业	2	1287	442
交通运输、仓储和邮政业	15	19297	19197
水上运输业	9	12421	12421
装卸搬运和其他运输服务业	5	6227	6127
邮政业	1	650	650
信息传输、计算机服务和软件业	16	16962	3726

续表

名　称	项目数(个)	投资总额	中方投资额
电信和其他信息传输服务业	6	1783	1783
软件业	5	1609	1609
计算机服务业	5	13570	334
批发和零售业	307	316957	227585
批发业	292	279557	212714
零售业	15	37399	14871
住宿和餐饮业	5	6043	2377
住宿业	3	5503	1837
餐饮业	2	540	540
金融业	1	0	0
其他金融活动	1	0	0
房地产业	8	48890	32666
房地产业	8	48890	32666
租赁和商务服务业	66	351678	203083
商务服务业	62	349063	200468
租赁业	4	2614	2614
科学研究、技术服务和地质勘查业	38	290612	173416
研究与实验发展	25	258650	162869
专业技术服务业	13	31961	10547
水利、环境和公共设施管理业	4	1100	770
公共设施管理业	4	1100	770
居民服务和其他服务业	19	9225	6859

续表

名 称	项目数(个)	投资总额	中方投资额
其他服务业	19	9225	6859
教 育	1	8	4
教 育	1	8	4
文化、体育和娱乐业	8	104852	97277
娱乐业	2	77363	77363
广播、电视、电影和音像业	2	27096	19574
文化艺术业	4	393	340
其他类	73	40606	23486

2015年浙江省境外投资各大洲分布情况表

单位:万美元

名　称	项目数(个)	投资总额	中方投资额
全省合计	757	1919685	1398228
亚　洲	376	755649	612367
非　洲	32	69658	68924
欧　洲	103	162963	109098
南美洲	51	241155	124528
北美洲	166	617605	422673
大洋洲	29	72655	60638

五、其他

2015年浙江省国民经济主要统计指标

项　目	计量单位	累计金额	同比增长(%)
生产总值(GDP)(四季度)	亿元	42886.5	8.0
第一产业	亿元	1832.8	1.5
第二产业	亿元	19707.1	5.4
第三产业	亿元	21346.6	11.3
工业增加值	亿元	13193.4	4.4
其中:国有及国有控股	亿元	2307.9	6.5
工业销售产值	亿元	64543.6	0.2
其中:出口交货值	亿元	11707.5	-3.7
固定资产投资	亿元	26664.7	13.2
其中:制造业	亿元	7579.1	11.1
限额以上消费品零售额	亿元	8922.5	9.7
财政总收入	亿元	8549.1	8.7
公共财政预算收入	亿元	4809.5	7.8
城镇居民人均可支配收入(四季度)	元	43714.5	8.2
农村居民人均纯收入(四季度)	元	21125.0	9.0

续表

项　目	计量单位	累计金额	同比增长(%)
金融机构人民币存款	亿元	87393.3	9.4
住户存款	亿元	34218.6	6.3
金融机构人民币贷款	亿元	74070.2	8.0
规模以上工业企业经济效益(1—11月)			
企业单位数	个	40179.0	—
其中:亏损企业	个	6542.0	22.4
利润总额	亿元	3292.4	6.2
亏损企业亏损额	亿元	331.7	19.7
工业产品产销率	%	—	—
居民消费价格总指数	%	101.4	1.4
商品零售价格指数	%	99.9	-0.1
工业生产者出厂价格	%	96.4	-3.6
工业生产者购进价格	%	94.5	-5.5
外贸依存度(四季度)	%	50.3	—
出口依存度	%	40.0	—
工业出口外向度	%	18.1	—

2015 年浙江省对外贸易经营者备案登记情况表

单位:个

地　区	当年累计数				12 月新增数			
	总　数	内资企业	外资企业	个体经营者	总　数	内资企业	外资企业	个体经营者
全省合计	13802	13391	177	234	1303	1258	19	26
省属企业	9911	9707	43	161	929	906	4	19
宁波市	3891	3684	134	73	374	352	15	7
杭州市	2313	2273	25	15	219	215	2	2
温州市	1229	1210	1	18	120	116	1	3
嘉兴市	1024	1001	2	21	114	112	0	2
湖州市	478	459	5	14	47	47	0	0
绍兴市	1586	1575	0	11	125	125	0	0
金华市	1792	1741	6	45	179	173	1	5
衢州市	219	214	0	5	22	21	0	1
舟山市	132	130	1	1	6	6	0	0
台州市	893	859	3	31	75	69	0	6
丽水市	245	245	0	0	22	22	0	0

注:义乌市 2015 年 12 月末备案企业 100 家。截至 2015 年 12 月末,全省累计获权企业 135850 家(含宁波市)。

2015年浙江省出口退税分地区统计数

单位:万元

地 区	累计办理退免税		
	合 计	退 税	免抵调库
全省合计	21006352	15783000	5223352
宁波市	5886788	4660000	1226788
浙江(不含宁波)合计	15119564	11123000	3996564
直属分局	608190	608190	
杭州市	3031141	2410873	620268
嘉兴市	2051924	1353650	698274
湖州市	820152	551467	268685
绍兴市	2625687	2110319	515368
舟山市	370950	295792	75158
温州市	1820102	1236482	583620
丽水市	179599	123329	56270
金华市	1717696	1258716	458980
衢州市	145944	103144	42800
台州市	1748179	1071038	677141

注:根据省国税局提供的数据整理。

第四编

调研报告

新常态下浙江商务发展思路和对策

我国经济发展进入新常态的重大判断，是当代中国马克思主义政治经济学的重要理论成果之一。习近平总书记反复强调，要把主动适应新常态、把握新常态、引领新常态作为当前和今后一个时期我国经济工作的大逻辑。必须充分认识新常态下浙江商务发展遇到的新问题，把握发展大局，创新发展理念，掌握工作主动权。

一、新常态下浙江商务发展遇到的新问题

（一）货物出口规模扩张遇到“天花板”

一是全球经济低迷拖累贸易。自2008年金融危机以来，世界经济持续低迷，世界贸易连续三年低于经济增速，而目前的中国，外贸份额已高达12%，是全球140个国家的第一大贸易伙伴。在这一背景下，世界与中国贸易发展相互影响、互为因果的特征更趋明显。二是传统产业出口优势在弱化。2015年，占全省比重四分之一的纺织服装出口下降3.2%，鞋类下降1.6%。而且这些产业可复制性强，产业向外转移速度呈现加快趋势。据统计，浙江省纺织服装及鞋类境外投资，从2012年的1.5亿美元增至2014年的2.8亿美元，年均增长36%。客户订单转移的企业面达37.9%，其中24.7%的企业转移订单比重超过10%。三是企业出口信心指数不断下滑。浙江外贸运行监测系统数据显示，企业出口信心指数自2014年1月份开始逐月下降，至当年11月首次跌破荣枯点，之后三个月反弹，2015年2月份之后持续下降，8月份出口信心指数为86.5，环比下降2.9百分点，还有继续下行趋势。

（二）社会消费品零售总额稳中趋缓

一是增速放缓渐为常态。从2011年开始，全省社会消费品零售总额增速逐步下降，从2010年的16.9%下降到13.5%、11.8%、11.7%、10.7%，到2015年，更是只实现个位数增长，9%左右，社会消费品零售总额增速降幅大大高于全省GDP的降幅。广东、江苏、山东等地区社会消费品零售总额增速的下降速度与GDP增速的降幅“剪刀差”也在扩大。二是权重商品压力较大。从2015年看，汽车、成品油仍是拖累当前社会消费品零售总额快速增长的最主要商品，两者占全部限额以上商品零售额的53%，合计拖累限额以上社会消费品零售总额增长0.2个百分点。而且服务消费未被纳入现行统计制度之内，社会消费品零售总额统计分流严重。三是企业原有商业发展模式面临拐点。传统流通企业靠网点扩张，薄利多销，受到电商等新兴商业模式很大冲击，很多的实体店反映这几年生意越来越难做，甚至一些批发市场受到冲击也较大。据国家统计局日前发布的《2015中国网购用户调查报告》显示，2014年网购用户线上消费的78%是对传统线下消费的替代。

（三）招商引资遭遇新挑战

一是国际规则变化对浙江吸引外资带来挑战。世界经济仍处在国际金融危机后的深度调整期，大规模国际产业转移速度明显放缓。TPP在投资领域所倡导的投资者—国家争端解决机制（ISDS）、准入前国民待遇和完全准入后国民待遇原则，对我国利用外资会提出新的挑战。二是各国对资本的争夺加剧。美国经济复苏前景转好，退出量化宽松货币政策、美元相对人民币升值、“再工业化”战略等，吸引海外资金回流美国。周边国家竞争日益激烈。印度、越南等周边国家纷纷推出比我国更为优惠的引资政策，造成部分传统制造业外资向其转移。三是资源瓶颈制约越

来越明显。土地政策放宽和税收优惠常常是成功实现招商引资目标的两大利器。这两年来，国家对各项招商优惠政策进行了清理，严格禁止各种越权税收减免。土地保护、土地指标控制越来越严，土地可开发建设利用越来越少，环保的要求也越来越高，拼资源、拼政策的老路已经成为“过去式”，这些都会给招商引资造成较大的压力。四是外资政策不明朗对引资不利。国发62号、25号等文件的出台，《外国投资法》呼之未出，使政策环境面临诸多不确定因素。招商引资工作一直以来是各级地方政府的重要工作抓手，目前浙江对招商引资工作的考核指标不够科学，对产业布局不突出，地方招商引资工作比较杂乱，项目引进以完成任务居多，从产业布局方面考虑比较少，产业链的延伸与配套很不完善，不利于产业的转型升级，不利于浙江省外贸结构的改善。

二、主要发展理念

新常态下浙江商务发展，需要以“五大理念”来引领新常态下浙江商务工作新发展。

坚持创新发展，培育商务发展新优势。创新是引领发展的第一动力。推动商务发展由要素驱动向创新驱动转变，关键是要把制度创新放在首位，努力重构外贸发展模式。重点要在推动跨境电子商务发展、扩大市场采购贸易方式出口、加快复制自贸区建设经验、推进外资准入前国民待遇加负面清单管理、完善培育跨国公司的体制机制、推动信息化和流通现代化融合发展等方面下功夫，加快形成浙江商务工作新的竞争优势。

坚持协调发展，构筑商务发展新格局。协调是商贸工作持续健康发展的内在要求。推进内外贸协调发展，实现内贸外贸有机融合，扩大“浙货”在国际国内市场的份额。推进货物贸易与服务贸易协调发展，不断提高服务出口在全省外贸出口中的比重，推动外贸向优质优价、优进优出转变。推进“走出去”与“引进来”协调发展，进一步优化国际产业布局，提升浙江企业在全球范围内配置资源和要素的能力，实现高水平“引进来”和大规模“走出去”一体两翼发展。推进线上与线下协调发展，进一步统筹线上、线下两条渠道，通过商业模式创新和产品服务创新，鼓励和推动线上线下互动发展、融合发展。推动进口与出口协调发展，实施更加积极的进口政策，发挥浙江省港口优势，扩大大宗商品进口，增加一般消费品进口，鼓励先进技术、关键设备进口。

坚持绿色发展，积聚商务发展新动能。绿色是永续发展的必要条件和人民对美好生活追求的重要体现。按照“两山”重要思想要求，把绿色发展贯穿到商务发展的各个领域，大力发展高效流通、绿色流通，打造绿色商品供应链；倡导科学消费、绿色消费，引导绿色生产；发展循环经济，鼓励旧货流通，完善再生资源回收体系建设；发展绿色贸易，严格控制“两高一资”产品出口，等等。

坚持开放发展，拓展商务发展新空间。开放是推进发展的必由之路。要进一步顺应经济全球化和区域经济一体化深入发展的大趋势，努力发展更高层次的开放型经济。主动融入“一带一路”建设，探索设立省级丝路基金，开展与亚投行等全球公共产品的对接，推动全省经济深度融入国家战略。加快杭州跨境电商综试区建设，逐步形成一套适应和引领全球跨境电商发展的管理制度，争取全球电商规则的制定权和话语权。积极打造有全球影响力的先进制造基地和经济区，提升“浙江制造”在国际市场的知名度和认可度。进一步放宽市场准入，扩大服务业对外开放，提供更多的服务产品供给，促进服务业效率和竞争力的提升。

坚持共享发展，扩大浙江商务发展新成果。共享是社会主义的本质要求。始终坚持发展为了人民、发展依靠人民、发展成果由人民共享，充分发挥商务工作在扩大社会就业、增加居民收入、提升居民生活水平等方面的促进作用，鼓励和支持就业容量大、关系百姓生活的批发零售、餐饮服务、物流配送、社区商业和家政、养老服务业等行业发展。要大力发展农村电子商务，扩大农村创业机会，增加农民收入，促进社会主义新农村建设。

三、有关对策

（一）关注规模指标应该发生新变化

一是出口要关注货物和服务的大出口。货物出口放缓的局面将会在未来一段时间内不会改变，我们必须跳出“高速增长情结”，找准外贸发展换档期的新定位，从“高增速”转移到“质”的提升上来。从浙江省的货物出口结构来看，还不尽如人意。2008—2014 年，劳动密集型产品出口比重上升了 2.1 个百分点，而机电产品出口比重却下降 2.9 个百分点。2015 年，机电产品比重略有上升，但附加值高、科技型的产品比重仍然很小，市场竞争力不强。今后必须更加重视产业的转型升级，重点梳理一批有前景和潜力、竞争力强、附加值高的企业，制定政策，加大扶持力度，改善货物出口结构。“质”的提升另一方面是培育新的增长点，高度关注服务贸易的出口。从浙江的发展趋势来看，服务贸易将会成为浙江省外贸发展的新动力。2015 年，服务贸易占全省外贸总额 12.3%，比上年提高 2.7 个百分点。特别是信息产业和建筑及相关工程服务出口增长较快，分别增长 13.3%和 22.7%。从世界经验来看，服务出口占世界出口比重为 20%，而浙江还只有 12.3%，尚有很大的空间。

二是关注消费领域发展的新动力。新常态下，社会消费结构正发生新的变化，培育和发展好新的消费领域，是促进社会消费品零售总额稳定发展的新动力。要重点关注信息、居住、医疗保健、文化娱乐这些高增长性的服务消费，关注智能化、时尚化、环保绿色化的消费倾向，关注高端、大众和个性化消费不断演化发展的特征，有针对性地专门制定扶持优惠政策，培植一批有实力、品牌好、服务优的龙头企业，带动推进浙江社会消费品零售总额的稳步增长。要注重流通领域的创新，在继续培植发展好实体店的同时，加快物联网、云计算、大数据等现代技术在流通领域的应用，加速推进流通领域的模式创新。要进一步完善货物消费和服务消费的统计体系，比如电子商务统计、服务消费统计等系统要尽早建立，做到应统尽统，以更加客观地反映消费领域发展的新成效与新变化。

三是关注双向投资对地方经济发展的作用。招商引资工作要转变观念，改变过去拼政策、资源的做法，注重区域环境、投资环境、管理效益、产业优势在招商引资中的突出作用，用好招商引资的指挥棒，摒弃粗放、贪大求全的观念，实行精细化、精准化、务实化招商，发挥好招商引资优结构、提效益的作用。更加注重扩大对外投资，推进浙江企业更好地参与全球资源配置，从而带动整合国际价值链条与浙江产业链条的有效对接，带动外贸的发展和对内的双向投资。因此要改变重引资政策轻对外投资政策的状况，探索利用外资和对外投资间的融通互补模式，进行引导与政策支持，对一些具有相当规模及实力的企业，进行重点培育扶持。同时，要依托企业、中介、政府的平台，积极培养一批国际投资人才，帮助和引导企业加强双向投资。

（二）积极培育发展的新动力

一是商业模式创新助推外贸的发展。从整个外贸的商业模式来看，一些新的商业贸易模式创新，对外贸的发展产生极大的促进作用。如市场采购、跨境电商、外贸综合服务平台。2015 年，义乌市场采购贸易出口 284.8 亿美元，同比增长 41.1%，拉动全省出口增长 3 个百分点。2015 年全省实现跨境电子商务出口 270 亿元，同比增长 33.5%，其中纳入海关 9610 项下统计的跨境电商出口为 29.1 亿元，同比增长 23.8 倍。中国产业对外扩张将成为今后一段时间的重点，浙江优势企业在对外投资、跨国并购、品牌营销、服务外包、大数据的应用等领域应有更大的作为。由于很多生产企业对国际市场了解不深，需要培植一批能长期研究和开拓国际市场的，能为生产企业提供信息、人才、咨询、营销、运输和出关等“一站式”服务的，有较大规模、有知名度的龙头公司。

二是电子商务为消费发展带来新引擎。这几年，电子商务发展迅速，近 5 年期间网络零售额从 2010 年的 460 亿元增长到 2015 年的 7611 亿元，实现年均增长 76%。电子商务发展最大的优势是连接着千家万户，发展的方式也日新月异。比如阿里巴巴在与苏宁电器合作后，又与世界 500 强零售集团麦德龙合作，打造全球化新商业生态的图景已跃然纸上。又比如现在有一种新的生产与销售模式，企业先对产品进行设计，申请专利后先放网上预售，根据点击情况再进行生产，并且有一些企业已经取得相当成功。今后人们的生产和生活消费方式都会发生深刻变化，推进国际化电子商务、专业化电子商务、农村电子商务、大众创新电子商务和电子商务平台建设，将会成为推进浙江省商务发展的新引擎。

三是“一带一路”与自由贸易区建设带来贸易发展新机遇。预计未来五年，“一带一路”给我国将创造贸易10万亿美元，对外直接投资5000亿美元。“一带一路”的推进，对提升贸易便利化水平、培育贸易新增长点等方面将会产生深刻影响。浙江要紧跟“一带一路”推进步伐，引导传统企业轻工、纺织、建材企业沿线投资设厂；发挥装备制造业优势，引导企业参与沿线基础设施建设，建立物流基地、售后服务中心；发挥舟山等港口作用，推进港口合作建设，扩大口岸贸易；鼓励金融机构完善金融服务，加强境外合作。随着中国与各国自由贸易谈判的推进，自由贸易将成为重要特征。作为外贸大省，浙江与12个FTA贸易规模占比，远低于全国的31%，潜力还很大。

（三）积极转变商务部门职能

一是不断改善商务营商环境。坚持问题导向，强化服务企业意识，破除不利于外贸的制约因素，推进贸易便利化。积极推进国际贸易“单一窗口”建设，建立完善运行维护机制，支持引导企业通过“单一窗口”平台办理相关业务。实施出口退税企业分类管理，通过激励机制，引导企业向优势退税企业发展。进一步优化港区、海关、检验检疫等部门作业流程，提高通关速度。加大进口环节经营性收费整顿和清理工作，能免除的一律免除，切实降低企业经营成本和负担。

二是实行财政专项扶持资金基金化运作。转变政府资金扶持的方式，实行扶持资金基金化运作，发挥政府有限资金的杠杆作用，撬动社会资本积极参与外贸领域的投资，增强政府对外贸企业的输血造血功能。可通过建立省级层面外贸发展专项基金管理委员会，围绕浙江外贸发展的产业政策导向，由省财政出资，组建省级外贸发展基金公司，按不同的出资比例，建立省、市、县级合作基金子公司，也可以由政府资金与社会资本按比例共同出资建立子公司。各子公司委托专业化的投资公司来经营。基金可根据不同的扶持政策，设立不同扶持模式的投资基金。

三是加快推进外资管理体制改革。随着中国改革开放不断深入，跨国并购、外资独资、服务业领域的投资将会越来越多。2015年，国务院又下发了《关于实行市场准入负面清单制度的意见》（国发〔2015〕55号）文件，明确提出有关部门要按照准入前国民待遇加负面清单管理模式，抓紧制定外商投资负面清单，并在相关省市进行试点。应该抓住国务院在试点的契机，积极探索浙江外资投资负面清单管理模式，明确政府发挥作用的职责边界，深化行政审批制度改革，对应该放给企业的权力要放到位，做到外资管理负面清单以外的事项由市场主体依法自主决定，促进投资贸易便利化，不断提高行政管理的效率和效能。

课题组组长：周日星
课题组成员：张钱江　程　雁　方　晓
董学德　任锦群　吴长权
黄　澄

以五大理念引领浙江商务新发展

党的十八届五中全会提出“创新、协调、绿色、开放、共享”五大发展理念，集中反映了党对经济社会发展规律的认识，是引领今后一个时期新发展的战略性思维，对于浙江商务发展具有重要指导意义。

一、创新发展，培育浙江商务发展新优势

全会把坚持创新发展放在了首位，就商务工作而言，我们理解，重点在于制度创新。

（一）外贸体制创新的重点是重构发展模式

当前，浙江以劳动密集型产品为主的货物贸易出口碰到了“天花板”，必须通过机制创新重构发展模式，培育外贸发展的新业态、新动力和新空间。要大力发展服务贸易，扩大服务业对外开放。要加强外贸综合服务平台建设，培育一批优质的外贸综合服务企业。要加快推动跨境电商发展，以 B2B 为主攻方向，使跨境电商成为出口新增长点。要扩大市场采购贸易方式出口，在更多符合条件的市场进行复制推广。

（二）外资体制创新的重点是实行负面清单

高标准的国际投资协定是我国对外开放新体制的重要内容。省级部门应跟踪关注 TPP 及我国双边多边对外投资协定谈判进展，推广复制自贸试验区经验，全面推进准入前国民待遇加负面清单管理制度，做好市场准入负面清单与行政审批、产业结构调整目录等的衔接，促进内外资企业一视同仁、公平竞争，营造法治化、国际化、便利化的营商环境。

（三）外经体制创新的重点是完善培育跨国公司的体制机制

浙江经过多年发展，已有一些企业成为跨国公司或具备跨国公司雏形。要顺应跨国兼并重组的新趋势，培育一批民营跨国公司，在全球范围内引领产业价值链布局。要提高政府管理服务水平，提升跨国公司资金、人员、资源等要素双向流通的便利化程度，努力提高对外投资的质量和效益。

（四）内贸体制创新的重点是推进流通体制改革

当前要梳理评估各级各类国内贸易流通体制改革试点，在商业网点管理、城市配送管理、诚信体系建设、电子商务与实体商业协同发展等方面形成可复制、可推广的经验，促进流通信息化、标准化、集约化发展。实施大数据战略，促进商务信息化发展，实现商务数据共享。

二、协调发展，构筑浙江商务发展新格局

全会强调“必须在协调发展中拓宽发展空间，在加强薄弱领域中增强发展后劲”，结合浙江商务发展实际，应重点实现五个协调。

（一）内外贸融合发展

从市场看，国内外市场是共通的，两个市场已处在同一个海平面，国内市场也是全球市场的一部分，融合发展的通道已经打开。从市场开拓方式看，内外贸都有自身的优势，内贸要借鉴外贸开拓国际市场的成功经验，外贸应学习内贸开拓国内市场的思维方式和工作作风。从体制上看，浙江省内外贸走到一起已经五年了，下一个五年，要进入内外贸全面融合、真正融合，这种融合不仅是体制上的融合，而且是工作机制、思维方式和工作作风上的融合。

（二）货物贸易与服务贸易协调发展

服务贸易是“十三五”期间浙江对外贸易增长的新动力、新增长点，也是贸易结构优化的重点。要推动货物贸易和服务贸易协调发展，不断提高服务出口在全省外贸出口中的比重。货物贸易要在增强传统优势产品竞争力的同时，提高机电、高新技术产品的出口比重，提高高附加值产品出口比重，推动外贸向优质优价、优进优出转变。分析国际市场时，商品和服务要一起分析；抢占市场份额时，商品和服务要一起抢占；制定开拓举措时，商品和服务要一起制定。

（三）“走出去”与“引进来”协调发展

引进外资和对外投资都属于国际投资，一体两翼是新常态下实现对外开放协调发展的重要组成，是实现资金全球有效配置的重要途径。随着2015年浙江省对外投资超百亿，全省对外投资和引进外资协调发展进入新阶段。一方面，要加大招引外资力度，重点引进一批先进制造业和高附加值产业，推动产品结构优化和质量提升；另一方面，要顺应跨国兼并重组的新趋势，从境外获取技术、品牌等转型升级要素资源，抢占市场发展制高点。

（四）线上与线下融合发展

线上与线下，不是非此即彼的替代关系，而是互融共生、相互促进的互补关系。电商发展是大势所趋，但实体店仍是消费的主力军，线上与线下融合发展是方向。要进一步统筹线上、线下两条渠道，通过商业模式创新，大数据等技术应用创新，产品服务创新，鼓励和推动线上线下互动发展、融合发展。

（五）进口与出口协调发展

长期以来，进口是浙江省开放型经济的一条短腿，全省进口在全国的地位远低于出口。后五年要实施积极的进口政策，发挥浙江省港口优势，扩大大宗商品进口；顺应消费升级趋势，增加一般消费品进口；顺应企业制造升级的需求，鼓励先进技术、关键设备进口。

三、绿色发展，积聚浙江商务发展新动能

绿色发展的目标是建设美丽中国，结合商务工作，我们这里提出“绿色开放型经济”、“绿色商务”的概念。

（一）绿色消费、绿色出口、绿色国际投资是“绿色商务”的主要内容

“绿色商务”主要包含了绿色消费、绿色出口、绿色国际投资。绿色消费就是倡导合理消费、节制消费、健康消费，鼓励环保产品、新能源产品等绿色环保消费，推动全社会形成绿色消费自觉。绿色出口就是提升出口中的绿色含量，提高服务贸易出口比重。绿色国际投资就是要扩大有效投资，提升外资引进质量，推动技术和服务领域的对外投资。

（二）“三化”是“绿色商务”的主要特征

“绿色商务”的主要特征是节约化、集约化和可持续化。节约化，就是要减少资源消耗、提高资源利用效率，在生产、流通、仓储、消费各环节落实全面节约。集约化，就是要改变过去粗放型的发展模式，以提高质量和效益为核心。可持续化，就是要加快商务发展的动力转换，实现商务可持续化发展。

（三）“服务”是“绿色商务”的主要动力

未来商务发展新的增长点将出现在服务领域。服务业增加值已成为支撑浙江经济增长的重要动力，服务出口是浙江外贸出口增长新动力。“十三五”期间，服务贸易出口增速有望大大快于货物贸易出口增速，服务消费将成为消费增长的新动力。新常态下，浙江消费从模仿型排浪式向个性化、多样化转变，从生存型消费转向服务型消费，从实物性消费向信息消费、休闲旅游、文化娱乐、医疗保健、健康养老等服务类消费升级，服务消费在消费支出中的比重会不断加大，成为消费增长中的主要拉动力量。

四、开放发展，拓展浙江商务发展新空间

作为省级开放型经济工作的主管部门，“开放发展”理念与我们工作最密切，是我们贯彻落实的重点。

（一）积极参与全球经济治理

全会公报三次提到“参与全球经济治理”，表明开放思路的转变，从韬光养晦到主动作为，从规则的接受者到改变者。主动融入“一带一路”建设是省级层面参与全球经济治理的主要落脚点。应尽快进行新一轮的“一带一路”项目清单梳理，设立省级丝路基金，开展与亚投行等全球公共产品的对接，推动全省经济深度融入国家战略。要加快杭州跨境电商综试区建设，逐步形成一套适应和引领全球跨境电商发展的管理制度和规则，争取全球电商规则的制定权和话语权。要加快培育民营跨国公司，提升浙江国际市场话语权。

（二）积极打造有全球影响力的先进制造基地和经济区

“有全球影响力的先进制造基地和经济区”是本次全会的新提法。我们认为，首先，有全球影响力的先进制造基地和经济区，其主要特征是市场以国际市场为主、份额较大，出口在制造基地中具有较大的比重和非常重要的地位，这对浙江是一个历史性机遇。有全球影响力的先进制造基地和经济区的主要载体应是开发区，要培育若干个有全球影响力的产业、有全球影响力的企业，提升“浙江制造”在国际市场的知名度和认可度。全球影响力的先进制造基地和经济区重要平台是跨境经济合作区。这里的跨境经济合作区是指境内、境外两种形式。一方面，要打造一批国家级海外投资合作平台；另一方面，要深化浙江省国际产业合作园建设。

（三）积极培育开放型经济发展新动力

本次全会更加突出了服务业的发展地位。浙江服务业发展空间巨大，服务业将成为“十三五”时期发展的支柱产业，服务贸易将成为“十三五”期间浙江对外贸易的新增长点。就浙江而言，服务业发展的瓶颈不在需求，而在供给。因此，服务业将成为“十三五”消费和利用外资的重要领域。扩大服务业对外开放，一方面将提供更多的服务产品供给，推动服务消费增长；另一方面，通过对社会资本与外国资本开放，促进服务业效率和竞争力的提升。

五、共享发展，扩大浙江商务发展新成果

共享发展的目标是让更多的群众有获得感。就商务工作而言，就是要将开放型经济和商贸流通建设的成果惠及百姓。

（一）开放成果要惠及百姓

过去，开放型经济发展更多是从企业发展角度出发，通过出台优惠政策、提供金融服务、保障要素供给等多种形式服务企业。下一阶段，要让开放型经济成果惠及更多居民。一方面，要通过保持外贸稳定增长，来增加就业和居民收入；另一方面，要把扩大开放与促进国内消费结合起来，合理增加一般消费品进口，扩大医疗、健康、养老、金融、体育等服务业开放，不断丰富消费供给，让居民享受更多高品质的消费与服务，提升生活质量。

（二）流通发展要惠及人民

商贸流通对于改善民生、提升人民生活质量具有重要作用。要大力发展农村电商，着力解决农产品上网困难，既增加农民收入、发展农村经济，又让村民能享受到城市居民的消费环境和服务。要加快生活服务业的发展，优化大众餐饮、家政服务等网点布局。要有效保障市场供应，完善应急调控工作体系，提升妥善应对市场突发事件的能力，保障各类生活必需品供应。要切实维护市场秩序，加强诚信体系建设，严厉打击侵权假冒行为。

（浙江省商务厅综合处）

企业跨国经营中的财务战略研究

近几年，随着国力的不断增强，不少中国企业陆续走出国门，使得我国成为重要的对外投资国。“走出去”企业赴国外投资，设立生产经营机构，向境外延伸研发、生产和营销能力，从而将产品、服务、技术、劳动和管理等投向国际市场参与合作和竞争，实现资源在全球的优化配置。与此相伴，不同的“走出去”目的国的财税、金融、财务管理环境千差万别，与我国有很大不同，本文旨在梳理企业“走出去”过程中会碰到的普遍的财务问题以及企业一般的应对方式，以期对“走出去”企业拟定相应的财务战略有所启发。

一、浙江“走出去”企业对外投资的发展现状

浙江企业“走出去”主要有四种形式：一是在境外设立分公司；二是绿地投资或并购投资，包括在境外参股、控股或者设立全资子公司；三是承揽、承包境外工程或者提供劳务；四是以技术、商标、商誉等向境外公司收取特许权使用费。截至2014年底，全省经审批和核准境外企业和机构共计7021家，累计对外直接投资261.85亿美元，实施境外投资的境内主体数量和境外企业数量连续10年居全国第一。全省共有对外承包工程、设计咨询经营资格企业265家，在世界6大洲94个国家和地区承揽工程2200多项，截至2014年底，累计完成营业额366.19亿美元。2014年，对外直接投资额、国外经济合作营业额均创历史新高，超过50亿美元（分别为58.14亿美元和53.39亿美元）。

主要特点有：

一是对外投资增速快，产业以加工制造业为主。

二是投资地区分布广泛。

三是民企是浙江省对外投资合作主力军。

二、“走出去”企业制定财务战略相关的环境分析

（一）企业从事跨国经营相比国内经营面临更大的风险和挑战

这些风险和挑战主要包括经营风险、政治风险、法律风险、信息风险、意外灾害风险等，同时也涉及文化、习俗、价值观念和社会制度的差异。

（二）“走出去”企业面临的国内和目的国的税收环境

1. 其他国家的税收环境。“走出去”企业往往要面临目的国陌生的税收环境：一是税制问题。包括税种的设置是否繁多，是否存在双重或者多重纳税，另外目的国中央税和地方税的划分方式问题，等等。二是不同的税收征管方式。比如代扣代缴义务问题，总承包商对分包商的代扣代缴义务等。三是税收负担高低，比如目的国对成本费用扣除限制多不多，假如限制多，那么实质上是增加了“走出去”企业的税收负担。四是目的国与我国签订的税收协定内容情况。

2. 我国现行的“走出去”企业税收政策的规定极其不足。我国税法对“走出去”企业涉及的税收主要以企业所得税为主。目前的企业所得税法和实施条例通过建立税收抵免制度，不断解决了“走出去” 企业在对外投资和劳务活动中的双重征税问题，也不断明确了“走出去”企业身份的认定以及应对集团内部关联交易引起的 “转让定价”、“资本弱化”等反避税措施。

一般来说，企业通过境外子公司可以获得股息、红利等权益性投资所得，以及利息，租金，专

利权、商标权、非专利技术等特许权使用费，财产转让等收入。按照国际上企业所得税征收惯例，以图1中C公司从D公司获得股息分红为例，D公司在其所在国需要缴纳的企业所得税有两类，见表1。

表1　D公司所在国所需缴纳的企业所得税情况表

征税种类	征税对象	纳税主体	纳税额	扣缴方式
企业所得税	D公司的营业利润	D公司	营业利润×D国所得税率	D公司直接缴纳
预提所得税	D公司派发的股息	C公司	股息×D国预提所得税率	源泉扣缴（D公司作为支付人代C公司缴纳）

既然境外投资的子公司已经在目的国纳了税，为克服“走出去”企业重复征税，参照国际通行做法，我国的企业所得税法允许境外承担的税收进行税收抵免。第一，如果浙江企业在境外设立的是营业网点等分公司的形式，其境外所得应计入浙江总部计征企业所得税，但是在目的国被征收的所得税款可以在国内应缴纳的所得税中扣除。第二，如果浙江企业在境外设立的是子公司，我国现行的企业所得税法只允许企业进行有条件限制的“四级三层”的间接抵免，即浙江的企业可从其境外子公司、孙公司、重孙公司负担的当地国家的所得税抵免其境外所得的应纳所得税额（见图1）。

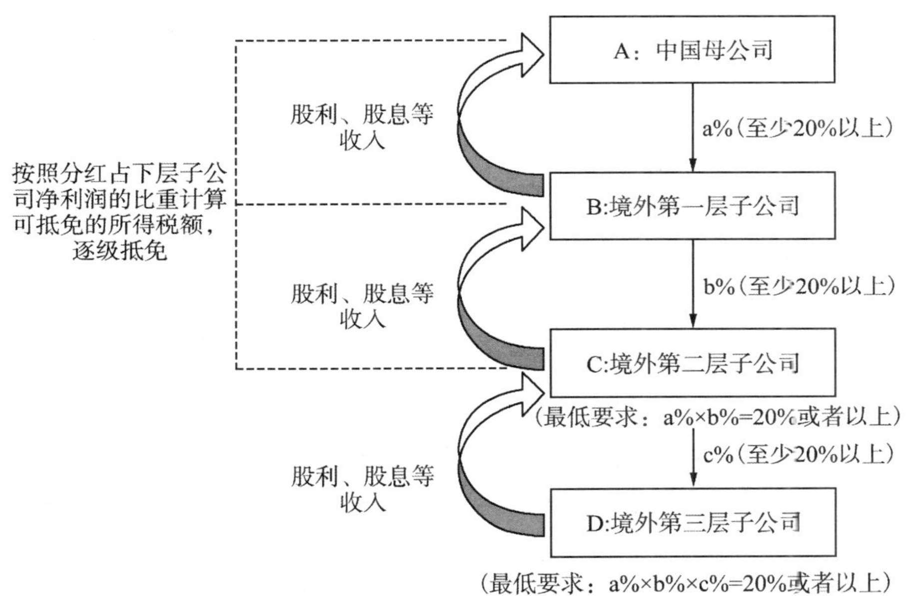

图1　我国税法对境外投资所得税抵免的股权架构要求

具体的税务实践中有以下几点不足：

一是我国的所得税征收基于会计上权责发生制核算的营业利润为税基。

二是我国对境外所得的课税遵循“分国不分项”原则，需要逐国计算抵免税额，计算比较烦琐。

三是限制条件比较严，境内的母公司要想得到境外子公司的三层间接抵免，每一层直接或者间接方式合计持股20%以上，达不到这一限制条件就不能得到抵免。

四是我国税法规定境外分支机构或者子公司的亏损不能抵减境内公司的盈利。

五是高新技术企业来自海外投资子公司的境外收入汇回是否享受15%的所得税优惠没有

明确的政策。

3. 税收协定的签订情况。截至 2015 年 12 月，我国已对外正式签署 101 个避免双重征税协定，其中 97 个协定已生效。和香港特别行政区、澳门特别行政区两个特别行政区签署了税收安排，与台湾地区签署了税收协议。

所谓的税收饶让，是指我国跟其他国家签订税收协定时规定：对方国家为吸引外资给予的对外投资企业的减免税优惠视同企业已缴纳税款，允许企业从应纳税额中抵扣，以提高"走出去"的积极性。

（三）走出去企业面临的金融环境约束

境外投资活动主要以资本输出方式进行的，资金需求大、投资时间长、融资困难是"走出去"的企业普遍面对的问题。一是商业性贷款难度较大。二是直接融资困难。三是人民币国际化的努力还有待增强。

三、"走出去"企业跨国经营的财务策略的选择

世界各国在政治经济体制、经济金融环境的随时调整和变革决定了"走出去"企业跨国经营的财务策略是一个常变常新的课题。

（一）充分评估，做好前期调研

在"走出去"前开展专业的业务和风险调查，调研了解投资目的国同类产品的利润率、市场情况等。充分调研目的国的财政政策、税收政策，以及当地会计准则和税收法律跟我国的异同。

（二）加强税务筹划，服务企业的境外布局

1. 提早了解目的国的税收环境，根据"走出去"的不同形式关注不同的税务重点。假如是开展绿地投资，那么需要详细了解当地的税制环境、投融资的架构不同产生的税务优化、如何管理税务风险和境外税收如何抵免问题；假如是开展兼并收购，那么需要开展税务尽职调查、详细论证投资的架构、并购的融资安排等；假如是开展海外承包工程，那么需要详细了解项目当地对外国承包商的征税办法、选择合适的项目执行主体的组织形式、选用合适的商业合同架构、工程项目供应链管理的优化、外派员工的个人所得税优化等等。

2. 股权架构问题。企业设立的目的是要企业生存、企业扩张和获得股东盈利，因此企业"走出去" 主要是为了实现企业自身的战略目标。从财务战略的角度看，一方面要配合"走出去"企业的关于资金、技术、品牌、服务以及市场等在全球范围内的布局，另一方面要尽可能通过财务安排降低企业的成本、提高营业利润，加快资金的运转效率等等。股权结构状况跟实现财务战略的上述目标息息相关。在此前提下，有五点需要把握：

第一，"走出去"企业是直接投资新办或者直接收购还是通过第三地的中间公司收购目标企业，要综合考虑目标企业利润汇回的税收规定，以及目的国和第三地的税收协定以及我国和第三地的税收协定。因为目标国家对股息、利息、特使权使用费的汇回会收取预提所得税（比如，根据我国的所得税法第 4 条、第 27 条和实施条例第 91 条规定，我们国家对"引进来"企业的利润汇回收取的预提所得税为 10%），两国的税收协定会涉及税收抵免。

一般而言，去印度投资，很多企业会选择毛里求斯，因为根据印度和毛里求斯的双边协定，印度的利润汇回毛里求斯是免税的。去欧洲投资，企业通常会考虑欧盟内的传统的控股公司设立国家，例如卢森堡和荷兰。去俄罗斯投资，很多企业考虑塞浦路斯、卢森堡、瑞士、荷兰，因为根据这些国家和俄罗斯的协定，一般股息的预提所得税是 5%，利息和专利费用的预提所得税是 0。

对我国企业来说，有几个常用的海外中间控股公司所在地可以考虑，例如中国香港特别行政区、新加坡、卢森堡和荷兰等，对企业比较有利的有两点：一是这些地方的税制比较宽松，甚至对股权处置的资本利得免税；二是使浙江省的投资者在收取境外股息和资本利得时，可以灵活地选择时间。

调研中，我们了解海康威视的欧洲总部位于荷兰，因此，欧洲子公司利润留存在荷兰，中国总公司所得的股利股息均在荷兰代扣代缴。

第二，一般情况下，海外控股公司要具有"商业实质"。海外控股公司不仅是为了获得某些税收优惠，而是有着合理的商业目的。比如，为了方

便管理及提高效率在某个地区设立地区性的海外控股公司来持有该地区的所有投资，这就是合理的商业目的。假如没有商业实质，在有些国家会被税务机关质疑涉嫌逃漏税。

第三，股权架构还要考虑税收抵免的问题，一般不能层级太多，因为我国企业所得税法对境外所得税抵免不能超过“四级三层”。

第四，争取税收优惠。为了降低对外投资的综合税负，企业争取税收优惠主要有两大途径：一是充分运用国外政府提供的特殊政策。比如，目前俄罗斯为了提振经济，在全国各地设立了20多个经济特区，特区内的企业可以享受利得税减免、物业税豁免等优惠政策，需要投资俄罗斯的企业可以考虑在经济特区内投资设厂。二是跟目的地政府开展税收优惠政策谈判。目前发展中国家为了引进外资，发达国家为了引进先进产业、扩大就业，有竞争力的企业往往可以和当地政府进行税务优惠的谈判。比如海康威视和荷兰当地政府有定期税收约定谈判，就复杂的税务问题进行沟通，降低征纳双方的税务遵从成本。

第五，国家间税收饶让协议对企业利润汇回方式的影响。比如巨石集团反映，我国跟埃及没有签订税收饶让，因此其埃及子公司的利润汇回中国很少采取分红的方式，而是采用商标使用权收入的形式汇回，已达到税收筹划的效果。主要的原因是：站在埃及子公司的角度，支付股息、红利是企业在扣除成本费用、缴纳企业所得税后对税后利润分配，但是商标权使用费本身就是埃及子公司的成本费用，可以在税前扣除，因此向中国母公司支付商标权使用费，可以减少埃及子公司的营业利润，从而降低企业所得税的支出。

（三）目前企业境外项目的融资对策

目前，融资难在“走出去”过程中的制约作用日益凸显。调研中，主要的融资方式有：

1. 争取国内金融机构的贷款。通过“内保外贷”“外保内贷”等方式，积极争取国开行、进出口银行和境内商业性银行的金融支持。

2. 在海外金融中心设立融资平台。在香港特别行政区等地设立境外控股子公司可以有效发挥境外投资的平台作用：一是发挥融资功能，方便外汇结算和统一管理；二是通过香港特别行政区融资降低融资成本，有企业表示相比在国内金融机构融资可以降低1—2个百分点；三是避税岛功能，香港特别行政区规定对居民企业的境外所得税免税，境内所得税的税率为16.5%；税率较低，避税效果明显。比如巨石集团在香港特别行政区设立的子公司既是统一对其他国家投资的控股公司，也是融资平台，还为统一管理全球销售的管理平台发挥了资金池的作用。华友钴业也在香港特别行政区成立了子公司，以实现融资的优化。

3. 企业直接在境外设立银行。如浙江省的越美集团在尼日利亚利用当地的政策开设银行，为浙江企业提供融资服务。

4. 利用政府性的“走出去”融资担保平台。目前，浙江省商务厅牵头中国出口信用保险公司浙江分公司，中国进出口银行浙江省分行成立了浙江省对外直接投资的融资担保平台。平台由省财政专项出资5000万元人民币，作为支持浙江中小民营企业“走出去”开展对外投资合作的风险补偿准备金，浙江信保和浙江口行提供10亿人民币增量资金对浙江企业进行信贷支持。建立了政、银、保与企业的风险补偿机制，企业境外投资合作项目如发生损失风险，可以按照“1＋3”模式（即企业＋保险、银行、政府）的风险共担模式，予以风险补偿。

课题组组长：陈如昉

课题组成员：陈国荣　金　晶　黄象君
陈　安

浙江海外综合战略平台研究

当前，在国家“一带一路”战略实施与国际产能合作不断深入的大背景下，浙江省开放型经济处在新的起点上，开放型经济面临的层次结构、发展要求等都在发生很大变化。新一轮的对外开放，将从出口创汇为主，向贸易平衡转变；从货物贸易为主，向货物贸易与服务贸易协调发展转变；从传统贸易为主，向电子商务等多种新型贸易方式组合转变；从贸易为主，向贸易与投资并举转变；从“引进来”为主，向“引进来”和“走出去”并重转变。开放型经济的转型升级对政府的协调、服务工作提出了更高要求，我们要改变过去“境内服务境外”的惯性思维，按照经济发展新的要求，加快整合相关涉外资源，将政府服务经济、服务基层、服务企业的功能向海外延伸，探索在全球建立浙江的“海外综合战略平台”，成为政府在海外服务企业的一个重点基点，综合利用各类物流、信息流、资金流、客商流，组织搭建重大商务活动综合平台，建设浙江产品海外营销平台，为浙江省进一步扩大开放创造有利的条件。

一、建立浙江“海外综合战略平台”的重要意义

经济转型发展，必然伴随着一系列体制、机制创新，也离不开政府职能的转变，加强对市场的宏观调控和市场主体的服务，成为一种客观需求。探索建立浙江“海外综合战略平台”将是新时期浙江开放型经济转型升级的一个有效探索和创新。

（一）浙江经济国际化发展的必然要求

随着浙江对外开放的深入，浙江与世界经济联系的方式、内容、程度等都发生了重大变化，全省经济与国际经济的相互依赖程度也在不断加深，对外开放从单向流动为主向双向互动转变，商品、资金、信息、服务、技术、人员等要素的跨地区流动更加频繁，贸易、投资、服务进一步融合。浙江亟须权威的“海外综合战略平台”，系统地汇聚境内外贸易、投资和服务等要素，推进双边更加全面、更加广泛、更加深度地交流与合作。

（二）加快实施“走出去”战略的必然要求

我国最早提出“走出去”战略是在2000年，当时浙江对外直接投资还微不足道，但随着我国加入世贸组织和经济全球化的快速发展，浙江“走出去”步伐不断加快，到目前为止，全省经审批和核准的境外企业与机构共有6500多家，累计对外直接投资额200多亿美元。企业“走出去”的内容也从先前单纯的产品“走出去”，向资本、产能、服务、人员等领域“走出去”拓展。同时，产品“走出去”也从承接订单，向建立自主营销网络、培育自主品牌转变。需要有一个综合战略平台，帮助企业从能够“走出去”，到走得更稳、更好。

（三）应对国际竞争与合作的必然要求

随着全球化的深入，国际区域竞争更加激烈，但分工与合作也不断深化。各个地区纷纷在全球设立经贸代表处，搭建“海外综合战略平台”，抢占国际合作资源与信息的先机。如江苏省商务厅在亚洲、欧洲、美洲等地区先后设立了20个海外商务代表处，山东省商务厅在德国、美国等6个地区设立了代表机构，广东、湖北等地商务部门也正在积极探索新的海外发展平台。这些机构平台围绕经济、技术、贸易、投资和人才等方面的交流与合作，在国际贸易、招商引资和推动企业“走出去”方面发挥了巨大作用。一些境外政府机构也多在全球设立了综合性战略平台，如新加坡企业发展局在全球22个国家和地区建立了

代表处，帮助它们的本土企业开拓海外市场；德国北威州政府在全球 11 个地区设立了代表处，其中在中国就有 3 处。

（四）进一步转变政府职能的必然要求

党的十八届三中全会《决定》明确指出，地方政府要加强公共服务、加强市场监管、加强社会管理、加强环境保护等职责。随着国际化程度的提供，浙江政府职能也要作相应的转变，并将政府的服务职能向海外延伸，以便与全省经济国际化的发展相匹配，与企业在境外对政府的需求相适应。

二、浙江“海外综合战略平台”的定位与作用

“海外综合战略平台”作为浙江在境外设立的服务型经贸促进平台，其地位是提高浙江经济在世界的知名度和影响力，巩固和树立商务部门作为全省开放型经济牵头部门的地位与作用，促进浙江与境外国家和地区之间在经济、技术、贸易和投资等方面的交流与合作，服务于浙江投资这些国家和地区的企业，服务于浙江与这些国家和地区之间的人才、人员流动，为全省经济发展服务。

（一）提高浙江在世界的知名度和影响力

“海外综合战略平台”将发挥对外宣传“窗口”作用，利用各种商务活动，采取积极有效的手段，大力宣传浙江经济政策、产业发展、营商环境，展示浙江形象，塑造浙江产品良好形象，扩大对外影响力，提高了浙江的国际知名度，促进了浙江经济对外合作与交流。

（二）促进双边经贸合作

一是帮助浙江企业开拓市场，深入了解、收集所在国家和地区的市场信息和经贸规则，想方设法向已举办的境外各类国际博览会和专业展览会渗透，为企业开拓市场提供机会，帮助浙江企业搭建海外营销网络、“海外仓”等自主营销平台。二是开展高层次的招商引资工作，从所在国或地区经济实际出发，结合浙江产业发展的实际需要，确定招商重点，注重战略性新兴产业和现代服务业的招商，加大对跨国公司，尤其是世界500强和行业龙头企业的招引力度。三是举办海外综合性经贸活动，包括自办展、大型投资贸易洽谈会、国际博览会、大中型投资推介或经贸合作等商务活动。

（三）服务浙江企业“走出去”

一是积极与所在国家和地区的政府、商会、协会、贸易组织和企业建立联系与合作，为浙江企业在当地发展营造良好的社会关系。二是提供境外投资信息服务，收集所在国的投资环境、投资政策及招商引资项目信息，了解所在国工程项目的政策和项目信息，为浙江企业提供咨询。三是为浙江企业在海外突发性事件和贸易投资纠纷处理提供尽可能的帮助，积极妥善处理贸易投资纠纷，尽量使问题化解在境外。

（四）吸引浙江发展所需的各类人才

浙江经济发展到现在，客观上要求转型，由劳动密集型向资本、技术和知识密集型转变，在这个转型的过程中，面临的最大瓶颈，不是资金、劳动力等基本要素，而是人才。正如阿里巴巴董事局主席马云所言，“未来企业与企业的竞争，就是人才的竞争，创新能力的竞争，中国目前最缺的正是大批经济人才和科技人才”。国家层面正在推进实施“千人计划”工程，大力引进海外高层次创新人才，作为开放大省的浙江，也迫切需要引进大批的“国际一流”人才和创新团队。借助在海外设立的综合战略平台，可以便捷地引进到更多更好的国际人才，以人才引进，带动科技创新团队和高新技术项目的引进。

三、建立浙江“海外综合战略平台”的思路与举措

浙江“海外综合战略平台”的建立，应立足于国家整体战略利益，将国家战略与浙江实际紧密结合，积极探索政府推进管理体制改革，更好地与国际惯例相接轨，进一步深化浙江与世界各国（地区）多方位、多渠道、多层次的经济交流与合作。

（一）总体目标

浙江“海外综合战略平台“的建立与完善，按照“围绕中心、服务全省，立足当地，辐射周边，突

出重点、注重实效”的工作要求，围绕“拓市场、促消费、扩投资、创优势、优服务”这一商务中心任务，服务全省经济和企业发展，不断促进浙江与所在国（地区）政府、经济促进部门、工商会、企业等部门和经济组织的相互了解，扩大合作范围、提高合作层次、强化合作机制，扩大浙江开放型经济的影响力和作用。充分发挥平台的各种资源优势，在所在地积极从事浙江商务促进工作的基础上，逐步向周边国家（地区）辐射，在全省对外经济交往中发挥更大作用，力争拓展浙江经济发展空间，再造一个“海外浙江”。

（二）总体思路

浙江“海外综合战略平台”在建设上，可通过“海外商务代表机构——货物贸易展会——服务贸易与创意产业对接交流活动——招商引资与投资促进活动——人才与项目引进——境外浙商资源开发”的路径，逐步实现涉及贸易、投资、流通、服务等多方面的综合平台形成。首先，加快政府职能与服务方式的转变，按照“合理布点，稳健推进”的总体思路，“统一规划、逐步实施”的原则，推进驻外商务代表机构建设，将商务促进平台向海外拓展，将政府服务企业功能向海外延伸，做大做强浙江的海外商务促进机构平台。其次，根据浙江在全球发展的战略布局，结合浙江在境外的自办展和重点展，进行分类管理指导，在重点布局地区举办传统商品贸易类展会，做大做强浙江的海外展会平台。第三，在举办展会的同时，大力支持一批浙江的商品市场、专卖店、“海外仓”等海外营销网络平台的发展，拓展浙江产品的海外营销渠道，做大做强浙江的海外营销网络平台。第四，利用积聚的海外合作资源，在境外重点展会中，融入服务贸易、招商引资与对外投资促进等内容，从而真正建立浙江在海外的重点商务活动综合平台，做大做强浙江的海外贸易投资促进平台。最后，整合利用已有的海外资源，如海外浙江华人华侨、海外浙商组织、海外浙江企业、海外浙江人才、海外浙江经贸合作区等资源，融合海外商务促进机构、展会与投资促进平台等，形成真正意义上的“浙江海外综合战略平台”，为浙江经济更深层次、更高水平的开放服务。

（三）重点举措

打造浙江“海外综合战略平台”，加强六大平台建设，有效推动六大平台资源的整合，重点是加快海外布点，做大做强海外商务机构促进平台；强化品牌效应，培育做强浙江的海外展会平台；推动跨境电商发展，精心培育一批“海外仓”；人才引进与项目引进相结合，“引进来”与“走出去”相结合，建设浙江的海外招商引资平台；围绕“一带一路”战略实施，打造浙江特色的海外经贸合作区平台；利用海外浙江人资源和海外浙商网络，发挥其平台作用；创新体制机制，切实推动六大平台资源的整合与利用。

1. 加快海外商务促进机构建设。近年来，省委、省政府主要领导，对浙江在境外设立的商务促进机构工作给予了充分肯定，对加快浙江在海外商务代表处布点工作高度重视。省商务厅抓住机遇，结合商务工作战略规划，提出了“合理布点，稳健推进”的总体思路，按照“统一规划、逐步实施”的原则，推进驻外商务代表机构建设，最终实现“浙江产品卖到哪里，招商引资来自哪里，浙江企业走到哪里，政府的商务代表机构就开设到哪里”，大力促进浙江省“海外综合战略平台”建设。在现有新加坡、德国商务代表处发挥作用的基础上，未来五年内，计划逐步在美国和俄罗斯、日本、中东等“一带一路”沿线国家设立3—5个浙江省驻外商务代表处。

各驻外商务代表处的职能定位：推进浙江与驻外商务代表处所在国家（地区）的经贸、文化、教育、科技和人才等领域的交流，为浙江企业在当地及周边国家地区开拓市场、招商引资和投资合作提供商情、机构联络、邀请接待等服务，加强与当地政府机构、商协会的工作联系与合作，宣传推介浙江，联络当地浙商，协调处理各类经贸合作纠纷和突发事件，协助浙江各类政府、企业出访团组，承办浙江在当地的经贸交流与合作活动等。

加快海外商务代表处建设的举措：

一是科学规划、稳步实施。从构建浙江商务的海外工作网络、打造浙江“海外综合战略平台”的角度出发，按照巩固传统市场、开拓新兴市场和深化投资合作、服务浙江企业跨国经营的要求，充分考虑浙江对外经贸交流合作、浙江企业“走出去”发展的实际，合理规划海外商务代表处的布局。在现有东南亚点（新加坡）、欧洲点（德国）的基础上，首先推动在美国设立第三个代表处。结合国家“一带一路”战略的实施，重点推动在俄罗斯设立第四个代表处。在条件成熟的情况下，考虑在日韩和中国香港特别行政区、中国台湾地区等国家和地区设立代表处。积极探索在南美洲、中东地区选址设立更多的代表处。

二是创新机制、加强管理。因地制宜采取不同方式在不同地区设立浙江省驻海外商务代表处。以省商务厅在海外设立代表处、委派人员驻外、独立开展工作、财政全额支持的方式为主，尝试开展省市共建、政企共建、省部共建和部门联建等新模式，创新机制。通过共建联建，整合资源、扩大网络规模、充实工作力量，增强海外商务网络服务基层、服务企业的针对性和有效性。加强浙江省驻外商务机构服务中心建设，扩展业务职能，提高其对各海外商务代表处工作的指导与服务能力，制定并完善相关考核制度，加强对各海外商务代表处的科学管理。

三是对口合作、机制建设。通过在海外商务代表处的设立，加强浙江与海外所在地的政府、企业、商会、个人等各个层面的交流与合作，合作领域涵盖经贸、文化、旅游、教育、人才引进等方面。代表处自身与所在地对口部门建立起长期稳定的合作关系，在条件许可的情况下，积极努力建立类似于“浙新经贸理事会”、“浙静机构”等合作理事会，发挥由浙江省与海外所在地政府部门、企业共同参与的协商推动合作机制的作用，按照既定的规则、分工和制度，定期或不定期开展沟通、协调、联系和促进工作，在较高规格的合作平台上协商解决双方在合作中遇到问题和困难，共谋合作。

2. 加快境外展会的全球战略布局与定位。展会是企业商品发布、展示和交易的重要平台，中高端的制造业需要中高端的展览业与之相配套，但当前浙江企业在参加德国五金工具展、意大利家具展、土耳其家纺展等国际中高端展会时，都受到了当地行业协会组织的干扰。为加快推动浙江省产品向国际中高端市场推进，建议加快规划浙江省境外展会战略布局，通过深入研究浙江产业结构的特点和优势，选择若干个国际城市作为浙江省展览开拓国际市场的重点城市，与“品质浙货拓市场”工作相结合，明确全球战略布局与定位，推动浙江制造与浙江展览协同“走出去”，在国际市场上打响浙江自主品牌，扩大品质浙货在国际上的市场占有率。

目前，浙江已在日本大阪、沙特吉达、土耳其伊斯坦布尔、马来西亚吉隆坡办有4个自办展，下一步可考虑将浙江参与“一带一路”战略，与全省海外商务代表处建设规划紧密结合起来，以“一带一路”沿线国家和地区为重点，最大限度发挥海外商务代表处的能量，在“一带一路”沿线市场培育若干个浙江的自办展与海外品牌展。

3. 积极推进跨境电子商务与公共海外仓建设。按照“政策引导、机制创新、地方推进、分步实施”的总体思路，以建设中国（杭州）跨境电子商务综合试验区为核心，大力发展跨境电子商务平台、企业、服务商、产业基地和境外服务网点，创新报关、检验检疫、结汇和退税等进出口各个环节的管理方式，健全完善跨境电子商务服务体系和管理机制，逐步推进外贸出口营销手段创新，促进浙江省跨境电子商务迅速发展，推动外贸转型升级。

全面实施跨境电子商务“123”工程，即“一个大会、两类平台和三项基础”。积极推进浙江省跨境电子商务企业、平台和产品在全球市场的合理布局，进一步增强浙江跨境电子商务在全球市场的领先优势，全面实施浙江跨境电子商务“123”工程，深入落实国务院89号、省政府59号文件精神，营造良好的政策支持环境，筹备举办中国浙江跨境电子商务交易博览会暨高峰论坛。积极推进跨境电子商务产业园区和公共海外仓等两类平台建设，认定并建设一批省级跨境电子商务园区，培育和建设一批省级公共海外仓。扎实做好跨境电子商务企业备案登记、人才培训和统计监测系统建设等三项基础性工作，推动全省跨境电子商务全面发展。

进一步鼓励、支持各地建设跨境电子商务园区，充分发挥园区在集聚发展、规范发展、创新服务等方面的优势。认定培育100家省级跨境园区。园区应主要集聚跨境电子商务企业和配套服务体系，大力推进园区差异化、特色化经营。

开展建设省级公共海外仓工作，支持有实力的企业在美国、俄罗斯、英国、德国、澳大利亚、日本、南美等跨境电子商务主要出口市场设立海外仓，搭建以海外仓为支点的目的地配送辐射网点，为浙江跨境电子商务企业提供“一站式”仓储配送服务，将零散的国际运输转化为大宗运输，降低企业的物流成本，缩短订单周期，增强用户体验，增强浙江跨境电子商务企业的竞争力。鼓励、支持企业通过租用、独立运行、自建等方式建设跨境电子商务公共海外仓。分批推进认定公共海外仓，逐步覆盖全球五大洲主要出口国家。

4. 发挥境外经贸合作区在国际产能合作中的积极作用。当前，国家“一带一路”战略建设稳步推进，国际产能合作如火如荼，都需要境外经贸合作区更多更好地发挥自身的功能。浙江企业牵头实施的国家级和省级境外经贸合作区共有6家，其中有3家国家级境外经贸合作区（泰中罗勇工业区、俄罗斯乌苏里斯克合作区、越南中国龙江经济贸易合作区），3家省级境外经贸合作区（乌兹别克斯坦鹏盛工业园、尼日利亚越美纺织工业园、塞尔维亚贝尔麦克商贸物流园区），分布在泰国、俄罗斯、越南、乌兹别克斯坦、尼日利亚、塞尔维亚等6个国家，总规划面积21.23平方公里，实际投资为6.07亿美元，共带动249家企业入园投资20.07亿美元，每年带动浙江产品出口25亿美元，提供当地就业人数9692人，主要承接了浙江汽配、机械电子、建材化工、纺织轻工、棉纺制造、服装针织、绣花印染等产业的对外合作。

境外经贸合作区作为实施“走出去”战略的有效形式，下一步浙江应主动结合国家发展战略，针对不同的发展阶段，积极稳妥地推进浙江牵头主导的境外经贸合作区建设，突出“稳”、“准”和“可持续”的发展思路。“稳”是指境外经贸合作区发展要量力而行，分步实施，稳扎稳打，逐步推进；“准”是指境外经贸合作区要明确自身优势，准确定位产业发展方向，突出特色；“可持续”是指境外经贸合作区发展要实现互利共赢，注重防范风险。立足实际，从国家、产业、企业等方面做好“三个结合”：

一是结合国家战略顺势而为。境外经贸合作区建设要结合国家“一带一路”和国际产能合作等战略建设相结合，做好“一带一路”沿线国家园区建设的引导工作，促进优势产能“走出去”进行产能合作，实现多赢。

二是结合产业发展因地制宜。要以境外经贸合作区为平台，推动优势产业到境外集群式发展，充分利用国外优势资源为浙江经济发展服务，发挥地方产业集聚、配套协同强的优势，积极推动轻工、纺织、机械等传统行业、块状经济发达地区有序到境外合作区进行集群式投资发展。

三是结合园区实际分类推进。针对境外经贸合作区不同的发展阶段，分步、分类推进。对于发展成熟规范的境外经贸合作区（如泰中罗勇工业园），重点引导提升园区的管理经营水平，努力探索境外园区的可持续发展模式；对于处于成长阶段的境外经贸合作区（如乌兹别克斯坦鹏盛工业园），鼓励支持其进一步做好园区的长远规划，明确产业定位和发展方向，实现稳妥健康的发展；对于拟开展境外经贸合作区建设的企业，加强摸底调研，做好政策宣传和国别产业的指引。

5. 充分利用海外浙商资源与网络。省委早在2008年就提出鼓励支持做大“海外浙江人经济”。发展“海外浙江人经济”是浙江深入实施国际化战略的必然要求，是加快浙江经济转型升级的现实需要，是提升浙江文化软实力的重要内容。

浙江是全国重点侨乡省份之一，海外浙商资源十分丰富，呈现“全球分布、地区集聚”的特点。据2014年全省基本侨情调查显示，浙江籍海外华侨华人、港澳同胞为202.04万人，其中华侨138.88万人，占68.74%，华人30.68万人，占15.2%，港澳同胞30.92万人，占15.3%；另有海外留学人员8.96万人。浙江籍海外侨胞和留学人员分布于六大洲的182个国家和地区，其中欧洲占71.72%，意大利、西班牙和法国列前三位；美洲占12.48%，美国、加拿大和墨西哥名列前三位；亚洲占10.99%，新加坡、日本和阿联酋列前三；大洋洲占3.2%，澳大利亚和新西兰也列大洋洲国家前两名。另据浙江省外侨办统计，海外浙商拥有的资产在7000亿美元以上，占全球华侨华人总资产的20%左右。在世界级的前10位华人首富中，浙籍人士占2人。

海外浙商和浙商组织，都是浙江省扩大对外开放、深化对外交流与合作的有效资源，充分利用好浙商资源和网络，发挥其重要的海外资源平台作用，有利于我们更好、更快地“引进来”与“走出去”。要以推进浙江经济国际化为目标，积极实施“走出去”战略，推进浙江企业跨国经营，进一步拓展浙江产品的国际市场，加快浙江企业“走出去”步伐，提升海外浙商经济的国际竞争力。以加快浙江经济转型升级为目标，积极实施海外浙江人“回归工程”，重点是引进海外浙江人的产业、资本、技术和人才，提升浙江经济的技术、品牌和管理水平，加快浙江经济结构调整和发展方式转变。通过搭建平台、建立机制、优化服务、营造环境，推进“走出去”和“引进来”双向强化，实现海外浙江人经济与浙江经济互动发展。

6. 有机结合、相互补充，推动省内平台资源整合。将海外商务代表处布点，与境外重点展会、境外重点招商引资推介会、境外经贸合作区、浙江跨境电商公共海外仓、海外浙商组织、海外浙籍华人华侨团体、国际友城关系等平台资源结合起来，努力实现多平台资源共享、优势互补，通过几年的积累与融合，最终打造形成可以为浙江开放型经济转型发展发挥积极推动作用的“海外综合战略平台”。资源整合与利用，需要进行必要的体制机制创新，可考虑由省委、省政府进行职能分工的优化，明确由浙江省商务厅总牵头，其他相关部门支持配合，在做大做强六大海外平台的基础上，切实推动平台资源有机整合，充分发挥“海外综合战略平台”的作用。

课题组组长：韩　杰

课题承办单位：浙江省商务厅综合处、外联处、浙江省驻外商务机构服务中心

浙江省商贸物流发展思路研究

近年来，国家高度重视商贸物流发展，汪洋副总理先后十多次对商贸物流工作做出重要指示，提出要将商贸物流作为内贸工作上台阶的突破口。2014 年国务院印发《物流业发展中长期规划》，近期又召开全国推进内贸流通现代化会议，明确提出要大力推进商贸物流，提升物流标准化、专业化和信息化水平。当前浙江省商贸物流发展机遇与挑战并存，如何发挥自身优势，促进商贸物流创新发展成为当务之急。为了解全省商贸物流发展现状，课题组采取实地调研和书面调研相结合的方式，向全省物流企业共发放 310 份调查问卷，摸清企业经营情况，分析存在问题，提出对策建议。

一、浙江省商贸物流发展现状

"十二五"以来，随着浙江省商贸流通业和电子商务的迅速发展，商贸物流快速发展，发展环境、基础设施、服务水平都得到改进和提升，但与浙江省经济转型升级发展的要求相比，商贸物流水平的提高日益迫切。

（一）商贸物流内涵和功能

商贸物流属产业物流，是商品流通的重要环节。近年来，商贸物流作为物流领域出现频次较高的词汇，有多种表述，如表 1 所示。

表 1　商贸物流概念

观点方	具体观点
商务部、发改委、供销总社《商贸物流发展专项规划》	商贸物流是指与批发、零售、住宿、餐饮、居民服务等商贸服务业及进出口贸易相关的物流服务活动。
中国物流与采购联合会	商贸物流主要承担商贸贸易、流通加工功能，通过商品流来带动物流、信息流和资金流。
百度百科	商贸物流是指商业贸易中产生的物流过程。

根据上述定义可知，商贸物流范围较为广泛，涵盖物流配送、农产品物流、电商物流、冷链物流、跨境物流等内容，包括物流加工（分拣、重组、打码、包装等）、运输、配送等供应链综合服务过程。商贸物流是新技术应用和商业模式创新最为集中的领域之一，是现代物流的重要组成部分，直接关系到生产资料和生活资料流通的顺利运行，构建高效、安全、通畅的商贸物流服务体系，有利于降低物流成本，提高流通效率，提升企业竞争力，促进经济转型升级。

（二）浙江省商贸物流发展主要特征

"十二五"期间，浙江省物流业稳步发展，2014 年社会物流总额 12.79 万亿元，同比增长7.7%，物流业增加值 3930 亿元，同比增长 8.1%，拥有物流企业 16896 家。浙江商贸物流业也快速发展，根据 310 家企业的调研结果，具有以下特征：

1. 规模稳步扩大,发展水平不断提高。根据商务部研究报告,商贸物流需求与批零贸易额大致相当,商贸物流增加值规模约为物流业总规模的25%。据此测算2014年浙江省商贸物流业增加值982.5亿元,"十二五"期间年均增长8.6%;商贸物流需求6.9万亿元,年均增长16.8%。连锁企业统一配送商品金额2300亿元,商品统一配送率达到92.7%。商贸物流在标准化、专业化、社会化等方面不断提高,标准化设备及技术逐步应用,电商物流和冷链物流快速发展。全省有快递企业1210家,服务网点超3000个,新建冷库126个。农产品流通骨干网络不断完善,培育88家大型农产品流通龙头企业,农产品物流集散中心、综合性加工配送中心和产地集配中心建设加快,初步构建跨区域产销衔接体系。

2. 企业快速成长,服务能级不断提升。随着商贸物流社会需求的不断扩大,商贸企业、物流企业积极推广应用共同配送、越库配送、供应商管理库存等服务模式,满足现代零售企业小批量、多频次、快周转的物流服务需求。现代商贸物流企业群体迅速发展,属于物流企业的中坚和优秀代表的A级物流企业,浙江省已达469家,占全国A级物流企业的15.8%,居全国第一。第三方物流迅速发展,涌现出统冠物流、川山甲等一批大型企业,"四通一达"(申通、圆通、中通、百世汇通、韵达)占据全国快递业半壁江山;第四方物流加快发展,专线宝、龙田等中小企业不断探索平台模式,阿里集团菜鸟物流项目开始向全国布局,物流企业利用"菜鸟网络",通过预判销售量提前发货,实现就近仓储配送,并根据大数据优化人员、车辆、快递网点等配置,提高物流效率。通过商贸物流企业的创新发展,浙江商贸物流市场化、网络化、规模化及品牌化程度不断提高。

3. 企业性质和类型多元,中小企业占据主导地位。商贸物流企业性质多样、类型丰富。根据课题组的抽样调查,在企业性质上,以民营企业居多,占总数的70.26%,外资企业比重相对较少,占3%。在企业类型上,主要包括综合型物流企业、专业物流企业、国际物流企业、平台物流企业、智慧物流企业、从事城市配送与快递服务的企业等六类,占比最高的是综合型物流企业,占70.94%,如巨化物流、德邦物流等;专业物流发展较快,占比9.36%,如华药物流专门从事药品多温配送;智慧物流企业创新发展,占0.49%,如宁波国际物流提供物流信息系统集成和物流解决方案设计等服务。在企业规模上,根据国家统计局《统计上大中小微型企业划分办法》,在参与调查企业中,以年营业收入3000万—3亿元的中型企业为主,比例为54.74%,1000万—3000万的小型企业占总体的20%,3亿元以上的大型企业占总体的16.32%,大型企业比例高于全国平均水平。

表2 问卷调查中不同性质商贸物流企业所占比例

企业性质	百分比(%)
国营	16.41
中外合资	2.56
民营	70.26
外商独资	0.51
集体	3.08
其他	7.18

表3 问卷调查商贸物流企业类型统计表

企业类型	百分比(%)
综合型物流企业	70.94
城市配送与快递企业	2.96
国际物流企业	5.91
智慧物流企业	0.49
平台物流企业	5.91
专业物流企业	9.36
其他	4.43

4. 业务范围涵盖较广,业务呈现供应链式整合。从业务范围看,商贸物流企业的经营活动

中所涉及的相关业务较多，需求量较大的业务为运输、仓储、装卸、配送、信息处理、货代、物流解决方案设计及包装等业务。运输、仓储和装卸是三大需求量最高的业务，占总体业务比重分别为90.72%、76.29%、60.31%；信息处理及货代、物流解决方案设计、包装及货物保险、分拣、物流信息系统集成、咨询服务业务需求量比重在22%—35%。从区域覆盖看，52.65%的物流企业业务辐射范围以物流企业所在地为主；29.31%的物流企业辐射范围以浙江省内为主，跨省和国际物流比重相对较少。伴随产业结构转型升级步伐的加快，物流业务呈现链条式整合提升，已形成八方物流的橡胶供应链、华瑞物流的纺织化纤供应链、余慈物流的小家电供应链等一批成熟的垂直化业务。物产集团通过“上控资源、中联物流、下建网络”，构建供应链、延伸产业链、优化价值链，实现从传统流通模式，转型为“集贸易、金融、物流、加工、投资于一体”的现代流通模式，由生产资料传统贸易商向供应链服务集成商战略转型，实现了从中国500强到世界500强的跨越式发展。

5. 基础设施不断完善，配套能力不断增强。2014年浙江省商贸物流基础设施不断完善，仓储业固定资产投资年均增幅20%左右，立体仓库面积已接近仓库总面积的40%，配套设施不断完善，形成通用仓储与专业仓储、常温仓储与低温仓储、普通仓储与立体仓储共同发展的格局。企业物流设施利用率高于全国平均水平，抽样调查数据显示，营运仓库的平均利用率在70%以上的占63.2%，其中90%以上的占30.7%；营运车辆平均利用率在70%以上的占91.7%，其中90%以上的占63.5%。企业积极推进先进设施设备使用，标准化托盘和立体货架成为现代物流企业升级改造必备的设施设备。从企业仓库的运作方式上来看，50.59%的物流企业以机械化作业、信息处理计算机化方式为主；32.35%的物流企业仓库作业为机械化作业、信息处理用人工。企业现有设施设备中，叉车拥有比例最高，为87.06%，企业拥有标准化托盘和一般货架不断提高，比例为40.59%和40%。现代化的商贸物流设施对促进商贸物流发展模式转变、提高城市和城际配送效率发挥了积极作用。

6. 电商物流快速发展，终端配送体系不断加强。在网购、信息消费等新业态的持续拉动下，电商快递物流继续高速增长。2014年全省互联网宽带接入用户达到1850.5万户，普及率达33.6%，全省快递服务企业业务量24.6亿件，同比增长73.1%，居全国各省市区第二位；快递业务收入274.4亿元，同比增长52.7%，居全国各省市区第三位。城乡电商服务网络建设加快推进，电商物流企业仓储、配送、分拣一体化和智能化快速发展，杭州成为国家级电子商务与物流配送协同发展试点城市。一批商贸物流企业积极布局农村电商，开展“村邮网寄”项目及“农村淘宝”网点建设，全省已有邮政、顺丰、富友、速递易、京东等企业布局建设智能投递终端。截至2015年

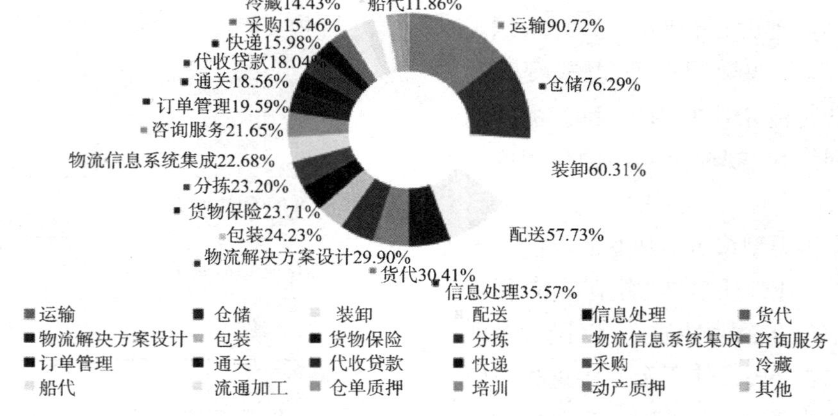

图1　商贸物流企业从事相关业务构成

11月底，全省建成社区智能包裹投递柜8568个，农村电商服务站点7000多个。

7. 信息化建设加快推进，智慧物流成为方向。以杭州、宁波等区域中心城市为重点，全省智慧物流发展加速推进。杭州推进“智慧物流公路港”、“智慧物流信息港”两港先行，全力建设“全国智慧物流中心”。宁波以港口智慧物流标准化建设为重点，加快物联网技术应用，促进宁波物流业全面、健康、智慧化发展。商贸物流企业以智慧物流为目标，加快推进信息化进程，普遍使用物流信息系统，运用系统进行运输管理、财务管理、车辆监控、仓储管理、客户查询和管理、订单处理等操作，目前仅有3.0%的物流企业未采用物流信息系统。同时，物流企业探索使用云计算、物联网等新技术，大大提高了商贸企业和物流、配送企业的服务能力和供应链管理水平。公共物流信息服务平台，有效地改善了物流信息的共享服务，促进了物流资源的供需衔接。如传化公路港目前已经运营了杭州、成都、苏州、富阳、无锡5个项目，已在全国17个省会城市，51个枢纽级地市，合计落实了68个项目。在浙江、四川、山东、江苏、福建、重庆、天津、黑龙江、吉林、河北、贵州等11个省市进行了全省网络布局。

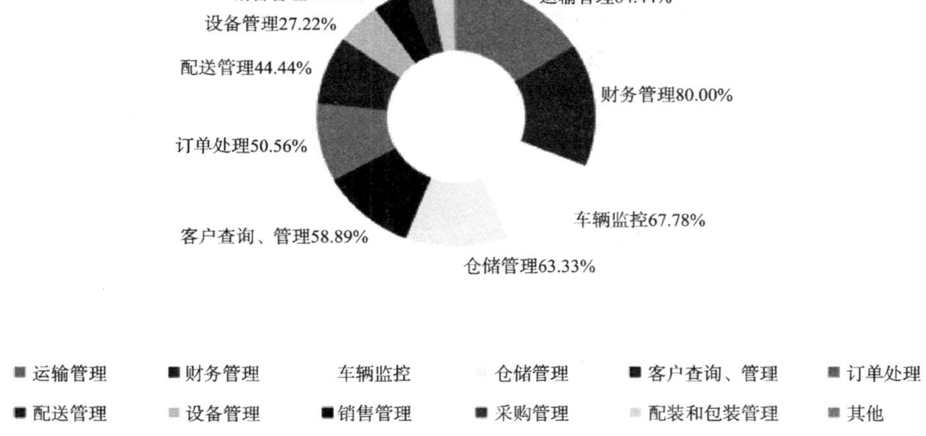

图2 商贸物流企业使用物流信息系统的用途

8. 经营产品多种多样，集中于批发零售企业。商贸物流企业的客户企业经营产品中，机电设备占比最大，为48.62%；其次是纺织服装和汽车配件，各占43.65%和43.09%；家用电器、电子产品、食品、机械占所有产品的比例适中，均为30%以上；化肥、图书报刊音像制品和烟草所占的比例较低，分别为8.29%、6.08%和5.52%。商贸物流企业的客户从事批发零售和连锁经营等混业经营较多，单一划分来看，从事批发经营的，比例为58.89%；代理经营和零售经营所占的比例适中，比例为43.89%和42.78%；连锁经营和餐饮业经营方式占总数量的比例较低，分别为24.44%和7.22%；除正常几类经营方式之外，存在13.89%的企业采用其他经营方式，包括工厂生产、物流运输等。客户企业经营方式如表4所示。

表4 商贸物流企业客户企业经营方式状况表

企业经营方式	百分比(%)
批　发	58.89
代　理	43.89
零　售	42.78
连锁经营	24.44
餐饮业	7.22
其　他	13.89

9. 发展环境日趋优化,政策体系日臻完善。近年来,国家及有关部门相继制订发展规划,出台多项政策,引导和支持商贸物流业健康发展。2014 年国务院发布的《物流业发展中长期规划(2014—2020)》和 2015 年召开的推进内贸流通现代化会议,都将商贸物流作为重点内容,中央财政通过设立促进服务业发展专项资金、农村物流体系建设专项资金,引导商贸物流健康发展。商务部下发《关于促进商贸物流业发展的实施意见》(商流通函〔2014〕790 号),还会同国家标准委印发《商贸物流标准化专项行动计划》,并在全国连续开展城市共同配送、物流标准化、电子商务与快递协同发展试点。浙江省杭州市成为国际级跨境电商综合实验、物流标准化、电子商务与物流配送协同发展试点城市,义乌成为国内贸易流通体制改革综合试点城市,省级也同步开展城市共同配送、跨境电子商务海外公共仓服务、内河港智慧生态物流服务标准化等试点,将不断优化商贸物流发展环境。

二、浙江省商贸物流业存在的问题

浙江省商贸物流发展总体水平良好,但仍存在物流成本较高、统计基础工作薄弱、市场集中度、标准化和信息化水平、从业人员素质均较低等弊端。

(一)商贸物流综合服务水平有待提高

一是市场集中度较低,以中小型的民营企业居多,缺乏连锁广、品牌优、竞争强的大型集团企业,第三方商贸物流企业"小而弱、大而不强"的现象较为突出。调查结果显示,在岗职工总人数 200 人以下的小型物流企业数量最多,占 68.2%;1000 人以上的物流企业只占 8.2%。二是综合性服务供给不足,多数物流企业服务内容仍停留在单一物流功能上,而物流协调、统筹策划和供应链管理能力明显不足。物流企业以从事运输、配送、仓储、货运代理、流通加工、信息服务等业务居多,而提供现代管理手段、信息技术、物流咨询、物流过程控制等支持和协助业务的企业很少。三是企业业务辐射范围较小,多数物流企业的业务范围局限在物流企业所在地或浙江省范围内,跨省区辐射及全国范围辐射到的企业占 16.3%;涉及跨境物流的企业仅占 1.72%。

表 5 商贸物流企业在岗职工人数统计表

在岗职工人数	百分比(%)
20 人以下	5.13
20—100 人	40.00
101—200 人	23.08
201—300 人	9.74
301—1000 人	13.85
1000 人以上	8.21

(二)商贸物流经营成本亟须降低

浙江省商贸物流成本较高,在总费用中的占比远高于美国、日本等发达国家水平,据调查,有 82.2%的物流企业认为物流成本过高是造成企业当前经营压力大的最重要因素。成本的不断攀升削弱了物流这个"第三利润源"的增长,对企业近三年的平均利润率作调查显示,物流企业利润普遍较低,超过 2/3 的企业利润率只有 2%—10%;利润率为 20%以上的企业极少,仅占 1%。造成商贸物流企业成本高企的主要因素:城市配送中心不断外迁,大幅增加了配送成本;基础设施设备专业化、信息化程度不高,迫使人工成本、土地成本等物流要素成本上涨;行业内企业同质化竞争加剧,造成物流服务价格不断走低,间接导致成本上涨;行政性因素、专业化水平等对企业管理成本带来的影响较大。

(三)标准化和信息化水平有待提升

浙江省商贸物流企业信息化应用水平和标准化应用仍不够高。问卷调研企业中,物流企业仓库运作的信息化应用程度低,智慧物流企业比重仅占总数的 0.5%,无企业采用全自动的无人作业方式,仍然有 17.1%的企业以手工作业为主。信息交互作用有待加强,企业客户访问本企业网络数据权限的受限程度较大,有 38.3%的企业客户不能访问本企业网络数据。物流企业标准化设施设备使用不广泛,拥有标准化托盘和货架的企业比重不到半数,只有 25.9%的物流企业拥有传送带和电子标签；地牛、高层立体货架、自动打包机、流通加工设备和自动分拣机等拥有率均在20%以下。企业标准应用水平不高，只有半数企业使用国家强制标准，使用地方推荐标准和企业内部自定义标准的不到半数，仍有一部分物流企业不了解标准化相关规定。具体参见企业标准化情况表。企业经营管理规范化水平较低，特别是部分中小型企业缺乏必要的服务规范和内部管理规程，经营管理模式较为粗放，难以提供规范化的物流服务，整体服务质量还有待进一步提升。

表6 商贸物流企业标准化应用情况表

企业标准化情况	百分比(%)
使用国家强制标准	54.84
使用地方推荐标准	35.48
使用企业内部自定义标准	46.24
不了解标准化相关规定	2.15
有资质制定地方或国家标准	15.59

（四）专业化发展水平相对不足

65%抽样调查企业，认为缺乏人才，尤其是高学历人才、复合型人才、高端管理和技术人才严重缺乏。调查结果表明，商贸物流企业职工学历普遍较低，57.1%的企业职工以高中学历为主，本科学历为主的占15.1%，研究生及以上学历为主的只占总数的0.6%，高端人才的严重缺乏制约了商贸物流创新发展。从业人员中拥有技术职称的约为十分之一，且多为初级技术职称。可见，商贸物流企业的职工整体文化水平不高，高学历人才较少。

（五）面临周边省市强势竞争

随着"一带一路"战略的实施，我国开放经济格局也将会发生重大变化，"十三五"乃至更长的一个时期，全省商贸物流，特别是物流中心发展将面临更加激烈的竞争。沿海港口物流是推动浙江商贸物流发展的重要"引擎"。由于长三角大型港口较多，宁波—舟山港面临着另外两大港口——上海港和苏州港，尤其是上海港的激烈竞争。上海港与宁波—舟山港同处长江三角洲货物进出口的前沿阵地，洋山深水港与宁波—舟山港相距更是不过50海里，两地的经济腹地几乎相同，对宁波—舟山港腹地货源的争夺异常激烈。上海港的优势不是宁波—舟山港在短时间内能够赶超的。从物流企业区域竞争力比较看，浙江物流企业竞争优势也较弱。"中国2014物流企业前50强"中，北京占16席，上海占5席，广东、河北、江苏均有4席，山东3席，而浙江只有1席。浙江省物流企业的实力与北京、上海还有很大差距，甚至同经济实力相差不多的江苏省相比也有一定差距。

（六）商贸物流统计基础工作薄弱

一是缺乏物流成本会计科目。在我国的会计科目设置中，物流成本包含在购销等成本中，将物流成本从其他成本中分离出来的难度大，增加了商贸物流成本核算的难度。二是重点调查企业数量不足，制约了物流成本费用率的计算。三是商贸物流统计监测的效率和质量有待提高。当前，大数据的浪潮席卷而来、云计算的方法逐渐普及，而传统统计调查指标、方法等严重滞后。要及时、准确把握商贸物流发展动态，需进一步加大投入，创新商贸物流统计监测方法，提高统计监测的效率和质量。

表7 中国港口的集装箱吞吐量排名表

2014年排名	港口	2014年万TEU	增幅%	2013年万TEU	增幅%
1	上海港	3528.50	4.96	3361.70	3.34
2	深圳港	2403.00	3.23	2327.90	1.47
3	宁波—舟山港	1945.00	12.10	1735.07	7.27
4	青岛港	1662.44	7.10	1552.2	7.03
5	广州港	1616.00	5.54	1531.10	5.25

（七）商贸物流发展环境尚待改善

对企业当前面临的困难作调查后得出，政策支持力度不够、行业无序竞争、用地困难成为制约企业发展的三个最重要因素。53.9%的被调查物流企业认为政策支持力度不够，管理体制不健全，商贸物流，如城市物流配送涉及多个部门，部门决策往往缺乏协调；城市配送车辆限制多，“进城难、停车难、通行难”的问题没有明显缓解。45%—47%的企业认为用地困难、行业无序竞争成为制约企业发展的重要因素。同时商贸物流政策法规体系不够完善，如跨境电商物流、智慧物流等新型商贸物流的配套政策法规建设滞后；商贸物流标准体系虽日益强化，但因推荐性标准较多阻碍了物流企业标准化全面开展；信用体系建设也有待加强。根据调查显示，浙江省内的84.86%的物流企业希望政府出台税收优惠政策，51.89%的物流企业希望政府出台土地优惠政策，见表9。

表8　商贸物流企业存在的困难调查表

企业普遍存在的困难	百分比（%）
政策支持力度不够	53.93
行业无序竞争	47.12
用地困难	42.93
转型升级困难	31.41
交通环境制约	30.89
融资困难	28.27
企业信息化水平低	21.40
市场占有率不高、相关法规不健全、组织化程度低、流通效率低、运输车辆车况差、物流服务质量低、其他	均小于20

表9　企业期待政府出台的优惠政策调查表

续表

企业期待政府出台的优惠政策	百分比（%）
税　收	84.86
土　地	51.89
交通管理	37.30
融　资	36.22
收　费	34.05
用　工	23.78
其　他	1.62

三、国际商贸物流发展趋势和案例

（一）国际商贸物流发展趋势

在全球一体化的背景下，随着互联网经济的蓬勃发展，综观国外商贸物流发展现状，其主要趋势可归纳为社会化、信息化、标准化和绿色化四个方面。

1. 社会化。社会化的主要形式就是将企业的物流服务项目外包给专业的第三方物流企业。第三方物流企业根据客户要求、货品的特性，开展配送运营中心、供应商管理库存、准时配送等高端化、智能化服务，满足客户的个性化配送需求。据统计，以高水平流通现代化典范著称的德国，它的第三方物流占总物流的83.3%以上。

2. 信息化。信息化主要体现在物流服务的操作和配送网络的决策上。企业的信息管理系统详尽记录了物流信息的变动，简化了工作人员的日常工作步骤。物流企业转型升级向提供一体化解决方案和供应链集成服务的第四方物流发展。信息网络平台在企业内部以及企业上下游之间提供信息及时共享，互通有无，提高了决策的准确性。

3. 标准化。标准化是指在物流服务的过程中，设备、工具、技术、作业流程等都有一套完善的体系和通用的标准。标准化能够让重复性事物有统一的规则进行处理，使生产经营有序稳定。国外物流服务的标准化主要体现在配送托盘标准化、集装箱标准化、运输工具标准化。

4. 绿色化。绿色化主要指的是在物流服务中既要重视服务质量，同时也注重环境保护和资源节约。在美国、日本等国家，绿色化的理念不仅渗透到从企业到消费者的顺向物流中，还渗透到消费者参与的逆向物流的过程中。

（二）国际商贸物流发展案例

1. 连锁物流配送案例。以独有的供应链管理模式在零售行业中傲视群雄的沃尔玛，拥有由信息系统、供应商伙伴关系、可靠的运输及先进的全自动配送中心组成的完整物流配送系统。其85%以上货品的配送模式均采用直接转运模式，从制造商到零售商过程中，在仓库的停留时间极短，以12个小时为极限。这个标准化的配送过程大大减少了存储空间和存货成本。沃尔玛建立了大型电商物流配送中心，并在中国推出全新的O2O业务平台速购。线下物流配送成为拓展电商业务过程中相当重要的一环。在建设美国的电商市场时，建立了四个大型专用电商物流配送中心，每个物流中心配有专用运输车队，采用高度自动化的仓配流程，提高资产的优化配置，从而降低成本。沃尔玛配送体系的成功运作主要归因于四个方面：与第三方物流公司形成合作伙伴关系；“无缝点对点”物流系统；自动补发货系统；零售链接系统。

2. 跨境电商物流案例。亚马逊在全球有13个站点，从北美到南美，到欧洲、亚洲，日本、印度，以及澳大利亚。在拓展跨境电商业务的过程中，亚马逊在自贸区设立物流中心、保税仓，形成“美国国内支线物流＋美国中国干线物流＋中国国内支线物流”的模式，发货速度大幅提升。当交易数量上升时，规模效应也随之产生，帮助消费者减少物流成本。2015年亚马逊在物流服务、广告、卖家培训等方面推出新服务，支持第三方平台卖家业务发展，并将继续通过“全球开店”项目支持更多国内中小企业通过亚马逊的全球平台和资源开拓全球市场。除了全国配送服务之外，新上线的“区域配送”项目让卖家可以自主决定配送范围及运费。此外，“货到付款”服务将向卖家开通顺丰速运，这是继亚马逊配送和宅急送配送后的第三种配送方式。目前，亚马逊中国在国内有13个运营中心，可以在全国1400个城市区县达到当日达、次日达商品，有4个服务中心，提供7×24小时全天候的服务。集成“四通一达”、顺丰、全峰、宅急送等8家主流快递公司的送货信息，减少买卖双方的沟通成本。

3. 农产品电商物流案例。美国是农产品电子商务领域的先导者，目前大型农产品网站超过了400个。美国拥有世界上最大的农产品期货交易所——芝加哥期货交易所。交易所提供农产品贸易中最权威的价格，交易双方可以获取市场行情等信息，并通过期货市场规避价格风险，促进农产品电子商务的发展。英国农产品电子商务化程度很高。1966年建立的Farming Online是第一个提供农产品互联网服务的电子市场，其后各种农产品网站相继诞生。建立于2000年的Farmer’s Market是英国第一个农产品电子商务网站。其他发达国家也十分重视农产品电子商务的研究与实践。加拿大通过使用计算机网络、遥感技术、全球定位系统和地理信息系统等现代信息技术来健全农业信息体系，同时设立农业信息服务中心，无偿向农产品生产者、销售商提供农业法规、经营管理及农产品供求趋势等信息服务。世界第三大农产品出口国荷兰，凭借全国统一的农产品标准和发达的农产品物流体系，在农产品电子商务方面开展农产品电子拍卖。

4. 智慧物流案例。三星电子是韩国民族企业的典范，在2012年，其以1489亿美元的销售收入和120亿美元的利润位列世界财富500强第20位。三星电子在电子产品领域的骄人战绩主要归功于其先进的供应链管理模式，从而实现信息共享、快速响应市场变化。一是采用建立园区的优化方式，以节省运输成本、降低库存、提高产能。从缩短与供应商的物理距离着手成立三星工业区，将遍布全球、相对分散的供应商聚集到园区周边，目前三星工业园区已经在世界七个国家建立起来。这种召集供应商的模式使得原料、零部件的采购变得简洁、高效，库存成本几乎不存在。二是利用各类IT系统以在整个企业内部、上下游企业之间共享信息，从而提升供应商作业率、优化库存、提高客户满意度。采用中央物流管理系统共享数据，将工业园中的生产企业、物流中心等通过网络有机地结合在一起，简化原有的交互程序，提高了整个供应链的可视性。

四、加快浙江省商贸物流发展的对策建议

（一）培育商贸物流重点企业

鼓励大型商贸物流企业通过参股、控股、兼并、收购等方式做大做强，跨行业、跨地区、跨所有制经营。培育若干品牌优、技术强、连锁广、竞争力强的大型现代物流企业集团，形成一批规模化、集约化经营程度高，物流服务一体化、网络化水平高的商贸物流企业。支持商贸物流企业通过上市、发行债券、股权置换等方式筹措发展资金，推进多元化投资。鼓励传统物流企业向上下游延伸服务，商贸物流业与其他产业融合、协同发展，形成一批集O2O、网上定制、物流配送等多种功能为一体的新型商贸物流企业。引导商贸物流企业参与共同投资建设重要物流节点的仓储设施，通过合理布局物流园区或物流中心，增强仓储设施的服务功能，提高物流服务能力和集约化发展水平。鼓励企业提高配送的规模化和协同化水平，依托商业、邮政等网点，形成覆盖城乡的物流配送网络。通过招商引资，引进一批服务水平高、国际竞争力强的大型商贸物流企业。

（二）推进商贸物流基础建设

加强仓储设施建设，在商贸业聚集地、大型批发市场、进出口口岸，统筹规划建设和改造一批现代物流中心、配送中心，进一步完善存储、转运、停靠、卸货等设施。面向专业市场转型升级，建设功能完善的公共仓；面向城市配送和农村配送，合理规划、改造和建设一批标准仓储设施和配送终端节点，提升配送服务能力；面向跨境电子商务发展，支持商贸物流企业在海外、保税区建设仓储等物流设施。以海、空港为核心，完善、优化集疏运体系，实现骨干物流网络节点间的“无缝对接”，提升江海联运服务、多级联运服务的能力。深化宁波—舟山港一体化进程，提升国际港航物流的核心竞争力，加强甬舟自由贸易港区方案研究，对接海上丝绸之路及上海自贸区建设，大力打造具有国际竞争优势的物流战略支点。建设、改造一批仓储、分拣、流通加工、配送、信息服务等功能齐备的商贸物流园区，促进商贸物流产业适度集聚。

（三）优化城市配送网络体系

合理规划和布局城市物流基础设施，完善以现代物流配送中心为节点、以服务于商贸服务业和居民消费为目标的城市配送体系，实现城市配送与商贸服务网点、居民居住区的有效衔接。推进实施城市配送试点，探索城市配送体系建设和模式创新。鼓励企业积极发展统一配送，提高连锁经营集中配送率，支持第三方物流企业为多用户商贸企业提供公共配送，提高共同配送率。支持品牌生产企业与物流企业密切合作，建立专业化的城际和国际物流配送网络。建立工业制成品、农产品、生产资料等大宗商品跨区域运输的城际配送网络，实现干线运输与城市配送有效衔接。以国际商品采购中心、宁波和义乌口岸为依托，通过完善货物储存、配送功能，提高进出口货物集散能力，形成连接内陆、贯通全球的浙货商贸物流通道。

（四）加快发展农村商贸物流

在推进“农产品骨干流通网络建设”和“农超对接”的基础上，推进农村日用消费品和农资配送中心建设，大力发展农村商贸物流服务体系。加强农村商贸中心等建设，丰富其功能，完善存储、转运、停靠、卸货等配套设施，完善农村商贸物流分拨和终端网点，促进工业品和农产品在农村双向流通。引导行业龙头企业和邮政、供销合作社发挥网络和服务优势，促进农产品龙头企业、农村供销社依靠电子商务和先进的信息技术、配送模式，建立完善“布局合理、双向高效”的农产品配送体系。引导商贸物流企业创新和转变发展理念，加强企业之间的协同合作，充分整合农村物流资源，构建一体化的物流运作模式。加强物流作业流程中的质量保障，逐步实现从田头到终端物流的无缝衔接，降低损耗，提升农产品物流水平。

（五）加快推进电商物流

推进商贸物流与电子商务的协同发展及业务流程再造，鼓励物流企业与电子商务企业加强合作，扩展服务功能，提升服务能力。加快发展多层次电商物流业务，鼓励和引导电商物流企业在浙江建设快件处理中心、航空及陆运集散中心，

提升分拣、运输和投递能力。创新电子商务配送方式，推动电商物流企业“仓配一体化”进程，加快培育一批仓配一体化的企业，提升快件服务的一站式、规模化和集约化水平。加强电商末端配送体系建设，推广“网订店取”、“自动取货柜”等配送方式，解决最后一公里配送问题等。引导电商物流企业开展代收货款、差异化配送等增值服务，促进快递服务与网络零售协同发展。引导社会资本投向电商物流领域，抓好一批重点项目建设，进一步做大电商物流市场规模。采取政府引导，市场化运作的模式，探索电商物流公共仓储、配送网络和服务站点等公共配套建设，为各类电商物流企业提供公共服务，提高资源利用率。

（六）大力发展冷链物流

在农产品生鲜、绿色消费等拉动下，市场对商贸物流专业化水平的要求越来越高。冷链物流是专业化物流的重要内容。加强农副产品冷链物流体系建设，引导使用各种新型冷链物流装备与技术，推广全程温度监控设备。鼓励农产品流通骨干企业建设具有集中采购和跨区域配送能力的农产品冷链物流集散中心，完善产地预冷、销地冷藏和保鲜运输、保鲜加工等设施，推进冷链流程管理和标准对接。鼓励第三方物流企业使用冷链物流技术和设备，特别是发展薄弱的中小物流企业，通过冷链提高货物品质、实现优质优价，形成用冷链的企业比不用冷链的企业利润高的机制。

（七）加快发展智慧物流

信息化是解决商贸物流管理中全局优化和管理不确定性这两大难题的有力手段，其作用主要体现在管理决策和运作管理上，企业的信息管理系统中丰富的信息资源及决策支持功能有效提高企业的管理水平和运作效率。鼓励物流园区和物流企业运用大数据、北斗导航、物联网、射频识别等新技术，构建智能化物流通道网络，建设智能化仓储体系和配送系统。推进物流标准化，在托盘、仓库、运输车辆等重点领域，推广标准化设施设备应用。加强物流信息共享和互联互通，支持物流综合信息服务平台建设，对线下运输车辆、仓储等资源整合优化，实现运输工具和货物的实时跟踪和在线化、可视化管理，鼓励发展依托互联网平台的“无车承运人”。鼓励物流企业进行企业功能整合和业务创新，借鉴先进的云仓模式，提供个性化、定制化物流服务。

（八）提升物流标准化水平

加强现代物流领域标准化建设，支持各类企业、社会团体积极参与省级以上商贸物流标准的制定和修订。加强商贸物流管理、技术和服务标准的推广，鼓励商贸物流企业开展战略联盟，提升行业服务、枢纽、设施设备的标准化运作水平，鼓励企业采用标准化的物流计量、货物分类、物品标识、物流装备设施、工具器具、信息系统和作业流程等。充分发挥杭州国家级物流标准化试点带动作用，在快速消费品、农副产品、药品流通领域，以标准托盘应用推广为牵引，通过提高标准托盘普及率，促进提升相关配套物流设备设施的标准化水平。支持与标准托盘关联的叉车、货架、月台、运输车辆等物流设备设施标准化改造，促进上下游设备的衔接，逐步形成相互配套、有机结合、互为支撑的商贸物流应用标准体系。

（九）积极发展跨境物流

围绕提升进出口贸易相关的物流服务，发挥区位优势，建设国际商贸物流枢纽，打造海陆空“三位一体”的跨境商贸物流体系。以义乌为陆路重点，巩固和拓展“义新欧”专列建设。以宁波港、舟山港为水路重点，加快港口、码头、机场等基础设施互联互通，增强进出口货物的集散能力，建立口岸物流联检联动机制，构建与上海港、泉州港、广州港等大港的战略合作伙伴关系。以杭州空港为空中重点，加强空港经济圈物流服务功能，发展空港商贸物流。面向跨境电商发展，借杭州跨境电子商务综合试验区契机，从技术标准、业务流程、监管模式和信息化建设角度出发，打造跨境电商物流高效的产业链，逐步形成一套适应和引领全球跨境电商物流发展的管理制度和规则，为推动全国跨境电商物流健康发展提供可复制、可推广的经验。

（十）完善商贸物流发展环境

完善工作机制，加强部门间的政策协调和工作配合，为加快商贸物流发展提供组织保障和服务支撑。加强物流业诚信体系建设，建立物流企业诚信记录和披露管理制度，增强企业诚信意识和风险防范意识。对诚实守信、合法经营、社会责任强的物流企业予以支持、鼓励和宣传，对破坏市场秩序、诚信缺失的企业将其列入“黑名单”并向社会公布，在获得政府扶持资金及项目安排等方面进行限制，提高其失信成本。加强政策扶持，贯彻落实好浙政办发〔2015〕51号文件中提出的完善流通基础设施建设，加大仓储物流用地支持等政策，完善物流配送车辆管理，解决城市配送存在的通行难、停车难、卸货难等问题。加强物流人才培育，通过学历教育、继续教育等多种方式培养企业急需的经营管理和专业技术人才。夯实统计基础，完善商贸物流统计调查方法和指标体系，加强对商贸物流需求、费用、市场规模、投资、价格等指标的统计分析。

课题组组长：徐高春

课题组成员：肖　奋　傅培华　骆林勇

基于商业生态的省服务外包园区系统构建及其评价研究

一、研究的意义和目的

（一）研究的意义

1. 浙江省服务外包产业总体起步晚，但发展迅速，作为发展关键载体的产业园区需要科学的发展与推进。浙江省政府在2009年、2011年相继颁发了有关鼓励服务外包产业加快发展的实施意见，并出台了浙江省服务外包产业发展"十二五"规划，大大推动了服务外包产业的发展。"十二五"期间，历年离岸执行额分别为25.92亿美元（2011年）、36.97亿美元（2012年）、46.29亿美元（2013年）、56.45亿美元（2014年）、70.97亿美元（2015年），年均增幅达28.6%，高于同期全省服务贸易平均增幅。而这些业绩的取得与全省开展服务外包示范园区建设有着密切关系，作为服务外包产业发展关键载体的产业园区是政策着力的关键点，也是规模化、集群化发展的关键。

服务外包产业园区既具有产业园区的一般特征，也具有服务外包产业的特征，因此需要通过研究并科学地制定推动服务外包产业园区发展的策略和政策。

2. 通过科学研究，制定科学的园区发展策略，有利于缩小浙江服务外包产业园区同国内先进省份园区的差距。浙江省服务外包产业虽然发展迅速，但是在政策扶持力度等多个方面仍然与全国先进省份有一定差距。在全国21个国家级服务外包示范城市中，浙江只有杭州市入选，而江苏有南京、苏州、无锡三个城市入选。江苏于2007年在全国率先开展省级国际服务外包载体认定工作，认定了常州、江阴、昆山、太仓等6个省级服务外包基地城市和无锡高新区等15个省级服务外包示范区，全省在建服务外包载体面积超过1000万平方米，软件园、创意园、研发设计中心、商务中心等各类外包产业集聚园区已初具规模并开始投入运营。

浙江省服务外包发展平台建设工作于2012年基本完成，其起步时间滞后了近两年，目前国家级服务外包示范城市只有杭州一个，国家级服务外包示范园区也只有位于杭州的两家，地区发展不平衡性明显。虽已经审批认定了30个省级"服务外包产业园区"，但是建设工作有的还处于起步阶段，园区的管理、规范、引导和支持等方面的工作如何开展均需要深入研究和探讨。

3. 以服务外包产业园区作为研究对象，科学提出产业集聚的发展路径。"互联网+"产业集聚能够产生显著的经济效应，尤其是通过"互联网+"生产性服务外包的融合，将助推浙江的产业转型升级，形成现代服务业的规模效应。但目前浙江服务外包发展总体布局比较分散，并没有形成非常广泛的规模效应和经济绩效。浙江省鼓励工业企业分离发展服务业，优先发展物流、金融、信息等生产性服务业和研发设计、总部经济等新兴和高端服务业，同时大力建设物流园区、总部基地、科创园区等现代服务业集聚示范区。然而，"浙江省国际服务外包示范园区"虽然已认定，但有些县市存在加强园区建设的路径不是十分清晰，建设规范不够科学，要素配置缺乏规划，园区管理与国际化难以接轨等问题。因此需要以产业集聚载体的园区作为研究对象，找到园区发展和产业集聚的路径。

4. 以商业生态系统的全新视觉切入服务外包产业园建设和发展过程中面临的关键问题，对外包产业园建设提供科学应用对策支持，为服务外包产业持续、稳定、健康发展保驾护航。商业生态系统理论将服务外包产业园区视为一个完整的商业生态系统，在这个生态系统中包括生态核、生态位和生态系统三个要素。生态核是指园区内的核心企业，生态位是指园区企业的直接环境，生态系统则是指园区企业的间接环境。这三者之间的关系，及其对这三者的评价是园区作为一个生态系统健康发展的关键。因此，从商业生态的视角对服务外包产业园区内企业之间的关系、企业与外部环境的关系的协同性及其与园区的绩效的关联性进行研究和评价更加有利于提出园区发展的对策。

（二）研究的目的

服务外包产业作为现代服务业的高端产业已经成为浙江省服务贸易发展的重要组成部分，发展服务外包将大大推动浙江创新发展、推动浙江产业结构的调整。本课题的研究目的是：运用商业生态系统的全新理论来科学地分析服务外包产业园区的生态要素并构建其生态系统指标体系，然后使用生态系统指标体系对服务外包产业园区进行科学评价，以此找到服务外包产业园区发展的路径和政府引导政策等，为服务外包产业的集聚发展提供支撑。

二、服务外包产业园区组织生态系统的特征与构成

（一）服务外包产业园的组织生态特征

生态系统就是在一定地区内，生物和它们的非生物环境（物理环境）之间进行着连续的能量和物质交换所形成的一个生态学功能单位，是所有生物群落与自然环境通过物质、能量、信息的交换而相互作用、相互依存形成的整体。组织生态系统借用以上概念，可以理解为它是由不同形式的组织以及它们赖以生存的环境组成。服务外包产业园区组织生态系统是指园区内众多创意主体与相关企业从孕育到成长壮大形成完整产业业态的过程中与外界环境之间构成的整体生态化体系。在这个系统中，包括服务外包企业、服务外包产业价值链的上下游资源、服务外包产业从业人员、中介机构、有关的政府机构，同时包括企业所需要的各种资源，企业所处的政治、经济、文化环境等。

服务外包产业园区组织生态系统与自然界的生态系统类似，是由一定种类的种群组成、具有一定的内部系统结构、有一定的资源共享、有一定的动态特征、与外部环境存在一定的交互作用关系等。服务外包企业之间、服务外包从业者之间、服务外包接包企业与发包企业之间通过市场进行物质交换、能量流动、货币流通、信息传递、知识交流、创新扩散等活动，形成具有自组织效应的组织生态系统。但是，由于服务外包企业是特殊的企业类型，服务外包产业园区的组织生态系统体现出许多独特的自身特性，表现为以下几点：

1. 服务市场环境的高度风险性和多变性。服务产业最重要的特征之一就是客户关系的不断发展变化。信任是服务中的关键因素，因此客户对服务的满意度直接决定公司如何实现服务产值和利润。理解客户是至关重要的，因为客户的感知和决策是服务利润的来源。服务是将产品经济的供应驱动模式转变为客户需求驱动模式，这是一个根本性的转变。服务供应商必须始终把客户的需求放在第一位，而客户的需求是多变的。

随着服务市场的动态变化和服务经验不断积累，客户的需求随之高涨，导致的结果是许多服务的客户感知效果随时间不可避免地衰减下去。服务供应商只有不断地和客户保持密切的接触，提供最新吸引人的措施，形成集成的解决方案，并身体力行付诸实践，才有可能保持长期的成功。这就是服务需求的动态性和无止境性。

2. 产业“生态链”中价值的高技术“增值性”。服务外包发包、接包以及转包而形成的相互依存的上下游链条就是服务外包产业生态系统的价值“生态”链。在这个链条中，价值的增值与信息技术的运用密不可分。现代的服务外包不仅需要关注商业模式更迭对企业收益的影响，更要跟随技术应用的急速转换。

由于服务外包产业以信息技术、知识为基础,提供的许多产品是以服务外包价值为主的产品或服务,它们具有可共享、可重复使用、可低成本复制等特点,并且其价值链越长、传播和使用的次数越多,产生的价值越大。因此,服务外包产业链中的价值具有高技术的增值性。

3. 产业园区系统的开放性。服务外包产业园区作为一个组织生态系统,其发展是一个有序和无序相互转化的过程。为保持产业园区组织生态系统的可持续性,必须与外界环境进行交换,不断地从外部引入资源。因此,服务外包产业园区组织生态系统必须不断地与外部进行人才交流、思想交流等。如服务外包本身就有大量的业务来源于外部,甚至问题的解决方案、设计方案都是来源于外部,而园区仅仅是解决问题的一个环节,更多通过互联网进行联系和传播,因此服务外包产业园区具有很强的开放性。

(二)服务外包产业园区组织生态系统结构

生态系统是生命系统和其生态环境系统在特定时空的结合,生态系统应该包括生态环境和生态核,生态环境包括直接环境(直接环境就是生态位)和间接环境(间接环境就是生态系统),而生态核就是指园区内的企业。因此在服务外包产业园区的生态系统中,任何一个组织都应当与其所处的环境共同进化,而不只是简单的竞争、合作或单个组织的进化,个体不可能离开其生存的环境而独立进化,没有适应性的个体是无法生存的,个体与整个系统是共同进化的,生态系统的发展前景影响和制约着个体的发展。

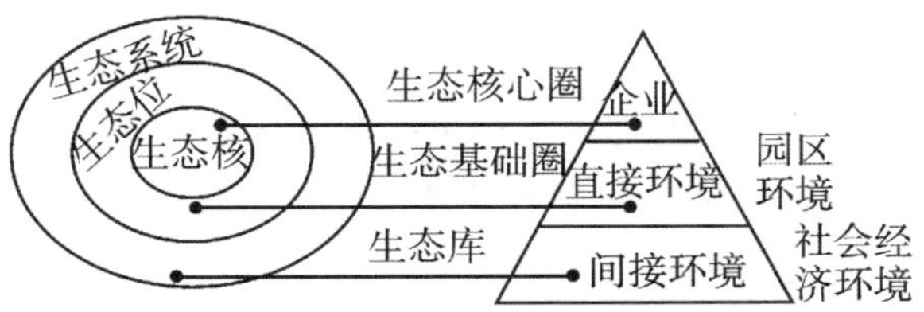

图1 服务外包产业园区复合生态系统结构示意图

1. 生态系统(间接环境)。

依托大学。服务外包产业的发展需要特殊的基础设施,其中高品质的大学、研发机构是重要的因素,同时也是提供优秀人才的基础。大学和科研院所不仅给服务外包产业园区提供了技术支撑,也为园区输送了人才,促进了园区内部产、学、研一体化的形成。同时,大学也可以为产业园区提供一定的市场。

交通系统。服务外包的发展需要拥有一个快速化、网络化和系统化的立体交通运输结构,以保证相应的人员和物资进行便捷、通畅、经济和安全的流通。载体对外要尽可能地接近高速公路、高速铁路和机场等现代交通设施,载体内要建设完善的公交、轨道设施等交通工具。

电力系统。外包产业要求电力供应和保障系统高度自动化,服务外包载体需要配置可自动切换的双备份电源,以解决电力供应中断问题。

信息通信系统。服务外包产业往往需要大量信息的上传和下载,因此,它对信息通道、信息处理和信息交换功能的要求很高。服务外包产业发展载体的规划要充分考虑到宽带通信网、卫星通信网与宽带多媒体光线网三网合一,超大容量的国际出口专线带宽,企业网络专线可直达发包国,以及无线网络覆盖等因素,以保证信息传递的快捷和安全。

2. 生态位(直接环境)。

交流空间和服务平台。服务外包是一种类似于高密度的智力劳动,大量的技术人才在一定的时间和空间内,协同完成一项工作,相互交流和学习也就成为团队工作的重要部分。在外包产业载体进行规划时,就需要为这些活动的展开提供足够的物质空间。比如,办公空间要尽量宽敞,并留出一部分空间来设置咖啡吧、讨论台和阅览室等自由交流空间;载体内鼓励私人投资开设茶厅、咖啡厅、歌舞厅等商务娱乐休闲设施,以方便工作人员之间的非正式交流,等等。

激励环境。服务外包是一种知识密集型产业,且劳动者的劳动强度大,因此,一切环境建设应该以促进人的大脑与外部世界之间的信息交换和提高大脑运作效率为目的。通过信息科技和自然环境协调统一来为员工的工作和生活提供多样性的体验。

生活配套设施。一般来说,从事服务外包人员的文化程度比较高,而且相对年轻,这决定了他们对文化生活的需要程度和质量要求也相对比较高。因此,服务外包产业发展载体内需要建设许多包含城市功能的附属设施，如居住、餐饮、娱乐休闲、文化、商业、体育、自助银行、医院、高质量的幼儿园和小学等。

知识产权保护。只有知识产权保护才能实现“原创”的产业链延伸和产品的市场扩大化。知识产权是人们智力成果依法所取得的一种财产权利，是“发明、发现、作品、商标、商号、反不正当竞争等一切智力创造活动所产生的权利”。知识产权制度是在对智力成果进行产权界定基础上，对其进行保护的制度。所有的产品和服务都有申请知识产权保护的权利和必要，但知识产权制度的完善对创意产业区来说是充分条件。

政策支持体系。在全球范围内，服务外包中有80%左右为国际服务外包，全球服务外包市场在未来几年还将以30%左右的速度增长。因此，发展中国家只有坚持对外开放的政策，积极融入国际市场，本国的服务外包产业才能获得足够的发展动力和发展空间；产业扶持政策，主要从财政、税收和金融等方面来制定支持服务外包产业发展的政策体系，比如，在一定期限内减免企业营业税、所得税，在企业土地使用、房屋租用等方面给予税收减免和财政补贴，在重要人才引进和设备购买方面给予财政支持，在企业融资方面给予低息贷款和财政贴息等。

政府公共服务平台。公共服务平台是指设在服务外包产业发展的载体内，为区域内服务外包企业使用或收益的基础服务体系。平台建设机制根据平台服务对象的需求特点，由相关政府部门牵头，策划服务外包公共服务平台的建设和运营方案，特别是内容提供机制和运营模式的设计；建立一个统一的服务外包平台，主要包括信息服务、技术支撑服务、人才培训、市场开拓、知识产权服务、公共诚信评价、企业或园区交流服务、法律服务等内容，并建立海内外服务外包方面的产业专家、法律专家、技术专家、管理咨询专家等专家库和区域服务外包产业发展的基础数据库。

3. 生态核（企业）。

服务外包产业园区中的企业就是生态核，而作为园区企业最为重要的三个方面就是园区企业总体指标、园区企业的健壮性和园区服务价值创造能力。

园区总体指标是指园区所有企业作为一个整体形成的服务接包能力和服务外包产出水平。

园区企业的健壮性包含系统两方面的能力：一方面，园区处在正常状态下的抵抗力，即外部环境变化或外部企业对商业生态系统实施影响活动时，商业生态系统保持原有结构、功能的能力；另一方面是园区处在偏离正常状态下的恢复力，即商业生态系统受到内外部影响偏离原始状态、商业生态系统功能受到影响时，系统恢复原有功能的能力。实际上，健壮性就是园区内企业抵御外来变化，迅速复原的能力。

园区服务价值创造能力是指园区内企业根据顾客的需求和偏好创造优异的顾客价值能力，它是整合研究开发能力、产品生产能力以及员工能力等要素的核心能力。企业在生存发展过程中，驱动其通过经营管理活动创造价值的能力体现在企业经营业务、管理支持以及适应环境发展三个层面，因此，企业价值创造能力是一个三维结构，使之成为企业新能力的有机组成部分，并将其贯彻到行动中去。创造新知识，实现企业能力的不断发展，根本意义上的融合必须通过反复的实践来实现。

（三）服务外包产业园区组织生态系统指标体系

根据前述对服务外包产业园区组织生态要素的分析，初步绘制服务外包产业园区生态系统指标体系问卷，如表1。

表 1　　服务外包产业园区生态系统问卷

目标层	具体指标
服务外包产业园区生态评价	1 服务外包产业园区所在地区 GDP 增长率
	2 服务外包产业园区所在地区恩格尔系数
	3 服务外包产业园区所在地区第三产业比重
	4 服务外包产业园区所在地区每千人拥有电话数
	5 服务外包产业园区所在地区每千人网络用户数
	6 服务外包产业园区所在地区高等院校数量
	7 服务外包产业园区所在地区颁布和实施的有关服务外包产业法律法规数量
	8 服务外包产业园区所在地区知识产权保护政策数量
	9 服务外包产业园区所在地区金融和融资担保补助政策数量
	10 服务外包产业园区企业所得税优惠金额
	11 支持服务外包产业的其他相关政策数量
	12 园区内配套服务的企业数量
	13 服务外包公共平台数量
	14 商务部入库企业数
	15 承接离岸服务外包执行额(2011 年)
	16 目前园区从业人数及平均工资(万元/年)
	17 园区内企业研发投入占园区内产业 GDP 的比重
	18 园区内企业获得省市以上奖项数量
	19 园区内企业专利数量
	20 服务外包培训机构数量
	21 大学生实习基地数量
	22 服务外包年营业额 500 万美元以上企业数量
	23 园区通过国际服务外包资质认证企业数量
	24 价值链长度(注)

注:1. 园区内配套服务的企业数量:配套单位是指餐饮、网吧、超市、酒店等服务性单位。

2. 价值链长度是指园区内企业之间形成的产业价值链,如果 A 给 B 提供原料,B 给 C 提供半成品,C 生产成品对外(对外是指购买企业不在园区内)销售,那么价值链长度为 3。

3. 恩格尔系数(Engel's Coefficient)是食品支出总额占个人消费支出总额的比重。

三、浙江省服务外包产业园区生态系统的现状

本研究是在2011年以来浙江省服务外包产业园区生态系统调研数据分析的基础上进行的。

在调研的22个浙江省服务外包示范园区中，各园区共入驻各类企业3000余家，涉及软件开发与测试、电子商务、医药类生产研发、机械制造、金融服务、服务外包人才培养、信息技术、动漫设计及制作、物流运输、新能源等20余个行业和领域。

（一）浙江省服务外包产业园区的间接环境（生态系统）分析

1. 服务外包产业园区所在地区GDP增长率。根据对22个服务外包产业园区的问卷调查，发现所在地区的平均GDP增长率达到11.18%，高于全国平均GDP增速约3%，这说明服务外包产业园区所在地区往往是经济繁荣，GDP增速较快，潜力较大的地区，因此对于服务外包产业园区的选址也具有一定的指导意义，即服务外包产业园区选址所在地要在经济总体较为发达的地区。

2. 服务外包产业园区所在地区恩格尔系数。恩格尔系数是指食品支出总额占个人消费支出总额的比重，所有服务外包产业园区所在地区的恩格尔系数都超过了30%，平均达到35.6%。联合国根据恩格尔系数的大小，对世界各国的生活水平有一个划分标准，22个服务外包产业园区所在地区都达到了富裕的水平。这说明服务外包产业的集聚必须具有一定的经济物质基础，在收入较低的地区不易集聚。

3. 服务外包产业园区所在地区第三产业占GDP比重。浙江省服务外包产业园区所在地区第三产业占GDP比重平均为44.59%，略高于2011年全省第三产业占GDP比重43.8%。除少数4家服务外包产业园区所在地区的第三产业发展程度较低外，绝大多数达到全省平均水平或以上。

4. 服务外包产业园区所在地区每千人拥有电话数。浙江省服务外包产业园区所在地区每千人拥有电话数平均数为1275.59部，已经超过了1人1部的水平。除了少数3个园区显著低于1人1部的水平，其余园区都基本达到或超过了这个水平。这在一定程度上说明，服务外包园区所在地区的通信基础设施强大，能够为服务外包提供一定的通信基础，这也再次印证了服务外包集聚的前提条件是通信基础设施的强大。

5. 服务外包产业园区所在地区每千人网络用户数。22个浙江省服务外包产业园区所在地区每千人网络用户平均数为621.14，这个平均数基本超过了每2人就拥有一个网络接入的要求。

6. 服务外包产业园区所在地区高等院校数量。被调查的22个浙江省服务外包产业园区所在地区高等院校数量平均为10.4个，除了少数几个地区外，大多数地区高等院校数量不足10个，甚至不足5个，这从某种程度上再一次印证了服务外包产业园区集聚人才不足，后继乏力的现状。总体来看，浙江省服务外包产业园区的人才供给不足。

（二）浙江省服务外包产业园区的直接环境（生态位）分析

1. 服务外包产业相关扶持政策。服务外包是一个需要政策扶持的产业，大部分园区都制定了奖励扶持服务外包企业的个性化政策，除享受国家、省、市政策外，还可享受园区政策，全面给予服务外包企业入驻、经营的优惠与便利，使得企业在园区的运作更具活力、发展更有动力。调研中除个别园区外，大多数园区所在地都有相对完整和全面的服务外包产业政策。

2. 园区内配套服务的企业数量。在22个浙江省服务外包示范园区中，各园区的产业基础不一，各园区的基础和配套设施相差较大。成立较早的园区多数集中在城区，园区内部配套不足，但与周边环境形成了一个较好的互补。成立较晚的园区相对规划到位，各园区在员工公寓、便利店、餐厅、银行、招待所等基本生活设施，以及KTV、运动中心、咖啡厅等提供员工休闲娱乐的场所方面都有考虑。总体来看，丽水、衢州、舟山等地区由于起步较晚，园区建设还有待完善。

3. 园区内公共服务平台的数量。从22个服务外包产业园区的总体来看，公共服务平台的数

量达到了2.45个，这说明各个园区公共服务平台的总数已经达到了要求。但是各个园区之间的差异较大，有3个园区公共服务平台仍然为零，有10个园区达到了3个及以上的公共服务平台数量。

（三）浙江省服务外包产业园区内的企业（生态核）分析

1. 园区企业总体情况。根据调查，目前认定的31个省级服务外包示范园区中，有21个（不包括宁波）省服务外包示范园区已经有一定的服务外包接包能力，部分园区发展得较好。2012年省级服务外包示范园区离岸合同执行额达到29.93亿美元，占全省离岸执行额的81.08%。其中2个国家级服务外包园区离岸合同执行额为20.09亿美元，占比达到54.69%。

（1）园区内商务部入库企业数。从22个被调查的服务外包产业园区看，平均每个园区的入库企业仅为30家。有的园区稍高能够达到60家，但是大多数园区还在30家以下。

（2）承接离岸服务外包合同执行金额。从数据上来看，20个服务外包产业园区的平均离岸服务外包合同执行额为2576万美元。离岸执行额分为三个集团：第一集团包括杭州网新科技园（达到1.9669亿美元）、杭州萧山国际创业中心（达到了1.8亿美元），遥遥领先；第二集团包括金华高新园区国际服务外包产业园、宁波市软件与服务外包产业园、新昌生物医药服务外包示范园区和东忠科技园，这四个园区都达到了4000万美元左右；第三集团则包括剩下的所有园区，执行额在1000万美元左右。

（3）服务外包产业园区的产业结构。根据服务外包业务性质、各地区完成服务外包情况以及各地区的园区业务总量来看，产业结构仍然是以ITO为主，其中杭州服务外包业务ITO约占70%，其次是KPO约占22%；宁波服务外包产业中KPO与BPO份额基本接近各占46%；嘉兴服务外包业务中ITO约占33%，BPO约占41%，KPO约占26%；湖州服务外包业务ITO、BPO、KPO所占的比例为3:3:4；金华则重点发展ITO与BPO业务；台州地区则主要发展KPO中的医药研发外包。全省其他地区的园区业务规模都比较小，产业处于培育阶段。

（4）服务外包产业园区的从业人数。22个被调查园区中仅有16个对从业人员进行了统计。从统计结果来看，从业人数与园区规模基本成正比，规模越大，园区从业人数也越多。10000人以上园区仅有4家。各园区从业人员数量差异总体较大。

（5）服务外包产业园区内从业人员的平均工资。统计结果显示，17个园区从业人员的年平均工资为5.1万。17个被调查园区除东忠科技园、新加坡杭州科技园和新昌生物医药服务外包示范园区这三个园区年平均工资超过8万元外，其余园区的年平均工资都未超过5万元。从整体从业人员的工资水平来看，浙江省服务外包产业园区内企业从业人员的工资水平不高，因此也较难吸引高端人才。三个工资水平较高的园区与园区内服务外包产业的高定位和高附加值密不可分，因此对人才的需求也有较高要求，所以工资水平较高。

2. 园区企业服务价值创造能力。

（1）园区内企业研发投入占园区内产业GDP的比重。22个服务外包产业园区平均研发投入占园区内产业GDP总值的比重为7.44%，除了东部软件园的比重达到了60%，萧山国际创业中心达到15%外，其余产业园区均未超过10%，且多数都在5%以下。浙江服务外包产业园区内企业的研发投入总体较低，竞争能力也相对较低，多数园区企业处于产业链的底端，没有研发能力，因此附加值也较低。

（2）园区内企业获得省市以上奖项数量。获奖从一个侧面反映园区企业的创新能力及发展潜力，因此是一个非常重要的园区企业服务价值创造能力的指标。除新昌生物医药产业园、东部软件园、金华高新区国际服务外包产业园和宁波软件与服务外包产业园这4家获得的奖励数特别多之外，其余多数整个园区的企业都没有获得多少奖励，多数园区奖励数都在10个以下。整体发展不平衡。

（3）园区内企业专利数量。专利数量也是衡量园区创新能力的一个重要指标。宁波南部新城服务外包产业园整个园区专利数达到惊人的

12177个，这得益于宁波鄞州区对知识产权政策的强力支持。而除了该园区外的21个服务外包产业园区，最高的浙江长兴经济技术开发区也仅仅达到1600多个，有12个园区专利总数甚至不足10个。这充分说明服务外包产业园区创新能力之间的差异非常显著，少数园区几乎无创新能力。

（4）园区内服务外包培训机构数量。园区内服务外包培训机构的数量是创造人才的一个要素，也是推动创新的关键要素，因此培训机构对于产业园区来说异常重要。但是除了东部软件园培训机构达到25家外，几乎绝大多数的园区培训机构少于5家，甚至有4个园区没有培训机构。总体来看，各园区培训机构严重不足。

3. 园区企业健壮性。

（1）园区内服务外包产值500万美元以上企业数量。服务外包产业产值超过500万美元的企业往往是一个服务外包行业中一个细分产业中的龙头企业，具有一定的带动、拉动和对上下游中小服务外包企业的聚集作用，因此500万美元以上企业数量一方面体现了一个园区的健壮性，另一方面也体现了园区生态系统中优势种群的地位。从浙江省服务外包产业园区来看，只有浙大网新一家独大拥有23家500万美元以上服务外包企业，其余大多数服务外包产业园区的500万美元以上的企业都不足4家，因此这也解释了为什么园区产业链不长、聚集度不高的原因。

（2）园区通过国际服务外包资质认证企业数量。作为园区健壮性重要指标的园区服务外包资质认证企业数量至关重要，从22个园区提供的数据来看，有9家园区没有企业通过资质认证，因此这些企业也很难接包相对高端的服务外包，竞争压力较大，因此外包业务承接可持续性较弱；有10个园区，其中每个园区的资质认证不超过5个，相对有一定的竞争力，健壮性较好；有3个园区，其中每个园区的认证超过10个，可持续竞争力较强。

（3）园区内企业间价值链长度。园区内企业间价值链长度更多的是衡量园区内企业进行纵向产业合作的程度，传统意义上的园区只关注同类企业或者规模较大的企业进入园区，然而只有纵向价值链的整合具有深度，企业才更加愿意留在园区内，而不是轻易地跟着更大的优惠政策离开。因此，价值链长度也是衡量园区可持续健壮性的一个重要指标。从22个浙江服务外包产业园来看，有8个园区为1，园区内企业没有纵向合作，因此园区生态合作极为松散；有8个园区为2，园区内企业有一定程度的纵向合作，有6个园区为3，这6个园区内企业的纵向合作程度较好，因此园区的健壮性也较好。

总体来看，浙江省服务外包产业园区生态系统条件（间接环境）和生态位（直接环境）较为优越和发达，但是在园区生态位中，园区配套产业非常缺乏，配套企业类型及数量不多，导致人才不易留住。但是从园区内企业（生态核）角度来看，园区内企业研发投入、获奖数量和专利数量都不高，因此服务创新能力有待提高。

四、浙江省服务外包产业园区存在的主要问题

（一）园区发展的同质化竞争

目前，浙江省内主要的服务外包产业园区建设有同质化竞争趋势。至少有十多个省级园区，将软件和信息技术外包作为首选和重点产业，致力于发展动漫和创意产业的也有多家。园区在发展中都在拼政策，拼优惠，导致各园区无法形成自身的特色和独特的产业优势。园区建设需要遵循常规的发展路线，需要从基础设施入手，首先建设产业园区，搭建技术支撑平台等基础IT支撑环境，同时加大投入培养本地服务外包人才，构建全面的行业服务体系，以支撑本地企业发展壮大，从而形成产业的良性发展。而实际上应根据各地服务外包产业发展的外在条件和当地企业的特征来规划和发展服务外包产业园区。

（二）基于政策优惠的招商引资仍然是园区发展主要手段

园区成功招商的三大基础条件：基础设施、优惠条件和服务体系。基础设施是硬条件，园区规划前可以借鉴，建设完成后则无法创新，而优惠政策和服务体系则是软环境。目前，浙江省服务外包园区主要依靠优惠政策吸引企业投资和

创业，从而导致外包园区的发展需要基于优惠政策。而政策具有明显的短期效应，容易出现企业“寻租”现象。

（三）少数园区主导产业部分定位不清，走混合型园区路线，而非专业园区路线

目前，除杭州、嘉兴等地区将服务业作为重点发展的支柱产业外，其他地区则以全面的服务外包等作为其重点发展的领域。从产业园区内部企业的关联度来看，混合型园区内部企业的依存关联度不高，难以形成有效的规模优势。浙江省多数服务外包园区内企业的依存度较低，园区仅仅是企业物理空间上的集聚，在产业上的业务往来相对较少，没有形成良好的生产互动关系，没有形成良好的产业集聚。这与招商引资的定位和公共服务平台的定位不无关系。

（四）外包产业龙头企业稀缺导致招商竞争，实际却忽略了本地企业培育

龙头企业是行业的领头羊，在形成产业聚集、带动产业发展方面均发挥了巨大的作用，也因此成为省内服务外包产业园区招商的首要对象。但是，目前浙江省服务外包产业处于发展阶段，龙头企业数量稀缺，激烈的招商竞争往往迫使园区让渡过多的区域利益，容易造成恶性竞争。而本地企业即使对外扩张，也会把核心业务留在本地。

（五）园区主要提供行政性服务，管理、服务的质量和水平有待提高

目前全省多数服务外包园区的管理服务职能发挥得不如人意，大多数园区只充当“房东”，提供基础行政服务，而没有将企业作为客户来运营，园区管理的质量和水平影响到对园区企业培育质量，从而导致产业集聚效果不佳。

五、浙江省服务外包产业园区发展的对策

（一）产业生态发展的建议

转变园区发展模式，系统构建服务外包产业生态系统。在服务外包招商的时候，注重引进有合作关系以及交互关联性的外包企业。形成特定地理范围内多个产业相互融合、众多类型机构相互连接的共生体，构成这一区域特色的竞争优势。

（二）园区生态运营的建议

1. 重视服务外包园区功能规划。高水平的产业集聚需要有与之相互配套的生产生活环境，单纯以写字楼为主导的园区很难形成高水平的产业集聚。而必须以“园区—工业化—城市化”的思路来发展，而且必须将产业发展、生态保护、人居环境和人文生活等因素综合考虑，整体规划。必须提出人员居住、生活、娱乐、交通等综合解决方案，提出规划。

2. 园区发展必须走差异化和专业化道路。目前服务外包和园区竞争已进入3.0时代，各地区必须创新园区开发模式、管理模式和招商模式，依据自身产业基础、区位优势制定有针对性的产业发展政策和策略，发挥集聚的倍增效应。

3. 构建园区服务外包产业园区集群品牌。目前，浙江省的服务外包发展已经从政策和服务向品牌发展，应以优势细分产业为重点发展对象，逐渐围绕这一或几个重点产业构建一个有自身特点和品牌的高新园区集群。可通过博览会、新品推荐会、研讨会、网络、电视台、电台、报刊等形式来完成，并积极参与国际行业评选活动。

4. 建立园区准入和淘汰机制。浙江省有部分园区已经初具规模，但是难以做大，原因就是没有科学的考核和淘汰机制。因此，科学的考核和淘汰机制对于园区二次发展至关重要。

5. 关注新兴产业——云外包。云外包的出现颠覆了当前的服务外包和IT服务产业，新的服务模式、运作模式和业务模式的出现，将会带来更多的行业机遇。

（三）园区生态要素的发展建议

1. 人才战略从低端人才培训向高端人才引进（培育）转移。建立不同级别的人才培训体制，园区可依据企业拥有人才数量进行培训或提供资金，或者以政府名义对个人进行奖励。园区可设置组织进行个人水平级别规定，高级人才认定可通过其管理项目的规模等要素进行技术资格认证。完善人才激励和评价机制。政府要进行长期规划，为整个产业持续的人才供应提供支撑，包括培训机构的发展，本地大学和各类高等教育

资源等。应尽快从“招商”向“引智”发展。

2. 构筑投融资体系，重点解决外包企业的融资难题。园区应积极帮助争取国家相关政策和资金支持，大力开展与金融机构的合作，通过国家政策扶持和政策性贷款支持，为服务外包企业提供方便快捷的融资渠道。鼓励各类金融机构将服务外包产业纳入业务范围，对服务外包企业贷款融资给予支持。

3. 有针对性地扶持本地企业，以市场为核心帮助本地企业发展。本地现有企业是园区发展的基础，中小园区将面临企业退租的现实压力，因此就必须下大力气制定相关政策，帮助本地企业。可组织本地企业联盟，帮助企业开展各种形式的合作，以项目为纽带，帮助企业形成区域内的产业整合。制定更加有效的支撑政策，切实帮助企业降低经营成本，在税收、培训、合资、并购和投资等环节，向本地企业倾斜。

（四）园区服务提升的建议

1. 知识产权保护是构筑离岸市场的核心优势。中国在知识产权保护方面还有待改善。园区应大力构筑知识产权保护的“小环境”，类似于印度将软件园建设成高标准的基础设施，从而形成“局部环境效用”。中国服务外包园区也可以构筑本区域的“知识产权环境”。

2. 建立资源中心，完善公共服务平台。服务外包园区可以在园区资源网络的外部建立一个资源的置换中心。这个中心可以是一个多功能的平台，不但可以置换资源，还可以进行信息交换。建立资源中心是服务外包产业园区之间进行资源交换、优化配置的重要平台，这个平台可以避免资源浪费现象。

3. 政府和园区在发展服务外包产业中，都基本制定了优惠政策，但在实践中，政策执行效果特别是可操作性较差，造成政策没有能够真正对企业和产业发展形成促进作用，政策的落实出现断层。

4. 构建“产业通道”式服务体系。集合园区内的服务外包企业，搭建外包服务体系，为本地接包企业提供项目的引进服务和项目在园区内的落地服务。与发包企业集中的地区如美国、日本等的协会组织合作，建立贯通海内外的产业通道。产业通道可以包含人才、项目、交流、商品等多个通道，也为发包企业提供信息咨询、对接服务。要帮助建立海外发包商与本地项目接包商之间的桥梁，及时联系海外发包商，了解项目发包情况，增强海外发包商对中国和本地园区的了解，结识外包领域专家和人才，拓展信息渠道。

课题组组长：胡潍康

课题组成员：胡　斌　陈永强　潘　奇
郑秀田　梁锡坤　陈文辉

推进国际产业合作园建设
全面提升浙江开发区国际化水平

一、国际产业合作园定义概念

（一）国际产业合作园一般定义

国际产业合作园指以特定国家为产业合作目标，根据该国产业转移趋势和投资意向偏好，进行园区基础设施建设和生活配套，并通过两国政府、园区、企业三层次的合作，实现两国产业链分工合作和高端项目集聚。

（二）现有国际产业合作园类型

目前，全国共有各类国际产业合作园，根据建设主体不同，可分为三类：

国家合作：两国合作园的共建是两国交流合作的内容选项之一。如中新苏州工业园区、中新天津生态城、中国—马来西亚钦州产业园区都是中外两国政府合作建设的园区。其特点是较高的行政权限、全方位的合作理念，以及有双方政府的合作机制作为保障。

部级合作：由国际司和外资司推动创办的“国际合作生态园”，由商务部与外国政府部门签署合作框架协议，目前已设立中德青岛、中瑞镇江、中奥苏通、中法沈阳、中法成都、中意海安、中意余姚、中芬北京8个园区。另外，商务部也零星明确了一些国别合作园，如东营的中美清洁能源合作产业园是2011年第22届中美商贸联委会的重要成果，由国家商务部和美国商务部共同确定在东营经济技术开发区建设。部级合作的特点是合作框架限定在经济、商务领域，园区的国际化程度较高。

省级合作：各地出于招商引资的考虑，也设立了不少国际合作园。它的形成更多地为半官方、非官方；部分是在招引进几家大型外资后，自发形成了一个外商生产生活基地，并在此基础上由政府引导成正式的国别园。省级合作的重点一般放在产业，而非省级合作中，更强调产业、项目、企业。

二、国际产业合作园背景分析

国际产业合作园近几年的快速发展与宏观、中观、微观的多层次背景存在重要的相关性。

（一）宏观背景

1. 国际产业合作园符合深度融入世界经济趋势的需求。党的十八届五中全会公报要求：“深度融入世界经济趋势，构建广泛的利益共同体，协同推进战略互信、经贸合作，全面参与全球经济合作和竞争，培育有全球影响力的先进制造基地和经济区。”这要求有更新的模式、更契合国际规则的平台出现，能全面复制国际营商环境，实现投资贸易便利化。

2. 国际产业合作园符合国际间FTA发展的需求。中瑞、中韩等FTA的签订，中德战略合作协议的签订，也成为国际园区建设发展的契机。目前国内的许多国际园区成立的背景，都是两国之间政府高层签订协议，进而将协议落实在现有一定基础的成熟开发区中，成为开发区的“区中园”。如中意宁波生态园的成立背景，就是李克强总理与意大利伦齐总理在意大利罗马签署了双边合作文件。

（二）中观背景

1. 国际产业合作园有能力成为浙江开放平台的支撑环节。谋划开放大平台、实施更加积极主动的开放战略，是“十三五”时期浙江经济转型发展的重大战略举措。国际产业合作园拥有平台基础、人才基础、项目基础、资源基础，可成为对外开放平台体系中最具备实践基础、最有操作性的一个环节，有能力、有责任成为浙江率先落实开放平台的区域。

2. 国际产业合作园有能力成为应对产业转移和再分工的有效工具。从外省开发区和浙江开发区实践看，新一轮产业转移的趋势较为明显。如果说上一轮的产业转移主要是以全球500强为代表的全球产业链布局，这一轮的产业转移则更多涉及各类专业领域的隐形冠军。这些中小型企业拥有极具竞争力的技术，并有进入中国市场的巨大驱动力，但缺乏进入中国的信息、资源、服务。以国际产业合作园为平台进行深耕，正是协助各地尽快形成深度信息网络，探索产业创新合作的机会，精准引进适应新的国际合作环境的产业。

（三）微观背景

1. 国际产业合作园符合浙江企业自身国际化发展的趋势。从浙江企业自身需求看，国际合作园是区内企业“走出去”的全新探索。浙江开发区是省内工业集聚地，贡献了超过全省50%的工业总产值，并培育了一批国际化企业。目前区内有一大批在国内市场占领先地位、有“国际化”需求的企业，而德国、法国、奥地利等国家，也有大量有国际合作需求的企业。国际产业合作园建设，可有效对接企业跨境并购重组，以此带动浙江本土企业的国际化转型。

2. 国际产业合作园建设是开发区发展到现阶段的必然选择。过去30多年，开发区从最初的单一“工业化”阶段，逐步走到“产城融合”的“城市化”阶段，再发展到具备社会、经济等多种功能的“综合化”阶段，目前正逐步在向更高形态、业态发展。作为从诞生开始就天然承载对外开放职能的开发区，“国际化”是在综合发展后，形成高端发展、特色发展的自然升级。

三、浙江省国际产业合作园建设现状分析

2014年以来，浙江正式启动了浙江国际产业合作园的创建工作，并通过推动国际合作、认定首批省级园区、启动一批推介、省外考察学习等方式，推动浙江国际产业合作园的建设发展。

从课题整理情况看，全省共有22家开发区（见附件）开展了有关工作。

（一）合作国家分布基本情况

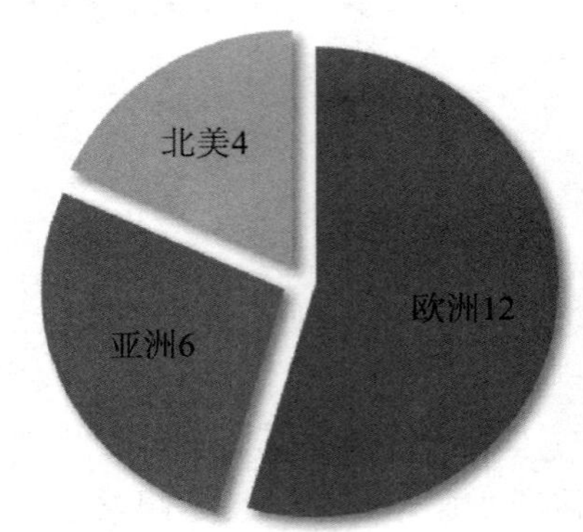

图1　地区分布

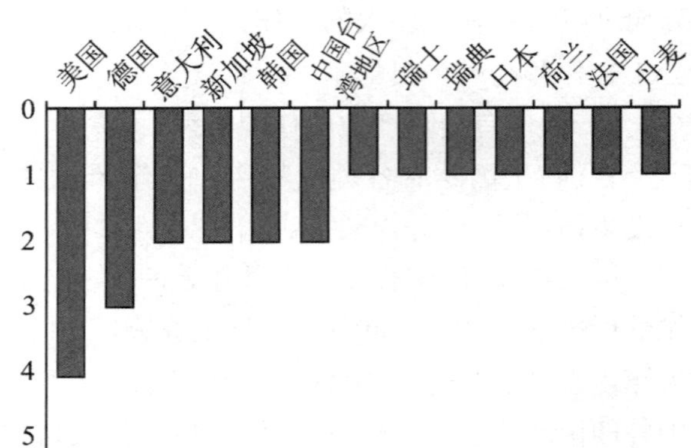

图2　部分国家和地区分布

（二）发展阶段分布基本情况

根据建设期，我们将22家开发区分为初创期（从2014年、2015年刚刚启动），发展期（2014年前启动，目前在快速发展中），成熟期（已经集聚了一批国别企业，形成较为浓厚的国别氛围）。主要分布如下：

阶　段	数　量	园区简称
初创期	14	萧山中瑞园、慈东中新园、温州韩国园、乐清中美园、湖州中美园、长兴中德园、嘉善中荷园、桐乡中美园、海盐中法园、杭州湾上虞中丹园、金华中美园、金义中欧园、衢州中韩园、舟山中德园

续表

阶 段	数 量	园区简称
发展期	5	钱江意大利之窗，余姚中意园，宁海中瑞（典）园，苍南浙台园，嘉兴中德园
成熟期	3	新加坡杭州科技园，镇海北欧工业园，平湖中日园

课题组根据调研中掌握的情况，分三个维度描述园区。分别是：1.合作广度，即合作业态是否从单纯的第二产业向第二三产业联动发展；2.合作深度，即是否从企业的“引进来”，深化到企业、产业、行业的“走出去”和“引进来”相结合的多维度合作；3.合作规模，即现有投资、产业的整体规模（因统计系统未建立，规模为预估规模）。

可以看出，全省国际产业合作园的建设，仍然以第二产业为主、引进来为主，发展也大多还在初期。未来的2—3年，随着发展理念的更新、合作网络的建设，全省国际产业合作园有望进入快速发展通道。

四、从案例分析看国际产业合作园建设的三大关键点

从外省和本省实践看，国际产业合作园建设能否取得预期的效果，充分发挥园区对当地经济国际化、当地产业转型升级的拉动和引领作用，其中有三大需要把握的关键点。

（一）牢牢把握国际产业合作园建设的出发点：以我为主、为我所用

案例一：青岛中德生态园。中德青岛生态园于2010年被列入商务部与德国经济技术部签署的备忘录中，园区规划面积10平方公里，目前已累计投资20亿元。园区特点是贯彻德国理念、德国标准、德国技术的生态化建设水平，Gmp等数十家知名公司参与设计了园区，区内生态标准达到发达国家水平。但是在与德国合作中，将重点更多放在德国建设标准，并为此投入大量资金，而产业配套等投资者更为关注的要点则成为园区的短板，因此项目合作并不理想，目前已有驻园投产企业3家，其中有实际产出的为1家，中德双元工程大学等两所双方合作的高校已经落户，且正在谋划建设两国合作的国际足球学校。

对浙江建设国际产业合作园的启示：浙江国际产业合作园的建设应结合自身实际，引入国际先进理念、技术、标准、产品和服务。在模式设定、合作方式、项目选择等重要环节中，做到“以我为主、为我所用”。顺应开放发展新趋势，选择最有利于浙江转型发展的区域产业、企业进行合作，对接企业跨境并购重组，提升产业开放合

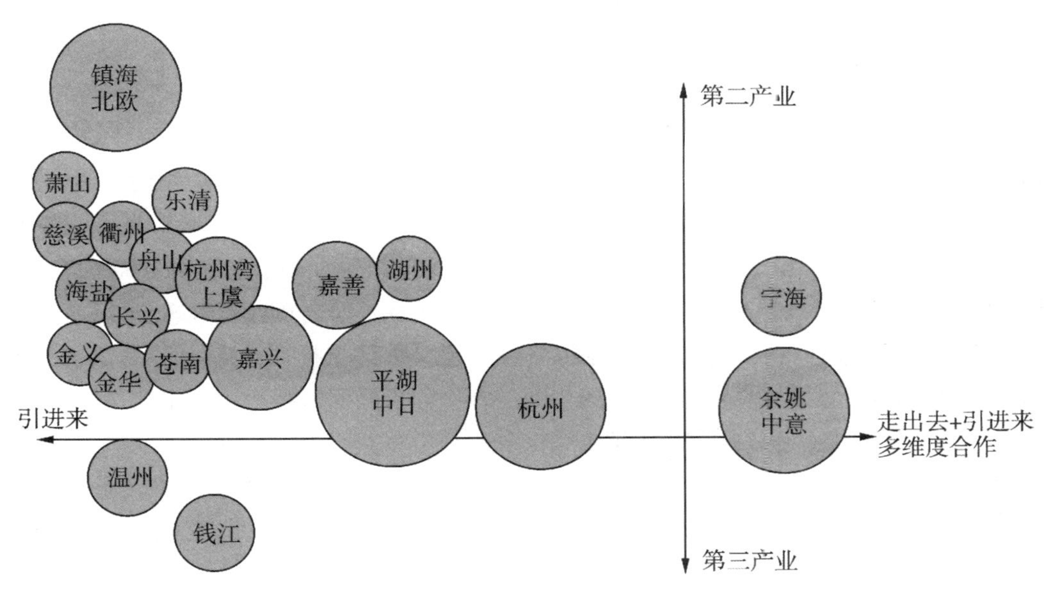

图3 发展特点分布图

作层次。

（二）始终坚持国际产业合作园建设的核心：招商引资、产业为主

案例二：镇江开发区中瑞镇江生态园。中瑞镇江生态园在2012年7月落户镇江，2014年正式开园，规划面积20平方公里。目前园区已签订投资（合作）协议的瑞士企业和机构为12家，总投资协议已近3亿美元，其中50%以上的资本来自瑞士，80%来自欧洲，100%来自国外（境外）。中瑞镇江生态园撬动两国双边合作机制，每月与瑞士机构讨论园区建设中的重大问题。同时，充分掌握瑞士企业进入中国的强烈愿望，撬动瑞士机构在瑞士大力推介园区、吸引中小企业与镇江企业合作，进入中国市场。目前，园区“三基地”（生态产业基地、技术研发创新基地、国际高等职业教育示范基地）、“三中心”（瑞士精品名品展示交易中心、瑞士钟表检测保养中心、健康服务中心）已经基本涵盖了第二、三产业以及文化、经贸、教育、服务等领域，初步实现与瑞士的全方位合作对接。

对浙江建设国际产业合作园的启示：一是要利用国际产业合作园建设中形成的“上下联动”的机制，充分撬动对方的资源为招商引资服务。如浙江也有中新理事会，要研究更好地利用理事会为新加坡产业、项目落户浙江省的新加坡园区提供契机。二是要深入研究对方的产业特点，包括对产业的上下游的全面分析，精准定位招引项目的目标。三是要把握对方国家的需求，找到双方合作的契合点，强调双方的“共赢发展”。如尝试为有兴趣进入中国市场的企业，提供全套服务体系；引导和支持区内民营企业走出去，为这些民营企业提供对方国家的科研、技术、人才信息；鼓励双方进行并购等资本合作，形成产能、技术等在全球范围内的重组等。

（三）切实把握国际产业合作园建设的路径：多面合作、创新合作

案例三：余姚开发区中意生态园。2014年10月，中意（宁波）生态园在中国李克强总理和意大利伦齐总理的共同见证下，正式签约落户宁波余姚经济开发区。生态园总规划面积40平方公里，其中近期规划面积26平方公里，经过1年时间建设，已拥有在建企业6家、签约企业6家，深度洽谈项目13个。园区整合自有资金、社会资金、资本资金，组成了100亿元的产业基金，通过技术并购、入股国外高新技术企业等方式，吸引了一批中小型意大利高科技企业。同时，规划有200亩中意文化交流中心，功能集展示、研发、办公、商贸、文化交流于一体，全面涵盖意大利的时尚理念和生活元素，打造意大利先进管理、产品和技术向整个中国市场转移的重要载体。

对浙江建设国际产业合作园的启示：一是从产业单项落户延伸到孵化器、服务中心、科创中心等全面合作；二是从产业落户延伸到文化、教育等领域的全方位合作，通过文化、产品的展示、试用，全面营造国别合作氛围；三是从和个人、中介合作延伸到和政府、协会、中介的全方位合作，使合作网络进一步立体化，信息渠道更通畅有效。

五、浙江省下一步国际产业合作园建设的有关建议

2016年，浙江开发区国际产业合作园建设要围绕“开放、合作、转型”，坚持以“政府引导、互惠共赢、以我为主”为三大建设原则，进一步提升园区的国际合作水平、产业转型能力、对外开放程度，更好地发挥园区在浙江深化开放、创新发展中的引领作用。重点工作设想包括：

（一）更好实现省内政策资源的聚焦

一是完善和出台国际产业合作园的发展指导意见，并争取在省政府名义下发意见，指导全省国际产业合作园的创新发展；二是鼓励和支持部分国际产业合作园开展贸易、投资便利化改革，促进园区和现有的国际游戏规则接轨；三是积极争取对全省国际产业合作园建设政策，对照特色小镇给予政策支持，特别是争取对国际产业合作园内的优质项目给予土地指标单列；四是争取外事、科技、文化等部门为合作园建设提供更多的支持，在国际交流中加大对国际产业合作园的推介力度，并谋求在文化、科技等多方面建立多层次的合作关系。

（二）进一步推动开发区建立更深层次的合作关系

在国家层面，撬动商务部的经贸合作资源，通过参加商务部的双边会议等方式，引导更多资源投入浙江；在省级层面，研究和推动省级层面与对应的国家地区签订经贸合作协议，并进一步发挥现有的如中日、中新等经贸合作机制的作用，使机制能落实到具体产业、具体项目；各市层面和开发区层面，和浙江驻外中心、嘉兴等开发区研究部署在国外建立招商网络、派驻招商人员等工作。

（三）加大力度打造国际产业合作园的品牌形象

一是充分利用浙江省商务厅组织或参与组织的浙洽会、浙商大会等省级层面的活动，推出国际产业合作园的整体形象，如在浙洽会主会场安排专场讨论等；二是继续谋划“浙江开发区路演（全球站）”等专场活动，全面推广国际产能合作概念。

（四）继续做好国际产业合作园的梯队建设

一是继续积极向商务部推介浙江国际产业合作园，争取使更多的浙江国际产业合作园升级为国家间的“国际合作园生态园”；二是对现有“1＋10”的国家级、省级国际产业合作园进行跟踪考核，确保各项建设工作落实到位、商务专项资金合理有效使用；三是谋划开展第二批省级国际产业合作园的创建评审。

附件：

国际园区列表

	开发区	园区名称	状　态
1	杭州开发区	新加坡杭州科技园	首批支持
2	萧山开发区	浙江中瑞（萧山）产业合作园	首批支持
3	钱江开发区	意大利之窗	第二批储备
4	镇海开发区	北欧工业园	首批支持
5	余姚开发区	中意（宁波）生态园	国家级
6	慈溪滨海开发区	中新、东欧合作园	本批未申报
7	宁海开发区	中瑞、中德合作园	本批未申报
8	温州开发区	温州韩国产业园	首批支持
9	浙台（苍南）合作区	浙台合作园	第二批储备
10	乐清开发区	浙江中美（乐清）产业合作园	第二批储备
11	湖州开发区	浙江中美（湖州）产业合作园	第二批储备
12	长兴开发区	浙江中德（长兴）产业合作园	首批支持
13	嘉兴开发区	浙江中德（嘉兴）产业合作园	首批支持
14	平湖开发区	浙江中日（平湖）产业合作园	首批支持
15	嘉善开发区	浙江中荷（嘉善）产业合作园	首批支持
16	桐乡开发区	浙江中美（桐乡）产业合作园	第二批储备

续表

	开发区	园区名称	状　态
17	海盐开发区	浙江中法(海盐)产业合作园	首批支持
18	杭州湾上虞开发区	浙江中丹(杭州湾上虞)合作园	第二批储备
19	金华开发区	中美产业合作园	第二批储备
20	金义都市开发区	中欧产业园	第二批储备
21	衢州开发区	浙江中韩(衢州)产业合作园	首批支持
22	舟山开发区	浙江中德(舟山)产业合作园	第二批储备

课题组组长:马洪涛

课题组成员:梁志良　戴争光　武建明

蔡　丽　陈芳芳

推进浙货品牌国际化研究

浙江是外贸大省，外贸出口占全国比重超过10%，在全国所有省（市）中排名第三，拥有强大的生产制造能力，但产品出口仍以“贴牌”为主，自主品牌出口占比不高。面对经济发展新常态，加快推进品牌国际化工作，对于促进外贸转型升级、增强经济综合实力和国际竞争力具有重要意义。

一、浙货品牌国际化发展现状

（一）总体情况

近年来，浙货品牌国际化进程不断加快，取得了一定成效，总体上看，呈现出三大特点：

1. 出口品牌培育体系初步建立。浙江高度重视出口品牌建设工作，出台了《中共浙江省委 浙江省人民政府关于推进“品牌大省”建设的若干意见》（浙委〔2006〕43号）等出口品牌相关政策文件，在鼓励企业注册境外商标、兼并收购境外企业、参加境外品牌展会等方面均有具体资金补贴政策。2008年，为加快推动出口品牌培育工作，切实转变外贸发展方式，浙江启动了“浙江出口名牌”的培育工作，截至2014年底已累计认定了772个“浙江出口名牌”，1000余个市级、县级出口名牌，涵盖了纺织服装、机械电子、轻工工艺、建材冶金、化工医保、农副产品等浙江主要出口产业，涌现出浪莎、奥康、骆驼、塔牌、华立等近300个使用中文LOGO的自主出口品牌，基本建立了省、市、县三级出口品牌梯度培育体系。

2. 海外商标注册数量稳步提升。近年来，浙江不断加强品牌国际化建设，激发外向型企业争创国际品牌的积极性，积极引导外向型产业开展商标国际注册，保护自主知识产权。加强了与世界知识产权组织的合作，邀请权威知名专家在省内巡回开展马德里注册商标主题演讲，持续宣传浙货品牌接轨国际的前瞻意识，成效显著。国家工商总局发布的《2014年中国商标战略年度发展报告》统计数据显示，2014年，浙江新增境外注册商标5948件，其中马德里体系商标国际注册达4451件。全省境外商标注册量已从2006年的不到1万件猛增至2014年的6.6万件，累计注册量更是跃居全国首位。

3. 自主品牌出口比重逐步提高。2013年，浙江省建立了品牌出口统计系统。数据显示，浙江省自主品牌出口比重逐年提高，2013年为21.8%，2014年提升至22.5%，2015年预计将达到25%左右，远高于全国平均水平。但由于品牌国际化涉及产品研发、专利商标申请、广告推广、渠道建设运营维护等费用，在区域文化、审美观念、价值理念、宗教信仰等方面与国内存在较大差异，企业推动品牌国际化存在创建费用高、推广难度大、营销和保护能力不够等问题，导致浙江省出口产品自主品牌比重仍然偏低，“贴牌”仍是浙江省外贸出口的主要方式。

（二）企业情况

调研中发现，浙江省企业推动品牌国际化的有效模式一般包含以下三种：

1. 直接模式：注册国际品牌。通过单一国注册或马德里协约国注册的方式取得目标市场国注册商标，并在出口国设立直营店、招募代理商等形式自建销售渠道，开辟海外市场。这种模式优点在于渠道可控力强，但往往建设周期长，短期见效难。杭州银都餐饮设备股份有限公司正是采用该模式推动企业品牌国际化的。

2. 间接模式：并购国际品牌。企业通过并购目标市场的其他知名品牌以获得其他品牌的市场地位、品牌资产和销售渠道，增强自己的实力，快速打开目标市场和推动品牌国际化。这是一种极为迅速的品牌国际化方法，见效快，但要求并购企业具有强大的资金实力。2008 年全球金融危机爆发以来，浙江省许多企业紧抓全球资产缩水机遇，大量收购欧美国际知名品牌，频频上演“蛇吞象”的神话。为推动品牌国际化，2011 年，卧龙完成了对欧洲第三大电机制造商奥地利 ATB 驱动技术股份有限公司的股权并购，利用 ATB 集团在亚太及欧洲地区强大的营销网络，卧龙集团快速实现了品牌的国际化。其他具有代表性的有：浙江吉利控股集团 2010 年收购美国福特汽车公司旗下沃尔沃轿车公司的全部股权，浙江龙盛集团 2010 年收购具有 100 多年历史的国际染料巨头德斯达，多数企业通过并购在推动品牌国际化方面迅速取得了显著成效。

3. 合作模式：借用国际品牌。通过国际知名品牌授权、支付专利费用等多种方式，借合作品牌现有市场和渠道，以品牌捆绑合作培育自主品牌，迅速提升自主品牌的知名度和市场占有率。与自建渠道和并购相比，这一方式投入相对较低且成效快，但企业自身对渠道掌控力不足，过于依赖合作品牌和渠道，并且难以取得一线品牌合作机会。浙江新光饰品股份有限公司通过借用这些品牌和渠道，企业自主品牌“NEOGLORY”市场知名度得到了快速提升。新秀集团有限公司，通过近两年的谈判，于 2009 年获得了美国时尚先锋品牌之一的 Hobie 箱包全球 20 年特许经营权。借助于 Hobie 的品牌资源和销售渠道，新秀集团快速推动了自主品牌“Newcom”和“Around”的国际化步伐。

二、品牌国际化经验借鉴

国内外知名跨国企业和发达国家在推动品牌国际化方面有着成功经验，这些经验对于推动浙货品牌国际化政策措施的完善，具有重要的借鉴意义。

（一）企业品牌国际化经验借鉴

通过研究国内外知名跨国企业发展历程可以发现，在推动品牌国际化策略方面具有一些共同的特点，品牌国际化成功经验突出体现在以下三个方面：

1. 掌控营销渠道。渠道是品牌国际化的基础，在目前品牌制胜、渠道为王的竞争时代，营销渠道对品牌资产积累和最终销售成功发挥着决定性作用。营销渠道不仅仅关系到产品的销售，更是直接关系着产品售后服务、品牌形象的打造与维护，知名品牌往往对营销渠道拥有绝对控制权。比如联合利华公司在中国的营销渠道覆盖全国 1800 个县中的 1500 个，覆盖镇达全国总数的 1/3，在上述的每一个区域单位中都有专门的人员在从事联合利华产品的销售工作。世界流行服饰巨头 H&M 在全世界拥有 1500 多个专卖店，全球排名第三。西班牙排名第一的服装商 Inditex 集团在世界各地设立超过 2000 多家服装连锁店。营销渠道的建立和管理是跨国公司获得竞争优势、打造品牌的重要途径。

2. 加强技术创新。技术创新能力是企业核心竞争力的重要基础，而企业品牌的价值主要取决于产品的竞争力，只有加强技术创新，研发设计出符合市场需求的产品，才是助推企业品牌国际化的长效机制。中兴通信每年将 10%的营业收入投入到研发中，在全球范围内提交超过 53000 项专利，研发投入帮助中兴在美国手机销量跻身前四。丰田、本田、索尼、三星、现代、博士等跨国公司在全球均建立了多个研发中心，丰田在全球有 6 家研发中心，自摩托罗拉公司于 1993 年在中国设立了第 1 个外资研发实验室以来，跨国公司在中国的研发机构已经超过 1200 家。科技创新推动了跨国企业品牌加速进入国际市场。

3. 本土化经营。为更好地推动品牌国际化，跨国公司通常采取本土化经营战略，包括在产品、技术、文化、管理等各领域的本土化，通过本土化去服务当地市场，也通过本土化利用当地的资本、人力资源去实现企业的战略目标。海尔作为中国品牌国际化成功企业典型，其在各大洲拥有 5 大研发中心，实现了本土化的研发；在美国、欧洲、中东等地设立了 21 个工业园，实现了本土化制造；在全球建立了 66 个贸易公司，实现了本土化营销。世界 500 强企业霍尼韦尔，在华拥有近 13000 名员工，非中国籍员工只有数十人，本土化经营是跨国企业品牌国际化的关键因素。

（二）国家政策举措经验借鉴

世界发达国家在推动品牌国际化上成功的做法主要体现在以下四个方面：

1. 政策鼓励。品牌国际化属于对外投资合作范畴，世界各国一般也通过鼓励企业对外投资合作来支持企业品牌国际化。为支持企业对外投资合作，世界各国制定了一系列优惠政策：美国制定了分类综合限额税收抵免、延迟纳税、亏损结转及其追补、进口关税减免等政策；日本制定了扣除国外税额、税收饶让、延迟纳税等制度；法国为鼓励本国企业海外投资，制定了海外子公司股息免税制度、综合利润纳税制度、海外税收扣减制度、海外子公司所得税减免制度等；韩国制定了海外投资亏损准备金制度、对国外缴纳税额进行免除，新加坡对从事海外投资的企业提供财政鼓励。

2. 地理标识。使用地理标识能够帮助区域内产品整体更快地实现品牌国际化。使用澳洲袋鼠标志的“澳大利亚制造”是最为成功的区域标识典范之一，为协助制造业、商业贸易与各项产业的发展，推动澳洲产品的出口，澳大利亚政府于 1982 年开始使用“澳大利亚制造”标志，这个标志已经出现在超过 10000 种在澳洲本土生产并销售到世界各地的产品上，“澳大利亚制造”由澳大利亚制造活动有限公司负责运营、宣传等活动，“澳大利亚制造”标志现在被认为是全球最受认可的代表澳大利亚的标志，通过广泛使用地理标志，提升了澳洲及澳洲产业技术与产品的国际形象和知名度，推动了澳洲产品的品牌国际化。

3. 金融支持。为增强本国企业品牌国际化竞争力，许多国家都通过各种途径为本国企业提供金融支持。日本政府以金融扶持品牌国际化的做法值得借鉴，在开拓国际市场中，日本往往采用“企业主攻营销、政府提供金融支持”的方式，以此保障日本知名品牌在目标市场迅速提升知名度。针对东南亚、南美等国家和地区购物分期付款的消费习惯，日本相关机构大力支持本国出口企业和金融机构给当地消费者提供多种消费金融服务；日本政府通过输出入银行、海外经济协力基金、海外贸易开发协会等机构为企业市场开拓初期提供资金支持，帮助企业迅速提高产品销量和品牌知名度。

三、推动浙货品牌国际化的举措建议

基于对浙货品牌国际化发展现状、跨国企业和发达国家推动品牌国际化的经验分析，建议相关部门可从以下几个方面进一步推进浙货品牌国际化。

（一）大力支持企业注册国际商标

鼓励企业积极通过马德里体系、国家商标局和世界知识产权组织国际局的途径，申报注册国际商标，或根据需要通过欧盟、非洲知识产权组织、单一国家等途径实施商标国际注册。加强调研，从调查摸底入手，摸清全省外向型品牌企业的底数，了解掌握企业开展商标国际注册、品牌国际化情况的第一手资料。结合地方经济产业特色，制订计划，分行业稳步推进国际商标注册相关工作。

（二）加强品牌国际化培育与运作

优选一批基础好、已有较高知名度的外向型品牌企业推进品牌国际化，全力支持和引导驰名商标企业运用特有的法律地位和自身的“金字招牌”，开拓国际市场。继续加强“浙江出口名牌”培育和认证工作，支持拥有较强研发和制造能力的贴牌加工企业转型升级，培育自主品牌开拓国际市场。鼓励企业学习借鉴跨国公司品牌运作经验，通过专利研发、广告策划、资本运作、在国外建生产基地、品牌合作收购等多种方式，提升品牌营运能力。高度重视依法解决驰名商标在国外、港台等地被恶意抢注事件，鼓励企业积极应对、大胆应诉。鼓励企业积极参加国际会展、论坛等活动，扩大国际市场影响。充分利用跨境电商 B2B 大发展机遇，打破国际商业巨头对商贸流通渠道的垄断，推动浙江企业利用跨境电子商务渠道培育自主品牌和加快品牌国际化。

（三）利用区域品牌推动品牌国际化

充分利用国际相关商标保护公约对地理标志证明商标保护的规定，结合浙江省块状经济特色，挖掘地方潜力，积极申报，努力把全省更多的地方特色产品注册为地理标志证明商标，打造浙江特色区域品牌。重点鼓励已经在国内注册的证明商标加快地理标志证明国际注册，助力企业加速开拓国际市场，积极参与国际竞争。鼓励龙泉青瓷、青田石雕、金华火腿、绍兴黄酒和茶叶等特色品牌先行一步，为全省开展地理标志国际化工作创造经验。积极学习借鉴"澳大利亚制造"等地理标志运营与管理经验，创新体制机制，试点非营利性市场化地理标志推广机制。

（四）优化品牌国际化环境与服务

加强政策支持，积极制定与完善支持企业品牌国际化相关的财政、金融、税收等配套政策。加快品牌国际化知识普及，通过座谈研讨、实务培训、资料发放等多种形式，大力开展企业商标国际注册保护等基本知识培训，提高企业品牌国际化意识。积极搭建合作交流平台，采取"走出去"与"请进来"相结合的方法，开展品牌国际合作交流，积极为企业解决品牌国际化进程中遇到的困难和问题。加大品牌国际保护力度，对国内品牌在"走出去"时遇到的问题和纠纷，积极予以协调与帮助。

（五）加强品牌国际化人才保障

鼓励企业培养和引进品牌国际化经营管理方面的高级人才，引导企业经营者增强品牌国际化意识，帮助企业开展国际品牌经营人才的培训工作，加快培养一支熟悉国际市场运作规则、拥有国际品牌运作管理经验又熟悉本企业文化的管理团队。加强政府、高校与企业合作，以市场需求为导向，建立一批品牌国际化人才培训基地，形成品牌国际化人才定制化培养的校企合作机制。引进国内外知名咨询机构，鼓励社会咨询机构为浙江企业提供商标注册、运营管理等品牌国际化相关专业服务。

课题承办单位（处室）：浙江省商务研究院、浙江省商务厅财务处、外贸发展处、外贸管理处

课 题 组 成 员：张汉东　陈国荣　张　勇　陈建华　王君英　庄　谨　陶　飞　景旦群　胡朝麟

执　　　笔：胡朝麟

“一带一路”背景下浙江开放型经济发展思路与对策

“一带一路”是新一届中央政府着眼世界大局、面向中国与世界发展合作提出的重要战略构想，对于深化区域合作、促进亚太繁荣、推动全球发展具有重大而深远的意义。“十三五”时期，浙江省开放型经济面临错综复杂的国际国内形势，面临很多新情况新问题，最大的机遇就是“一带一路”，最大的挑战也是“一带一路”，浙江省的开放型经济应当也必须放在这一背景下进行思考和谋划。

一、“一带一路”提出的国际国内背景

总体来看，当前及今后一个时期，世界经济将延续低速增长态势，国际竞争加剧；国内经济面临下行压力，急需化解产能过剩；国际贸易规则面临重构，国际话语权争夺更加激烈。国家提出“一带一路”战略，为“十三五”时期浙江开放型经济发展指明了方向。“十三五”时期浙江面临的国内外环境更为错综复杂，“一带一路”发展的机遇很多，但是面临的挑战也不少。

从国际上看，世界经济将延续低速增长态势，增长动力正发生变化，主要由发达国家驱动，新兴经济体比预期疲软，国际竞争将更加激烈。全球贸易规则正在重构，多哈回合谈判受阻，多边贸易体系受到质疑，以美欧力图通过区域贸易安排达成无例外的综合性自由贸易协议，中国可能会面临“二次入世”。

1. 世界经济将延续低速增长态势，国际竞争将更加激烈。发达经济体复苏势头良好，美国经济增长强劲，欧盟受希腊主权债务危机影响复苏前景不容乐观，日本经济形势向好；新兴经济体面临分化。印度增长前景看好，有望成为世界经济增长又一动力，俄罗斯经济将陷入衰退，巴西在低增长徘徊。新技术、新变革将推动世界经济进入新一轮经济周期。当前一些重要科技领域和产业领域发生革命性突破已初显端倪，正引领和带动全球产业结构大调整，一场抢占未来发展制高点的竞赛正在深入展开。美国实施再工业化政策初见成效，德国实现以智能制造为主导的工业 4.0 革命的引领发展，世界主要国家都在新能源、新材料、信息经济、节能环保等重要领域加强布局。

2. 全球贸易规则正在重构。多哈回合谈判受阻，新一轮贸易投资规则谈判已成为影响全球经济结构调整的新的重要因素，新规则、新体制将带来世界经济格局重大调整。当前，多边贸易体制受到质疑，美国正加快主导包括日本、韩国、澳大利亚等国在内的跨太平洋伙伴关系协议（TPP）和美国欧盟间的跨大西洋贸易与投资伙伴关系协定（TTIP）和贸易服务协定（TISA）区域合作谈判，企图重新建立新的贸易投资体系。积极参与国际贸易谈判，有利于在谈判中掌握一定的主动权，不被边缘化。但由于 TPP 的谈判要价高，目标的自由化程度是中国目前还难以承受的，而且谈判中可能会涉及诸如劳工标准、环境问题等带有价值观色彩的问题。一方面中国没有被邀请参与 TPP 谈判，另一方面中国即便被邀请也很难立即参与谈判。面对困局，中国一方面加快与世界各大洲不同国家商谈国家地区间自由贸易协定，如中国与韩国、澳大利亚，中国与东盟，中国与日本，等等；另一方面推进“一带一路”建设，通过强化“一带一路”起到对冲美国三大贸

易谈判的作用。

3. 地缘政治因素将更深影响世界经济的区域发展格局。随着亚太、西亚北非、中欧等地区地缘政治的深刻变化，世界经济走向的不确定性加大，存在诱发严重货币战、汇率战和贸易战的可能。当前我国面临极为严峻的外部地缘政治环境，领土争端等随时可能激化，成为危及中国复兴进程的不确定因素。我国的资源进入现主要还是通过沿海海路，而沿海直接暴露于外部威胁，“一带一路”通过加强与中亚、东南亚等周边国家的合作，营造和平稳定的周边环境，将有利于战略纵深的开拓和国家安全的强化。

从国内看，“十三五”时期，我国经济处于“新常态”下的重要结构调整期，各种矛盾风险叠加期，国内开放大布局、大改革、大创新的大发展期，总体经济形势更为严峻。

1. “新常态”下的增长下行压力更大，并将在“十三五”初期表现得更为突出。中国经济当前进入了中高速增长的“新常态”，中国经济从两位数的高速增长将进入到7%左右的中高速增长阶段，这一时期关键动力在于调结构、促转型，若转型成功，将进入新一轮经济调整增长，若转型不好、升级不成，也有可能经济会陷入滞涨的发展状态。

2. 国内要素条件的变化将倒逼经济、开放型经济的转型。我国支撑发展的要素条件也在发生深刻变化，近几年，企业人工、资金、财务、环保等各项综合成本上升幅度大，单纯依靠低成本的发展方式，已经难以适应经济发展。据测算，目前企业的综合成本接近西方发达国家水平，相当于越南、孟加拉国、缅甸、印度等周边发展中国家的2—3倍。

3. 国内需求结构的变动将推动新一轮发展。市场需求结构加速调整。由于外部市场不确定因素增多、市场开拓难度加大、贸易保护和贸易壁垒盛行使得出口导向模式面临挑战，促消费、扩内需将是未来的一项重要任务。高速铁路、城市轨道交通、机场、重要港口、高速信息网络设施、核电等基础设施或能源建设将进一步加快；居民消费结构升级，对优良的生态环境、信息服务、文化教育、医疗养老、旅游服务的需求更加迫切。

4. “一带一路”大布局将为“十三五”发展带来发展空间。我国提出“一带一路”的重大战略设想，“一带一路”涉及约65个国家，总人口44亿，经济总量21万亿美元，分别占全球的62.5%和28.5%。“一带一路”是我国新一轮对外开放的重要引擎，作为自主推进的大战略，更利于掌握主动权和话语权，对沿线国家和参与省市的带动效应也更为突出。长江经济带将通过综合交通体系联通陆上向西的“丝绸之路经济带”和海上向东的“21世纪海上丝绸之路”，成为具有全球影响力的内河经济带、东中西互动合作的协调发展带、沿海沿江沿边全面推进的对内对外开放带。未来国内经济分布可能逐步形成“东部研发、西部资源和中部生产”的产业分布空间结构。

从本省来看，“十三五”时期，浙江经济结构调整阵痛将更为突出，深度转型带来的增长压力、矛盾凸显将更加明显。

1. 传统产业转移快但新兴产业接力过慢带来的增长后劲不足的问题将更为突出。近年来，浙江境外投资和浙商在外投资规模和速度均居全国前列。但需警惕的是，在传统优势产业转移和资本外流的同时，本土新兴先进制造业、高技术产业、现代服务业等培育却相对过慢，造成更新接替能力不足。目前，浙江相当多的企业仍以劳动密集型、低技术含量、低附加值的产品与产业结构为主。

2. 民营经济稳步发展但后劲不足带来的主体创新动力不足的问题将依然明显。近年来，浙江一直引以为豪的民营经济仍然有一定发展，但其产品低端、企业弱小、布局分散、所有制单一的弊端开始显现，转型升级压力尤为紧迫。相对而言，支撑浙江民营经济加快转型发展的创新支撑准备却明显不足：一是自主创新能力较弱。二是创新平台和设施支撑乏力，中心城市综合功能不强、缺乏要素集聚能力强的大都市。三是人才资源集聚不够，高学历人口比重低于全国平均水平，人力资源素质难以适应产业结构升级的需要。

3. 投资、消费放缓使得经济的动力有所减弱。浙江省投资因制造业产能过剩及创新技术相对不足、房地产库存较高等因素而难以长期维持高速增长，投资效果系数及投资回报率都在降低。当前，投资对于稳增长仍起关键作用，但对经济增长的拉动效应却在减弱。全省社会消费品零售总额一直稳定增长，但总体增速自2010年起呈环比下降趋势，从2010年的同比增长18.8%降到了2014年的11.7%，如果房地产、汽车消费持续低迷，增速不排除进一步滑落的可能性。

二、浙江开放型经济“十三五”发展目标预测

“十三五”时期浙江开放型经济发展是在“新常态”下的发展。认识新常态，适应新常态，引领新常态，是“十三五”时期我国、浙江省开放型经济发展的大逻辑，新常态的首要特征就是发展速度上由高速增长转向中高速的稳健增长。“十三五”开放型经济主要指标设定建议需充分研究，综合统筹数量和质量要求，由于开放型经济比国内其他经济组成部分受国际市场影响更大，波动更加剧烈，那种以国内GDP等指标来衡量开放型经济增长的惯性思维可能难以准确预测未来浙江开放型经济发展。

“十三五”期间，总体来说，浙江开放型经济将呈现两高两低的特征，即服务贸易和“走出去”发展将保持较高的增长速度，货物贸易和招商引资将维持在一个较低的增长速度。具体来说，浙江外贸从原来的快速增长进入转型提质发展期，外资由规模快速扩张阶段转入“量质并举”稳步增长期，外经进入快速发展和可能的收获期，服务贸易处于快速起步阶段。外贸年度出口增长会低于浙江省GDP增长水平，预计浙江“十三五”外贸增长速度将稳定在3%—5%之间，年均增速保持4%左右。浙江引进外资的现有每年160亿美元左右的规模如果能够在“十三五”期间得以保持，将是一个很好的结果。保持对外直接投资15%左右的增长，在2018年左右接近和达到招商引资的规模水平，到2020年达到200亿美元左右，实现浙江国际投资净输出大省的目标；力争服务贸易在全省外贸总额中的比重提高，服务贸易出口规模迅速扩大，全省服务贸易2020年进出口额比2015年翻一番，年均增长率保持在10%以上。

三、“一带一路”背景下浙江省开放型经济发展对策建议

国家提出“一带一路”战略后，浙江迈入了更加积极主动的深化开放阶段，面对国际国内新形势，浙江省委、省政府突出加快转变经济发展方式主线，以开放促发展、促改革、促创新，突出在体制机制、开放平台等领域创新，“一带一路”背景下浙江开放型经济应当着力在政策、体系、平台等方面加大工作力度。

（一）构建接轨国家战略的开放型经济政策新体系

“十二五”期间，浙江省委、省政府积极贯彻落实国家开放型经济的各项战略和政策举措，结合本省实际，相继出台了一系列的政策措施，对进一步推动浙江省开放型经济发展起到了积极引领作用，但现有的政策体系也存在不少问题。一是创新力度不够，二是部门协同不够，三是社会组织和企业作用未得到完全发挥。

“十三五”时期开放型经济政策体系构建，要“突出制度供给，强化创新驱动”，跳出部门框架，突出开放型经济战略大局，研究部署，集中力量，精准施策。在制定主体上，要建立党委、政府总揽、部门协同配合、社会力量参与的机制，以适应开放型经济发展的需要。在政策设计上，要体现新常态的本质特征，适应新形势新任务的需要，体现速度和质量效益的统一，体现产业转型升级，体现创新驱动。在政策创新上，完善国家战略推动政策，促进开放型经济深化发展。

一是研究制定经验复制推广落实政策。研究上海自贸区和义乌市场采购贸易方式等一系列国家战略，形成可复制、可推广的经验和政策，做好配套政策的规划与设计，明确实施计划、重点、步骤。

二是大力发展信息经济。随着跨境贸易电子商务试点落户杭州，杭州和宁波入选首批国家跨境贸易电子商务服务试点城市，以电子商务为代表的信息经济将成为“十三五”时期推动浙江经济进一步发展的重要动力。“十三五”时期的政策制定应突出发展信息经济这一重点，研究制定基

于下一代互联网、移动互联网,适应云计算技术、时空技术、三维技术的信息经济产业,培育管理、服务及信誉好和技术力量强的跨境电子商务平台和企业,研究大力发展跨境电子商务、互联网金融、数字营销等的政策及举措。

三是把握“一带一路”建设重大机遇。“十三五”时期开放型经济政策要立足浙江对东盟各国及对东欧、中亚、非洲和拉美贸易投资拓展优势,抓住中央加快推进对发展中国家和地区的多边合作架构、深化发展贸易投资和金融合作机遇,积极谋划参与“一带一路”建设和推动对外经济合作与贸易投资进一步发展。同时,要研究“长江经济带”给浙江开放型经济发展带来的机遇与挑战,研究浙江产业向“长江经济带”沿线和中西部转移的政策和举措。

四是完善贸易政策,促进开放型经济深化发展。研究制定外贸稳定增长、扩大出口新政策,研究改进企业反映强烈的进出口环节收费、贸易便利化、融资难融资贵等问题。研究优化关税结构、加大信贷支持力度,扩大先进技术、设备、生产服务进口政策,推动进口便利化,探索创新进口新模式,培育进口促进平台。培育服务贸易领军企业,打响浙江服务品牌,加强服务贸易产业平台建设。完善贸易、产业、财税、金融、知识产权政策,培育外贸综合服务企业,培育外贸竞争新优势。

五是完善投资政策,促进开放型经济深化发展。坚持“引进来”和“走出去”并重的原则,进一步探索准入前国民待遇加负面清单管理模式的应用,减少行政审批,建立以备案制为主的管理制度,为企业投资创造更加宽松便利的环境。扩大外资市场准入,着力做好引进世界500强、推动民营企业与外资嫁接提升工作,探索文化领域对外开放,引导外资投向,推动引资、引技和引智相结合。研究制定“走出去”促进政策,建立产业、地区、投资方式等方面的政策导向,推动制造业、服务业“走出去”,向高附加值领域拓展。推进境外经贸合作区战略布局,扩大对重点国家、地区投资合作;完善信贷政策,创新金融产品,改进投融资方式,优化对外投资合作环境。加大财政资金的扶持力度,研究增加支持浙商“走出去”开发利用国外资源的专项资金规模,降低申请门槛和条件。完善境外保险,由政府财政为出口信用保险公司的企业境外投资项目保险提供一定比例的风险补偿,鼓励其扩大相应承保范围,提高投保限额,降低保险费率。

(二)接轨“一带一路”充分利用国际市场和资源

浙江是经济大省,却是资源小省,一方面产能过剩严重,一方面严重依赖国际市场,这就决定了浙江必须要充分利用国际市场和国际资源。要高度重视利用境外资源要素对促进浙江省经济社会发展的重要意义,充分利用国际市场和国际资源是化解浙江产能过剩、解决浙江自身资源储量不足的必然选择和有效途径,是浙江经济转型升级的内在动力。当前浙江在利用国际市场和资源方面认识要进一步提高,对外投资合作领域和层次需拓展提升,政府政策支持体系还不够完善。健全境外资源要素利用的政府服务机制和平台。

一是完善政府服务平台。要建立以政府服务为基础、中介机构和企业充分参与的信息平台,开展对境外投资资源的国别、资源分布、国家投资政策、投资环境等信息的收集、分析判断及推送。

二是要培育境外投资咨询中介机构。鼓励和支持建立专业性的境外资源投资评估和咨询中介机构,充分利用有关协会、商会及驻外使领馆咨询作用,多层面、多渠道地向企业提供投资国家信息,帮助企业规避风险。在重点国别地区设立风险预警点,建立完善境外投资风险预警和援助机制。完善境外经贸纠纷和突发事件处置工作机制,引导和帮助企业利用国际经贸规则及双边投资协定维护企业合法权益。

三是加强对企业境外利用资源指导。要开展境外资源要素投资培训,提升企业“走出去”理念。改变企业对外投资目的不清、方向不明的现状,提升其国际化经营能力。要树立境外投资优秀典型,推广复制成功经验。

四是推动境外投资企业及项目转型升级。针对浙江省对外投资项目主要涉及矿产以及能源、土地直接利用,投资合作领域仍处于产业链中低端的现状，通过政策扶持及优惠，鼓励有一定实力和竞争力的大企业、上市公司通过跨国并购、参股、收购境外品牌和销售网络等方式获取品牌、技术、研发能力和营销渠道，向产业链中上端发展。

（三）创新开放型经济发展平台

目前浙江省开放型经济平台众多，但仍存在着多、散、小等现象，各级开发区、产业集聚区、海关特殊监管区隶属管理部门不同，相互协调不够。

一是着力提升境内开放平台，借助已有平台，有针对性地整合提升，应在省政府层面上对各类特殊经济区域实施统一领导，解决其体制机制回归问题，使其更好发挥国际化、转型升级、城镇化、实施国家战略重要抓手的重要作用，积极争取设立国家自由贸易区，争取形成一个或若干个与上海自贸区等相似的贸易自由化便利化程度最高的开放型经济发展平台。

二是积极创建境外开发平台。境外工业园区建设是近年来浙江走出去的成功经验，便于抱团“走出去”，要高度重视在“一带一路”国家设立或合作开发境外工业园区，吸引省内企业进入园区抱团发展。

三是强化品牌活动平台。继续做好浙江投资贸易洽谈会、中国中东欧贸易投资博览会、义乌小商品博览会等省内活动平台，继续重视“广交会”、“华交会”、“投洽会”等全国性投资贸易活动平台，积极打造日本、美国、迪拜等境外展会。

（浙江省商务研究院　张汉东）

全球贸易发展形势及浙江出口在全球贸易中的发展地位分析

近年来,随着世界经济不景气,全球贸易也进入了低速增长的发展态势,低增长和负增长已成为常态,或将经历较长时期的大调整、大变革,才能迎来新一轮的高速增长。浙江作为出口大省,虽与2008年前相比,出口增速有所放缓,但增长水平不仅优于全国,也好于全球货物贸易出口增长水平和世界主要经济体的出口增长水平,占全国、甚至全球的市场份额均有明显上升,实现了在低速增长中稳固并拓展市场,彰显了浙江企业和产品的国际竞争力。

一、从全球贸易来看,在历近十年的高速增长后,进入了艰难调整的低速增长期

从历史数据来看,每一次外向型经济体的崛起、贸易新格局的形成,都会带来全球货物贸易的持续增长。

如20世纪70年代,日本出口导向型经济的大发展以及亚洲四小龙的崛起,带动了全球货物贸易出口十年高速增长,1970—1980年,全球货物贸易出口从3145.8亿美元增长到1980年的19936.3亿美元,年均增长20.3%。

进入21世纪后,随着中国2001年加入WTO,带来了出口的大幅增长,也推动全球贸易进入了近十年的大繁荣、大增长。2003—2011年间,除2009年年度增长为-22.9%外,其余年份都实现了两位数增长,其中2004年、2008年和2010年均保持了20%以上的增长速度。

2008年金融危机以后,全球货物贸易出口在2010年、2011年实现恢复性高增长外,2012年后出现了明显的大转折,全球货物贸易出口从两位数增长进入了个位数,甚至是负增长的态势,并且这种增长困难的局面在2015年表现得尤为突出。2015年上半年,全球货物贸易出口出现了-12.8%的大幅度负增长。

由此看来,全球货物贸易出口经过十年高速发展后,增长动能减弱,贸易格局又面临重大调整,处于寻求新增长点的转型时期,低增长、负增长的局面或将持续更长时期。在TPP、TTIP等自贸协定推动下,全球实现贸易格局大调整,贸易便利化带来新动能,或许能带动全球贸易新一轮的高增长。

表1　　全球货物贸易出口增长情况

年　份	全球货物出口增长率(%)	浙江省货物出口增长率(%)
2006	16.1	31.4
2007	15.7	27.2
2008	22.0	20.3
2009	-22.5	-13.8
2010	21.7	35.7
2011	19.5	19.9
2012	0.5	3.8
2013	2.4	10.8
2014	0.4	9.9
2015年1—6月	-12.8	2.4

注:根据商务部和WTO统计数据整理。

二、从世界主要经济体来看，美国、欧盟、德国、日本、俄罗斯、印度、巴西等，近年来均出现了出口疲软的形势

从全球主要出口经济体来看，2012 年以来，美国、欧盟、德国、日本、俄罗斯、印度、巴西等均出现了货物贸易出口不景气的局面，也逐年由高增长转向负增长，尤其是 2015 年上半年，美国、欧盟、德国、日本、俄罗斯、印度、巴西等出现了较大幅度的负增长，俄罗斯出口增速为-28.5%，欧盟、巴西、印度等出口降幅都在 15%左右。

表 2　主要经济体货物贸易出口增长情况

单位：%

年　份	美　国	欧　盟	日　本	俄罗斯	印　度	巴　西	浙江省货物出口增长率（%）
2010	21.0	12.2	32.6	31.6	24.7	29.0	35.7
2011	15.9	24.8	6.9	30.2	36.8	29.7	19.9
2012	4.3	0.4	-3.0	1.5	-4.0	-5.3	3.8
2013	2.1	3.4	-10.5	0.5	16.2	-0.2	10.8
2014	2.7	—	-4.4	-5.6	-5.7	-7.1	9.9
2015 年 1—6 月	-5.2	-13.0	-8.1	-28.5	-15.9	-14.7	2.4

数据来源：根据 WTO 公布数据计算整理。

三、浙江出口在全球贸易格局中的地位与形势分析

1. 浙江出口由高速增长转向中低速增长，是与全球贸易缩量和不景气相匹配的，但总体趋势明显好于欧美日以及新兴经济体等。与全球货物贸易相比，2006—2015 年，除 2008 年外，浙江出口增长率均大幅高于全球货物贸易出口增长率。如 2015 年上半年，全球货物贸易出口增长为-12.8%，全省出口实现了 2.4%的正增长。与美国、欧盟、德国、日本、俄罗斯、印度、巴西等世界主要经济体相比，增长优势还是较为明显，尤其是 2014 年和 2015 年。

2. 在全球贸易和国内贸易不景气的困局中，浙江产品稳固和拓展了市场，在全球贸易中的份额明显上升，在全球主要经济体的市场占有率也上升明显。从占全球货物贸易出口比重来看，浙江出口占全球出口比重逐年上升，由 2010 年占 1.19%上升到 2015 年上半年的 1.59%。从浙江出口产品在全球主要市场的占有率来看，占有率提升是主要趋势。2010—2015 年，在美国、欧盟、日本等主要发达国家的市场占有率分别上升了 0.48 个、0.58 个、0.22 个百分点，在俄罗斯、印度、巴西等新兴市场分别上升了 0.97 个、0.72 个和 0.92 个百分点。即使是在 2015 年上半年浙江省出口微增长的形势下，在世界主要经济体的市场占有率仍然是全面上升的，说明了浙江企业和产品还是有较强国际竞争力的。

表 3　浙江出口占全国、全球出口的比重变动情况

年　份	占全国出口总额比重（%）	占全球出口总额比重（%）
2010	11.44	1.19
2011	11.40	1.19
2012	10.96	1.23
2013	11.26	1.33
2014	11.70	1.46
2015 年 1—6 月	12.10	1.59

表 4　　浙江出口产品在全球各大市场的占有率变动情况

单位：%

年　份	美　国	欧　盟	日　本	俄罗斯	印　度	巴　西
2010	1.55	2.38	1.52	2.23	1.58	2.33
2011	1.54	2.38	1.56	2.29	1.49	2.48
2012	1.64	2.20	1.52	2.52	1.32	2.66
2013	1.78	2.43	1.60	2.70	1.56	2.89
2014	1.97	2.80	1.55	3.26	1.87	3.18
2015 年 1—6 月	2.03	2.97	1.74	3.20	2.31	3.25

注：浙江产品在某国市场占有率＝浙江向某国出口总额/某国货物贸易进口总额。

（浙江省商务研究院　王君英）

第五编

市、县(市、区)商务发展

一、各市商务发展

2015年杭州市商务

国内贸易

2015年,杭州市累计实现社会消费品零售总额4697.23亿元,增长11.8%。其中,批发零售业实现零售额4239.34亿元,同比增长12.3%;餐饮业实现零售额457.89亿元,同比增长7.4%。汽车类销售增幅持续上升,全年实现零售额773.1亿元,同比增长7.1%;基本生活消费品类平稳较快增长,其中粮油食品类、服装鞋帽、针纺织品类、文化办公类、化妆品类增势较快,实现零售额628.4亿元,同比增长17.5%;家电、通信、音像器材类商品增幅较大,其中家用电器和音像器材类商品同比增长29.5%,较去年同期上升了13.5个百分点。

2015年,杭州市各蔬菜批发市场蔬菜年成交量90.18万吨,同比减少9.96%,其中,客菜54.15万吨,占总成交量60%;地菜36.03万吨,占总成交量40%。猪肉批发市场猪肉年供应量232.2万头(折11.61万吨),同比增加6.66%,其中,外地冷鲜猪肉170.7万头(折8.54万吨),占总供应量73.56%;本地热鲜猪肉61.5万头(折3.07万吨),占总供应量的26.44%。

促消费卓有成效。杭州市以"消费总动员"为平台,共开展各类促销活动210项,有15万商家参与,累计实现销售额310.8亿元。2015年12月5日至2016年1月3日,举办杭州休闲购物节,以"活力杭州·精彩消费"为主题,有80个活动项目和近3万家商户参与。据统计,87家样本企业在购物节期间累计实现销售额156亿元,同比增长9.1%。17家百货企业实现销售额16.7亿元;21家超市实现销售额8.5亿元。11家餐饮企业实现营业额1.58亿元,同比增长8.3%。8条特色街开展各类促销活动,实现销售额10.5亿元,同比增长3%。100多家杭州本地电子商务企业开展电子商务企业网络展销会,根据不完全统计,达成网络零售交易额1300万元。以"汽车生活·城乡共享"为主题的汽车生活板块,杭州市汽车流通协会组织50余家汽车销售企业赴桐庐、建德两地开展汽车下乡巡展活动,共计有意向客户592人,新车成交120辆。进一步拉动农村的消费市场。

商贸综合体迅猛发展。2008年以来,杭州市商贸综合体发展迅猛,商贸综合体融合商业发展的新成果、新模式,反映了商业的创新、转型新趋势,在数量上取得了突破性进展,品味品质得到极大提升,已经成为杭州市商业网点的重要组成部分,也大大提升了杭州的城市商业竞争力。截至2015年底,杭州市已建成开业的商贸综合体有36个,商业建筑总面积达307.7万平方米。

家禽冷链体系建设。杭州市商务委下发文件,鼓励企业家禽冷链改造提升;鼓励企业家禽冷鲜连锁经营。据不完全统计,2015年,杭州市区经杀白(冷鲜)而新鲜的鸡、鸭和鸽子等家禽产品销售供应点达到200余个。

商业特色街规模发展。杭州市已规划、打造

并建成丝绸特色街区、四季青服装特色街区、湖滨旅游商贸特色街区、清河坊历史文化特色街区、南山路艺术休闲特色街区、武林路时尚女装街区、文三路电子信息街区、信义坊商业步行街、梅家坞茶文化村、石祥路汽车贸易街区、绍兴路汽车文化精品街区、胜利河美食街、千岛湖秀水街、青芝坞休闲旅游慢生活特色街、西溪天堂风情美食特色街、桐庐中杭路服装时尚特色街和大兜路美食与历史文化特色街等共17条市级商业特色街，全市已基本形成定位准确、特色鲜明、消费便捷、服务优质的商业特色街区网络体系。其中，共有8条特色街荣获国家级商业特色街称号，11条特色街获评省级特色商业示范街。各市级商业特色街特色鲜明、主题突出，已逐步显现出集休闲、旅游、购物、娱乐为一体的杭州城市品牌效应，成为城市文化展示中心和城市形象“金名片”。截至年底，17条市级商业特色街共有店铺14126家，从业人员84855人，年营业额近700亿元，上缴税收11.54亿元。

餐饮服务业概况。杭州市商务委制定《关于开展进一步优化环境促进餐饮业转型发展试点工作方案》，加强试点工作领导。结合国家及省市各项改革举措，大力推进餐饮业审批简便化、厨房透明化、权力清单化、负担减量化、发展连锁化、网点合理化、营销网络化、管理信息化等“八化”建设，优化了餐饮发展环境，激发了市场活力和内生动力。加强试点工作扶持，引导转型发展，有力地促进试点工作展开。全年餐饮收入457.89亿元，同比增长7.4%，高于去年同期增幅2.5个百分点。2015年，杭州市积极推进餐饮住宿业转型升级，贯彻落实《杭州市人民政府办公厅关于进一步促进餐饮住宿业转型升级持续稳定发展的实施意见》(杭政办函〔2014〕102号)精神。与杭州市财政局、杭州市旅委联合下发了《关于落实餐饮住宿企业发展财政补助政策的通知》，拟制了《餐饮住宿企业发展财政补助政策实施细则》，扶持餐饮企业连锁经营、电商换市等转型发展项目。开展了餐饮业转型发展示范企业创建活动，认定杭州楼外楼实业集团股份有限公司等10家企业为首批“杭州市餐饮业转型发展金桂奖示范企业”，杭州饮食服务集团有限公司杭州奎元馆等10家企业为首批“杭州市餐饮业转型发展银桂奖示范企业”。评选杭州十大最聚人气包子。2015年6月，举办了“互联网+”餐饮业移动电子商务微峰论坛。11月上旬，举办了第十六届中国(杭州)美食节。12月上旬，举办了新常态下餐饮企业转型发展高峰论坛，积极开展杭州美食文化国内城市餐饮推介交流和国际推广交流活动。开展便民早餐工程建设。组织编印了《杭州市便民早餐门店汇编》。挖掘餐饮文化。编印出版《寻味江南——杭州小食记》，并推进餐饮业多语种菜单推广使用。

电子商务

2015年，杭州市电子商务增加值达826.54亿元，同比增长34.5%，占全市GDP比重达8.22%。实现网络零售2679.83亿元，占全省的35.21%，占全国的6.91%，与社会消费品零售总额之比达57.05%，同比增长42.57%。实现居民消费额1119.1亿元，占全省27.89%，同比增长38.23%。实现网络零售顺差1560.73亿元，同比增长31.28%。杭州市网络零售、居民网络消费和网络零售顺差，继续稳居全省第一。全市电子商务产业继续高速增长，电子商务已融入到文化、旅游、金融、医疗、生活服务等相关领域，发展态势迅猛。

阿里巴巴带动效应显著。将推进杭州市与阿里巴巴集团的战略合作作为推进电子商务发展的重要内容，突出抓好云栖大会、云计算和大数据应用推进、网络银行、云谷项目、跨境电商项目等12个重点项目，有效发挥阿里巴巴集团的带动效应。2015“双十一全球狂欢节”阿里巴巴交易额再创新高，达到912亿元，同比增长59.7%。产生2.78亿个包裹，阿里移动端成交额达到243亿元，成为世界第一移动电商。

跨境电商成绩显著。“中国(杭州)跨境电子商务综合试验区”成为首批唯一国家战略层面的跨境电商综试区，全市跨境电子商务产业园总数达到6个。据综试办统计，2015年全市跨境电商进口额达11.9亿美元，出口额达22.7亿美元，培育企业上线2633家。综试区集聚了包括天猫国际、苏宁易购等40个平台电商、44家垂直电商、40家电商服务企业,已初步形成了跨境产业集群。"意大利之窗"已开园,吸引165家意大利企业入园。2015年10月9日,汪洋副总理再次来到综试区视察调研,充分肯定了综试区建设取得的成绩,并给予"士别三日,当刮目相看"的高度评价,认为综试区真正站在全局高度进行跨境电子商务顶层设计,真正履行了试验者的责任,已经形成了一些可复制、可推广的宝贵经验。

农村电商模式创新。杭州市实现农村电子商务总额60亿元,同比增长20%。累计建成农村电商县级区域服务中心11个,村级服务点1973个,创建年电商销售额千万元以上的电子商务村34个。桐庐县在全国创新实行"农村淘宝"项目的合伙人制,阿里巴巴在桐庐举行了桐庐模式2.0版本全国首发仪式,把这一模式向全国其他县市推广。桐庐县也成为全国第一个实现农村淘宝项目全覆盖的县域。支付宝全国县域服务首家试点落地建德,打造中国第一个"支付宝县"。

电商产业支撑体系愈加完善。全市电子商务平台服务、电子支付、物流配送体系不断完善。完成2271个移动通信基站建设,保持4G移动通信全国领先地位,室外公共场所Wi-Fi免费向公众开放站点数4600多个。阿里云计算有限公司研制的"飞天"大规模分布式操作系统成为国内首个单集群管理规模达到5000台服务器的通用云计算平台,并与海康威视、中控、大华、恒生等众多高科技企业建立基于云平台的战略合作,共同实践并推进云生态的成型。

对外贸易

2015年,杭州市外贸进出口593.39亿美元,同比下降0.68%,其中出口444.65亿美元,同比增长3.98%,增幅分别高于全国、全省6.78个和2.78个百分点。为进一步巩固杭州外贸传统优势、加快培育竞争新优势,推动外贸持续健康平稳发展,杭州市研究出台了《关于加快培育外贸竞争新优势的实施意见》、《杭州市人民政府关于推进跨境电子商务发展的通知(试行)》。

出口品牌培育。2015年,杭州市有13家申报企业被认定为2015年度"浙江出口名牌",另有15家2012年度"浙江出口名牌"通过复评。浙江铁流离合器股份有限公司"铁流"等19个品牌和杭州中泰实业集团有限公司"ZHT"等47个复评品牌为2015年度"杭州出口名牌"(有效期为2016—2018年)。

以展会拓市场。积极融入国家"一带一路"战略,高密度搭建展会平台,帮助企业积极开拓国际市场。把企业需求、目标市场、重点展会有机结合,精耕深挖传统市场,着力开拓新兴市场。杭州市商务委组织了多场境内外国际性展会,其中自办展三场:杭州户外家具展、波兰展和土耳其展,首次实现了在"一带一路"沿线国家波兰展和土耳其展的联展。组团参加了春秋季"广交会"、"华交会"、"消博会"、"义博会"等。积极推荐企业参加100个国际性专业展会,以展会拓市场。

组织平台建设。2015年,杭州市商务委组织做好外贸公共服务平台项目申报工作。共初审通过省级出口基地外贸公共服务平台项目5个,其中公共国际营销平台项目1个。做好国家鼓励进口项目申报落实工作,共有35家企业申报196个进口项目。

应对国际贸易摩擦。2015年,组织涉案企业完成了40起国际贸易救济调查案件的排查和应诉工作,其中,反倾销调查32起,"双反"调查6起,保护措施调查2起;涉案企业达355家,涉案金额达1.33亿美元。构建外贸风险防范体系,完善12个省市两级对外贸易预警示范点,发布外贸防风险预警信息1728条、指导涉案企业开展案件应对40多起,并在各自产业中开展行业自律等,充分发挥预警示范点在服务企业防范国际贸易风险中的职能作用。

外贸风险防范。联合中信保公司举办风险信息发布会,多次深入基层开展信保业务咨询和风险信息咨询,提升企业防范风险的意识和能力。加大信保工作推动力度,全年全市出口企业参保1960家,覆盖率为23%;投保额130.34亿美元,同比增长6%,报损案件506起,同比增长10%,报损额11823.51万美元,同比增长25%,挽回损失10360.95万美元,其中直接赔付额为2816.65万美元。

利用外资

2015年，杭州市新批外商投资企业475家，实际到资71.13亿美元，同比增长12.28%，完成全市计划的103.83%，全省计划的112.9%，杭州市连续9年保持全省首位，全省占比41.9%，利用外资总体规模在16个长三角重点城市和全国15个副省级城市中均位居前列。

推进“四大机制”。一是建立重大活动宣传机制。杭州市商务委起草并下发《2015年度杭州市招商引资宣传方案和重大招商宣传活动计划》，同时制订《招商业务培训方案》，重点做好“浙洽会”、全球投资峰会、“海风计划”系列活动的宣传工作；二是建立健全重大外资项目首报、统筹流转机制，结合重大项目跟踪服务制度，排摸、梳理各地重点在谈、在建项目，全年全市累计重点跟踪推进在谈项目117个，合计总投资约110亿美元，合同外资约70亿美元；三是组织对2014年全市招商选资综合评价体系的考核，并进一步修改完善《2015年招商引资目标责任制考核办法》，并组织实施对各地区利用外资目标任务的考核；四是发布《杭州市招商引资产业空间布局导引手册(2015)》，重点对全市市级以上开发区(园区)及其拓展区的主导产业进行明确定位和招商指引。

组团参加重大展会。2015年6月8—12日，第17届“浙洽会”、第14届“消博会”、2015中东欧博览会(简称“两会两展”)在宁波举行。杭州代表团成员共计350余人参加本次活动。全市组织32家企业组团参展“消博会”，共46个展位。共组织参加会上会下签约项目9个，总投资10.9亿美元，合同外资6.5亿美元，平均项目单体投资规模超过1亿美元。杭州市在参展、招商、产业对接等方面均取得了预期效果。2015年9月8—11日，杭州市共130余人组成的杭州市代表团参加了2015厦门国际投资贸易洽谈会。

举办系列招商活动。2015年1—7月，杭州市商务委共举办“海风计划”系列活动6场。4月，杭州市商务委举办招商沙龙系列活动之“移动医疗：趋势背后的逻辑”。9月21—23日，由杭州市人民政府、浙江省商务厅、欧洲货币集团主办的“2015中国全球投资峰会：杭州”在杭州成功举行。11月12—21日，杭州市商务委带队赴日本、韩国、香港特别行政区等国家和地区开展了内容丰富的经贸交流及招商工作。

服务贸易

2015年，杭州市服务贸易实现进出口总额190.33亿美元。其中，出口为127.57亿美元，占总额的67.03%；进口为62.76亿美元，占总额的32.97%。其中，计算机和信息服务(承接国际外包服务)出口51.94亿美元，占出口总额的40.71%；建筑服务出口28.58亿美元，占出口总额的22.41%；旅游服务出口25.50亿美元，占出口总额的19.99%；运输服务出口10.01亿美元，占出口总额的7.85%。全市承接服务外包合同签约额75.02亿美元，服务外包合同执行额69.70亿美元，其中离岸服务外包合同签约额55.24亿美元，离岸服务外包合同执行额51.94亿美元，离岸执行额同比增长26.68%。据对全市重点服务外包培训机构统计，全年累计开班235期，参加培训人员16908人。

服务外包公共服务平台。重点扶持杭州服务外包综合服务平台、服务外包在线教学平台、跨境贸易综合服务平台、大数据及云计算公共服务平台4个服务外包公共服务平台项目。加强对建设中的杭师大人才培训公共服务平台和经济技术开发区人才实训公共服务平台两个人才培训平台的指导。

加快文化产品出口。贯彻落实省政府《关于进一步加大文化出口和走出去的若干意见》和杭州市政府《关于加快文化产品和服务出口的实施意见》，促进杭州市文化贸易发展，积极为杭州市文化出口企业开拓国际市场搭建平台。杭州市共有7家企业入选国家级文化出口重点企业、3个项目入选国家级文化出口重点项目，14家企业入选省级文化出口重点企业、13个项目入选省级文化出口重点项目。

2015年4月23—25日，杭州市组织企业参加第三届中国(上海)国际技术进出口交易会；

6月15—17日，杭州市组织企业参加第十三届中国国际软件和信息服务交易会。8月27—30日，由中国大学生计算机设计大赛组委会主办，杭州市商务委员会、浙江传媒学院联合承办的第三届中国大学生软件与服务外包大赛在杭州举办。9月24—25日，第七届“服博会”在杭州隆重举行，由杭州牵头举办的“跨境电子商务服务创新高端研讨会”和“对日服务外包专题研讨会”取得良好的效果。10月6—9日，杭州市组织了浙江华策、中南卡通、玄机科技、博采传媒、阿优文化、浙江华麦等12家文化出口企业参加法国戛纳秋季电视节，充分展示了杭州影视动漫产业的不俗实力和企业魅力。10月10—12日，杭州市商务委联合浙江省商务厅、省广电局与英国驻沪总领馆等共同在英国伦敦组织举办了中国（浙江)—英国影视文化合作对接会。

对外经济合作

2015年，杭州市实现境外企业中方投资额26.49亿美元，同比增长143.92%，完成年度目标的331.13%。截至2015年12月底，杭州市累计批准对外投资项目1341个，分布于全世界96个国家和地区。对外投资项目规模扩大，项目平均投资额为900.75万美元，项目仍以中方独资为主。承包工程平稳发展，中国联合工程、浙江中地海外、浙江正泰、浙江城建集团、杭州海兴电力科技等大项目带动明显。

对接国家“一带一路”战略。重点跟踪恒逸石化文莱项目、锦江集团印尼水泥项目、泰中罗勇工业园等“一带一路”重点项目。2015年4月，组织13家企业参加在北京召开的“一带一路”项目对接会。重点关注杭萧钢构在蒙古国承建经济适用房项目，该项目合同金额为4.5亿美元。

境外园区建设。在华立罗勇工业园区取得成功的基础上，推进华立集团在其他国家推广这一模式。在缅甸、泰国边界建立跨境工业园区。推动华立集团与富通集团在前期罗勇园区成功合作基础上，在墨西哥靠近美国边界处建立工业园区。积极开展白俄罗斯工业园的相关工作，建立中白工业园的浙江园区。

“网上丝路、杭州出发”。该大型电视宣传活动由杭州电视台派出四路采访小组，对北美、欧洲、澳新、日韩地区的杭州“走出去”企业及在建工程进行实地采访报道，并在杭州电视台第一套节目播出。通过对“走出去”项目的现场报道，极大地提升境外投资工作的影响力。

（杭州市商务委）

2015年宁波市商务

2015年，宁波市商务经济工作贯彻落实党的十八大和十八届四中、五中全会精神，按照全国、全省商务工作的要求，以“四个全面”战略布局为引领，全面深化推进改革任务，主动适应经济发展新常态，坚持稳中求进，积极拓展商务领域新发展，努力提高商务经济发展质量和水平。

国内贸易

2015年，宁波市累计实现限额以上社会消费品零售总额1695.0亿元，比上年增长15.3%；实现限额以上商品销售额12815.2亿元，比上年增长7.9%；实现限额以上餐饮业营业额60.9亿元，比上年增长7.5%。

从消费热点看，继汽车以后尚未形成新的热点商品。根据2015年宁波市商品零售类值分析，汽车占32.3%，生活必需品类占24.7%，石油及其制品类占10.9%，其余商品比重均较小。汽车消费正在经历政策透支探底期、更新换代断档期和4S店过剩期三期叠加的阶段。生活必需品类对零售的支撑作用明显，但尚不足以成为热点商品来激发新一轮消费扩张。目前尚未出现新的热点亮点苗头，未来热点亮点必然将和智能制造与互联网相关联，一旦形成，或许将会对居民生活产生颠覆性变革。

从业态经营看，新兴业态发展短期内难以抵消传统业态收缩的影响。2015年，宁波市五大传统业态一涨四跌。监测的19家百货商场共实现零售额83.8亿元，同比下降4.0%，有12家出现负增长。9家大卖场共实现零售额42.6亿元，同比下降3.0%，其中有5家出现负增长。7家连锁超市共实现零售额75.3亿元，同比增长3.7%，其中有1家出现负增长。4家连锁便利店共实现零售额1.4亿元，同比下降8.4%，其中有4家全部负增长。275家专业店实现零售额641.9亿元，同比下降2.3%，其中有165家出现负增长。传统业态经营形势严峻，销售规模不断缩小。尽管网络零售迅猛发展，但短期内仍难以抵消传统业态收缩的影响。同时网络零售业态更应注重本地企业对周边、全国乃至境外的辐射力和影响力，以防止消费外流，导致出现消费逆差。

从消费价格看，物价低位增长影响名义涨幅提升。2015年，宁波市区居民消费价格总指数累计同比增长1.8%，其中商品零售价格总指数累计仅增长0.4%，物价对名义社零的拉动作用在减弱。从单月看，2015年12月，市区居民消费价格同比上涨2.9%，涨幅较上月扩大0.5个百分点，为近两年来新高，这对12月份的零售总额有一定的提振作用，尤其是食品、烟酒、衣着类价格较大幅度的上涨使得12月份生活必需品类零售额的涨幅进一步提高。但从全年看，物价仍处于低位运行。

从餐饮市场看，总体形势不容乐观。2015年，宁波市累计实现限额以上餐饮业营业额60.9亿元，同比增长7.5%，涨幅排名全省第五，比上年前进一位。按内容分，实现客房收入4.4亿元，同比增长4.5%，餐费收入54.7亿元，同比增长7.8%，商品销售额0.68亿元，同比增长22.2%，其他收入1.1亿元，同比下降0.9%。餐饮市场总体形势不容乐观。

对外贸易

2015年，宁波市进出口1004.66亿美元，进出口连续三年超千亿美元，在全国所有城市中排名第8位。其中出口714.29亿美元，连续两年超过700亿美元,但同比下降2.3%。与全国全省相比,宁波市出口增幅低于全省3.5个百分点,高于全国0.5个百分点。进口290.36亿美元,仍然相对低迷,全年同比下降8%,但分别好于全国、全省6.1个和5.4个百分点。

一般贸易出口进口比重提高,特殊监管区域物流货物进出口增长较快。2015年,一般贸易出口、进口同比下降2%和2.9%,分别占全市总额的83.3%和74.1%,比重比2014年提高0.3个和3.8个百分点。其他贸易项下,特殊监管区域物流货物出口、进口同比分别增长38.5%和8.7%,其中电容器出口和进口分别是2014年的15倍和5.6倍。

日用消费品出口放缓,机电产品出口相对平稳。2015年,服装、纺织、灯具、塑料制品、家具、鞋类、箱包七大类日用消费品出口同比下降3.4%,拖累全市出口增幅1.1个百分点。2015年,机电产品出口同比下降0.7%,占全市出口总额的54.4%,比重比去年提高0.9个百分点。其中,通断保护电路装置及零件、船舶、二极管及类似半导体器件出口同比分别增长9.2%、3.5%和70.1%,但液晶显示板、紧固件出口同比分别下降12%和11.5%。

民营企业出口进口双双增长,重点企业进出口涨跌互现。2015年,民营企业出口同比增长2.1%,拉动全市出口增幅1.3个百分点,占全市出口总额的65.9%,比重比2014年提高2.8个百分点。进口方面,民营企业进口同比增长4.8%,拉动全市进口增幅2.1个百分点,占全市进口总额的49.2%,比重比去年提高6.1个百分点。同期,外商投资企业出口、进口同比分别下降9.2%和16%,均低于全市平均水平。

对美欧出口一喜一忧,对新兴市场出口降多增少。2015年,受美国经济复苏拉动,对美出口逆势增长,同比增幅为3.4%,拉动全市整体出口增幅0.7个百分点。而由于欧元贬值等因素作用,对欧盟出口同比下降3.9%。对日本出口同比下降8.8%,呈现持续下滑态势。2015年,新兴市场中,对中东、俄罗斯、巴西等地出口同比分别下降4.7%、25.7%和20.3%,同期对“一带一路”沿线国家出口同比下降5.9%。对墨西哥、越南出口脱颖而出,同比分别增长16.9%和13.3%。

大宗商品进口量增价跌,从新兴市场进口表现亮眼。2015年,宁波市进口前20位商品进口量同比增长9.6%,但进口均价同比下降19%。其中初级形状的塑料、铁矿砂、二甲苯、纸浆进口量同比分别增长24.3%、5.5%、35%和12.4%,进口价格同比分别下降19.4%、36.3%、31.9%和4.5%。此外,受进口量大增拉动,液化石油气、电容器、成品油进口分别是2014年的2.2倍、4.9倍和2.3倍。2015年,从中国台湾地区、欧盟进口同比分别下降16.6%和12.2%。而新兴市场方面,从韩国、伊朗、巴西进口同比分别增长6.5%、11.4%和4.3%,主要进口商品为初级形状的塑料;从越南、菲律宾、俄罗斯进口同比分别增长42.1%、30.4%和42.7%,分别由纺织纱线、沥青、未锻轧镍等进口大幅增长所致。

利用外资

2015年,宁波市合同利用外资76.5亿美元,实际利用外资42.3亿美元,合同利用外资比上年下降5.1%,实际利用外资比上年增长5.2%。利用外资保持平缓增长。

外资大项目支撑作用突出,世界500强投资项目继续增加。2015年,全市新批总投资(含增资)1亿美元以上项目18个,合同利用外资17.03亿美元,同比增长13.7%,其中新批总投资(含增资)3000万美元以上项目103个,合同利用外资55.6亿美元,同比增长19.4%。全年新批世界500强项目2个。美国雪佛龙公司投资设立润滑油添加剂项目,一期总投资1.6亿美元,宁波市成为雪佛龙奥伦耐润滑油添加剂全球第五个制造中心;香港华润集团投资设立象山华润燃气有限公司,总投资2778万美元,从事象山县域内的管道燃气、瓶装燃气经营。截至2015年底,已有49家世界500强企业在宁波投资兴办110个项目,总投资107.2亿美元。

港资项目份额大幅减少,从欧洲引资显著增长。2015年,全市港资项目实际利用外资21.96亿美元,同比下降21.3%,占全市总额的51.9%,比重比2014年减少17.4个百分点。从欧洲引资高速增长，合计实际利用外资9.13亿美元，是2014年的7.6倍，其中来自英国、德国的实际利用外资分别为6334万美元和8.01亿美元，分别增长17倍和31倍。丹麦、意大利和瑞士等国外资也接连落地。来自美国的实际利用外资3857万美元，与2014年基本持平。

第二产业利用外资过半，第三产业利用外资有所下滑。2015年，全市第二产业实际利用外资22.83亿美元，同比增长21.5%，占全市总额的53.9%，比重比去年提高7.2个百分点。其中石油加工焦炼及核燃料加工业合同利用外资3亿美元，实际利用外资3.33亿美元，交通运输设备制造业合同利用外资、实际利用外资13.57亿美元和8.84亿美元。第二产业项目中，宁波杭州湾经济技术开发区上海大众汽车有限公司宁波分公司一期及扩建项目，合同利用外资和实际利用外资均为8亿美元，是宁波市近年来引进的最大规模外资项目。2015年，第三产业实际利用外资19.37亿美元，同比下降9.6%。主要行业中房地产业、批发零售业实际利用外资同比分别下降9.9%和49.5%，但科学研究技术服务和地质勘查业、信息传输计算机服务和软件业成倍增长，实际利用外资分别是2014年的4.8倍和3.5倍。第三产业项目中，首个中外合资养老项目——宁海县九亲堂长者怡园落地，填补了宁波市外商投资养老项目的空白，同时首家台资银行——兆丰银行落户江东区东部新城，合同利用外资1.6亿美元。第一产业全年实际利用外资仅1388万美元，但比2014年增长3.5倍。

对外经济合作

2015年，宁波市核准中方境外投资额25.11亿美元，比上年增长36.6%；境外承包劳务合作营业额19.07亿美元，比上年增长13.1%。

传统市场继续深化，新兴市场不断拓展。2015年，亚洲仍然是宁波市企业“走出去”的传统热点地区，全年对亚洲地区核准中方投资额15.3亿美元、完成境外承包工程营业额8.5亿美元，占全市总额的61.0%和44.5%，同比分别增长10.9%和25%。2015年，宁波市境外投资国家（地区）新增4个，分别为芬兰、肯尼亚、马达加斯加、安圭拉。中东市场成为宁波市对外承包工程的新增长点，全年共在中东完成境外承包工程营业额3.7亿美元，同比增长52.5%。对“一带一路”沿线地区的“走出去”成为热点，全年共在沿线18个国家设立境外企业和机构49个，核准中方投资额3.6亿美元，同比分别增长81.5%和12.5%。其中，对中东欧地区核准中方投资额1044万美元，同比增长28.5倍；在沿线21个国家完成对外承包工程营业额9.1亿美元，同比增长29.9%。

第三产业境外投资快速增长，对外承包工程结构更趋优化。2015年，以批发零售业、建筑业、文化产业为主要代表的第三产业对外投资增速较快，合计对外投资17.3亿美元，占全市总额的68.9%，同比增长57.3%。其中，建筑业对外投资1.6亿美元，是2014年同期的10倍，这也大幅带动了对外承包工程的多元化发展。2015年，宁波市对外承包工程行业中，房屋建筑、电力工业、制造加工设施建设项目增幅较大，分别完成营业额5.1亿美元、4.3亿美元和3.1亿美元，同比分别增长26.9%，22.6%和16.3%。

大项目支撑作用明显，跨国并购成为境外投资重要方式。2015年，宁波市共核准中方投资额千万美元以上项目46个，合计投资额19.6亿美元，占全市总额的78.1%。截至2015年末，全市经核准中方境外投资额突破100亿美元，达100.1亿美元。全年对外承包工程新签合同额14.1亿美元，其中千万美元以上大项目12个，合同总额7.0亿美元，占全市新签合同额的49.8%。2015年，宁波市企业共开展跨国并购25起，比2014年增加5起，累计并购金额2.5亿美元，同比增长27.3%。宁波双林汽车投资1亿美元收购澳大利亚传动系统国际控股有限公司，成为宁波市2015年最大的并购项目。

境外投资创业基地增加，“走出去”对进出口带动作用加强。2015年，宁波市又新增美联加拿大贸易直销中心、乐歌美国贸易直销中心、巴红加蓬林业园区三个境外基地。现有的15个境外投资创业基地已累计完成中方投资额4.2亿美元，入驻企业65家，实现销售收入2.4亿美元。

2015年，宁波市通过境外企业实现货物出口26.6亿美元，同比增长6.8%；通过境外工程项目带动材料、设备等出口7.3亿美元，同比增长15.9%，分别高于全市出口增幅9.1个和18.2个百分点。全年境外资源回运带动资源产品进口2.78亿美元，同比增长11.3%，高于全市进口增幅19.3个百分点。其中，林业资源和农业资源进口额分别达到1亿美元和1564万美元，同比分别增长45.1%和31.2%。

服务外包

全市完成服务外包执行额186.22亿元，完成国际服务外包执行额12.79亿美元，分别比上年增长32.4%和40.6%。

外包规模稳步扩大，产业结构进一步优化。2015年，全市服务外包产业继续保持快速增长态势，服务外包执行额186.22亿元，其中，服务外包离岸执行额首次突破十亿美元，达12.79亿美元。分产业来看，ITO业务、BPO业务、KPO业务执行额95.3亿元、58.72亿元和32.2亿元，分别占全市总额的51.2%、31.5%和17.3%。其中，KPO业务执行额同比增长45%，工业设计、工程设计、医药和生物技术研发外包等高端业务领域不断拓展。ITO业务中，嵌入式软件合同执行额40.33亿元，占全市ITO业务收入的42%，比重提高5个百分点。BPO业务方面，供应链管理数据库服务合同执行额为40.33亿元，占全市BPO业务收入的43%。

离岸业务继续提升，嵌入式软件服务离岸收入占比过半。2015年，全市承接离岸服务外包执行额12.79亿美元，同比增长40.6%，占全市总额的44.6%，比重提高5个百分点。其中，离岸ITO业务执行额8.2亿美元，离岸BPO业务执行额2.74亿美元，离岸KPO业务执行额1.85万美元，分别占全市离岸总额的64.1%、21.5%和14.4%。从离岸业务细分来看，离岸嵌入式软件服务收入占比56%，企业运营数据库服务收入占16%。

龙头企业带动作用明显，离岸业务发包源分布广泛。2015年，离岸执行额500万美元以上的服务外包企业53家，比2014年增加10家，合计离岸执行额9.91亿美元，占全市离岸执行总额的81.7%。离岸执行额1000万美元以上的服务外包企业32家，比2014年增加7家，离岸执行额8.54亿美元，占全市总额的70.5%。2015年，全市承接离岸服务外包业务的来源地包括143个国家和地区，有23个国家和地区的外包执行金额超过1000万美元，与2014年相比增加了4个，占全市离岸外包执行总额的85.4%。其中香港特别行政区和美国的离岸合同执行额均超过2亿美元，分别为2.47亿美元和2.04亿美元，占全市总额的20.3%和16.9%，位居前二。

（宁波市商务委）

2015 年温州市商务

2015 年，面对严峻复杂的国内外经济形势和持续下行压力，温州市商务系统在市委、市政府的坚强领导和省商务厅的业务指导下，主动适应经济发展新常态，坚持抓调整促转型、抓改革促活力，找准发力点，打好组合拳，全市商务经济运行总体平稳。

国内贸易

2015 年，温州市实现社会消费品零售总额 2674.38 亿元，同比增长 11.0%，其中，限额以上社会消费品零售总额 954 亿元，同比增长 11.9%，增幅居全省前列。实现城镇消费品零售额 2277.82 亿元，增长 11.3%；乡村消费品零售额 396.56 亿元，增长 9.1%。

积极做好促消费工作。全面贯彻落实扩流通、促消费等各项政策措施，消费市场持续好转。在消费品市场中，汽车销量仍居第一，全年限额以上汽车类零售额 423.66 亿元，同比增长 11.3%，拉动限上消费品零售额增长 5 个百分点；通信器材类增长 64.4%，增幅比上年提高 36.3 个百分点；金银珠宝类增长 47.6%，粮油及食品类增长 31.3%，日用品类增长 18.2%，鞋服、针纺织品类增长 26.5%；石油及制品类零售额 156.80 亿元，下降 8.2%。住宿餐饮业营业额增幅稳中有升，全年实现住宿餐饮业营业额 468.81 亿元，同比增长 16%。其中，限额以上餐饮业实现营业额 43.68 亿元，同比增长 9.7%；限额以上住宿业营业额 31.19 亿元，同比增长 1.9%；以“互联网+”为特征的商业模式创新以及线上线下融合互动，成为商贸业持续发展的新动力和新亮点，全年网络零售额 893.55 亿元，同比增长 50.3%。

商贸流通体系不断健全。全市共有流通业法人单位 139668 家，占全市企业法人数的51.82%；共有限额以上贸易企业 884 家，省级重点流通企业 6 家；现有 5000 平方米以上的大型商业网点 38 个，商业综合体 7 家，基本覆盖了鹿城、龙湾、瓯海、洞头等主要区域；餐饮网点 5000 多个，实现线上餐饮营业额 43.68 亿元，年均增长 13.82%。举办 2015 世界瓯菜万人宴活动，推动瓯菜振兴，中央电视台播报了活动情况。深入开展金秋购物节、消费促进月、五马时尚周等系列促销活动，金秋购物节获省优秀组织奖和最受欢迎特色活动荣誉称号。建成南塘风貌街、纱帽河女人街等省级商业特色街 5 条，闻宅巷商业步行街、黎明 92 文化创意街、国智 9 号商业街等市级商业特色街 14 条，温州市第一百货商店等 8 家企业取得“中华老字号”荣誉称号，温州市县前汤团店等 34 家企业取得“浙江老字号”荣誉称号，时代广场购物中心等 4 家企业取得了“达标百货店”称号，弥补了百货业品牌建设的空白。

农村流通体系进一步完善。2015 年，温州市建立健全农村流通网建设项目库，组织召开了全市集中连片推进农产品流通和农村市场体系建设现场会，建立全市农村流通网建设项目月度统计制度，对建设项目进行跟踪和督查，全市 14 个建设项目涉及农产品批发市场、农贸市场、农超对接、农产品加工配送中心、农产品电子商务、物流配送中心等 6 方面内容，计划总投资额 22 亿元，完成投资额 11 亿元，其中已完成建设项目 10 个。大力支持大型公益性农批市场建设，加大对市现代冷链物流中心建设项目扶持力度。

加大成品油市场监管力度。做好“十三五”成品油分销体系发展规划编制。完成油品提升工程，全市国四汽柴油于 2015 年 12 月 31 日前升级为国五汽柴油。加强成品油市场运行监测,积极做好市场供需平衡,确保全市成品油市场供应稳定。做好全市成品油批发、仓储以及市区零售企业年审工作,维护成品油市场管理信息系统的有效运作。

“菜篮子”商品市场供应充足。2015 年,温州市蔬菜总交易量达 118.7 万吨, 同比增长 9.18%;交易额 27.73 亿元,同比增长 3.59%;平均批发价格 4.53 元/公斤, 同比增长 43.35%;全市猪肉交易量 20.75 万吨, 同比下降 4.8%。其中, 市区猪肉交易量 5.99 万吨, 同比下降 13.06%;交易额 11.8 亿元,同比下降 1.67%;猪肉平均批发价格 19.72 元/公斤, 同比增长 13.14%; 温州市区冰鲜水产品成交量达 1.53 万吨,同比增长 6.5%;交易额 3.08 亿元,同比增长 4.76%;平均批发价格 21.67 元/公斤,同比下降 8.76%。

典当拍卖行业保持稳定。2015 年,温州市共有 73 家典当企业,共计典当业务笔数 17603 笔,实现典当金额 31 亿元, 其中房地产抵押业务额 21.8 亿元,占 70.32%,动产质押典当业务额 5.99 亿元,占 19.32%,财产权利质押典当业务额 3.5 亿元,占 11.29%,利息和综合费收入 8859 万元,上缴税金 983 万元,税后利润 1359 万元。全市有省批拍卖独立法人企业 30 家, 共组织各类拍卖活动 502(场)次,总成交额达 54.65 亿元,佣金 3978 万元,营业利润 344.91 万元,营业税及附加费达 206.9 万元。

会展经济持续发展。2015 年,温州市举办进口商品展、文博会、印刷展、名品折扣展等各类展会 57 个, 展出面积 53.04 万平方米, 展位数共 37887 个,参观人数约 102.6 万人次,初步形成一批体现温州市产业优势和文化特色的品牌专业展会。其中举办 2 万平方米以上(不含 3 万平方米)展会 4 个;3 万平方米以上 6 个,有效集聚人气、财气、商气,成为扩大内需、拉动消费的有力支撑点。特别是第十一届浙江(温州)轻工产品暨 2015 国际时尚消费博览会,展出面积 1.8 万平方米,标准展位超 500 个,观展观众达 2.6 万多人次,现场成交 3123 万元,意向成交 1.02 亿元,荣获 2015 年度中国会展业年度大奖 “中国会展经济产业贡献奖”和“2015 年度中国十佳优秀特色展会”荣誉称号。

电商经济

围绕创建国家电子商务示范城市、打造网络经济强市总体目标,温州市商务局积极抢抓发展先机,认真落实扶持政策,网络经济呈现超常规发展、爆发式增长的强劲态势,全年实现网络零售额 893.55 亿元,同比增长 50.32%;居民网络消费额 568.39 亿元,同比增长 44.05%,总额均居全省第三。荣获创建国家电商示范城市 20 强称号,苍南、乐清等 6 个县(市)入围“全国电商百佳县”名单,中国淘宝村数量居全国地级城市首位,中国电商服务指数、电商发展指数和外贸网商密度分别居全国地级及以上城市第 6 位、第 16 位和第 9 位, 电商综合应用水平处于全国相对领先地位。

体制机制不断完善。编制《2015 年度温州市网络经济重点项目计划》、《温州网络经济发展规划(2015—2020)》和《温州网络经济发展三年行动计划(2015—2017)》,制定出台《温州市人民政府关于促进网络经济发展的若干意见》, 明确发展导向。完善落实领导小组成员单位挂钩联系重点企业制度。

电商应用不断深入。全市约 56%规模以上工商企业参与电商应用,新增电商主体建档4000 多家、经营性网站网络建档 6000 多家,温州企业入驻阿里巴巴天猫店达 3387 家。同时,以温州不锈钢电子交易中心为代表的 O2O 模式和以绿森微商城、红蜻蜓尚品要素、美丽木舍为代表的微商经济蓬勃发展,组建温州鞋服、眼镜等电商联盟,组织入驻淘宝网“中国质造”版块。积极利用电商加快专业市场的整合提升,龙湾状元农贸市场成为全国首批获支付宝资助的“智慧菜场”。

产业集聚成效明显。筛选公布《2015 年度温州市网络经济重点企业(园区)名录》,乐清华仪电商产业园等 17 个产业基地列入省级产业基地名录,温州金州电商城、国智电商园等荣获省级重点示范基地,龙湾电商大厦等 10 个产业基地荣获 2015 年度市级 10 大示范基地。同时,瑞安塘下镇等4个镇获2015年中国“淘宝镇”称号，苍南龙港镇芦浦村等56个村荣获2015年中国“淘宝村”称号，平阳卓讯电商城、瑞安马屿农产品电商孵化基地等农业电商集聚区发展良好，集聚效应逐步显现。

创新试点扎实推进。全市建成淘宝特色中国温州馆和阿里巴巴温州(瓯海)、苍南、乐清、平阳、瑞安等产业带共6个，入驻企业总数达21612家，总成交额达84.9多亿元，其中温州(瓯海)、苍南产业带荣获全省优秀产业带。浙江省电商大数据研究院正式落户温州，乐清“八米网”和鹿城“大数据中心”被列入2015年度省级创新项目。绿森数码、红蜻蜓列入商务部2015—2016年度电商示范企业，国技互联、奥康国际等11家企业荣获2015年度浙江省“电商百强企业”称号，评选2015年度温州市网络经济发展典型示范企业59家。国家跨境贸易电子商务服务试点城市申报顺利通过省政府向海关总署备案。

服务体系日趋完善。推进电商普及培训和专业培训体系建设，培育鹿城区众博职业技能培训学校等重点专业培训机构（实践基地)44家，全年累计开展普及培训15.6万人次。强化公共服务平台支撑作用，在服装、鞋革、不锈钢、阀门、汽摩配等领域建立B2B、B2C等行业电商联盟平台、跨境电商贸易平台和专业市场平台；新建社区电商智能终端投递服务站(点)680个、新增农村电商服务站(点)605个，构建覆盖温州市域的城乡电商服务网络；全年快递服务企业业务量累计完成3.76亿件，同比增长73.6%，居地级以上城市第12位，全省第3位；业务收入35.47亿元，同比增长43.1%，居全国地级以上城市第15位。

对外贸易

2015年，温州市货物贸易进出口总额197.5亿美元，同比下降5%，其中出口额173.8亿美元，同比下降6.3%；进口额23.63亿美元，同比增长5.95%，增幅居全省第2。

加大外贸企业帮扶力度。2015年，温州市商务局制定出台《温州市促进外贸出口稳增长十条举措》和《2015年鼓励进口产品目录》，进一步加大外贸扶持力度。鼓励引导和组织企业参加境内外国际性展会，在全省率先出台《温州市商务系统国际性重点展会管理办法(试行)》，制定《温州市2015年度重点国际性展会目录》，确定重点支持的34个境外和11个境内国际性重点展会，超额完成省厅越南自办展、“华交会”纽约展等组展工作，精心组织第25届“华交会”、第117届、118届“广交会”、第14届宁波“消博会”，成功举办2015印度自办展，累计参展企业1400多家，展位数3000多个，取得较好成效。组织开展外贸“双服务”暨“百日攻坚”活动，建立市、县领导挂钩联系外贸龙头企业制度，对217家外贸龙头企业结对，收集解决难题123个；组织开展外贸政策实务培训和银贸对接活动，银行累计授信贷款25亿元。

贸易平台建设稳步推进。2015年，温州市商务局制定出台《关于促进自主出口品牌发展的指导意见》，规范省、市两级出口名牌的评定工作，新增“浙江出口名牌”4个，目前全市共有“浙江出口名牌”68个，“温州出口名牌”161个。继续推进完善鞋类、眼镜国家级出口基地和7个省级出口基地、温州进口消费品集散中心、乐清市创新驱动发展拓市场试点和中国鞋类出口基地国际设计研发中心建设。温州市粮油食品对外贸易有限公司列入首批省级重点培育外贸综合服务企业，平阳出口宠物食品质量安全示范区通过国家级现场考核验收。制定《温州跨境贸易电子商务(出口)试点业务及技术实施方案》，创新提出“一核多区”新模式，方案经省政府同意报国家海关总署备案，启动跨境电商“一中心、两平台”建设，成立温州市跨境电商协会。

公平贸易工作扎实推进。继续加强外贸预警工作，市级预警点20家，省级预警点10家。完善预警网络和机制建设，加强绩效考核与监督检查。积极推动相关商协会和企业应诉美国机械传动部件双反调查、欧盟不锈钢焊件反倾销等案件，美国鞋类337调查结案1起。在国际商报开展温州市贸易救济和产业安全经典案例的宣传活动。

利用外资

2015年，温州市新批外商投资企业44家，合同外资29456万美元，实际外资30123万美元，新批总投资5000万美元以上项目5个，顺利完成省、市下达的3亿美元年度外资任务，蝉联省外资考核B类第一名。大润发、百威英博啤酒顺利落地，康宁医院在香港特别行政区成功上市。其中，百威啤酒为百威英博在中国投资最大的项目之一，也是全市历年外资单体总投资最大的制造业项目。

招商基础不断夯实。修订完善考核办法，进一步落实责任。编制新版招商项目册，根据对韩产业合作方向，完成全市对韩招商项目收集并制作成册，重点涉及现代商贸、养老养生、休闲旅游、时尚产业、汽车关键零部件等行业，同时还编印了韩文版《温州概览》，开展全市历年已引进世界500强、行业龙头企业信息库排摸和世界500强企业投资信息收集工作。

招商活动有声有色。成功举办"2015中韩产业合作(温州)峰会"，顺利揭牌温州韩国产业园，成功在北京、上海、韩国举办对韩经贸合作推介会，与韩国工商业联合会合作设立"中韩经济合作促进中心"，对韩交流不断加深，在韩知名度和影响力不断提升。组织参加浙洽会、厦洽会，举办"海峡两岸(温州)民营经济创新发展示范区"推介会、浙江台湾周等活动，台湾周现场签约项目6个；启动对美交流合作，在底特律成功举办温州—底特律汽配行业对接交流会，与底特律中华商会建立了长效联系机制。

重大项目紧盯不放。积极对接、跟踪推进世界500强等外资大项目，实行重大项目申报和跟踪机制、重点项目审批市、省、部"一条龙"服务，集中精力做好大项目落地的协调和服务工作，重点要推进鹿城区大润发、温州经开区百威啤酒、医乐园和普罗斯物流，乐清市五洲电工电气城并购，龙湾区普罗斯物流、社会福利中心，苍南县海西中山医院、瑞安市华侨总部和蓝睛灵隐形眼镜，平阳县港华休闲养生、永嘉县鹤西山公墓以及瓯江口产业集聚区汽车城和时尚新天地等项目进程。大润发、百威英博啤酒顺利落地，苍南海西中山医院获批，康宁医院境外上市外资审批成功认定。其中，百威啤酒为百威英博在中国投资最大的项目之一，也是温州历年外资单体总投资最大的制造业项目。

平台建设不断加强。完成了《2015年和"十三五"时期温州市开发区整合优化提升发展对策研究》并报省商务厅，力争进一步明确开发区整合优化提升的目标定位、空间布局、发展导向及管理体制，力推温州市省级以上开发区加快整合提升步伐。配合并推动海峡两岸(温州)民营经济发展示范区申报工作，2015年4月份正式获批并进入实质性建设阶段。加快推进温州韩国产业园建设，成功获批省级国别产业园区并制订出台园区发展规划。与大韩贸易投资振兴公社签署共建"中韩经济合作(温州)促进中心"服务平台协议并成功挂牌。

对外经济合作

2015年，温州市新批境外投资项目31个，中方投资额9.73亿美元，增长5.4倍多；对外承包工程、对外劳务合作完成营业额6200万美元，与2014年持平。

积极搭建投资促进平台。组织企业参加浙洽会、厦洽会、东盟博览会、商博会、中丹企业对接会、北京丝路沿线合作项目对接交流会，搭建投资促进平台，增强企业境外业务拓展能力。举办林毅夫专题报告会，帮助企业认清新常态下中国经济转型升级与"走出去"态势。与宁波银行合作举办跨境金融服务论坛，搭建"走出去"投融资合作平台。组织工程企业参加新常态下对外承包工程论坛和业务培训，提升海外市场开发能力和风险管控能力。

主动对接"一带一路"国家战略。温州市在"一带一路"沿线建有4个境外经贸合作园区，发展态势良好。其中，越南龙江工业园迎来发展机遇期，被写入习近平总书记访越时两国发布的《中越联合声明》；全省首个商贸物流园——塞尔维亚贝尔麦克物流园项目启动，成功申报省级境外工业园区，并推动温州制造与商贸物流园结合，积极创建全市首个跨境电商海外仓。乌兹别克斯坦鹏盛工业园积极做好申报国家级园区各项准备工作。全年新批31个项目中有17个位于“一带一路”沿线。

抓好重大项目、重点项目推进工作。超5亿美元特大境外投资项目零突破，青山钢铁投资印度尼西亚镍铁冶炼项目正式获批，中方投资7.7亿美元，已正式投产。海外并购活跃，全年并购项目6宗，占全部项目的20%，奥康集团、森马集团分别收购兰亭集势、ISE跨境电商平台，用于扩充线上销售渠道，以对外投资推动外贸拓市场。正泰集团并购业内著名能源公司——西班牙格瑞博特公司，获取新型石墨烯电池储能技术，以此为切入点抓住可再生能源储能、新能源汽车战略新兴产业发展机遇。

不断推动对外承包工程发展。新批对外工程承包企业2家，累计有对外承包工程资质企业12家，在建工程6项，均位于“一带一路”沿线，涉及行业有电力、矿建、房建，全年完成工程营业额6200万美元，圆满完成省厅目标任务。开展对外承包工程年度监督检查，全部通过省厅核查。开展对外承包工程外派人员管理专项检查，保护外派人员合法权益，保障项目顺利实施。

服务贸易

2015年，温州市服务贸易进出口总额40.8亿美元，其中出口额11.95亿美元，同比增长17.24%，进口28.85亿美元，同比下降4.89%。服务贸易总额占外贸总额比重达17.32%，比上年度提升0.96个百分点。旅游、运输和工程服务三者出口合计占服贸出口总额的79.08%。全年服务外包离岸合同执行额7800万美元，同比增长93.4%。

服务贸易业务有效开展。组织企业参加了中国(北京)服务贸易交易会、中国国际软件和信息服务贸易交易会(软交会)和法国戛纳电影节等境内外服务贸易展会、赴美国服务贸易高级专业人才培训项目等，助推温州市服务贸易企业积极开拓国际市场及学习、借鉴国外先进的服务贸易经营理念。积极培育服务贸易品牌企业，瑞安市东力机械设备有限公司被评定为浙江省服务外包领军企业，温州日报报业集团、奥光动漫集团等6家企业被评定为省级文化出口重点企业。

服务贸易环境不断优化。修订完善2015年度温州市服务贸易考评办法，服务外包以外贸进出口指标15%权重列入县(市、区)考绩法。加大对发展服务贸易的政策支持，制定出台扶持服务贸易发展基地和文化出口企业的政策措施，推进温州高新技术产业开发区、浙江工贸职业技术学院申报省级服务贸易发展基地，提高服务外包人才培训能力和水平，累计对高校毕业生进行服务外包职业培训700余人。完善服务贸易企业数据库，登记进入省服贸统计监测系统的企业已达158家。

(温州市商务局)

2015年嘉兴市商务

2015年,面对错综复杂的宏观环境,嘉兴市商务系统在市委、市政府的正确领导下,在省商务厅的关心指导下,坚决贯彻落实中央、省、市关于构建开放型经济新体制和全面深化改革的决策部署,主动适应新常态,锐意改革创新、着力扩大开放、突出转型提升,积极应对各种挑战,全市商务发展总体平稳,各项改革、创新实现新突破。

国内贸易

2015年,全市社会消费品零售总额1494.57亿元,增长11.0%,增速比上年回落1.5个百分点;扣除零售价格指数实际增长10.3%,实际增速比上年回落0.8个百分点。城镇市场消费品零售额1268.79亿元,增长10.7%,其中,城区市场零售额723.07亿元,增长10.8%;乡村零售额225.78亿元,增长12.4%。全市批零业零售额1345.54亿元,增长10.7%,住宿餐饮业零售额149.03亿元。全市拥有亿元以上商品交易市场67家,总成交额达1509.19亿元,营业面积346.76万平方米。全市获评"省级商贸诚信示范企业"5家;省级特色商业街2条;5家省重点流通企业获得考核优秀表彰。

积极推动流通转型升级。以促进线下线上融合为重点,推进流通转型创新。一是做强线下实体。支持连锁企业发展直营网点和特许经营,扩大连锁经营规模;支持百货和购物中心等零售企业开发自有品牌,提高自营比例。二是拓展线上业务。支持实体零售企业自建电商平台,或在淘宝、京东等第三方平台开设旗舰店。支持餐饮企业发展在线订餐、团购、外卖配送等服务。三是创新发展模式。支持商贸企业利用电子商务平台提供网订店取、网订店送、社区配送、代收货代收费等各类新服务。

加强农产品市场流通体系建设。全市上报10个农产品流通集中连片推进项目,在项目推进过程中加强对项目承办单位的指导,目前已经验收7个项目。在与省商务厅等部门联合举办的第四届长三角地区农超对接洽谈会上,来自长三角地区的137家采购商和236家农产品供应商进行产销对接。嘉兴市共有15家采购商和近40家农产品供应商参会。洽谈会现场,有344家企业达成了349个合作意向,意向成交金额3.39亿元,同比增长25%。

全力推进品牌工程建设。一是抓省级重点流通企业培育和扶持,全市有4家企业在省级考核中名列优秀,优秀率在全省处于领先地位。二是抓老字号挖掘和振兴,取得省级老字号认定3个,首次开展嘉兴老字号认定工作,7家单位通过市级老字号认定。三是抓商业特色商业街创建,有2条街区通过省级认定。四是抓项目工程申报,申报国家茧丝绸项目3个,分别是浙江嘉欣丝绸股份有限公司"金蚕网茧丝绸电子商务交易及信息平台"项目、嘉兴市特欣织造有限公司"桑蚕丝/PLA长丝交织关键技术及新型面料研发"项目和浙江荣大纺织有限公司"双语真丝绸围巾产品的开发"项目,均已完成验收。

推动绿色流通发展。根据省厅工作部署实施"绿色回收+互联网"创建工程,鼓励利用互联网、大数据等现代信息技术和手段构建生活类再生资源线上回收利用平台,并为回收主体与下游利用企业提供信息发布、竞价采购和物流服务,推动再生资源回收行业规模化、组织化、标准化发展。积极做好废旧商品行业集中整治牵头部门的具体工作,确保如期完成整治任务。推广应用流通领域节能减排标准,探索创建集门店节能改造、节能产品销售、包装物和废弃物回收三位一体的“绿色商场”。

加强商务领域市场监管。一是强化单用途商业预付卡管理。加强单用途商业预付卡备案和日常监管工作，强化部门协调会商，适时组织单用途商业预付卡专项检查，督促落实“三项制度”，保障持卡人利益。二是规范零售商、供应商交易行为。加强部门间沟通协调和建立联动机制，加大日常巡查力度，及时处理举报投诉，查处严重违反公平交易的行为，清理整顿大型零售企业向供应商违规收费行为。三是规范成品油市场准入。贯彻落实《国务院关于“先照后证”改革后加强事中事后取消和调整一批行政审批项目等事项的决定》（国发〔2015〕62 号），强化规划引导，简化审批程序，严格准入管理，公开审批流程，加强事中事后监管。四是加强相关行业管理。加强商业特许经营管理，主动承接好省厅下放设区市商业特许经营备案管理工作；做好药品流通行业统计系统填报工作，确保各类信息及时录入、准确无误。

加强监测分析保障市场供应。加强台风期间生活必需品市场预警监测，全面落实生活必需品市场应急保障各项工作，确保防台期间各项物资储备充足，市场供应稳定。防汛抗旱期间，召开市本级企业及各县（市、区）商务部门生活必需品市场的应急保供部署工作会议，密切监测，做好重要商品应急准备，依托商务部应急商品数据库和省生活必需品应急商品数据库平台，掌握全市重点企业的销售和库存情况，能保证在应急状态下，商品储得进、调得动，并对市区几大超市每隔 1 天进行库存统计。落实市本级重点保供企业负责人、联系人 24 小时保持开机。

优化商贸发展环境。发挥嘉兴市“双打”办牵头作用，积极协调有关部门，“打”、“建”两手抓、两促进，着力规范经济秩序。继续抓好“中国制造”海外形象维护“清风”行动，落实《2015—2017 年行动计划》，分步有序开展专项整治；做好“云剑”行动的深化工作，推动建立大数据打假长效机制。

电子商务

2015 年，嘉兴市“电商换市”工作取得较大的进展，电子商务规模和质量水平不断提高，电子商务生态环境不断优化，全年实现网络零售额 835.6 亿元，同比增长 36.8%，总量位列全省第四，占比达 11%，居民网络消费 311.51 亿元，实现顺差 524.09 亿元。全市已开设淘宝商铺 13.6 万家，其中天猫店铺 2600 多家，占全省十分之一，店铺数量位居全省第四。

“三个一批”推动电子商务集聚发展。一是打造一批电子商务集聚区。嘉兴电子商务产业园被评为“浙江省电子商务 10 大产业基地”；海皮城电子商务产业园等 18 个电子商务园、楼宇被列入首批市级电子商务特色产业园（楼宇）创建单位。二是建设一批线上交易平台。淘宝嘉兴“特色馆”入驻商家 156 家，展销产品 130 多种，全年成交额 5.3 亿元，列全省地方特色馆第二；“海皮城”、“经编单品网”、“洲泉蚕丝城”、“中农网”等一系列专业网站已全面运营。三是引进和培育一批龙头企业。五芳斋、嘉欣丝绸、洁阳家居等一批传统企业通过电子商务实现了转型，成为网上单品销售冠军；总投资 60 亿元的阿里巴巴“菜鸟城”、总投资 110 亿元的北大青鸟上海自贸区嘉兴服务中心以及宇培电子商务分拨结算运营中心、海贝尔特色欧洲跨境电商产业园、宝湾物流供应链基地等一批重大项目相继落户。

“四个融合”推动电子商务特色发展。一是与制造业融合发展。开展“嘉兴质造”行动，引导推动传统生产企业触网拓市场，打造“嘉兴质造”品牌，目前累计已有 260 家企业入驻“中国质造”平台，品牌效应初步显现。二是与农业、农村融合发展。组织实施“电子商务进万村工程”，搭建“网货下乡”、“农副产品进城”的现代双向流通体系，切实推动农村传统产业转型升级。海宁许村镇永福村成为省级电子商务示范村，嘉兴三珍斋食品有限公司为省级农村电商龙头企业，桐乡市已成为阿里巴巴首个农村淘宝项目的平原地区试点县。

三是与对外贸易融合发展。推动外贸集中地区加快跨境电子商务园区建设,海宁市被列入全省首批跨境电子商务示范园区培育建设试点县市,桐乡濮院毛衫园区被列为省级跨境电子商务园区,海宁市海派信息咨询有限公司的英国曼彻斯特仓被成功列入浙江省第二批公共海外仓试点项目。四是与居民消费升级融合发展。电子商务在餐饮、住宿、养老、医药以及家政等生活服务领域得到广泛应用。

"三个优化"实现电子商务持续发展。一是优化政策扶持。嘉兴市委、市政府高度重视电子商务发展,市领导对嘉兴市推进电子商务工作多次作重要批示,成立了嘉兴市电子商务工作领导小组,出台《关于大力发展电子商务加快培育经济新动力的意见》。二是优化配套保障。全面推"E邮柜"建设,市本级已建成124个"E邮柜",覆盖主要住宅小区、重点商业楼宇、企事业单位。成立嘉兴市电子商务促进会,坚持政府推动和市场运作有机结合。三是优化创业创新环境。注重人才引进与培养,依托各类职业技术学校和大专院校共建电商人才培育基地。全市已有省级电子商务培训机构17家,省电子商务实践基地10家,组织电商培训200多场,培训人员1.5万人次,多位培训师入围全省第一批电子商务百强名师。举办了电子商务人才大赛、电子商务与互联网创业创新设计大赛等活动,营造良好氛围。

对外贸易

2015年,嘉兴市进出口总额310.85亿美元,同比下降7.8%,进出口增速略好于全国、低于全省水平,在全省进出口总额过300亿美元的4个地市(宁波、杭州、金华、嘉兴)中,总量排第四。其中,出口229.27亿美元,同比下降3.1%;在出口总额超200亿美元的5个地市(宁波、杭州、金华、嘉兴、绍兴)中,总量排第四。进口81.58亿美元,同比下降19.1%。一般贸易出口增长,出口186.14亿美元,同比增长1%,占出口总值的81.2%。

从国家和地区看,与嘉兴市有贸易往来的国家和地区有208个,对美国和部分新兴市场出口增长较快,对欧洲、日本出口持续低迷。其中,对美国出口59.6亿美元,同比增长5.8%,占比26%(占比高于全国平均8个百分点);对东盟出口17.0亿美元,同比增长10.8%;对印度出口6.04亿美元,同比增长6.9%,占比2.6%;对欧盟、日本分别出口52.4亿美元、20.5亿美元,分别下降7.8%、4.6%。

从企业类型看,民营、小微企业出口双降,出口主体结构更趋合理。2015年,嘉兴市新增进出口权备案登记的企业有990家,有出口实绩的企业共5427家,同比增加287家。全市出口主体在不断壮大,出口主体结构更趋合理。全市民营企业出口125.7亿美元,同比下降1.7%,占全市出口比重54.8%,比上年提高0.7个百分点;外商投资企业出口89.8亿美元,同比下降4.7%,占全市出口比重39.2%,比上年下降0.6个百分点。小微企业、出口百强企业出口出现分化。2015年,出口实绩在300万美元以下的小微企业共3872家,比上年增加475家,出口27.9亿美元,同比增长5.9%,小微企业出口占嘉兴市出口比重为12.2%,比上年上升0.7个百分点。

从贸易方式看,一般贸易出口增速快于加工贸易14.6个百分点。一般贸易出口占全市出口比重81.2%(全国为53.5%),较上年提高2.5个百分点。加工贸易出口42.91亿美元,同比下降14.5%。

从行业类型看,传统行业下降明显,高新技术产品出口逆势增长,出口产品结构渐趋优化。2015年,嘉兴市机电产品出口76.6亿美元,同比持平,占全市出口总值的33.4%,比上年上升1个百分点。纺织品出口42.8亿美元,增长0.5%,占比由去年同期的18.0%上升至19.7%。服装产品出口38.7亿美元,下降8.6%,降幅较去年同期扩大6.9个百分点。另有塑料制品、钢铁制品出口分别下降10.5%、12.7%。同期,高新技术产品出口呈现逆势增长,出口11.2亿美元,增长20.3%,较上年同期大幅增长16.1个百分点。此外,家具、箱包和玻璃分别出口18.4亿美元、9.7亿美元、6.7亿美元,同比分别增长7.5%、0.9%、4.6%。

进口商品结构逐步改善。2015年,全市进口

81.6 亿美元,同比下降 19.1%,降幅分别比上年同期扩大 17.4 个百分点。一是从进口市场看,从前三大进口市场进口量普遍下降,日本、东盟、欧盟分别下降 23.9%、13.8%、17.4%。二是从进口企业看,进口龙头企业拉动力有所减弱。2015 年,全市共有进口实绩的企业 2239 家,同比增加 80 家。其中前 20 位企业的进口总额为 27.3 亿美元,同比下降 33.1%,占全市进口的比重达 33.5%,比上年下降 7.2 个百分点。在这 20 家企业中,进口额超 1 亿美元以上且增速低于全市进口平均的企业有 5 家。民营企业、外资企业分别进口 34.3 亿美元、43.0 亿美元,同比分别下降 23.5%、17.7%。三是从进口商品看,全市进口有机化学品 13.4 亿美元,下降 40.4%。进口机械类产品、矿物燃油、钢铁制品、塑料制品、木制品分别同比下降 21.6%、26.4%、22.4%、27.6%、17.9%。

利用外资

2015 年,全市合同利用外资 48.72 亿美元,同比增长 10.3%;实际利用外资 26.84 亿美元,同比增长 7.6%。全市总投资 1000 万美元以上大项目 167 个,合同利用外资 39.57 亿美元,占全市合同利用外资总额的 81.2%,其中,总投资 3000 万美元以上大项目 67 个,总投资 5000 万美元以上大项目 38 个。全年引进世界 500 强企业投资项目、国际行业领先企业投资项目和总投资超亿美元产业项目 29 个。引进 1 个总投资超 20 亿元项目,为嘉兴石化 PTA 项目;引进 1 个总投资超 50 亿元项目。

投资来源进一步多元化。中国香港特别行政区是第一大来源地,合同、实际利用外资分别为 29.73 亿美元、14.4 亿美元,分别占全市总量的 61%和 53.6%。来自西方七国(美、英、法、德、意、加、日)的合同利用外资和实际利用外资分别占全市总量的 6.7%和 7.1%。来自欧洲国家实际利用外资 2.4 亿美元,同比增长 33.7%,来自北美实际利用外资 4252 万美元,同比增长 30.9%。来自日本实际利用外资 9423 万美元,同比下降 35.1%。

产业结构进一步优化。全市第一、二、三产业合同利用外资比重分别为 0.6%、56.7%和 42.7%,实际利用外资比重分别为 0.8%、68.9%和 30.3%。第二产业制造业利用外资保持稳步增长,合同利用外资 27.62 亿美元,同比增长 23.1%;实际利用外资 18.5 亿美元,同比增长 9.2%。服务业利用外资结构进一步优化,实际利用外资 8.14 亿美元,同比增长 5.7%,其中商务服务、科技交流和推广服务、金融服务、专业技术服务等行业增幅较大,同比分别增长 372%、110%、52%、51%。房地产实际利用外资今年以来已连续 12 个月出现两位数下滑,全年到资 1.99 亿美元,同比下降 39.6%,占全市总量比重为 7.4%,占服务业总量比重的 24.4%。

开发区平台功能作用明显。省级以上开发区合同利用外资 28.19 亿美元,同比下降 2.7%,占全市合同利用外资的 57.9%;实际利用外资 18.79 亿美元,同比增长 8.5%,占全市实际利用外资的 70%。嘉兴市引进的 20 个总投资(增资)超亿美元生产性项目中有 13 个落户开发区。

引资方式进一步创新。一是增资扩股稳步增长,全市合同利用外资中增资金额 17.6 亿美元,同比增长 18.2%,占全市合同外资总量的36.1%。二是以民引外稳步推进。新设外资并购企业 11 家,合同利用外资 2068 万美元。三是引进新业态项目实现新突破。2015 年共引进了具有总部性质的外资投资性公司 4 家,创历史新高。

对外经济技术合作

2015 年,嘉兴市境外投资总额 7.55 亿美元,新批境外投资项目 49 个,其中中方投资额 6.22 亿美元,同比增长 99.6%。全市境外承包工程和劳务合作营业额 1.32 亿美元,同比增长 15%。当年新增 2 家企业获得对外承包工程资质,累计已有 14 家企业获得该资质。投资国家(地区)达到 22 个,对"一带一路"沿线国家的投资项目达到 10 个,对外直接投资 1.37 亿美元,占 22%。

境外投资大项目和增资项目贡献突出。对外直接投资 500 万美元以上的投(增)资项目 17 个,投资额 5.81 亿美元,占对外直接投资总额的

93%。其中1亿美元以上项目2个,分别为:浙江华友钴业股份有限公司为刚果东方国际矿业有限公司增资2.35亿美元,项目为采矿业项目;新湖中宝股份有限公司投资1.1亿美元在澳大利亚珀斯设立澳洲兴澳投资有限公司,项目为房地产项目,主要经营房地产、节能产业、新能源产业、环保产业、传媒等项目的投资业务。增资项目11个,增资额3.67亿美元,占投资总额的59%。

境外投资行业趋势明显。采矿业项目2个,投资额2.4亿美元,占比38.6%;批发零售业项目41个,投资额1.36亿美元,占比21.9%;制造业项目14个,投资额1.35亿美元,占比21.6%;房地产项目1个,投资额1.1亿美元,占比17.7%;商业服务业项目3个,投资额128万美元。

服务外包

2015年,嘉兴市服务外包接包合同签约金额19.78亿元,同比增长49.5%;合同执行金额14.58亿元,同比增长34%。其中,离岸外包合同执行金额1.25亿美元,同比增长60.2%。全市新增外包业务注册企业48家,累计达到380家,其中有业务实绩的企业217家,比上年增加48家。行业从业人员6931人,累计培训人才2363人。

服务外包结构不断升级。从接包合同业务来看,信息技术外包(ITO)、业务流程外包(BPO)、知识流程外包(KPO)的业务合同金额分别为1.72亿元、3.84亿元、4.74亿元,分别占合同总额的16.7%、37.3%、46%;从合同执行来看,信息技术外包(ITO)、业务流程外包(BPO)、知识流程外包(KPO)的合同执行金额分别为1.21亿元、2.60亿元、3.51亿元,分别占合同总额的16.6%、35.5%、47.9%。信息技术外包(ITO)、业务流程外包(BPO)、知识流程外包(KPO)的合同执行金额比例为17:35:48,呈现出由中端的业务流程外包(BPO)向高端的知识流程外包(KPO)业态发展的良好趋势。

服务外包集聚效应明显。一方面,从示范园区来看,省级、市级服务外包示范园区共完成接包合同签约金额、执行金额、离岸执行金额分别为15.02亿元、10.39亿元、7088万美元,分别同比增长39.7%、26.3%、44%,分别占全市总额的76%、71.29%、56.6%。从企业主体来看,全市合同执行金额超过100万美元的企业有60家,比2014年同期增加了8家,总金额达12.68亿元,占合同执行总额的87%。

(嘉兴市商务局)

2015年湖州市商务

2015年，湖州市商务工作面对国内国外经济发展新常态，认真贯彻落实省、市各项重要决策部署，突出抓好“拓市场、促消费、扩投资、保供给、强自身”各项工作，不断加快商务改革创新发展，全市商务经济呈现平稳健康运行态势。

国内贸易

2015年，全市实现社会消费品零售总额963.92亿元，同比增长10.6%，其中，限额以上消费品零售额372.72亿元，增长9.2%。实现商贸业增加值320.38亿元，对全市GDP和服务业增加值增长的贡献率分别达到14.3%和25.8%。

育品牌、调结构，致力于培大育强出精品。重点在贸易批发、商业零售、新型业态、宾馆酒店和专业市场等行业培育50家现代商贸业优强企业和8家省重点流通企业，实施分类指导，加快转型升级，促进做大做强。加大培育发展39家“浙江老字号”、7家“中华老字号”品牌，出台了《湖州老字号认定办法》，启动湖州老字号认定工作。狠抓家政服务体系建设试点工作，完成了对“96345”——家政服务网络中心建设项目和湖州蓝海物业管理有限公司大型家政服务企业培育项目的验收工作，进一步提升了湖州家政服务水平。推进商业特色街区建设，继德清余英坊商业街、衣裳街历史文化街区被评为浙江省特色商业示范街后，南太湖湖鲜特色商业街被评为省第三批特色商业示范街。做好城市共同配送试点工作，湖州市被列为第一批浙江省城市共同配送试点城市，将立足“大物流”，按照“政府引导、企业主导、示范带动”原则，明确三大建设重点，四家承办企业，做好项目承办工作。为大力促进小微企业持续健康发展，全市152家批发零售、住宿餐饮业小微企业完成“限额以下”转“限额以上”工作。指导服务鼎力内资融资租赁试点，已通过商务部、税务总局核准。安吉县被列入浙江省第四批再生资源回收利用体系建设试点县。

重创新、建网络，致力于多方联动促消费拓市场。湖州市政府成立了流通与消费工作领导小组，合力共同推进消费促进工作。围绕“倡低碳、促消费、守诚信”活动主题，组织开展消费促进月活动。全市累计举办各类活动26场，参与企业（商家）837家，实现销售额（营业收入）5.31亿元。联合湖州市经信委、市旅委和市文广新局共同举办金秋购物节活动。开拓国内市场。实施“浙江名品进名店”工程，组织企业参加浙江名品进名店对接活动，与杭州解百集团股份有限公司和杭州联华华商集团有限公司举办现场对接会，推动湖州名品进驻省内外名店，提高湖州名品在中高端渠道的比重。扩大进口消费，首次举办了上海自贸区进口食品湖州展，湖州星火百货都特进口商品直销中心暨第一届“一带一路”跨境商品展，深受消费者青睐。加大对浙江南浔建材（家居）市场浙江商品国际采购中心培育对象的培育力度，已确认为浙江建材（家居）国际采购中心，打造湖州产品实体公共营销平台。贯彻落实全省“农产品骨干流通网络建设”工程，跟踪推进长兴新农都农产品物流中心、湖州市农产品物流集散中心项目。完成2014年度省级农村市场与农产品流通集中连片建设10个试点项目建设和验收，加大政策支持力度。组织开展农超、农商对接活动。深化开展“美丽湖州·美味湖州”活动，会同湖州市餐饮商会联合举办“舌尖上的湖州”获奖菜点品鉴会暨“三名”工程烹饪电视大赛颁奖大会、“舌尖上的湖州”——吃货节，推进湖州餐饮企业品牌与“湖州菜”品牌培育，大力发展大众餐饮。组织企业参加浙江餐饮美食博览会暨厨师节、中华老字号精品博览会等国内重点展会,彰显湖州美食文化、老字号地域特色,体现文化传承,展示文化魅力。为助推湖州食品产业加快发展,开拓市场,打响湖州产品品牌,组织全市30家食品企业参加2015年中国食品博览会,成交额100余万元,签订意向50多份。

强保障,惠民生,致力于社会和谐发展。强化米袋子安全保障。以建立健全粮食安全体系为目标,以稳价保供为己任,组织实施全社会粮、油供需平衡。强化粮食安全应急保障,加强粮食市场监测分析,加强与粮食主产区的产销合作,发展和巩固多种层次、多种形式的粮食产销协作关系,吸纳市外粮源,拓展市外销售市场。严格粮食储备制度,加强与财政、农发行的沟通、协调,落实工作措施,确保市、县储备粮油规模、仓储和费用"三到位"。进一步加强储备粮轮换管理,指导服务企业把握储备粮轮换时机和进度。抓好粮食、食用油库存清查工作,确保储备粮、油数量真实,质量良好。推进仓储规范管理,以创"星级"粮库、仓储规范化管理为目标,进一步提升粮食仓储管理水平。深化粮食购销管理,按照军粮供应规范要求,规范军供网点管理。做好拥军工作,筹措军供粮源,确保军粮供应数量和质量,努力提高军供服务质量。开展"订单粮食"收购,落实粮食最低收购价等粮食购销政策。开展"放心粮油进农村进社区"活动,推进粮食网上交易平台建设,扶持、鼓励粮食企业做大、做强、做优。加强区域合作、企业采购、商品储备,全面落实粮食、食用油和生猪等"米袋子"、"菜篮子"商品储备,全年全市落实储备粮14.98万吨(其中成品粮3200吨)、食用油1190吨。推进落实"菜篮子"工程建设。全市落实3.8万头生猪活体、140吨冻猪肉储备计划,并加强日常监管;启动并完成了"菜篮子"工程商贸流通项目建设资金补助;确定18家预警监测点加强汛期及台风、强暴雪冰冻天气期间日报预警监测,落实30家应急企业、90个应急网点列入应急响应企业,强暴雪冰冻天气期间,结合春节市场供应,应急调拨市本级8个储备场储备猪肉400头(实际到位236头),落实鲜绿多及农批市场66户经营大户蔬菜2820吨投放市场,同时落实省级储备猪肉1200头分别投放湖州、杭州市场,全年市场供应保障有序。启动粮食、成品油、蔬菜、生活必需品等应急预案修订工作。

讲规范、强监管,致力于安全生产零事故。加强部门合作,完善重点行业、重点企业和重点商品的专项调查工作机制。加强月度、季度、年度、国庆、春节黄金周及雨雪冰冻天气与市场波动时期市场预警监测工作。加强成品油市场监管,严把成品油经营企业年检关,加强加油站散装汽油购销管控工作,完成了车用汽柴油升级工作,保障市场工作。扎实做好安全生产监管工作,建立健全安全生产领导小组,健全完善"党政同责、一岗双责、失职追职"工作机制,加强对所属商贸企业安全生产监管,加强安全生产目标责任制考核,加强商务系统重点领域事故隐患排查整治。推进商务诚信建设,积极培育商贸流通业诚信示范企业,全市8家企业被认定为浙江省商贸流通业诚信示范企业,1家获评"全国诚信双优示范单位"。扎实牵头做好打击侵犯知识产权和制售假冒伪劣商品行为工作,开展了全市互联网领域、成品油市场、旅游纪念品市场等领域的打击侵犯知识产权和制售假冒伪劣商品专项行动。开展了零供交易监管工作。开展单用途预付卡已备案企业以实名登记、限额发行、非现金购卡制度、发卡企业存管资金为重点的专项检查。推进报废汽车回收拆解升级改造,完成车用汽油从国四到国五、车用柴油从国三到国四标准置换工作;组织开展生态文明城市建设,按部门职责实施整治淘汰黄标车、小锅炉及整治提升露天煤堆场等有关工作。扎实推进商贸行业节能降耗工作,加强重点流通企业节能降耗监测,督促大型商场超市、专业市场严格执行室内空调温度设置规定,全系统综合能耗下降4%。认真开展文明餐桌活动,提倡节俭文明用餐。

电子商务

2015年,全市共实现网络零售额223.57亿元,占全省比重2.94%,同比增长84%,高于全省平均34.1个百分点,增速居全省第三;实现居民网络消费额163.43亿元，占全省比重4.07%，同比增长54.7%，增速居全省第一，实现顺差60.14亿元。

四进工程加快实施，电商普及应用明显提升。制订出台《湖州市全面推进生产企业利用电子商务开拓市场的实施方案》、《湖州市推进专业市场电子商务发展的实施方案》，大力推进电子商务进企业、进市场，2015年，已推动591家规模以上工业企业、13个专业市场实现电子商务应用。全面实施“电子商务进万村”工程，建成750个农村电子商务服务站，基本实现全覆盖。大力推进社区电子商务配送网络建设，制订出台《湖州市社区电子商务“E邮柜”建设实施方案》，“E邮柜”建设被列入2015年度市政府“十大民生实事”，建成306个“E邮柜”，扎实推进96345、长兴帮、智慧安吉APP等本地线上生活服务平台以及e桌美味、鲜绿多等便民电子菜场的建设。

加快特色产业和电子商务融合发展。2015年推动安吉产业带上线，织里产业带被评为2015年度省级优秀产业带，另建有“织里童装批发商圈”、“浙江南浔建材市场”、“湖州金牌商家”、“长兴轻纺城纺织品交易商圈”、“德清新安围巾市场”五个阿里巴巴特色站点。加快地区线上专区建设，市及三县均在淘宝网建立了特色馆、在1号店开设了特产馆。

大力发展跨境电子商务。积极发展跨境电商出口业务，已建成3个专业型跨境电子商务平台，上线企业近300家；安吉上港跨境电子商务产业园入选第二批省级跨境电子商务园。积极发展跨境电商进口业务，菱湖互联网＋浙北海外精品小镇、都特进口商品直销中心（星火O2O平台）等在2015年正式上线开业。

示范创建成效显著，创业创新环境日益优化。吴兴区成功入选“第二批省级电子商务示范县(市、区)”，获评浙江省“电商换市”创新样本；浙江欧诗漫集团有限公司入选商务部“2015—2016电子商务示范企业”及省级电子商务示范企业；织里童装电子商务产业园获评省级电子商务示范基地，另有3个项目入选首批省级电子商务创新试点项目，带动湖州市电子商务应用和模式创新。

优化公共服务，实施电子商务培训“万千”计划，2015年，完成电子商务知识普及1.6万人，培训各类电商企业超千家；精心举办湖州市“赢在青春”高校毕业生（青年）创业大赛、“邮储银行杯”湖州农村青年电商创业创富大赛等活动，搭建大众创业、万众创新的平台。积极开展电子商务专题宣传报道，特别是利用“湖州电商网”及微信、微博提供实时资讯服务，营造良好发展氛围。

对外贸易

2015年，全市实现外贸进出口总值636.4亿元，同比增长3.7%，其中，出口552.5亿元，增长2.1%；进口83.9亿元，增长15.3%。以美元计，进出口总值102.6亿美元，增长2.7%，首次突破百亿美元大关，其中，出口89.1亿美元，增长1.1%；进口13.5亿美元，增长14.3%。

外贸出口市场稳中有升。2015年，全市对欧美日港四大传统市场共出口48.37亿美元，同比增长4.8%，增幅高于全市平均4.2个百分点。虽然传统市场保持正增长，但是除欧美外，日港均为负增长。对美出口持续增长，全年出口22.14亿美元，同比增长12.2%；对欧盟出口21.43亿美元，同比增长0.4%；对日本、中国香港特别行政区分别出口3.72亿、1.07亿美元，同比下降6.2%、1.3%。通过实施“市场多元化”战略，鼓励湖州市工业初加工品、日用消费品等抢占新兴市场。对墨西哥、南非、孟加拉国出口分别同比增长10.8%、17.0%、12.3%。对“一带一路”沿线国全年出口22.62亿美元，同比下降6.2%。对全球人口超亿以上12国共出口39.27亿美元，同比增长2.6%。

外贸产品进出口表现各异。2015年，机电、高新产品出口保持良好增势，分别出口29.76亿美元和2.76亿美元，同比增长4.7%和25.4%，分别高于全市平均4.1%、24.8%。机电产品出口额占全市出口额的33.6%，已成为湖州市第一大出口产业，拉动全市出口增长1.5个百分点。以“电机、电磁线、电梯”为代表的“三电”板块，增长势头强劲，同比增长20.3%。湖州市工业“3＋3”产业在严峻的大环境下,出口总体保持稳定,先进装备、新能源两大产业出口增幅分别达到10.9%和19.1%。纺织原料及制品出口28.19亿美元,同比下降3.8%,较上月降幅收窄0.8个百分点;农副产品共出口7.23亿美元,同比下降6.0%。进口方面,主要进口商品中的木及木制品、塑料制品、油脂及原料、皮革制品和矿产品均呈负增长,其中后两者进口降幅超30%;而机电设备及零部件和贱金属及制品进口增幅分别高达79.5%和51.9%,两者共拉动全市进口增长18.5个百分点。

外贸主体队伍日益壮大。2015年,全市共新备案企业507家,培育外贸进出口实绩新企业319家。通过集中政策和资源要素,鼓励企业做大做强。全市50强企业出口增幅高于全市平均4.5个百分点。通过近三年持续推进"三个转变"工作,促进本地企业更多地承接出口订单,更快地拓展"两个市场",更好地利用"两种资源",成效明显。全年已新增"三转"出口额3.22亿美元,完成年度计划的100.7%。

外贸出口自主品牌不断增强。2015年,全市"浙江出口名牌"新增12项,占全省年度新增数的17.1%;"湖州出口名牌"新增16项。截至2015年底,湖州市拥有"浙江出口名牌"53件,"湖州出口名牌"104件。2015年度全市自主品牌产品实际报关出口金额22.2亿美元,占全市全年出口额的25.0%。自主出口品牌企业以全市不到0.4%的外贸主体数量占到全市出口1/4的份额,已经成为湖州市外贸发展至关重要的部分。

利用外资

2015年,全市共批外资及港澳台资项目185个,完成合同外资及港澳台资16.63亿美元,同比增长5.7%;实到外资及港澳台资9.42亿美元,同比下降4.3%。两项指标总量均列全省第四。

"大好高"项目带动明显。坚持"招大、引强、选优"思路不动摇,全面实施外资"大好高"项目引进推进工作,出台2015年外资"大好高"项目实施计划、考核办法和认定办法,定期开展项目督察、评审和"亮晒"等工作,引进、推进一批外资"大好高"项目。2015年,全市经认定引入外资"大好高"项目33个,推动19个项目开工建设、28个项目竣工投产,实现"大好高"项目合同外资12.23亿美元,实到外资6.36亿美元,分别占全市合同外资、实到外资总额的73.5%和67.5%。新批准总投资5000万美元以上项目14个,同比增加3个,其中超亿美元项目4个。新引进世界500强企业投资项目——国际商业机器(中国)有限公司德清分公司。

利用外资结构有所优化。2015年,全市利用外资结构得到进一步优化。从产业分布看,新批准第一、二、三产业项目数分别为3个、91个和91个,合同外资产业结构比例为1.3%、28.9%和69.8%,实到外资产业结构比例为3.7%、32.4%和63.9%;其中服务业引资增势明显,共实现合同外资11.6亿美元、实到外资6.0亿美元,同比分别增长57%和53.9%。从资金来源看,中国香港特别行政区、投资性公司、美国、英属维尔京群岛和中国澳门特别行政区为湖州市前五大外商直接投资来源,在全市实到外资总量中占比达到88.7%;中国香港特别行政区仍是湖州市最大引资来源地,全市实际吸引港资6.2亿美元,同比增长4.9%,占全市总量的65.9%。

利用外资方式继续拓展。2015年,通过大力引导和推进"融资租赁"、"境外上市"、"投资基金"、"外资并购"、"股东贷款"等有效利用外资的新方式,继续拓宽外资引进渠道。全年新批增资项目46个,增合同外资3.78亿美元,实际到资6260万美元,分别占全市的24.9%、22.7%和5.36%。全年湖州市成功推动外资并购项目8个,涉及并购金额4.73亿美元,同比增长380.7%。实到外方股东贷款7334万美元。

园区平台建设加快推进。省级德清经济开发区成功升级为国家级高新技术产业开发区,吴兴工业园成功升级为省级吴兴经济开发区。启动全市国际产业合作园创建及建设工作,中德(长兴)产业合作园获批授牌,成为全省第一批11个国际产业合作园区之一;加快推进中美(湖州)产业合作园、中韩(吴兴)产业合作园创建。2015年,全市各级开发区(园区)共完成新批外资项目

136个，其中新批外资企业74家，完成合同外资14.8亿美元，占全市总量的89%；完成实到外资7.86亿美元，占全市总量的83.4%，在全市新批的27个总投资3000万美元以上的项目中，有22个落户在各级开发区(园区)。在全省各级开发区中保持稳定地位。其中，湖州开发区、长兴开发区分别位居全省国家级开发区实到外资总量的第11名和第15名；德清开发区、安吉开发区、南浔开发区分别位居省级开发区实到外资总量的第9名、第12名和第21名。

产业招商力度继续加大。2015年，围绕构建湖州市“4+3+N”产业体系，积极利用多种渠道开展产业招商，促进湖州市产业转型升级与结构调整。围绕产业招引方向，修订完善全市利用外资排名考核办法，进一步加大对项目质量和项目进度的考核权重。精心组织各类产业招商活动，参与或组织开展各类对接会、推介会，推介湖州市重点发展产业和投资环境；接待了美国亚洲投资商团、美国幼发拉底等投资商来湖考察洽谈。通过招商推介及拜访接待活动，既宣传了湖州市投资环境，广泛接触了海内外重要客商，又促成了微软IT学院、天心天思等一批优质项目成功落地。

对外经济合作

2015年，全市经审批和核准的境外企业(机构)43个，投资总额16.3亿美元、中方投资额12.4亿美元。中方投资额同比增长226%，总量居全省第四，增速列全省第二；其中，境外总投资超千万美元项目9个，合计境外中方投资额11.84亿美元，占全市总额的95.5%。最大项目为美都能源增资9.48亿美元，该项目累计境外中方投资达到13.96亿美元。完成境外营业额3201万美元，同比增长25%，两项指标均超额完成省市下达的目标任务。

境外营销网络不断延伸。深入实施国际营销网络建设三年行动方案，全市新设境外营销网络项目37个、增资项目6个，主要分布在美国、中国香港特别行政区、阿联酋等湖州市主要出口市场的14个国家和地区，实现境外带动出口额6.5亿美元。湖州市首个海外品牌展示(贸易)中心——阿布扎比湖州产品产销中心正式营运。企业跨国化经营意识不断增强，走出去并购境外公司、品牌、渠道逐渐升温，全市共并购境外企业9家，并购额达1.86亿美元，总量创历史新高。

积极对接“一带一路”战略建设。紧紧抓住国家发展“一带一路”战略机遇期，启动沿线国家项目布点工作。指导企业做好境外投资各项前期准备工作，确保每个项目“早对接、早准备、早报批”。引导鼓励企业重点关注和参与沿线国家的项目投资和建设。引导元森态塑木科技有限公司在罗马尼亚设立生产基地。跟踪服务中材重机投资塔吉克斯坦水泥生产线项目，推动项目开工投产；推动安工控股分别与哈萨克斯坦的尤马伊库有限公司、吉尔吉斯斯坦的尤马尤库有限公司正式签订并购协议。全市投资“一带一路”沿线项目11个，投资总额6284万美元，中方投资额5796万美元。

开展各类境外投资促进活动。有效利用境内外各类重大投资推介和经贸促进活动，帮助企业拓展市场，进一步激发了企业家“走出去”的意识，为企业寻找对外投资合作项目搭建有效促进平台。

服务贸易

2015年，全市服务贸易进出口总额10.97亿美元，同比增长20.5%，占外贸总额比重9.7%，比2014年提高1.4个百分点。其中，服务出口6.55亿美元，同比增长16.6%；服务进口4.42亿美元，同比增长26.6%。完成服务外包合同额2.83亿美元，执行额2.51亿美元，同比增长37.9%，其中，离岸外包执行额1.25亿美元，同比增长53.1%。

服务贸易规模进一步扩大。2015年，全市国际服务外包等7个服务贸易领域进出口增幅都超过20%，其中离岸外包、保险和教育服务同比增长超五成，通信服务激增580倍。从出口看，文化服务由于统计口径的调整同比增长40倍，保险、教育和建筑等服务出口增速分别为112.9%、91.6%和25.4%，全市服务贸易规模快速扩大。

服务贸易结构不断优化。2015年，传统的运输、旅游和建筑三大服务贸易传统领域进出口额为6.79亿美元，但平均增幅仅为10.8%，低于全市服务贸易平均增幅，并且在服务贸易总量中所占比例仅为73.4%，低于上年度6.1个百分点。与之相反，国际服务外包、金融、保险、通信、文化等新兴领域增幅均超过了50%，其中国际服务外包已成为仅次于旅游和运输的第三大出口领域。

服务外包呈现新的格局。2015年，湖州市承接美国、英国、日本的服务外包执行额分别为2489万美元、1169万美元和877万美元，合计占全市离岸服务外包执行额的36.3%，欧美和东亚仍是湖州市最大的服务外包客户来源地。同时，2015年承接“一带一路”沿线国家的服务外包业务量明显增长，全年执行金额2698万美元，同比增长1.25倍，占湖州市离岸外包接包总额的21.6%，比2014年同期提高了5.5个百分点，“一带一路”沿线国家购买计算机、信息等服务的需求凸显。

行业统计工作不断规范。根据商务部发布的新版服务外包统计报表制度，以及全面改版与升级的商务部服务外包统计管理系统，对5年来系统内所有企业与合同进行清理与核查，清理了一批已注销或迁离湖州的企业；梳理了一批长时间未上报合同的企业；摸排了一批尚未在统计系统注册的企业，进一步规范了服务外包的统计。在服务贸易统计方面，继续扩大服务贸易统计监测系统的入库企业范围，2015年，新增入库企业51家，其中文化企业12家。在实现了县区月报表制度的基础上，更细化了对全市服贸发展运行情况的分析。

打造在岸外包网上平台。积极筹建湖州市在岸外包互联交易平台，并于2015年12月正式上线运营。该平台以“互联网+”的思维，充分借助网络化手段，以移动APP终端形式，实现产业链中各主体之间的交易、交流、资讯、服务互通互联，成为湖州市推动服务外包创新发展所做的一次新探索和新尝试。截至2015年底，平台上线企业已达41家。

创新方式引育外包人才。大力开展第三届湖州市服务外包创新应用大赛等系列活动，积极挖掘、选拔服务外包创新人才。成立包括政府商务部门、重点服贸企业、中高等职业院校以及培训机构在内的湖州市服务贸易人才联盟，开展校企人才对接活动，促进服贸人才队伍建设。截至2015年底，联盟已搭建校企实训基地2个，完成实训学生800余名，成功签约100余人。

（湖州市商务局）

2015年绍兴市商务

2015年，绍兴市商务工作在浙江省商务厅和绍兴市委、市政府的正确领导下，面对错综复杂的经济发展环境，全市上下坚定信心，危中谋机，围绕"拓市场、促消费、扩投资、创优势、优服务"的中心任务，坚持稳中求进，加快发展方式转变，确保全市商务工作平稳持续发展。

商贸服务

全市消费品市场总体平稳。绍兴市全社会消费品零售总额1621.06亿元，同比增长9%，社零按销售单位所在地分：城镇社会消费品零售总额1305.39亿元，同比增长9.1%；乡村社会消费品零售总额315.67亿元，同比增长8.7%；按行业分：批发业实现零售额102.27亿元，同比增长14.5%；零售业实现零售额1385.85亿元，同比增长8.0%；住宿业实现营业额25.93亿元，同比增长9.3%；餐饮业实现营业额107.02亿元，同比增长17.4%；重点流通企业运行平稳。被列入全市监测的22家重点百货零售企业共实现营业额98.0亿元，同比下降2.3%；20家重点住宿餐饮企业实现营业额20.90亿元，同比下降1.9%；15家重点连锁企业实现营业额62.85亿元，同比增长7.7%；17家重点商品交易市场实现交易额2540.6亿元，同比增长8%。

稳步落实消费促进工作。一是重点办好绍兴市第七届金秋购物节，本届购物节以"快乐消费，品质生活"为主题，通过多渠道、多形式的宣传造势和促销活动，整合商业资源、挖掘市场潜力、扩大消费需求。参与购物节活动的企业达200多家，实现销售总额近25亿元。二是做好消费促进月活动。根据《浙江省商务厅关于开展2015年全国消费促进月浙江活动的通知》要求，积极部署消费促进月活动，结合各地消费特点、产业发展优势，因地制宜地指导策划各类大型促消费活动。此项活动中，全市参与促消费商家421家，实现销售额9.1亿元，同比增长5%左右。三是举办首届2015中国（浙江）商业品牌大集活动。2015年11月17日，浙江省商贸联合会与绍兴市商务局共同举办了首届2015中国（浙江）商业品牌大集活动。通过商业品牌的集聚，为绍兴市本地商业资源搭建一个资源对接的平台，从而帮助它们引进国内外高端时尚产品、时尚品牌、时尚企业，推动绍兴市的品牌消费，推动城市商业繁荣。

扎实推进商贸项目建设。商贸投资项目是商贸流通业发展的基础，近年来，先后建立了商贸项目库和项目建设的月报、季报制度，并在各区、县（市）商贸主管部门层面，组织开展商贸项目的有效投资竞赛活动，促进全市商贸流通项目建设顺利推进。2015年全市投资额1000万元以上的商贸流通项目共124个，计划投资172.5亿元，全年竣工项目数38个，完成实际投资182.11亿元，完成年度计划的105.6%。

提前完成油品供应提标升级工作。2015年10月12日，绍兴市商务局联合相关部门印发了《绍兴市车用汽柴油标准升级保供方案》（绍商务联发〔2015〕11号），明确要求从11月30日起全市范围内供应国五标准汽油。截至11月30日，全市264座加油站销售的车用汽油执行国五标准，绍兴市成为全省第四个油品升级的城市。

加强商贸行业管理。认真做好典当、拍卖、老字号、二手车交易市场、报废汽车回收等行业管理。2015年，典当总额22.1亿元，利息及综合服务费收入6125万元，上缴税金286万元。积极抓好黄标车淘汰工作，帮助协调绍兴市区、诸暨等地报废汽车堆放场地，确保回收工作顺利进行，

2014 年回收黄标车 13000 多辆。2015 年先后参与市拍卖行业协会、市连锁经营协会和市二手车市场协会的换届工作,并联合全市市场监督局、市公安局、市国税局共同出台《绍兴市二手车交易市场发展规划》。继续推进绍兴市老字号振兴工作,绍兴市商务局认定“绍兴老字号”企业 21 家,推荐浙江省商务厅认定“浙江老字号”企业 1 家。

做好网上轻纺城廉诚指数诚信体系建设。通过建立市场准入机制、建设廉诚指数、建立企业曝光台及黑名单制度、建设内容审核机制、建设交易诚信保障体系、建立售后纠纷处理机制、完善诚信管理团队建设等举措,2015 年已初步建立市场准入机制及一系列制度,廉诚指数一期建设完成并上线试运营,企业意识逐步增强,担保支付模式和保证金制度已经逐步被企业认可并接受。“诚廉指数”经过一年的运营,截至 2015 年底,覆盖的用户包括中国轻纺城虚拟市场 10000 余家网上商铺和网上轻纺城的 60 万家商铺。“诚廉指数” 排行榜页面的累计点击量已超过 20 万次,公布的 2015 年上半年纳税百强企业中,属于网上轻纺城平台会员的商户量较 2014 年同期增长了 57.1%,排行榜在平台上的公布与宣传对企业的诚信经营与电商运营积极性均有良好的激励作用。

电子商务

2015 年,绍兴市共实现网络零售额 235.44 亿元,同比增长 58.58%;居民网络消费 288.80 亿元,同比增长 49.80%。电子商务呈现快速增长态势,在多个领域深入发展。

农村电子商务扎实有序推进。全年新建 569 个村级服务点。淘宝·特色中国“绍兴馆”正式开馆运营。诸暨市、新昌县先后与阿里巴巴达成战略合作,强势推进农村淘宝体系。诸暨市累计完成网上采购额 5385.92 万元, 代售额 548.99 万元。新昌县共建设 88 个“村淘”网点并投入运营,自 2015 年 7 月首批村淘服务点开始营业起,创销售总额 2000 万元以上,其中“双十一”当天销售量达 578 万元,居全国农村淘宝网店县级销量排行榜第五。“中国茶市”实现年网络销售额 8.16 亿元。

实体企业与电子商务进一步融合。已有 1451 家实体企业开展电商应用,其中规模以上企业 977 家。喜临门、洁丽雅等传统渠道的优势企业在电商领域的销售快速增长,中小传统企业纷纷转型“触电”。全市 413 个专业市场中有 90 多个市场开展电子商务应用工作,其中网上轻纺城、中国茶市、金德隆五金机电市场等多个专业市场开展电子商务应用模式试点工作,引导市场内企业逐渐运用电子商务。

电商服务网络建设不断完善。绍兴市电子商务公共服务中心自 2014 年建立以来不断完善,上虞区、嵊州市、新昌县也搭建并完善县级电子商务公共服务平台。电商园区快速发展, 截至 2015 年底,全市共有 26 个电商园区(楼宇、创业园)。社区投递终端布点工作进程不断增强。2015 年,全市新建 346 个智能投递终端(E 邮柜)。

电子商务氛围日渐浓厚。依托青年网商学院和电子商务公共服务中心,多次举办“电子商务大讲堂”、“周末电商沙龙”等活动,全年共普及电商人才 25746 人,专业电商人才 1995 人。举办第三届网络购物节,共联合 102 家电商企业,在绍兴市和嵊州市举办浙江省电子商务服务资源巡回对接会,积极举办跨境电商业务推介会、跨境电商高峰论坛等活动服务电商企业,通过农村青年电商创业创富大赛,加强电商创业氛围。

对外贸易

2015 年,绍兴市进出口总额 301.3 亿美元,同比下降 13.1%,降幅分别高于全省、全国 10.9 个和 5.1 个百分点。其中出口总额 273.7 亿美元,同比下降 8%,降幅分别低于全省、全国 9.2 和 5.2 个百分点;进口总额 49.3 亿美元,同比下降 44.0%,降幅分别高于全省、全国 30.6 个和 29.9 个百分点。进出口总额、进口总额居全省第五,出口总额居全省第四;进出口增幅、出口增幅和进口增幅均居全省第十一。

出口市场出现分化,“一带一路”国家出口情况好于全市平均。2015 年,全市出口国家和地区 208 个,比去年同期增加 2 个。欧美国家仍是绍兴市主要出口市场，2015年对美国和欧盟出口额合计占全市出口总额的30.7%，同比上升1.5个百分点。其中，对美国出口39.2亿美元，同比增长0.3%；对欧盟出口44亿美元，同比下降7.9%。同期，绍兴市对新兴市场出口出现分化，对东盟和印度出口同比均微增0.4%、对巴西和俄罗斯出口同比分别下降31.1%和29.1%。绍兴市对“一带一路”沿线国家和地区出口情况好于全市平均，2015年，累计出口111.4亿美元，占全市出口总额的41.1%，同比下降4.7%，低于全市平均降幅3.3个百分点。

出口队伍继续扩大，生产型企业下降较快。2015年，全市有出口实绩企业8710家，同比增加130家，出口超1000万美元企业571家，同比减少67家。全市出口前十位（集团）企业共计出口24.5亿美元，占全市出口总额的9%，比2014年同期下降0.8个百分点，前十位（集团）企业中有半数以上为负增长，平均降幅达13.8%。2015年，全市有出口实绩的生产型企业3838家，累计出口151.3亿美元，同比下降10.1%，占全市出口总额的55.7%；流通型企业4872家，累计出口120.1亿美元，同比下降7%，占全市出口总额的44.3%。

一般贸易占据多数，加工贸易下降较大。2015年，全市一般贸易出口252.5亿美元，同比下降6.5%，降幅低于全市平均1.5个百分点，占出口总额的93%；加工贸易出口18.9亿美元，同比下降31.1%，降幅高于全市平均23.1个百分点，占出口总额的7%，比2014年同期下降2.2个百分点。

纺织服装出口下降较快，高新产品占比偏低。2015年，全市纺织服装类产品出口178.7亿美元，占全市出口总额的65.8%，分别占全省、全国纺织服装出口额的26%和6.3%；同比下降9.4%，高于全市平均降幅1.4个百分点、高于全省同类产品降幅6.2个百分点。2015年，机电产品出口49.2亿美元，同比下降0.9%，增幅分别低于全省、全国4.5个和1个百分点，其中，液晶电视机出口下降较快，降幅达57%；高新技术产品出口7.6亿美元，同比下降8.7%，增幅分别低于全省、全国8个和17.4个百分点。机电和高新技术产品出口占全市出口总额的20.9%，其中，高新技术产品占比偏低，仅为2.8%。

进口下降明显，产品结构有待优化。2015年，全市进口下降明显，降幅达44%，除嵊州市和新昌县同比正增长（增幅分别为3%和58.5%）外，其余各区、县（市）均为负增长。铜和纺织化工原料是绍兴市进口的主要产品，全市前5位主要进口商品为精炼铜阴极、乙二醇、丙烯、对二甲苯和废铜碎料，前5位进口商品共计进口15.4亿美元，占全市进口总额的55.8%。

一是强化市场拓展。精心编制2015年境内外重点展会目录，实行政策扶持，推动“零摊位费”参展，共组织3752家企业参加境内外各类展会，设立摊位5997个，无论是企业数量还是摊位数量均较上一年增长20%以上。二是深化品牌兴贸战略。全面实施出口品牌战略，培育扶持出口品牌。继续开展“绍兴市出口名牌”的评选工作，支持更多企业品牌进入“浙江省出口名牌”行列，重点抓好144只市级以上品牌的对外推介，实现以品牌拓市场、增效益。三是优化服务举措。开展“商务服务月”活动，强化“7+X”联席会议作用，随时研究解决外贸工作遇到的困难和问题；实施出口检验“直通放行”；加快出口退税速度，降低企业运行成本；加强风险预警，对全市主要出口块状产业实现预警“全覆盖”。

利用外资

2015年，绍兴市新批外资项目196只，合同外资15.76亿美元，同比增长53.0%，实到外资9.42亿美元，同比增长40.3%。全市新批（含增资）总投资1000万美元以上大项目74个，共有30多个国家和地区到绍兴投资。

产业结构以第三产业投资为主。2015年，全市新批各类外资项目196个，其中制造业项目24个，新增合同外资4.84亿美元，同比增长6.5%，实到外资4.02亿美元，同比增长18.1%。2015年新批的制造业项目中，纺织类项目明显减少，主要以设备制造、电器机械制造及化工为主。新批第三产业项目172个，新增合同外资10.92亿美元，实到外资5.20亿美元，同比分别增长95.1%和58.5%。新批第三产业项目中,以技术服务和批发业为主,其中新批技术服务类项目36个,增加合同外资5.45亿美元,实到外资1.69亿美元,同比分别增长154.0%和127.1%;批发零售类项目105个,增加合同外资2.08亿美元,同比增长5.2%,实到外资1.20亿美元,同比下降5.6%。

外资来源以香港特别行政区为主。香港特别行政区仍是外资主要来源地。2015年,全市引进项目92个,合同外资13.98亿美元,同比增长61.2%,实到外资7.58亿美元,同比增长32.5%,分别占全市总量的88.9%和80.7%;新引进欧美等发达国家项目10个,合同外资0.51亿美元,实到外资1.05亿美元,占全市总量的3.2%和11.2%。新批增资项目39个,合同外资2.3亿美元,占全市合同外资的14.6%。其中新批境外股东贷款1.82亿美元,同比下降4.2%,占全市合同外资和实到外资的比重分别为11.6%和19.4%。

引进重大项目较多。2015年,绍兴市引进了一批大项目、好项目,如世界500强企业日本三菱公司与菲达环保合资设立的总投资1665万美元的环保项目,香港禧盛发展有限公司投资25502万美元的嵊州吾悦广场项目等。市内原有的一些优质外资企业也进一步增资扩股,如索密克汽车配件有限公司增资1849万美元,用以扩大汽车配件生产,浙江世纪华通集团股份有限公司增资8400万美元,继续做大做强汽配产业。2015年,全市新批(增资)总投资1000万美元以上项目73个,比上年增加18个。

绍兴主要围绕"重宣传、抓队伍、建网络、搭平台、强服务"目标,开展了一系列外资促进活动。加强宣传,提升绍兴境外知名度。加强培训,提高利用外资水平。建立网络,拓宽利用外资渠道。瞄准重点招商区域,加强与日、韩、新加坡等国相关部门、单位和中介机构的对接合作,有针对性地建立招商网络渠道。搭建平台,提升利用外资有效性。一年来,共组织招商活动十余场次,取得了良好的效果。优化服务,营造爱商亲商良好氛围。

对外经济合作

2015年,绍兴市新批境外投资企业48家,企业7家。境外投资企业总投资额171559万美元,中方投资额164897万美元,同比增长171.4%,完成目标659.6%。境外工程营业额18758万美元,同比增长24.4%,完成目标109.7%。

投资规模快速扩大。全市境外投资企业中方投资额164897万美元,同比增长171.4%,境外投资总额、单体投资规模、投资增速均创历史新高。在2015年新增的55个项目中,500万美元以上的项目17个,占总数的31%。其中2000万美元以上的投资项目8个,1亿美元以上的投资项目4个。中手游移动科技有限公司出资76880万美元在开曼群岛并购成立中国手游娱乐集团有限公司,为绍兴市迄今为止最大的境外投资项目。

投资质量大幅提升。一是制造业、技术研发等领域的投资额大幅增长。2015年,全市涉及生产制造业及技术研发的总投资额达到13.38亿美元,占总投资额的78%,而2014年该两个领域的投资额仅为1.6亿美元。二是大项目多,单体投资规模不断被刷新。2015年,对外投资超亿美元的有四个项目:浙江上峰建材有限公司在乌兹别克斯坦新设成立上峰友谊之桥有限公司;新昌县天硕投资管理有限公司在加拿大投资并购加拿大迈瑞丁控股公司,主营业务镁合金汽车零部件的研发、设计等;越美集团有限公司在坦桑尼亚投资成立了东非商贸物流园;中手游移动科技有限公司在开曼群岛投资并购成立中国手游娱乐集团有限公司,主营业务移动游戏开发及运营。

投资形式更加多元。一是境外营销网络规模不断扩大。2015年,全市经备案、核准设立的境外营销网络项目共31个,对外直接投资额11.2亿美元,占总量的67.9%。主要分布在亚洲、欧美、非洲等主要出口市场的13个国家和地区。二是增资项目平稳增长。全年以增资形式实现的境外投资项目7个,中方增资额0.8亿美元,占全市总投资额的5%。最大项目为浙江日发精密机械股份有限公司增资意大利MCM股份有限公司。三是跨国并购稳步推进。全年以并购形式实现的境外投资项目12个,并购额10.8亿美元,全省领先。

一是强化服务保障。及时开展境外投资意向的调查摸底工作,加强宣传引导,帮助企业获得更多项目支持。组织召开全市外经工作会议,分析全市外经运行情况,明确工作目标任务,并对做好具体工作进行了动员、部署。结合商务服务月等活动多次组织走访全市外经重点企业,为企业排忧解难。

二是搭建投资促进平台。组织企业参加"浙洽会"、"厦洽会"、浙江"民营企业走出去"专场推介会等各种业务培训和经验交流活动,搭建外经业务交流平台;组织企业参加"白俄罗斯投资环境推介会"、"浙江省—石荷州投资经贸洽谈会"、"浙江省丝路沿线合作项目对接交流会"等10多场对接活动,帮助企业获得境外投资的信息和机会,搭建项目信息共享平台;成功举办了"2015绍兴—日本投资贸易推介说明会";联合市金融办开展了上市公司"走出去"专题业务培训,为推动绍兴市企业"走出去"开展境外投资合作创造条件,搭建境外投资推介平台。

三是鼓励企业多元发展。鼓励企业实施多元化投资。引导企业建立境外营销网络和生产、技术研发基地,支持优势企业更多地实施境外并购或控股协同发展,努力获取技术、品牌、营销渠道;鼓励企业参与多领域投资。在鼓励制造企业"走出去"的同时,支持有条件的企业参与境外多领域的投资,如越美集团等企业进行的生产、贸易、物流园区等多领域的投资;引导企业实现投资区域的多元化。在巩固投资重点地区的基础上,引导企业投资新兴发展中国家。充分利用贸易一体化和"一带一路"建设的机遇,引导企业进行集群式投资。2015年绍兴市企业"一带一路"沿线国家投资项目5个,中方投资额达1.42亿美元。

四是落实安全风险防控。进一步完善境外突发事件预警和应急处理机制,抓好应急预案和制度建设,加强对企业的风险防范的宣传和教育,增强企业的安全防范意识和自我保护能力。进行不定期安全生产质量大检查,认真听取企业的境外工程安全生产和外派劳务人员业务培训、安全管理的汇报,督促整改存在的问题,提高安全意识,确保境外人员及财产的安全。及时发布安全预警信息,为"走出去"企业提供安全保障。

服务贸易

2015年,绍兴市服务贸易整体平稳发展,实现服务贸易进出口总额19.46亿美元,同比增长7.96%,其中,出口总额为12.61亿美元,同比增长6.49%;进口总额6.85亿美元,同比增长10.77%。实现贸易顺差5.77亿美元。服贸总额占全市对外贸易总额(含货物贸易与服务贸易)的比重为6.07%,占全省服贸总额的4.36%,规模居杭州、宁波、温州、金华、嘉兴之后,列全省第六。

进出口占全市外贸总额比重提升。2015年全市进出口规模进一步扩大,服务贸易进出口占全市对外贸易总额(含货物贸易与服务贸易)的比重为6.07%,同比提高1.13个百分点;其中,出口占全市出口总额的比重为4.41%,同比提高0.58个百分点;进口占全市进口总额的比重为19.88%,同比提高8.74个百分点。

增速高于同期货物贸易增速。服务贸易进出口、出口和进口增速分别低于全省平均增速8.09个、9.99个和4.51个百分点,但高于同期全市货物贸易增速21.06个、14.47个和54.78个百分点。在12个领域中,有5个领域的进出口额超过1亿美元,其中运输服务和旅游服务进出口超过6亿美元;有8个领域的进出口增速超过10%,其中文化服务、教育服务、金融服务进出口增速超过50%。

主要集中在传统领域。进出口前三大领域分别为旅游服务、运输服务、教育服务,共计进出口14.38亿美元,占比73.87%;出口前三大领域分别为运输服务、旅游服务、建筑及相关工程服务,共计出口10.01亿美元,占比79.31%;进口前三大领域分别为旅游服务、教育服务、运输服务,共计进口5.91亿美元,占比86.25%。

结构进一步优化。在以知识与技术密集型为

主的新兴服务贸易领域,计算机和信息服务(国际服务外包)、金融服务、保险服务、通信服务、教育服务和文化服务进出口共计占服务贸易进出口的比重为 17.6%,占比同比提高了 4.3 个百分点。在传统领域的运输服务、旅游服务、建筑及相关工程服务进出口占服务贸易进出口的比重同比减少了 4.73 个百分点。

服务外包离岸执行额达到 1 亿美元。全市经商务部服务外包业务与管理统计系统注册登记的服务外包企业共计达到 215 家,2015 年新注册企业 11 家，全年承接服务外包离岸合同额 1.14 亿美元,同比下降 3.41%;完成离岸执行额 1 亿美元,同比下降 8.62%,在全省各市排名中位于杭州、宁波、舟山、金华、湖州、嘉兴之后列第七位。

文化服务贸易进出口增长较快。2015 年,全市文化服务进出口 1360 万美元，同比增长 73.03%。文化服务出口内容主要为文化创意和设计服务、影视服务等,进口内容主要为展会服务、广告服务、视听和相关服务、其他文化和娱乐服务,其中展会服务进口占全市文化服务进口的 93.51%。

(绍兴市商务局)

2015 年金华市商务

2015 年，面对错综复杂的国内外经济形势和商务发展新旧动力的艰难转换，金华市商务工作在浙江省商务厅和金华市委、市政府的领导下，延续上年的企稳复苏、赶超发展态势，商务运行总体保持平稳发展，改革创新亮点纷呈，为全市经济社会发展做出了应有贡献。全市居民消费稳步增长，国内市场平稳有序运行，进出口增速继续居全省前列，利用外资保持稳定，对外投资合作快速发展，对外开放力度加大，商务运行总体良好。

国内贸易

2015 年，全市实现社会消费品零售总额 1783.1 亿元，同比增长 12.0%，增速高于全省水平 1.1 个百分点，位居全省第一。其中，城镇社会消费品零售总额 1557.9 亿元，同比增长 11.5%；乡村社会消费品零售总额 225.2 亿元，同比增长 15.0%。全年累计实现限额以上社会消费品零售总额 742.2 亿元，同比增长 6.3%。

全面推行全国现代服务业试点。在年度国家现代服务业综合试点绩效评价中得分位列全国各试点城市第二位，被评为优秀等级。入选“树立标杆、争当标兵——‘十二五’时期金华赶超发展典型案例”。一是突出项目建设，已征集两批共 140 个项目，累计完成投资 141.8 亿元。二是突出模式创新。通过积极鼓励“百企创新”，推动“首创原创”，探索构建“腾笼换鸟式”电商集聚发展等 20 个各具特色、可推广、可复制的现代服务业发展有效模式。三是突出投融资方式创新。与浙江省信息经济投资有限公司合作，组建了 3 个子基金。完成对“金义综保区”等 5 个重点项目的股权投资。

全力推进国内贸易流通体制改革发展综合试点。义乌获批国内贸易流通体制改革发展综合试点，以探索建立创新驱动的流通发展机制、探索建设法治化营商环境、探索建立流通基础设施发展模式、探索健全统一高效的流通管理体制为四大主要任务，全力在流通创新发展促进机制、基础设施发展模式、管理体制等方面积极探索，初步形成了一批可复制推广的经验和模式。东阳省级流通业综合改革试点在探索流通与影视文化、旅游业联动发展、商贸流通驱动城镇化发展、打造浙中流通发展示范区等方面均有突破。

全力推动传统商贸转型发展。一是开展各类消费促进活动。分别举办突出“春日、清新、风尚、品牌、惠民”为特点的消费促进月和以“欢乐消费、品质生活”为主题的金秋购物节活动，仅秋季购物节即拉动消费 34.03 亿元。县(市)也大力推动各类展(博)会举办，顺利召开“义博会”、“森博会”、五金博览会、“门博会”、木雕博览会等。二是开展为传统商贸企业解难题活动。开展了以防范风险、化解矛盾为主要内容的市区商贸企业解难题活动，破解了一大批企业难题，有效改善传统商贸企业生存环境。金华市政府常务会议专题讨论研究出台《金华市关于加快推动商贸流通业健康发展的实施意见》。三是国家农产品流通体系建设试点和再生资源回收体系建设试点亮点鲜明。集中连片推进农产品流通体系建设试点 18 个项目建设完工，实现总投资 9.58 亿元，标准化、安全化、便利化的农产品绿色流通网络体系基本形成。继续推进市区再生资源回收体系建设试点，已建成网点 188 个，分拣中心 5 个。入选浙江名品进名店试点城市。四是抓好安全生产监督管理保障消费安全。与 34 家直属企业和市区大中型商场签订《2015 年安全生产(消防)

目标管理责任书》。安全生产(消防)工作全面落实并开展实地督察。

电子商务

2015年，全市实现网络零售额1344亿元，同比增长58.43%,占全省网络零售额的17.66%;实现居民网络消费总额394.91亿元，同比增长34.15%,占全省总量的9.84%;实现顺差949.09亿元,网络零售总额和顺差均居全省第二。

开展“电子商务进万村”工程,建设了1356个农村电子商务服务点,开设市、县“特色馆”2家。全省首家“农”字号电子商务产业园——金华农产品电子商务产业园,对接本地农产品生产企业、合作社400家,确定水果蔬菜、粮油米面、特产零食等9大类别、400个品类、近5000种农副产品作为网络销售产品。完成建设以“淘宝村”为代表的电子商务村9个,推进建设特色小镇10个。

淘宝·特色中国金华馆、阿里巴巴产业带上线运营。淘宝·特色中国金华馆于2015年4月23日上线试运营,2015年6月25日正式启动“阿里巴巴金华产业带”项目,日均访问量达1万左右。

跨境电子商务日渐成熟。2015年,金华“跨境通”平台出境邮件总计897.27万件,通关金额为6437.77万美元,最高日通关量为7.2万件;义乌“跨境通”出境邮件总计1372.2万件,通关金额为5897.06美元。拥有省级跨境电商园区9个、公共海外仓建设试点单位14家。以跨境电子商务为主的金义综合保税区10月份获国务院批准。目前,速卖通、敦煌网和ebay等国内外知名的第三方跨境电子商务平台均在金华大力拓展业务,如金华有ebay卖家5200多家,占据全国20%的份额。

对外贸易

2015年,全市实现进出口总额490.6亿美元,同比增长18.3%,其中,出口总额476.7亿美元,同比增长20.2%,进口总额13.9亿美元,同比下降23.7%。进出口、出口增幅均居全省首位,出口总额居全省第二。其中,出口占全省的比重为17.23%,拉动全省出口增速提高2.9个百分点。

传统贸易方式略有下降,市场采购成为拉动出口主要力量。2015年，全市一般贸易出口182.83亿美元,同比下降6.15%;加工贸易出口9.75亿美元，同比下降5.07%;市场采购出口284.1亿美元,同比增长48.28%,占全市出口总值的59.6%,占比比上年同期提高10.76个百分点,拉动全市、全省出口提高了23.32个和3.38个百分点。

民营企业出口增长迅猛，是出口主力军。全年新增备案企业1980家，有实绩进出口企业6581家,比上年增加341家,其中新增进出口主体1237家,进出口额达136.54亿美元。其中,民营企业出口149.64亿美元，同比增长22.43%,出口占比96.42%,比上年同期提高1.78个百分点。市场采购企业是民营企业的主力军,在出口前100名企业名单中,有89家为市场采购企业,合计出口259.17亿美元，占民营企业出口的54.36%。

机电、纺织产品出口增长稳定,轻工产品增长较快。2015年,金华市机电、轻工、纺织产品三者合计出口382.43亿美元，占比高达80.22%。其中，轻工产品出口108.85亿美元，同比增长26.31%，出口占比22.83%，比上年同期提高了1.11个百分点;机电产品出口182.66亿美元,同比增长19.83%,出口占比38.32%,比上年同期下降0.1个百分点;纺织服装出口90.92亿美元,同比增长12.21%,出口占比19.07%,比上年同期下降1.35个百分点。

出口市场多元化,对“一带一路”沿线国家出口保持较快增长。从传统市场看,金华市对美国、欧洲、日本出口增幅有所回落,出口份额有所下降,对欧盟、美国、日本市场分别出口45.45亿、63.56亿、7.37亿美元,同比增长17.56%、2.68%、7.81%，出口占比为9.53%、13.33%和1.55%,较上年同期分别下降0.22个、2.27个和0.46个百分点。从新兴市场看,2015年对东盟、非洲和拉丁美洲分别出口38.75亿、88.01亿和53.49亿美元，同比分别增长35.75%、32.85%和22.67%，出口占比较上年同期分别提高0.93个、1.76个和0.23个百分点。对“一带一路”沿线国家出口216.03亿美元，同比增长24.78%，保持较快增长，出口占比45.31%，比上年同期提高1.67个百分点。对沿线国家出口冷热不一，其中对南亚8国、东南亚11国、中东16国保持较高增长，同比分别增长51.17%、35.98%和26.91%；受欧元贬值影响对中东欧16国出口同比仅增长7.84%；受俄罗斯卢布贬值等影响，对中亚、欧亚13国同比下降20.79%，其中对俄罗斯出口10.93亿美元，同比下降27.34%，拉动中东欧出口下降18.57个百分点。

受大宗商品降价及产能过剩等影响，进口呈负增长。中国台湾地区、美国、越南、老挝和日本是金华市主要进口市场，合计进口6.5亿美元，占全市进口总额的46.92%，同比下降24.62%。从进口产品看，以原材料为主，铜及制品、棉纱、塑料及其制品、原木和铝废碎料是全市的主要进口产品，这五类产品进口额合计10.61亿美元，占全市进口总值的76.62%，同比下降26.44%。

利用外资

全年全市新批外商投资项目190个，合同利用外资3.49亿美元，实际利用外资2.74亿美元，同比下降1.47%。外商投资融资租赁公司和外商投资性公司均实现零的突破。

商贸类项目增速较快。全市全年累计新批外商投资批发和零售企业144家，同比增长278.95%，占全市新批外商投资企业家数的75.79%；合同利用外资8270万美元，同比增长308.6%，占全市合同利用外资总额的23.7%；实际利用外资4333万美元，同比增长211.95%，占全市合同利用外资总额的15.8%。外商投资批发和零售企业主要集中在义乌市（137家），投资规模普遍偏小。

制造业引资双下降。全年新批制造业企业23家，同比增长43.75%；合同利用外资7824万美元，同比下降81.61%；实际利用外资12807万美元，同比下降42.69%。尽管如此，制造业仍然是金华市实际利用外资的主力军，占全市实际利用外资总额的46.69%。制造业实际利用外资居前三位的行业分别是交通运输设备制造业、通用设备制造业和塑料制品业，分别实际利用外资7053万美元、1400万美元和1264万美元，占制造业实际利用外资总额的79.39%。

无形资产出资激增。从实际到位外资出资方式来看，外商投资企业境外股东借款50万美元；利润再投资878万美元；现汇出资15559万美元，占全市实际利用外资总额的56.72%；无形资产出资10945万美元，占全市实际利用外资总额的39.9%。

香港特别行政区居来源地首位。从投资来源地看，香港特别行政区、英国、美国、捷克、塞舌尔位居全市实际利用外资前五位。全市新批来自香港特别行政区的企业35家，同比增长9.38%，占全市新批项目总数的18.42%；合同利用外资21870万美元，占全市合同利用外资总额的62.67%；实际利用外资22031万美元，同比增长18.62%，占全市实际利用外资总额的80.31%。

对外经济合作

全年全市核准（备案）境外投资企业（机构）48家，境外总投资11.4亿美元，其中境外投资中方投资额8.3亿美元，同比增长67.2%。实现对外承包工程营业额4.5亿美元，同比增长59.8%。期末在外各类劳务人员3746人。

制造业、影视文化业对外投资大幅增长。2015年，全市对外投资主要涉及制造业、批发零售业、影视文化业、研发及技术服务等行业。其中制造业对外投资额达5.54亿美元，同比增长2.55倍，占投资总额的67%。其中最大项目为兰溪红狮控股集团分别投资2.7亿美元和2.45亿美元设立印度尼西亚图班红狮昌兴水泥有限公司和尼泊尔红狮希望水泥私人有限公司。印纪传媒和华谊兄弟各自对其香港公司增资3020万美元和1.5亿美元。制造业和影视文化业的对外大额投资拉动了全市对外投资的大幅增长，对外投资质量进一步提升。

境外营销网络布局进一步加快。2015年，金华市企业共设立境外营销机构 36 家，占总项目数的 75%。布局选择总体以金华市的主要贸易国家和“一带一路”沿线国家为主。其中美国(13家）为金华市企业营销网络布局的首选国家,香港特别行政区 8 家,其他包括“一带一路”沿线的俄罗斯、阿联酋、波兰、印度、泰国,以及欧洲的德国、西班牙,南美洲的玻利维亚和非洲的肯尼亚、尼日利亚。主要涉及家用纺织品、日用品、信息科技、照明设备、汽车配件、工艺品、金属制品、生物制药、工程建设及商贸等行业企业。

对“一带一路”沿线国家投资增长迅速。金华市荣获“中国‘一带一路’最具活力城市”称号。2015 年,金华市企业在“一带一路”沿线国家投资项目 15 个,同比增长 2 倍。投资金额为 5.54 亿美元,同比增长 2.5 倍,增速远高于平均增速。金华邮电工程有限公司吉尔吉斯斯坦德隆电视台项目增资 2000 万美元,该项目经过 10 年发展已成为中亚地区最具影响力的海外华语电视播出平台。兰溪红狮控股集团的印度尼西亚和尼泊尔水泥生产线项目也通过备案，目前该公司已在缅甸、印度尼西亚、尼泊尔等国累计投资 6.69 亿美元建设 5 条大型新型干法水泥生产线项目,为金华市最大的境外项目。

对外承包工程发展较快。2015 年,全市对外承包工程营业额 4.5 亿美元,同比增长 59.82%。全市累计派出各类劳务人员 3139 人次，月末在外各类劳务人员 3746 人。东阳三建、中天集团、金厦建设等境外工程企业在阿尔及利亚住宅项目稳步推进,其中东阳三建完成工程营业额 3.77 亿美元,同比增长 84.58%,占全市对外承包工程营业额的 83.45%，在外劳务人员 2957 人。2015 年,金华市顺泰水电、正方交通、八咏公路建设获得对外承包工程经营资格,对外承包工程队伍不断扩大。截至 2015 年底,全市拥有对外承包工程资质企业 19 家,其中东阳企业 9 家,占全市企业数的 47%。

服务贸易

全市实现服务贸易进出口总额 30.95 亿美元，同比增长 26.41%，其中服务贸易出口总额 24.05 亿美元,同比增长 30.87%。国际服务外包项下离岸合同执行额 1.68 亿美元,同比增长 4.51%。截至 12 月底,在浙江省国际服务贸易统计系统内注册登记的国际服务贸易企业共计 169 家,新增 45 家;在商务部服务外包业务管理和统计系统中注册登记的金华市企业有 223 家,新增 8 家。

国际服务贸易出口地主要是美国、香港特别行政区、苏丹、澳大利亚、阿尔及利亚等国家和地区,其中“一带一路”沿线国家占比 12.97%。国际服务外包业务主要分布在美国、香港特别行政区、澳大利亚、日本、越南等国家和地区,合计占全市离岸执行金额的 68.28%。

文化“走出去”步伐明显加快,浙江金华邮电工程有限公司等 4 家企业被列入 2015—2016 年度国家文化出口重点企业,吉尔吉斯斯坦德隆电视台运营项目等 2 个项目被列入 2015—2016 年度国家文化出口重点项目;积极组织企业申报省级文化出口重点企业和重点项目,其中浙江金华邮电工程有限公司等 16 家企业、7 个项目被列入了 2015—2016 年度浙江省文化出口重点企业和文化出口重点项目。

成功举办全球服务外包大会。以“打造创新驱动新引擎、培育跨界融合新产业”为主题举办 2015 全球服务外包大会,来自美国、英国、德国、法国、俄罗斯等 20 多个国家的知名企业高层、专家学者及世界 500 强、全球外包 100 强、全球 2000 强等企业经济人士共同参与并见证了本次国际服务外包领域的盛宴。金华获评“中国服务外包发展最具潜力城市”。

（金华市商务局）

2015年衢州市商务

2015年，衢州市商务工作在浙江省商务厅和衢州市委、市政府的正确领导下，紧紧围绕全年工作目标，坚持“稳增长、调结构、促转型”，抢抓“一带一路”战略和电子商务等新兴产业发展带来的机遇，坚定信心，迎难而上，商务经济呈现稳步发展态势。

国内贸易

2015年，衢州市社会消费品零售总额550.98亿元，同比增长9.4%。限额以上企业社会消费品零售总额159.75亿元，同比增长7.1%。商贸企业经济社会贡献度不断增强，全市共有9家商贸流通企业荣获2015年度市长特别奖。

积极开展促消费活动。衢州市商务局联合衢报传媒集团举办第三届年货节，吸引100多家企业参展，客流量达10万人次左右，交易额超过1000万元。举办春季车博会，50多个品牌、500余款车型参展，成交车辆1100多辆。组织全市企业和相关单位开展“全国消费促进月”活动。举办的为期40天的“2015金秋购物节暨衢州中秋民俗文化节”取得明显成效。

大力推动服务业企业上市。与市金融办协作，做好服务业企业新三板上市推进工作。指导有上市意向的企业做好股改前期准备工作。截至2015年底，全市与券商签约的企业有68家，商贸流通及服务业行业13家，其中东方集团成为衢州市第一家上市挂牌企业。

扎实推进民生工程建设。2015衢州市烹饪技能竞赛暨第二届衢州厨师节活动成功举办。启动“衢州老字号”认定工作，新增2家“浙江老字号”企业。衢州市家庭服务业协会正式成立，社区生活服务体系逐步形成。组织开展四海加油站迁建设计方案会审，城乡成品油分销体系建设有序推进。做好省级再生资源回收体系试点项目企业主体筛选工作。协助省商务厅、财政厅完成开化县流通体制改革试点项目验收。江山廿八都浔里古街被命名为衢州市首条省级特色商业街；衢州市被列入第二批浙江名品进名店试点城市。

有序推进散装水泥“三位一体”发展。开展全市散装水泥、预拌混凝土和预拌砂浆“十三五”发展规划编制。与衢州市住建局联合发文《衢州市促进预拌砂浆发展和应用实施办法》。召开全市混凝土企业推广机制砂应用和安全生产座谈会，签订安全生产责任书。组织专用车辆驾驶员安全培训，举办8期培训班培训专用车辆驾驶员180名；联合交警支队开展专用车辆行政执法联合检查。

电子商务

2015年，衢州市实现网络零售总额66.88亿元，同比增长90.2%，增幅位列全省第一；居民网络消费总额76.43亿元，同比增长51.1%。柯城区万田乡顺家路边村、江山市贺村镇淤头村、龙游县龙洲街道柳村村、衢江区樟潭街道沈家村4个村被列入2015年度中国“淘宝村”名单。实达实网上商城开拓了企业采购的新商业模式，被列为首批省级24个电子商务创新试点项目之一。

不断强化产业发展保障。围绕创建国家级电子商务示范城市，编制市区电子商务发展战略及空间布局规划。出台扶持电子商务产业发展新政策20条，制订全年电商重点工作分工抓落实方案，将电商工作列入市委、市政府综合考核项目。

积极完善电商服务体系。“电子商务进万村

工程”有序推进,全市共建设完成电子商务服务网点1646个,其中社区服务点223个、村级服务点1423个。电商园区建设初具规模,目前建成并运营电子商务园区26家,总建筑面积46.38万平方米。发挥好电商协会和电商公共服务中心的作用,并成立电商技术服务队,为各电商园区和企业提供公共服务。

不断呈现各区块发展特色。绿色产业集聚区新设电商处,与阿里巴巴集团合作推出飞跃930项目,推进工业企业电商应用和电商企业集聚化发展。西区积极打造电商园区平台,依托花园258等园区大力开展对外招商。柯城区重点打造“四园一带”,并在全市率先成立电商办,统筹推进全区电子商务产业发展。衢江区快速推进农村电子商务网点建设,建成淘宝衢州馆,推进工业企业电商应用。龙游县引进浙西首个“仓配一体化”专业电商产业园,打造全省首个县级智慧电商“众创平台”。江山市开展工业企业全网营销试点,农村电商网销初具规模,猕猴桃销售形成“天下猕猴桃江山集散”品牌效应。常山县力促本地品牌特色电商化,借力阿里巴巴和腾讯推进农村电商发展,推出“互联网+乡村休闲游”模式。开化县打造“四园一中心”集聚电商产业发展,县乡联动,通过“淘实惠”O2O、赶街、“邮掌柜”、村淘等多种模式推动农村电商发展。

大力营造电商发展氛围。围绕市政府提出的开展50万人次电子商务人才大培训的目标,率先设立电子商务讲师团,汇集电商领域的专家学者、经验丰富的电商企业家和相关部门电子商务工作负责人等多方资源,为电商人才培训提供专业的师资力量支撑。通过开展大讲堂、沙龙、论坛等活动,开办分层次分类别的电商特色培训班,共普及和培训电子商务各类人才约20万人次,全市有6684名应届衢籍高校毕业生返乡创业就业。通过报刊、电视台、微信等多媒体连续推出电商典型案例和理论研讨文章、开辟专栏、播放专题片,形成大家学电商、懂电商、做电商的良好氛围。

全面推进电商招商。成功在深圳、杭州举办衢州电子商务产业推介会,共签订48个项目,投资金额96.32亿元。阿里巴巴、腾讯、京东等电商巨头纷纷落户衢州。全市各类网络店铺数量增长明显,店铺数(含淘宝、天猫、京东等大型平台店铺)达到31200多家,同比增长117.9%。

对外贸易

2015年,衢州市进出口总额44.13亿美元,同比下降0.8%。其中,出口32.92亿美元,同比增长14.1%,增幅位列全省第三;进口11.21亿美元,同比下降28.3%。全市累计浙江出口名牌企业8家,衢州市出口名牌企业16家。

千方百计开拓市场。组织312家企业参加第25届“华交会”,第117届、第118届“广交会”,第14届“消博会”、“义博会”等境内外大型经贸活动,共设展位420个,实现出口成交1亿多美元。组织企业赴马来西亚、阿联酋参加产业对接系列活动,其中浙江威诗朗照明公司就吉隆坡城市亮化改造项目开展四轮磋商,并初步达成合作意向。首次组织参加台湾健康产品展,取得明显成效。

狠抓出口业务回归。引导一批委托外地企业代理出口业务的企业开展自营出口业务,加大对有权无绩企业培训和业务指导,由分管领导带队会同海关、国税等部门到重点出口供货企业逐一走访,动员企业业务回归,帮助和指导企业启动进出口业务,扩大出口总量,挖掘拉动外贸出口新的增长点。全市新启动出口业务企业141家。

强化工作联络对接。建立外贸联席会议制度,定期召集商务、海关等相关职能部门,沟通交流外贸发展新形势,及时分析研判全市对外贸易形势,解决企业遇到的矛盾和问题,开展面对面服务。同时,衢州市商务局由分管领导带队组成3个调研小组,开展“进企业,送服务,解难题”的活动,了解实情,宣讲政策,为企业出谋划策。

提升预警应对能力。做好省级监测点扩容工作,重点监测企业从166家扩容至256家。组织150多家外贸企业参加涉外法律服务、贸易救济、国际贸易摩擦应对培训。完成产业损害预警监测系统的企业扩容工作,进一步规范外贸预警示范点管理。联合商务部国际商报社浙江记者站，宣传贸易救济工作，提高维护产业安全的社会认知度。

利用外资

2015年，衢州市新批企业11家，到资项目12个，实际利用外资6006万美元。

精心挑选招商项目。重新收集、筛选、整理招商项目41个，涉及先进制造业、旅游业、公共服务业、现代农业等板块，并编制成册，在各种宣传推介、投资洽谈、产业对接中发放。

多方拓展招商渠道。共组织100多人次参加“浙洽会”、“厦洽会”、“全球投资峰会” 产业对接活动，共签约项目9个，总投资9.77亿美元，涉及高端制造、氟硅新材料、养生养老等产业，其中参加全省重大项目签约仪式的项目1个，总投资4.27亿美元。成功举办衢州市重点产业对接洽谈会。邀请驻沪世界500强高管来衢考察，进行产业推介活动，开展互动交流。

加强项目跟踪对接。注重招商项目在落地各个环节中的信息交流与衔接，对在谈外资项目，提前介入，开展“政策提醒服务”，对重大外资项目实行全程跟踪服务，有序推进签约项目尽早开工建设，力促项目早审批、早落地，首期投资9630万美元的韩国晓星项目顺利通过审批，并计划于2016年开工建设。

对外经济合作

2015年，衢州市中方境外投资额1424万美元，企业境外实际投资款汇出412万美元。

深入调研当好参谋。开展企业境外投资意向调查工作，做好开山压缩机股份在印度尼西亚等地的地热资源利用项目等“一带一路”投资项目跟踪。组织企业参加第17届“浙洽会”境外投资促进系列活动。

加强对外劳务合作管理。指导衢州国际经济合作有限公司申办对外劳务合作经营资格，鼓励企业设立分公司，发挥正规企业的引领带头作用，促进衢州市外派劳务市场和人员出国务工渠道的规范。

服务贸易

2015年，衢州市服务贸易进出口总额3.64亿美元，其中出口1.47亿美元、进口2.17亿美元。

充分利用高端平台。组织各县（市、区）参加浙江省商务厅举办的服务贸易培训班，组织企业参加第17届“浙洽会”国际服务外包产业论坛；动员企业参加第13届中国国际软件和信息服务交易会。

（衢州市商务局）

2015年舟山市商务

概　述

2015年，面对国际、国内十分严峻的经济形势，舟山市商务系统深入贯彻落实习近平总书记视察浙江(舟山)时的重要讲话精神，围绕新区“一中心四基地一城”建设目标，大胆开拓、迎难而上，积极应对经济下行压力，综合施策，主动作为，务实创新，全市商务经济总体实现平稳健康发展。

国内贸易较快发展。2015年，全市实现社会消费品零售总额415.52亿元，同比增长10.3%。其中，限额以上社会消费品零售总额106.61亿元，同比增长10.6%，增速高于全省平均0.9个百分点，列全省各市第三。实现网络零售额12.01亿元，同比增长89.5%；居民网络消费额80.33亿元，同比增长51.1%。

对外贸易难中求进。实现进出口总额726.3亿元，同比下降4.1%。其中，进口342.4亿元，同比下降14.9%；出口383.9亿元，同比增长8.2%，增幅高于全省平均5.9个百分点，位居全省各市第四。

利用外资稳步推进。新批设立19家外商投资企业，增资项目5个，合同利用外资3.82亿美元，同比下降64.5%；实际利用外资0.78亿美元，同比下降61.0%。

服务贸易大幅增长。全市实现服务贸易额14.34亿美元，同比增长24.2%。其中进口2.24亿美元，同比下降0.5%；出口12.11亿美元，同比增长30.2%。服务外包离岸合同执行额1.72亿美元，同比增长44.0%，总量居全省第三、增幅居全省第四。

外经合作成效明显。去年，舟山市新增境外投资项目9个，其中增资项目1个，中方投资额4015万美元，完成省政府下达工作目标3500万美元的114.71%，实现国外经济合作营业额5.55亿美元，同比增长11.4%，其中对外承包工程营业额4.95亿美元，同比增加13.4%。

重点工作

(一)商贸流通得到有效提升

1. 积极牵头促消费。不断扩大消费需求，切实增强消费在拉动经济增长中的基础作用。促消费政策措施有力。制订实施了全市消费促进工作意见，组织开展了消费促进月活动、舟山海鲜美食节和舟山群岛新区金秋购物节活动，组织企业参加了宁波2015中国食品博览会、第八届中国(郑州)国际农产品贸易对接会，完善舟山远洋水产品交易平台建设和远洋渔业商城建设，并利用O2O营销模式，积极开拓北京、上海、郑州、贵阳等地水产品消费市场，通过多形式促销活动，商贸流通得到进一步发展。

2. 市场流通体系不断完善。大宗商品交易中心保持良好发展势头，全年完成网上电子交易额1.4万亿元，入驻企业完成现货贸易额超过400亿元，同比增长58.73%。开展普陀区省级流通业综合改革试点和省级第二批电子商务示范县(区、市)阶段验收，成功申报第一批省级共同配送试点城市和浙江商品国际采购中心试点城市。

3. 加强商贸品牌建设。3家流通企业被评为省重点流通企业，东海酒业被推荐为“中华老字号”优秀商业文化案例，浙江冠素堂食品有限公司等4家企业获得诚信示范企业称号。积极保护和振兴“德顺坊”、“存德堂”等老字号品牌，推进沈家门夜排档、东港海鲜一条街和慈航广场商业街3条省级商业特色街区建设。定海凯虹广场等一批商贸项目进展顺利，白泉缤纷天地商贸城完工并开业。开展城市共同配送试点，发展社区24小时便利店、大众餐饮店，扩大家政服务、养老服务等生活便民服务，引导传统商贸行业转型发展。

4. 商贸市场监管进一步加强。出台城镇超市生鲜农产品"放心柜"建设指导意见，较好地完成了"放心柜"创建任务。开展市场动态监测分析，对近百家企业、600种主要消费品、300种主要生产资料市场供求状况等开展专题调查，保障商贸市场平稳运行。不断规范成品油市场管理，加大对单用途商业预付卡规范管理，扎实做好典当、拍卖等特种行业管理，深入开展商贸领域安全生产检查，有效防范和遏制安全生产责任事故，进一步强化了行业监管的规范化。

（二）电子商务发展迈出可喜步伐

1. 工作机制不断完善。制订出台了加快电子商务提升发展的实施意见，成立市电子商务促进会。

2. 电商园区建设加快推进。形成了国际水产城、陆港物流、新城科创园、盐仓创业园、岱山电商园区以及综保区6个电子商务产业园区，面积达到25000平方米，集聚了150余家电商企业（单位），引入了3个电子商务专业运营平台。特别是舟山港综合保税区跨境电商园区建设得到积极推进，与纽扣网达成全面合作协议，香港俊思集团海外仓项目常态化运行，首批50余家国内外电商企业入驻园区，成立了进口商品直销中心，被省商务厅列为第二批省级跨境电商示范园区。

3. 市场主体快速发展。淘宝网"特色中国·舟山群岛馆"正式上线，已有140余个淘宝店铺入驻，上架商品达到1000多种。与京东、网易、顺丰商城签署了电子商务发展战略合作协议，培育了一批大舟山、舟山米道、天禄大地等电商骨干企业。电子商务进农村海岛工程建设卓有成效，建成了县域服务中心2个，农村综合性电商服务站477个，淘宝村建设取得突破，培育了以民宿、海水产品销售为主要内容的朱家尖东荷嘉园等电商村，"村邮网购"基本辐射各主要住人岛屿，最后1公里物流配送体系基本形成，全市渔农村网上创业群体已达8000多人，各类电商主体近9000家，从业人员达到2.7万人。全年网上销售额达到12亿元，增长89.5%左右，明显快于网络零售额的增长速度。

（三）对外贸易实现企稳回升

1. 竭尽全力稳增长。开展精准服务企业活动，缓解企业资金、审批等困难，外贸骨干企业运行稳定。外贸出口在全国宏观形势严峻和连续两年比较困难的形势下，实现正增长8.2%。全力落实各项扶持政策。全面贯彻落实国务院和省委、省政府制定出台的各项外贸稳增长政策，制订出台了2015年舟山市外贸稳增长行动计划，加大对外贸企业的金融支持，对外贸工作实施项目化管理，确定了20项外贸重点项目。同时，持续释放政策红利，增强企业发展外贸信心。进一步挖掘外贸企业增长潜力。

2. 积极培育外贸进出口平台。加强以中海粮油为主体的粮油进口平台、惠群远洋渔业为主体的水产品进口平台、综保区为主体的进口商品展示交易平台和浙台（舟山普陀）经贸合作区为主体的台湾商品进口平台建设，着力引进外贸综合服务平台企业，并提供融资、通关、退税等服务，努力培育外贸竞争新优势。2015年引进和培育了4家外贸平台企业，出口额新增5亿美元，直接拉动了全市出口9个以上百分点。

3. 搭好展会平台助力外贸发展。统筹境内外展会资源，重点组织好俄罗斯圣彼得堡海工展、中国（上海）国际海事展、中国（青岛）国际渔博会、第118届"广交会"等重点展会，进一步帮助企业拓展新兴市场。

（四）外资利用得到创新发展

2015年，舟山市新设外商投资企业19家，另批增资企业5家，合同利用外资达到38170万美元，实际利用外资7792万美元。

1. 积极发挥招商平台作用。组织开展了2015舟山新区专业性招商对接会，天津、上海融资租赁政策说明会，宁波国际海事服务业圆桌会议和厦门对台经贸合作对接会。尤其是厦门对台经贸合作对接会，以建设21世纪海上丝绸之路为主题，全面宣传推介舟山，推出50个撮合项目，其中有20个项目进行精准对接，有4个项目签订意向协议。

2. 创新利用外资新模式。引入VIE(可变利益实体)模式，开启了舟山市利用外资的新途径。浙江天禄石油天然气有限公司通过搭建境内外投资平台引入境外投资者，外资创投再投资已成为舟山市利用外资的重头戏，支持了实体经济的发展。

3. 集中精力抓好融资租赁外资项目。为加快推动海洋经济发展，积极开展专业性融资租赁项目对接会，新引进嘉信、其利、亚投三家融资租赁企业，同时全力推进在谈的欧华造船、杭州汉鼎、太平洋海工、华铁租赁等融资租赁项目，融资租赁产业门类得到进一步拓展。

(五)对外经济合作取得新的进展

2015年，舟山市新增境外投资项目9个，中方投资额达到4015万美元，实现国外经济合作营业额5.55亿美元。

1. 搭建平台促合作。牵头组织参加“2015东盟博览会”、“中国—中东欧国家投资合作洽谈会”、“新加坡投资环境介绍会”等双向投资促进对接交流会，组织有关企业参加商务部组织的丝路沿线合作项目对接交流会。积极配合开展赴阿根廷、秘鲁和英国、匈牙利境外的投资合作交流、投资贸易洽谈活动，努力搭建双向投资、贸易促进工作平台。

2. 创新模式促合作。大力推进以对外直接投资、海外并购等多种对外投资方式开展国际经济合作，浙江舟山海惠丰远洋渔业服务有限公司、舟山明州远洋渔业有限公司与秘鲁自然人合作，共同在秘鲁投资设立海惠丰远洋渔船服务基地有限公司；浙江博海渔业有限公司与吉布提共和国自然人合作，投资设立吉布提渔业有限公司，舟山国家远洋基地境外基地建设迈出新步伐。

3. 企业“走出去”步伐加快。浙江舟山海惠丰远洋渔业服务有限公司、浙江欧华造船服务有限公司等民营企业境外中方投资额达到2915万美元，占全市总数的72.6%；同时，一海海运、舟山港国贸公司等国企境外投资额达到1100万美元，占总额的34%。

4. 拓展领域促合作。爱艺术香港拍卖有限公司获省商务厅对外投资备案通过，公司注册资本1000万港元，从事当代文化艺术品拍卖及无形资产拍卖。

(舟山市商务局)

2015年台州市商务

2015年，在世界经济延续低速增长和国内并不乐观的宏观经济形势的大背景下，台州商务系统按照“开拓大市场、发展大商贸、推进大开放”的总体要求，主动适应经济发展新常态，扎实推进“拓市场、促消费、扩投资、创优势、优服务”各项工作，紧盯目标，狠抓落实，全市商务经济运行总体平稳，工作亮点纷呈，惠民成效明显。

运行概况

全市社会消费品零售总额1826.68亿元，同比增长11.0%，全省排名第四。其中限额以上社会消费品零售总额544.48亿元，同比增长9.3%。

全市网络零售额494.37亿元，同比增长45.7%；居民网络消费额321.65亿元，同比增长41.4%。

全市新批34家境外投资企业，中方投资额13693万美元，同比增长58.0%，完成年度目标的249.0%；对外经济合作营业额8115万美元，同比增长13.0%，完成年度目标的147.5%。

全市累计已注册服务外包企业68家。全市离岸合同执行额4180万美元，同比增长6.3%，完成全年目标的101.0%。

全市进出口总额211.7亿美元，同比增长-4.1%；其中，出口188.3亿美元，同比增长-2.7%。全市进出口额、出口额位列全省第六，进出口增速、出口增速和进口增速分别列全省第七、第八和第五，较去年同期分别前移2位、1位和5位。

全市新批外资项目17个，总投资30338万美元，同比增长-43.9%；实际外资11635万美元，同比增长-58.0%，完成全年工作目标的46.5%。

全市地方储备粮油29.83万吨落实到位，提前3个月超额完成新增储备9万吨的年度任务（实绩9.15万吨）；全市日应急加工能力达1462吨，应急供应网店168个，超额完成省定任务；早晚稻订单收购数量创历史新高。建成投入使用粮食仓库7个库点，计仓容15.3万吨，其中市本级中心粮库一期（2万吨）和路桥中心粮库二期（0.7万吨）建成投入使用。

全市完成散装水泥使用量596.43万吨，散装水泥产量197.47万吨，散装率78.62%，预拌混凝土供应量1001.17万立方米，预拌砂浆供应量20.20万吨。

主要工作举措

（一）多措并举促消费

抓好商贸基础设施建设。全市40个商贸流通设施重点项目完成实际投资112.8亿元，完成年度计划的134.6%。万达广场、台州银泰城市综合体和台州星光耀广场等12个投资额10亿元以上的重大项目实际完成90.5亿元，完成年度计划的151.2%。不断完善基础消费设施。总建筑面积40万平方米的台州农港城开业，集批发零售、物流配送、冷链仓储等于一体，覆盖蔬菜、水果、水产、肉类、粮油等农产品交易全业态。抓好集中连片推进农产品流通建设项目的实施，全市建成村级连锁店5025个，行政村覆盖率93.9%，乡镇连锁店覆盖率100%。搭建消费促进平台。组织举办“2015喜迎春购物节”、“2015消费促进月”、“2015台州金秋购物节”等系列活动，全年全市大型商贸企业共举办各类促销活动76场（次），参与商家2510家，累计销售金额59.05亿元，同比增长8.8%。抓好商务诚信促消费升级。推进打击侵权假冒专项整治行动，狠抓油品置换、油品提标升级及散装汽油管理工作,完善单用途商业预付卡备案管理。4 家企业入围首批全国诚信兴商双优示范单位、11 家企业入围省商贸流通业诚信示范企业,居全省第二;3 家企业获批“浙江老字号”。

(二)全力以赴稳外贸

研究出台三大政策举措。为进一步贯彻落实国务院、省政府有关支持外贸稳定增长的文件精神,积极应对外贸下行压力,出台了《关于促进全市外贸稳定增长八条措施》,修订了《市级外经贸促进资金使用管理办法》,新增市本级外贸促进专项资金,重点鼓励自主出口品牌培育,对小微企业出口信保和外贸综合服务等方面予以适当扶持。减免企业参展服务费,降低企业参展成本。扶持重点展会拓市场。确定 60 个项目为台州市重点支持类国际会展项目,组织近 1800 家企业参加“华交会”、“广交会”、“消博会”等境内外展会 7 场次,共设展位 3596 个,其中“广交会”品牌展位占全省总数的 20%。新增浙江出口名牌 13 个,累计 131 个,占全省的 16.1%。积极推进跨境电商发展。2015 年 3 月台州获批成为省级跨境电子商务培育建设试点市县;2015 年 4 月,台州跨境电子商务产业园(下含中非经贸港园区)获批成为首批省级跨境电子商务园区。2015 年 6 月,浙江中非经贸港正式启动运营,全年已实现进出口 2.2 亿美元。培育中非国际经贸港等外贸综合服务企业发展。鼓励企业通过 B2B2C 模式,2014 年全市建立 3 个省级跨境电子商务公共海外仓。

(三)深入推进抓电商

不断完善政策措施。制订发布《台州市农村电子商务促进工作实施方案》,会同台州市财政局制定出台《台州市电子商务促进专项资金管理办法》,拟定电商促进政策扶持项目申报细则,开展政策兑现,切实发挥市本级财政扶持资金对全市电子商务发展的促进作用。加快电商主体培育。台州列全国网商创业最活跃城市第 7 位、省内第 3 位,天台列全国最活跃县第 2 位;台州淘宝村共 42 个,位列全国地级市第 5、省内第 3,网商创业氛围浓厚。全市已创设各类网上店铺 5.56 万个,吸收就业 8.54 万人。台州商城网、土冒网、企商网、方林二手车网上市场等一批本土电商企业不断壮大。加快电商产业集聚。全市现已设立电商产业园 19 个,累计总面积达 60.8 万平方米,投资超过 6 亿元。黄岩区电子商务产业园成功引入阿里巴巴、支付宝、阿里商学院等知名企业,目前已服务和孵化电商企业 1100 多家,线上交易额突破 4 亿元。天台金恒德国际汽车用品采购中心项目依托天台汽车用品产业优势,发布的天台中国金恒德汽车用品价格指数获商务部认证,电商产业从产品销售向信息服务蜕变。加快电商基础设施建设。加快推进“E 邮柜”建设,把“E 邮柜”智能投递终端建设列入市政府为民办实事项目,已建成“E 邮站”850 个,基本实现全市全覆盖。深入实施“电子商务进万村”工程,已建成 7 个公共服务中心、1485 个村级电子商务服务网点。同时,依托邮政物流配送渠道,已累计建立“邮掌柜”有效运营站点 884 个,交易金额 1.76 亿元。

(四)统筹发展抓投资合作

开展招商活动营造氛围。培育 10 家境外营销网络示范企业,参加“浙洽会”、“厦洽会”等活动,其中组织台州投资项目(香港)推介会和孟加拉国走进台州投资说明会,签约项目达 8 个,外资签约项目总投资达 10.3 亿美元,外经项目签约总投资达 9699 万美元。跟踪推进世界 500 强企业麦格纳投资的汽车座椅项目,促使项目成功落户台州。抓好经济开发区整合优化提升。帮助仙居和三门两地申报省级积极技术开发区,并顺利通过省政府验收,全市省级经济技术开发区增至 7 个。同时对有意向申报国家级经济开发区的温岭开发区进行重点对接。扎实推进企业“走出去”。积极参与“一带一路”建设,向企业推介“一带一路”沿线国家基本情况,开展“走出去”企业座谈会,重点推荐仙居宇杰集团股份有限公司进入浙江省“一带一路”建设重点项目名录。宇杰公司的柬埔寨国家 58 号路公路改建工程项目,工程总造价约 8000 万美元。组织 60 多家企业在台州举办的中德投资并购论坛活动。

(五)强基固本保民生

强化粮食安全责任考核。牵头做好 2015 年度粮食安全责任制考核部署和督促落实,明确成员单位考核工作职责分工，细化分解考核项目和指标，促进粮食安全责任落实和工作开展。严格落实粮食储备任务。通过本地订单收购与外购相结合，及时安排网上进出库等措施，顺利完成9.43万吨地方储备粮轮换及省政府下达的新增地方储备粮9万吨任务，全市29.83万吨地方储备粮实现规模、仓储、费用"三落实"。抓好基建完善市场体系。网上粮食市场成功运行，共完成交易62场次，累计成交粮油11.02万吨，成交额2.9亿元。全市已有9个中心粮库获"星级粮库"称号，三门粮食局被评为全国粮食流通监督检查示范单位。市中心粮库一期已竣工，仓容规模2万吨，二期土建桩基全面完成，累计完成投资1.12亿元。切实抓好散装水泥管理工作。印发《预拌混凝土下乡试点创建工作方案》，把预拌混凝土下乡工作纳入县(市、区)目标责任考核管理。开展禁止现场搅拌砂浆的行政执法，建立"禁现"项目档案，对禁止现场搅拌区域内的建设工程分送使用预拌砂浆告知书，促进了预拌砂浆的推广应用。与建设部门联合草拟完成《台州市促进预拌砂浆发展和应用实施办法》。扎实推进黄标车淘汰回收工作。加强对报废汽车回收企业的监督管理，督促企业及时做好黄标车的回收、拆解等相关工作，全市完成淘汰回收黄标车19804辆，超额完成年度目标。加强成品油管理。开展成品油经营企业油库现场摸底核查，按时完成成品油经营企业年检工作。全力做好为民办实事做好油品升级相关工作，督促中石化、中石油等所有成品油经营企业，提前落实油品调度、开展置换等工作，至2015年底台州市油品升级工作已完成，全市供应车用汽柴油的加油站(点)280座，已全面供应国V标准汽油、柴油。

（六）多管齐下优服务

加强运行监测和风险预警。抓好外贸运行监测系统上报率和准确率，重点监测企业从576家增加到1033家。继续深化与对外经贸大学的合作，每月编印《台州贸易壁垒预警》，扩大外贸企业受益面。继续强化生活必需品每周分析制度和每季的消费品市场分析预测工作，认真做好商务部三个市场监测直报系统信息报送，市场监测分析工作全省第一。深入开展"外贸服务月"活动。分批分组对口联系全市出口50强企业，有针对性地为企业解决实际困难。加大推进外贸订单回归工作，对转移产能及订单的重点企业上门拜访，实施一对一贴身服务，"政策、乡情、服务"三管齐下，尽可能让订单留在台州，活动期间共收集、解决企业建设、问题28条，发放政策资料41份。推进行政审批减负提速。进一步完善审批程序、开展减负提速，有9个行政审批项目进一步缩短承诺办结时限，其中6项承诺随时即办，实现审批承诺时限省内最短，尽最大努力提高审批速度，方便群众。全年按时办结审批事项582件，其中行政许可事项221件。抓好信息宣传工作。每月编印《台州商务统计信息》、《台州市商务(粮食)信息》、《台州市商务经济运行》等刊物，及时向政府相关部门分发，为政府决策提供参考。此外，台州市商务局还开通了"台州商务"、"台州电子商务"公众微信号，积极搭建宣传新平台，努力打造台州商务微时代。

（台州市商务局）

2015 年丽水市商务

国内贸易

2015 年,丽水市实现社会消费品零售总额 519.28 亿元,同比增长 9%,增速较 2014 年回落 4.2 个百分点。限额以上社会消费品零售额 161.9 亿元,同比增长 2.7%。限额以上批零贸易商品销售额 523.17 亿元,同比下降 1.6%。城镇实现社会消费品零售额 402.64 亿元,同比增长 7.9%;乡村实现社会消费品零售额 116.64 亿元,同比增长 13.2%,高于城镇 5.3 个百分点。

批发业、零售业、住宿业、餐饮业四大行业销售额(营业额)实现平稳增长。其中,批发业销售额763.28 亿元,同比增长 9.6%;零售业销售额 579.98 亿元,同比增长 11%;住宿业营业额 16.87 亿元,同比增长 11.7%;餐饮业营业额 72.02 亿元,同比增长 17%。

大宗商品销售低迷。受价格、需求放缓等因素影响,石油及制品类零售额 30.13 亿元,同比下降 19.2%;汽车类零售额 41.29 亿元,同比下降 3.1%;家用电器类零售额 6.48 亿元,同比下降 10.5%。三大类商品占全市限额以上批发零售业零售额比重二分之一,影响限额以上零售额增速 6.2 个百分点。而粮油食品类、饮料类、烟酒类、日用品类、书报杂志类、中西医药品类等商品增幅较大,同比分别增长 18%、4.9%、11.9%、13%、9.1%、18.2%。金银珠宝受国际金价持续低迷等因素影响,整体销售连续下滑,零售额同比下降 1.4%。

2015 年完成《丽水市成品油分销体系“十三五”发展规划》编制,培育 81 家限额以上批发零售和住宿餐饮单位,其中法人企业 50 家、产业单位 1 家、个体经营户 30 家。开展打击侵犯知识产权和制售假冒伪劣商品活动以及“2015-云剑行动”,完成国五油品升级工作,组织举办或参加 2015 年全国消费促进月丽水活动、2015 丽水金秋购物节、浙江名品进名店工程、中华老字号精品博览会、中国食博会等开拓市场、促进消费活动。

电子商务发展迅猛。2015 年,丽水市紧紧围绕“电商换市”发展战略,以“举农村旗、试跨境水、布商圈局、借阿里势、走丽水路”为工作思路,通过加强组织领导、加大政策扶持、强化电商基础工作等措施,促进了电子商务工作持续健康发展。2015 年实现网络零售额 121.43 亿元, 增长 76%。其中,农产品网上销售 23.41 亿元,增长 41.9%。承办全国农村电子商务现场会,遂昌县列入全国首个农村电子商务强县创建先行县,谋划申报省级农村电子商务综合试验区创建工作。成立以市政府主要领导为组长、分管副市长为常务副组长的丽水市电子商务工作领导小组,其中以 30 个市直部门和 9 个县(市、区)人民政府主要领导为成员,领导小组下设“电商换市”工作办公室、农村电子商务工作办公室、旅游电商化工作办公室。出台《中共丽水市委、丽水市人民政府关于促进丽水市电子商务发展的实施意见》(丽委发〔2015〕33 号),制订《丽水市跨境电子商务发展三年行动计划 2015—2017》,实现 B2C 跨境电商出口零售额 2500 多万美元,增长 25%。累计完成 9 个公共服务中心、14 个电子商务集聚园、2224 个农村电子商务服务站点和 206 个 E 邮柜建设。新增淘宝特色中国·龙泉馆、松阳馆、景宁馆,10 个淘宝村、148 家规模以上企业开展电子商务应用,有天猫店 508 家,京东店 193 家,阿里速卖通店铺 500 个,各类网店 1.1 万家,阿里巴巴·云和木玩产业带上线运营。组建成立丽水市电子商务促进会，开展“大走访、摸实情、解困难——走进电子商务企业”专项活动。积极探索智慧商业模式，推动万地广场、百货大楼、金汇广场启动“喵街”技术改造。2015年共有2000批次市外考察团来丽水市考察交流电子商务工作。据阿里研究院发布的《2015年中国大众电商创业排行榜》报告显示：在全国338个地级及以上城市中，丽水市大众电商创业活跃度位列第30位；在全国大众电商创业最活跃的县（市）前50榜单中，丽水市云和县、龙泉市、庆元县入围，分列第15位、47位、48位，丽水市入围的县（市）数量在所有地级市中位列第6位。

遂昌县被列入首个商务部评定的农村电子商务强县创建先行县。2015年12月25日，商务部发函遂昌县人民政府《关于请做好农村电子商务强县创建先行县有关工作的函》（商建区域函〔2015〕638号），认定遂昌县为农村电商强县创建先行县。该县充分整合“政府、企业、社会”等方面力量发展农村电子商务，成功打造县域农村电子商务发展的“遂昌模式”，并在全国成功复制成立2400多家“赶街”服务站，先后荣获全球最佳网商城镇奖、中国电子商务发展百佳县、全省首批电子商务示范县等荣誉。根据商务部要求，该县将继续做好推动农村电子商务加快发展、农村电商强县创建前期准备工作、农村流动定点跟踪研究三方面工作，在制度规则、政府服务、运作模式等方面率先实践，为我国农村电子商务发展提供可借鉴的“制度试验地”和适合推广的新模式。

庆元县被列入第二批浙江商品国际采购中心创建试点城市。根据省商务厅等13个部门《关于再创浙江新优势　加快建设浙江商品国际采购中心的实施意见》文件精神，通过组织申报、审核并公示等环节，2015年12月4日《浙江省商务厅等13部门关于公布义乌中国小商品城等单位为浙江商品国际采购中心的通知》（浙商务联发〔2015〕118号）文件，确定第二批庆元县、义乌市、舟山市、东阳市和南浔区5个浙江商品国际采购中心创建试点城市，其中庆元县以庆元香菇市场为创建主体，为浙江食用菌国际采购中心。同时试点城市将完善采购中心周边配套的商贸服务、物流仓储、公共基础等设施以及相关规划布局，营造良好的营商环境，并加强宣传推广，提高国内国外的知名度、美誉度和影响力，提升采购中心辐射带动作用，为浙江商品开拓国内外市场做出更大贡献。

丽水市开展“丽水老字号”认定工作。为推进丽水市“老字号”品牌的保护、挖掘和发展，推动“丽水老字号”品牌振兴。2015年丽水商务局出台《“丽水老字号”认定办法（暂行）》（丽商务〔2015〕59号），在全市范围内开展“丽水老字号”认定工作。2015年12月29日，评定第一批21个“丽水老字号”，其中青瓷品牌6个，宝剑品牌8个，石雕、茶业、超市等其他品牌7个。

举办2015年丽水生态精品农博会农超对接专场会。2015年9月18日，由丽水市商务局和丽水市农业局联合主办的2015年丽水生态精品农博会农超对接专场会在杭州和平会展中心举行。对接会上，达成总价值4000万元的产销合作协议。

对外贸易

2015年，丽水市实现外贸进出口总额33.64亿美元，同比增长15.7%，增速较2014年上升2.9个百分点，增速列全省第2位，分别高于全省、全国增幅17.9个、23.7个百分点。其中，出口首次突破30亿美元大关，达到31.44亿美元，同比增长19.2%，增速较2014年上升8.1个百分点，增速列全省第2位，分别高于全省、全国增幅17个、22个百分点，占全省的出口份额由2014年的不足1%提升到1.14%；进口2.2亿美元，同比下降18.8%，增速较2014年下降51.3个百分点。进口商品以铬铁、木浆、无烟煤、棕榈油、椰子油为主，占全市总进口的76%；进口来源地主要集中在南非、澳大利亚、德国、俄罗斯、印度尼西亚等国家，占全市总进口的67%。

出口企业中，流通公司出口16.53亿美元，同比增长65.7%，高于全市平均46.5个百分点，占全市比重37.8%。内资生产型企业出口13.95亿美元，同比下降9.1%，占全市比重58.2%。三资企业出口0.96亿美元，同比下降7.9%。

出口市场中，亚洲市场12.24亿美元，同比增长33.7%。其中,中东市场3.95亿美元,同比增长17.8%;东盟市场2.94亿美元,同比增长18.8%。欧洲市场7.31亿美元,同比下降3.3%。其中,欧盟市场5.59亿美元,同比增长4.1%。北美市场4.88亿美元,同比增长14.3%;拉丁美洲市场2.73亿美元,同比增长17.0%;非洲市场3.85亿美元,同比增长42.8%;大洋洲市场0.43亿美元,同比增长18.3%。美国、印度和俄罗斯为出口前三位国家,出口额分别为4.57亿美元、1.57亿美元和1.36亿美元。

出口商品中,农副产品出口0.54亿美元,同比下降4.9%。其中,香菇出口0.36亿美元,干木耳出口0.08亿美元。纺织服装出口3.6亿美元,同比增长45.5%;轻工工艺品出口9.31亿美元,同比增长27.9%。其中,鞋类出口1.56亿美元,玩具出口1.85亿美元,文体用品出口2.07亿美元。机械产品出口16.78亿美元,同比增长10.9%;化工产品出口1.20亿美元,同比增长31.9%;机电产品出口14.37亿美元,同比增长11.5%。

各县(市、区)出口中,松阳、开发区、青田、龙泉和云和出口增速超15%,缙云、青田、龙泉和松阳出口额超3亿美元,分别达到8.04亿美元、5亿美元、3.63亿美元和3.12亿美元。

2015年,丽水市开展自营进出口业务的企业781家,比2014年增加58家;超千万美元的企业89家,比2014年增加18家;新增有效出口主体126家,比2014年增加34家;新增省级出口名牌2个,累计达到11个。实施"外贸出口百日攻坚行动",研究出台《丽水市人民政府关于促进外贸稳定增长培育外贸竞争新优势的补充意见》(丽政发〔2015〕84号),提出"拓展市场、出口信保、组展参展"等17条开拓市场具体举措,力促外贸企稳回升。2015年一达通外贸供应链管理模式出口1150万美元。2015年组织263家次企业参加"华交会"、"广交会"、"消博会"、国际汽车商品交易会等展会,展位363个。

利用外资

2015年,丽水市新批外商投资项目18个,增资项目5个,外方股东贷款项目4个,投资总额3.9亿美元,合同外资2.87亿美元,同比增长16.3%;实际外资2.2亿美元,同比增长23%,实际外资完成进度列全省第一,荣获"2015年度全省利用外资工作成绩突出地市"称号。引进千万美元以上外商投资项目9个,并实现首次亿美元项目零突破,推动富来森中竹科技公司在美国纳斯达克挂牌上市交易。新增外资项目仍以第二产业为主,合同利用外资1.94亿美元,实际利用外资1.52亿美元,分别占总数的67.6%和69.3%。新批项目中,来自欧美日韩等发达国家项目8个,来自港澳台传统来源地项目8个,来自南美洲的项目2个。

组织举办或参加2015年新春侨商座谈会、"浙洽会"、中国—中东欧国家投资贸易博览会、南非阿联酋投资贸易推介对接活动、香港贸发局和香港商会访丽水活动、"投洽会"、浙江省开发区路演(上海站)活动、2015中国全球投资峰会、2015丽水市高端装备制造业(上海美国商会)推介会、第三届世界浙商大会、国际投资96357公共服务平台发布会等十多场次外商投资洽谈活动。研究制订《丽水市利用外资5年50亿行动计划》。2015年12月21日,龙泉、缙云工业园区升格为省级经济开发区。目前丽水市有1个国家级经济开发区,为丽水经济技术开发区。4个省级经济开发区,青田、景宁、龙泉、缙云各1个。

服务贸易

2015年,丽水市国际服务贸易进出口总额11.09亿美元,同比增长15.6%。其中,出口8.95亿美元,同比增长13.2%,占国际服务贸易进出口总额的80.7%;进口2.14亿美元,同比增长27.2%,占国际服务贸易进出口总额的19.3%。国际服务贸易进出口额占全市货物和服务贸易进出口总额的24.81%,国际服务贸易出口额占全市货物和服务贸易出口额的22.16%,国际服务贸易进口额占全市货物和服务贸易进口额的49.19%。全市国际服务外包离岸执行金额419万美元,同比增长1.21%。主要是涉及动漫刀剑、动漫木玩等产业出口。

对外经济技术合作

2015年，新批境外投资项目10个，增资项目1个，总投资977.6万美元，中方投资额892.05万美元。“十二五”期间，丽水市完成境外投资项目55个，总投资12652.7万美元，中方投资额12362.85万美元，分别比“十一五”期间增长19.6%、213.7%和214.1%。境外投资国家和地区33个，境外投资领域以批发和零售业为主，逐步扩展至仪表加工、化学原料和化学制品制造业、餐饮业和咨询服务业等，新批项目平均投资规模提高到百万美元。

（丽水市商务局）

二、各扩权县(市、区)商务发展

2015 年温岭市商务

2015 年,温岭市商务运行总体稳定。国内贸易稳步推进,外贸服务环境不断优化,利用外资平台建设不断完善,境外营销网络不断拓展。

国内贸易

全市实现社会消费品零售总额 473.89 亿元,同比增长 10.1%,增幅在台州九个县(市、区)排名第六,在强县市板块排名第一。其中批发业、零售业、住宿业、餐饮业分别实现 28.06 亿元、364.7 亿元、1.46 亿元、79.66 亿元,同比分别增长 40.9%、8.5%、1.3%、9.1%。全年实现网络零售交易额 77.6 亿元,在台州市占比 15.7%,总量位居台州市第二。阿里巴巴·温岭产业带被评为浙江省优秀产业带,温岭市被评为全国十大淘宝村集群之一。

消费平稳增长,市场运行良好。一是商贸业增速有所放缓,在经济总量中的占比继续扩大。全市商贸流通业实现增加值 161.81 亿元,同比增长 8.2%,增幅高于全市 GDP 增幅 2.4 个百分点。商业增加值占全市国内生产总值比重为 19.4%,比上年提升 0.7 个百分点,商业对国内生产总值增长的贡献率达到 34.3%,比上年缩小 0.4 个百分点。二是生活必需品市场价格基本稳定。超市受监测的生活必需品的零售价格与 2015 年初相比,粮食、水果、禽类一路走低;食用油、肉类、奶制品、水产品以及其他类产品则略有浮动。批发市场受监测的 3 类生活必需品,蔬菜、水产品、水果的批发价格与 2015 年初相比都略有上浮,波动较小。农贸市场监测的 4 类生活必需品的价格与 2015 年初相比,肉类价格大体下滑,波动较大;禽类、蛋类、蔬菜类价格浮动较小。三是重要生产资料价格继续全线下跌。钢材方面,价格呈下滑之态,受监测的 13 类产品,全年均价与上年同期相比下跌达 21.06%,2015 年最低价位与最高价位相比下跌达 26.34%。成品油方面,受国家十一次下调油价影响,成品油价格波动较缓,均价同比下跌 29.01%。

对外贸易

2015 年,全市实现自营进出口总额 38.5 亿美元,同比下降 4.2%。其中,出口 37.2 亿美元,同比下降 3.2%。出口总量保持台州九个县(市、区)第一。增幅在台州排名第五,在强县市板块排名第二。

外贸面临下行压力。一是外贸出口形势严峻。一季度有所回升,同比增长 13.6%,二季度为全年低点,同比降 6.1%.三、四季度则回升乏力。二是主要市场增长疲软,对欧降幅最大。受欧元贬值及乌克兰战乱持续影响,2015 年对欧洲出口 9.5 亿美元,同比下降 13.6%,降幅位列第一。三是大部分产业出口有所下滑,水泵、塑料及其制品、帽类等出口增长良好。机电产品作为温岭市重点出口产品,出口 22.4 亿美元,全年累计减少出口 1.1 亿美元,下降 4.8%。其中,水泵有所增长，同比增长1.6%。温岭市主要出口产品中，摩托车及其零附件、光学医疗等仪器、塑料及其制品、帽类分别增长6.5%、9.4%、5.0%、18.3%。四是生产企业出口降幅大于流通企业，小微企业增长明显。生产企业出口26.6亿美元，下降4.3%。外贸流通企业出口10.6亿美元，下降0.5%。2015年新增自营出口企业89家，出口总额7425万美元。

利用外资

2015年，全市实际利用外资2142万美元，实际外资绝对值居台州第二。境外借款和增资成为实际利用外资的主要来源。

服务业外资企业亮点纷呈。温岭耀达国际大酒店和耀达百货隆重开业，进一步提升了温岭酒店百货业的服务水准和整体档次，该项目建筑的1号大厦同时也成为温岭市首个“鲁班奖”工程。银泰超高层酒店正式开工，这个由世界各地大师级团队共同设计打造的五星级酒店综合体项目将创造温岭市城市的新高度，也将创造温岭市酒店行业的新高度。台州时代置业有限公司与时俱进，对时代广场楼层进行重新规划和布置，增加了大型餐饮中心、手机卖场和影院等，通过业态的深入调整实现有效转型升级。

生产型外资企业实现新突破。台州法雷奥温岭汽车零部件有限公司2015年度产值高达12.45亿元人民币，同比增长8.3%，税收达1.38亿元人民币，同比增长52%，均创历史新高。美国第二大减震器公司MAT HOLDINGS，INC.与钱江集团合资设立的浙江凯博瑞汽车零部件有限公司成功研发和试产200多个品种的减震器，并开始规模化生产。浙江里阳电子有限公司委托英国道尔设计公司精心设计的节能、环保型现代化厂房于2015年底正式开工建设。

利用外资工作面临压力。2015年，温岭市利用外资工作进入了“瓶颈期”。一是存量外资不足。二是在谈项目缺乏。缺乏外资大项目支撑，利用外资工作后继乏力。三是增资潜力较弱。

对外经济合作

全市新批境外投资项目8个，中方投资额1535万美元，全市拥有外经权建筑企业7家，占台州市的46.67%，完成境外承包工程营业额3550万美元。

境外营销网络体系不断完善。温岭市经审批的境外营销企业累计达150家，分布在阿联酋、俄罗斯、罗马尼亚、埃及、美国等40多个国家和地区，2015年，新增巴拿马、匈牙利、巴西等国家，从业人数达6000多人，年带动出口占全市出口总额的30%以上。

对外投资模式不断创新。多年以来，温岭市企业形成了海外仓库、办事处、展销中心、境外加工企业等模式的“走出去”，2015年，“走出去”模式又有新发展。台州富岭塑胶有限公司美国（宾州）公司项目增资300万美元，中方投资总额达1290万美元，在美国纳斯达克证券交易所挂牌上市，是台州首家在美上市企业，募集资金2000多万美元，为温岭企业境外境内互动发展创出新模式。

（温岭市商务局）

2015 年慈溪市商务

2015 年，慈溪市商务工作牢牢把握“稳中求进、转型提升”总基调，立足“新常态”，着眼新要求，通过“内生外延、量质并举”，进一步强化“扩面提质、优化布局”，继续深入实施招商引智“一号工程”，坚持对外开放合作战略，主动融入和适应全球经济发展新常态，狠抓项目促发展，狠抓作风促服务，着力实施“招大引强、外贸振兴、外经拓展、外包整合”工程，实现了全市商务工作的平稳健康发展。

国内贸易

全年实现社会消费品零售总额 477.46 亿元，增速 12.2%，高于宁波市平均水平 0.2 个百分点，总量位列宁波各县(市)第一；限额以上社会消费品零售额 199 亿元，同比增长 16.8%，高于宁波市平均水平 1.5 个百分点。全市商品交易市场实现成交额 588 亿元，同比增长 9.0%。

消费市场进一步拓展。组织开展各类促销、展会活动，进一步挖掘消费市场潜力。同时，组织大型商贸企业参加“首届中国—中东欧国家投资贸易博览会”，推进商贸企业与国际名特优企业的对接交流；组织高背浦渔业专业合作社、宝绿蔬菜合作社等 5 家企业参加宁波菜篮子淡季展销会。贯彻实施《慈溪市发展月光经济实施方案》，发展月光经济，国贸大排档成功创建为“宁波市级夜市特色街区”，于 2015 年 1 月投用，截至 2015 年底，营业额达 6540.23 万元，客流量达到 89 余万人次。另外，组织龙山、观海卫、逍林、崇寿、周巷 5 个镇参加宁波市“市镇商贸中心工程”建设风采展。

市场监管和运行统计不断深化。加强市场运行监测分析，完善市场应急预警机制。加强市场秩序监管，开展单用途商业预付卡管理、黄标车、“三车”综合治理等工作，全年共受理提前淘汰黄标车补贴申请 8212 辆，申请补贴 8891.7 万元。规范典当、煤炭行业监管、成品油流通等特种行业管理；做好油品升级置换工作。开展安全生产大排查大整治专项行动，扎实推进平安市场(商场)建设，组织开展商贸企业安全生产月活动等工作。积极开展“三合一、多合一”场所专项整治工作，起草制订了《慈溪市沿街(路)小商铺和各类市场改造提升方案》，落实了改造提升工作目标，制定了改造提升标准和主要工作措施。加强服务业运行分析工作，定期形成《季度消费品市场运行分析》和《季度服务业发展情况及下步对策措施》，为宏观调控和领导决策提供依据。另外，依托 81890 公共信息服务中心的服务体系及丰富的企业资源，建成 1 个中小商贸流通企业公共服务工作站及 3 个联系点。

三大工程横向延伸。“菜篮子”工程：进一步推进全市菜篮子商品供应基地建设。落实生猪 3 万头、蔬菜 3400 吨、水产 2600 吨、禽蛋 800 吨、豆制品原料 100 吨的菜篮子商品应急储备。继续抓好肉菜追溯体系建设，确保 22 个流通节点正常运营，提高肉类蔬菜流通的组织化、信息化水平，增强质量安全保障能力。“米袋子”工程：抓实抓好市内粮食收购工作，共计收购粮食 37158 吨，同比增长 59%，为粮食体制改革以来的历史新高；订单履约率高达 94%，其中早谷 395 吨、小麦 8464 吨、晚稻 22963 吨；订单外收购秋粮 5336 吨。拓宽市外粮源基地，已与本省江山、江西崇仁、铅山、安徽无为等四个县市达成产销合作意向，建立市外粮源基地 10 万亩，调粮 3 万吨。落实好粮食安全责任制，特别是落实新增地方粮食储备和应急供应必要库存核定等方面成绩突出。“放心”工程:巩固农贸市场改造提升成果,指导金山菜市场、掌起集贸市场、周巷菜市、白沙菜市四家菜市场开展省放心农贸市场创建工作,并顺利通过考核验收。继续开展大型超市生鲜农产品“放心柜”建设工作,2015年度共有华润慈客隆香格店、老浒山店和三江购物掌起店、晨客隆孙塘北路店4家超市被列入“放心柜”创建计划,并通过考核验收。

现代物流格局不断完善。引导和支持企业实施智慧物流项目,提高专业化、信息化水平,打造“物流+电商”良性互动生态圈。加快发展家电物流、电商物流、冷链物流等专业物流。慈溪家电馆智能物流仓项目——百世云仓于2015年6月26日正式投用,通过建立仓储管理,订单处理及快递、快运(零担)、平台送仓、云仓等一站式服务仓储物流体系,已与20多家家电企业建立长期合作关系,商品SKU数超400个,累计出货100万单。聚龙智创园智能仓储面积使用率达100%,服务客户量已达11家,累计服务收入800万元。海尔集团现代服务园项目已进入主体施工阶段,2015年累计完成投资1.5亿元;普洛斯慈东物流园项目进入桩基施工阶段,累计完成投资4800万元。

家庭服务业品质不断提升。积极推行由商务部印发的家政服务标准合同,实现中心城区公司制家政企业标准合同全覆盖。积极鼓励社会资本进入家庭服务业创业,采用“互联网+养老”模式,远程为居家老人提供生活、医疗、导航、急救等服务,目前已覆盖城区主要社区,服务人口达2000人。支持企业参与宁波市家政服务员培训活动,全年完成150名星级服务员的级别标准培训。积极参与宁波市首届家政服务技能比赛,“好月子”母婴护理获母婴护理项目二等奖。

电子商务

2015年,全市实现网络零售额147亿元,位列宁波各县(市)首位,全省各县(市)排名第六位。获评“省电子商务示范市”,2014年中国电子商务百佳县排名第15位。崇寿镇傅家路村荣膺“省级电子商务示范村”称号,崇寿镇被授予“宁波市电子商务示范镇”称号。淘宝大学“中国质造”人才培训项目和宁波大学科学技术学院携手“慈溪家电馆”的校企合作创新项目成功落户。

助推慈溪家电馆实现全网销售。慈溪家电馆已在好易购、京东、苏宁、1号店、亚马逊、国美、当当等16个第三方平台上开设运营,进驻家电企业50多家,上架家电品牌75个,其中慈溪家电品牌达到了59个,全年实现销售额1.07亿元;通过亚马逊、ebay等跨境电商平台,完成在法国、美国、英国、俄罗斯等国的海外仓建设,积极筹建德国仓和澳大利亚仓,开启“自主品牌+海外仓+跨境电商”的创新模式。“中国质造·慈溪好家电”活动顺利推进,2015年5月13—15日三日实现销售额1900余万元,“双12”当天实现销售额800余万元,“慈溪产业带”顺利入围淘宝“中国质造”G20,已有61家工厂入驻,全年销售额5200万元。

推进电商集聚发展。e点电子商务产业园全年实现销售额7.25亿元,被评为浙江省电子商务示范产业基地;云聚划创业园销售额1.36亿元,入驻企业100家。

推动本地化移动电子商务特色发展。e慈溪项目“慈溪宝典”APP下载量达81254次,吸纳商家2886家,新增生鲜配送、同城快递及美妆业务,全年实现销售额652.01万元。“电子商务进万村”工程扎实推进,目前已建成“电子商务进万村”服务中心1个,服务网点102个。开放各大平台及本地电商开展农村电商业务,“苏宁易购”旗下3家镇级直营店建成开业。

完善电子商务运行数据统计工作。提高数据覆盖面和质量,目前慈溪市74家企业被纳入慈溪市商贸信息采集系统电商模块,15家被纳入宁波市电子商务监测统计系统,42家被纳入浙江省电子商务行业统计监测系统。

对外贸易

2015年,慈溪市实现外贸进出口额102.4亿美元,同比下降9.8%,其中,出口89.4亿美元,同比下降4.6%;进口13.1亿美元,同比下降34.2%。外贸主体队伍持续扩大,2015年,慈溪市有自营出口实绩企业2120家,比2014年同期净增151家,新增企业中生产型企业约占80%。外贸龙头企业带动作用明显,除慈溪进出口公司外,2015年,慈溪市出口前十位企业累计出口15.7亿美元,同比增长4.0%。

搭建境外参展平台助力有效拓市。第一时间发布重点支持的展会清单,筛选了60个重点展览推荐给企业,做好了第25届"华交会"、第117、118届"广交会"、第14届"消博会"等重点展览的组展工作,以及伦敦国际精品厨房卫浴展、巴西中国品牌商品展等重点境外展会的组织参展工作。2015年,慈溪市累计有917家(次)企业参加各类国内外国际展览,展位数2137个,同比增加215个,每家(次)企业参展展位数平均超过2.3个。

搭建出口信保平台降低贸易风险。继续实施小微企业政企联保平台,并根据国家政策扩大了该平台的承保人范围,为企业提供更多选择。同时继续对其他投保出口信用保险的企业予以政策支持。支持政策性出口信用保险工作,召开信保年度工作会议。鼓励企业参加出口信保,增强接单能力。2015年,累计新增投保企业164家,同比增长34.4%,其中,小微政府平台项下,累计新增投保企业112家,同比增长35%。

搭建公平贸易平台保障贸易安全。及时搜集贸易预警信息,发布到工作网站,提醒警示外贸企业。2015年,累计发布海外市场信息240条,发布预警信息近百条。对反倾销涉案企业应诉给予必要的支持和帮助。

搭建专业培训平台提高企业实务。2015年,共举办两次大型培训,邀请知名高校和科研机构的资深讲师授课,主题涉及当前外贸发展现状和外贸企业关心的热点问题、进口贸易实务、跨境电子商务和外贸形势分析。两场培训共有400多家企业参加,受到参训企业的好评。

搭建跨境电商平台创新贸易方式。建立了由11个相关部门及各镇(街道)、慈溪滨海开发区组成的跨境电商工作推进小组,确定了联络员,召开了跨境电商第一次工作会议,初步建立了跨境电商工作机制。出台跨境电商认定细则和奖励实施细则。

搭建招商引贸平台促进出口提升。积极行动,出台奖励政策,吸引市域外企业落户,开展进出口贸易。支持和推动"慈溪外贸"公共服务平台,充分利用其在报关、物流、保险、运输、退税等方面的综合优势,为本市中小企业服务;同时发起"业务回归"行动,鼓励区域内代理出口的企业,通过本地公共服务平台出口,降低成本、提高效率,提升当地自营出口额。

做深"专题式"服务,做实"专业化"服务。一是贯彻实施干部服务企业专题活动。实施"千名干部服务千家企业"专题活动,加强对企业的走访和调研,利用展会等企业比较集中的时机,走摊位、发问卷,加强与企业的交流,了解企业实际困难。全年共调研企业五百多家,发放调查问卷400多份,为企业解决实际困难近60个。二是深入贯彻"外贸企业服务月"活动,出台文件号召全市外贸工作者加强对外贸企业的帮扶,并在《慈溪日报》上开辟"外贸服务企业专栏",为企业提供有价值的信息,营造了全市上下重视外贸服务企业的良好氛围。

助推主体队伍建设。积极响应国家简政放权政策,落实权力清单,提高自营出口权审批效率,不断扩大外贸主体队伍,发挥外贸龙头企业带动作用。助推出口基地建设。巩固家电共建基地,与机电商会签署了为期三年的深度合作协议;积极协助市检验检疫局创建国家级出口家电质量安全示范区和国家级出口蔬菜质量安全示范区。助推出口品牌建设。推动企业申报各类出口名牌,2015年,慈溪市顺达实业有限公司和浙江三禾厨具有限公司2家企业2个品牌获得"宁波市出口名牌"称号。鼓励企业提高"以质取胜"意识,慈溪市商务局和检验检疫局联合评定宁波韩电电器等5家企业获得2014年度慈溪市出口质量奖。

利用外资

2015年,慈溪市本级新批外商投资企业29家,完成合同利用外资4.81亿美元,同比增长4.9%,完成宁波下达目标任务的117.32%;实际利用外资2.31亿美元,同比增长2.84%,完成宁波下达目标任务的105%。市本级引进慈溪市外资金52.88亿元,其中宁波市外资金46.46亿元,分别完成年度目标的114.96%和116.14%。新注册慈溪市外内资1000万元以上企业48家。

重大项目有序推进。2015年,全市共有在谈招商项目178个,签约项目19个,工商注册项目84个,在建项目共99个。各大产业平台招商主力军作用明显,重大项目均得到有效推进。并购增资量质齐升。2015年,慈溪市外商投资企业增资扩股依然保持良好增长势头,全年共有18家外资企业合同外资增资12893.7万美元,占全市合同外资的比重达26.8%。内资引进稳中有升。

夯实基础深挖潜力。2015年初,在广泛调研各产业平台、各镇(街道)、市级有关部门招商引资计划的基础上,牵头拟订2015年国内外招商计划,整理编制投资指南、招商项目手册等资料,推出装备汽配产业园项目、新材料先进装备制造项目等40个重点招商项目。在土地资源日益紧缺的环境下,打破以"闲置地块策划招商项目"的单一招商模式,充分利用在建、续建和已引进的企业项目开展细致全面的资源排摸工作,充分挖掘各大产业平台招商潜力,全市共计排摸招商项目土地资源总面积1193万平方米,厂房33.4万平方米,楼宇资源面积99.7万平方米,与外商有合作意向的重点民营企业11个。同时积极排摸全市镇(街道)、平台主导产业前五名企业55家,并通过展会、网络、微博等向外发布招商信息。

集中开展"以企引企"。集结力量、集中精力破难攻坚,2015年6月,全面启动开展"以企引企"专题招商引智活动,依托民营经济活跃、产业基础良好的优势,积极搜集项目信息、加快项目推进。活动期间,全市共摸排招商引智线索84个,其中各产业平台摸排线索32个,各镇(街道)51个,市级相关部门1个;同时,各单位根据摸排的线索,开展招商引智,获取项目信息130个,其中各产业平台挖掘项目信息79个,各镇(街道)50个,市级相关部门1个。

主动出击招揽项目。通过参加"2015中国家电博览会"、"新能源汽车产业发展战略说明会"、"厦洽会"、"甬港经济合作论坛"、"2015首届浙江国际健康产业博览会项目推介会"等重大招商活动14场,积极向外推介慈溪,推动了一批项目的洽谈、合作、签约,共获取招商信息16个。

驻点招商选强配优。加强驻点办事处的招商力量,并利用干部挂职、人员培训、考核激励等途径和一线城市企业产业的溢出效应,重点攻克其向外转移拓展的项目。抢抓和深化与上海自贸区的对接合作,牢牢掌握宝山等地区的产业项目向周边城市转移的意向和动态,进一步提高驻点招商的针对性和实效性。

强化项目服务意识。完善建立多部门协调配合的管理机制,按照"在谈项目抓签约、签约项目抓落户、落户项目抓开工"的推进要求,全面落实在谈项目的全程跟踪服务,落实重大招商项目专人服务等制度,开辟"绿色通道",尽一切力量为招商项目前期审批、落地、投产等全程提供最为优质、便捷、高效的服务。与此同时,利用局官方微博、官方网站、移动数字平台等新媒介载体,向客商发送慰问信息、向网友推介投资信息,使新媒体平台真正为推动招商引智工作加油添力。

对外经济合作

2015年,全市新批境外投资企业20家,完成年度目标任务的100%;实现中方合同投资额17391.5万美元、实际投资额7906.4万美元,同比分别增长12%、14.2%。分别完成年度目标的115.9%和131.8%;完成对外承包劳务合作营业额9243万美元,完成年度目标任务的111.4%。

2015年,慈溪境外投资企业规模档次明显提高。全年新批的20家企业中,5家实际投资额超过1000万美元,占四分之一;另有5家公司实现了增资,增资额均在400万美元以上;6家属于并购企业,占总数的30%。境外投资更加多元化,以母公司产品的销售售后为主,同时包括贸易投资、农产品种植加工等新领域。宁波慈星股份有限公司,在孟加拉国、柬埔寨、越南等地新设立了境外企业,对香港公司实现了5650万美元的增资,成为慈溪市对外投资额最大的母体公司,创下了慈溪市对外投资历史上单次最大增资额的纪录。

服务外包

2015年,全市承接服务外包合同总额18亿元,执行总额17.42亿元,同比分别增长20%和36.1%;其中承接离岸服务外包合同额2.4亿美元,执行额2.33亿美元,同比分别增长33.3%和50.3%。服务外包执行总额、离岸执行额分别完成宁波下达年度考核目标的105.6%和117.1%。全年新增服务外包企业8家,新增从业人员318人。全市共有服务外包企业95家,从业人员2396人。

(慈溪市商务局　慈溪市招商局)

2015年诸暨市商务

国内贸易

2015年，全市实现社会消费品零售总额354.12亿元，同比增长12.0%，增幅位居绍兴市首位，第三产业税收35.12亿元，同比增长11.3%，占全市地税比重的59.6%，比重同比增加2.52%。全市服务业项目投资完成158.5亿元，完成年度目标任务101%，全市实现服务业增加值180.27亿元，完成全年任务的108.8%，同比增速23.8%。

举办大活动促消费。搭建促销平台，办精办好购物节，鼓励引导各类协会、企业开展节日促销、节会促销等活动，有力拉动城乡消费。成功牵头举办了2015金秋购物节，同时开展大型商场购物促销、车展、房展等系列活动，金秋购物节期间，企业销售额66331万元，同比增长13.8%。引导全市较大型超市（商场）、宾馆（酒店）和重点商贸流通企业开展假日促销活动。雄风百货广场、雄风新天地、雄一百购物中心等重点百货零售企业营业额为23.6亿元，同比增长3.5%，加快繁荣城市夜经济，培育新的消费增长点。

商贸惠民促消费。2015年，诸暨市积极推进商业设施改造，加快推进商贸综合体建设，进一步推进传统商贸业提档升级，促进消费回流。引导企业在重点乡镇建设规模较大、功能综合、标准化的乡镇商贸中心、镇级商品配货中心。支持流通企业及门店进行信息化改造，推进农村电子商务平台建设，普及农村电子信息服务网点。鼓励超市龙头企业在社区、农村超市设立生鲜农产品“放心柜”。2015年，全市共有连锁便利店608家，其中镇级直营店149家、村级连锁店391家、校园连锁店68家，三级连锁店共实现销售额16.09亿元。

加强行业监管，倡导诚信守法经营。着力整顿和规范市场经济秩序，营造放心消费、安全消费的良好环境。做好监测分析工作。调整商贸经济监测样本企业，加强对消费品、生产资料的供求趋势、价格走势跟踪监测分析。重点专业市场年交易额达到522.64亿元，同比增长2.2%。在重点物流企业运营上，八达诸暨物流、云石物流、万达物资等重点物流企业营业额达60.73亿元，全年累计货运量为3207.4亿吨。

电子商务

大力发展电子商务。紧紧围绕“互联网+产业”战略和诸暨村淘体系搭建两大工作主线，以“淘宝村”培育和电商集聚区建设为平台支持，以互联网服务产业转型升级和提高城镇农村百姓生活质量为发展宗旨，系统推进诸暨市电子商务发展工作。已建成700多平方米的村淘市级运营中心1个并投入使用，全市新建电子商务集聚区9个，其中大唐方田新村、牌头猫头鹰网仓、草塔莼塘东村等园区质量得到明显提升。新增电商企业1071家，创建电子商务专业村105个。淘宝村级电子商务服务中心317个，2015年净增省级“淘宝村”19个，全省名列前茅。成功创建省级电子商务示范县市，在阿里研究院排名中荣获“电商百强县市”称号。

对外贸易

2015年，全市进出口总额46.9亿美元，同比下降17.0%，出口40.9亿美元，同比下降16.7%；进口6.0亿美元，同比下降19.0%。

大力拓展国际市场。2015年,组织境内外展会146次,参展企业582家,共设展位755个;其中境外展会130次,同比增长51%,参展展位358个,同比增长52.3%。

加快外贸结构调整。努力提高高新、机电、自主品牌和自主知识产权产品出口比重。高新和机电产品出口比重达到23%,较上年提高4个百分点;自主品牌和自主知识产权产品出口比重达到30%,较上年提高11个百分点。

积极培育外贸综合服务企业发展,培育诸暨市对外经济贸易有限公司等本地企业,引入"一达通"等市外企业,开展外贸出口全流程服务。

推动贸易便利化发展,实施"属地报关"、"无纸化通关"、"集中征税"等多项业务,方便企业开展进出口贸易。

利用外资

2015年,诸暨市切实提升招商实效。坚持招商选资"一号工程"不动摇,开展"项目双进"百日攻坚行动,实施定向精准招商、驻点招商、中介招商、以商招商和回归招商。全年全市新批外资企业38家,合同外资6.1亿美元,同比增长73.6%;实到外资2.0亿美元,同比增长99.4%,增量居绍兴市首位。全市引进市外注册资金184.3亿元,同比增长47.9%;实现市外资金有效投资123.6亿元,同比增长47.7%。着力引进"大好高"项目。全市已引进"大好高"项目5个,注册6个,签约6个。引进一家世界500强企业,合资成立菲达菱立高性能烟气净化系统公司,天洁环境成功在香港H股上市,引进外资近5000万美元,外资利用方式取得新突破。

对外经济合作与服务外包

2015年,诸暨市新批境外投资项目17个,境外投资额4.7亿美元,同比增长13.3%。其中境外并购项目3个、营销网络5个;完成境外承包工程4519万美元,同比增长12.7%。服务外包离岸合同额367万美元,同比下降1.3%。

(诸暨市服务业发展办公室 诸暨市商务局)

2015 年余姚市商务

概　况

2015 年,余姚市商务局在宁波市委、市政府的正确领导下,积极发挥部门职能,紧紧围绕“稳增长促转型、保供应惠民生”两大任务,坚持出口与内销、“引进来”与“走出去”、传统商贸业与现代服务业、行业监管与服务民生齐抓共促,基本实现商务经济平稳过渡。

全年实现社会消费品零售总额 351 亿元,同比增长 10%;发挥全市菜篮子商品流通主渠道作用,全年累计成交商品 76.5 万吨,实现市场成交总额 70 亿元;粮食收储公司以保障粮食储存安全和市场供应为重任,扎实开展粮食收购、科学保粮、轮换销售等工作,2015 年实现销售收入 1.8 亿元。实现进出口总额 88.88 亿美元,其中出口 67.98 亿美元;实现境外投资 1.06 亿美元;实现服务外包离岸执行额 1.49 亿美元,同比增长 28%。

工作举措

(一)强化一项新的支柱产业——电子商务

2015 年以来,余姚市积极推进电子商务普及应用。目前,全市已注册的电子商务相关企业 1400 余家,开设各类网店超过 6000 家,预计全年电商交易额约 500 亿元,网络零售额超过 60 亿元,限额以上(规模以上)企业电商应用率超过 50%;同时积极推进电商园区引建,阳明电商园区、文山电商园区新入驻电商企业 89 余家,入驻众创空间企业 27 余家;积极推进农村电商服务点建设,新建农村电商服务点 40 余个,服务点总数已达 218 个;积极开展电商培训,全年电商普及人次和培训人次将分别超过 10000 人次和 3200 人次。

(二)提升两个弱势行业

一是提升现代物流业发展水平。受经济大环境的影响,物流业总体增速放缓,预计全年物流增加值同比保持在 5%以内,达到 60 亿元左右。2015 年,余姚市加大对传统物流企业的改造提升,推进企业信息化建设、先进物流设备应用。加快推进丰轩仓储、顺丰速递、现代物流园区、有色金属材料城仓储物流等物流重点项目,其中,泗门丰轩仓储物流和顺丰速递余慈分拣中心两个项目已开工建设,东方物流被选定为宁波口岸余姚关检联合监管场库。二是提升服务外包发展水平。积极加强服务外包企业的培育,鼓励企业发展服务外包业务,扩大余姚市服务外包企业队伍。截至 2015 年底,共有服务外包企业 127 家,实现服务外包营业额 17.4 亿元。积极争创宁波市级服务外包示范园区,加强与市科创中心的联动,重点推进阳明 188 文化产业园、市科创中心、文山创意园这三个园区的集聚发展。

(三)培育发展三个商贸业态

一是提升综合体品牌建设。重点引导各综合体差异化、特色化发展,做大做强城市综合体品牌。万达广场等城市综合体项目培育期平稳过渡,万达广场实现销售额 4 亿元;城东华润五彩城加强品牌推广,做强做优节庆促销活动,实现销售额 3.37 亿元,客流达到 530 万人次,销售与客流同比增长均在 25%以上;红星美凯龙家居生活广场经营状况良好,累计实现销售额 1.6 亿元。二是积极探索城区邻里中心模式。滨海工业园区邻里中心项目正在招商,朗霞街道国际模具城配套邻里中心配套项目同步进行,嘉悦广场邻里中心正在进行业态调整,逐步由商业广场向邻里中心模式发展。三是大力发展月光经济。根据市月光经济发展实施意见和年度工作重点,着力打造夜市特色街区和夜市大巴下乡、姚江夜韵两大夜市品牌活动。开展姚江夜韵相关活动400多场次,夜市大巴下乡活动全年完成17站,累计实现销售额近亿元,有效活跃了夜间文化氛围,为夜市经济发展增添了活力。

(四)夯实四项重点工作

一是扎实推进专业市场建设。2015年,裘皮城产业园完成招商进度的40%;国际模具城项目已开工,民国风情舜水街完工,招商工作逐步推进,拟打造集余姚本地及周边地区的特色餐饮一条街;中国有色金属材料城、红星美凯龙国际家居生活广场项目培育期进展顺利;浙东家居装饰材料市场、中国塑料城创建省诚信市场;慧聪网家电城项目按计划推进,将完成年度投资计划。全年预计实现市场成交额955亿元,同比增长12%。二是增强三外联动。围绕以外贸促外经,以外经带外贸、以外包促转型的主题思路,不断增强三外互动,积极推动开放型经济向纵深发展。积极组织企业参加重点境内外展会,如华交会、广交会、消博会、英国五金卫浴展、迪拜(国际)美容美发展、德国柏林国际电子产品展览会、巴西家电展、新加坡中国宁波进出口交易会等,助企业拓展境内外市场;加大政策支持,针对下半年外贸下滑严重的情况,在原有外贸扶持政策的基础上,着力加大对涉外展位、出口信保、出口贷款等方面的支持力度;重点推进外贸企业"走出去",全年新批境外企业25家,实现境外投资额6860万美元;推动服务外包提质增效,以服务外包为重点,以服务业为方向,鼓励企业承接国际服务外包业务,全年实现服务外包离岸执行额1.49亿美元,同比增长28%。三是抓好民生工作。加快第三中心粮库建设和农批市场迁建进度;继续推进菜市场管理提升工程,完成4家省放心农贸市场创建工作。规范菜篮子商品检测,加强肉菜流通追溯体系各节点运行管理工作;完成2家"放心柜"创建;同时完善"菜篮子"、"米袋子"、成品油等应急预案,并落实相应应急储备任务。四是有效提升内部管理。深化党的群众路线教育实践活动,切实加以整改落实,推进工作作风建设,不定期开展"正风肃纪"情况检查,进一步提高工作效率,打造政府机关良好形象。

(余姚市商务局)

2015 年乐清市商务

2015 年，乐清全社会消费品零售总额 314.78 亿元，同比增长 10.3%；限上社会消费品零售总额 118.94 亿元，同比增长 9.5%；限额以上批零住餐销售总额 214.76 亿元，同比增长 10.8%；外贸进出口总额 20.98 亿美元，同比下降 5.53%；其中出口 20.19 亿美元，同比下降 5.72%；进口 7880 万美元，同比下降 0.18%；网络零售额 86.4 亿元；实际利用外资 1921 万美元。

商贸流通

推进农产品流通和农村市场体系建设。乐清市宝鑫净菜有限公司投资 6600 万元打造五星级文明示范农贸市场。乐联商贸有限公司投资 1000 万元进行农家店建设和信息化改造，新建 800 平方米商场 1 家、新建和改造农家店 9 家，投资 350 万元建设物流配送中心。创建“雁荡山旅游一条街”为“温州市特色街区”，引导老字号企业加快创新发展，浙江铁枫堂科技股份有限公司的“铁枫堂”品牌被命名为浙江“老字号”品牌。加强商贸业安全生产监管。开展夏季消防安全“双月”攻坚专项行动工作和加油站安全生产检查工作，落实大型商贸企业和加油站安全生产责任，加强散装汽油购销管控工作。开展淘汰“黄标车”工作。已淘汰“黄标车”10773 辆，完成省政府下达任务的 107%；累计拆解回收“黄标车”1870 辆。

对外贸易

进一步加大境外展会拓市场力度，全年列入支持的境外展会共 44 个，其中“一带一路”沿线国家展会共 25 个，通过增加展会组织的次数，加大参展企业数量，提升展会组织水平，扩大参展效果。组织 31 家企业分别参加印度和巴西境外自办展。精心组织 106 家企业参加广交会，春秋两届广交会展位数均达 197 个。推进创新驱动发展拓市场试点示范县市工作。以技术创新、商业模式、组织管理为创新内容开展试点示范工作，为提高乐清机电产品和高新技术产品国际市场综合竞争力，提高乐清出口产品附加值以及国际市场占有率发挥示范引领作用，试点实施主体企业出口额达 1.3 亿美元，同比增长了 9.2%，促进服务贸易发展，新增服务外包企业 1 家，服务外包出口额达 985 万美元，同比增长 326%，超额完成温州市下达的目标任务。鼓励引进先进技术装备，高新技术产品进口额达 906 万美元，同比增长了 187%。机电与高新技术产品出口 17.93 亿美元，同比减少 6.7%。进一步加强了预警监测系统建设，与电气行业协会、电子元器件行业协会和船舶行业协会等 3 个省级外贸预警点建立了日常沟通机制，积极开展市场动态监测，及时为企业编辑预警信息，为出口企业提供贸易摩擦预警、法律法规、产业及贸易政策等服务，帮助企业规避经营风险。建立了重点企业涉外部门领导挂钩联系制度，在 2015 年第四季度开展“外贸双服务”和“百日攻坚”活动，了解出口订单情况和企业在经营发展中的困难和问题，及时帮助企业协调解决实际困难。加强业务培训，全年举办了两次外贸实务知识培训，联合阿里巴巴公司举办一期 500 多名外贸界人士参加的跨境电子商务培训会。

外资外经

搭建招商引资平台，跟踪服务重点项目，通

过世界温商大会、乐商回乡创业投资洽谈会、厦洽会、海洽会和浙洽会等活动,推介乐清重大产业项目,进一步优化利用外资空间布局,重点跟踪服务正大新生活城市综合体项目和童乐医院项目。积极组织企业参加商务周、浙洽会等境外投资说明会和“走进欧盟”、“走进南美”等专项境外考察活动,帮助企业寻求“走出去”境外投资机会。

网络经济

乐清目前共有重点 B2B 平台 9 个, 重点 B2C 平台 9 个,包括 3 个第三方交易平台,293 家企业在乐清注册了天猫旗舰店,乐清阿里巴巴产业带已有入驻企业 3414 家。2015 年 8 月,八米网项目顺利上线, 目前已经入驻厂家 4000 多家,上线三个月实现网络销售额 1600 万元,该项目被列为省级电子商务创新试点项目,温州全市仅两家入选。打造淘宝镇 1 个(柳市镇),建成淘宝村 19 个,荣获“全国电商百佳县”。华仪、巴度两个电子商务园区整体配套设施日趋完善,已进入良性运作,共吸引 141 家企业入驻,入驻总面积达 30000 平方米。虹桥虹兴电商园即将竣工验收,园区占地面积 20000 平方。一开、浙南信息等一批企业准备创建各类特色园区, 热情高涨。建成了电子商务服务中心,引进了省级的电商服务商——阿里巴巴官方授权服务商淘大电子商务有限公司,开放平台资源供电商企业交流。在各镇街以及各中专学校开展巡回普及培训,全年培训人数达 1.8 万。与各类机构合作提供各种类型的专业培训。与阿里巴巴合作开展了跨境电商以及阿里巴巴产业带等大型专场培训共计五场,培训人数 2000 多人。深入农村开展农村劳动力和大学生的电商普及培训工作,鼓励自主创业。

(乐清市商务局)

2015年瑞安市商务

概　况

2015年,瑞安市商务局认真贯彻落实市委、市政府有关决策部署,紧紧围绕"打造品质之城,建设幸福瑞安"的战略目标,积极适应经济发展新常态,努力把握商务发展有利因素,以深化商务领域改革为主线,以打造品质商务为主旨,以优化商务服务为抓手,以"五型"机关创建为手段,全面推进瑞安市商务工作稳步向前发展。

2015年,瑞安市实现社会消费品零售总额311.4亿元,同比增长8.8%;其中限上社会消费品零售总额141.81亿元,同比增长5.3%;批零住餐四大行业限额以上商品销售额306.64亿元,同比增长1.6%。外贸进出口总额34.34亿美元,同比下降8.43%;其中出口31.19亿美元,同比下降7.52%。服务外包2581.67万美元,同比增长372%,居温州各县(市、区)第一;高新机电出口14.85亿美元,占比增加0.46%;综合考核超过乐清,位居温州市第二。新批境外投资项目7个,中方投资总额达1816万美元,圆满完成瑞安市政府下达的任务。新引进外资项目2个,累计投资总额3096万美元,实际利用外资1168万美元;吸引贸易回归企业19家,回归金额达7.8亿元。网络销售额同比增长66%,达到166.7亿元,居温州各县(市、区)第一,全省第12位。

商贸流通

商贸流通发展。进入监测分析平台的20家家电销售企业累计完成冰箱、洗衣机、电视机、空调、热水器、电脑、厨用电器七大类销售额34158.76万元,同比下降11.1%;进入监测分析平台的12家汽车销售企业累计完成销售15435辆,同比增长13%,销售金额27.76亿元,同比下降6%;全市实现汽、柴、煤以及燃料油批发56911吨,同比下降3.9%,零售154894吨,同比下降9.52%。

商贸项目建设。初步完成了104国道汽车文化走廊规划,推进塘下镇岑头村旧村改造一期工程、汀田街道汀七村钢铁市场征地和岑岐糖厂拆违工作;谋划了玉海古玩城、会展中心、经济总部园等十八个商贸类项目;统筹推进十大商贸项目建设,其中五洲国际商贸城、万松城市综合体、江南鞋革总部大楼等项目提前完成了年度目标。

出台商贸政策。出台《瑞安市促进商贸流通业发展若干意见》,新增了对重大商贸项目、企业品牌建设、农贸市场改造提升等扶持补助;深入镇街调研,开展商业网点布局规划修编工作,科学布局规划,完成了《成品油零售体系"十三五"发展规划》。

商贸品牌建设。评选了2014年度瑞安商贸流通20强企业;分别评定了马屿镇马北村镇前街、飞云街道飞云街为2014年度和2015年度瑞安市特色商业街,马屿镇马北村镇前街被评为2015年度温州市特色商业街;深度挖掘"老字号",新增灵兰医室为温州老字号。

商贸网点建设。配合市政协深入开展农产品流通及农村市场体系建设的调研工作,拟订《关于加强瑞安市农产品流通和农村市场体系建设实施意见》文本;多次召开农商、农餐、农超、电商、农产品流通企业和农业大户(合作社)对接会;继续深入实施"万村千乡"市场工程,开展村级便利店提质工作,提高了农村便利店存活率与配送率,有力地推进农产品流通及农村市场体系建设。

展会平台建设。举办了“五一”和“十一”大型品牌汽车展，共销售车辆1800多辆，销售额达3.2亿元，有力地推动了汽车消费；打造时尚消费新热点，举办了首届中秋时尚家居建材展，接待市民1.5万人次，销售额达5000万元。

电子商务

瑞安市拥有电商主体26000多家，市场监管部门登记在册的电商主体达8000余家，其中天猫店476家，居温州各县市区首位；网络销售额同比增长66%，达到166.7亿元，居温州各县(市、区)第一，全省第12位。积极打造电商村，瑞安市现有省级淘宝村16个，省级淘宝镇2个，占据温州一半份额，有15个网络零售额超250万元的电商村。积极培育农业电商市场主体，引导100多家农业企业、合作社用电商销售农产品。提升农村电商平台，帮助瑞安淘、好派多、餐餐好派等本土农产品电商平台转型升级。加快农村电商购销体系建设，继续推进电商进万村工程，统一标识、装修和培训64个村邮站、小型百货店。

电商基地建设。大力打造电商园，云江电商园和申通电商园的出租率均达到100%，浙报传媒瑞安电商园入住率已达63%，获得温州市级示范园区称号；五洲国际商贸城获得中国市场学会颁发的《全国电子商务市场重点培育示范基地》称号。着力打造电商龙头企业，现有市级领军企业1个，知名平台1个，创新企业3个，创新标兵1个。有效整合政府部门公共资源，与市妇联合作成立了妇女创业基地，与市委人才办合作成立了大学生村干部电子商务培训基地等。推进产业链嫁接，瑞安市帆布鞋网络销量占全网销量2/3，已成为全国最大的帆布鞋网货基地。

电商配套服务。一是完善规划政策，已出台《瑞安市网络经济发展五年规划》草案。二是努力推进电商在工业企业的应用，鼓励近千家在电商平台上展示产品，近七成规模以上企业已上网展示产品；扶持网络销售额达到一定数额的企业，带动实体企业积极“上线”。三是提升物流效能，积极促成天地汇公路港项目，在温州率先设立150个智能快递柜以解决最后100米配送问题。目前全市快递平均日出票数18万票左右，年增长超40%，EMS总发件数232.94万件，名列温州各县市区前列。四是完善公共服务，瑞安市电商公共服务中心已入驻服务商30多家，为全市电商企业提供全流程、一站式、个性化、低成本的电子商务公共服务；通过举办全省电商服务资源巡回对接会帮助企业对接阿里巴巴等知名第三方平台和服务商。

电子商务培训。加大育才力度，与淘宝大学等机构紧密合作，培训电商人才1.7万多人次。多层次举办电商人才培训班，在瑞安职业中专，开设电商选修课程，对学生通过考核的颁发电子商务专项培训证书；结合领导干部培训班、大学生村干部培训课程，对镇街及相关部门负责人、大学生村干部进行电商培训，全面推进镇街电商普及培训；选派专业师资分镇街对企业、农业合作社等进行电商普及培训；邀请市外省内专家举办全市首届微商培训、中国质造瑞安产业带推介会、汽摩配跨境电商培训、外贸企业跨境电商业务培训等专业技能培训，提升企业骨干业务水平拓展其视野。

对外贸易

瑞安市已开展进出口业务的企业共1117家，其中专业外贸公司347家，生产性企业754家，外商投资企业16家。出口超100万美元企业484家，出口超500万美元的企业140家。出口超1000万美元的企业62家。全年进出口总额累计达339993万美元，同比下降9.35%，其中出口累计308519万美元，司比下降8.57%，(其中流通性企业出口124324万美元，同比下降10.11%，生产性企业出口184195万美元，同比下降7.62%)，进口累计31474万美元，同比下降16.40%，本月出口32364万美元。外贸依存度为30.1%。

优化外贸结构。瑞安市共与185个国家(地区)开展贸易关系，对欧洲市场出口114740万美元，占总额的37.19%，对亚洲市场出口97779万美元，占总额的31.69%，对其他国家、地区出口96000万美元，占总额31.12%。瑞安市出口前十位的国家(或地区)分别是美国、俄罗斯、英国、德国、阿联酋、韩国、意大利、墨西哥、印度尼西亚、印度,共计148626美元,占出口总额的48.17%。机电产品出口143243万美元,同比下降6.15%,占比46.43%,温州占比38.99%。高新技术产品出口6254万美元,同比下降5.18%,占比2.03%,温州占比2.92%。

加强品牌培育。组织上海法兰克福汽配展等国际性展会,对瑞安市汽摩配产业进行了整体宣传,打响瑞安汽摩配产业品牌。规范自主出口品牌统计机制,有38家企业注册备案,全年认定有效自主品牌出口金额达到8982万美元。新获省级出口名牌2个,目前止共获省级自主品牌8家,温州市级自主品牌19家。

外贸服务活动。一是创新外贸融资服务。针对外贸企业近年来遇到的融资难问题,瑞安市率温州之先成功打造"政、银、企"贷款平台系统,先后推出"安安贷"、"安建贷"外贸贷款平台。通过两个平台发放贷款额度已经超过8000万元,惠及企业超过60家,有效缓解外贸企业融资难问题。二是以外贸综合服务平台为抓手,与"一达通"合作,引导企业通过平台直接出口,增加出口主体数量。三是在温州市商务系统率先推出外贸微信公共平台——外贸趴,共有1480多家瑞安企业加入"外贸趴"微信公众平台,为外贸企业提供的最新政策、风险预警、外贸专业知识,让企业受益良多。外贸趴共发布了300多条图文信息,平均浏览数达到100多。

开拓国际市场。在重点展会上创新思路,整合展会补贴政策,实现重点展会全额补助。加大对新兴市场开拓力度,重点组织企业重点组织春秋两届"广交会"、义乌机械展、上海法兰克福展等,全年共组织参加境内外扶持展会61个,参展企业800家,摊位1200多个,达成意向成交金额3.5亿美元。积极推进跨境电商发展,评选十个知名电商平台列入支持类平台。

促进贸易回归。贸易回归作为推动内外贸发展的重要举措,2015年初举行了两次贸易回归签约仪式,在温州全市率先制定出台《关于促进贸易回归的实施意见》,给予贸易回归企业有力政策扶持。设立贸易回归服务中心,承租600平方米场地作为贸易回归企业办公场所。全年吸引贸易回归企业19家,回归金额达7.8亿元,其中,侨贸回归企业15家,回归金额已超4亿元人民币,国内商贸企业4家,回归贸易额3.8亿元。

利用外资

外资招商项目。2015年,新批外资项目2个,境外借款项目1个,投资总额3096万美元,完成合同利用外资1344万美元,完成实际利用外资1168万美元,完成温州市下达实际利用外资任务数的33.4%。

外资招商机制。建立市领导联系招商项目制度,将重点招商项目列入"百组千干破百难"活动内容,确保意向项目早签约、签约项目早落地、落地项目早开工。完善考核制度,继续将招商工作纳入市委、市政府目标考核体系,年初将利用外资任务下达功能区、经济开发区。

外资招商活动。组织参加了第18届"浙洽会"、第19届厦门中国国际投资贸易洽谈会,推出了瑞安市旅游项目20个,其他项目11个,取得了很好的效果。同时参加温州台办组织的《对台招商引资研析会》、《温韩项目推介会》,积极参与对接世界500强、国际知名跨国公司和行业龙头企业,拓宽了招商视野,为招商引资工作积累了更丰富的经验。

外资项目库建设。全面捕捉项目信息,共收集招商信息11条,整理出8个重点项目,建立招商引资动态项目库,加强联系,提供服务,促进招商成效。

对外经济合作

境外投资。一是境外投资领域扩展。2015年申报审批7个境外投资项目,中方投资总额1816.72万美元,分公司7家,投资项目主要行业主要为房屋租赁、纺织品进出口贸易、机车部件销售、汽车零部件销售、箱包、鞋子销售以及农产品包装产品销售;主要涉及意大利、土耳其、美国、印度、阿联酋和西班牙等国家和地区。二是境外投资亮点纷呈。积极实施"一带一路"的国家发展新战略，瑞安市企业把握国内外政策机遇，开拓国际市场，7个境外投资项目中有3个项目分别设在土耳其、印度及阿联酋。瑞安市嘉诚塑业有限公司在美国投资的格林马斯特包装有限公司，是瑞安市首个农业类境外投资项目，填补了瑞安市农业类项目“走出去”的历史空白；三是境外营销网络日臻完善。2015年瑞立集团新批了两个境外投资项目，至此瑞立集团在海外已有5个获批的境外投资项目，形成了比较完备的营销网络。

境外展览。开拓国际市场力度加大，制定出2015年瑞安市支持类境外展会目录，列出境外展会项目56个；突出瑞安市集群产业优势，提高企业抱团参展整体形象、参展效果，重点推出南非汽配展和印度孟买博览会等二大抱团参展项目；其中，南非展有48家企业参加，申请摊位数51个，共有100多人赴南非参加展览会，取得了良好的效果；组织47家企业参加印度汽配展，摊位54个。完成了上级商务部门组织的18个境外展，组织企业参加浙江出口商品(大阪)交易会、浙江出口商品(吉达)交易会、菲律宾中国机电商品展览会等。

(瑞安市商务局)

2015 年义乌市商务

2015 年以来，面对复杂多变的宏观经济环境，义乌市商务局在市委、市政府的正确领导下，在上级商务主管部门的大力支持与指导下，深入学习贯彻十八届五中全会精神，大力创新、奋力拼搏，扎实推进国际贸易综合改革试点工作，推进国内贸易流通体制改革，推动内外贸融合发展，保持了义乌商务工作平稳健康运行。

国内贸易

集贸市场平稳发展。2015 年，全市集贸市场总成交额 1245 亿元，增长 15.9%；其中中国小商品城成交额 982 亿元，增长 14.6%。市场体系建设进一步完善。国际商贸城一区东扩项目建设进展顺利。国际家居城二区建设和招商有序开展。农副产品物流中心项目建设稳步推进。义乌系市场建设积极推进。海城项目一期工程封顶，石家庄、唐山项目继续跟进。商城集团与 6 家市场开展品牌和管理输出合作，义乌购“合”计划国内合作市场达到 85 家。

社会消费稳步增长。2015 年全市社会消费品零售总额 529.56 亿元，同比增长 13.5%，限额以上社会消费品零售总额 204.78 亿元，同比增长 10.4%。城市商业网点建设取得重大进展。万达广场项目已结顶，2016 年正式开业；荷花芯项目 2015 年底结顶；江东综合体已挂牌出让；金福源商业综合体完成招商进展顺利，已正式开门营业。“十三五”商贸业发展顶层设计初步完成。联合国内知名商业机构深圳世联地产完成了义乌“十三五”商贸流通业发展课题研究。商贸服务业扶持政策得到较好实施。商贸服务企业实用人才住房保障工作取得新成绩。各类促消费活动扎实开展。举办 2015 义乌进口商品购物节、2015 金秋购物节等，举办了首届义乌地方传统美食大赛暨义乌美食名片评选活动。评选出“义乌十大地方特色美食小吃”、“义乌十大地方特色传统菜品”、“义乌十大地方名宴”、“义乌十大地方特色店”、“义乌十大农家乐”。特种行业监管服务工作进一步加强。做好对再生资源回收行业的情况调查，抓好典当行规范发展工作，加强对报废黄标车拆解企业监管、二手车市场和酒类流通的管理。加快促进成品油行业发展。完成义乌市成品油零售体系“十三五”发展规划的编制工作。出台《义乌市车用燃油专项整治方案》，规范生产经营行为。

成功牵头举办义博会、进口展、进口商品购物节。一是成功举办 2015 义乌进口商品购物节。推出了以“洋年货”、“韩之尚”为主题的一系列打折促销活动，历时 15 天的活动人气火爆，共吸引消费者、旅游者、参观者 70 万人次，累计现场成交额达 1.08 亿元，进一步扩大了义乌进口市场的影响力。二是成功举办首届义乌进口商品博览会。本届博览会共有 1495 家参展，设标准展位 2000 个，吸引专业采购商团队 42 个，累计到会参观者、采购商 17.6 万人次，实现总成交额达 11.79 亿元，并达成意向代理协议逾万项。三是成功举办第 21 届义博会。于 2015 年 10 月 21—25 日圆满举行，实现成交额 171.73 亿元，同比增长 0.58%。有来自境内外的 2529 家企业参展。到场专业采购商 62099 人，较去年同期逆势增长 9.5%。举办了 9 场采购对接活动，共吸引境内外买家 198 家，直接匹配供应商 1389 家，意向成交额达 8709.4 万元。

对外贸易

为浙江省外贸出口正增长作出重大贡献。2015年,全市实现出口338.61亿美元,同比增长42.82%,拉动全省出口增长3.5个百分点。其中,市场采购贸易出口283.94亿美元,同比增长59.65%,占整体出口的83.85%。一是占全省、全国份额稳步提高,占全省份额由2014年的10%提升到12%,占全国份额由2014年的1%提升至1.5%左右。二是外贸新业态崭露头角,外贸综合服务企业、跨境电商出口获得良好发展。外贸综合服务企业出口13.69亿美元,同比增长587.26%。其中,物产中大供应链服务有限公司出口13亿美元,同比增长758.29%。2015年实现跨境电子商务交易额582亿元,同比增长34%;跨境快递日均45万票,同比增长29%。三是开拓国际市场工作取得良好成效。2015年,共组织229家企业参加了第117届"广交会"、第118届"广交会",共设展位355个。据不完全统计,2015年义乌市共参加58个境外展会,有823家企业参加。共设展位数1319个,同比增长19.9%。四是向"一带一路"国家出口高速增长。2015年,义乌市对"一带一路"沿线国家整体出口额达175.06亿美元,同比增长46.63%,占全市出口比重的51.70%。全市出口前十国家中除美国外均为"一带一路"沿线国家。五是积极推进"出口品牌"战略。引导企业积极创建出口名牌,2015年度复核通过"浙江出口名牌"两家企业两个品牌,新增、复核金华出口名牌四家企业四个品牌。六是推进新丝路起点城市、战略支点城市建设。"义新欧"国际货运班列运营项目列为浙江省参与"一带一路"建设重点项目。牵头参加浙江省丝路沿线合作项目对接交流会、第六届"浙交会",并推荐"义新欧"班列作为重点项目,面向全省外贸企业做推介。推荐"义新欧"班列入驻中国—白俄罗斯工业园区,天盟实业与中白工业园区运营方达成签约意向。牵头举办丝绸之路经济带城市国际论坛分论坛—"商界领袖高峰对话:'一带一路'的贸易机会与未来",配合完成第四届中非民间论坛、第十七届中日韩友好城市交流大会、中国—北欧青年领军者论坛等大型国际性论坛。

进口贸易得到健康发展。2015年,全市实现进口商品销售额65亿元,总体规模稳中有升。一是进口贸易促进政策体系初步构建完成。制订出台了《关于加快进口贸易发展的若干意见》和《义乌市十万进口贸易人才培训实施方案》,积极开展进口政策推广工作,主动赴北京、上海、宁波、青田等地乃至印度、西班牙推介义乌市进口市场和政策。二是十万进口贸易人才培训工作有序推进。全年培训工作人员、市场经营户3万人次,开展进口政策宣讲,组织举办了全市进口贸易工作会议、义乌市发展进口贸易专题研讨班等宣讲活动。三是进口贸易主体培育、引进工作获得可喜成果。763家企业以多种方式落户各进口平台。进口商品新品牌、新品种大量引进。韩国三星、日本兼松、舟山综合保税区、日本佑美屋、日本百年药妆连锁忠幸麒麟堂等多家知名企业入驻。四是新品牌、新品种引进工作成效显著,源头货越来越多。德国、法国、西班牙等"义新欧"沿线国家及日本、韩国、澳大利亚等国华商先后多次组以各种形式来义乌考察进口市场、了解进口贸易政策,并组团参加进口商品展。各地自贸区、综保区企业纷纷来义设立营销中心。全年引进新品种1900种,新产品43000种。国际商贸城五区进口商品馆源头货占比达到60%。五是进口日用消费品占比明显提高。据分析,2015年义乌市日用消费品进口额在进口商品总额中的份额估计超过60%,比去年同期增长超过20个百分点并呈增长态势。六是进口商品区域性采购平台功能初步形成。2015年以来,逐步形成全国各地百货商店、超市到义乌市各大进口平台采购、区域性分销店陆续设立的良好趋势。

利用外资

外商投资保持活跃局面。2015年全年新设外资企业144家,增长206%;全年实际利用外资6635万美元。突出重点,服务业等领域招商取得积极成果,2015年新设企业中服务业企业占主体,并储备了勒芒汽车主题公园、果品交易物流配送中心等大型服务业外资项目。招商基础得到夯实。认真做好项目收集策划工作,论证筛选一批项目列入我市重点利用外资项目库,向境内外企业开放招商。华统集团与世界知名企业正大集团签署中央厨房、肉制品深加工及配套建设项目投资协议。加大宣传推介力度,借助浙洽会、国际商贸发展大会、进口商品展、文交会等平台,宣传义乌市的优惠政策和投资环境,着力推介义乌市现代服务业和经济技术开发区等园区平台。

对外经济合作

对外投资合作取得新进展。2015 年,经备案的境外投资项目 16 个,完成境外投资 3170 万美元,同比增长 18%。投资领域逐渐拓宽,投资结构更趋合理。2015 年义乌市境外投资项目涉及生产、销售、研发、物流、文化等多个领域,既有华鸿控股、怡婷针织等先进生产企业在海外投资设立研发中心、生产基地,商翔集团在尼日利亚设立物流中心,还有海威公司在德国设立文化交流中心。"海外仓"建设逐渐成为义乌市企业境外投资新热点。加强与国外企业、机构的合作。分别与德国克雷费尔德市经济发展促进局、印度手工艺品出口促进委员会(EPCH)、中印产业创新投资中心等机构签署合作备忘录;引进印度著名 IT 企业 AKAL 信息公司与"义乌购"合作,共同建设"yiwubuy"跨境电商平台;引进乌拉圭 RAS 集团,鼓励义乌企业入驻该集团建设的港口贸易中心,通过贸易中心完成国际贸易。

服务外包

2015 年,义乌市服务外包业务呈迅猛增长态势。2015 年全市承接服务外包执行额 6552.83 万美元,同比增长 219.49%,其中离岸执行额 6544.7 万美元,同比增长 224.6%,义乌市承接的服务外包合同主要来自中国香港特别行政区和美国,占总执行额的一半以上,其中承接中国香港特别行政区的服务外包执行额达 2684.15 万美元,占总执行额的 40.96%;承接美国的服务外包执行额为 695.93 万美元,占总执行额的 10.62%。

(义乌市商务局)

2015年海宁市商务

国内贸易

2015年，全市实现社会消费品零售总额338.27亿元，比上年增长11.3%。按经营地分，城镇消费品零售额313.09亿元，增长11.3%，拉动整个消费品市场增长10.4个百分点；乡村消费品零售额25.18亿元，增长11.4%，拉动整个消费品市场增长0.9个百分点。按行业分，批发和零售贸易业零售额300.01亿元，增长7.3%，住宿餐饮业零售额26.66亿元，增长10.3%。批发和零售贸易业、住宿餐饮业实现增加值119.78亿元，增长8%，占全市生产总值的17.1%，占全市第三产业增加值的40.7%。

至2015年底，在限额以上批发和零售贸易业零售额中，家具类增长55.2%，石油及制品类增长53.9%，体育、娱乐用品类增长29.1%，针纺织品类增长25.9%，干鲜果品类增长25.6%，金银珠宝类增长21.8%。2015年末，全市有各类商品交易市场61个，比上年增长3个，其中成交额超亿元的市场12个。全年城乡集市贸易成交额312.17亿元。

举办大活动促消费。2015年4月29日至5月31日，在海宁市商务局、海宁市服务业发展与粮食局、海宁市旅游局、海宁市综合行政执法局、海宁市市场监督管理局支持下，海宁市商贸业联合会和海宁日报有限公司联合主办了“2015海宁休闲购物节”。此次购物节以“幸福潮乡、品质生活”为主题，打造“欢乐购物”、“尽情乐享”、“悠游海宁”三大板块，全面展示海宁商贸服务业风采，全力推进商贸服务业转型提升和经济平稳增长，据统计，购物节期间销售额达近3亿元。

市场监测和管理。进一步完善居民生活必需品、商贸流通业企业等信息系统建设。至2015年底，商务部商贸流通业行业统计信息平台样本企业17家，商贸流通业统计监测系统样本企业7家，生活必需品市场监测系统样本企业2家，重要生产资料市场监测系统1家，生活必需品应急管理平台样本企业12家，商贸行业季度分析系统样本企业5家，商务部全国融资租赁企业管理信息系统样本企业4家，成品油资源管理信息系统样本企业2家。信息泵企业信息采集系统由海宁大厦更换为浙江海港超市连锁有限公司。成功开通海宁市商务预报网站。

规范商贸流通秩序。完成7家典当企业和61家成品油经营企业年审工作。全面完成国四柴油国五汽油提标升级工作。年内新增加油站1个，总投资2500万元。海宁市朱万昌食品厂、周顺兴铁店和海宁市硖石灯彩有限公司，荣获第五批“浙江省老字号”称号。

深化流通体制机制改革。2015年10月，浙江省商务厅、省财政厅、省国土资源厅、省建设厅、省国税局、省地税局6部门确定海宁市为第二批省级流通业综合改革试点城市。此次改革试点，海宁市主要围绕推动流通业提质增效，在加快现代流通方式发展、完善公益性流通基础设施、打造流通公共服务平台、专业市场转型升级等方面实施重点突破。

特种行业发展。至2015年底，全市投入运营的4家融资租赁企业合计注册资本12.26亿元，总资产37.82亿元，实现总收入2.56亿元，占全市固定资产投资的4.98%，融资租赁行业结合全市产业特色，以支持重型机械产品销售、经编、家纺行业设备引进，“机器换人”，“两化”融合，合同能源管理为重点，创新融资租赁方式，支持实体经济发展，促进了海宁市经济结构转型和产业升级。全市7家典当企业年末总资产22115.72万元，总营业收入1306.53万元，实现利润292.69万元。设立1家拍卖分公司。

电子商务

2015年，全市实现网络零售总额达341亿元，在嘉兴市排名第一，全省排名第五，占嘉兴网络零售总额的40.81%，同比增长70.28%。新增注册电商主体335个（其中个体185家），注册天猫店1121家。

跨境电子商务。2015年，海宁市成为争创浙江省首批跨境电子商务园区试点市县，海宁中国皮革城电子商务创业园获省级跨境电子商务园区试点，海派国际成为浙江省跨境电子商务公共海外仓项目。全年共培育了跨境电子商务企业81家，带动跨境电子商务出口1.2亿美元。

电子商务园区建设。出台了《海宁市电子商务园区（楼宇）认定管理办法》，认定市级电子商务园区4家。海宁市政府与《浙江日报》合作引入了浙报智慧产业园中心楼宇项目，项目将鑫城大厦作为浙报智慧产业园中心楼宇进行建设运营，承接“智慧城市”合作项目及其他落地海宁的智慧产业项目。

电商智能投递（E邮站）。2015年，海宁电商智能投递（E邮站）建设被列为为民服务实事工程，全年共建设了电子商务智能投递服务站（E邮站）65个，其中市区53个、马桥街道4个、斜桥镇6个、长安镇（高新区）2个，基本形成覆盖全市的电商智能便民投递服务网络。

建立健全电商换市工作机制和产业政策体系。印发了《大力发展电子商务培育经济发展新动力实施方案》（海政办发〔2015〕65号）、《关于加快跨境电子商务发展的实施意见》（海政办发〔2015〕120号）。按照市场主导、政府推动、鼓励创新、规范引导的要求，依托皮革、经编、家纺三大产业优势，以构建完善的电商产业发展体系、全面提升电商的应用范围和水平，以加强电子商务行业管理与服务为目标，深入推进全市“电商换市”工作。

活动与培训。举办中国“时尚之都”网络模特大赛、中国（海宁）电子商务大会、电商服务商推荐会、金麦奖宣讲会等活动。组织企业参与中国电子商务博览会等电子商务会展。开展“海宁电商大讲堂”电子商务培训班，内容涵盖跨境电子商务、电子商务论坛、资源对接会和电子商务沙龙。全年共举办电子商务培训20场，培训人数达2800人。

对外贸易

2015年，海宁市累计进出口总额58.56亿美元，同比下降2.9%；其中，出口累计51.55亿美元，同比增长1.4%，进口累计7.01亿美元，同比下降26.1%。出口产品方面，光伏产品出口增幅明显，累计出口1.92亿美元，同比增长641%；光热、成品沙发出口相对平稳，分别出口7891万美元和6.25亿美元，同比分别增长7.95%和7.18%；纺织品、皮革、包装印刷、医药化工类产品出现下滑，分别出口2.52亿美元、1.75亿美元、2.32亿美元和8362万美元，同比分别下降3.02%、14.82%、37.58%和18.17%。

传统市场出口逐渐回暖，新兴市场出口相对疲软。全市对传统发达市场合计出口30.31亿美元，同比增长6.09%，其中对海宁市第一大市场美国的出口同比增长4.16%，对日本、英国、德国、澳大利亚等市场的出口同比也均高于全市平均水平，分别为47.4%、1.59%、8.01%和47.09%。作为海宁市第二大出口市场的欧盟，降幅进一步缩小，仅下降0.85%。对新兴市场出口相对疲软，累计出口20.94亿美元，同比下降4.63%，出口占比较去年同期下降2.57个百分点。其中对俄罗斯、非洲和“一带一路”市场出口分别下降31.65%、10.42%和5.28%。

实施“外贸回归”，推进提质增量。积极响应上级部门开展“外贸回归”工作号召，以“挖潜、回流、扩量、提质”为工作目标，确定一批重点“外贸回归”培育企业，特别是机电高新技术产品出口企业，通过走访调研、政策扶持等一系列专项对接服务措施，引导企业外贸业务回流。海宁市晶科能源公司已实现“外贸回归”出口增量2亿美元，对确保全市出口稳定增长贡献较大。

提升品牌技术,促进结构调整。加快培育自主出口品牌,开展"海宁出口名牌"创建工作,评选出2015年度首批"海宁出口名牌"企业。截至2015年底,海宁市已拥有7个"浙江出口名牌",5个"嘉兴出口名牌",6个"海宁出口名牌",在全市出口贸易中起到引领和示范作用。推动和鼓励企业加大技术研发力量,制定调整外贸结构政策,重点支持机电高新技术产品出口和产品认证。2015年,全市机电高新技术产品累计出口2.55亿美元,同比增长198%,增速远远高于全市出口水平,大大加快了企业转型升级的步伐。

迅速启动"市场采购"试点,促进外贸发展方式转变。2015年,海宁皮革城被列入第二批市场采购贸易方式国家试点名单,海宁市积极响应,努力推进。从制订方案、建立机制、配套政策等方面,全面启动试点筹备工作,扎实推进"海宁港"海关监管场站建设,开发市场采购联网信息平台,加快市场主体培育等各项核心业务。

推进贸易便利化改革,提升企业服务水平。顺利承接对外贸易经营者备案登记业务工作,2015年累计开展外贸易经营者备案登记业务466笔。进一步完善出口退税融资贴息服务,拓宽企业融资渠道。组织相关银行开展融资贴息申报工作,扩大融资范围和服务质量,共计发放贷款约2.8亿元,合作银行7个。海宁皮革城进出口有限公司被浙江省商务厅认定为浙江省第一批重点培育外贸综合服务企业,为海宁市广大中小型企业提供包括物流、报关、收汇、退税、融资、信保等便利化国际贸易综合性服务平台,有效提升了海宁市外贸服务水平。

利用外资

2015年,全市新设外商及港澳台商投资企业42家,合同利用外资111538万美元,实际利用外资44533万美元。新批世界500强项目2个,分别是宝平能源投资有限公司和海宁诺卫环境水务有限公司。新批投资总额1亿美元以上外资项目5个,分别是宝平能源投资有限公司、嘉兴世纪互联信息技术有限公司、浙江晶鸿投资有限公司、晶科家庭光伏科技(中国)有限公司和海宁万纬仓储设施有限公司。投资来源国别(地区)中以中国香港为主,合同利用外资84743万美元,实际利用外资33172万美元,分别占总额的75.98%和74.49%。

2015年,海宁市完善招商(招才)工作体制,出台《2015年海宁市招商引资工作意见》、《关于促进招商引资工作若干政策意见(试行)》,以有效投资大比武专项行动为抓手,进一步强化平台建设,狠抓招大引强选优,突出产业招商、专业招商。开展多批次、主题化、专业性的系列招商活动,先后组织了香港经贸考察、中国·海宁潮国际博览会投资说明会、2015浙江海宁对接驻京央企500强推介会、2015接轨上海招商推介会等活动。组团参加第三届中国(上海)国际技术进出口交易会、第十三届中国国际软件和信息服务交易会、第十七届中国浙江投资贸易洽谈会、2015嘉兴创新发展投资贸易洽谈会等活动。

对外经济技术合作

2015年,全市新核准境外投资项目11个,投资总额1550.24万美元,其中中方投资额1504.9万美元,境外承包工程及劳务合作营业额140.93万美元,带动出口4.5亿美元。外经项目投资领域涵盖皮革、纺织、电子、机械、光伏等产品的制造销售以及跨境电商平台和境外仓储,涉及美国、德国、英国、日本、韩国、阿联酋、香港特别行政区等国家和地区,投资类型分为海外营销网络、设计研发机构、跨境电商平台以及海外仓项目等。

服务外包

2015年,全市新增有业务实绩企业7家。服务外包完成合同签约额9943.24万元,同比增长65.9%;合同执行额9115.25万元,同比增长54.8%;其中,离岸执行额965.8万美元,同比增长85.6%。

培育业务主体。鼓励工业企业分离外包业

务，针对目标企业开展点对点上门业务指导，编写操作指引。全年走访企业57家。组织50余家企业开展和参与省、市业务培训，召开工作推进会和座谈会，提升数据申报率和业务水平。

拓展市场渠道。组织参加中国上海国际技术进出口交易会、中国国际软件和信息服务交易会、中国国际动漫展品牌对接会、第六届中国浙江商务服务交易博览会和第七届中国国际服务外包交易博览会，共有8家企业和2家省级平台参展。组展两场动漫展，参会人数突破千人。组织召开服务外包产业专题推介会。

提升发展平台。海宁市速美工贸有限公司、海宁国广华策影视译制有限公司2家企业获省商务厅“2015—2016年度省级文化重点企业”认定。

（海宁市商务局）

2015年桐乡市商务

国内贸易

2015年，桐乡市实现社会消费品零售总额298.84亿元，同比增长11.2%，增幅居嘉兴五县二区第三位。分行业看，批发零售业实现242.45亿元，同比增长7.7%；住宿餐饮业实现34.17亿元，同比增长11.5%；异地零售额为12.36亿元，同比下降4.6%。

消费品市场整体运行平稳。2015年，桐乡市实现网络零售额172.22亿元。随着传统商贸企业转型升级的推进，传统零售行业受网上购物冲击的影响有所减弱，但总体增长乏力。2015年，全市主要大型商场超市实现销售额12.70亿元，同比负增长2.78%，其中非食品类下滑明显。2015年，市场实现成交额485.17亿元，同比增长7.68%，其中濮院羊毛衫市场实现成交额310亿元，同比增长10.71%。各类生活必需品供应充足，市场运行平稳。住宿餐饮方面，2015年，全市样本星级酒店全年实现营业额2.77亿元，同比增长2.18%，其中振石大酒店营业额达到1.53亿元，同比增长10.94%。

商贸流通体系进一步完善。2015年，全市实际上报商贸流通项目19个，截至2015年底共完成投资24亿元。其中东兴生活广场项目和振东新区新增的城市综合体项目，这两个项目集合了桐乡市东面和北面的商圈、生活、人文等多重资源，将打造集购物、休闲、人文、娱乐于一体的新商业中心，为消费者带来一站式购物体验，有助于桐乡商业的良性发展。

市场应急保供进一步强化。进一步扩大监测范围，截至2015年底，全市监测样本企业56家，实现了超市、酒店住宿、农贸市场等各类型商贸行业的全覆盖。重点节假日期间，应急企业积极准备货源，确保市场供应。全年跟进落实了18家商贸典型企业年度和季度数据的上报工作，及时掌握企业经营状况，为政府决策提供参考依据。

市场流通秩序进一步规范。2015年，重点加强了对全市成品油企业、典当企业、废旧物资回收企业等特殊行业的日常监管，与重点企业签订安全生产责任书，对全市油库和加油站进行了全方位的排查，确保了成品油市场的安全和稳定。通过酒类流通登记备案和随附单的使用，落实经营者备案制度和溯源制度，以追溯倒逼企业诚信经营意识，截至2015年底，备案酒类流通企业达到1136家。此外还开展“平安市场”创建工作，强化商贸领域安全生产工作，督促企业落实安全生产主体责任。

电子商务进一步蓬勃发展。2015年，全市实现网络零售额172.22亿元，居嘉兴市第二位。据《中国淘宝村研究报告(2015)》，桐乡市拥有5个“淘宝村”，即崇福镇的城郊村和东安村、洲泉镇的青石村和义马村、石门镇的羔羊村，数量排名嘉兴市第二。浙江钱皇网络科技股份有限公司、浙江乐麦科技发展股份有限公司、嘉兴三珍斋食品有限公司、嘉兴市圣丹丽鞋业有限公司、桐乡市昱昊纺织有限公司、浙江中辉皮草有限公司、桐乡市洲泉蚕丝被电子商务发展有限公司、桐乡市圣美绮纺织有限公司、兔皇羊绒有限公司、浙江金牌商标代理有限公司被评为2015年度桐乡市十佳优秀电商企业。

对外贸易

2015年，桐乡市有自营进出口实绩企业783家，比上年增加48家。全年全市实现进出口总额

42.56亿美元，比上年下降0.7%，其中出口额30.62亿美元，比上年下降0.1%；进口额11.94亿美元，比上年下降2.4%。进出口、出口和进口增幅分别高于嘉兴市平均增幅7.1个、3.0个和16.7个百分点，分列嘉兴市各县(市、区)第一、第二和第二位。其中出口增幅低于全省平均1.3个百分点，分别高于全国和嘉兴市平均2.7个和3.0个百分点。

出口对重点外贸企业依存度高。2015年，全年出口额超千万美元企业62家，巨石集团、桐昆集团、新凤鸣集团、外贸集团、恒美服饰、华友钴业、恒石纤维、新澳纺织、生迪光电、晶通塑胶10家企业的年出口额皆超5000万美元。出口20强企业合计实现出口额16.64亿美元，占全市出口总额的54%，比上年增长0.85%，其中5家企业增幅超10%。

一般贸易进出口占主导地位。2015年，一般贸易实现进出口额33.12亿美元，占全市进出口总额的77.8%，其中出口额25.29亿美元、进口额7.83亿美元，分别占总额的83%和66%。加工贸易进出口由增返降，实现出口额5.33亿美元、进口额3.69亿美元，分别比上年下降5.2%、5.9%。加工贸易出口出现下降主要是因为新凤鸣集团、华友钴业、波力科技等企业加工贸易出口的大幅下降，三家企业加工贸易出口额分别比上年下降12%、15%和24%。

对主要出口市场出口增减不一。2015年，桐乡市783家企业与全球166个国家、地区开展贸易往来。其中479家企业与“一带一路”沿线国家开展贸易往来，实现出口额11.44亿美元，比上年增长6%，进口额1.11亿美元，比上年下降26%。对美国出口额4.53亿美元，比上年增长19%。对欧盟出口额7.8亿美元，对日本出口额1.46亿美元，分别比上年下降9%和8%。从新兴市场角度看，实现对西亚出口额3.28亿美元，对东盟出口额3.09亿美元，分别比上年增长5%和23%。对非洲出口额2.53亿美元，对拉美出口额1.69亿美元，分别比上年下降4%和9%。

企业应对国际贸易摩擦意识提升。2015年，桐乡市遭遇来自巴西、印度、美国、欧盟4个国家和地区发起的贸易摩擦案件8起，涉案金额近2110万美元，涉案企业15家，案件量和涉案金额与上年基本持平。从案件特点看，新兴市场仍为主要发起国。全年8起案件中，7起由新兴市场国家发起。涉案商品种类增多。除纺织制品外，精密机械、化工制药等产品也遭受到了国外反倾销制裁。桐乡市发挥商务部、地方各级商务主管部门、行业协会、企业“四体联动”应对机制，动员涉案企业积极参加反倾销案件的应诉，组织企业参加全国案件应诉协调会，全程跟踪进展，本年度涉案100万美元以上案件的应诉率为100%。

利用外资

2015年，桐乡市完成合同外资50670万美元，同比增长8.08%，完成总量和增幅列嘉兴五县二区第四和第三位。全市完成实到外资33597万美元，同比增长1.43%，总量和增幅在嘉兴五县二区中分列第四和第五位。全市引资质量较高，大项目及鼓励类占比大，总投资1000万美元以上项目19个，合同利用外资42997.48万美元；总投资3000万美元以上项目3个，合同利用外资17500万美元；总投资1亿美元及以上项目2个，合同外资14000万美元。鼓励类项目11个，合计合同外资18564.95万美元，占全市合同外资总量的36.64%。新批及增资第三产业项目26个，合同外资27813.08万美元，占全市总量的55%，较上年进一步提高。

开展主题招商活动。2015年初，制订全市性招商活动计划共90余场，分别由14个招商主体和各相关部门分头组织实施，突出北、上、深、杭四个主要城市，境内外联动，突出互联网产业开展大型招商活动。全市层面，参与的深圳的互联网主题招商推介会、韩国的服装产业推介会、乌镇的互联网(物联网)招商推介会以及在第二届世界互联网大会期间举办的乌镇发布会，都取得不俗的成绩。

推进重大招商项目。把“招大引强选优”作为招商引资工作重中之重来抓。实施“招商引资推进月”主题活动。结合嘉兴市委督察组、嘉兴市商务局等上级部门的不定期督察，对全市2012年至2014年的重大外资项目特别是2013年至

2014年认定的8个招大引强项目进行重点督察和实地走访,了解企业困难,查找问题根源。

制定招商方案与政策。牵头拟定了《互联网产业招商工作方案》、《互联网产业招商扶持政策(送审稿)》、《桐乡市"双招双引"联络处工作考核管理办法(试行)》等,为下一步重点开展互联网产业招商奠定基础。

抓招商队伍建设。全年举办招商引资、双招双引培训班2次,从政策法规解读、招商实战经验分享、商务礼仪培训、项目审批流程讲解等多方面、多角度着手,开展内容丰富的全市性招商招才人员培训,不断提高招商人员整体素质。

对外经济合作

2015年,桐乡市新批境外投资项目7个、增资项目8个,实现投资总额5.23亿美元,其中中方投资额4.14亿美元,分别比上年增长394.5%和321.6%,均居嘉兴各县(市、区)首位。其中华友钴业和巨石集团境外投资规模超5000万美元,两家企业中方投资合计3.5亿美元,占全市境外中方投资总额的85%。按投资行业来分,新批、增资境外资源开发和生产项目5个,中方投资额3.52亿美元;新批、增资境外营销机构建设项目10个,中方投资额0.63亿美元。全市完成境外承包工程营业额1.19亿美元,比上年增长11.5%,占嘉兴境外工程承包营业额总额的90%,列嘉兴各县(市、区)首位。境外企业带动出口总额3.62亿美元。

华友钴业收购刚果(金)PE527矿权区。该项目主要从事钴、铜矿的开采和冶炼,累计中方总投资额3.11亿美元,投产后年采矿规模将达133万吨,将很大程度上缓解国内钴、铜资源供给不足现状。该项目系嘉兴市迄今境外投资历史上规模最大的项目,标志着桐乡市"走出去"战略迈上新台阶。

巨石集团获境外工程承包资质。桐乡市商务局大力推动企业在"走出去"的过程中申请境外工程承包资质,鼓励企业承接境外工程项目。2015年9月,巨石集团取得浙江省商务厅颁发的境外工程承包资格证书,这是桐乡继华友钴业后的第二家非工程类企业获得境外工程承包资质,也是桐乡第七家获得境外工程承包资质的企业。

服务贸易

2015年,桐乡市国际服务贸易出口总额31272.43万美元。新增服务外包企业7家,接包合同签约金额7799.43万元,合同执行金额7374.95万元,其中离岸外包执行金额689.40万美元。

(桐乡市商务局)

2015 年东阳市商务

概　况

东阳市商务局是主管东阳市国内贸易、对外贸易、服务业发展、电子商务和国际经济技术合作的政府职能部门，内设机构为一室四科，即办公室、商贸发展科、服务业发展科、外贸业务科、行政审批科，下属单位东阳市商务综合行政执法大队、东阳市进出口产品检测技术中心。

国内贸易

2015 年，全市社会消费品零售总额 229.9 亿元，同比增长 10.1%，批发零售业零售总额 700.84 亿元，增长 28.15%；商贸服务业为十二五期间东阳市经济平稳增长起到压舱石的作用。2015 年 9 月，举办了东阳市第七届休闲购物节。开展百店让利大联销、汽车展销、家装展销活动、举办东阳美食和东阳名特优新农产品展销会、首届婚庆产业博览会、首届母婴用品博览会，购物节期间，实现销售总额 22 亿元。

特种行业监管。加大特种行业监管，抓好酒类流通登记备案工作。强化对煤炭、成品油、典当、拍卖、美容美发等特种行业的监督管理工作，严肃查处价格违法、无证经营等扰乱市场经济秩序的行为，切实抓好大型商场的安全生产工作。

现代服务业。全市第三产业增加值 223.97 亿元，同比增长 8.6%，GDP 占比达到 48.19%，比上年提高了 0.86 个百分点，对 GDP 增长的贡献率达到 64.32%，第三产业固定资产投资 122.03 亿元，同比增长 30.1%，占全市固定资产投资的 48%，第三产业地税税收完成 23.21 亿元，占地方财政收入的 47.74%。服务业从业人员占全部从业人员的比重达到 22.47%；服务业劳动生产率为 19.02 万元/人；服务业投资效果系数为14.1%。

东阳市十佳商贸服务企业。2015 年，浙江横店影视城有限公司、东阳市花园红木家具开发有限公司、浙江省东阳市医药药材有限公司、东阳市崇光百货有限公司、东阳市横店贵宾楼大酒店有限公司、浙江利星汽车有限公司、东阳市横店影视城国贸大厦有限公司、浙江横店圆明新园有限公司、东阳市横店巨樟中石化加油有限公司、浙江东阳商业集团有限公司。

电子商务

电子商务经营主体 2000 家以上，年营业额超过 50 亿。阿里研究院 2015 年大众电商创业县全国东阳市排第 31 位，“2014 年电子商务百佳县”排名，列全国“电商百佳县”第 20 位。浙江省上榜数 25 家排名第 15 位，金华市上榜数 5 家排名第 4 位。

对外贸易

2015 年，完成外贸出口总额 25.4 亿美元，同比增长 4.7%。总量和增幅均列金华各县市区第三位。

对外经济合作

全年完成境外承包工程营业额 4.31 亿美元，占金华全市的 80%以上；完成对外投资项目 6 个，中方投资额 2.05 亿美元，对外经济合作呈现稳步发展态势。

（东阳市商务局）

2015年平湖市商务

2015年,平湖商务工作在市委、市政府的正确领导下,紧紧围绕市委市政府"三年"活动、九大专项行动工作要求,主动适应经济新常态,抢占发展新机遇,围绕经济转型提升工作要求,以强招商、促外贸、扩内需为工作主线,负重拼搏、真抓实干,商务领域各项工作得到有序推进,并取得显著成效。

国内贸易

2015年,平湖市完成社会消费品零售总额166.09亿元,同比增长11.0%。其中,限额以上批发零售业31.98亿元,增长5.7%;住宿餐饮业4.24亿元,增长3.5%;批零业销售额568.42亿元,增长10.7%;住宿餐饮业营业额28亿元,增长14.3%。

统筹兼顾商贸市场监管工作。承担成品油市场运行和经营活动的监督管理工作,编制完成《平湖市"十三五"成品油零售体系发展规划》,有效做好加油站年检与选址新建工作,对具备散装汽油销售资格的加油站统一下发专机标识牌和散装汽油购买销售流程图,并加强日常巡查与检查督促。对确定的商贸重点企业,定期开展检查指导。做好商务部、省商务厅等9个市场监测系统周报、月报、年报等信息上报、催报工作,做好重要节假日市场供应和消费市场汇总。根据市应急办要求,编制突发事件重要物资应急预案,落实猪肉、水产品、禽蛋和成品油等重要生活物资储备工作,确保市场平稳运行。

深化废品收购点整治工作。根据本省和嘉兴市开展公路沿线环境整治百日会战要求,对全市5条主要道路两侧进行全面排摸和梳理。根据排摸情况制定具体整治方案,对每个站点进行逐个查看,并采取消号制,累计关停37家。继续深化行业整治,全年累计关停站点46家,全部关停数达393家,关停率达82.74%。组织编制废旧商品回收体系建设规划,积极探索废旧商品回收体系建设。

电子商务

大力开展电商换市工作。一是突出政策引导。制定出台有关推进电子商务发展的扶持政策。二是推进平台建设。阿里巴巴平湖产业带正式上线,截至2015年底已入驻企业617家,被评为省级优秀产业带。平湖市国际电子商务产业园正式挂牌,平湖市电商园区和服装城电商大厦获得嘉兴市特色电商园区(楼宇)授牌。"电商进万村工程"得到有序推进,2015年认定农村电商服务点52家,新埭鱼圻塘、大齐塘等5个村入选全国淘宝村。三是强化专业培训。切实拓宽电商专业人才的引进与培养途径,专门举办电子商务人才招聘会,广招电商运营贤士。依托淘宝大学等专业培训机构,大规模组织开展电商人才培训,2015年组织农产品电商、跨境电商、双11、双12等各类专题培训6场,听课人员达1200余人次。2015年与阿里巴巴合作举办"中国质造"平湖箱包专场3场,实现网上销售额2500余万元。

对外贸易

2015年,平湖市实现进出口总额681638万美元,同比下降17%。其中,出口385452万美元,同比下降5.4%;进口296187万美元,同比下降28.5%。在五县两区中,进出口总额、进口额列第一位,出口额列第二位。

注重实效，积极帮助企业开拓市场。针对企业对国内外商品需求信息的需要，对重点市场、重点产品进行认真调研，找准切入点，及时在相关局网站和行业协会网页发布省、市重点及各类专业展会信息，动员企业参加与本市产业匹配度高、展览效果好的各类展博会。先后与中国轻工业协会、国家会展（上海）中心等合作组织 55 家企业参加 41 个境内外展会，落实展位 107 个；积极争取、认真组织 86 家次企业参加广交会、华交会、消博会等重要境内展会，争取落实展位 253 个。组织带领 100 多家次企业参加各类贸易洽谈会、研讨会、投资推介会等活动，在第 118 届“广交会”期间组织举办了平湖箱包原创设计时尚秀活动，有效展示了平湖市出口企业和出口商品良好的形象，提高企业国际化水平。

积极探索，鼓励引导企业转型升级。深入研究跨境电子商务等新型商业模式的发展，鼓励贸易主体创新贸易方式，积极探索并推广 B2B2C 跨境电商新模式。努力推动品牌建设，鼓励企业积极申报出口品牌，充分发挥名牌在转变外贸发展方式、增强国际竞争力的导向作用。截至 2015 年底，平湖市已有 10 家企业获得“嘉兴出口名牌”称号，7 家获得“浙江出口名牌”称号，两个出口名牌成功入驻香港国际机场开设的首家“中国浙江名品”店铺，浙江依爱夫游戏装文化产业有限公司获评省级文化出口重点企业，箱包、服装、洁具等区域品牌效益进一步凸显。

优化服务，主动破解外贸增长难题。深入开展“外贸回归”大走访，从强化组织领导、加强宣传引导、深入基层走访、提升服务效能等方面进行工作部署，为茉织华等重点企业“外贸回归”做好联络协调服务工作，力促外贸业务有序回归。继续做好浙江省外经贸运行监测系统、产业损害预警监测系统、国际服务贸易统计监测系统工作。2015 年新增箱包行业监测点 1 个，扩容后全市监测企业主体达到 168 家。进一步加强服装、箱包、洁具、童车 4 个省级对外贸易预警示范点和服装、箱包、光机电 3 个省级出口基地的沟通和联系，指导开展贸易预警、基地平台建设、产业规划发展、验收考评等工作。2015 年，平湖市服装、童车两个对外贸易预警示范点受到了嘉兴市级表彰。

完善政策，大力培育外贸发展新优势。根据当前形势，修订完善了市级外经贸扶持政策，新增了对电子商务、服务贸易等项目的支持，并加大了对展会、信保等项目的支持力度，充分发挥政策的引导扶持作用。

强化培训，严格规范外贸管理工作。进一步提升企业外贸业务能力，集中组织企业参加各类外贸业务培训、政策宣讲活动，有效提升企业对中央、省和市商务促进政策的认识。

利用外资

2015 年，全市新批外资项目完成合同外资 59508.6 万美元，扣除荣成纸业转股因素，合同外资 46142.07 万美元；完成实际外资 35762.62 万美元，同比增长 5.16%。在嘉兴五县二区中合同外资列第 5 位，实到外资列第 3 位。全市审批外资项目共计 66 个，其中新批项目 36 个，增资项目 20 个，合同外资 12057 万美元，占 26.13%；利用外债 15132.78 万美元，占 32.8%。

围绕重点产业促招商。紧紧围绕平湖市光机电、生物医药（食品）、临港三大主动力产业招商重点，运用赛迪公司平湖市重点产业定位与招商对象研究成果，排摸重点产业招商对象、绘制招商地图，有针对性地开展敲门招商、蹲点招商、以商引商活动。大力拓展招商引资的广度和深度，突出转型升级这一主线，策划、规划、谋划一批质量高、前景好的重大项目。加强与世界 500 强企业、大型央企、国企、中国 500 强民企及国内外行业龙头企业和知名跨国公司的对接。引进总投资 1 亿美元以上、世界 500 强和行业龙头企业项目 4 个。总投资 1000 万美元以上项目 18 个，合同外资 35435.49 万美元，占比 76.8%。

围绕招商活动促招商。采取灵活多样的形式进行对外宣传，突出大型招商推介会和专题招商活动对招商工作的示范效应，加大“走出去、请进来”的力度。年内组织平湖投资环境北京、日本、台中、台南说明会等境内外专题招商、推介活动 11 次，组织参加“浙洽会”、“嘉洽会”、“厦洽会”、深圳“华交会”等投资贸易洽谈会 8 次。通过招商活动，向外商宣传推介我市招商政策投资环境，激发来平投资热情。平湖市成功举办中国平湖西瓜灯文化节投资贸易洽谈会暨经贸签约仪式，2015年签约项目54个，签约金额162.7亿元，成为全市招商引资工作的重要引擎。

围绕队伍建设促招商。强化专业招商，按照年轻化、专业化要求，培养专业招商队伍，提高招商团队的专业化水平。严格贯彻落实市委市政府进一步加强招商队伍建设的意见等文件精神，统筹兼顾、合理布局，提高蹲点招商布点的科学性，新增上海浦东、松江两个市级蹲点招商组。全市在上海、深圳、北京三地设立蹲点招商组22个，配备招商人员116人，其中本科以上学历96人，持有外语专业八级以上证书的有32人。强化业务培训，采取多种形式开展招商队伍能力素质提升工程，年内与中浦院昆山分院联合举办了全市招商引资和招才引智培训班。组织开展楼宇经济招商引资培训，重点对全市招商人员进行楼宇经济发展情况、楼宇招商工作的政策和法律法规、招商人员应具备的基本素养和能力等方面的培训，提升招商人员的业务水平。

突出优化服务促招商。坚持强化执行力优化服务不放松，加强每月内外资数据分析，及时公布全市各招商主体和开发区在嘉兴的争先移位情况，找出差距与不足，掌握引资工作动态。同时加强投资信息的收集、分析、跟踪和推荐，促使多个项目成功落户平湖。在2015年给全市招商主体引荐12个投资项目信息，促成签约项目1个，落户项目1个。继续推行重点企业"一对一"结对服务模式，采取挂钩联系、定期上门等方式了解企业生产经营情况，切实解决现有企业生产经营中碰到的困难和问题。加强与海关、外管、国税、商检等部门的沟通与协调，妥善协调处理在报关、进出口、外汇、税收等方面遇到的困难和问题。鼓励企业利用外债、增资扩股，深化"二次招商"。

围绕机制完善促招商。突出招商引资"一号工程"地位，不断完善相关工作机制，有效提升招商引资工作的实效性。2015年，下发《关于建立外资项目信息共享和预评估制度的通知》，对通过预评估的项目招商主体加大深入洽谈力度，促使项目早签约、早落户。该机制建立以来，全市各主体上报共享项目信息12条，并促使成功签约项目2个，落户项目2个，充分发挥了项目信息库、资源信息平台和部门及早参与项目研判的作用。落实全市重点产业"六个一"工作机制，牵头实施光机电(汽车零部件)产业转型提升工作，专门成立工作小组，初步形成光机电(汽车零部件)产业转型升级路线图，为产业招商提供有力支撑。

对外经济合作

2015年，平湖市完成对外直接投资1720万美元，完成年度目标的276.7%；完成对外承包工程、劳务合作营业额1917万美元，完成年度目标的191.7%。

服务外包

2015年，平湖市完成服务外包接包合同签约金额6181万元人民币，完成年度目标206.03%；服务外包合同执行金额5680万元人民币，完成年度目标177.49%；离岸外包执行金额765万美元，完成全年目标218.58%。

(平湖市商务局)

2015 年玉环县商务

概　况

2015 年，面对严峻复杂的宏观经济形势，玉环县商务局认真贯彻县委、县政府决策部署，坚持内外并重，在调结构、拓深度、优服务上狠下功夫，克难攻坚，促进了全县商务经济平稳有序发展。2015 年，全县实现社会消费品零售总额 154.14 亿元，增长 8.6%，其中限上社零总额 25.94 亿元，增长 2.2%；实现网络交易额约 60 亿元，同比增长超过 30%。实现外贸自营进出口总额 35.14 亿美元，负增长 3.7%，其中出口 34.09 亿美元，负增长 3.7%，2015 年底止跌企稳。

商贸流通

一是助推项目建设和主体培育。积极推进大润发超市、玉环新城城市广场商业综合体、国贸大厦、国际家具精品城等大型商业项目的建设。重点培育陆通、海西等物流企业，陆通物流有限公司获得了“浙江省商贸流通业诚信示范企业”称号，其先进做法得到浙江省商务厅的充分肯定。二是提升成品油行业管理水平。积极推进“十二五”规划加油站点的落地工作，同时经过深入调研，编制完成了加油站“十三五”规划，新增了 4 个站点，并保留了 5 个原“十二五”规划站点。完成了成品油行业年检工作，共有 37 个加油站（点、船）合格，对另外存在问题的 4 个加油站（点、船）依法进行了注销。牵头各部门打击成品油非法销售行为，目前已组织了两次联合突击检查，共查处私卖油点 14 个，查扣汽油 8263 升、柴油 6802 升。三是规范商贸服务市场。积极开展单用途商业预付卡管理工作，完成了华丰、六和两家超市预付卡检查工作，并处理了两起预付卡投诉案件。深入开展“文明餐桌回头看行动”活动，累计出动 20 余人次，发放 2000 余只三角牌，对玉环城区一百余家餐饮企业进行宣传。四是做好粮食储备和安全工作。抓好在建工程督查和基础设施建设工作。全面推进县中心粮库建设，该工程总建筑面积为 15448 平方米，建设规模为仓容 3 万吨级粮库及配套设施用房。抓好订单粮食收购。积极推广“订单粮食”，主动宣传惠农政策。开展粮食轮换工作。五是加大了对散装水泥市场的监管力度。出台《玉环县散装水泥专项资金暂行办法》，引导、鼓励混凝土企业积极主动开拓农村市场。2015 年供应集镇和新农村建设使用预拌混凝土 24.67 万立方米，农村散装水泥使用量 17.2 万吨。六是完善商贸流通业统计工作。通过集中培训、逐家分析、重点跟踪等形式，加强对统计口径、方法制度上的业务指导，督促企业严格按照统计制度及时、真实地填报数据，增强企业报送的积极性和责任感。

电子商务

一是完善扶持政策。在金融扶持、仓储物流、跨境电商等方面实现了一些突破。鼓励、引导、扶持电子商务发展，扶持力度居全市前列。二是培育电商经营主体。依托文旦、干海鲜、火山茶等特色农渔产品和阀门、家具、汽摩配等产业优势，玉环县涌现了“花果山果业”、“莱优优”、“依诗黛”、“微狗”、“夕水电商”等一批发展势头良好的本地电商企业，带动了传统工农业电商化的发展。据不完全统计，目前全县从事网络营销、网络服务的企业和个体户超过 7000 家，加入阿里巴巴“诚信通”的企业达 1700 多家，阿里巴巴国际站 100

多家,环球资源 20 多家。三是加速电商园区建设。占地面积近 1.5 万平方米的亿联·玉环县电子商务产业园一期于 2015 年 11 月 6 日投运,目前入园企业已达 88 家;楚洲梦工场的运营面积在 2015 年 8 月由 3500 平方米扩大至 5000 平方米,目前入园企业 35 家;占地面积达 1.15 万平方米的清港文旦小镇电创园也已于 10 月 1 日正式运营,共有 38 家企业入园。四是开展电商人才培养。出台《电子商务三年培训实施方案》,计划从 2015 年到 2017 年培训电商人才 6340 人次。2015 年以来,已先后开展机关干部电商培训会、企业电商培训会等 10 多次针对不同对象的电商业务培训,共有 1000 多人参加。五是探索发展跨境电商。2015 年上半年,与大龙网、阿里巴巴国际站等多家跨境电商服务商进行了初步对接,还组织调研小组赴杭州、重庆等地进行专题考察。2015 年底,组织 50 家企业赴杭州阿里巴巴总部参加跨境电商专题培训。

对外贸易

一是加大展会扶持力度。发布了 2015 年度重点支持的国际性展会目录。全年共组织 615 家次企业参加了广交会、北京卫浴展、南非汽配展等 41 个国内外展会。二是加大品牌培育力度。积极帮助企业申报省、市出口名牌评比,2015 年新增环日、和成 2 个“浙江出口名牌”、2 个“台州出口名牌”。截至 2015 年底,玉环县已成功创建省、市出口名牌 40 个,其中“浙江出口名牌”21 个,“台州出口名牌”19 个,出口名牌总量列全市第二。三是加强服务指导力度。采取培训班、座谈会、上门宣传、建立信息交流平台等多形式、多渠道宣讲外贸政策和贸易便利化措施,全年累计培训外贸企业 360 家次,相关业务人员 500 多人次。同时陆续走访调研出口负增长的 100 多家企业,帮助解决企业实际问题。四是完善外贸监测系统。扩大了外贸运行监测的覆盖面,将重点联系企业由 120 家增至 140 家,出口额占全县出口总额的 60.9%,被浙江省商务厅评为优秀监测点。

对外经济合作

鼓励开展境外投资。编印《“走出去”指南》,动员有实力、有条件的企业到主要市场设立贸易窗口、办事处,收购企业或投资设厂。2015 年,玉环县新批境外投资企业 5 家,总投资达 425.02 万美元。

(玉环县商务局)

2015 年临安市商务

2015 年，临安市商务局在市委、市政府的正确领导下，主动适应经济新常态，紧紧围绕“三美临安”建设，以扎实推进“三个年”、实施“三大比拼”为主抓手，以“强引资、拓外需、扩消费、促民生、稳增长”为目标，全力推动临安市商务各项工作平稳健康发展。

概　述

1. 招商引资。内资方面：全市引进国内到位资金 70.18 亿元，到位资金完成全年任务的 100.3%；上报杭外项目到位资金 54.12 亿元，完成全年任务的 128.9%；上报浙商回归到位资金 25.2 亿元，其中引进浙商产业类到位资金 13.41 亿元，完成全年任务 12 亿元的 111.8%；浙商资本回归类到位资金 11.79 亿元，完成全年任务 4 亿元的 294.75%。外资方面：全市实际利用外资 18609 万美元，同比增长 8%，完成全年任务的 100.05%。

2. 外经外贸：全市实现外贸自营出口 17.53 亿美元，同比增长 11.51%，完成 17.02 亿美元任务的 102.99%，连续六年保持杭州五县市出口总量第一。

3. 市场贸易：全市实现社会消费品零售总额 158.19 亿元，同比增长 12.1%，增幅在七县市排名第四。

4. 服务外包：全市完成服务外包合同金额 6535.2 万美元，完成全年任务 4400 万美元的 149%；完成服务外包离案执行金 6488.2 万美元，完成全年任务 4000 万美元的 162.21%。

主要工作

1. 强化招商统筹推进。完善招商引资体制机制，建立招商项目评估推进联席会议和招商工作四项通报制度。在坚持以企引企、敲门招商和资本招商的基础上，进一步创新载体、方式，拓宽招引渠道。相继成功举办深圳广州招商、土地专场招商、临商大会、深圳高新技术推介会、武汉天目医药港专场推介等一系列活动，促成了一批项目签约落户，扩大了投资影响力。成功招引法国里昂证券股权收购可靠护理、“桃李春风” 房产、颐和房产等一批大项目，全年引进“大好高”项目 25 个；加快推进人福医药、万达综合体、天目山国际旅游小镇、亨利小镇等一批重点在谈项目。根据临安市里“三大比拼”活动部署要求，组织开展好“招商大比拼”活动，对各镇（街道）比拼情况进行“一周一梳理”，对比拼结果实行“一月一通报”，全市招商合力进一步增强，招引实效进一步提升，招商氛围进一步浓厚。

2. 加快外贸行业转型。以跨境电商园为龙头引擎，加快促进外贸行业转型升级。全力建设跨境电商园，临安园区成为杭州跨境电商首批园区，跻身省级跨境电商园，目前已入驻企业 60 余家，入驻率达到 100%；成立全市跨境电商协会、外贸电商协会和工业电商协会，设立园区“一办三部”组织架构，确保园区健康有序运行。注重跨境电商人才培养，联合深圳 321 电商学院等机构开展跨境培训活动。2015 年，跨境园入驻企业实现出口额 1.84 亿美元，其中开园以来的出口额达6376万美元。全市培育跨境上线企业227家，有实绩企业71家，跨境电商上线企业出口4.51亿美元。同时，重点抓好外贸20强企业，以“服务大比拼”为契机开展送服务活动；助推企业“拓市场、防风险”，组织120家外贸企业参加72个国家和地区的141个展会，深化小微外贸企业参加统一联保制度。2015年，全市累计实现中信保承保规模5.64亿美元，占全市总出口的34%，服务全市企业数达168家，覆盖面36%。调整外贸扶持政策，增加对小微外贸企业的扶持力度。

3. 提升商贸发展后劲。抓实重点项目，帮助企业协调解决问题。截至2015年底，钱王国瑞大厦已结顶，进入全面装修阶段；中国坚果炒货食品城一期完工；上海大众4S店已通过各项验收；城北商贸中心正在办理前期手续。抓好促消费工作，先后开展杭州2015休闲购物节、欢乐金秋节、家电展销会、汽车展、年会等活动，搭平台、聚人气、促消费。积极扶持商贸重点企业。

4. 农村电商成效明显。成功组织召开了浙江省农村电子商务现场会。建强线上销售平台，截至2015年底，阿里巴巴临安产业带入驻企业320余家，2015年1—11月网销额8980万元；“淘宝特色中国·临安馆”入驻网店243家，2015年1—11月网销额7380万元。培育农村电商主体，加大规上企业培育力度，鼓励企业做大做强，引导电商户向企业化发展。截至2015年底，限上电商企业达到23家，其中，“新农哥”2015年1—10月网销额达1.8亿元。提升电商公共服务中心建设。保持市级电商公共服务中心和白牛村电商公共服务中心的高效运行，全年白牛村接待考察活动近1000批次。各镇街道、行政村根据各自条件，设立农村电子商务公共服务点，已经建成清凉峰镇电商公共服务中心。保质保量推开农村电商服务站点建设，截至2015年底，全市累计建成阿里农村淘宝服务站点74个和赶街农村电子商务服务站点121个，实现18个镇街全覆盖。深入开展农村电商培训工作。制订培训计划，实施菜单式培训。截至2015年底，全市各部门已完成55批4100人次的农村电商培训。其中，通过与农林大实施的“伙伴计划”近百名高校师生走进镇街、村，完成培训20余期，培训2000余人次，对接农村网商210余人，帮助注册网店180余个。

5. 推动企业“走出去”。积极组织企业培训、参会。多渠道收集信息，组织企业参加省、杭州市组织的各类境外投资说明会，境外投资业务培训班等活动，帮助企业了解境外投资政策以及投资流程等业务知识；广泛开展信息收集，对全市有意向“走出去”企业进行书面摸排调查，及时为有意向企业提供相关的政策服务和业务指导；强化政策引导和宣传造势。通过上门走访以及局域网、外贸企业QQ群、手机群发等渠道广泛开展政策宣传，普及具体政策和申办程序。

6. 夯实服务外包基础。分析企业属性，挖掘潜在企业。临安市有许多潜在服务外包企业，但由于服务外包工作开展时间不长，企业对此概念理解不深，没有主动上报。2015年以来，临安市商务局加大对企业属性的调查，主动上门沟通协调，普及服务外包概念与申请流程，将潜在变为现实。特别是新增杭州搬迁企业——南都能源，极大地提升了临安市服务外包企业的质量。同时，做好政策宣讲，发挥好政策导向作用，鼓励企业申报，推动了临安市服务外包企业的发展壮大。

（临安市商务局）

2015 年嘉善县商务

国内贸易

2015 年，嘉善县商务局深入开展商贸流通体系建设加快现代服务业的发展，进一步落实国家扩大内需政策、拓展国际国内市场、开展市场秩序整顿，使商贸流通业在引导生产、服务企业、促进消费、扩大内需、推动全县经济平稳较快发展方面发挥重要作用。1—12 月，累计实现社会消费品零售总额 168.17 亿元，同比增长 11.0%，限额以上批发业实现销售额 21.11 亿元，同比增长 15.7%；限额以上零售业实现销售额 119.78 亿元，同比增长 7.3%。限额以上住宿业实现营业额 1.24 亿元，同比增长 17.7%，限额以上餐饮业实现营业额 11.90 亿元，同比增长 1.8%。异地零售额实现 9.58 亿元，同比增长 63.4%。

2015 年，嘉善餐饮市场呈现五大特点：实用性的推崇使餐饮文化更接地气；传统经营和现代电商相互融合共赢；主题经营与节日节点凸显企业的温情理念；以新、奇、特取胜，精细化的创新定位渐成趋势；装修文化、菜品文化、服务文化、员工团队文化等共同构成嘉善餐饮靓丽的风景线。

对外贸易

2015 年，全县自营进出口 344431 万美元，同比下降 4.73%，其中：进口 77616 万美元，同比下降 14.17%；出口 266815 万美元，同比下降 1.58%。出口其中：外商投资企业 283 家，出口 143606 万美元，同比下降 4.23%，占出口总额的 53.82%；外贸自营生产企业 405 家，出口 107731 万美元，同比增长 5.94%，占出口总额的 40.38%，外贸流通公司 110 家，出口 15478 万美元，同比下降 20.47%，占出口总额的 5.80%。机电产品出口 120475 万美元，同比增长 2.43%，高新技术产品出口 26584 万美元，同比下降 16.40%，两者占全县出口额的 55.12%。

各行业出口表现有升有降。家用电器及电子类产品在 2014 年增势较好的情况下，2015 年涨势依旧较好，同比增长了 5.98%。木制品及家具类同比增长了 5.75%，台升实业 2015 年出口额同比增长了 2.08%，拉动了木制品及家具的增长。五金机械类 2015 年同比呈负数，下降了 3.01%。纺织服装受到鹏超制衣出口同比下降的影响，同比下降 4.99%，而光伏能源行业，仍然同比下降 41.85%。

一般贸易增加，加工贸易下降。2015 年累计出口中，一般贸易同比增加 3.40%，加工贸易则同比下降了 17.19%，其中，进料加工所占比例较大，同比下降了 17.56%。一般贸易和加工贸易占比分别为 79.79:20.14。

全球市场中亚洲、欧洲、拉丁美洲出口出现下降，其他地区增幅仍然为正。全球市场中，亚洲、欧洲、北美等传统市场依旧是嘉善县商品出口的主要市场。2015 年嘉善县对日本累计出口 10184 万美元，同比下降 7.94%，对韩国累计出口 7915 万美元，同比下降 26.08%。受这些地区出口下降影响，嘉善县 2015 年累计对亚洲市场出口实绩 70642 万美元，同比下降了 11.04%，出口占比 26.48%，其中对东盟出口 15624 万美元，同比下降了 4.82%。对拉丁美洲出口额为 10134 万美元，同比减少了 6.81%。对非洲出口额为 3577 万美元，实现了逆转，增幅由负转正，同比增加了 1.07%。2015 年全年对欧洲出口额为 51609 万美元，同比下降了 7.56%，其中，主要是对俄罗斯出口下降了42.28%，而对欧盟出口43688万美元，同比下降1.80%。美国仍是嘉善县第一大出口市场，2015年累计出口额为111711万美元，同比增长8.47%，占出口总额比重的41.87%。对大洋洲出口10288万美元，同比增长9.61%，成为一个新亮点。

利用外资

2015年，嘉善县成功连续14年跻身全省利用外资十强县，连续13年排名全市前列，嘉善县的利用外资和吸引台资工作经验在全国的海峡两岸经合会上得以推广。2015年全年嘉善县新批外商投资企业45家，增加13家；完成合同外资7.63亿美元，同比增长18.17%，完成县年度目标数的127.14%。实际外资完成4.47亿美元，同比增长6.75%，完成县年度目标数的111.68%，在嘉兴市五县两区的排名中，实际利用外资第一，合同利用外资第二。

招商引资亮点突出。2015年以来，嘉善县切实把深入上海腹地全面对接各类优质平台作为招商“主战场”，进一步加大“双招双引”（招商引资和招才引智）工作力度，在九个镇（街道）各自作战的基础上，集中招商火力、拓展战略纵深，由县委组织部、商务局从县级部门中选调14名优秀年轻干部，组成4个工作小组，分赴上海市外高桥、浦东张江、闵行区、嘉定区，开展“全天候、全方位、全覆盖”的驻点招商，确保驻沪招商会永不“落幕”。截至2015年底，4个驻点招商小组共走访客商825批次，邀请来善考察客商92批次。现已成功签约项目（人才）11个，总投资15亿元人民币。其中，总投资超1亿美元项目1个（全县年度引进的1亿美元投资项目共3个）；“国千”计划人才1名，“省千”计划人才2名，分别占年度全县引进“国千”计划人才和“省千”计划人才的1/5和2/3。

招商成效显著。在县外开展招商活动累计821次；县外对接企业项目累计1491次；对接平台次数累计448次；走访客商累计1983次；接待客商累计1754批次；县内走访企业、项目累计3778次；在排摸企业技改、增资、扩股过程中，累计获得项目数329个。其中排摸的内资项目总投资累计987574万元；排摸的外资项目总投资累计24346万美元；参加招商培训累计312人次；开展招商宣传活动累计595次；发放宣传资料累计11606份。项目信息方面，新增项目信息累计771个；其中获得“三类500强”和国际国内知名企业信息累计60个。项目签约累计342个；新批项目累计265个。人才信息方面，新增人才信息累计274个；其中，“国千”人才信息累计37个。“省千”人才信息累计23个。

资源集中整合，夯实驻点招商的基础。一是盘点存量资源。收集了嘉善县所有镇（街道）、园区现有存量土地、厂房等资源信息，编制了翔实的《招商项目手册》，里面囊括了20余个地块、50余个厂房及4个楼宇资源信息。要求各驻点招商干部做到对每项资源的基本情况、所在地镇（街道）或园区的产业特点、区位优势和楼宇物业特色都了然于心，在驻点招商过程中，当好“宣传员”和“联络人”。并通过与各镇（街道）、园区建立24小时全天候“招商热线”，如有合适项目做到第一时间上门沟通，第一时间推荐平台，第一时间制订方案，力求项目快速精准地找对“婆家”，减少无用功。

汇集信息资源。各驻点招商小组在“奔跑招商”的过程中，不断积累和沉淀信息资源，删选出重点联络对象，解决与接洽项目“最后一公里”的问题。同时，把所有项目信息按成熟度分为“ABC”三类进行管理，如A类项目代表近期需要集中攻坚，推进签约落户的“头号目标”；B类项目代表已经具备一定洽谈基础、需要进一步跟进的“2号目标”；C类项目代表有价值但是接洽度尚不够深的“3号目标”。通过分类管理不浪费任何信息资源，并把“撒网式”招商变为“精准”招商，切实提高了项目落户效率。截至目前，总共收集的51个项目信息中有11个已经签约落户，落户项目与和收集信息比达1:5。

网罗平台资源。各驻点招商小组积极与在沪各级政府部门、企业商会（联合会）、行业协会和高校、科研机构等平台加强联系，建立了稳定的信息渠道与联络平台。目前，共成功对接平台277家。其中，各类政府机构、园区65家，企业商会(联合会)86家,行业协会52家,高校及科研院所74家,并与上海市浙江商会、上海外商投资协会等12个机构签订了合作协议并建立保持了密切联系。

建立一套对接机制,实现产业平台常态对接。2015年10月28日,2015年的"善洽会"上,嘉善县同上海市松江区经济委员会签订《共同推进产业转移战略协议》。一是松江将嘉善列为重点产业转移区域,并将嘉善的投资环境写入《松江区对外合作产业拓展(转移)指导手册》,引导有外溢需求企业向嘉善转移;二是嘉善根据自身产业发展需求以及发展优势,积极承接松江区内外溢企业,设立对接松江产业转移办公室,选派专人统筹协调松江外溢项目信息,负责项目前期对接和实地考察事宜;三是双方开展互动互访,针对性举办产业转移对接会和外溢企业座谈会,确保产业转移务实、高效,共创互利双赢的合作发展新格局。抢抓机遇,主攻上海优秀街道和工业强乡镇。2014年底上海市取消了所有街道办事处的招商引资职能。但项目信息、投资信息还会流向基层,嘉善县商务局抢抓机遇,通过大量的排摸调查,梳理出了上海市的100家优秀街道、100家工业强镇以及知名开发园区,统筹协调全县各主体主动登门、主动对接,确保全县的招商引资、招才引智更具针对性和实效性。

有的放矢,对接上海重点区县。上海的松江区紧邻嘉善,重点打造外向型经济,大量外资企业集聚,重点发展现代装备、电子信息、新材料、生物医药以及和嘉善产业的关联性大、匹配度高的企业。因此,嘉善县商务局看准目标,反复同松江区经济委员会开展对接,及时掌握产业转移动向,探索产业转移合作模式,希望松江将嘉善确定为区内企业产业转移的优先承载区。

服务外包

2015年,嘉善县全年服务外包合同签约9022万元,完成全年目标的180%;外包合同执行额3575万元,完成全年目标的111%。

对外经济合作

2015年,嘉善县外经项目备案7个,总投资2091.4万美元,中方对外直接投资额1101.75万美元,境外投资企业带动出口5950万美元。

(嘉善县商务局)

2015年杭州市萧山区商务

国内贸易

2015年，全区实现社会消费品零售总额573.92亿元，同比增长11.3%，其中批零贸易业实现零售额502.73亿元，同比增长11.9%，住宿和餐饮业实现零售额71.19亿元，同比增长7.2%。全区实现市场成交额1052.7亿元，同比增长5%；涌现出年成交超亿元以上市场28家，超十亿元市场11家，百亿元市场4家。

商贸发展有新推进。编制发布《萧山区商业网点发展规划(2015—2025年)》，编制《萧山区"十三五"商贸业发展规划(2016—2020年)》。建立完善项目领导联系机制，及时协调解决萧山区"861"重大项目和商贸新十大重点建设项目等在推进过程中遇到的难题。宝龙城市广场开业，华润万象汇、空港新天地等项目建设进展顺利。同时，统计梳理全区"十三五"期间续建、拟建商贸建设项目，初步建立了商贸重大项目储备库。

节展消费有新提升。坚持"政府引导、企业运作"的办展思路，2015年，萧山区先后成功举办了第二届浙江世纪建材装饰春季与秋季展销会、第三届中国(萧山)娱乐家电博览会、第三届家博会、2015春季与秋季媒体汽车展和第七届萧山购物节等节展活动，有效扩大居民消费。

消费环境有新改善。开展了"肉品和水产品安全专项整治百日会战"行动，严把市场准入关，加大对上市食品检测力度，营造安全有序的消费环境。2015年，全区共定点屠宰生猪61.89万头，同比增长0.7%。开展快速检测食品及食用农产品410959批次，合格率达99.13%，共没收销毁、退市不合格食品包括食用农产品80206.855公斤。同时萧山区还加大了绿色市场创建力度，并与"最佳最差农贸市场"评比和"浙江省文明规范市场创建"有机结合，杭州萧山四桥消费品市场成功创建为杭州市绿色市场。至2015年底，萧山区已拥有区级绿色市场32家，市级绿色市场33家，国家级绿色市场6家，为广大城乡居民提供了更加舒适放心的消费环境。

电商拓市有新亮点。萧山区政府出台《关于进一步加快电子商务发展的若干意见》，鼓励支持电子商务产业、园区及企业的发展。编制了《萧山区电子商务发展规划(2015—2020)》，全年实现网络零售额356.26亿元。筹建并运行阿里巴巴萧山产业带，平台企业入驻数量322家，交易总金额达到7925.2万元人民币。认定第一批萧山区电子商务产业重点培育企业，组织15家电子商务园区和企业举办第二届中国(杭州)国际电子商务博览会萧山主题馆展出活动。全年列入市级以上电子商务产业基地7个、省级以上电子商务示范企业2家，新增中国淘宝镇1个、中国淘宝村6个。其中，珍诚医药在线被确定为商务部2015—2016年度电子商务示范企业。

粮食保障有新成效。落实订单粮食面积33805亩。全年收购订单粮食14843吨，其中小麦2702吨、早籼谷1027吨、晚粳谷11114吨，订单合同履约率达到100%。萧山国家粮食储备库迁(扩)建工程项目通过竣工质量验收并投入使用，萧山区国有粮食购销企业储粮仓容达到20万吨以上。及时出台储备粮油轮换计划，按规定督促做好出库粮源的网上竞价销售工作。组织开展"一符四无"粮仓鉴定、全国粮食库存检查和购销政策执行情况重点检查等活动。强化市场监管，提升依法行政水平，全年开展粮食行政执法检查32次、被检查单位累计70家(次)。强化市场监测机制，完善应急机制，有效确保了粮食供应安全。

对外贸易

萧山区(含大江东)进出口总值为118.9亿美元,其中,出口总值91.6亿美元。萧山本级实现进出口总值101亿美元,其中,出口总值80.2亿美元。

出口低位运行,进口明显下降。受大宗商品价格下行和国际市场萎缩的影响,全区进出口出现明显回落。六大类出口产品全面下挫,受“双反”影响,高新技术产品和新能源分别跌幅达18.22%和24.28%;受羽绒价格大幅下跌的影响,羽绒及床上用品跌幅达22.13%。涤纶聚酯纤维原料进口5.92亿美元,同比下降39.43%;机电产品进口4.12亿美元,同比下降26.83%。进口下降一方面是由于大宗商品价格下行影响,另一方面是企业生产萎缩、工业投资减少的反映。

产业转移持续,劳动密集产业优势削弱。在全区出口下降的前提下,服装出口占全区的比重从2005年的18.5%下降到今年10.9%,家具出口则从2008年的8.3%连续下降到今年的5.5%,是劳动密集型产业转移继续存在的现象。由于越南纺织品产业链尚不完整,且对萧山区聚酯短纤、羽绒、聚酯单纱等生产资料需求旺盛,在萧山区出口前十国家和地区排名中,越南从2012年的排名第8,跃升到2013年的第4位,2015年成为第二大出口国,同时也提示越南服装及纺织品加工产业的发展。调研显示,由于越南、缅甸、印度等东南亚国家税收和劳动力成本优势明显,一些服装、鞋袜及户外家具企业正筹划境外设厂,并且随产业链前端企业转移,产业链后端企业转移也会松动,将对萧山区出口增长造成进一步的压力。

双链影响深度发酵,转型升级初见成效。迫于国际市场萎缩,萧山区企业去产能、去杠杆进入深水期。2015年,受担保链影响的35家外贸企业,累计减少出口1.3亿美元。杭州宏宇纺织、浙江奥兰特家纺、大自然控股集团有限公司等公司出口跌幅都超过50%。2015年,机电产品出口25.37亿美元,占全区出口31.63%,替代纺织品成为萧山区第一大出口商品。

品牌培育稳步推进,出口信保扩面增量。2015年,分别有11家和19家企业申报省、市两级出口名牌。截至2015年底,全区累计拥有商务部出口名牌、省出口名牌31个,市出口名牌63个。出口信保进一步增量扩面,2015年累计承保金额22.33亿美元,服务客户数312家,帮助企业挽回损失840.25万美元,其中直接赔付424.14万美元。

跨境电商工作有序推进,一区多园格局初步形成。2015年,萧山区跨境电商工作逐步启动,自建平台或依托第三方平台试水B2B、B2C、B2B2C的企业逐步增多,镇街、平台建设跨境园区的积极性普遍高涨。中国(杭州)跨境电子商务综试区萧山园区获批,一园四区发展格局基本形成。空港产业园和开发区产业园列入省级试点跨境电子商务园区,准时达香港和传美洛杉矶海外仓被评为省级试点仓。

对外经济合作

在国家“一带一路”战略的推动下,2015年,萧山区对外投资继续保持高速增长态势。全区报经国家和商务部门核准的境外投资项目21个,增资9个,中方协议境外投资总额6.54亿美元,对外工程承包和劳务合作项目7个,累计营业额1.87亿美元,位居全省全市前列。

投资地区和产业划分逐渐清晰。欧美等发达国家(地区)成为企业投资研发机构、先进制造业、服务业和收购品牌的重点目标地;东南亚发展中国家成为企业开展生产加工的重点目标地,传统投资热点香港、新加坡等地比例逐渐下降。

与“一带一路”相关国家投资合作进展顺利,国际产能合作引领业务快速发展。2015年,萧山区企业共对“一带一路”相关的8个国家进行了直接投资,投资额合计4.56亿美元,占总投资额的69.72%,

大项目带动效果明显。万向集团投资2.95亿美元收购美国菲斯克电动汽车公司,从事新产品研发与销售;浙江航民科尔纺织有限公司对科尔(美国)公司增资6580万美元,扩大环锭纺纱、气流纺纱的生产产能。健盛集团在越南投资6000万美元,生产销售各类高级袜子,这三个大项目共占全区对外投资总量的64.37%。

境外工作承包迈上新台阶。2015年,萧山区境外工程承包累计营业额1.87亿美元,同比增长40.6%。其中万向的阿根廷项目和东南网架的委内瑞拉项目总承包额均超过1亿美元。

服务外包

2015年,全区服务外包工作呈现出良好发展势头,全年累计实现离岸执行额26000万美元,同比增长17.4%;实现在岸执行额4981万美元,同比增长22.6%;新引进入库企业两家,入库商务部服务外包业务管理系统企业共计92家,服务外包企业从业人员达43994人。

以技术优势为主要支撑点。萧山区服务外包业务发展主要依靠骨干人才优势、技术优势和研发能力优势,并以此为支撑带动整个KPO业务不断发展。从拼规模逐步过渡到提效增质,慢慢转向技术服务、输出品牌与技术,实现"制造优势"向"智造优势"转变。

以知识流程外包(KPO)为主要发展模式。以从制造业剥离的生产性服务外包为主要发展模式,2015年全区服务外包业务KPO占离岸执行总额的92.96%,凸显了萧山服务外包依托制造业优势的发展特点,这与萧山仍然以工业为主的经济结构密切相关。

以欧美地区为主要发包地。2015年全区完成欧美地区的离岸服务外包合同执行额17408.3万美元,占当年离岸执行总额的67%,欧美市场的重要性不言而喻。欧美市场的不断壮大主要得益于萧山的汽车制造、新能源、先进装备制造等行业的支撑与辐射作用。

以龙头企业为主要带动力。2015年萧山区离岸执行额在1000万美元以上的服务外包企业有8家,其离岸执行额为19954万美元,占全区离岸执行额的76.7%。大企业的外包业务在全区服务外包产业发展中占有举足轻重地位,起到了带动转型升级的示范效应,引领了行业可持续发展。

(杭州市萧山区商务局)

2015年杭州市余杭区商务

概　况

2015年,余杭区商务工作在省、市商务部门的大力支持和有效指导下,主动适应经济发展新常态,积极应对国内外复杂的经济形势,全面落实“三个一”工作机制,坚持融合发展、集聚发展、深度发展,以“优化”促招商结构调整和浙商回归转型升级,以“建设”促传统商贸和电子商务产业发展,以“开拓”促外贸进出口和外经合作提升,以“保障”促市场供应和内需拉动,不断优化商务经济工作环境,取得了一定的成效。

全年全区实现社会消费品零售总额391.21亿元,同比增长12%,高于全省、全市平均增幅。全区实现出口50.6亿美元,同比下降9.39%,其中自营生产企业出口保持稳定。全区实际利用外资10.86亿美元,规模列全省、全市第一位;引进市外内资90.97亿元;浙商回归到位资金65.69亿元,浙商创业创新工作获杭州市考核一等奖。全区新设立境外投资企业(机构)49家,完成中方境外投资额1.97亿美元,创历史新高,同比增长216.97%。全区完成服务外包在岸执行额1.55亿美元,完成服务外包离岸执行额1.63亿美元。

工作举措

(一)全力以赴兴招商

一是突出大项目招引。结合“三城三镇”(临平创业城艺尚小镇、未来科技城梦想小镇、良渚文化城梦栖小镇)+大径山生态区的空间发展布局,重大产业项目数量创历史新高。二是突出产业链招商。以阿里巴巴为龙头的信息经济重点企业利用外资招引势头良好,传益科技(淘宝四期)项目总投资达18亿元,草根科技、大搜车、博盾习言等项目引进外资总额超过2亿美元。三是突出队伍建设。成立由区领导领衔的重大产业(领域)招商工作组,不断提高招商引资工作实效。2015年,以广州、深圳、北京、义乌、上海等地为重点地区,开展小分队精准化敲门招商达312家次。

(二)共克时艰攻外贸

面对复杂的国际经济形势,把调结构转方式放在更加突出的位置。一是加强市场拓展。围绕余杭区纺织、汽配、照明等优势产业,组织行业内企业抱团参展。二是加大广交会改革。敢于打破传统广交会展位分配模式,优化改革广交会展位分配办法,并于第118届秋季广交会试行。22家企业从竞争中获得展位,11家企业为首次参展,乐恒动力、双华科技等科技型出口企业第一次参展就取得了良好的参展效果。三是加强金融创新。积极与余杭区财政、国税、海关、人民银行等职能部门沟通,并协同有关商业银行办理退税质押贷款。全年退税质押贷款余额达1.27亿元,有效缓解了出口企业融资压力。四是加强“两反一保”引导。鼓励和引导企业积极应对“两反一保”等国际贸易壁垒,帮助宝晶生化、鼎胜铝业获得行业反倾销诉讼的有利地位,成为外贸行业反倾销诉讼的典范。

(三)多措并举促消费

一是做全应统尽统。鼓励企业做大做强,重点抓好新增纳统企业及亿元以上社零骨干企业的排摸和数据申报工作。二是做实商圈消费。全区重大商贸项目完成投资63.52亿元。宜家杭州商场、永旺梦乐城项目先后正式营业,一批重点在建商贸重大项目进展顺利。三是做亮民生消费。全年共完成9家超市的“放心柜”建设,城镇超市生鲜农产品“放心柜”覆盖面累计达到70%，有效提升城镇超市经营水平和农产品质量,切实保障人民群众消费安全。

（四）突出亮点推电商

一是制定工作方案。邀请浙江省商务研究院编制创建跨境电商先导区发展规划。委托艾瑞咨询编制余杭区电子商务产业发展规划,为电商产业发展提供基础保障。为加快余杭区跨境电商建设,建议区政府成立中国(杭州)跨境电子商务综合试验区先导区建设工作领导小组,积极抢抓中国(杭州)跨境电子商务综合试验区创建机遇。二是营造发展氛围。通过举办中国(杭州)国际电子商务博览会、2015（首届）中国电商资源对接大会、中国·杭州跨境电商峰会等各类电商平台和业务培训活动，促进企业转型升级和跨越式发展。全年累计举办参与各类活动30余场,总参会人员近4000人。通过大范围、高频率的宣传、培训，形成全区上下推动电商产业发展的浓厚氛围。三是推动产业集聚。2015年10月,中国(杭州）跨境电子商务综试区余杭园区正式获批,目前余杭区已完成杭州555电商创意产业园、杭州市余杭区“邮E邦”跨境电商园区、余杭经济技术开发区电商孵化园等电子商务园区的创建工作,电商生态圈逐步完善。截至2015年底,全区已有8个专业电商园区开始招商,招引400余家电商企业成功入驻,为电子商务产业发展奠定了扎实的基础。四是引导企业“电商化”。鼓励并推动传统企业试水电子商务,成效显著。本地纯电商企业七格格与上海拉夏贝尔服饰股份有限公司签订股权转让协议和增资协议，实现强强联合。余杭区传统外贸企业如颐居易购、中亚布艺等先后与四海商舟签订合作协议，采用B2B2C方式开展跨境电子商务业务。五是强化电商企业招引培育。赴义乌、深圳、广州、北京、上海等地多次召开“电商供应链资源对接会”,成功招引浙江全麦、杭州子不语、鹰熊汇、傲基国际等一批国内知名电商平台和企业先后落户余杭区,为余杭区电商产业发展增添了活力和生机。主动和杭州万向职业技术学院、社区学院开展合作,搭建培训平台,提高人才素质。

（杭州市余杭区商务局）

2015年杭州市富阳区商务

2015年，面对严峻复杂的国内外经济形势和持续下行压力，富阳区商务局在区委、区政府的领导下，认真贯彻党的十八届三中、四中全会精神，省、市经济工作、市委十三届十次全会会议精神，主动适应经济新常态，坚持“工业强区”战略不动摇，紧抓“撤市设区”的契机，结合“三严三实”专题教育活动，创新思路、克难攻坚，全区商务运行总体平稳。

国内贸易

2015年，富阳区全年实现社会消费品零售总额198.04亿元，同比增长16.00%，增幅高于杭州市平均增幅4.2个百分点。自2012年以来，富阳区连续四年位列社零增幅杭州七区县（市）第一。全年实现限上批零住餐总额364.03亿元，同比增长8.7%。

推进消费促进工作。休闲购物节、家居装饰建材展等活动影响力进一步增强。推进重点商贸项目。江南国际商城的二期宾馆写字楼区块主体已基本完工；富阳汽贸城已有奥迪、宝马、上海大众等9家4S店相继开业，广汽吉奥4S店正在建设中；传化物流富阳公路港正式启用，已入驻物流企业200余家，累计产生平台收入超6亿元；浙江供销商贸城项目已竣工，建筑面积近10万平方米；迎宾广场、金桥农贸市场、巨利农贸市场等民生项目已开工建设。

推进商贸流通改革求突破。推进家政服务试点城市建设，富阳区被浙江省商务厅列入家政服务试点城市建设项目。启动96345富阳家政服务网络平台，已有32家家政服务企业加盟中心，提供对接服务1500余次，新增就业人员902人，服务区域从主城区延伸到中心镇，服务满意率达到95%以上。加快完善富阳区农产品流通和推进农村市场体系建设，4个项目取得省厅、商务部的审核认可。

加强市场监督与管理。完成2014年度成品油经营企业的年检年审，开展了城南加油加气站方案会审，完成了《成品油“十三五”分销体系规划》。实施油品升级，全区加油站已全面供应国V标准车用汽柴油。做好报废汽车“黄标车”回收拆解工作，做到无条件回收每一辆“黄标车”。着力保障市场安全，对大润发超市等重点商贸企业开展安全生产检查。落实重要商场、超市、市场及民爆、成品油经营企业的防恐工作。提升商贸行业协会建设，引导各商贸服务行业健康发展。

电子商务

2015年，富阳区网络零售额41.32亿元，同期新增具有网上销售经营范围的市场主体141余家。共有跨境电商上线企业234余家，有实绩企业66余家；全年跨境电子商务出口额3550万美元，新招引跨境电商产业链项目6个。

推进“电商换市”，培育经济新业态。编制《富阳区“十三五”电子商务产业发展规划》，修订完善《关于进一步加快电子商务发展的实施意见》。成立电商行业协会，发展首批会员50余家；组织企业参加2015杭州（富阳）智慧产业发展高峰论坛和2015中国（杭州）国际电子商务博览会；制订年度电商培训计划，全年开展培训1900人次以上。

加快推进电子商务园区、平台建设。培育东洲电商物流小镇，积极申报培育省级特色小镇；推进京东、运通、华辰、东箭、泓隆等电商园区建设发展；推进浙江省自行车（电动车）电商交易平台、汽车超人O2O汽车后市场服务平台、易莱克社区服务平台等电商网络平台发展,培育壮大一批垂直行业电商网络平台;发展京东、华辰送货郎、易迅富阳购物网、富阳邮政等农村电商服务体系,累计建成村级服务点230余个,6家单位被认定为杭州市级农村电商示范项目。京东富阳服务中心是其在浙江省内设立的首个县域服务中心。目前京东已在富阳建立省内第一个区级服务中心,布设40余个农村电商服务点,发展推广员300余名。"一镇多园多平台"的产业格局已初具雏形。

推动跨境电商发展,加快发展外贸新模式。引导工业制造业企业创新出口模式,在抓住大、中客户大批量出口的同时,通过第三方跨境电商平台开拓小额批发客户,促使B2B模式从粗放型向精细化延伸。抓住跨境电子商务综合试验区的契机,对照杭州跨境电商综试区线下园区建设要求,积极打造中国(杭州)跨境电子商务综合试验区富阳园区。2015年7月22日,全国首批跨境电子商务B2B出口业务试点在富阳东洲物流港启动。11月19日,海关总署正式批复设立杭州富阳保税物流中心(A型),为杭州第一个保税物流中心(A型)。富阳区浙江点库电子商务有限公司的点库澳大利亚墨尔本仓、杭州环宇集团有限公司的环宇美国芝加哥仓和浙江点际通国际货运代理有限公司的点际通荷兰兹沃斯仓3个海外仓获被认定为浙江省跨境电子商务公共海外仓。

对外贸易

2015年,富阳区全年进出口总额达到28.55亿美元,同比增长0.88%。其中,出口总值15.11亿美元,同比增长11.09%,机电产品出口增长7.8%、高新技术产品增长19.68%。对外贸易稳中提质。富阳区外经贸运行调查监测点连续4年被评为杭州市外经贸运行调查监测点优秀分点。

提升外贸企业服务能力。由区领导带队调研跨境电子商务和外贸出口工作,定期听取和协调解决外贸工作中的重大问题。邀请民生银行、高校专家、信保公司等为外贸企业讲解信保、融资、企业管理等知识。新增平安财险,与中信保、人保财险一起承担全区企业信保服务工作,增强企业接单信心。

加大展会开拓市场力度。进一步加大外贸企业开拓国际市场力度,以开拓"一带一路"沿线相关国家新兴外贸市场为重点导向,优化布局。抓好2015年杭州户外展和波兰展、土耳其展组展工作,为全区相关外贸优势产业的产品出口创造机会,帮助企业开拓新兴市场。积极宣传在"一带一路"国家的近30个城市举办的60个国际性展会,如俄罗斯莫斯科汽配展、中东迪拜家具展、德国科隆五金展等,鼓励企业参加专业性展会,提高国际市场份额。组织企业参加春、秋两季广交会,做好驻展服务工作。

利用外资

2015年,富阳区全年实际利用外资2.82亿美元,同比增长9.86%。一产项目到位资金550万美元,二产项目到位资金1.44亿美元,三产项目到位资金1.33亿美元。其中,到位资金3000万美元以上项目3个,到位资金共1.2亿美元,占引进资金总额的42.9%。浙商创业创新到位资金33.04亿元,同比增长20.63%。其中产业项目到位资金17.93亿元,资本回归项目到位资金15.11亿元。全年杭外到位资金66.97亿元,同比增长16.5%。一产项目到位资金0.72亿元,二产项目到位资金39.88亿元,三产项目到位资金26.37亿元。到位资金亿元以上项目17个,到位资金共56.08亿元,占引进资金总额的83.74%。自商务局成立以来,连续4年获得招商引资、支持浙商创业创新工作双料冠军。成功引进京东、奥特莱斯、中民筑友等优质企业。

全年继续深化"42411"活动,重点聚焦"一号工程",精准"三个一批"招商活动。区领导带队分赴深圳、上海、天津等地,瞄准目标企业开展"点对点"突破;进一步落实区领导"一对一"联系招商项目机制、重大项目"三个一"联系制度,建立重大项目协调绿色通道制度,完善重大项目跟踪服务机制。区委、区政府"三学"招商、区政协"走亲富商"、富阳区第七届"相约富春"海外人才与民营资本对接洽谈会、2015海外华商杭州投资洽谈会富阳专场等招商活动成效明显。重点围绕智慧产业、生物医药、先进制造产业，突出抓好资本回归、总部回归、高端项目回归等项目招商，积极推进“好大高”重大产业在谈项目。

对外经济合作

2015年，全年新批境外项目10个，对外投资累计3163万美元，完成年计划的121.65%。

鼓励企业“走出去”发展。组织有意向参与境外投资的企业参与各类“走出去”推介、考察、会展活动，树立优质企业“走出去”发展标杆，带动具有比较优势的企业到境外投资办厂，扩大投资规模。鼓励有条件的企业以跨国并购、股权投资、基金投资等多种方式，畅通境外要素资源回流。

服务贸易

2015年，全年累计完成服务外包合同执行金额15100万美元，完成年计划的130.18%，同比增长40.46%；累计完成离岸合同执行金额14862万美元，完成年计划的130.37%，同比增长38.24%。

推进服务外包稳基扩容。与现有入库企业建立长期有效交流机制，督促企业及时准确入库申报；鼓励出口量大、研发力量强的外贸出口企业入库申报，扩充统计量。

（杭州市富阳区商务局）

2015年宁波市鄞州区商务

2015年，宁波市鄞州区商务经济工作以加快转型升级为目标，坚持融合发展、集聚发展、深度发展，以“建设”促传统商贸和电子商务产业发展，以“开拓”促外贸进出口和外经合作提升，以“保障”促市场供应，不断优化商务经济工作环境，全力稳增长、促转型、求突破、谋发展，各项工作均走在前列。

国内贸易

2015年，全区实现社会消费品零售总额498.1亿元，同比增长12%。建成大型商贸综合体14个，总商业面积超百万平方米，万达、印象城、奥特莱斯等区内主要商贸综合体销售额分别同比增长4%、19%和22%。

大力发展“月光经济”。舟宿夜江街区举行了“风情夜市，魅力舟江”美食街开街仪式，开街首月日均客流就达到了1800人次，实现营业额1530万元，同比增长14%；高桥—奥特莱斯广场举办了国际名品特购会，推出了夜间限时抢购活动，实现营业额8800万元，同比增长39%；万达—联盛广场街区举办了全城狂欢奇妙夜活动，日均客流达13万人次，实现销售额1200万元，同比增长35%；钱湖天地主办的“海上丝路城市音乐节”和“公益人才夜市”等活动，受到了消费者的欢迎。

创新社区商业运营管理模式。完善社区商业配套设施和服务功能，全区连锁便利店实现行政村全覆盖，邻里中心模式的社区商业日渐壮大，金桥水岸正式营业，东方丽都邻里中心、钱湖邻里中心、钟公庙丽家园、古林薛家项目全面启动，进一步完善城区“15分钟日常消费圈”。

推进菜篮子工程。建成姜山、东吴、华盛及藕池4个省“放心农贸市场创建”菜市场、6家城镇超市生鲜农产品放心柜和4家宁波市菜篮子商品平价供应点。加大菜市场农残检测力度，开展菜篮子商品“你点我检”活动，上市蔬菜合格率99.8%，进一步改善菜篮子商品流通环境。制定完善了《鄞州区菜篮子商品应急供应预案》，与方兴食品公司等7家菜篮子企业签订了储备协议，落实5000头生猪、50吨豆类、250吨蛋品、100吨蔬菜的应急储备，切实增强了菜篮子商品应急处理和调控能力。

对外贸易

2015年，全区实现外贸进出口总额146.9亿美元，同比增长0.3%。其中，出口额123.2亿美元，同比增长2%；进口额23.8亿美元，同比下降7.6%。2015年新增外贸进出口实绩企业502家，全区有外贸进出口实绩企业3300余家。

一是组织企业参加了德国法兰克福消费品展、华交会、广交会等境内外展会，帮助企业开拓国际市场特别是新兴市场。2015年，对新兴市场出口41.8亿美元，同比增长1.5%，其中对东盟出口增幅达11.2%。二是有效发挥了政府出口信用保险统保平台的作用，为企业开拓市场保驾护航，2015年，在统保平台基础上搭建的信保融资平台为企业提供融资达6.3亿元，有效改善了企业融资环境。三是合力推进跨境电子商务平台运行，涌现出中基汇通、大道商诚、海商网、咖狗网等外贸电商服务平台企业以及一舟跨境电商园、旷世跨境电商园（筹）等跨境电子商务集聚园区。栎社空港保税物流中心成为宁波市首个集集货和备货模式于一体的跨境电子商务进口试点区域，2015年实现进口额2.8亿元，税收85.9

万元。

对外经济合作

2015 年，全区新批境外投资企业和增资项目 41 个，中方投资额 5.6 亿美元，对外经济合作营业额 3.1 亿美元。

针对千万美元以上投资项目、赴“一带一路”沿线国家投资项目和对外承包工程重点培育项目，建立了联系跟踪制度，形成“一带一路”投资热潮，投资企业家数占比超过 30%。永峰包装赴越南投资、新莱亚服饰赴柬埔寨投资服装行业、荣吉特贸易赴印度投资、泰莱环保科技项目申报对外工程承包经营资质等重大项目顺利推进。

服务贸易(电子商务)

以商务楼宇为载体，积极引进服务外包企业，2015 年新认定服务外包企业 23 家，全区累计有服务外包企业 297 家，服务外包执行总额 31.2 亿元，其中离岸外包执行总额 2.2 亿美元。建成商务楼宇 48 幢，共 174 万平方米，在建商务楼宇 20 幢，共 64 万平方米，入驻企业 3711 家，入驻率和注册率分别达到 87.5%和 88.6%。

大力推动产业集聚，厚力网购智慧园、欧琳电子商务园、九五九电子商务园、一舟跨境电子商务产业园和空港跨境电商园等 9 个各具特色的区级以上电子商务园区、楼宇建成运行，为全区电子商务产业发展奠定了扎实的基础。京东、聚美优品、大龙网等一批国内知名电商企业开始落户鄞州设分支机构，搜布、咖狗网、欧美淘、途众好车、易联汇商、有享网、陶卫库等电商平台企业不断涌现，为鄞州电商产业发展增添了活力和生机。

（宁波市鄞州区商务局）

2015 年绍兴市柯桥区商务

2015 年，柯桥区围绕“拓市场、扩投资、优服务”的工作思路，积极推进各项工作，全区开放型经济保持持续稳定发展。

国内贸易

2015 年，柯桥区深入实施“服务业兴区”发展战略，扎实推进“电商换市”，围绕“促消费、稳增长”的工作思路，全力提升商贸流通业发展水平。全区实现社会消费品零售总额 233.37 亿元，同比增长 11%；全区 35 个商贸服务业建设项目完成投资 46.73 亿元，累计完成投资 180.48 亿元。2015 年 7 月，柯桥区获评浙江“电商换市”升级样本城市。全区汽车流通行业实现销售 56.74 亿元，同比增长 2.8%。累计销售散装水泥 243.26 万吨，散装率达 86.96%。

继续举办三大节会活动。2015 年元旦期间举办“新春购物嘉年华”活动，参与活动的 55 家商贸企业累计实现销售额 19190 万元，同比增长 16.79%。“五·一” 期间举办春季消费周活动，55 家企业参与，累计销售额 24414 万元，同比增长 33.41%。9 月 25 日—10 月 7 日举办以 “时尚柯桥，欢购金秋” 为主题的 “2015 柯桥城市购物节”，组织百货、超市、餐饮、汽车、家居、家电等多业态联动，历时 13 天，54 家商贸企业参与，累计实现销售额 35703 万元，同比增长 11.2%。三大城市消费节会活动进一步拉动内需，扩大消费，丰富商贸节庆促销活动，打造“消费在柯桥”品牌形象。

积极开展特色楼宇创建工作。组织开展柯桥城区商务楼宇调研工作，完成“柯桥区楼宇经济发展调研报告”。深入推进特色楼宇创宇，制订出台“柯桥区特色楼宇创建办法”。柯桥街道中央大厦被评为外贸特色楼宇，聚银国际商业中心 1 幢 A 座、华舍街道越府大厦被评为涉外特色楼宇。

获得多项电商荣誉。2015 年柯桥区获评浙江“电商换市”升级样本城市，网上轻纺城、百思寒电子商务有限公司分获省级电子商务示范平台与企业，中国轻纺城被评为浙江省线上线下结合 10 强专业市场。

加快电子商务产业园建设。积极引进电商园区建设商、运营商，引进中纺 CBD 中国轻纺城跨境电商产业园项目，众创小镇、绍兴聚势电商园分别落户并开园运营，集聚互联网创业创新项目与电商服务商，分别入驻企业 21 家、9 家；杨汛桥窗帘窗纱电商产业园入驻电商 7 家，定位于窗帘窗纱电商产业链发展；蓝天电商园区及柯北贸易中心电商中心专注对接市场，发展纺织面料及衍生产品的 B2B 电商销售。

首次举办纺织行业跨境电商高峰论坛。8 月 27 日，柯桥区政府携手阿里巴巴在蓝天大剧院举办纺织行业跨境电商高峰论坛。论坛上，阿里巴巴国际事业部副总裁余涌与绍兴地区企业家分享了互联网的四个阶段及未来趋势，阿里“一达通” 创始人兼 CEO 魏强详细解读了纺织外贸企业如何＋互联网。绍兴地区各区市上千余外贸及电商企业参加峰会。

抢抓人才培训计划。2015 年对各镇街、开发区开展知识普及与技能培训，并组织 60 余名电商干部赴阿里巴巴举办业务培训。成立之江学院电商研究中心，建立职教中心专业人才输出培训机制，系统培训学生近 500 名，联合网上轻纺城、迪聪及搏亚等企业，开展“阿里小二进柯桥”、“万名电商培训”等 8 个专项性培训计划，累计培训电商人才 6000 人次以上。与区人社局共同组织开展“元宵电商专场招聘会”，50 余家企业参加，与团区委共同举办柯桥电商创业创新大赛，105支队伍参赛。

对外贸易

2015年，全区实现进出口1123347万美元，同比下降10.85%，其中出口1041621万美元，同比下降5.38%，出口额继续保持全省各县(市、区)第三位，全市第一位；进口81727万美元，同比下降48.67%。

出口实绩企业首次突破4000家。全区有出口实绩企业4021家，比2014年同期增加63家。其中贸易型出口企业3048家，同比增加110家，出口721690万美元，同比下降0.96%；生产型企业973家，同比减少47家，出口319930万美元，同比下降14.04%。

进出口国家和地区188个。全区进出口国家和地区188个，同比增加2个，出口超1000万美元的国家和地区81个。前三位分别是阿联酋、美国和巴基斯坦，分别出口83244、67487和61081万美元，同比分别下降15.69%、0.39%和11.74%。

“三个率先”打造“浙江贸促系统工作先进单位”。2015年，柯桥区贸促会率先推行“三提”服务，率先部署推广原产地证ECO，率先落实免费打印财政预算，全年共签发一般原产地证7.2万份，全省领先，直接服务外贸出口约30亿美元，年审企业2500家，新登记企业注册311家，新办理临时申领员343名，使用ECO企业2400家，推广率95%以上，为企业提供免费打印4.2万份，节省资金约13.2万元。2016年1月，柯桥区贸促会荣获“2015年度浙江贸促系统工作先进单位”称号。

省级出口名牌新增1个。2015年，全区组织企业向省商务厅申报省级出口名牌或复评，新增1个省级出口名牌，为浙江红绿蓝纺织印染有限公司的“红绿蓝”品牌及标识，复评通过7家。

“三个首次”打响国际展会声势。组织开展“廿展千企”全球行活动，共计展会25次，参展企业630家(次)，展位864个。首次举办国外“展中展”，40家企业73个展位统一亮相中东（迪拜）中国家居品牌博览会；首次开辟第118届广交会“柯桥·中国轻纺城”家纺专区，20家企业44个展位；首次组展中国国际纺织面料及辅料(秋冬)博览会，4家企业100平米展位。

举办及组织各类培训10期。2015年，共组织或组织参加各级各部门培训会10次，参加企业900家次，其中与绍兴市柯桥区国际商会联合举办培训会4场次，分别为6月份“一带一路”国家新兴市场需求市场展览培训，10月份SGS认证培训以及7月和10月的新注册外贸企业培训等。

利用外资

2015年，全区完成合同外资21579万美元，同比增长26.7%；实到外资23133万美元，同比增长10.1%，实际外资额为近三年最高，列全市各县(市、区)第一。

大平台发挥主力作用。2015年，滨海工业区到资9666万美元，总量居全区第一，柯开委到资5105万美元，完成计划的102.1%，两大平台占了全区外资的63.9%。

投资国别持续增多。来自北非摩洛哥、中亚土库曼斯坦以及南亚斯里兰卡的外商首次在柯桥区设立外商投资企业，投资柯桥区的国家和地区增至66个。日、美发达国家到资2808万美元，同比增加348.6%；“索密克汽车配件”投资日方第八次以未分配利润追加481万美元，该企业实际外资累计3389万美元，为柯桥区实际外资最多的5家企业中唯一由世界500强投资的企业。

投资领域不断扩大。2015年新批100家外商投资企业中99家属于三产，同比增加46家，三产实际外资19250万美元，占总量83.2%。由华联集团和香港虹亿国际有限公司投资1000万美元新设的“浙江越商融资租赁有限公司”，专门从事融资租赁业务，为外商首次涉足柯桥区的金融租赁行业；“盛夏文化创意发展”到资1234万美元，为柯桥区文化艺术交流领域第一笔实际外资。

外债成重要到资方式。2015年实到外资23133万美元中，外债5851万美元，占全部实到外资的25.3%，新增2家外债利用企业。绍兴县天府商贸有限公司外债到资3384万美元，该企业累计实际利用外资21981万美元，其中外债12887万美元，金额均创柯桥区外资之最。

对外经济合作

2015年，柯桥区新批和备案境外投资企业8家，增资2家，总投资3870万美元，其中完成中方投资额3870万美元，同比下降2.14%；累计全区有获批准和备案的境外投资企业485家(其中办事处15家)，分布64个国家和地区(当年新增瑞士)。完成境外承包工程实际营业额5193万美元，同比增长43.65%；累计全区有获外经权的建筑企业8家。2015年6月起，境外投资实行备案无纸化管理并简化注销手续，对外承包工程企业开始实行网上年检。

增资项目投资额超过新设项目。2015年，柯桥区新备案增资项目2只，投资额2840万美元，占当年投资总额的73.38%。其中绍兴县华田投资有限公司增资840万美元，用于新西兰陶波度假村酒店二期项目开发；浙江瑞弘实业有限公司增资2000万美元，用于与国外公司合作开发电力设备和技术。

对外承包工程实际营业额创新高。2015年，浙江精工钢结构集团有限公司在日本、尼日利亚、新加坡、哈萨克斯坦、沙特等地的境外承包工程项目完成实际营业额5193万美元，创下柯桥区自2007年开始出现对外承包工程实际营业额统计数据以来历史新高。

服务外包

2015年，柯桥区完成服务外包合同执行额1600.9万美元，同比增长21.65%，其中完成离岸执行额1600.9万美元，同比增长22.86%。新增服务外包企业6家，累计全区有服务外包认定企业96家，承接主要业务为面料花型、LED照明、遥控器、小型发电机、房屋钢架结构等的设计研发及纺织品检测等。

开展全区服务外包业务培训。2015年8月，召开柯桥区服务外包工作会议，各镇(街道、开发区)外经贸科长、重点服务外包及意向企业代表等共计90多人参加。会议立足柯桥区服务外包发展现状及未来发展趋势，重点进行服务外包最新业务知识培训，并进行现场互动交流，同时明确下阶段工作重点，为柯桥区服务外包发展指明方向。

外商服务

2015年，柯桥区有常驻外商3191人，同比增长38.7%，临时出入境外商60749人，同比增长21.8%，办理居留许可4265人次，接待境外人员人数60749，办理外国人就业申请256人，同比增长22%。至2015年底，全区设有外商代表机构1294家，新增68家，与2014年相比稍有回落。当年新成立外商投资商业企业81家，同比增长84%，其中拥有出口实绩企业105家，全年出口22066万美元，占全区出口总额的2%，累计缴纳地税704.92万元，外国人个人结汇额为1266.46万美元，同比增长7%。全年审核外籍子女入学19名，截至2015年，外籍子女即时入学人数为392名。全区外商人数、外商机构(企业)规模保持相对稳定，总体呈现一定增长。

首名外国人获得多项政府殊荣。柯桥区帕瓦尼贸易有限责任公司绍兴办事处的印度客商尼拉杰·帕瓦尼当选“最美浙江人—2015浙江骄傲人物”，成为第一个获此殊荣的外籍人士；同年被授予柯桥区区长奖。

(绍兴市柯桥区商务局)

2015 年绍兴市上虞区商务

商贸服务

2015 年上虞区实现全区生产总值三产增加值 292.48 亿元，增长 9.4%，占全区生产总值的 40.3%；实现社会消费品零售总额 271.16 亿元，增长 11.2%；限额以上社会消费品零售总额 120.8 亿元，增长 11.8%；服务业限额以上投资 189.65 亿元，同比增长 16%。服务业经济发展主要呈现四个特点：

1. 重点项目加快推进。成功引进亿元以上项目 6 个，其中东西泊特色小镇项目总投资达 60 亿元，规划建设集滨水观光、休闲娱乐、商业购物、养老养生等于一体的度假胜地，2 家国内知名快递物流企业在电商物流城设立地区级分拨中心。重点项目加快建设，30 个重点项目开工 29 个，完成投资 30 亿元。上虞电商物流城建设加快推进，中国智能骨干网一期建成投用，新华定制沪浙港项目启动建设，杭州湾物流产业基地加快形成，普洛斯物流园、长安民生物流等项目落户园区。积极向上沟通对接，杭州湾商贸综合体、中国智能骨干网、新华定制沪浙港等 8 个项目分别列入省重点建设计划项目、省重大服务业项目、省扩大有效投资“411”重大项目建设行动计划等省级项目盘子。

2. 电商发展全面提速。全区实现网络零售额 25.4 亿元，与 2014 年相比增长一倍多，累计快递业务量 1570 万件，增长 54.7%。积极搭建电商企业孵化平台，上虞电商产业园完成招商，“绍兴电商谷”正式运行，中国伞具交易网已上线运营，另与 19 家企业签订单品网搭建协议；汤浦童装城电商产业园电商销售额增长 40%以上，童装产业电商销售率提高 25%以上。加快电商服务企业培育引进，全年新注册电商企业 160 家，培育销售千万元以上电商企业 29 家。深入开展农村电子商务特色村摸排，初步确定一批行政村为电子商务特色村培育对象，结合省农村电子商务服务站建设标准，建成农村电子商务服务站 50 个，信息化村邮站 182 个，“E 邮柜”电子商务投递终端 70 个。

3. 城乡商贸日益繁荣。积极整合商业资源，引导企业举办各类促销活动，全年由企业承办的各类节庆会展及促销活动达 80 多场次。2015 浙东新商都购物节共举办主题购物、网络购物、文化休闲系列三大块 24 项活动。其中，第七届浙东新商都汽车文化博览会人气销售两旺，实现销售额 8594 万元，同比增长 12.3%；首届大型婚庆产业博览会搭建“一站式采购”平台，总成交金额达 3500 多万元，有效拉动全区婚庆消费。按照适度超前原则，已完成乡镇商贸核心区专项规划，功能定位进一步明确。新建为民服务综合经营功能区 5 个，新增社区及农村连锁超市网点 20 家，全区便利店已达 650 家，农村实现行政村全覆盖，城区形成 15 分钟便民服务圈。

4. 行业管理科学规范。组织开展特种行业登记备案和年检、加油站（点）站长及安全员消防安全知识培训、散装汽油销售实名登记管理等工作，确保行业生产安全；加强二手车流通秩序管理，提出二手车交易市场建设方案并启动建设，抓好一年一度的协会年检，全年开展 5 期协会培训交流活动，召开诚信建设现场会，开展诚信签约仪式，发放诚信宣传资料，加强企业诚信建设；实施社区服务信息平台升级改造，紧密结合“两创”“五水共治”“平安创建”等工作开展市民日常生活求助服务、公益志愿服务和居家养老服务，96345 社区服务中心全年求助处理 131416 件，日均 360 件,共开展各类便民志愿服务 25 次。

开放型经济

2015 年,绍兴市上虞区商务经济实现平稳较快发展。全区实现自营出口 33.6 亿美元,同比增长 1.6%,高于绍兴平均 10 个百分点,增速位列绍兴第一。实现合同外资 2.9 亿美元,实到外资 2.243 亿美元,超过区定 1.8 亿美元的目标任务 24.6 个百分点。

1. 以“一江两岸”为重点,二次招商扎实推进。积极推进“一江两岸”“二次招商”,编制完成《上虞曹娥江“一江两岸”:楼宇项目招商指南》、指导完成《一江两岸　智赢未来》宣传短片。成功举行中国·上虞“e 游小镇”推介大会,FIZZE 游戏株式会社等 9 家国内外手游企业成功落户,10 家手游企业签订落户意向,标志着“e 游小镇”建设迈入实质性推进阶段。时任浙江省省长李强来虞考察“e 游小镇”项目,对上虞致力于打造引领全国的网络游戏之都、长三角数字内容创意产业中心和全省互联网应用示范小镇给予了高度评价。截至 2015 年底,百官广场入驻建筑相关企业 12 家(其中建筑企业总部 5 家),浙大网新科技园成功引进两家注册资本在 6000 万以上的企业,惠普广场引入 4 家服务外包企业和 7 个网络手游项目。

2. 以产业发展为导向,大好项目成功落户。2015 年,全区共收集在谈项目信息 403 个,落户 60 个。落户的外资项目总投资逾 3.5 亿美元,上风实业、恩盛染料、华孚色纺等三个项目撑起了全区利用外资的半壁江山,分别可到资 7500 万美元、4763 万美元和 4200 万美元,累计可实到外资 1.65 亿美元,约占全区完成总量的 50%。引进的外资项目涉及工业、商贸、生产性服务业等多个领域,初步形成多层次、宽领域、全方位的利用外资格局,且三产服务业引资力度不断加大,新批项目中第三产业项目占比达 57%,占全区新批项目合同外资总额的 71%。内资项目中,投资超过 5 亿元的项目有 5 个,包括总投资 70 亿元的泰国城项目,总投资 50 亿元的国防军事文化博览园项目,中通快递公司投资 2 亿元的“互联网+物流项目”。此外,总投资 20 亿元的洪山湖都市旅游观光园和总投资 6.3 亿元的同方信息港项目正在对接中。

3. 抓实出口主体,对外贸易平稳向好。全区实现有贸易往来国家(地区)183 个,有自营出口实绩企业 926 家,较 2014 年同期增长 12 家。阳光、龙盛、国邦、卧龙等出口龙头企业均实现大幅增长,出口前 20 强企业中有 11 家实现两位数增长,平均增幅达 23.22%,高于全区出口平均水平 22.76 个百分点。组织 459 家企业参加境内外展会 161 个,包括美国制冷展、波兰照明展、香港春季灯饰展、香港礼品及赠品展、德国汉诺威安防展、美国摄影器材展等在内的境外统一组展项目 16 个。加大“一带一路”沿线国家参展力度,泰国、波兰、阿尔及利亚等沿线市场开拓取得一定进展。自主出口品牌建设加快推进,新获绍兴市出口名牌 3 个。自行举办大规模培训活动 2 次,组织企业参加培训 8 次,受训人员 800 余人次,企业外贸业务知识水平及风险防范能力不断提升。

4. 服务重点项目,走出去并购步伐加快。2015 年全区实现境外投资 8.7 亿美元,同比增长 1256.6%,位居全省各区(县市)第一。其中,世纪华通出资 7.6 亿美元收购中国手游娱乐集团有限公司 100%股权,成为历年来上虞区最大的境外投资项目。金盾集团在印尼的 EPC 总承包项目已签订初步协议,印尼方派团队来虞考察,具体工作正在按相关程序有条不紊推进。卧龙出资 3230 万美元并购意大利机器人项目已完成全部交割,出资 6760 万美元的意大利电机项目也已获批。亚厦控股在澳门的酒店装饰项目已完成 80%,有望 2016 年上半年完工。此外,亚厦控股迪拜分公司成立,正积极拓展中东、北非装饰装修市场。卧龙集团 15 亿美元的北美并购项目和龙盛集团 2 亿美元的美国并购项目正在积极实施中。金科集团的德国并购项目也正在对接洽谈中。

5. 加强扶持引导,服务外包实现突破。修改完善促进服务外包产业发展的扶持政策,加大扶持力度,从办公用房、使用设备、离岸服务外包实绩等十个方面给予扶持。对外积极开展招商选资，继续跟踪德国法兰克福金融服务外包项目，推动早日签约落户；同时走访信桥化工、国邦药业等区内企业，宣传上虞区服务外包政策，指导区内企业通过剥离研发设计等技术流程，开展服务外包业务。组织企业参加2015中国（上海）国际技术进出口交易会、第十三届中国国际软件和信息服务交易会，参观交流国内外知名企业、技术研发机构以及高等院校的技术研发成果，学习吸收其他地区在技术服务外包、人才培训、企业扶持等方面的先进做法，推动区内企业从单纯技术向资本融合性发展。2015年全区离岸服务外包执行额13.3万美元，同比增长682.4%。

（绍兴市上虞区服务业发展局　绍兴市上虞区商务局）

第六编

开发区与保税区发展概况

一、国家级开发区

2015 年宁波经济技术开发区发展概况

2015 年，面对复杂多变的国内外经济形势，宁波经济技术开发区以党的十八大及十八届三中、四中全会精神为指导，围绕“稳中求进、争先创优”的工作主基调，主动适应新常态，努力探索新方法，主动而为，狠抓落实，各项工作稳步推进，取得明显成效，实现了全区商务经济健康有序发展。

一、概　况

全区实现社会消费品零售总额约 190.48 亿元，同比增长 14%。全年进出口约 184.45 亿美元，同比下降 1.0%，市定指标为 195.63 亿美元，完成率 94.3%；出口约 105.8 亿美元，同比增长 2.0%；进口约 78.65 亿美元，同比下降 4.8%。全区合同利用外资约 12 亿美元，同比下降 35.4%，实际利用外资约 11.3 亿美元，同比增长 10.3%。全区核准境外中方投资额约 20000 万美元，同比增长 17.6%，完成率 111.11%，境外中方实际投资额约 10000 万美元，同比增长 81.8%；完成境外承包劳务合作营业额约 15000 万美元，同比增长 25%。完成服务外包执行额约 21.5 亿元，同比增长 12%，完成离岸服务外包执行额约 1.66 亿美元，同比增长 10.7%。

二、主要工作

（一）现代商贸快速健康发展

重点项目建设有序推进。一是中心城区全力提升。北仑银泰城 2 期 10 万平方米建设和重点业态招商顺利，年内能部分开业。体量达 42.5 万平方米，集影视、演艺、娱乐、旅游与情景文化体验街区互为联动的旅游休闲文化聚集中心的中青文化广场，工程进度已过大半；二是副中心建设如火如荼。总投资约 12 亿元、占地 383 亩的滨江新城江南汽车 4S 城，目前已建成 7 家，有 5 家正式开业，另有一家保时捷 4S 店签订定向协议。滨江青墩区块的城市综合体项目与多家开发商进行竞争性谈判，力争明年初正式落户。总投资额约 7.7 亿元、建筑面积约 10 万平方米的滨海新城龙湖·星悦荟主体建筑已经封顶，2016 年底竣工。其中“上海影城和生鲜超市”两大主力店已经签约，其他家电主力店、儿童游乐、KTV、健身会所、SPA 美容正在招商洽谈中。按五星级标准建造的春晓世茂希尔顿酒店正进行试营业准备相关工作。万人沙滩、游艇等项目也在同步实施中。

“月光经济”得到大力发展。出台扶持政策促进“月光经济”发展，成效初步显现，富邦海鲜城作为全区第一家海鲜为主题、夜生活文化为特色的一条街，已于6月18日试营业，成为市民夜间餐饮休闲的理想去处。银泰城组织举办“银泰城最魔音”、“银泰城麻将大赛”、富邦广场组织“街舞大赛”、“啤酒派对”等互动体验活动，吸引了大批消费者前往，夜间营业额有大幅度提升。体艺中心组织举办乒乓球俱乐部超级联赛、世界女排大奖赛、羽毛球锦标赛等夜间体育竞赛活动，极大地聚集了人气。

节庆活动引导消费新增长。举办2015宁波购物节，开展最In时尚花钱有礼、月光来袭夜市疯狂、线上线下high购不停、消暑避夏酷爽随行、“胃”有美食不可辜负、汽车家电建材大放价六大系列共79项活动，银泰城、富邦、曼哈顿、华生四大商圈及餐饮、旅游等行业的200多家企业商家积极响应和参与，取得了购物节期间各大商圈日均人流量较平常提高30%，购物节销售总额约为3.5亿元，同比增长15%左右的良好业绩，富邦世纪广场、银泰城、华生国际家居广场被评为市购物节亮点活动，达到了“扩内需、促消费、惠民众”目标。此外，还举办了房产汽车展、银泰城周年庆、啤酒狂欢节、富邦龙虾宴、狂欢嘉年华、家电博览会等活动，都有力地汇聚了人气，活跃了消费市场。

行业规范管理进一步加强。一是加强协会管理，召开了家庭服务业协会第二届第一次会员代表大会，顺利进行了换届选举。举办了第一届家政服务技能比赛，推选的两名选手在宁波市第一届家政服务技能比赛中取得了第二名的好成绩；二是严抓安全生产。与54家企业签订了安全生产责任书，推进安全生产标准化建设，开展了安全生产月活动，加强安全隐患大排查，开展“打非治违”领域的整治，全面落实安全生产责任，确保了商贸行业安全生产无事故；三是加强对成品油、典当、拍卖行、黄标车淘汰等特种行业的监管。完成区十三五加油站规划方案，完成49家加油站和成品油批发仓储企业、4家典当年检年审，组织安监、环保等部门对大港加油站进行综合验收，加强对黄标车淘汰的管理监测，2015年1—9月共拆解报废机动车3203辆，其中黄标车2868辆。

（二）“三外”经济稳中有升

优化产业政策扶持。在2014年外经贸企业做优做强、境内外展会、出口信用保险及境外投资等政策支持的基础上，新增对外贸综合服务企业、“互联网＋”外贸、跨境贸易电子商务、“一带一路”沿线设立境外营销网络等方面的政策支持，积极培育外经外贸新优势，提升外贸竞争力。

优化外贸外资“三外”发展环境。深入推进宁波进出口商品采购贸易改革示范区建设，组织区内货运代理企业召开座谈会，收集企业在通关中遇到问题，加强与口岸和港口等相关部门的联络，积极予以协调解决，不断提升通关贸易便利化程度。同时，通过组织召开3次外贸企业座谈会，开展了外贸企业服务月活动上门走访的形式，全面深入排摸外经外贸企业经营情况，提供精准服务，开展政策咨询和宣传服务，协调解决企业经营困难，尽最大努力帮助企业走稳走好，提振外经外贸经营者信心，2015年来，先后协助解决联合集团在B2B平台建设中与海关、国检、国税等网络对接，帮助“对非中心”解决招商、为代理企业提供融资等业务开展过程中遇到的问题，协助兴港冷链正式获批为全市首家冷链海关监管仓，协助美联加拿大博美公司获批宁波市第二批境外投资创业基地中的境外直销中心。以外资企业协会为平台，积极发挥协会的桥梁纽带作用，协调外商投资企业解决户籍迁移、展会补贴、增资手续等问题，组织外商投资企业参加海关政策、外汇管理新政策、公司法律风险防范等培训会议。切实提高审批效率，外资企业审批承诺时限压缩至平均1.5个工作日，对外贸易经营者备案登记的承诺工作时限由5个工作日压缩到2个工作日，审批流程也得到进一步简化。

优化企业服务水平。组织服务和扶持工作，引导和鼓励企业充分利用“两个市场、两种资源”，增强企业国际化经营能力，提高抵御经济风险能力，2015年来举办了“走出去”专题政策培训宣讲对接会，向企业传授海外投资相关知识。针对区内企业对国内外商品需求信息和商机的渴求，利用“浙洽会”、市局境外项目对接会等向开发区企业直接输送项目信息，为企业谋求海外项目牵线搭桥，并积极组织企业参加国内外各类展览会和洽谈会，寻找新的商机，先后组织企业和园区参加东京动漫展，大连软件交易会、中国（北京）国际服务贸易交易会和第118届“广交会”等大型展会，拓宽了区内企业的视野，增进了对外包行业发展趋势的了解，促进区内企业承接离岸业务。同时，切实做好走出去的协助服务，先后帮助弘讯科技理顺境外投资关系，促成了宁波港香港投资、优晟诚益投资管理中心开曼并购，协助吉利白俄罗斯增资三个超亿美元项目的落地，落实华业电力将其投资华业钢构的成套设备输出纳入商务部统计口径。

（三）电子商务破题发展

电子产业发展生态环境初步形成。一是开发区管委会、党工委领导高度重视电子商务产业发展，开发区党工委书记、管委会主任马卫光，党工委副书记、管委会副主任胡奎等区领导专门就电商工作作出重要批示，区政协还专门就发展电商开展工作调研。二是出台的《北仑区（开发区）促进产业结构调整专项资金扶持政策）》，专门安排了电商发展专项扶持资金，将电子商务产业作为促进经济转型和产业结构调整的重大战略来抓。三是电子商务聚集区初具规模，开发区数字科技园已入驻电商企业100多家，并搭建了电子商务服务平台，为企业开展电子商务应用提供便捷的服务支撑，降低企业应用成本。区电商产业基地于2014年6月建成，目前已吸引20多个体创业者和近30家企业入驻，会员企业年销售总额可达3亿元。四是积极营造电商创业创新氛围，为主动融入国家“一带一路”战略，加快“港口经济圈”建设，引导更多传统企业拥抱“互联网＋”，发展电子商务，8月北仑首次举办以“港口遇上互联网”为主题的“互联网（新丝路）创业创新大赛”，吸引了来自全国的近50个创业团队报名参加，通过大赛，激发了企业创业创新活力。

“电商换市”热潮方兴未艾。一是传统工贸企业纷纷“触电”实现转型升级。目前，以申洲、海天、永发、贝发、怡人、长青等重点骨干企业为代表，涉及文化、工艺、母婴、钓具、服饰、保险箱、农副产品等行业的龙头企业均开始涉足电子商务，开展了B2B、B2C等相关电商模式的创新。二是特色电商平台得到有力发展。淘宝网“特色中国·宁波馆”开馆一年多，已有入驻店铺595家，交易额1.61亿元。宁波门差电子商务有限公司与北仑大润发建立合作联系，用“互联网＋”概念，践行“1小时服务送到家”服务理念，构建线上线下电商服务综合平台。三是电子商务进社区工程大力推进。为解决电子商务最后500米商品配送问题，便利居民生活，全区采用政府引导、企业运作的模式开展智能快件箱建设，宁波门差智能化设备有限公司已投入智能快件箱180台，签约400台，服务快递总量达205.3万个，下一步，将积极争取把智能快件箱建设纳入全市的推广任务中去，加大对企业的扶持力度。四是促进北仑跨境电商产业突破。积极筹建区首个跨境电商产业园区，以园区的地理优势和产业特性带动本地跨境电商行业发展，由联合进出口公司开发综合贸易采购平台于2015年8月底正式上线，宁波港冷链物流中心于2014年5月启用后，正在拓展电商冷链分装业务。

强化电子商务人才队伍建设。开展电子商务人才培训工作。落实《宁波市电子商务人才培训实施方案》，积极开展电商园区、社会培训机构、电商企业共同参与的电商人才培训模式，开展电商订单式培训和普惠式培训，同时积极组织电商从业人员参加省、市举办的各类电子商务培训。截至目前，全年已完成覆盖党政机关、企业、电商专项人才、高校学生和社会大众等各个层次超过1000人次的培训，为电子商务发展提供人才保证和智力支持。

（宁波经济技术开发区管委会）

2015 年嘉兴经济技术开发区发展概况

一、概　况

嘉兴经济技术开发区、嘉兴国际商务区在市委、市政府的坚强领导下，抓重点、攻难点、求实效，经济社会发展取得了优异的成绩。全区实现地区生产总值（GDP)169.70 亿元，可比增长 6.2%；全社会固定资产投入完成 201.34 亿元，同比增长 11.6%；合同利用外资完成 5.02 亿美元、同比实际增长 10.6%；实到外资 3.67 亿美元，同比增长 11.6%；实到市外内资 44.62 亿元，同比增长 42.7%；完成财政总收入 46.83 亿元，同比增长 12.8%，其中区级公共财政预算收入 18.21 亿元，同比增长 7.1%，全面完成或各项目标任务，部分目标任务超额完成。

二、主要工作

（一）关于经济发展方面的工作

1. 全力招大引强。始终把招大引强作为招商引资工作的首要目标，坚持“生存发展靠招商，项目成功靠人为，业绩评价靠数据”的招商理念。严格按照招大引强选优的标准选择项目，以投资强度、注册密度、产出幅度、环境可容度和科技先进度“五个度”作为标准，千方百计引进世界财富 500 强企业、世界品牌 500 强企业和全球行业龙头企业，海内外区域总部、研发和营销中心，着力引进科技含量高、资本密度高、产业关联度高、投入产出高、投产速度快的大项目好项目。成功引进的总投资 4.6 亿美元的美国荷美尔高端食品项目以及法国莫林调味品、意大利冰激凌项目一起成为全区高端食品园区的新兴力量；落户在浙江中德（嘉兴）产业合作园的总投资 1.9 亿美元的新加坡迪联集团投资并进行招商机械类项目、总投资超 1 亿美元的美国哥伦比亚凯宜国际医院项目和总投资 6000 万美元的意大利维龙国际电商物流项目成功签约，为区域提升发展增添了后劲。荷美尔食品公司是首个将大中华区域性总部设立在嘉兴的美国上市公司项目。

2. 扩大有效投入。始终坚持把投资作为稳增长的重点，增强发展后劲的关键点，为了推动投入落实到位，全力做好项目推进落地工作，在坚持项目推进片区制的基础上，全面开展“三比三看”活动，密集开展了集中开工月、银企对接专场、“百日攻坚”等系列活动，有计划、有节奏地强化了项目推进工作。同时，严格落实以 40 个项目作为重点监测对象进行固定资产投资“分月按季测算”工作，动态体现扩大有效投资工作的进展情况。紧紧围绕省市重大项目、公建配套、技改项目、民生项目抓投入，特别是盯牢总投资 242.4 亿元的 9 个省“411”项目，总投资 109.82 亿元的 7 个省重点项目，5 个省重大产业项目以及总投资 284.47 亿元的 29 个市“三个千亿”工程项目，切实发挥大项目的带动作用。

3. 推进平台建设。在不断优化完善产业、空间、环境等各项规划的基础上，着力完善公建配套，构建“一体两翼三引擎”的产业平台新格局。特别是在发展平台上，通过积极争取，2015 年获得了省政府两个产业大平台的批复，即浙江中德（嘉兴）产业合作园、马家浜健康食品小镇；同时抢抓机遇、抢抓时间节点开通了万国路（320 国道—桐乡大道），实现了南、北两大重点产业平台的贯通连接。全区以铁的决心、铁的手腕、铁的纪律，强力推进“三改一拆”和征地拆迁工作。2015 年共完成“三改一拆”面积 135.21 万平方米，其中，“三改”面积 118.45 万平方米，完成年度目标任务的394.8%；拆除违章建筑面积16.76万平方米，完成年度任务的167.6%。截至目前，国际商务区区域内仅有遗留户50多户。特别是在统筹推进面上征迁遗留扫尾工作的同时，针对影响重大项目落地、城市形象改善的重点遗留户实行专项攻坚，对国际商务区高铁核心区内征迁多年遗留下来的“钉子户”和城北路最大的违建户成功完成“拔钉”。

4. 加速转型升级。始终坚持“在发展中促转变，在转变中谋发展”的理念，通过“存量调提升，增量调结构”的方式，逐步解决经济发展中长期累积的结构性、素质性问题，使经济结构、产业结构在不断调整中更加优化。从三次产业结构来看，2015年三产增加值占GDP的比重较2014年又提高了2.8个百分点，达到49.7%，充分说明服务业在稳增长上正发挥着越来越重要的作用，以现代服务业为代表的新兴主导产业集群快速成长。比如说，通过强化楼宇的“二次招商”，着力抓好楼宇经济这一新的经济增长点，目前全区已有1000万税收以上楼宇18幢，其中3000万税收以上楼宇8幢。从行业内部来看，以传统工业为代表的产业集群经济增速放缓，而新兴产业茁壮成长。2015年，全区高新技术产业增加值占规模以上工业增加值的比重由年初的23.2%上升到27.1%，提高了3.9个百分点；特别是以装备制造业为核心的战略性新兴产业呈现良好发展态势，占规模以上工业增加值比重的43.8%，占比遥遥领先于全市平均水平。

5. 服务企业发展。始终坚持把服务经济健康发展、保障企业平稳运行作为工作的重中之重，全区规上工业26个行业大类中9个行业实现产值增长，其中，食品制造业、电气机械和器材制造业增幅为19%和36.8%。年初，区党工委、管委会就组织开展新春委领导走访企业活动，对收集到的30个疑难问题予以有效解决，为企业排忧解困；上半年，针对国务院关于税收等优惠政策清理调整通知精神，在积极清理、梳理、上报审批的同时，有条件地兑现了有关专项资金补助，做好新老政策的衔接工作，稳定了企业加快发展的信心；年中，针对外贸进口、出口“双下降”的问题，又专门出台了《关于促进外贸稳定增长特别鼓励政策》，加大对于外贸生产企业和外贸公司的扶持力度，鼓励企业不断扩大出口；年末，针对嘉兴智慧产业创新园面临的发展瓶颈问题，又研究制定了《关于加快嘉兴智慧产业创新园健康发展的指导意见》和相配套的企业发展鼓励政策、人才引进的激励政策等，为其加快发展赢得优势。

（二）关于社会发展方面的工作

1. 全面深化改革。按照“精简、统一、效能”的原则，进一步深化机构改革，科学配置职能机构，理顺权责关系。深入实施大部制改革，在2013年12月以来先后成立招商引资工作部、党群人事工作部和国际商务区开发建设工作部的基础上，2015年又成立了社会事业工作部和经济发展工作部，设立发改局、经信商务局、社会事务局、教文体局、卫计局等工作机构，既强化了工作的统筹协调、又加强了条线的管理。同时，积极与市有关方面对接，新设立环保局、社区矫正大队等机构，理顺工作关系，通过深化机构改革，带来了“关系更顺、责任更明、上下对口、协调有力”的新变化。进一步深化“两集中，两到位”的行政审批制度改革，2015年审批中心共办理审批事项2.6万多件，其中即办件量占55.1%，审批事项实际时间比法定时限平均提速93.5%；创新市场准入模式，办理了全市第一个“五证合一、一照一码”的企业注册登记。

2. 强化民生保障。扎实办好教育、文化、就业、社保等民生实事，加快推进基本服务均等化，让群众共享改革发展成果。快速推进北大附属嘉兴实验学校建设，深化与杭师大合作办学，品牌效应进一步提升；引进社会资本，推进嘉兴老年医疗中心、常春藤老年医院、康慈医院心理咨询中心等项目建设，满足群众各类需求；社区经济不断深化，2015年全区社区经济收益810万元，支出约621万元，使用率77%，全面推广5A级居家养老服务中心建设，实现全覆盖。

3. 创新社会治理。继续深化推进创新社会治理、加强基层基础建设，切实解决老百姓身边的难点问题和矛盾。进一步理顺政法委工作体制，扎实推进街道司法所星级化标准建设，依托巡回法庭提供高效优质的法律服务，积极化解群众矛盾，全年共办理案件1271件，结案1094件。深化推进“双网融合”、“三治”建设和基层平安建设，强化信访积案化解和新居民服务管理工作。特别是把做好乌镇峰会期间保障工作作为第一位的政治任务来抓，坚决守住了“本地不出事，不到乌镇惹事”这条红线。

4. 着力改善环境。大力度推进“五水共治”、“五气共治”工作，通过切实深化三级河长制治水网络，深入实施片区水系综合治理，加快推进老旧小区阳台立管改造工程，区域内河道水质持续好转，交接断面考核首获优秀。与此同时，重点加强了高速公路、公铁沿线环境整治工作，对乍嘉苏高速马家浜出口沿线道路进行全面整治，全年新增生态绿道3.8公里、综合性公园绿地14.2公顷、街旁绿地13.1公顷、道路绿化8.7公顷，城市形象大为改观。

（三）关于党的建设方面的工作

1. 加强作风建设。结合群众路线教育实践活动和省委巡视整改成果的巩固深化，扎实开展了“三严三实”专题教育，以“招大引强”、“企业服务”、“建设项目推进”、“征地拆迁”、“深化环境整治”、“深化帮困关爱”六大专项活动为有效载体，干部作风进一步转变。党员领导干部带头垂范，在推进招商引资、平台建设、项目建设、二次开发、三改一拆、五水共治、民生保障等重点工作中走在前、干在前发挥了示范引领作用。

2. 加强干部队伍建设。组织全区干部员工大轮训，分三批对500多名区内设部门（单位）全体干部员工、街道中层以上干部和街道事业单位主要负责人进行了集中轮训；深入开展“环球讲坛”活动，举办专题讲座6期，培训干部员工800多人次；对全区科级党员干部进行了党章党规党纪专题集中培训。开展了全区科级以下干部员工轮岗交流工作，共有25名干部员工在部门及街道之间实现了合理有序流动；注重一线锻炼，在实践中增长干部才干，抽调39名同志参与国际商务区征迁扫尾集中攻坚行动。

3. 加强党风廉政建设。始终把党风廉政建设和反腐败工作摆在突出位置，以高度的政治自觉、思想自觉和行动自觉坚守责任担当，强化责任落实。坚持把维护党章权威、严守党的纪律、确保重大决策部署贯彻执行作为党风廉政建设的重要任务，引导党员干部牢固树立党性意识，严守党的政治纪律和组织纪律。从严从实贯彻落实中央“八项规定”和省市作风建设各项规定，以解决发生在群众身边的“四风”和腐败问题为抓手，持续推进“正风肃纪”工作常态化开展。

（嘉兴经济技术开发区管委会）

2015 年杭州经济技术开发区发展概况

一、概　况

2015 年，杭州经济技术开发区（以下简称“杭州开发区”）坚持以“一号工程”、“两区”建设为引领，深入实施“三大战略”、“四大工程”，各项工作取得明显成效。全年开发区实现地区生产总值 587.3 亿元，比 2014 年增长 8.8%；规模以上工业增加值 431.1 亿元，增长 6.9%；服务业增加值 143.1 亿元，增长 13.4%，高于目标任务 5.4 个百分点；财政总收入 126.7 亿元，增长 4.2%，其中地方财政收入 54.8 亿元，超额完成目标任务；招商引资三项指标提前完成年度目标，其中实到外资 5.8 亿美元、实到内资 38.7 亿元、浙商回归到位资金 30.7 亿元；全社会固定资产投资 142.8 亿元，其中省、市重点项目分别完成目标任务的 124.4%和 119.7%；进出口总额 91.4 亿美元，其中出口 59.4 亿美元；社会消费品零售总额增长 16.5%，增幅保持全市前列。

二、主要工作

杭州开发区推进“东部人才港”和“东部科技港”建设，建成投用创新平台 27 万平方米，浙商创业园、和达文创园分别获批国家级孵化器和省级孵化器，“WE-LINK1024 创新基地” 成为杭州市第一批被科技部认定的众创空间，“东部医药港小镇”列入首批市级特色小镇，创新平台扩量提质；新增领军型人才 26 人，中科院理化所杭州分所顺利落户，杭州立昂微电子股份有限公司和杭州中肽生化有限公司被评为浙江省领军型创新创业团队，新增高层次人才创办企业 30 个，新增国家高新技术企业 23 个，新增市级以上研发（技术）中心 33 家，每万人发明专利授权量全市第一。杭州开发区注重大企业大集团和成长性企业培育，2015 年，规模以上工业企业利润增长 15.5%，新产品产值增长 27%，新产品产值率提高 4.9 个百分点，特别是 5 亿元以上企业继续发挥支撑带动作用，销售产值占全区比重 80%以上，其中 15 个企业实现两位数以上增长。同时，杭州电缆股份有限公司成功在上交所上市，杭州沃镭科技有限公司、杭州澳沙科技有限公司、杭州创兴织造设备科技有限公司挂牌新三板，232 个企业挂牌浙江股权交易中心成长板。

围绕“跨境电子商务示范园”建设，杭州开发区拓展业务门类、完善产业链条、整合库房资源，引进“敦煌网”、“浙江物产”、“工行融 e 购”等优质项目，开设全市首家 O2O 体验点，新增库房 20 万平方米，日均单量增长 10 倍，累计订单超过 1700 万单，在杭州综试区建设中发挥了示范带动作用。杭州开发区围绕“智造谷”建设，运用互联网思维和技术改造提升主导产业，娃哈哈智能工厂入选国家首批智能智造示范项目，浙江三花汽车零部件有限公司智能生产线列入省两化深度融合计划，7 个企业列入市级物联网项目，产业智慧化水平进一步提升；史陶比尔（杭州）精密机械电子有限公司、杭州和利时自动化有限公司、杭州益维汽车工业有限公司等企业产值实现两位数以上增长；杭州安费诺飞凤通信部品有限公司等企业增资扩产项目稳步推进，智能装备产业发展步伐不断加快。围绕“信息港”建设，大力发展“互联网＋”新经济新业态，中国电信创新园顺利摘牌，“士兰 8 英寸芯片”“立昂第二代集成电路”等项目启动实施，信息经济产业实现增加值 81.78 亿元，增长 13.9%，呈现出良好发展态势。

推进功能区开发，推动基础建设、要素保障、招新引优等工作，功能区总体开发势头良好，其中总部基地大楼和创智天地项目开工建设，金沙湖中央商务区征地拆迁取得实质性突破，辉瑞全球生物技术中心落户东部高新产业园，新加坡科技园入选浙江省首批国际产业园，六大功能区全年完成投资52.89亿元，招商引资注册资金30.15亿元，分别占全区37%和40.9%，发挥了在全区招商引资和有效投入中的带动作用。

杭州开发区坚持项目带动，加快提升城市功能，之江东路、地铁1号线延伸段全线通车，江东大桥西接线建成投用，新辟和优化公交线路13条，公共停车泊位完成杭州市下达任务的223%，龙湖天街、宝龙城市广场、和达城等商业综合体投入运营，生产生活配套能力进一步提高。加快智慧城市综合管理平台试点工作，城市运行管理中心、应急指挥中心等首期工程投入试运行，智慧副城建设取得初步成效。杭州开发区加大民生服务投入力度，金沙湖实验学校等6所学校建成投用，与名校合作的养正中学、国际幼儿园正式招生，优质学前教育覆盖率95%，基础教育水平不断提升；省中医院下沙院区二期、邵逸夫医院下沙院区急诊中心等医疗项目正式投用，医养护签约服务项目有序推进，智慧医疗信息平台顺利建成，居民就医环境进一步改善；残疾人服务中心、群艺中心等项目加快建设，全年民生类投入增长20%以上。

生态环境持续提升，落实打造“美丽杭州”、建设“两美浙江”示范区专项行动，国家卫生城市复评成绩优异，“三改一拆”积极推进，拆除违建23万平方米，下沙街道、白杨街道成功创建无违建先进街道，“两路两侧”“四边三化”工作取得明显成效；深入实施“五水共治”，两条黑臭河完成整治，河道水质明显改善，11个防汛排涝项目顺利完工，企业中水回用、节水型小区创建扎实推进；开展大气综合整治，4个化工企业实现关停转迁，8个企业完成挥发性有机物治理，黄标车淘汰工作全面完成，空气质量优良天数增加20天，PM2.5平均浓度下降17.1%，区域环境品质得到进一步优化。

杭州开发区加强社会治理，制定出台法治下沙实施意见，启动综合行政执法体制改革和刑事案件速裁试点，持续推进“四张清单一张网”建设，高教园区法律宣传服务中心成为全市普法特色项目，法治建设取得新成效；深化“平安下沙”建设，健全社会治安防控体系，完善矛盾纠纷调处化解综合机制，严格落实安全生产责任制，强化食品药品安全监管，社会形势总体平稳有序。同时，巩固全国文明城市创建成果，顺利通过国家、省市三级文明指数测评，积极开展“最美下沙人”评选、文明单位创建等活动。

三、几大亮点

1. 汪洋副总理调研开发区。2015年1月19—21日，国务院副总理汪洋到浙江调研外贸工作，并于1月20日实地调研杭州跨境贸易电子商务产业园下沙园区。海关总署署长于广洲、商务部国际贸易谈判代表兼副部长钟山、国务院副秘书长毕井泉、国务院研究室副主任黄守宏、国家税务总局副局长张志勇、国家质检总局副局长张沁荣以及时任省长李强等省领导，市领导张鸿铭、佟桂莉，开发区领导陈晨、王永芳陪同。汪洋听取开发区相关负责人关于建区发展情况和跨境电子商务试点情况的汇报，实地参观了解园区试点的“网购保税”“海外直购”跨境贸易电子商务的业务模式，与现场监管部门和代表企业进行交流，并对跨贸园开展业务以来所取得的成绩给予充分肯定。汪洋指出，跨境电子商务是新生事物，是稳定外贸增长的潜在动力和调整外贸结构的重要引擎。要按照国家的统一部署，立足当前、着眼长远，努力破除制约跨境电子商务发展的体制和政策障碍，加快行业标准、规则、人才支撑、诚信体系等制度建设，为全国跨境电子商务发展探索新路子、积累新经验。

杭州跨境电子商务产业园下沙园区是国家跨境电子商务的试点园区，于2014年5月7日开园，自2015年5月6日试点一周年，下沙园区累计实现进口业务180万单，交易金额4亿元，其中网购保税162万单，交易金额3.67亿元，直邮18万单，交易金额0.33亿元。围绕跨境电子商务进口业务，已形成了较为完备的电商生态体系，服务平台上备案的海外电商218个。区内已注册跨境电商企业43个，其中外资企业2个，内资企业41个，累计注册资本超过2.2亿元，成为开发区招商引资新亮点。

2. 杭电股份公司上市。2015年2月17日，杭州电缆股份有限公司（简称杭电股份公司）A股正式在上海证券交易所上市交易，开发区党工委副书记、管委会副主任邵立春出席敲钟仪式并致辞。杭电股份公司是开发区的优秀企业，是开发区本土培育的首家上市工业企业。杭电股份公司前身为杭州电缆厂，拥有50余年历史，是浙江省电线电缆行业协会理事长单位、中国电器工业协会电线电缆分会理事单位，该公司"永通"牌商标是中国驰名商标。2007年7月，公司迁址杭州经济技术开发区，公司自成立以来一直专注于电线电缆产品的研发、生产、销售和服务，经过数十年的发展，已经成为电线电缆行业的主要企业之一。

杭州电缆股份有限公司A股证券简称为"杭电股份"，证券代码为"603618"。当天开盘即涨停至16.78元，涨幅达44.03%。杭电股份公开发行5335万股，占发行后公司总股本的25%。该次募集资金5.73亿元，拟投向城市轨道交通用特种电缆建设项目、风力发电用特种电缆建设项目、电线电缆高新技术研发中心建设项目和补充流动资金项目4个项目。

3. 开发区正式获批国家生态工业示范园区。2015年8月，环保部、商务部、科技部三部委联合发文，批准杭州开发区为国家生态工业示范园区，成为浙江省第二家通过验收并批准命名的国家生态工业示范园区。杭州于2008年正式启动"创建国家生态工业示范园区"工程，编制完成《杭州经济技术开发区国家生态工业园区建设规划》。创建期间，杭州开发区以产业转型升级、发展循环经济、改善环境质量以及保障环境安全为重点，开展系列生态创建工作，至2014年12月11日，国家生态工业示范园区建设协调领导小组组织专家，到开发区开展现场验收。经过听取相关报告、实地考察以及现场质询，验收组专家一致同意杭州开发区通过国家生态工业示范园区验收。

4. 开发区列工业强区（开发区）评价第一。2015年10月，浙江省2014年度工业强区（开发区）评价结果公布，开发区综合评价得分81.18分，名列第一。2014年度工业强区（开发区）由浙江省工业转型升级领导小组办公室会同省经信委、省商务厅、省统计局执行，旨在合理评价开发区工业转型升级情况，建立健全创强激励机制，夯实工业强省建设平台支撑。评价设置规模效益、创新发展、集约发展3个一级指标和规模以上工业增加值等13个二级指标，总分为100分，全省62家国家级经济技术开发区和省级经济开发区参加综合评价。

5. 辉瑞全球生物技术中心落户开发区。2015年9月11日，辉瑞成熟药品业务集团与杭州开发区签约，将在下沙投资建设辉瑞全球生物技术中心项目，该集团总裁杨宇翰（John Young）和杭州开发区党工委书记、管委会主任陈晨分别代表合作双方，签订全球生物技术中心项目投资协议。时任浙江省省长李强会见杨宇翰一行，双方就辉瑞在浙江投资情况和未来发展计划进行交流，李强对辉瑞全球生物技术中心落户杭州表示欢迎。杭州市副市长谢双成参加会见。

辉瑞全球生物技术中心项目落户开发区，是辉瑞成熟药品业务集团在中国设立的第三个研发中心。该项目位于杭州开发区东部高新产业园，是集研发与生产于一体的本土化生物药综合基地。辉瑞成熟药品业务集团是全球领先的以研发为基础的生物制药公司，生产生物药品、化学药品和疫苗等健康药物，业务遍及全球175个国家和地区。20世纪80年代，进入中国市场，建有4家制药厂以及上海研发中心、武汉研发中心。杭州开发区作为杭州生物产业国家高技术产业基地核心区，生物医药产业集聚效应凸现，至2014年末，已有100余生物医药企业落户，包括杭州默沙东制药有限公司、泰尔茂医疗产品（杭州）有限公司、杭州旭化成氨纶有限公司、杭州九源基因工程有限公司、浙江康莱特药业有限公司等知名企业，生物医药产业实现整体年均超15%的高速增长。

（杭州经济技术开发区管委会）

2015 年湖州经济技术开发区发展概况

一、概　况

2015 年,面对复杂多变的宏观经济环境,湖州经济技术开发区(以下简称“开发区”)深入贯彻落实中共十八大和十八届三中、四中、五中全会以及省、市全委会会议精神,全面开展“三严三实”专题教育,以省委转型升级系列组合拳为抓手,紧紧围绕“一流园区、美丽新城”目标,加快平台建设,强化引资、引智,大力治理环境,促进城乡统筹,践行为民宗旨,开发区经济社会保持平稳较快发展。全年开发区生产总值完成 129.45 亿元,同比增长 9.9%;规模以上工业增加值完成 55.89 亿元,同比增长 6.8%。全社会固定资产投资完成 129.51 亿元,同比增长 15.8%,其中,工业性投资完成 37.77 亿元,增长 7.2%。完成合同外资 3.3 亿美元,实到外资 2.2 亿美元;完成进出口总额 45.36 亿元,同比增长 2.6%;实现财政总收入 23 亿元,增长 10.13%,其中地方财政收入 14.21 亿元,同比增长 11.7%。

二、主要工作

深化改革。坚持向改革要活力、要红利和要竞争力,改革创新迈出坚实步伐。体制机制改出新活力。与湖州南太湖产业集聚区管委会合署办公之后,迅速启动体制机制改革。在市委市政府的重视和市级部门的支持下,实现了“办事不出区”的目标。行政审批改出新效率。建立一站式行政审批服务中心,在全省率先实现了办事不出区,中心设立“中介超市”,推行模拟审批、并联审批和全程代理等服务方式,累计办理业务 3 万余件,项目备案时间压缩至 80 天以内,提速 70%。中介收费下降 40%以上,累计为企业节省 2600 万;新增市场主体 2096 家,增长 41%,注册资本 122 亿元,增长 327%。社会投资信心明显增加。考核激励改出新激情。按照“锁定标杆、挂图作战、擂台比拼、奖惩担责”工作要求,挂出作战图、明确时间表和立下军令状,晾晒比拼工作实绩,动真碰硬奖优罚劣。实施“大部门制”改革,出台干部绩效考核、选拔交流和能上能下等 21 项干部配套制度,开发区上下担当比拼的氛围日益浓厚,在开展“五大专项行动”中,评选出“三改一拆”、“五水共治”、“阳光热线”等先进个人、先进单位,进一步打造“狮子型”干部队伍和“店小二”服务团队。

主导产业。围绕新能源汽车、生物医药、信息经济和现代金融服务业“3+1”主导产业,坚持调结构、促转型,着力提升经济发展质量。全年生物医药、电子信息和节能环保三大主导产业实现工业总产值 50.9 亿元、占规模以上企业总产值的 29%,实现利税 5.9 亿元、占规模以上企业利税的 31.2%。全区战略性新兴产业实现工业增加值 14 亿元,占规模以上企业增加值的 25.0%;高新技术产业实现工业增加值 23.6 亿元,占规模以上企业增加值 42.2%;装备制造业实现工业增加值 17.7 亿元,占规模以上企业增加值的 31.7%。各类内资市场主体 11203 户,实有资金总额 531 亿元,同比分别增长 22%和 42%。2015 年个转企 96 家,完成市下达任务数 7 家的 1271%,其中转公司 48 家,转公司率 50%,完成率大幅高于全市平均居全市第一。

现代服务业。全年开发区服务业保持了良好的发展态势。服务业增加值 81 亿元,增长 10%;服务业占比 61.4%。服务业投资 92 亿元,增长 20%,占全区固定资产投资 71.3%。优势产业突出，服务外包产业异军突起，全年完成服务外包执行额4112.4万美元。其中，离岸执行金额2000.97万美元，在岸执行金额2111.43万美元；企业主体不断壮大，现代商贸业蓬勃发展，奥通汽车公司、永兴物资再生利用公司、亿丰建材城、浙北农副产品交易中心、江南粮油副食品市场、天煌大酒店、青岛润泰7个重点培育商贸企业快速发展，实现营业收入达60亿，同比增长13.6%。联东U谷、湖州万汇广场等服务业重大项目建设加快推进。

“四换三名”。大力实施“四换三名”工程，“腾笼换鸟”淘汰落后产能企业7家，腾出用能空间4371吨标准煤；“机器换人”完成设备安装调试40个，平均提高劳动生产率12%。“空间换地”实施项目20个，新增建筑面积15万平方米；“电商换市”网上销售额突破20亿元，南太湖青年电子商务园区、宁兴云一站式外贸综合服务平台相继投入运行。永兴特钢获得全国驰名商标，金莲花和新兴汽车零部件获得浙江省著名商标。

科技创新。全年全区高新技术产业完成增加值17.71亿元，同比增长29.2%，完成工业总产值93.5亿元、实现销售收入90亿元、利税总额11.2亿元，其中利润8.5亿元，同比分别增长7.4%、4.8%、14.1%和11.1%，分别占全区规模以上企业的32.2%、48.4%、58.9%和72.9%。企业自主创新能力增强。全年申请专利1074项，同比增长28.93%，其中发明专利117件，同比增长95%；列入国家火炬计划3项、国家项目1项、省重大项目3项。科创中心平台实现倍增效应，纳入统计的41家单位实现产值5.2亿元，同比增长67.5%；销售收入5.0亿元，同比增长75.47%；实现税利2991.2万元，同比增长23.97%。重点项目引进取得初步成效，已引进中科院青岛光电所、中科院北京自动化所、浙江即富数据金融处理有限公司、浙江工业大学协同创新中心湖州研究院等项目。

人才引进。全年全区引进各类专业人才2880名，其中硕、博士以上高层次人才150人、海外高层次领军人才32名，入选市“南太湖精英计划“(项目)团队28个、省领军型创新团队1个，省“千人计划”团队(项目)2个；新入选市“1112人才工程”学术带头人23名；新建微宏动力省级重点企业研究院。全年组织申报“南太湖精英计划”项目50个，28个项目成功入选，其中创业团队21个、领军型创新团队3个，创新人才项目4个。王建勇、刘文娟2名博士人才入选省“151人才工程”第三层次人才；莫文俊、张成分别获得2015年留学人员科技活动项目择优资助重点类项目和启动类项目；全年引进外国专家项目11个，其中国家级项目2个，省级项目5个，市级项目4个；至2015年末，开发区有国家“千人计划”人才15人；浙江省“千人计划”人才30人；入选“南太湖精英计划”领军人才83人，分别占全市人才数的27.6%、25.67%和19.3%。

招商引资。全年共签约项目66个，总投资285.6亿元，其中20亿以上项目5个，10亿元以上项目10个。浙商回归到位资金38.2亿元，完成年度任务的127%。完成合同外资3.3亿美元，实到外资2.2亿美元，引进总投资38亿元的智能销售终端与绿色梦网运营平台项目、总投资20亿元的南方睿泰新材料产业园和总投资16亿元的优必选智能机器人产业园等项目。积极引进财富管理、基金投资、融资租赁、互联网金融等金融新业态项目，已成功引入融汇嘉恒、中泰创展、中国网库、浙江即富金融数据处理等40多家金融平台公司。

项目建设。2015年全区排定的81个重点产业化项目，完成投资56亿元，百成汽车、邦健医疗、江南车城等20个项目实现竣工投产；联东U谷、永兴特钢等重大项目推进加快。全年新增实施类省重点建设项目8个、被列入省扩大有效投资“411”重大项目11个、列入省重大产业项目5个和列入市“大好高”项目21个。进一步拓展用地空间，积极争取用地指标，做好重大基础设施项目建设保障工作，全年完成8个农转批次，农转总面积1306亩。

产业平台。抓住省、市推进“三改一拆”的工作契机，拔除影响重点区块、重点项目和重点道路的钉子户，加快推进西南分区、南太湖生物医药产业园、西塞山分区南片、黄芝山西拓区和康山分区等产业主平台建设，完成农房拆迁1552户，土地政策处理5200亩，新拓展产业平台3.5

平方公里。82个基础设施项目完成投资44.85亿元，康山隧道双向贯通，104环线基本完工，各片区道路工程和基础配套工程齐头并进，平台承载能级显著提升。

综合治理。强力推进“四破”试点工作，通过差别化要素供应等手段，加快淘汰落后产能，倒逼企业转型升级，提高土地节约集约利用水平。全年共盘活存量土地910亩、闲置厂房20.6万平方米，其中“僵尸企业”处理3家，围墙圈地企业处理10家，低效用地企业处理19家。有效地缓解了土地供给紧张与土地闲置低效利用的矛盾。全面推行“房票”制度，加快拆迁安置市场化步伐，进一步深化房票流通功能，缩短安置时间，腾出发展空间，创新融资渠道。全年签订房票协议955份，消化商品房建筑面积13万平方米、消化待安置面积17.3万平方米、节约住宅用地230余亩、盘活资金7.5亿元。以“无违建区创建”为抓手，持续加压推进“三改一拆”，完成“三改”101万平方米，拆除违法建筑19万平方米，开发区罗师庄、黄家庄、九九桥村等历史违建重灾区的“三改一拆”工作得到了省政府高度评价；统筹推进“四边三化”工作，生物医药园、高速北出口、高铁枢纽区和104国道沿线等区域形象得到改善。

环境整治。坚持以生态文明先行示范区建设为统领，以“五水共治”为抓手，环境整治出拳有力、成效明显。全年完成黑臭河整治提升9条、8.38公里，完成样板河创建24条，完成可游泳的河建设6条，消灭劣五类水质河道6条，完成14个行政村、2734户的农村生活污水治理工程。治气态度坚决，在全市率先启动大气整治百日攻坚行动，全面打好治扬尘、治废烟和治尾气三大攻坚战，先后开展百次联合执法，查处相关违法车辆近10839辆；60个建筑工地完成扬尘治理任务；弁南电镀厂、中维药业等13家企业小锅炉改造基本完成；取缔露天和占道烧烤摊点104处；淘汰黄标车566辆。城西水厂空气自动监测点位PM2.5日均值63μg/m3、同比下降16.72%，空气质量指数（AQI）优良率61.3%、同比上升14%。

社会民生。保障和改善民生，推进基本公共服务均等化。外庄中学、夹山漾保障性安居工程、清河嘉园二期、憩园小区、杨家庄安置社区、基山安置社区和中铁十六局三公司棚户区改造等保障性安居工程有序推进；农田水利工程建设有力推动，完成30座农村机埠标准化改造和堤防加固1.1公里；农房改造开工建设4868套，已完成2705套、惠及2372户农户投入资金6.3亿元；做好社会保障，落实低保户补助资金近483万元；推动养老服务工作，在25个村开展“银龄互助”活动，累计成立47个老年协会，新增1家城市老年电大教学点，成功创建2家市级街道服务中心和4家村（社区）服务中心，先后创建了4个特色社区和2个品牌社区。持续推进美丽乡村创建工作，3个市级美丽乡村已基本完成，6个区级美丽乡村正在接受考核验收。切实加强农村生活污水治理工作，已完成12个村2136户农户的治理整改。积极探索居家养老服务新模式，完成13个居家养老服务照料中心建设。

社会管理。坚持一手抓经济报表、一手抓平安报表，全力筑牢社会平安防线。全年共发生各类事故39起，与2014年持平，直接经济损失数、死亡人数分别下降97.4%和12.5%。全年排查矛盾纠纷847件，成功调处819件；全年接访、约访群众共计178批次，885人次；受理群众来信66件，受理网上信访件31件，办结30件，办结率达96.8%，特别是“百日维稳攻坚大会战”行动开展以来，实现了“零进京上访、零进省集体上访、零发生影响工作秩序的到市上访和安全生产零事故”。确保了纪念抗战胜利70周年阅兵、第二届互联网大会等重要时间节点的安定有序。

（湖州经济技术开发区管委会）

2015年富阳经济技术开发区发展概况

一、概　况

2015年是“十二五”规划的收官之年,“十三五”规划的谋划之年,也是富阳经济技术开发区实现“一年形象提升,三年实力倍增,五年跨越发展”目标的关键之年。富阳经济技术开发区以富阳撤市设区为契机,紧紧抓住杭州争创“两区”(即国家自主创新示范区和国家跨境电商综合试验区)的机遇,大力发展智慧经济,以转型升级和创新驱动为核心,以招商引资、项目推进、平台建设和服务优化为工作重心,推动开发区工作全面提升上水平。

2015年,富阳经济技术开发区全年完成四上主营业务收入1693.8亿元;完成规模以上工业企业总产值1061亿元;实现税收49.8亿元;完成固定资产投资267.1亿元,同比增长35.9%;其中基础设施投资113亿元,同比增长100.2%。开发区全年实际利用外资2.64亿美元;实际利用杭州以外内资29.02亿元人民币;实际利用富阳以外杭州以内的内资14.44亿元人民币;完成招商引税5154.9093万元人民币。开发区全年征用土地136.47公顷,其中:场口新区8.94公顷,东洲新区97.86公顷,银湖新区29.67公顷。收购国有土地32.90公顷,拆迁农户149户、企业21家、店面房9间;完成政策处理土地192.13公顷。开发区全年完成土地出让117.66公顷,完成农转用报批40.8公顷;同时完成三大新区803公顷土地利用规划的中期修编工作,其中:场口新区265.7公顷、东洲新区119.7公顷、银湖新区417.6公顷;完成批而未供土地消化任务88公顷。

二、主要工作

(一)招商引资

开发区全年共引进项目51个,总投资额116.09亿元,其中:亿元以上项目6个、5亿元以上项目2个、10亿元以上项目3个、50亿元以上项目1个。招商引资无论在数量、质量上都取得了明显提升,招商引资工作取得了很大成绩。

2015年,招商服务线紧紧围绕开发区年初制定的“三个一百”(即完成招商引资合同总额100亿元,固定资产投资超100亿元,新增主营业务收入100亿元)的工作总要求,深入实施招商引资的“一号工程”,强调以引进“大好优”项目为工作重点,目标明确、措施得力,招商服务线干群在做好大量前期布线、信息对接、商务洽谈和招商活动事务性工作的同时,紧盯目标项目,推进落地项目,拓宽招商渠道。秉承“用心精到、发力精准、细节精致”的工作要求,努力做好项目引进、项目审批推进、大型活动承办等各项工作。2015年,外出敲门招商、拜访对接企业100余家,赴广东、上海、湖南、四川等地招商,专门走访目标企业。3月,借“撤市设区”之机,顺利举办了富阳经济技术开发区上海投资环境推介会;4月,开展萧山、滨江、余杭三区的敲门招商活动;6月底,承办全区重点项目集中签约仪式;10月,组织西博会产业平台展布展;12月底,承办全区重点项目集中开工仪式。同时,积极参加“中国(义乌)世界电子商务大会、“中国(杭州)投资峰会等各类商务活动。巧借平台,扩大宣传,进一步提高知名度美誉度。紧盯中国智慧体育产业基地、宇培(杭州)电子商务运行中心、中民筑友等重点项目，狠抓实质性推进。

（二）中国智慧体育产业基地项目签约

2015年6月29日，富阳经济技术开发区与北京华运智体投资管理有限公司、赛伯乐投资集团签订“中国智慧体育产业基地项目”协议，中国智慧体育产业基地项目由北京华运智体投资管理有限公司联合赛伯乐投资集团共同投资建设，北京华运智体投资管理有限公司系体育报业总社下属企业，由华奥星空和支点投资、朗弘投资联合创立，是整合国家体育总局、中国奥委会、中华全国体育总会相关资源构建的高科技体育投资平台，也是国内第一家专注于智慧体育领域的国有背景投资公司。以华运智体牵头发起成立的国体健身产业技术创新战略联盟也已于2014年底在北京正式成立，发起成立机构30多家，涵盖体育器械研发制造、健身俱乐部运营、医院，以及相关新兴支撑技术的国内知名企业、研究机构、社团、高等院校、金融投资机构、媒体等，整合研发、生产、运营、投资等关键资源，形成全产业链布局。

中国智慧体育产业基地项目通过先行引入中国智慧体育产业联盟、中国智慧体育产业投资基金等项目，带动相关企业项目落户。建设总部经济区（公司总部、国际论坛、金融总部和创新研究院），产业集聚区（智慧体育众创大厦、研发中心和数据中心），教学培训区（体育大学、中小学、国际合作中心、网络教学平台），展示体验区（围绕山、江、岛自然风光建设智慧体育项目体验中心），逐步形成国内独一无二的智慧体育产业基地。项目位于银湖新区，拟以特色小镇模式打造，规划面积3平方公里，建设面积1平方公里。项目一期用地20公顷，总投资逾50亿元，预计年产值300亿元。

（三）杭州首创奥特莱斯项目签约

2015年6月29日，富阳经济技术开发区与首创钜大有限公司签订“杭州首创奥特莱斯项目”协议。北京首都创业集团有限公司是北京市国资委所属的特大型国有集团公司，为中国500强企业。首创钜大有限公司是首创置业控股的香港红筹上市公司，是以奥特莱斯、城市核心综合体及创新业务为主的商业地产运营平台，目前已有北京房山、浙江湖州、江苏昆山及海南万宁4家店开业，4店年销售额约30亿元，合作品牌超700家，另有杭州、南昌、郑州、武汉、长沙及西安等8家店处于建设、筹备、已签约阶段，未来3至5年内将在全国布局20余座奥特莱斯综合体项目，年营业额预计达150亿元，有望成为中国最大的奥特莱斯运营商。首创钜大拟在富阳经济技术开发区东洲新区投资建设“杭州首创奥特莱斯项目”，总投资10亿元，注册资本金总额3.35亿元，项目用地约10.1公顷，建筑总计容面积约15万平方米。项目建筑为托斯卡纳风格，打造杭州富阳山水的“意大利小镇”。店铺约350个，计划引入品牌300多个，以国际知名品牌为主导，国内知名品牌为补充，为富阳区及周边提供一个良好的商业配套，同时辐射杭州市周边3000万人口。预计年销售额可达12亿元，成为杭州至千岛湖黄金旅游带上的新节点。

（四）杭州犸凯奴户外用品集团总部入驻

2015年12月15日，富阳经济技术开发区与杭州犸凯奴户外用品集团有限公司签订“犸凯奴户外用品集团总部”入驻协议。杭州犸凯奴户外用品有限公司成立于2010年，主营业务为“全系列户外用品研发、设计及销售”，旗下拥有makino，makino-kids，deeko等8个独立品牌，为浙江省体育产业联合会理事单位。公司以探索、超越、梦想为品牌理念，通过O2O商业模式，致力于打造成中国时尚户外的第一品牌。现线上渠道已全面覆盖唯品会、天猫、京东、亚马逊等国内外知名电商平台，线下实体店布局超过100家，冠名赞助天津卫视真人秀节目“极限生存之无人区”、滑翔伞世锦赛分站赛等活动，签约著名女星王晓晨做品牌代言人。2015年实现销售2.4亿元，一举进入全国户外用品企业前5位。犸凯奴户外用品集团总部项目，选址于富阳经济技术开发区银湖新区，将重点打造旗下运动体验中心和跨境电商平台项目，计划于2016年布局线下实体店超过300家，全面打造“产品线、户外旅行、运动场经营”三位一体的户外集团，以实现3年内超15亿元产值，10年内超百亿元产值，最终完成集团整体上市的战略目标。

（五）首家全外资规模型制造企业落户

2015年10月26日，富阳经济技术开发区与中民筑友科技集团（香港）有限公司就开发建设“杭州中民筑友绿色建筑科技园项目”签订了投资协议书，这标志着富阳经济技术开发区升格为国家级经济技术开发区后引进的首家全外资规模型制造企业正式落户场口新区。杭州中民筑友绿色建筑科技园项目选址于场口新区塘东畈区块，占地11.74公顷，总投资10亿元港币。主要从事智能建筑和绿色建筑的技术研发，建筑产业现代化用的新材料、新工艺、新技术、新装备的研发、生产、销售以及智能建筑开发经营等。该项目建成投产后预计可实现年产值20亿元人民币、税收1亿元人民币。2015年，中民筑友拥有自主研发的专利数量已达到行业全国第一，并成为行业内第一家上市的企业。至2015年底已进场开工建设。

（六）园区项目进展情况

2015年开发区直管区域内列入富阳区大计划的产业项目31个，其中：工业项目26个（续建项目17个、新建项目9个），服务业项目5个（续建项目4个、新建项目1个），实际完成投资额107.15亿元。列入政府基础设施建设重大项目65个（不含开发区做地及零星配套项目），其中：新建项目29个，续建项目36个，全年计划总投资18.49亿元，实际完成投资34.7亿元，完成全年任务数的187.6%；至年底，36个续建项目18个竣工，13个项目已完成70%以上的工程量，其余项目也均按时间节点计划顺利推进：其中场口多层公寓四期、场口百丈公寓主体建筑均已完工；银湖公寓项目地下室施工全面完成、进入主体施工，银湖实验学校准备中间验收，银湖创新中心已入驻雄迈科技、犸凯奴等企业70余家，已集聚2500余人办公，创税收600余万元；东洲新区京东、大华项目，进展顺利。

（七）富阳硅谷小镇建设

富阳硅谷小镇地处富阳经济技术开发区银湖新区，规划面积约3.8平方公里。小镇以良好的生态资源优势和杭州市智力密集优势为依托，以发展“物联＋创意”为产业导向，不断完善规划布局，提升设施配套，强化项目带动，努力打造富阳“大众创业、万众创新”的示范区、杭州西部信息经济发展的集聚区。硅谷小镇作为富阳融入杭州主城区的桥头堡，主动加强与未来科技城、高新区（滨江）等产业平台的对接，承接杭州企业、人才、信息、资金、技术等梯度转移，夯实硅谷小镇的产业基础。

2015年6月1日，富阳硅谷小镇成功入选全省首批37个特色小镇名单。2015年，硅谷小镇完成固定资产投资18.76亿元，已累计入驻企业（含项目）160余家，实现工业总产值2.51亿元，服务业营业收入23.72亿元，税收收入8261万元，新增财政收入5049万元。至2015年底，硅谷小镇已成功招引进富春硅谷、浙大网新、中国智谷富阳园区、颐高圣泓工业设计园、中国智慧体育产业基地等一批亘量级产业园项目，总投资超过130亿元，现有这些项目投产后预计年产值近千亿元。硅谷小镇在发挥政府主体作用的同时，注重激发市场活力，注重培育加速孵化，现已形成“多园一谷一市场”为主的服务平台体系，“多园”是指“跨境电商园”、“孵化园”、“杭州留学人员富阳创业园”等，总部大楼面积1.2万平方米，内设展示馆、会议中心、洽谈室、休闲运动等公用设施，拥有100多个孵化单元，可为不同类型的留学人员回国创办企业提供50—500平方米的孵化空间和研发基地；“一谷”指“工创谷”，由硅谷小镇联合浙江工业大学与富春硅谷合作共建，采用“政府引导＋高校主导＋企业参与”的三位一体方式，具备“人才汇聚＋项目孵化＋资金集聚”三大功能，以工业4.0为特色，有利于推动科技成果转化，促进大学生创业创新；“一市场”指富阳科技大市场，由硅谷小镇联合富阳区科技局、浙江伍一技术股份有限公司、浙大网新建设的公共服务平台。市场包括展示中心、众创空间、服务窗口、活动中心四大模块，为硅谷小镇创新创业提供低成本、便利化、全要素的专业服务，营造“大众创业、万众创新”的良好环境。

（八）富阳开发区列全省国家级开发区考评第8位

2015年5月18日，根据《浙江省商务厅关于〈2014年度浙江省开发区综合考核评价报告〉

的通知》(浙商务发〔2015〕102 号),富阳经济技术开发区以 387.2 分的总分, 在全省 20 家参加综合考评的国家级开发区中名列第 8 位。综合考评依据四大类指标:经济规模、发展质量、综合效益、增量增速,富阳经济技术开发区在发展质量(158.4 分)和增量增速(100.8 分)两个指标上表现突出,从上一年度的全省国家级开发区中名列第 11 位跃升了三个名次。

(富阳经济技术开发区管委会)

2015 年杭州余杭经济技术开发区发展概况

一、概　况

2015 年 11 月，杭州市委市政府召开杭州余杭经济技术开发区（钱江经济开发区）体制调整工作会议，整合杭州余杭经济技术开发区和杭州钱江经济开发区，成立杭州余杭经济技术开发区（钱江经济开发区）。会议明确“一个平台、一个主体”原则和“一个机构、两块牌子、一套班子”管理体制，并就工作推进、干部选配等工作做了专题部署。新机构是市委市政府的派出机构，机构级别定为正局级，由杭州市委市政府委托余杭区委区政府管理。整合提升后的开发区规划总面积 76.94 平方千米，下辖 1 个街道（东湖街道），托管村（社区）40 个，总人口约 25 万人。

2015 年，杭州余杭经济技术开发区（钱江经济开发区）全年实现规模以上工业总产值 506 亿元，财政总收入 37.6 亿元，固定资产投资 102 亿元，实际到位外资 3.75 亿元，实际到位内资 34.74 亿元，浙商回归到位资金 27 亿元。在 2015 年全省国家级经济技术开发区综合考评中排名第 6 位。

二、主要工作

招商引资。开发区全年引进武汉东湖高新生物医药产业园、中国平安杭州综合创新产业园、五龙电动车核心零部件产业园、奥泰医疗系统有限责任公司、中国数码港科技园、“意大利之窗”跨境贸易综合体验区等一批重大产业项目，总投资近 100 亿元。其中东湖高新和中国平安两个项目的单体投资额均达 25 亿元。2015 年，开发区推进各类项目 80 个，项目开工率 100%，累计完成工业投资 69.6 亿元。杭州长江汽车有限公司、杭州老板电器股份有限公司、杭州思创汇联科技有限公司等一批重大项目建成投产，杭州汽轮机股份有限公司、浙江贝达药业股份有限公司、浙江美浓易盒包装科技有限公司、蓝星（杭州）膜工业有限公司海水淡化二期等项目进展顺利。杭州长江汽车有限公司项目土建、设备安装与调试工作全部完成。

“两化”融合。编制并实施开发区“两化”深度融合实施方案，全年新增“机器换人”项目 25 个。杭州老板电器股份有限公司和杭州民生药业集团有限公司被工信部列为“两化”深度融合贯标试点，杭州贝因美集团有限公司被列入省“两化”深度融合计划项目，4 个项目被列入省级智能制造专项计划，6 个企业被认定为市级工业企业信息化应用示范企业和试点企业，12 个项目申报市级智能制造示范试点。

特色小镇。健康产业小镇规划面积 3.14 平方千米，小镇依托生物医药高新园区建设，围绕医疗器械和创新药物两大产业主导方向，着重吸引一批医疗器械领域研发团队和高端项目，其中在建产业化项目 7 个、孵化项目 15 个、在谈项目 30 余个。智能能源小镇规划面积 3.01 平方千米，小镇以打造以新能源汽车整车及核心零部件、发电工程核心部件、动力储能系统为核心的目标，以杭州长江汽车有限公司为龙头，带动五龙电动车（集团）有限公司电动车核心零部件研发和生产、中聚电池有限公司等产业链项目，推进新能源产品的生产、销售、服务、展示博览及文化旅游。钱江传感小镇规划面积 4.55 平方千米，重点发展基于微机电系统（MEMS）新一代智能传感器产业，小镇完成《杭州国际传感谷建设规划（2015—2020 年）》编制，举办 2015 中国（杭州）

国际传感技术高峰论坛暨首届浙江物联网传感技术创新大赛，推进省传感器和微系统工程技术研究中心筹建，吸引中国数码港等 14 个产业项目入驻。此外，布艺小镇、意大利之窗和天工小镇 3 个特色小镇建设有序推进。

融资上市。开发区有杭州老板电器股份有限公司、杭州兴源过滤科技股份有限公司、南方泵业股份有限公司等上市企业 7 个，上市后备企业 30 余个，其中杭州微光电子股份有限公司、浙江贝达药业股份有限公司等 5 个企业申报材料已受理，浙江春风动力股份有限公司、杭州天地数码科技股份有限公司等一批企业加快推进筹备工作。浙江双林机械股份有限公司、杭州海皇科技股份有限公司、杭州马斯汀医疗器材有限公司登陆新三板。杭州东邦科技有限公司、浙江乐恒动力科技有限公司、杭州佳宝网络技术有限公司 3 个企业在浙江股权交易中心挂牌。

（杭州余杭经济技术开发区管委会）

2015年宁波保税区(出口加工区)发展概况

一、概　况

2015年,宁波保税区(含出口加工区,下同)实现地区生产总值163.9亿元,比上年增长2.92%,其中第二产业产值45.9亿元,同比下降2.77%;第三产业产值117.9亿元,同比增加5.31%。实现财政总收入38.9亿元,同比增长3.06%(其中一般公共预算收入19.4亿元,同比增长5%)。完成全社会固定资产投资8亿元(含象保合作区),同比下降42%。2015年完成规模以上工业总产值344.9亿元,其中高新技术产业产值285.4亿元。全年新批外商投资企业23家,总投资1.3亿美元;合同利用外资1.1亿美元,同比下降0.18%;实际利用外资0.33亿美元,同比下降62.8%。完成外贸进出口总额131.7亿美元,同比下降5.75%。

二、主要工作

引进大项目服务大企业,促进经济稳增长。通过商贸税源招商,生成增量。全年引进项目1029个,注册资本146亿元,其中注册资本500万元以上项目394个、1000万元以上248个,新引进企业实现税收1.4亿元,完成外贸进出口1.3亿美元。通过有效服务企业,做大存量。加大稳增长精准扶持力度,加强重点企业走访、重大项目服务,充分挖掘其发展潜力。蜜芽宝贝、文德、和辉、慈美、浙粮国贸5家企业与上年相比,同比新增外贸进出口3.6亿美元,银亿控股、远大国贸、西子资产、平安财险、永谐国贸5家企业与上年相比,同比新增税收6.5亿元。通过服务项目建设,培育增长潜力。出口加工区物流中心二期、中兴兴通供应链、招商物流一期、丰盛超低温冷库等一批设施建成运营,促进商贸物流业发展。

培育新业态新产业,加快产业转型升级。大力发展跨境电子商务。加大跨境电商发展扶持力度,全年新引进电商企业236家,新建和改扩建跨境仓30万平方米。2015年,跨境电商实现出口3.6亿美元,占全市的45%;跨境电商进口5.3亿美元,同比增长4.5倍。跨境电商实现销售额26亿元,占全市的89%;各项指标位居全国试点城市前列,在全市跨境电商"一个中心、多点布局"发展格局中发挥了龙头作用。成功举办2015中国互联网大会网博会,与中国互联网协会合作设立了国际电子商务产业园、互联网海外高层次人才创新园,接洽引进了一批"互联网+"项目,提升了宁波保税区知名度,得到宁波市领导的充分肯定。加快培育新兴产业。引进入境维修产业企业4家,全年入境维修产品货值近1800万美元,同比增长23.8%。引进文化影视企业4家,成功举办国际油画展、国际艺术品展,为打造"文化保税区"营造良好的发展氛围。引进类金融产业项目65个,注册资本52亿元,实现税收1.3亿元,同比增长8.5倍。设立保税区众创空间,完善创业创新公共服务功能,促进科创企业成长发展。威瑞泰公司承担的国家863重大项目取得阶段性成果;斯达电气、维科电池获批在新三板挂牌,正正电商、泰吉机械、淘淘羊、百事通乐居等进入股改阶段。

推进跨区发展,强化辐射带动作用。象保合作区启动区场平工程完成填方120万立方米、面积0.88平方公里,污水处理、道路管网等公建设施建设稳步推进,邻里中心、再生水厂一期项目开工建设,完成固定资产投资4.8亿元;全年引进项目32个、实现税收7334万元。进口商品市场主体集聚、品牌建设、网络拓展齐头并进，新引进企业243家，建成运营国家馆16个、新建直销中心8家、中东欧国家特色产品常年展等特色馆5个，全年进口消费品市场实现交易额25亿元，获批全省网上网下融合示范市场，通过全国诚信市场、全省五星级市场考核验收。

推进改革创新，提升环境竞争力。改革优化监管审批模式。完成卡口智能化改造，启动工单式核销、集中汇总纳税、区域通关一体化改革等一批试点；健全进口食品分类管理制度，扩大商品预检验范围，全面推广无纸化报检；推进外汇管理简政放权，取消70%的资本项目行政审批事项，深化跨境贷款试点和境内海运费网上支付试点。深化注册登记制度改革，落实“先照后证”、“五证合一、一照一码”、商务秘书住所托管等改革，900家企业享受改革红利。税务管理实现30项涉税事项跨区通办，创新“互联网＋出口退税”模式，使宁波保税区成为全国首批出口退税无纸化管理试点地区之一。创新要素资源配置机制。实施要素资源整合和配置评估决策新机制，全年回购土地10万平方米、仓库厂房3万平方米；出让土地17.3万平方米、转让厂房仓库3.27万平方米，推进了“腾笼换鸟”的工作。鼓励金融保险支持企业发展，帮助企业融资17.7亿元、信保融资8000余万美元。提升政府综合服务效能。推进政务办公信息化，实现公文流转全程无纸化；优化行政审批流程，实施“一门受理、内部流转、多证联办”审批，提高行政效能。创新社会治理，深化安全生产、食品安全、平安和谐创建，全区社会大局稳定。深化“三改一拆”和“五水共治”工作，全面完成清理淘汰黄标车的任务，提升园区环境整体形象。完善民生服务配套，建成人才公寓并启动租售，为212名人才提供了住房保障；新增公共自行车网点10个、配备自行车400辆；完成弘基广场社会管理职能移交，为企业常住人口社区化服务创造了条件。

（宁波保税区管委会）

2015年义乌经济技术开发区发展概况

一、概　况

义乌经济技术开发区(以下简称“义乌开发区”)成立于1992年,1994年8月经浙江省人民政府批准为省级经济开发区,2009年经省人民政府批准成为全省首批整合提升试点单位,整合区域面积为83.92平方公里。2012年3月经国务院批准升级为国家级经济技术开发区。2014年10月,经浙江省人民政府批准实施第二批开发区深化整合提升,区域面积达126.72平方公里,其中核心区块面积为63.52平方公里。

二、主要工作

经济发展。2015年,义乌开发区(整合提升区)拥有规模以上工业企业508家,实现规模以上上工业总产值646亿元,同比增长13.75%;实现进出口总额33亿美元,同比增长32.53%;实现财政总收入52.7亿元,税收收入55.2亿元。

招商引资。以培育主导产业、壮大产业链为突破口,重点推进产业性专业招商、龙头企业带动集群化招商。与吉利集团、德国鲁道夫·沙尔平战略咨询公司等重点企业开展战略合作,大力开展以商引商。2015年引进总投资2亿元人民币以上的内资项目38个,新批准设立的外商及港澳台投资企业10个。引进了吉利集团义利动力总成项目,总投资75亿元;引进了由世界500强正大集团、康地集团投资的中央厨房、肉制品深加工及配套项目,总投资24.4亿元;签订吉利英伦新能源整车项目框架协议,总投资72亿元。

产业发展。义乌开发区拥有袜业、拉链、纺织等10多个行业为主的传统优势产业集群,培育了浪莎袜业、三鼎织带等一批行业领军企业。2015年,义乌开发区纺织服装服饰、纺织业、化纤制造业产值425亿元。按照转型创新发展的新要求,目前义乌开发区正积极培育以时尚产业、汽车整车改装及零部件、生物医药及健康产业为主导的新兴产业及以总部经济为代表的现代服务业。一是汽车装备制造业高速发展。围绕锋锐发动机、义利动力总成、赵龙特种车等重点项目和核心企业,以整车制造为目标,逐渐加快上下游产品的辐射扩张,积极打造汽车产业链。二是生物医药健康产业显著提升。大力推进正大康地中央厨房、健惠生物医药孵化平台项目建设,积极挖掘森宇总部型项目、海之纳大米蛋白等项目的发展潜力,引进二期项目建设。三是时尚新兴产业加速成型。在浪莎、华鼎、年年红等时尚产业基础上,鼓励传统企业通过品牌、创意、设计等方面努力转型升级,逐渐形成较大规模的时尚新材料产业基地。

项目建设。2015年,义乌经济技术开发区实现固定资产投资232亿元。其中义利动力总成项目已开工建设,锋锐发动机项目已实现产品下线,福奥轮毂、海之纳大米蛋白实现部分投产,世宝方向机、赵龙特种车等项目正在加快厂房建设。总用地760亩、总投资300亿元的义乌经济技术开发区总部经济园是浙江省开发区特色品牌园区,其中总部经济区、文化广场、万达广场以及浙铁绿城高档住宅区、医院、银行等城市配套项目正在全速推进中。加快推进新开发区域的路网建设,完成戚继光路、城店南路等五条道路建设,构筑义乌开发区“四横六纵”快速及框架性主干路系统。项目污水改造、变电所建设等工程稳步推进,重大项目的供水供电体系进一步完善。

园区建设。为实现产业的集聚发展和产城的

融合发展，义乌经济技术开发区积极谋划品牌园区和特色小镇建设。一是与吉利集团合作，以赤岸南青口区块为核心，打造集新能源整车、动力总成、汽车零部件及周边产品研发制造，并融合工业旅游、汽车主题旅游、休闲健康运动等功能为一体的“义乌市绿色动力小镇”。二是与德国鲁道夫·沙尔平战略咨询公司合作建设中欧（义乌）智造园，规划面积6.92平方公里，总投资400亿元，在绿色动力小镇的基础上，大力引进欧洲发达国家的产业技术、发展理念和管理经验，重点发展汽车关键零部件、高端智慧装备、节能环保等产业，建设成为国际一流的生态智造区、可持续发展的示范区和国际合作交往的重要平台。

科技创新。2015年，义乌经济技术开发区高新技术企业50家，省级及以上研发机构51个，技改投入额62.9亿元。继续加强义乌高层次人才创业园、国家级博士后工作站等科技平台建设，强化科技人才工作站功能，依托开发区的政策及区位优势，重点吸引高层次人才创业创新项目，培育新兴高新技术企业，实现人才引进与项目、产业的良性互动。目前义乌高层次人才创业园已引进“国千”、“省千”、教授高工等高层次人才团队及科技企业、科研中心22个，引进了总投资1.2亿元的健惠生物医药孵化平台项目。

管理与服务。义乌开发区认真贯彻执行重大项目联系责任制，制定《义乌经济技术开发区2015年度有效投资百日攻坚》，对项目进行全程跟踪管理。进一步完善项目推进协调机制，通过联席会议、协调会议等方式，有效对接市相关部门、镇街，共同解决道路建设和企业落地方面的问题。为进一步加快推进重大产业项目建设，抽调人员专门成立重大项目指挥部，及时协调解决项目推进中的问题。在开发区内部专门设立企业服务中心，为入驻企业提供“一站式”全程代办服务，协调解决企业职工生活、子女入学等问题，努力建立优质的服务环境。

机构设置与管委会领导。在义乌市委、市政府的重视与支持下，《关于支持义乌经济技术开发区发展的若干意见》（义政办发〔2015〕38号）于3月11日下发，明确了义乌开发区的开发范围、主导产业，建立了开发区、部门、镇街互促共享的开发体制。

义乌经济技术开发区管委会下设办公室、招商局、经贸科技局、建设局、财政局五个内设机构，监察审计分局、国土分局、规划分局三个派驻机构，另有义乌经济技术开发区开发有限公司为建设平台（主体）。中共义乌经济技术开发区委员会由项明生、吴小平、黄华、季小丹、龚英浩5名同志组成，项明生同志任党工委书记、管委会主任。

（义乌经济技术开发区管委会）

2015 年宁波杭州湾新区发展概况

一、概　况

2015 年是宁波杭州湾新区实施“新三年行动计划(2013—2015 年)”的收官之年,也是抓好新一轮更好更快发展的谋篇布局之年。新区党工委、管委会以党的十八大、十八届三中四中全会精神和习近平总书记系列重要讲话精神为指导,认真贯彻落实省、市各项工作部署,主动适应和引领经济新常态,着力招商投资、产业培育、产城人融合、环境保护、改革创新,开发建设取得扎实成效。

全年实现地区生产总值 246.8 亿元,增长 12.2%;完成工业总产值 1153.1 亿元,增长 16.1%;完成固定资产投资 330.3 亿元,增长 9.3%;实现财政总收入 81.4 亿元,增长 21.5%;自营进出口总额 18.7 亿美元;合同利用外资 7.0 亿美元,实际利用外资 3.9 亿美元;城镇居民人均可支配收入和农民人均纯收入分别增长 9.5% 和 12.6%。

二、主要工作

(一)牢牢扭住招商投资“牛鼻子”,确保区域经济稳定较快增长

招大引强持续发力。2015 年,签约各类产业项目 29 个,总投资 315.5 亿元,其中市外内资项目实际到位资金 163.8 亿元。引进单体投资 10 亿元以上项目 6 个,其中吉利 DMA 平台整车项目总投资达到 130 亿元。产业门类进一步丰富,在汽车整车及零部件、新材料、高端装备、生物医药产业之外,引进了通用航空、数据应用及智慧城市、电子商务等产业项目。

重大项目加快建设。2015 年,完成产业投资 276.2 亿元,新开工、新投产企业 28 个。新建项目快速推进,双成药业一期完成投资 2.7 亿元,方太第二工业园一期完成投资 1.9 亿元。续建项目进展良好,上汽大众宁波基地扩建项目完成投资 154.6 亿元,进入设备安装调试阶段;华强方特·东方神画完成投资 8.4 亿元,具备初步接待能力;吉利—沃尔沃中国设计及试验中心项目完成投资 36.3 亿元,整车试制中心主体完工验收,动力总成试验中心主体结构完成施工。

“双百行动”成效明显。着眼于“稳增长、强基础”,集中部署开展招商引资和促投资稳增长“百日攻坚”行动,经过 120 余天努力,取得积极成效。启动全员招商,出台了《宁波杭州湾新区项目招商管理办法》和《动员社会力量推进新区招商工作的若干意见》,各单位积极参与到招商当中,积累了一批项目信息。狠抓有效投资,专门成立了重点工程项目服务推进领导小组,加大对项目的跟踪、协调、督促力度,总投资 136 亿元的康泰博杭州湾生命科技园、方太产业集群、中国移动宁波信息通信产业园 3 个重大项目集中开工。

(二)加快新兴产业培育,增强创新动力促进转型发展

实施多元化产业培育工程。2015 年,汽车产业发展迅猛,完成产值 530.6 亿元,增长 51.4%。在上汽大众、吉利汽车的带动下,配套企业迅速做大,产值亿元以上配套企业达到 18 家。生命健康产业崭露头角,集聚了康龙化成、双成药业、麟沣等生命健康领域企业 17 家,合计总投资 82.8 亿元。通航产业着手谋划,通航机场报批积极推进,通用航空投资发展公司正式组建,与中航工业经济研究院、中航通用飞机公司等企业签订了战略合作协议。文化休闲产业稳步推进,依托新

区丰富的滩涂、湿地、地热资源，加快布局重点开发板块，其中宁波杭州湾滨海欢乐小镇列入全省特色小镇创建名单。现代服务业着手谋划，研究制订“1＋7”现代服务业发展政策，专门布局并启动了金融集聚区、体育公园、湿地民宿等项目，同时围绕金融业等7大现代服务业领域，在上海、北京等重点城市举办了一系列专题招商推介活动，推进一批现代服务业项目的洽谈。

实施创新平台引领工程。支持大众创业、万众创新，按照打造国内一流众创园的目标，策划漂染园区转型升级为众创园区，占地430亩的一期项目启动建设。加快公共创新平台发展，复旦大学宁波研究院、同济产业园入选宁波市创客服务中心，总规模2.4亿元的复旦杭州湾创新创业基金正式成立，吉利汽车研究院集聚高端研发人才3000余名。

实施企业成长培育工程。坚持“放水养鱼”，完善企业政策体系，培育良性企业梯队，企业纳税20强合计纳税48.3亿元，增长26.9%。做好“两辆车”的服务保障工作。2015年，新区整车产量突破40万台，其中上汽大众生产整车25.7万台，实现产值335.7亿元；吉利汽车生产整车16.2万台，产值再超百亿。扩大重点优势企业培育覆盖面，新增华德、妈咪宝、沁园3家“一企一策”培育对象。出台支持企业到新三板挂牌、促进外贸平稳发展、小微企业三年成长计划等一揽子政策，中源渔具在“新三板”挂牌上市，天龙电子等企业加快上市进度；完成“个转企”18家，“小升规”14家。全年产值销售超300亿元企业1家、100亿—200亿元企业1家、30亿—100亿元企业3家、10亿—30亿元企业14家。

实施“四换三名”工程。“电商换市”步伐加快，区内更多企业采用“线上＋线下”的营销模式，其中方太、沁园两家示范企业网上销售分别达到14.0亿元、5.2亿元，走上了拓展新市场的“高速路”。跨境电商试点工作正式启动，完成了首单跨境电商进口试运作。“空间换地”稳步推进，完成了闲置土地和低效用地的排摸与核查，启动了涉及200余家企业的土地清理行动；抓好地下空间开发，首个道路地下综合管廊试点项目开工建设，总投资4亿元的华强立体停车楼项目启动实施，4.8万平方米的吉利—沃尔沃中国设计及试验中心地下空间项目建成完工。“机器换人”力度加大，实施企业技改项目39个，完成工业技改投资240亿元。

实施科技人才发展工程。推进创业型“人才特区”建设，突出制度供给，人才新政修订启动。全年新增国家“千人计划”2名、省“151人才工程”2名，新增市“3315计划”个人(团队)2名(个)、领军拔尖人才培养工程7名、市级企业技术创新团队1个、“海外工程师”7名，新增高新技术企业7家。

(三)着眼于一体化融合式发展，加快城市功能完善品质提升

加快完善规划体系。开展规划编制项目16个，《新区总体规划中期评估及发展战略研究》编制完成，重点区块规划研究、重点地块城市设计、社会事业及其他专项规划编制工作有序开展。

加快建设基础设施。完成基础设施投资54.2亿元。配合省市做好了杭甬高速复线杭州湾西连接线公路工程、国道G228庵东至余姚梨洲段及余慈中心连接线工程的前期工作；胜陆公路北延新区段建成通车。完善区内交通，新增道路里程15.6公里，沈海高速新区东出入口改造工程、“五桥二路”等一批市政工程开工建设。十二塘围涂二期工程完工验收，建塘江两侧围涂工程一期稳步推进，慈西水库、九塘江疏通等工程启动建设。首座加油站建成运营，华润燃气加气站开工建设，新增变、配电容量35.3万千伏安。

加快发展社会事业。全区义务段学校标准化创建率提高至91%，8所中小学校创建成为宁波市数字化校园，宁波科学中学、庵东初级中学、世纪城实验小学等学校学生成绩居慈溪市同类学校前列。宁波国际职业技术学院一期工程快速推进，宁波科学中学新校区、城区新建小学积极谋划布局。宁波市杭州湾医院完成三级医疗机构设置审批，医院工程施工与设备设施采购同步推进。

加快公共设施布局。提升公共交通服务，方特公交首末站投入试运行，加快建设世纪城、北部工业区块公交首末站。打造城市体育健身圈，实施体育公园、城市漫步道(自行车道)规划。完善湿地公园配套，湿地环境教育中心二期工程、观测站等一批项目建成投用。

大力支持庵东镇发展。国家卫生镇创建取得阶段性成果，“三村一线”创建不断深化，完成新一轮三洋中心村、浦东特色村、兴陆全面小康村和七塘公路精品线创建申报，推进海星中心村和虹桥、桥南旅游特色村建设。农业发展水平提高，新建宁波市级特色农业精品园1家、区级农业精品园2家，新增国家无公害农产品认证4个、宁波市级农业标准化示范区2个，新建高标准农田12090亩、小型农田水利2100亩。乡村旅游业破题起步，13家民宿示范点启动建设，民宿网站建成开通。庵东镇成功创建成为宁波市森林城镇，海星村获得“宁波市最洁美村庄”称号，桥南村获得“宁波市最洁美村庄”提名奖。

圆满承办首届宁波国际马拉松赛。该赛事邀请到港澳台、英国、美国等32个国家和地区的10000名选手参赛，央视五套全程航拍直播，共50多家媒体的60多名记者现场直击报道，刊播赛事新闻1800余篇，向世界全方位展示了新区欣欣向荣、充满活力、生态宜居的滨海城市形象，有力提升了新区的知名度、美誉度和影响力。

（四）突出问题导向，着力打造环境优美生态宜居新区

“五水共治”深入开展。完成治水投资4.6亿元。5条臭黑河通过整治验收，新区“三河”正式摘帽；五金园区河道生态治理工程积极推进；抓好农村水环境治理，关闭无证无照禽畜养殖场19家，整治、疏浚河道26.5公里，桥南、兴陆两个市级村庄水环境示范村项目开工建设，宏兴、浦东创建成为宁波市水环境整治示范村；加大水环境执法力度，查处企业涉水项目环境违法行为11起。

“三改一拆”、“两路两侧”、“四边三化”整治强力推进。拆除违法建筑17.3万平方米，改造旧住宅、旧厂区4.4万平方米，超额完成年度目标任务。按时完成了包括省定11处、市定27处整治点在内的“两路两侧”整治任务。全面启动了防汛公路两侧整治前期工作。

环境整治提升行动计划启动实施。落实省“两美浙江”和市“提升城乡品质、建设美丽宁波”行动部署，启动新区《环境整治提升三年行动计划》，对辖区环境卫生、市容市貌、交通秩序、社会治安进行系统整治，加快建立环境整治长效机制和环境监督管理长效机制。

湿地滩涂保护力度不减。制定并实施湿地公园潮间带滩涂生态管理计划，编制完成了新一轮国家湿地公园总体规划，湿地公园管理工作、野生动物保护工作扎实开展。深化“一打三整治”行动，完成无证渔船拆解、违规高低网具和地笼网清理任务。

节能减排和低碳城市建设取得新成效。万元工业产值COD、SO_2排放量分别下降4.1%、4.4%。上汽大众宁波基地一期总装机容量20兆瓦的分布式光伏电站并网发电，并获得了吉尼斯世界纪录。黄标车淘汰任务提前两年完成。新增绿化面积75万平方米。

（五）深化体制机制改革创新，着力提升依法治区水平

新区法定管理主体资格进一步确立。《宁波杭州湾新区条例》通过市人大审议、省人大批准并正式实施，新区管委会及所属行政管理职能机构行政执法主体资格获宁波市政府确认并公告。《条例》颁布后，以法律的形式将新区独立的行政主体资格予以固化并落实到位，促进新区管理工作法治化。围绕落实《条例》，与慈溪市签订了相关委托事项联席会议纪要，努力使服务群众不失位、不缺位。

重点领域改革创新有效推进。加强财源建设，统筹做好存量资产盘活、存量债务化解、融资模式创新等工作。加快国有企业改革，出台深化国企改革实施意见，成立海创公司等新的国有公司，国有资产监管体制、国有企业资源配置进一步完善。深化大部制改革，完成新一轮机构调整完善，设立国有资产监督管理委员会、现代服务业发展局、众创园办公室、建塘江围垦项目指挥部，调整南洋小城开发建设指挥部、大众吉利项目指挥部，职能配置与人员调配同步到位。推进城乡一体化改革，开展村庄整治，探索创新村级集体经济发展模式、农村住房制度和拆迁安置方式，加快农民市民化进程。

安全生产、市场监管水平有力提升。高度重

视安全生产，扎实开展安全生产联合检查及“三场所一企业”、烟花爆竹、租赁厂房、建筑工地等系列专项整治，打击非法违法行为；探索试行“安全生产＋保险风控”模式，并取得了积极成效。稳步推进企业安全生产标准化建设，新增一级标准化达标单位1家、二级标准化达标单位4家。深入开展无照（证）经营整治、烟草市场清理、“红盾网剑”等专项行动，加强餐饮食品、药品药械、特种设备、危化品监管以及预防和打击传销工作，成功破获假冒“苹果”品牌商标等一批案件。

社会和谐稳定局面持续巩固。加强流动人口服务管理，流动人口登记做证率、人户（间）一致率和出租房屋登记率均超过95%。健全社会矛盾大调解工作机制，日常信访调处成功率达到94.6%。推进基层信访调处网络建设，组建新区商会调委会，覆盖企业200余家。针对反恐斗争新形势，全面加强重点时期、重点目标单位反恐安全保卫工作。创新社会治安管控方式，公安、交警、城管“三合一”治安岗亭启动建设。社会总体保持和谐稳定。

（宁波杭州湾新区管委会）

2015年温州经济技术开发区发展概况

一、概　况

温州经济技术开发区(以下简称“开发区”)1992年经国务院批准设立，是浙江南部福建北部首家国家级开发区，区域范围覆盖滨海园区、金海园区和委托管理的三个街道,开发建设面积140.18平方公里，总人口23万人。2014年初经省政府批复,开发区跨区域合作整合提升至“一区七园”。2015年,温州市委、市政府将浙南沿海先进装备制造产业集聚区、温州瓯飞管委会与温州经济技术开发区“三区合一”,实行“三块牌子、一套人马”管理。

2015年，开发区实现地区生产总值200亿元,工业总产值658.55亿元,规模以上工业增加值76.38亿元,财政总收入22.8亿元,限额以上固定资产投资126.29亿元，限额以上社会消费品零售总额19.95亿元。全区现有工业企业3000多家,其中规模以上企业373家,科技型企业及高新技术企业产值占规模以上工业总产值比重43%。培育支柱产业、特色产业和新兴产业,重点扶持电气机械、服装鞋革等传统优势产业和海洋科技与激光光电、新能源新材料、高端装备制造、电商与物流、汽车产业等新兴产业集群。其中以汽车关键零部件产业链为纽带，打造集汽车制造、文化、贸易与销售于一体的时尚汽车城;汽车产业已形成产值超百亿产业集群。加快服装鞋革、水暖洁具、民用电器等传统特色产业集群触网,使传统产业焕发时尚活力,荣获省级特种装备特色品牌园区,中国开发区30年30强“产业创新奖”,街道特色产业集群凸显,先后拿到中国水暖洁具之都、食药机械之城、中国民用建筑基地等国字号金名片。

二、主要工作

重大项目与招商引资方面，强化招大引强，瞄准央企、世界500强、行业龙头、温商回归,千方百计捕捉商机,锲而不舍跟踪落实。全年共引进项目89个,出让工业用地937.1亩,完成年度任务的117%,温商回归到位资金39.48亿元,完成年度任务的112%,利用外资4783万美元,完成年度任务的105%。引进世界500强、总投资约20亿元、总用地500亩的年产120万吨百威啤酒项目,土地成功摘牌。总投资10亿元、总用地123亩的顺丰电商产业园正式落地建设。总投资60亿元、总用地约1200亩的中国电子产业园一期项目已注册成立中电温州产业园发展有限公司,注册资金5亿元,一期注册资本金1.5亿元到位。

产业转型升级发展方面,出台主导产业扶持政策,优化企业服务,减轻企业负担,打好两链化解、“四换三名”“三转一市”等转型升级“组合拳”,先进装备、汽车产业、现代物流和电子信息等四大主导产业发展态势良好。正泰电器科技等一批项目正式投产，恒丰泰入选2015国家产业振兴项目,人本轴承等5个项目列入省重点技改项目,完成技改投资40.67亿元,同比增长20.4%,占工业投资比重65.4%,规模以上全员劳动生产率同比增长9.5%。完成“小升规”41家、“个转企”217家、股改12家。发展电子商务的实体企业达110家,青年电商产业园已入驻企业49家。万洋食药器械创业创新园开工建设。中国汽车金融论坛永久会址、汽车文化公园建成投用,并成功举办了中国汽车金融发展论坛、世界老式汽车荣耀浙江行高峰论坛等活动,初步形成汽车时尚小镇氛围。中国水暖卫浴五金出口(温州)基地落户。新增3家省级企业研究院;新认定高新技术企业18家、省科技型中小企业36家、发明专利授权量117件;全年高新技术产业增加值、规模以上工业新产品产值分别增长16.8%和33.3%。

园区核心区建设方面,加快推进金海园区产业项目和基础设施配套项目建设,全年完成限额以上固定资产投资53.83亿元,占全区投资比重达42.6%,同比增长35.4%。金海大厦、海洋科技创新园、职教基地、交通枢纽中心、金海湖公园、金海一幼、丁山社区卫生服务中心等项目加快推进,碧桂园、区人才公寓等安居工程热销。置信立体公园、五星级华廷大酒店开工建设。

生态环境建设方面,坚持环境立城战略,持续推进以"水岸同治"为重点的环境综合治理,加快东片排涝工程等项目建设,完成治水年度投资6.47亿元,完成年度任务的104.4%。全区劣五类水质河道基本消灭。推进14家畜牧场改造提升。推进第一批"国家低碳工业园区"试点和省级循环化改造示范园区创建,国家生态工业示范园区创建通过环保部技术核查。合成革生产线累计削减34条,削减率达53%。新建绿化40公顷,启动垃圾分类试点工作,垃圾无害化处理率达100%。拆除违法建筑56.4万平方米,完成年度任务的125.4%,星海街道通过"无违建"创建验收。旧住宅区改造3.3万平方米,旧厂区改造12.4万平方米。

项目化改革方面,坚持试点先行、以点带面推进各领域改革创新。作为全省四家中唯一一家开发区,综合审批改革列入国家相对集中行政许可权试点。深入推进全省首家开发区综合执法省级改革试点。有序推进"五张清单一张网"改革,在全市率先探索实施"负面清单"管理模式,项目建设周期缩短近5个月。开展"五证合一、一照一码"行政审批制度新模式,颁发全市首张全程电子化登记的企业营业执照。组织开展政府投资建设工程项目竣工"三测合一"试点,提高中介机构服务效率。瓯飞一期等2个项目入选国家PPP项目库,第二污水处理厂中水回用工程PPP项目已投入试运行。数字开发区二期成果荣获中国国家地理信息产业优秀工程金奖。

民生事业发展方面,全年民生投入财政资金7.67亿元,同比增长11.3%。天河中心幼儿园建成投用,成功创建书香校园4所、数字化校园4所,被评为温州市"课堂变革"示范区域。新建1所街道中心图书馆、28家农家书屋。贯通园区内几条主次干道,改造提升沙城中心街等4条道路。组建完成"三环一纵"微公交循环系统。举办38场现场招聘会,组织参加18场赴外招才引智活动,免费帮助企业招聘员工2万余人。深入开展"135扶残助残惠民工程"。超额完成社保扩面任务。深化平安建设,深入开展"百日维稳攻坚大会战",大力推进消防安全双月攻坚"236"决战行动,被评为全市先进单位。全面强化社会治安防控体系,命案、"两抢"等七类案件发案创历史新低。

(温州经济技术开发区管委会)

2015年长兴经济技术开发区发展概况

一、概　况

2015年，在县委、县政府的正确领导和社会各界的大力支持下，长兴经济技术开发区围绕"二次创业"奋斗目标，理顺体制机制，凝聚发展合力，突出工作重点，全力开展产业招商、项目推进、企业培育和平台建设"四大突破"，切实加强民生、党建"两项保障"，经济社会各项事业保持较平稳的发展态势。

全年共完成财政收入9.42亿元，固定资产投资65亿元；完成规模以上工业总产值182亿元，工业性投入30.25亿元，自营出口3.8亿美元；完成合同外资1.34亿美元，实到外资1248万美元，县外内资注册20.18亿元，引进大好高项目8个；完成主板上市企业1家，新三板挂牌企业3家。被列入全省第二批循环化改造示范试点园区和首批国际产业合作园。

二、主要工作

（一）狠抓产业招商

坚持招商引资"一号工程"和"一把手工程"不动摇，围绕"3+1"产业培育方向，整合各方资源，积极拓展"产业招商"、"驻点招商"、"后台招商"、"以商引商"等方法和渠道，主动作为，不断提高招商实效。实体工业项目方面，新引进超威物流车、微米新能源汽车、和仁科技等项目35个，总投资近100亿元，其中：亿元以上项目18个，目前已落地建设17个。科技项目方面，以国家大学科技园、慧谷科技园为载体，加强校区合作，着力在杭州海创园、上海张江高科等地源头攻坚，共引进科技孵化项目35个，其中，南太湖精英计划项目12个，市"大好高"项目1个；引进校区合作项目3个，科技中介项目3个。总部经济方面，按照"一楼一主题"的发展思路，强化载体作用，明确楼宇主题，开展专题推介，全年共在上海、杭州等地举办总部专题推介会4次，引进总部经济项目102个，金融新业态项目52个。全年完成总部销售81亿元，入库税收1.33亿元，同比增长21%。

（二）狠抓项目推进

坚持"项目为纲、产出为本"，倒排时间计划，创新工作机制，推动项目早开工、快建设、早投产。全年共推进二三产项目58个，其中：工业项目39个，商业项目19个（含总部楼宇项目11个）。工业项目方面，诺力募投、八环、中晶、优全、谦达、汉能技改、德玛克（机械）、恒富、安博、海鼎等12个项目顺利推进；海悦、发恩、吉祥、德玛克（注塑）、德尔福正式投产，恒星科技和八环轴承全面建成，目前已开始试生产；嘉吉石化二期、天达环保二期、天衣机械二期等一批技改项目主体竣工。商业项目方面，置和总部、望湖国际、雪佛兰4S店、中田4S店、云龙大厦、森富大厦、建设大厦、凯悦大厦、国贸大厦等项目顺利完工；中汽零广场、港信大厦、总部四幢、交通大厦步入扫尾。智慧大厦、欢乐水岸、橙天地、和仁科技等项目已排定计划推进，开展前期勘探、施工图纸设计等工作，2016年主体动工建设。

（三）狠抓企业培育

坚持服务与管理并重，结合企业发展实际，分类服务、分类指导，全面推进股改上市、"四换三名"、"两化融合"等工作，着力提升经济运行质量。一是突出抓上市。通过宣传发动、政策引导、定期交流、专家辅导等方式，营造了企业竞股改、争上市的浓厚氛围。诺力机械在主板上市，万享科技、长兴制药、爱侣科技在新三板挂牌，鑫祥、奥利尔在四板挂牌。二是合力推“四换”。全年共完成现代化技改投入15.7亿元；完成低效用地二次开发385亩，原九川、泰格、健士达等地块顺利盘活嫁接优质项目；新培育“电商换市”企业10家。三是着力强科技。突出企业的主体作用，引导企业加大研发投入，提高自主创新能力，提升管理水平，推动企业技术升级、管理升级、产品升级。完成省级新产品认定60个，省级以上科技项目10项，新培育“两化融合”县重点项目24个、市重点项目4个。四是全力排风险。提前介入、靠前服务，及时化解企业在融资、互保等方面存在的隐患，有效防范企业风险。认真落实联企联项目工作机制，第一时间协调解决企业困难，保障了园区企业的平稳健康发展。

（四）狠抓平台建设

根据产业培育方向和项目入驻需求，盘活存量资源，完善配套水平，着力提升平台承载力。一是整合规划体系。结合体制机制理顺工作，编制完成原开发区、太湖新城和国家大学科技园的产业、城建、土地等规划体系，初步实现了辖区内的“五规合一”和一盘棋运作。二是提升硬件水平。按照“建管并举”的要求，有序推进道路、管网等配套建设，并加强日常维护。完成三河湾中轴路、文苑路东段、温州路等市政工程建设，新建和改造污水管网6公里、供水管网5公里，新增绿化190亩。三是完善软件配套。加快生产性服务业发展，强化实体经济有效支撑，启动工业设计、科技服务、金融支持等软平台建设；国家大学科技园正式启用，并按照一流园区的要求，完善了科技园各项功能配套，成功与交大慧谷科技园等进行了资源整合，实现了强强联手；太湖资本广场投入运营，集聚效应初步显现；浙北模具加工中心挂牌运营，引进模具企业8家；电商创业创新中心等众创平台投入使用，比华丽、星网等电商平台进一步集聚，得威电商平台上线运营。四是强化土地保障。结合项目入驻需求，启动区街联动机制，完成征地812.5亩，拆迁252户共6.95万平米，并及时做好清表工作。全面开展已征未用土地界址复核，探索在有条件的区域试行集中经营的管理模式，加强对未用土地的管理。五是创新投融资模式。按照“立足当前，着眼长远”的要求，积极拓展融资渠道，统筹利用多种融资产品，初步实现了降成本、控规模，确保资金链安全。学习借鉴先进地区“奖改投”等做法和经验，新组建产业引导基金和新能源产业等子基金。导入经营理念，探索开展园内资金与实体产业相结合的投资方式，相继向中晶科技、爱侣科技、瑞高绿建等优质项目注入了股权投资。

（长兴经济技术开发区管委会）

2015年平湖经济技术开发区发展概况

一、概 况

2015年，平湖经济技术开发区（以下简称“平湖经开区”）围绕“转型升级示范区”、“扩容提质生态区”、“提能增效先行区”的建设目标，进一步提升园区产业层次，优化发展环境，全面推动经济社会各项事业跨越发展。全年完成生产总值1009579万元，同比增长4.90%，工业总产值3554383万元。173家主营业务收入2000万元以上工业企业实现工业总产值3158430万元、主营业务收入3061665万元、利税总额305933万元、其中利润194299万元，增长3.70%，完成进出口总额255833万美元，其中出口184819万美元，全年实现财政总收入266196万元，其中地方公共财政预算收入98252万元，分别增长26.00%和18.80%。

二、主要工作

招商任务超额完成。2015年，平湖经开区共审批外资项目34个，总投资48008.30万美元。合同外资21623.80万美元，完成全年考核任务的116.26%；实到外资18572万美元，同比增长23%，完成全年考核任务的134.60%。浙商回归到位省外资金150346万元，完成全年考核任务的203%。引进市外内资90164万元，完成全年考核任务的150.30%。新引进项目中，审批总投资1亿美元以上的外资项目1个；新引进注册资本1000万美元以上外资项目5个，2000万美元以上4个，3000万美元以上3个。投资主体累计已涵盖日本、韩国、美国、德国、法国、意大利、中国台湾地区等30多个国家和地区。

重点项目快速推进。2015年，在建项目122个（包括房地产），完成固定资产投资531072万元，比上年增长21.11%。其中工业生产性投资项目80个，完成投资额387007万元，比上年增长16.57%，完成年度目标任务的100.30%；服务业投资完成139615万元（其中房地产投入38621万元），比上年增长39.08%。2015年，列入浙江省平湖市重点工业推进项目25个（其中新建项目10个，续建项目15个），全年共投入201515万元，完成全年任务的140.40%。

资源整合拓展提升。“两退两进”深入实施，全年完成项目30个，收回面积597.80亩，完成全年考核任务（500亩）的119%，其中直接腾退18个302.56亩，完成直接腾退（150亩）任务202%。“四换三名”加速转型，全区技改总投入274576万元，申报机器换人项目46个，完成36个，减少用工2800余人。排查空间换地企业22家，通过拆旧造新、加层改造，新增建筑面积16.38万平方米，折合土地面积245.70亩。年底已有70多家企业开通了电子商务业务，其中包括伊思佳、南六企业等25家规模以上龙头企业。累计培育国家高新技术企业20家，拥有浙江名牌产品9个、嘉兴名牌产品11个、平湖名牌产品11个，嘉兴市长质量奖工业企业1家，平湖市长质量奖工业企业7家。科技人才创新驱动，全年引进硕士以上高层次人才52名（含博士16名），引进国家“千人计划”1名，培育省“千人计划”2名，引进省“千人计划”2名，培育嘉兴领军人才7名、平湖领军人才2名，成功培育1家省级研发中心、9家市级研发中心。2015年完成各类专利申报717件，其中发明类251件，新增1家省级专利示范企业。

平台建设全面优化。2015年全区完成立项工程200个，总投资141605万元。其中5万以上立项157项，总投资141358万元。完成解放西路（如意路—平湖大道）、永兴路中段（新华北路—老平钟公路）、永兴路西段（兴平一路—平湖大道）等建设工程；完成职工公寓道路桥梁工程、6号桥工程、圆通路圆通桥和沈望桥工程。完成二级管网11.90公里的建设任务。完成新华路高压入地、弱电入地土建工程，以及新群路等5条道路的路灯安装及安保设施工程。完成河道疏浚29公里。完成15村强村项目、西科厂房和花园标准厂房共计6.5万平方米；新开工领军人才厂房、钟南村厂房、兴平二路1558号厂房工程共计3.80万平方米；波勒厂房、兴平一路1688号厂房、福莱斯乐厂房和54村厂房正在筹建中，建筑面积8万平方米。至2015年底，区内标准厂房累计已供31家企业入驻。钟埭集镇改造加速推进，钟溪商业城、派出所业务用房及文体中心完成初步设计评审，白马幼儿园已开工建设。精心打造多个特色公园绿地项目，完成绿化建设73万平方米，主要围绕樱花公园、茶花公园、枫叶公园等的建设和新华路两侧以及一些重要道路的补植，3200亩中央公园方案设计中。

平湖经开区成功获评浙江中日（平湖）产业合作园。2015年8月31日，经浙江省商务厅会同浙江省发改委、浙江省财政厅、浙江省外侨办、商务部驻杭特办以及有关专家的共同审定，平湖经济技术开发区被评为首批“浙江国际产业合作园”——浙江中日（平湖）产业合作园（以下简称合作园）。合作园规划面积27.5平方公里，东至上海塘，北至北市河、西至西环线，南至嘉兴塘、福臻路，是平湖经开区的核心区域。合作园依托临沪区位优势和日资企业集聚基础，按照大力吸引日资产业链企业，加快产业转型升级，推动创新驱动发展，建设新型示范园区的总体规划，将功能区分为产业发展区、生活服务区、生态绿化区和高科技创业服务中心，予以重点支持和建设，规划建立“光机电、生物技术、综合工业、中心商贸区”4个合作园中园，依托光机电、生物技术产业集聚优势，进一步招大引强，延伸两大产业链，做大产业，做强品牌，扩大影响。2015年，合作园规模以上日企实现产值1502990万元，利税总额133941万元，当年工业土地产出每亩781万元。合作园内产值和纳税三十强企业中，日资企业均占半数以上。

平湖经开区入选嘉兴市新经济园。2015年11月，嘉兴市政府公布嘉兴市新经济园名单，平湖经开区成功入选。平湖经开区自2001年起，利用外资已连续14年进入浙江省开发区“十强”行列，是浙江省级信息产业特色园区、浙江省唯一一个经省政府批准的日商投资区、国家（嘉兴）机电元件产业园和国家火炬计划平湖光机电产业基地核心区、浙江省外商投资新兴产业（光机电、生物技术）示范基地。2013年正式升格为国家级经济技术开发区。平湖经开区“光机电”及“生物技术（食品）”两大支柱产业发展迅猛，产业创新不断加快。2015年68家规模以上光机电企业实现产值1853501万元，利税169744万元；7家规上生物技术企业实现产值329866万元，利税56151万元，已经连续三年增长超15%，两大产业已占据平湖市三大主动力产业（光机电、临港、生物技术）的两席。

德国福尔波西格林传送系统项目签约落户。10月20日，平湖经开区2015年最大的德国项目福尔波西格林传送系统项目签约落户，平湖市委书记盛付祥，副市长钱勇彪，市政协副主席、开发区党工委书记、管委会主任周弟明出席签约仪式。项目投资方福尔波西格林集团作为全球地材系统及传送系统领域的行业龙头，生产、配送中心和专属销售机构遍布世界各地，产品主要应用于食品、汽车、物流、公共建筑及交通运输等领域。该项目的顺利落户，为平湖经开区带来德国的先进制造技术，有效弥补了开发区在传送系统领域的空白，进一步提升了开发区光机电产业层次。项目总投资5600万美元，注册资本2500万美元，一期用地90亩，建造厂房25000平方米，项目建成后，产品将出口到亚太地区及欧洲的国家和地区。

建区以来最大化妆品项目韩国托尼魅力化妆品项目落户签约。2015年11月26日，平湖经开建区以来最大的化妆品项目韩国托尼魅力化妆品项目正式签约落户，平湖市委书记盛付祥，副市长钱勇彪，市政协副主席、开发区党工委书记、管委会主任周弟明出席签约仪式。项目的投资方韩国托尼魅力株式会社主要从事研究、开发、生产、加工发用、护肤、美容美饰、香水(化妆水)类化妆品及相关的原材料,销售公司自产产品,上述同类产品的批发、进出口业务,并提供产品的售后服务及相关咨询,容器及包材研究、生产及销售,产品在国内外都拥有较高的人气。项目的落户有助于进一步优化提升开发区生物技术“四品”(食品、药品、化妆品、保健品)项目产业层次,加速产业链的形成。此次签约的项目是韩国托尼魅力株式会社在中国设立的第一个生产基地,总投资7500万美元,注册资金2500万美元,用地96亩。

创新建立欧美俱乐部。2015年6月19日,平湖经开区欧美俱乐部正式成立。平湖市委书记盛付祥,市政协副主席、开发区党工委书记、管委会主任周弟明出席并讲话。平湖经开欧美俱乐部成员由开发区内的欧美企业家、欧美企业管理人员及其他欧美籍友人组成。德西福格汽车配件(平湖)有限公司总经理李劲宏担任首届俱乐部主席,科世科汽车部件(平湖)有限公司总经理马丁.莫泽尔和斯凯孚驱动系统(平湖)有限公司总经理纪金德担任副主席。平湖经开区的欧美俱乐部,在开发区年初制定的“巩固日韩、开拓欧美、主攻德资”的招商战略下孕育而生,旨在为区内欧美企业搭建起交流的沙龙、政企互动的纽带,助推企业发展,进一步加速欧美企业集群的形成,加快“拓展欧美”招商战略目标的实现,为平湖经开区转型升级积聚重要的发展动力。

G30企业峰会成立。2015年10月9日,平湖经开区的G30企业峰会正式成立。平湖市副市长钱勇彪、市政协副主席、开发区党工委书记、管委会主任周弟明出席仪式。峰会是由平湖经开区主导辖区内纳税前30强企业自愿结成非正式团体,旨在为辖区企业搭建起沟通交流的平台,为做强园区产业规模、破解企业发展难题、加强对企沟通联络提供平台支持。平湖经开区的G30峰会每季度联合举行一次主题活动,组织会员企业轮流开展讲座、论坛、考察等,进一步加强了政企、企企之间的交流互动,为企业信息共享、发展提升营造了良好氛围。

平湖市首个外资企业工会联合会成立。2015年3月,平湖市首个外资企业工会联合会在平湖经开区成立。平湖经开区总工会创新工会工作,探索工会工作的新路径,根据区内企业的类型和特点,导入“分片”管理的新模式,在同一“区块”内的企业工会中建立信息共享、资源共用、相互合作、共同提高的工作机制,将区内日本电产集团下属的十三家企业工会组建成联合体—“电产集团工会联合会”,在平湖经开区总工会的直接领导下开展工作。根据选举,区党工委副书记俞四龙担任名誉会长;日本电产集团党委书记、日本电产(浙江)有限公司工会主席徐威担任会长。

泛亚生物获评浙江省科技型企业。2015年11月16日,浙江泛亚生物医药股份有限公司通过浙江省科技厅的审核认定,被评为浙江省科技型企业。浙江泛亚生物医药股份有限公司是一家以药用虫生真菌研发、生产和销售为主营业务的生物医药企业,企业落户平湖经开区至今,已累计取得17件发明专利的授权,是国内首家对蝉花虫草进行产业化开发的企业,致力于蝉花虫草系列产品的自主研发,并取得大批拥有自主知识产权的研究成果。此次被认定为省级科技型企业,是泛亚公司本年度继获得平湖市专利示范企业、嘉兴市高新技术研究开发中心、省农业科技型企业后的又一荣誉。企业先后还被认定为国家“虫草研发推广示范基地”,“金蝉花产业化示范基地”,“虫草科普教育示范基地”,“2015年虫草行业领军企业”。企业的快速发展壮大,为平湖经开区生物技术产业层次的提升发挥了积极的推动作用,为引导更多的上下游项目入驻打下了坚实的基础。

(平湖经济技术开发区管委会)

2015年绍兴袍江经济技术开发区发展概况

一、概　况

面对复杂严峻的宏观经济形势，袍江开发区按照绍兴市委、市政府“重构绍兴产业、重建绍兴水城”的战略部署，紧紧围绕“工业立区、产城融合”，全面实施“12355”行动计划（以深化改革为统领，大力推进转型升级和创新创业，切实保护生态环境、保护历史文化、保护群众利益，加快提升五方面集聚能力，努力强化五方面保障），较好地保持了经济社会平稳发展态势。

2015年，全区实现规模以上工业总产值900.6亿元，规上工业增加值159.5亿元；实现财政总收入41.09亿元，增长16.8%；完成全社会固定资产投资236.18亿元，增长31.01%；工业用电量33.36亿千瓦时，增长5.9%，工业用热量439.57万吨，增长9.6%；实现自营出口26亿美元；合同利用外资15082万美元，增长292.7%；实际到位外资9749万美元，增长42.2%；到位越商回归资金13.44亿元，增长12.7%；各项主要经济指标均高于全市平均水平，其中，全社会固定资产投资、规模以上工业利税、规模以上工业利润等指标增幅在全市各区、县（市）和市直开发区中位居第一；先后获得2015年全市扩大有效投资金奖、产业升级投资优胜奖、越商回归工作一等奖、工业转型升级金奖、淘汰落后产能一等奖、科技进步考核优胜单位等多项荣誉。

二、特色与优势

作为绍兴市北部城市副中心，袍江开发区具有得天独厚的“大众创业、万众创新”的特色和优势。

一是具有良好的区位交通优势。袍江开发区位于长三角南翼，地处沪杭甬高速公路绍兴出口处，距离上海160公里，杭州50公里，宁波95公里。尤其是2013年绍兴市行政区划调整后，袍江开发区已经成为绍兴大城市的“几何中心”，加之杭甬客专和嘉绍大桥的先后开通，袍江的地理位置和交通优势日益明显。开发区距离杭甬客专绍兴北站仅10分钟车程，距离杭州萧山国际机场20分钟车程，毗邻上海港、宁波港等大型港口，水、陆、空等交通配套十分便利。

二是具有发达的制造业发展优势。通过重点扶持和发展，袍江开发区已经集聚了一批“高、大、优”的制造业企业，其中年销售收入超50亿元的工业企业已有2家，超10亿元的16家，超亿元的107家，超亿元工业企业总量已占到绍兴老城区的64.8%，并初步形成了以向日葵光能科技、德创环保为代表的节能环保产业，以新和节能灯、三圆石化、中成有机硅为代表的新材料产业，以苏泊尔家电、康思特动力、博盟精工、金道齿轮箱为代表的机械电子产业，以加多宝饮料、古越龙山黄酒为代表的食品饮料产业，以古纤道新材料、新纵横、汤姆斯服饰为代表的现代轻纺产业，以震元制药、埃斯特维华义、东灵保健品为代表的生物医药产业“六大产业”体系。

三是具有独特的商贸市场集聚优势。浙东地区规模最大、集汽车展示、销售、装潢、服务于一体的汽车综合市场——中国汽车城市场成功运作，已引进集聚各类汽车品牌4S店50家，2015年实现销售额145.3亿元；以安防安保产品、警用装备、消防器材、应急产品、特种车辆为一体的大型展示、贸易集聚中心——中国安防城项目已初具雏形，达成入驻意向企业有250余家；益泉商贸综合体对世纪街商圈人气集聚的示范带动作用逐步显现；集购物、休闲、娱乐、餐饮于一体的大润发商贸综合体顺利营业；现代物流业发展势头强劲，形成了商贸物流、烟草物流基地、集亚物流基地、天宇仓储物流园区等生产资料物流中心；两湖科技园、嘉凯城袍江城市客厅商贸综合体、中海世纪公馆等一批重大商贸项目正在加快建设，中和国际、中冶·梧桐园、九城·公园里、蔚兰星城、亲亲家园、金湖湾、丽景华庭等一批商住项目陆续建成入住，有效带动了袍江的商气和人气。

四是具有充足的科技人才优势。目前，区内已集聚中国纺织科学研究院江南分院、北大工学院绍兴技术研究院、浙江加州国际纳米技术研究院、航天科工智慧城市研究院、330产业化基地、浙江高校产学研联盟袍江中心、锐创生物诊断试剂加速器、绍兴慧谷信息技术产业孵化器等一大批科创平台，科技创新服务能力得到不断增强。2014年，袍江科创中心被国家科技部认定为国家级科技企业孵化器。2015年以来，袍江开发区又先后举办“科技创新服务月”，面向全国举办大学生创客大赛，加强与重点院校对接合作，探索群英汇俱乐部市场化运营模式，有效地促进了科技企业的不断集聚，全面提升了区域科技创新能力。截至2015年底，区内已累计引进科技企业229家，在孵企业96家，毕业企业61家，其中符合国家级认定条件的毕业企业33家，国家级高新技术企业47家，省级科技型企业143家，省级研发（技术）中心114家；累计引进绍兴市“330”海外英才项目38个，其中国家千人计划人才5名，浙江省千人计划3名。

五是具有浓厚的历史文化优势。袍江开发区除了能共享绍兴古城充足的文化旅游资源优势以外，下属斗门、马山、孙端镇也拥有较为丰厚的历史文化遗产。其中，斗门袍谷曾是战国时期储存战袍和军粮的基地，斗门三江闸属于省重点文物保护单位，斗门老街至今仍保存着一批具有江南地方特色的乡村古建筑，已有一千多年的历史；马山豆姜鲍氏洋房属于省级文物保护单位，马山姚启圣故居、尚巷骆照故居、宁双冯家老宅等一批具有“师爷文化”特色的古建筑仍保持着良好的形态；孙端镇则因著名军事家孙武后人孙端曾居于此而得名。

六是具有城乡统筹推进的基础优势。自成立以来，袍江开发区始终坚持开发建设成果与区内群众共享，在全力优化投资发展环境、着力推进社会管理创新的基础上，不断深化完善包括农民、民工在内的教育、就业、医疗、养老、住房等各类社会保障体系。目前，浙江农业商贸职业学院、越州中学、袍江中学、马山中学、袍江小学、柯灵小学、袍江医院、袍江人才公寓等一批文教卫设施已先后投入使用，大、中、小学一应俱全。“三改一拆”、“五水共治”等重点工作顺利推进，在绍兴市区率先推行房屋征收市场化安置受到广大村民的大力追捧，拆迁户基本可持货币安置补偿款在袍江开发区买到同等拆迁面积的商品房，市场化安置率已达40%以上。截至2015年底，全区已累计拆迁房屋面积455万平方米；目前已实现2个村居改社区，4.5万农民入住环境舒适的公寓式小区，7万农民实现了转移就业，11万余农民参加了社会养老保险。

（绍兴袍江经济技术开发区管委会）

2015 年嘉善经济技术开发区发展概况

1993 年，嘉善开发区成立并成为首批省级经济开发区。2011 年 6 月，经国务院批准升格为国家级开发区。目前，开发区总的辖区面积达到 65.5 平方公里，其中核心区面积 18.2 平方公里。

嘉善经济技术开发区建区 20 年来，通过深入实施开放带动战略和融入上海发展战略，始终坚持招商引资“一号工程”不动摇，以优越的区位条件、优良的配套设施、优价的发展成本、优美的园区环境、优质的服务体系、优秀的管理团队，吸引了如英国特易购、荷兰阿克苏诺贝尔、喜力、晋亿实业、台升家具、铠嘉电子等一批世界 500 强企业和行业龙头企业的落户加盟。已累计吸引全球 30 多个国家和地区的 454 家外资企业投资落户，总投资突破 55 亿美元。

嘉善经济技术开发区，以不到全县 4%的土地面积，贡献了全县 1/3 的经济总量、1/3 的财政税收、1/2 的外贸进出口总量和 1/2 的招商总量，已成为县域经济发展的主阵地、主平台、主战场。开发区连续多年名列“浙江省十强开发区”；2008 年被评为“长三角最具投资价值开发区”；2010 年荣获“中国十佳省级经济开发区”称号；2011 年名列浙江省国家级开发区综合考核第 4 名，被省政府评为“开发区工作优秀单位”，并荣获“全国开发区产业升级创新示范奖”称号；2012 年获得浙江省“年度利用外资十强开发区”称号；2013 又获得“首届浙江开发区特别贡献（开放创新）奖”；2014 年获省“四换三名”示范开发区称号。

截至 2015 年，嘉善经济技术开发区开内共有企业 1800 余家（工业 1200 余家、服务业近 600 家），其中规模以上企业 191 家。累计完成合同外资超过 33 亿美元、实际到位外资 16 亿美元。截止到目前，开发区核心区内汇集了世界 500 强企业 8 家[特易购物流、龙凤食品（亨氏）、阿克苏涂料、喜力啤酒、翔日科技、罗百盛紧固件、斯道拉恩索正元包装、铠甲电子]，国内上市公司 8 家（众成包装、晋亿实业、华瑞赛晶电气科技、开易拉链、凯士电子、新嘉联电子、爱仕达电器、索菲亚家居）。浙江中荷（嘉善）产业合作园、精迪敏科技产业园、嘉善国际信息科技产业园、鼎阳科技产业园、吴镇文化创意产业园和中华两岸文化创意产业园五个区中园正在建设中。

（嘉善经济技术开发区管委会）

2015 年萧山经济技术开发区发展概况

一、概 况

2015 年,萧山经济技术开发区累计实现地区生产总值 181.1 亿元,同比增长 9.4%;实现规上工业销售产值 425.8 亿元;实现规模以上工业增加值 108.8 亿元,同比增长 12.8%;实现全社会固定资产投资 54.5 亿元,同比增长 36.3%;实现外贸出口 19.9 亿元;实现限额以上社会消费品零售额 41.7 亿元,同比增长 7.5%;实现服务业增加值 60.7 亿元,同比增长 12.2%;完成财政总收入 43.4 亿元,同比增长 16.1%。其中,地方财政收入 18.8 亿元,同比增长 14.2%。

二、主要工作

招商引资。2015 年,萧山经济技术开发区坚持把招商引资作为“一号工程”,着力在招大引强、招新引优、招资引税等方面见成效。在内外资任务不断加重的情况下,开发区主动出击,积极挖潜,最终完成实到外资 4 亿美元,占全区外资任务的 44%,市外内资 30.1 亿元,获得招商引资(引税)目标责任制考核第一组一等奖,为全区招商引资工作做出了重要贡献。开发区通过驻点招商、敲门招商、片区招商、全员招商等多措并举,成功引进世界 500 强圣戈班集团、央企中铁航空港集团、浙江交投集团高速物流项目、台湾裕隆汽车金融项目、上海交大杭州慧谷科技园、联东 U 谷工业地产等一批大项目好项目。开发区加快推进信息经济发展,大龙网、网批网、浙江猪八戒胜达网络科技、亿享会网络科技、龙运网络、黔龙图视等知名信息技术企业和网盛融资、葵奢基金等一批基金项目先后落户,促进了信息产业的集聚壮大。

千企转型。2015 年,萧山经济技术开发区围绕“产业智慧化、智慧产业化”这一导向,调优产业结构,提高经济增长质量和效益。全年共计实施机器换人项目 66 个,技术创新项目 106 个,节能降耗项目 107 个,智能化产品项目 31 个,新增电子商务应用企业 23 家,生产过程信息化改造项目 26 个,完成技术改造投资 12.1 亿元。推进“五个一批”工程建设,健盛集团、杨利石化、世纪康大、华瑞信息等企业先后上市,15 家企业完成股改。科技创新力度不断加强,实现新产品产值 184.8 亿元,同比增长 56.3%;新产品产值率 42.3%,同比增长 16.7%。全年新增高新技术企业10 家。龙头企业带动作用更加明显,开发区亿元以上工业企业共实现销售产值371.3 亿元,占开发区规模以上工业销售产值的比重达到 87.2%。

功能区块。2015 年,萧山经济技术开发区不断集聚新兴产业,发展特色经济,着力培育和壮大品牌产业、亮点园区。高标准编制省机器人和高端智能装备产业园规划、两大小镇城市设计以及《开发区市北、桥南、科技城电力专项规划》等,完成《科技城核心区单元控规》、《益农区块分区规划》评审。科技城核心区内部路网基本成形,“一横两纵”道路建设加快推进,陆家嘴项目 13.2 亿资金到位,惠灵顿国际双语学校开始建筑方案设计。中广核浙江分公司、钱塘大数据中心、省广电集团新青年酒店等一批项目落户,中德能源合作项目上报国家发改委,浙江国际影视中心项目以及好易购项目加快推进。

特色小镇。在信息港小镇建设上,杭州湾信息港二期主体结顶,注册企业已达 580 多家,挂号网已成为国际上用户规模最大的互联网医疗平台，数联中国完成场景科技的技术研发，正致力打造 CT 场景科技谷。在机器人小镇建设上，成功引进浙江机器人技术与应用研究院、智珀机器人研究院、杭州市质量技术监督局机器人产业计量测试中心等，兆丰机器人研究院和机器人应用示范项目全面运营。截至目前，信息港小镇已成功入选省级特色小镇，成为萧山区首个省级特色小镇，机器人小镇列入省级培育名单。注重发展创新经济。中国(杭州)跨境电子商务综合试验区·萧山园区开发区产业园正式开业，已引进 40 余家电商企业和一批服务机构；浙江中瑞(萧山)产业合作园入选浙江国际产业合作园首批创建名单。

要素保障。2015 年，萧山经济技术开发区争取土地农转用指标 1110 亩，外移基本农田 7318 亩，争取占补平衡指标 513 亩，完成 821 亩征地协议签订，市北区块二宗土地共 164 亩成功出让。与多家金融机构深化战略合作，积极参与地方政府存量债务置换工作，争取中央专项基金，出台 15 亿元的产业发展引导基金，并以制度建设加强对政府投资项目的监管。开发区出台《人才工作指导意见》和《人才公寓管理办法》，开展各类专业人才申报和审核工作，及时组织人才招聘，有效服务企业各类人才需求。

环境整治力度持续增强。“五水共治”累计完成项目投资 6270 万元，新建污水管 11 公里，新增截污纳管面积约 2.8 平方公里。绿化、环境卫生及市政交通设施建设统筹推进，农贸市场及周边环境整治力度不断加大，黄标车、煤锅炉淘汰任务圆满完成，户外广告整治工作位居全区前列，“最清洁城乡”工作卓有成效，控违拆违全年目标任务超额完成。

社会管理。2015 年，萧山经济技术开发区在大力推进经济发展的同时，进一步推进民生保障、综治平安各项社会管理工作。重抓基础配套，全年累计完成基础设施投资约 8.3 亿元。桥南安置小区二期、钱江农场安居房、市北城乡一体化安置房加快建设，开发区公园动工开建，青年路等道路竣工通车。加快教育发展，开发区小学主体结顶，桥南中心学校完成招标。推进和完善社会保障体系建设，妥善解决就业困难人员安置工作。加强文化建设，组织开展职工技能比武、最美职工评选等活动，丰富职工群众生活。持之以恒推进综合治理。深入开展各类法制宣传，及时疏导和化解矛盾纠纷和不稳定因素。科学做好各类信访事件的预警和处置，信访形势总体平稳。加大平安基础保障投入。妥善协调各类劳资纠纷，着力维护企业和员工的利益。严格做好流动人口管理、计划生育、食品安全、防汛抗台等各项工作。

安全环保节能。2015 年，萧山经济技术开发区以安全生产为使命，围绕消防安全“大排查、大整治、大完善、大宣传”工程，全面落实安全生产责任，组建安全生产专家库，切实抓好重点行业、重点领域的安全生产工作。高标准做好企业安全生产标准化创建，强化发展的安全保障。2015 年，开发区各类安全事故同比下降 29.6%，安全生产工作名列全区前茅。开发区以产业提升为目标，按照生态目标责任制严格制定环境整治目标和方案，加快推进产业结构优化，退出重点污染企业 11 家，减排 COD 总量 173 吨，VOC 整治企业 41 家。我们以节能改造为重点，加快资源有效利用，推广清洁生产，加大节能减排整治力度。全年共开展节能降耗项目 105 个，累计投入资金 4142.4 万元，工业增加值能耗同比下降 2.7%，全面完成区政府下达的全年能源“双控”目标任务。

队伍建设。2015 年，开发区开展中层竞岗和妇联换届，面向社会公开招聘专职招商和相关局室合同制工作人员，设置机关科级后备和公司中层后备职位，一批业务能力强、政治素质高的年轻人已逐渐成为开发区发展的生力军。健全党的基层组织体系，推进蓝领驿站建设，积极吸收优秀分子、先进分子入党。发挥工青妇团作用，进一步增强党的凝聚力。扎实推进“三严三实”教育，组织实施科级及以上干部党章党规党纪专题学习教育，进一步增强了广大党员干部的纪律意识、规矩意识、责任意识。组织开展“互联网＋”、跨境电商、文明礼仪等系列培训，加强了机关队伍的职业化、专业化建设。严明作风。严格落实党委主体责任和纪委监督责任，通过签订责任状，把党风廉政建设重要工作层层传递、逐项分解落实到位，督促指导各部门严格落实党风廉政建设各项工作。组织开展警示教育、家属助廉等活动，营造风清气正的良好氛围。

三、工作亮点

机器人产业计量测试中心项目落户开发区。2015 年 5 月 28 日，浙江机器人技术与应用研究院产业化项目和杭州市质量技术监督局机器人产业计量测试中心项目落户开发区签约仪式在杭州湾信息港举行。萧山经济技术开发区管委会相关负责人与浙江机器人技术与应用研究院、浙江大学机器人研究中心、杭州市质量技术监督检测院等负责人分别签署了合作协议。浙江机器人与应用研究院产业化项目和杭州市质量技术监督局机器人产业计量测试中心项目的成功签约，是开发区机器人小镇发展的催化剂，是开发区转型升级的助推器，对推动产业项目孵化，扩大有效投资，集聚人才、技术、资本等高端要素，实现小空间大集聚、小平台大产业、小载体大创新都具有十分重要的意义，将翻开开发区转型发展的崭新篇章。

开发区与建行省分行营业部举行战略合作签约仪式。2015 年 6 月 18 日，萧山经济技术开发区与建设银行浙江省分行营业部签署《战略合作协议》和《助保贷意向合作协议》。建行省分行将在三年内加大对开发区的信贷投入力度，计划提供 80 亿元的意向性融资支持，搭建优质金融服务平台。其中，对开发区经济建设发展提供 40 亿元的融资敞口，为开发区招商引资、新兴产业配套、产业基金和创业投资基金及重大工程建设项目提供综合金融服务；对开发区企业提供 40 亿元的融资支持，为开发区推荐的重大项目和大型的招商引资企业，提供一系列金融产业和服务。本次双方的成功合作，将充分发挥金融的带动作用和杠杆作用，为萧山开发区的转型发展，打造钱江南岸信息产业基地、高端智能装备基地和科技金融创新基地提供有力的支持。

时任省长李强考察萧山机器人小镇。2015 年 7 月 1 日，时任省委副书记、省长李强到萧山机器人小镇考察，为推进特色小镇建设加油鼓劲。时任省长李强详细听取了萧山机器人小镇建设情况的汇报，考察了浙江兆丰机电股份有限公司、杭州凯尔达机器人科技有限公司，饶有兴趣地向企业负责人了解机器人的研发设计、生产制造、系统集成、终端应用等情况，他对萧山机器人小镇的发展定位和发展基础给予肯定。他指出，制造业是浙江经济的主体，制造类小镇必须是特色小镇的主体，要把制造类小镇放在更加突出的位置。萧山机器人小镇建设，要凝聚高端产业，引进和培育更多机器人大企业、大项目；要提升配套水平，叠加旅游文化等功能，进一步优化产业生态；要强化技术创新，加快推进“机器换人”步伐，为推动全省经济转型升级做出贡献。

夏宝龙考察指导萧山开发区特色小镇建设。2015 年 7 月 22 日，中共浙江省委书记、省人大常委会主任夏宝龙赴萧山经济技术开发区调研特色小镇建设，指出，要把创新驱动作为推动工业转型升级的首要战略，加快推进由要素驱动向创新驱动转变。要大力发展创新型经济，抓大项目、好项目、科技型项目，不断完善区域创新体系，健全创新支持政策，持续加大创新投入，做到重视技改装备硬投入与重视人才引进、品牌营销和营销网络化建设等软投入一起抓，进一步增强创新能力。要全力打造环境，集聚创新要素，构建创新生态链。要顺应“互联网＋”为主要特征的新经济新业态蓬勃发展的新变化、大趋势，花大力气调整产业结构，推动信息化和工业化深度融合。要大力推进特色小镇建设，发展众创空间，引导市场主体把有条件的旧工业区改造提升为创新平台，使平台成为智与资的结合点、创新活动的爆发点。要大力引进高层次人才，不断提升人才服务的国际化水平，为推动转型升级提供有力的人才保障。

国内最大最领先的跨境电子商务 B2B 交易撮合及综合服务平台——大龙网入驻开发区。2015 年 9 月 28 日，大龙网（中国）有限公司落户萧山经济技术开发区签约仪式在杭州湾信息港一楼国际会议厅举行。大龙网是国内最大最领先的跨境电子商务 B2B 交易撮合及综合服务平台。此次大龙网的签约落户，将加快传统外贸企业的转型升级，加速把中国品牌的优质产品向海外市场推广，共同打造一个世界级网络贸易功能区。萧山开发区与大龙网的合作，也必将整合各方优势资源，全面提升中国（杭州）跨境电子商务?萧山园区的品牌和知名度，开创多方合作共赢的良好局面，谱写跨境贸易发展的崭新篇章。

开发区机器人小镇、信息港小镇成功入选杭州市首批特色小镇。2015年12月2日，杭州市政府新闻办召开例行新闻发布会上公布了首批32个市级特色小镇创建名单，开发区的机器人小镇和信息港小镇成功入选。市级特色小镇，是杭州市发改委按照产业支撑、“三生融合”、市场主导、政策保障等多个指标对小镇进行评分后，结合杭州重点产业空间布局而最终形成的。入选市级特色小镇的将给予税收支持、土地要素保障、重点项目支持、科技创新支持四大扶持政策。机器人小镇和信息港小镇成功入选杭州首批市级特色小镇后，周边的配套设施将更加完善，城市广场、主题公园、学校、医院等相继建成，将大大方便园区创业者和员工的工作与生活。园区内配套服务将再次升级，特别是在财政税收、土地、房租、人才等政策扶持上将惠及更多的企业和创业创新人才。优美的环境，完善的配套，优惠的政策，浓厚的创业氛围，必将吸引一大批有识之士来萧山经济技术开发区创业创新、投资发展。

中国（杭州）跨境电子商务综合试验区·萧山园区开发区产业园正式开园。2015年12月8日，中国（杭州）跨境电子商务综合试验区·萧山园区开发区产业园开园仪式隆重举行。中国（杭州）跨境电子商务综合试验区·萧山园区开发区产业园，采用“政府主导、企业运作”模式，由中国（杭州）跨境电子商务综合试验区首批试点企业——浙江速通天呈商务服务股份有限公司统一负责园区的整体运营。截至2015年11月，包括大龙网在内，园区共注册入驻跨境电商企业38家，入驻企业总计投资额已达1.1亿多元。开发区将充分利用萧山作为杭州推进电子商务全球化战略重要龙头的良好环境和资源优势，围绕杭州综试区的整体规划，坚持差异化和错位式发展原则，为萧山外贸制造企业和外贸企业转型升级提供更加优质的服务，努力把园区建设成为萧山推动制造业升级的驱动器、杭州跨境电商综合试验区的示范园，为杭州2020年建成“国际电子商务中心”做出积极的贡献。

（萧山经济技术开发区管委会）

2015年绍兴柯桥经济技术开发区发展概况

2015年，绍兴柯桥经济技术开发区（以下简称开发区）主动适应经济发展新常态，认真贯彻“聚神聚力、提标提速、勇争一流、走在前列”行动准则和建设“时尚柯桥、印象柯桥、幸福柯桥”总体要求，大力实施转型升级和招商选资工程，全面提升城市功能环境，不断改善民生福祉，经济社会总体保持平稳较快发展态势，为“十二五”画上了圆满句号。全年开发区实现税收43.6亿元，比上年增长17.8%；完成规模以上工业总产值1564.7亿元，完成规上工业增加值231.7亿元、进出口总额27.8亿美元；完成新产品产值和高新技术企业产值分别达到494.3亿元和186亿元，同比分别增加29.2%和10%；实现实际利用外资1.54亿美元、内资30.5亿元，同比分别增加28%和35%。

一、致力调结构，经济效益有新提升

1. 平台建设步伐坚实。科技园、创意园“两园”建设齐头并进，科技园一期发展良好，在孵企业43家，科技园二期建成投运，已签约孵化项目20家，创意园获“全国青年创业示范园区”称号，金柯桥基金小镇项目顺利推进，列入市特色小镇培育计划，目前已引进股权类投资公司和资金管理公司10家。全面推进企业投资项目不再审批和高效审批改革，完成工业企业“零土地”技术改造项目审批方式试点。

2. 科技创新亮点纷呈。加大科技企业培育力度，新增国家重点扶持高新技术企业11家、省科技型企业16家，申报区级以上研发中心49家。入选省“千人计划”1人、市“330海外英才”4人。梅轮电扶梯成功创建省级企业研究院，延锋伟世通获福特汽车集团Q1授旗认证，勤业建工又一工程获“鲁班奖”，成功入选“浙江省百强企业”；天工集团一工程技术获住建部批准，成为行业规范标准；仁昌酱园的酱油获得省农博会金奖。全年新增授权发明专利31个、知名品牌（商标）15只。

3. 印染集聚全速推进。一、二期40个项目今年新增投产24个，累计投产达37个，完成投资约64亿元。同时三期36个项目积极进行前期准备，全部完成项目“虚拟供地”和规划选址，其中15个进度较快。要素制约有效突破，全年盘活低效闲置用地1250余亩。统筹推进“五气合治”，燃煤锅炉整治工作提前完成，节能减排按计划开展。全面实施环保网格化管理机制，“低小散”企业、工业小区整治有序推进。

二、致力抓投入，发展后劲有新增强

1. 有效投入增速不减。全力推进滨海工业区国家级循环化改造试点，全年累计实施工业项目520个，其中亿元以上项目38个，积极鼓励加大技改力度，全年完成技改投入193亿元。重点项目建设扎实有效，“双百亿”项目进展顺利，精工项目主体结构与屋面板施工基本完工，富士力电梯项目基本完成打桩，高强度紧固件、好德建材等5只项目列入省重大产业项目。

2. 新兴业态积极培育。积极布局电商产业，全年新增电商企业74家、跨境电商14家、电商产业园区1个、电商服务平台2个，柯北贸易中心与浙江工业大学之江学院合作成立电子商务服务中心，金徕旺、凤凰庄等电商平台进展顺利，布码头O2O展贸服务平台投入运营。大力推进企业股改上市三年计划，培育上市潜力企业30家，环思科技成全区首家完成股改的软件企业，晶茂科技完成股权改革,已获得融资1000万元,优创新材料已通过证监会审核。

3. 发展后劲切实增强。大力推进招商引资“一号工程”,瞄准500强、知名上市和行业龙头企业,不断拓宽招商渠道,通过精准招商、以商引商等方式,积极寻求高端制造业、现代服务业项目新突破。引进新能源汽车、大宗商品交易平台等总投资5亿元以上项目7个,其中总投资50亿元项目1个。重点商业综合体项目嘉凯城城市客厅成功签约,快客电梯、云计算等一批优质项目紧密跟踪中。

三、致力重统筹,城乡面貌有新改善

1. 基础配套更趋完善。科技园二期、滨海文化广场、客运中心等工程相继投运,汽车检测中心基本完工,实施兴滨北路等3条集聚区主干道升级改造,集聚区一二期道路全部建成,三期配套道路动工建设,集贤路、钱滨线、齐陶北路拓宽按计划推进,倪家变21只塔基顺利建设,杭甬高速柯桥入口改造完成,全年完成基础设施投资34.9亿元,整体形象有力提升。

2. 人居环境不断改善。持续深化“河长制”管理机制,推行企业河长轮值制和会商制。完成环塘河、羊山新开河、山西直江等重点河道整治,立面改造30万平方米、清淤47.6万方,排涝河道整治一期工程有序推进中。实施八字桥、兴浦、九鼎、国际等12个村生活污水收集工程。实施小微排污企业和工业小区整治,区域河道断面水质、水域环境全面提升。“三改一拆”强势推进,主要道路、河道两侧违章建筑、广告牌等全部拆除,累计拆除违章面积69.65万平方米。完成杭绍台、钱滨线、新步锦路、新壶瓶山路等征地,完成湖岙地块、排涝河一期、钱滨线、安昌路北延工程和城郊接合部等拆迁,累计完成房屋拆迁28.3万平方米。

3. 美丽乡村大力推进。大力开展城乡环境整治专项行动,建立健全精细化、长效化管理机制,制定完善环境卫生检查、考核、奖惩等制度,实现高标准下的常态化管理。加快推进农村生活污水治理,八字桥村生活污水治理项目基本完工,兴浦、兴齐、齐贤、群贤、镜湖5个村动工建设。开展美丽乡村示范村创建4个,全面完成黄标车整治537辆,镇村面貌焕然一新。三年住房解困任务592户全部完成。

四、致力惠民生,社会环境有新优化

1. 安昌古镇名片更亮。积极探索传统旅游对接“互联网+”的新模式,开展“寻找记忆中的古镇美食”、“《大年三十》群众演员海选”、“当皮划艇遇上乌篷船”等活动30余场,并利用微博、微信公众号等新媒体推介。完成古镇东街亮化、实时监控等设施建设,启动景区泔水收集、街河清淤、西街青石板整修等工程。全年共接待游客约73万人次,景区收入首次突破200万元,同比分别增长15.9%和81.8%。吸引《国家地理杂志》、央视7套等国内外知名媒体报道20余次。

2. 社会事业协调发展。投资1亿元的镇中心小学迁建工程主体结顶,投资近千万的安昌镇中改造工程全部完工,陶里小学校园文化工程基本完工,投入500多万元改善齐贤医院等级水平,齐贤镇村两级红十字会试点成立。建成开放兴浦扇文化馆、下方桥“三六九”伤科、大山西村最美等一批特色文化礼堂,成功举办“昕欣四海杯”安昌全民运动会。马鞍镇成功创建省级森林镇。

3. 社会治理不断深化。推进“枫桥式镇街”创建,基层综治工作规范化建设大力推进,镇级综治信息和应急联动指挥中心建成运行。深入开展矛盾纠纷和不稳定因素排查,齐贤司法所获“全国先进司法所”称号,“智慧天网”工程全面实施,主要公共区域实现视频监控全覆盖,公共安全全面提升。

五、致力强党建,服务效能有新提升

1. 基层组织不断提振。分解落实基层党建工作责任,构建“分片、联村、驻网格”的农村大党建格局。深化“网格化管理、组团式服务”机制,定期召开民情分析会。完成光明居、齐贤村区级党建示范村创建,分类培育6类17个“两新”党建典型。全市首个集党建、人才、科技服务于一体的创立方服务中心正式运营。抓实党员队伍管理，评选表彰20名“身边的好党员”并编书下发。

2. 干部队伍不断加强。面向35周岁以下年轻干部实施“薪火计划”，积极整合多种政治学习资源，创新打造“柯北·聚青春”微信公众号，开展年轻干部跨镇街民情通大比武、新一轮导师帮带活动。实行诺廉评廉、领导干部长假活动报告、个人重大事项报告制度，加大明查暗访力度，着力树立党员干部廉洁从政形象。

3. 作风效能不断强化。开展“一把手”上党课、上廉政课、听“转作风、守纪律、讲规矩”专题讲座等活动，学习贯彻新修订的《中国共产党廉洁自律准则》和《中国共产党纪律处分条例》。落实作风建设“6+2”专项行动。以“督查+提醒”形式，围绕“清三河”、环境卫生整治、工业小区整治等重点工作开展专项督查。及时编发《纪(工)委提醒您》，加大违法违纪案件查处力度，着力营造风清气正的良好环境。

(绍兴柯桥经济技术开发区管委会)

2015年衢州经济技术开发区发展概况

2015年，衢州经济技术开发区全年工业总产值863.49亿元，同比增长1.94%，其中规模以上工业企业总产值794.05亿元。核心区直接实施区块(按小口径统计，147.7平方公里、不含柯城、衢江开发区以及巨化和龙游、江山、常山三个片区)实现工业总产值405亿元，其中规模以上工业总产值341亿元；固定资产投资54.3亿元，同比增长15.4%，增幅位居全市第一，其中工业项目投资47.5亿元，同比增长40%，增幅位居全市第一，技改投资21.4亿元，同比增长28.2%；财政总收入26.2亿元，其中地方财政收入10.9亿元，同比增长12.7%。

一、大好项目招商落地逆势突围

通过连续3年保持定力、坚持不懈扎实推进平台建设、机制完善、跟踪对接等基础性工作，2015年面对不断加大的经济下行压力，园区大项目、好项目招商落地逆势取得显著突破。

(一)协同招商活力迸发

在原“166”招商格局的基础上，进一步优化整合工作力量，构建了“1345N”招商新格局(1个综合协调保障组，3个区域产业招商局，4个企业招商团队，5个招商协作组，N个产业研究与招商服务团队)，建立委领导挂联招商区域，产业研究与招商中心干部职工挂联专业招商局、企业招商团队及招商协作组的招商挂联保障机制。完善市、区协同招商体系，集整合北京、上海、深圳3个产业对接办及9个产业研究和招商小组的产业技术、项目信息、服务职能等资源，形成更加开放务实的招商格局。

(二)产招融合更加精准

始终把重大项目作为招商引资攻坚的突破口，围绕主导产业、重点区域、招商线索三个方面扎实抓好产业研究，精心制定“产业地图”、“招商地图”。全年完成《浙江氟硅新材料产业发展的调查与研究》、衢州市《氟硅钴产业集群招商手册》、《绿色食品产业招商地图》、《锂电池产业研究报告》及锂电池隔膜、三氟化氮、稀土电缆等目标领域产业调研。

(三)招商成果逆势突破

2015年，园区累计新引进项目41个，协议投资额225.09亿元，同比增长127.8%；累计到位资金53.8亿元。其中，引进超50亿元项目2个，10亿元以上项目4个，亿元及以上项目27个；累计新引进浙商创业创新产业类项目15个，协议投资额165.65亿元，到位资金33.5亿元，同比增长16.6%，引进资本回归类项目6个，人才科技类项目52个。一年来，园区引进了衢州近年来投资企业档次最高、投资规模最大最实、综合带动性最强，也是衢州历史上最大外资项目、总投资11亿美元的韩国晓星工业园项目；总投资80亿元(固定资产投资超30亿元)的西安隆基年产8GW高效太阳能组件、2GW电池片项目；总投资10.5亿元的均瑶集团“味动力”乳酸菌饮料和植物蛋白饮料项目；总投资20亿元的苏州联合年产1万千米稀土高铁铝合金电缆生产项目；衢州迄今为止科技含量和国际化程度最高的艾森药业(衢州)生产基地项目等。

(四)专业产业园建设成效初显

浙江中韩(衢州)产业合作园在全省中意(钱江)、中欧(金义)、中美(湖州)等21家提出申报的国际产业合作园中脱颖而出，成为由省政府命名的首批11家“省级国际产业合作园”之一。组团赴韩国开展招商推介暨考察对接洽谈活动，前往韩国三星、现代、LG、LS等47家著名企业开展考察对接，达成投资意向项目16个。被中国石化联合会命名为“中国电子化学材料产业园”。

（五）项目实施持续前列

园区以重点项目“1451”工程为抓手，深化落实委领导联系“三重”制度，广泛开展项目谋划竞赛、重点项目集中开工、项目建设“擂台赛”等活动。2015年，园区9个省411个项目已全部开工，当年累计完成投资60.4亿元，完成年度计划的121%；9个省重点项目，已开工项目8个，开工率达88%，已完成投资24.3亿元，完成年度计划的178%；43个市重点项目完成投资62.4亿元，完成年度计划的140%；已开工项目42个，开工率达97%；园区“1451”重点项目完成投资110亿元，完成年度计划的109%，在全市“大干项目”考核中始终保持前三名。

二、产城融合建设持续发力

不断强化“以产兴城、以城促产”的产城融合发展理念，统筹基础设施和各类功能配套建设，加快实现规划集约化、配套标准化，对产业发展的支撑作用更加凸显。

（一）规划体系深度融合

强化全局理念，科学论证、有序建设，着力构建科学高效的规划体系，累计完成各类规划76个。《浙江中关村科技产业园发展规划》获得省发改委、省科技厅批复（浙发改地区〔2015〕123号）。

（二）要素保障有力夯实

以重点项目用地保障工作为中心，全年累计新征土地近2000亩、完成搬迁协议签订490户、已拆除212户。九景衢铁路、46省道南移、火车站片区改造、衢化西路等7个重点项目用地按时交付，巨化污水处理厂扩建、杭氧二期等重点企业发展用地得到及时保障，东港苗木基地等项目政策处理妥善解决，新铺徐村自然村搬迁顺利完成，吕宅村搬迁进入“领号”选房程序。积极鼓励企业“零土地”技改，全年85个技改项目中有“零土地”技改项目66个，计划总投资79.1亿元，占技改总量的61.5%。强化融资保障，经国家发改委核准，园区10亿元额度棚改项目企业债成功获批，成为园区首个获批的企业债券，也是全市有史以来获批的第二笔企业债；争取低丘缓坡项目银团贷款4亿元，城中村项目存量贷款0.4亿元等，有力保障园区基础设施项目建设资金。

（三）基础设施配套加快

以生态化改造为抓手，已开发区块“城市功能与环境提升”三期二程有序推进，完成东港四路、东港五路、百灵南路等6条道路和一批重要节点环境提升改造，改造提升人行道、绿化带面积约8.1万平方米。新拓展区“23989”九通一平四化工程加快实施，东港七路、东港八路等9条新建道路建成投用，全年浇筑沥青道路12.27公里、33.8万平方米，铺设管道4万米，建成标准厂房1.3万平方米，形成熟地6000亩，累计达2.2万亩。

（四）生产性、生活性功能配套更加完善

凤凰湖公园全面建成开放，碧桂园居住区一期商业街投入使用，五星级酒店、高品位住宅小区等即将交付，投资1.2亿元的衢州滑草场项目试营业，商业网点、医院、学校、森林公园等一批生活配套项目正在建设或谋划建设。

（五）以“五四三”为重点的环境整治提升扎实

“五水共治”工作实施“36208计划”，以项目化推进治水，共安排6500万元资金，实施完成28项重点工程，完成新建各类管网30公里、改造各类管网10公里等，东港污水处理厂提升、乌引南泵站等项目相继竣工；坚持“河长制”管理，开展“百企千人集中清污”等行动，白沙溪入选市“最美生态治理河道”；45家重点排污企业设置“阳光排污口”。“四边三化”工作在主要国道、省道创新建立了“路长制”、“段长制”，新建绿化面积15万平方米，种植各类树木6万株。“三改一拆”工作全年累计拆除违法建设312起、面积10.78万平方米，旧住宅区改造5.71万平方米、旧厂区改造65.18万平方米、城中村改造30.6万平方米，授牌5个无违建村（社区）。

三、创新发展势头方兴未艾

积极顺应“互联网+”等新趋势，全力开启创新驱动的引擎，大力培育发展新产业、新技术、新业态、新模式，不断推动平台、资金、人才、技术等要素的有效集聚和互动融合，努力在创业创新中实现转型提升发展。

（一）特色小镇和特色产业园区加快谋划建设

全面启动凤凰众创小镇、循环经济旅游小镇、中关村科技小镇3个特色小镇及韩国产业园、新能源材料（锂电池）产业园、氟硅新材料产业园等8个特色产业园区的谋划建设。其中凤凰众创小镇已初具雏形；循环经济旅游小镇入选全省第二批特色小镇名单，公共区域提升改造一期项目全面启动，24家企业已开展内部提升改造工作。

（二）电子商务加快发展

及时制定出台开发区《加快电子商务发展行动计划（试行）》和《关于促进电子商务发展的若干政策》。启动慧谷工业设计创新园、浙江中关村e谷电商创业园和凤凰众创小镇创客村等“二谷一村”建设，引进杭州文睿、杭州星矢两家优秀电商营运商分别经营衢州市电子商务产业园、星矢部落电商创业园项目，与赛伯乐投资专业企业合作开展社会化招商运营。联手阿里巴巴集团开展飞跃“930”活动，成功帮助47家区内工业企业“触网”跨境电商。2015年，全区共有电商企业95家，同比增长63%，新增电商销售额2.6亿元，初步形成三大电商产业园、两大第三方交易平台、一批规上工业企业先行“电商换市”、一批销售类电商企业发展迅速、一批电商招商项目正在洽谈的“32111”电商发展格局。

（三）国家级高新区发展势头良好

成功举办有科技部副部长曹健林，省委常委、常务副省长袁家军等领导参加的衢州国家级高新技术产业开发区挂牌活动暨建设推进会。2015年，衢州国家高新区战略性新兴产业增加值同比增长24.4%，在全省19个高新园区中排名第三；衢州氟硅新材料高新园区规上工业增加值同比增长50.4%，战略性新兴产业增加值同比增长138.9%，新产品产值同比增长68.4%，三项指标在全省10家新创建高新园区中均居首位。

（四）四管齐下创新要素加快完善

一是产业基金运营稳步启动，与中关村发展集团签约合作设立中关村协同创新投资基金（母基金规模20亿元，子基金规模80亿元），开发区首期5000万完成出资；引进筋斗云投资管理公司合作发起总规模50亿元的产业振兴基金，首期2亿元产业引导基金年内出资到位。二是孵化平台建设加快实施，积极打造“创业空间—孵化器—加速器—创新园”的完整孵化链条，慧谷科技孵化园项目完成初步设计，已入驻企业51家，比2014年新增15家；大学科技园科创中心年内完成主体建设；上海张江（衢州）孵化器一期正式投用，成功孵化7家生物医药企业；高新片区创新孵化器及公共中试基地正在抓紧规划建设当中；与宁波材料所在慧谷工业设计园合作设立技术转移转化中心，与中科院过程所签订全面合作协议。三是“人才带项目”工作取得新突破，全年开展海外清华学子浙江行、海外高层次人才园区行、海外人才与项目考察洽谈会等招才引智活动12场次，引进高层次人才500余名，其中海外高层次人才20余名。叶向荣博士、曼·赫博纳博士分别入选第十一批国家“千人计划”人才，全年新增“千人计划”人才7人，园区实有“千人计划”人才30人（国千人才10人、自主申报3人，省千人才20人、自主申报12人），“千人计划”人才占全市的62.5%，位居全省各类园区前列。“千人计划”创业园引进15个项目，“心血管疾病和糖尿病的早期精确诊断试剂盒”等3个项目已完成公司注册并落地。四是企业创新能力不断加强，开展培育科技型中小企业专项行动，12家企业成为国家高新技术企业，创历年新高；4家企业研发中心成功晋级省级企业研发中心，3家企业研究院成功晋级省级企业研究院，1家企业获评“省级院士专家工作站”。省级知识产权示范创建园区成功获批，全区发明专利授权量231件，完成全年任务的642%，同比增长146%，再创历史新高。

四、企业转型发展服务更加精准高效

深入开展“五个一批”为重点的服务企业工

作，全面构建了点线面结合的“店小二”精准服务企业体系。

（一）“119”企业服务体系提档升级

在全省范围内率先开发、开通“店小二”智慧服务平台，实现了“互联网＋店小二”的企业服务新模式。各片区企业服务分中心和“店小二”积极承担服务企业主力军作用，全年累计走访企业1000多家次，收集到200多家企业涉及难题180多个，现已办结150个，基本达到企业反映问题“事事有回应、件件有落实”。向区内企业兑现各项财政奖励、优惠政策8023.21万元，涉及企业47家。

（二）五个一批服务企业成效显著

连续举办“新三板”培育上市交流会、“新三板”挂牌辅导讲座、“新三板”上市实务培训班、金融知识培训会、上市企业及拟上市企业座谈会、赴上海证券交易所学习考察等一系列活动。中泰环保、康德药业、圣安化工3家企业成功挂牌新三板，中泰环保成为全市首家以做市方式进行挂牌的企业，还有4家企业将陆续在新三板挂牌上市。7家企业完成行业整合，8家企业完成战略重组，34家企业完成破产盘活，引进和培育18家创新型企业。

（三）“四换三名”、“两化融合”扎实推进

完成“腾笼换鸟”项目25个，共置换低效用地1200亩；实施“空间换地”项目35个，节约利用厂房17.9万平方米；实施“机器换人”项目85个，总投资100亿元，已完成投资41亿元，顺络电子、开山股份等20家企业申报省“机器换人”示范试点项目。通天星成功申报浙江省第二批“三名”培育试点企业，园区7家企业入选市第一批“三名”培育试点企业，占全市的46.7%。5个省“两化融合”示范项目已分批投入使用；4个商标被认定为省著名商标；3项产品入选“省首台（套）产品”名单，1家企业产品获省输配电优秀新产品奖。

（四）决策咨询服务专业高效

坚决把好项目引进的质量关、布局关、环保关、能耗关、审批关，主动做好工业新引进项目决策咨询服务前期各项工作，全年共牵头组织开展工业新引进项目决策咨询12次，通过项目38个，否决不符合产业导向、高污染、高能耗的项目5个。狠抓技改项目决策咨询流程再造，帮助30家企业共34个项目通过技改决策咨询。

五、继续深化改革激发队伍活力

在前两年体制机制改革的基础上，根据园区发展实际和未来发展需要，对标学习国内先进园区继续深入开展公司化、简政放权等领域改革工作，并不断完善干部学习培训等素质提升机制，持续激发干部队伍活力。

（一）大部制、公司化改革稳步推进

正式启动衢州绿色发展集团及下属劳务服务公司、资本运营公司两家子公司的注册工作，明确了集团职能和业务、资产划分、业绩考核和人员管理等方面的运营体制，设置了包括股东会、董事会、经营层和监事会等层次组成的总体架构及其职责等方面的治理机制，并直接面向社会招聘引进14名资本运营、资产管理、规划设计等高层次专业人才。基本完成街道社会事务管理体制调整。

（二）审批改革纵深推进

以“四张清单一张网”建设为抓手，深入推进行政审批制度改革，颁发了全市首份外资“三证合一”营业执照，商事登记“三证合一”升格为“五证合一”，企业办理“五证”的时间由原先至少5个工作日减至最多3个工作日，其中“零土地”技改项目审批时间最快只需1个工作日。

（三）干部队伍专业干事能力对标提升

开展新一轮“树学标杆”活动，提升了干部职工干事创业的工作水平。高质量办好“绿色大讲堂”、“和君班”等培训课程15期，积极选派干部参加省、市各类专业学习培训活动，提高干部职工专业能力和综合素质。

六、平安法治园区和党建工作全面提升

深化源头治理、系统治理、综合治理、依法治理，深入开展践行“三严三实”大抓基层组织年活动，以党建工作的创新发展推进各级干部作风提升，为园区集中精力推进提升建设发展工作提供

强有力的保障。

（一）安全环保监管严格到位

深入开展新安全生产法、环保法宣讲落实工作。深入开展巨化片区危化品车辆违停整治、特种设备专项执法行动等专项整治，园区全年没有发生重大安全生产事故。加强园区应急体系建设，成功举办危险化学品事故应急演练。实现“智慧安监（环保）”平台对全区重点企业的全天候在线监管，3个水质和1个空气自动监测站即将投用。严格开展环境保护大检查行动等专项工作，38家企业完成重污染整治提升，6家企业完成工业废气整治，4家企业被评为市级环保示范企业。全年实施23个循环化改造项目，已建成投产项目11个，在建项目9个，完成投资11.84亿元，成功申报第一批“浙江省清洁生产示范园区”。

（二）园区社会大局持续保持稳定

严厉打击黄、赌、食、药、暴力等违法犯罪行为。认真开展“百日维稳攻坚”、“矛盾纠纷排查化解”等活动，积极化解矛盾纠纷，全年未发生非正常上访事件和进京上访事件。

（三）党风廉政建设扎实推进

认真开展省委巡视组反馈意见整改落实及自查自纠活动，涉及开发区3个具体问题已按要求及时整改到位。坚持全面检查和重点检查相结合、经常性检查和专项监督检查相结合、专门力量监督与其他力量监督相结合等多种形式狠抓监督检查，更新选聘10名作风效能社会监督员。

（四）基层党建工作创出特色

创新实施“532”基层党建工作法，构建抓实组织共建、载体共建、队伍共建、党群共建、平台共建“五个共建”，培育了包括开山、红五环、上洋机械在内的党建示范带和“红色天路”、“心灵之桥”等一批“两新”党组织品牌，抓好实事积分、法治街村、基层关爱“三大工程”。全年组织6期街村干部“菜单式”培训，174名基层党员干部参加党员冬训，切实提升基层组织的战斗力。

（衢州经济技术开发区管委会）

2015年金华经济技术开发区发展概况

2015年，金华开发区以五个“三年行动计划”为抓手，深化改革培育发展新动力，推进创新培育发展新引擎，建设平台培育竞争新优势，以赶超的勇气、担当的精神，实干苦干，加快产业转型和城市转型，“十二五”规划确定的主要目标任务顺利完成，开创了创新发展走在前列新篇章。全年实现地区生产总值243.7亿元，增长8.1%，列全市第2；实现一般预算总收入41.6亿元，增长4.9%；城镇常住居民人均可支配收入44382元，增长8.8%；农村常住居民人均可支配收入23849元，增长9.2%。

一、聚合力强攻坚，平台建设步伐加快

一是产业平台形成规模。领导一线指挥、指挥部组团服务，乡镇街部门合力攻坚，新能源汽车产业园和健康生物产业园分别完成各类投资37亿元和17.6亿元，增长38%和47.1%，入园企业13个，其中50亿元以上项目1个、10亿元以上项目3个。新能源汽车小镇成功入选第二批省级特色小镇创建名单，引进了华科汽车、吉利动力电池等重大产业项目。健康生物产业园区域环评获批，园区实现集中供热。信息经济和文化科技创意产业园建设步入高端企业集聚阶段，企业总数达720家。乐乐小镇引进了唯见科技、赛伯乐浙江互联网创新中心等国内外高科技项目与知名企业，设立产业基金8.5亿元。北大（金华）信息科技园创客空间孵化营全面开营。二是招商引资逆势突破。实施招商引资“一号工程”，全年实到内资58.2亿元、浙商回归资金37.1亿元、外资6618万美元，综合考核位列全市第1，引进亿元以上项目12个，总投资143.5亿元，其中50亿元以上项目2个，20亿元以上项目1个，10亿元以上项目1个。三是重大项目建设快速推进。全年完成固定资产投资165.1亿元，增长15.9%，列全市第2，其中，工业投资87.5亿元，增长4.6%，技改投资完成67.6亿元，增长24.6%。华科汽车项目按照“四快”，即密集洽谈签约“快”、一线攻坚供地“快”、一线协调审批“快”、精细服务融资“快”的节奏，实现“年内签约、年内开工、年内投产”目标，创造开发区重大项目建设奇迹。扩大有效投资“百日攻坚”活动成效显著，省“411”重大项目、省重点项目、市重点项目、市区政府性投资项目分别完成年度计划的135%、173%、119%和129%。

二、抓创新强服务，产业转型成效显现

一是工业经济稳中提升。坚持“工业强区”不动摇，围绕主导产业，深入开展“四个一批”服务活动，实现规模以上工业产值507.7亿元，其中新能源汽车及汽车零部件产业实现产值144亿元，增长12.1%，健康生物医药产业实现产值68.1亿元，增长3.2%。培育高成长性企业38家，列入上市培育企业18家，小升规企业33家。大力实施创新驱动，列入省重点技改项目39个，完成“零土地”技改项目备案36个，培育“两化”融合示范企业54家，认定省级高新技术企业研发中心5家，实现授权专利1208件，认定省市著名商标20个，创建省市级“三名”企业9家。2名专家入选第八批浙江省“千人计划”专家名单，7个人才创业项目入选双龙计划。二是现代服务业高速增长。完成服务业投资76亿元，增长29.2%，完成房地产投资46.97亿元，增长22.7%。服务业增加值占GDP比重达54.4%。实现全社会消费品零售总额105亿元，增长

12.5%。新增信息经济企业182家，实现营业收入35.8亿元，同比增长20.2%。3家企业获评2015—2016年度浙江省文化出口重点企业，2个项目列入2015—2016年度省文化出口重点项目名单。获批国家知识产权试点创建园区、2015浙江“智慧园区”示范开发区和省公众创业创新服务优秀县(市、区)。高新园区获评2015年省级信息经济发展示范区和生产性服务业集聚平台建设试点。成功举办“海外名校学子走进金华古村落——寺平”活动，引爆金西旅游，全年共接待游客423.03万人次，实现旅游总收入39.26亿元，分别增长91.27%和101.72%，增幅列全市第一。三是农业基础持续夯实。投入扶农资金1.97亿元，出台《2015年度粮食生产扶持政策》，全年粮食种植面积12万亩，全年粮食总产量突破4.82万吨；全年创建万亩粮食示范方1个，千亩示范方12个。创建棉花千亩示范片1个；新培育家庭农场70家，创建市级示范性家庭农场5家，农民专业合作社总数达317家。基本完成农村经济合作社的股份制改革。

三、抓整治强倒逼，“五四三”组合拳再创佳绩

一是深入推进“五水共治”。共投入“五水共治”重大项目建设资金6.83亿元，83个村开展农村生活污水治理，完成4个集镇、10个社区(城中村)、15条背街小巷截污纳管雨污分流改造。开展“六小”服务行业专项整治，农村生活垃圾减量化工作全面铺开，关停拆除禁养区养殖场134家，整治281家。30个区级支流乡镇(街道)交界断面已全部消灭劣V类水体，两年提高水质目标基本实现。二是持续扩大“四破”战果。共消化批而未供土地1859亩，盘活存量建设用地911亩，城镇低效用地再开发931亩，实现土地出让收入8.13亿元。全年完成土地征收3419亩，青苗处理3832亩，清表3909亩。三是强势推进“三改一拆”。坚持“党员干部带头、公开公平公正”原则，共拆除违法建筑90.1万平方米，完成全年任务数的150.1%，86个村(社区)基本达到“无违建村(社区)”标准，累计复垦50.6万平方米、复绿49.3万平方米、建设利用66.8万平方米、其他拆后利用48.2万平方米，拆后土地利用率达83.4%；城中村改造完成101万平方米；旧厂区改造完成24.7万平方米；旧住宅区改造完成59.2万平方米。

四、重整合强统筹，城乡面貌日益改善

一是精品城市再添美景。累计完成城市道路建设投资17.5亿元，八一南街等16条优化(新建)道路竣工总长12.6千米，建成大黄山隧道、实现一环路贯通。新增公交专用道7.6千米。实施湖海塘“征迁句号行动”，两个月完成全部征迁任务，湖海塘公园建设全面动工。二是推进金西小城市建设。完成金西区块政府投资10亿元，汤莘公路和衢江(金华段)航运开发有序推进。汤溪镇护城街、罗埠镇府前路、洋埠镇人民路等“美丽一条街”项目、九峰山风景区古栈道和游步道修建工程等基本完工。创建市级“美丽乡村”27个、区级“美丽乡村”28个。三是生态建设卓有成效。狠抓气尘合治，淘汰燃煤锅炉(窑炉)113台，淘汰黄标车1706辆；开发区PM2.5平均浓度为54ug/m^3，同比下降19.4%，优良天数达到258天，空气质量指数(AQI)优良率为71.9%，同比提高7.5%。创建省级生态乡1个、市级森林村庄3个、市级生态村38个。

五、扩投入强基础，民生保障持续提标

教育经费投入超5亿元，完成学校建设项目6个，湖海塘学校投入使用；全市率先实施农村教师特岗津贴制度，惠及555名农村教师；家庭教育指导服务体系试点工作稳步推进，教学成绩稳居前列；基层卫生服务网络实现全覆盖，基本建成20分钟医疗卫生服务圈；金华市中心医院托管金西医院后成效显著，全年门诊量12.95万人(次)、实现收入4521.09万元，分别增长34.1%和18.1%，投资1亿元的新院区正式投入使用，极大改善金华西部百姓就医环境；文明城市创建有序推进，新增农村文化礼堂8家，8个乡镇(街道)综合文化站全部建成。推进撤村建居，新

增失地农民保险4178人。建成居家养老服务照料中心46家,照料中心区级示范点16家。创建市级农村社区便民服务中心9个。全面消除家庭人均纯收入4600元以下低收入农户群体。

六、抓改革强动力,体制机制扩大优势

持续推进投融资改革,完成融盛集团整合,创新融资模式,实施“股权投资＋银团商贷”的组合融资等模式,对成功引进的华科汽车、吉利新能源汽车动力电池项目解决资金难题起到了关键作用。湖海塘公园景观工程实行“EPC＋融资”总承包模式、330国道改建项目和国际友城公园景观工程项目实施“PC＋”融资模式。探索建立政府投资项目分级编报和实施机制。扩大乡镇财力,探索将土地出让收入、税收超收分成及奖励、上级资金补助及其他收入纳入乡镇(街道)资金来源。深化政府服务改革,重大产业项目实施模拟审批,不断提升审批效率。深化商事登记制度改革,成立全省首批“创客服务全程通”站点,全市率先实施“三证合一”、“五证合一”注册登记改革,核发一照一码营业执照1559份,新增各类市场主体2642户,完成个转企58家。

七、抓作风讲奉献,干部队伍担当有为

认真开展“三严三实”专题教育。领导带头上党课,千名干部齐培训,“四风”整改常态化,严实教育聚人心。创建三级微政务平台,提升执行力。广大干部坚持“一线工作法”,弘扬“6＋1”、“白加黑”的工作作风,牢记使命、立说立行、真抓实干,保障各项工作进位争先。全面落实《中国共产党廉洁自律准则》和《中国共产党纪律处分条例》,健全党风廉政建设工作机制。深化乡镇(街道)纪(工)委“三转”,充分发挥派驻纪检组的监督作用,实现监督全覆盖。建立党员领导干部廉政档案,开展党章党规党纪集中轮训。加强基层党组织建设,坚持“书记抓、抓书记”,“围绕中心抓党建、抓好党建促发展”,整乡推进整区提升,打造11条市区乡三级党建示范带,1个“全域性”党建示范镇,10个党群服务中心,覆盖基层党组织180多个,形成一批党建综合示范群,带动后进基层党组织全面提升,推动党员干部沉在一线、干在一线、拼在一线。

(金华经济技术开发区管委会)

2015年丽水经济技术开发区发展概况

一、综　述

2015年，丽水生态产业集聚区坚持"绿水青山就是金山银山"战略指导思想，围绕主导产业定位，不断加强招商引资、培育新型产业、提升传统产业、环境污染治理、推进转型升级等工作。全年集聚区实现工业总产值252亿元，其中核心区95亿元；完成固定资产投资98亿元，其中核心区44亿元；服务业营业收入26亿元，其中核心区8.5亿元；利税总额24亿元，其中核心区8亿元；实际利用内资86.3亿元。

丽水经济技术开发区在项目建设、招商引资、创新驱动、低效整治、环境治理等方面取得明显成效。全年完成地区生产总值57.3亿元；固定资产投资50.3亿元，工业投资21.4亿元，工业技改投资18.3亿元；规模以上工业总产值209亿元；规上工业增加值40.2亿元。完成财政总收入9亿元；一般公共预算收入4.96亿元，完成出口总额2.6亿美元。国家级火炬基地通过评审，获批省级合成革行业机器换人试点。"新三板"挂牌企业4家，另有签约企业7家；引入高端人才74人，其中"国家千人计划"4人，"省千人计划"7人，绿谷精英18人。

举办第二届水性合成革产业大会。2015年4月16日至17日，第二届国际水性生态合成革产业大会在丽水召开。有关国家部委、行业协会、地方政府的领导，有关院校专家学者，省市合成革行业协会、商会，省市合成革及上下游企业以及新闻界等，14个省市25个城市7所大专院校及科研院所共300多位嘉宾齐聚一堂，了解丽水生态合成革技术进展，交流生态合成革推广经验，共商中国生态合成革转型升级大计。

获得国家级园区循环化改造试点。2015年6月5日，国家发改委、财政部联合发文《关于同意丽水经济技术开发区等25个园区循环化改造实施方案的通知》。丽水经济技术开发区在评审打分中位列25个园区第一，争取中央财政资金补助位列全国第一，成功获得试点。可申请中央财政补助资金项目53个，包括合成革企业升级改造项目、DMF高浓度废水集中回收处置项目、革基布企业升级改造项目、生物医药产业链关键补链项目、节能环保装备关键补链项目、公共服务设施项目，总投资23.7亿元。

编制开发区"十三五"发展规划。2015年4月，开发区管委会确定"十三五"规划编制委托单位为省发展规划研究院。"十三五"规划坚持"绿水青山就是金山银山"的发展定力，围绕"活力新区、美丽新城"，产城融合一体化的建设理念，体现宏观性、战略性、导向性和可操作性，明确了开发区管委会的工作重点和责任，从形式到内容都有所创新。9月印发《丽水经济技术开发区管委会关于做好"十三五"发展规划思路研究的通知》，10月召开"十三五"发展规划编制工作会议，安排部署各相关单位"十三五"规划编制任务。

浙江省"机器换人"推进会暨机器人产学研对接会。2015年10月15日，浙江省"机器换人"推进会暨机器人产学研对接会在丽水举行。此次会议由浙江省经信委、丽水市政府、中国机器人产业联盟、浙江省机器人产业联盟等单位主办。主要内容包括机器人产学研对接会、全省"机器换人"暨智能制造对接会等。中国机械工业联合会执行副会长、中国机器人产业联盟执行理事长兼秘书长宋晓刚，中国工信部装备工业司机械处副处长刘涛等领导和专家出席会议。集聚区(开发区)党工委书记、管委会主任丁绍雄主持会议。

举行国家级丽水经济技术开发区百亿新兴产业项目集中签约活动。2015 年 6 月 19 日,举行了国家级丽水经济技术开发区百亿新兴产业项目集中签约活动,共 5 大类 36 个项目签约,总投资约 135.6 亿元,涵盖跨境电子商务类、新材料类、生物医药类、机器人及智能装备类、基础配套类等,投资主体包括丽商、浙商、台商、侨商。引进苏州科赛投资集团投资的“植物纤维电池项目”,总投资 60 亿元,是开发区首个单体投资额超 50 亿元的项目;总投资 20 亿元的“维康医药(大健康)产业园”项目开创了开发区医药与养生结合项目的先河。

二、产业发展

2015 年,开发区工业企业 443 家。其中规上企业 162 家,实现税金 4.9 亿元,占所有企业税金的 90%,亩均税金 7.8 万元。规模以上企业中,62 家装备制造业实现产值 50.3 亿元、税收 1.6 亿元;3 家生物医药企业实现产值 13.7 亿元、税收 1.2 亿元;58 家合成革企业实现产值 104 亿元、税收 1.5 亿元;其他行业企业还有 39 家,实现产值 41 亿元、税收 0.64 亿元。

全年,第二产业完成投资 21.80 亿元,第三产业完成投资 28.48 亿元,一、二、三产业投资比例由上年末的 0:41.75:58.25 变为目前的 0:43.36:56.64。施工项目 226 个,其中新开工项目 99 个,比 2014 年同期增加 1 个,新开工项目完成固定资产 17.3 亿元,同比负增长 38.6%,占固定资产投资的比重达 34.4%。全年完成固定资产投资 50.27 亿元,同比负增长 19.2%。

主动产业集聚发展。顺利实施了东扩和富岭区块的路网以及新兴产业的标准厂房、科技孵化器和机器人产业园等项目;围绕“两化融合”和“机器换人”两项省级试点,不断带动企业技改,2 家骨干企业实施了“两化融合”改造,18 家合成革企业完成“机器换人”改造;集中供热工程累计完成蒸汽管网建设约 20 千米,天然气管网建设约 10 千米,目前已覆盖 80 家企业。

招商引资。开发区共引进合同项目 30 个,实际利用市外内资 47.7 亿元,实际利用外资 5817 万美元;浙商回归到位资金 22.4 亿元;亿元以上项目 16 个,其中最大的项目是恒天重工集团总投资 5 亿元的新型环保材料项目。全年完成土地供应 24 宗 1317 亩,其中工业用地 7 宗 315 亩,商服用地 6 宗 40 亩,安置和其他用地 11 宗 962 亩。

加快创新驱动。开发区新增国家级高新技术企业 6 家,省级科技型中小企业 12 家,省级企业研究院 2 家,省级高新技术企业研发中心 2 家;累计共有国家级高新技术企业 45 家,省级科技型中小企业 22 家,省级高新技术企业研发中心 19 家。引导企业对接资本市场,现有主板上市企业 1 家,拟上市企业 3 家;富来森公司借海外平台在纳斯达克上市;新增股份制企业 8 家,新三板挂牌企业 3 家、签约企业 8 家;全年共实现直接融资 16.3 亿元。

加大低效整治力度。关停、淘汰 7 家高污染、高能耗企业,整治“低小散”企业 101 家;对 17 宗 1020 亩闲置土地进行调查处置,完成清理整治 624 亩。通过政府收回、二级市场转让、收储收购、闲置厂房租赁等方式处置低效用地 69 宗 1184 亩;盘活土地资源 671 亩,完成城镇低效用地再开发 172 亩。开展土地“用而未尽”调查核实,逐一研究相应的处置办法。

狠抓环境综合治理。“五水共治”工作累计投资 3.2 亿元,完成水阁区块地下排水管道修复 3.3 公里、修复检查井 226 个;合成革行业废水 COD、氨氮实现基本稳定达标排放;对 36 家企业开展废气治理,DMF、VOC 等主要特征污染物得到了有效控制,PM2.5 总体保持良好以上。超额完成燃煤小锅炉淘汰任务,基本完成节能减排降耗各项目标任务,区域内空气和水的质量得到明显改善。

三、南城建设

2015 年,南城建设累计完成投资 7.7023 亿元,完成路网浇筑 8.7 千米,完成标准厂房 5 万平方米,沙溪亭安居房 703 套。开发区秀山路小学,占地 70.3 亩,总建筑面积约 23691 平方米,项目预算投资10296万元，主体全部结顶，已完成总工程量的65%，低丘缓坡展示馆主要包含低丘缓坡综合开发利用展示馆、广场、保留山体工程等，项目总投资为11872万元，已完成山体防护工程和展示馆主体工程基础浇筑。

推进南二路技术变更项目（与高速公路相交处桥梁）、北三路（东七路—水阁水厂）工程、南四路东延伸段（东十一路—南七路）工程三个市政路网工程，其他还有秀山路小学支路已完成90%雨污水管道铺设和南侧支路路基整平；芝麻地企业专用道路已进行路基开挖；杨梅山横路、东十路北段（南二路—南三路）等工程目前已全部完工。

完成市政府考核新建标准厂房5万平方米。南城东扩标准厂房（一期）工程。总建筑面积15000平方米，项目总投资2249万元，项目已完工；集聚区科技孵化器（标准厂房），该项目建设3栋标准厂房，总建筑面积约36000平方米，主体工程已完工；室外配套工程完成55%。

三改一拆。开发区"三改一拆"工作超额完成年度任务，其中违法建筑拆除13.69万平方米，完成年度任务数8万平方米的171.2%；完成城中村、旧厂区改造58.47万平方米，完成任务数32万平方米的182.72%。完成全市"十先拆"典型案件第九、十和十一批中4处，涉及12家小作坊占地面积约2.33万平方米、建筑面积约1.68万平方米的拆除。完成张村及齐村基督教堂十字架的改造，完成飞雨寺外立面的整治改造。

（丽水经济技术开发区管委会）

2015 年宁波大榭开发区发展概况

一、概　述

2015 年,宁波大榭开发区地区生产总值 216.7 亿元,同比增长 8.4%;财政总收入 125 亿元,同比增长 9.2%,其中公共财政预算收入 44.7 亿元,同比增长 21.7%,增幅位居全市第一位;工业总产值 473.5 亿元,受原油等大宗商品价格持续大幅下挫等不利影响,同比下降 12.6%;工业增加值 112.3 亿元,同比增长 6.8%;全社会固定资产投资 78.02 亿元,同比增长 20.5%;进出口总额 27 亿美元,同比下降 11.8%,其中出口 9.06 亿美元,同比下降 6.8%;合同使用外资 1.3 亿美元,实际使用外资 1.1 亿美元,实际利用内资(大市外)42 亿元,均超额完成市区两级年度目标任务;港口货物吞吐量 8551 万吨,同比增长 6.2%,其中集装箱吞吐量 275 万标箱,同比增长 7.8%;现代服务业营业收入 1330 亿元,同比增长 15%。

二、主要工作

(一) 培育经济发展新动力,重大项目夯实临港工业实力

在建项目完工或中期交工。馏分油综合利用、丙烷资源综合利用、乙酸仲丁酯、榭北热电四个合计总投资超 200 亿元的重大产业项目陆续完工或中期交工。新建项目完成审批,馏分油改扩建、聚丙烯二期完成审批备案,即将开工建设。拟建项目加速落地,大榭石化四期改扩建、乙烷资源综合利用一期、300 万吨 LNG、轻烃资源综合利用、百地年 200 万方地下洞库、丙烷资源综合利用二期等一批拟建新项目取得积极进展。现代服务业长板效应凸显。能源中转能力快速提升,全年进口原油突破 3000 万吨,“甬—沪—宁”输油管道中转输送量突破 2200 万吨,穿鼻岛能源储运项目开展规划方案编制。

(二) 推进城市建设大提速,重大基础设施迎难而进

大榭二桥工程通过竣工验收,完成一桥维修加固改造前期工作,攻克大工业供水工程过江顶管施工难题,完成东港电化 110KV 架空线埋地工程,贯通天然气进岛工程将军山隧道段并完成工程大部施工,完成应急气源站选址并推进建设,基本建成公共管廊一期工程,按时完工关头东排洪河、主要道路“白加黑”改造等一批市政水利工程。港口口岸建设日臻完善。完成万华码头煤堆场、信业码头等港口建设投资 3 亿元,完工关外码头、三菱码头和大榭石化 3 万吨级码头技改工程,开工建设中油二期油品码头,推进礁门 1600 米岸线使用及关外石化码头建设前期研究,做好大件设备运输保障工作。深化口岸大通关建设,累计开辟欧洲、美洲、东南亚、非洲等国际国内航线 30 条。城市管理注重创新规范。制定《大榭智慧岛建设规划》,获批全国第三批智慧城市试点城市。调整土地利用总体规划,抓好土地收储出让,强化节约集约利用,拓展重大项目用地空间。完善智慧城管平台建设,提升城管工作质量水平。

(三) 创建绿色生态示范区,绿色低碳园区扎实建设

编制《“十三五”环境保护规划》、《大榭片环境功能区划方案》,深化生态绿岛建设顶层设计。通过国家循环化改造示范试点园区审定,组织万华工业园和大榭石化产业园开展清洁生产示范园创建和循环化规划编制。实施重点节能节水技

改项目20项，全年实现节能2.5万吨标煤、节水10万吨，完成主要污染物减排任务。支持企业创业创新，新增2家市级创新型初创企业，完成2家高新技术企业复审申报，获得国家专利授权104件，新增注册商标125件，新设各类市场主体297家。新增53辆LNG集装箱车辆，完成年度黄标车淘汰任务。环境综合治理全面开展。全面开展以“九整治、三规范、一美化”为主要内容的区域环境综合整治行动。在全省率先完成区域环境风险评估，持续推进“五水共治”及大气污染防治、固废治理等专项整治，空气质量优良率蝉联全市第一。加强植被保护，全年累计造林700余亩，绿地面积达到279公顷。

（四）保持社会面和谐稳定，安全生产形势总体平稳

强化企业主体责任和政府监管责任，严格落实停产整顿、关闭取缔、上限处罚、法律追究等措施，强化危化项目建设“三同时”审查，加强码头危化品事故、建筑工程安全事故等综合应急实战演习，投用总投资4600万元的万华工业园危化品应急管理中心，全年未发生较大以上或社会影响较大的生产安全事故。市场经营秩序公平有序。出台《加强招投标管理若干规定》等一批规章制度，加大招投标违法违规行为查处力度，深化工程建设领域突出问题专项治理，开展危化品运输车、漏沙车专项整治，推进无证无照经营整治，推进金融市场稳定运行，服务实体经济。公共安全环境更加良好。完善立体化治安防控体系，重点开展打黑除恶、“黄赌毒”等专项斗争，全年未发生有影响稳定的案件事件。抓好企业关停并转劳资医患纠纷等矛盾调处，畅通信访渠道，建成并运行劳动仲裁院，抓好基层系列平安创建，提升政法维稳水平。民生社会事业统筹推进。加速推进住房保障工程，购置投用新一批环保公交车，提升义务段教育质量，扶持特色门诊科室建设，加大困难群体、大中专毕业生就业帮扶，加强社保扩面工作，实施文化惠民发放1000张“文化惠民卡”，推进全民健身运动开展，落户大榭银博足球俱乐部。

（五）加强政府自身建设，行政服务管理效能不断提高

健全重点企业重大项目一线服务制度，完善区域产业扶持政策，出台进出口稳定增长实施意见，推动财税改革，落实“营改增”政策，推进“五证合一、一照一码”登记制度改革。深化机关事务改革，做好行政诉讼案件依法应诉工作，完成全省首部开发区志初稿编纂，实施全区视觉识别管理系统，推进党政专网白机建设，建成“智能一卡通”系统。党建工作科学水平全面提升。深入开展“三严三实”专题教育，抓好机构编制管理，严格贯彻《党政领导干部选拔任用条例》，健全实施非领导职务晋升制度，编制“十三五”人才发展规划，完善人才政策体系，创新高层次人才招聘办法，开展基层党建规范年活动，推行产业园区“1＋X”集聚化党建模式。开展和谐企业创建和立功竞赛活动，深化党建带团建和工青妇工作。党风廉政建设工作从严开展。严格实施党风廉政建设主体责任，加强责任落实情况监督检查，以“零容忍”态度坚决惩治腐败，出台《防止领导干部在公款存放方面发生利益冲突和利益输送的办法》等制度规定，切实抓好职务犯罪预防教育。按照“一审三年、三年一轮”总体目标，不断加大审计工作力度。

附：

2015年大榭开发区外贸进出口情况表

单位：万美元

2015年大榭开发区	全年累计	同比增长(%)	比重(%)
进出口	270450	–11.80	
进口	179879	–14.20	66.5

续表

2015年大榭开发区		全年累计	同比增长(%)	比重(%)
出口		90571	-6.80	33.5
贸易方式	一般贸易	211721	-11.90	78.3
	加工贸易	43559	144.52	16.1
	保税仓库进出口境货物贸易	15153	-68.79	5.6

（宁波大榭开发区管委会）

二、部分省级开发区

2015年余姚经济开发区发展概况

2015年以来，余姚经济开发区紧紧围绕中意宁波生态园和千人计划产业园两大平台，坚持以招商引资为核心，攻坚克难，主动有为，经济社会各项事业取得新突破，迈上新台阶。总结全年工作亮点，可以用“新、实、强”三个字来概括。

一是平台新。2014年4月，宁波市委、市政府出台《关于加快建设中意宁波生态园的意见》，在管理机构、财政体制、土地要素等方面给予一系列保障，有力推动了生态园各项工作的开展。在管理机构上，省机构编制委员会批准设立中意宁波生态园管理委员会，明确管委会为宁波市政府派出机构，机构规格与宁波市政府工作部门相同。在规划编制上，生态园以世界眼光抓好园区规划工作，由全球500强企业美国艾奕康公司编制概念性规划，致力打造世界一流、国内领先的生态示范区和中意双边经贸合作示范区。在工程建设上，2015年实施2000万元以上基础设施项目11个，完成年度投资2.66亿元。其中，滨海城市森林公园竣工验收，滨海大道一期工程全部完工，向西延伸的二期工程以PPP模式开工建设。

二是项目实。以中意宁波生态园、千人计划产业园为主阵地，狠抓重大项目的跟踪、对接和落地。2015年，经济开发区完成合同外资3.28亿美元，同比增长26%，实到外资1.67亿美元，同比增长41%；引进内资12.1亿元，同比增长23%；浙商创业创新资金5.5亿元，同比增长27%。在中意宁波生态园，已经有意大利工业废弃物综合处理、德国铝制汽配、瑞典太阳能光热利用设备等7个项目在建或落地，总投资折合人民币35亿元，达产后有望实现产值60亿元。千人计划产业园，重点抓好高层次人才项目的注册落地。2015年新增注册项目21个，累计达到52个，引进“国千”专家36位，青年“国千”专家1位，“省千”专家2位。52个注册项目中，投产项目23个。市科创中心创建成为省级科技企业孵化器，宁波市智能制造产业研究院正式落户。

三是实力强。在复杂多变的宏观经济形势下，经济开发区主要经济指标依然保持稳步增长的良好态势，整体经济实力更强，转型升级步伐加快，在全市所占的份额进一步提升。2015年，经济开发区实现直属工业总产值265亿元，销售收入251亿元，利润总额11亿元，上缴税金7.5亿元，同比分别增长10%、9.5%、16%和7.6%。其中，直属规模以上上企业实现工业总产值185亿元，销售收入170亿元，利润总额9.26亿元，上缴税金4.4亿元，同比分别增长13%、11%、22%和7.6%。以重点项目为抓手，进一步加大合力攻坚力度。2015年完成固定资产投资近90亿元，同比增长33%，其中工业投入64亿元，同比增长23%，投资规模继续在全市领跑。“机器换人”步伐加快，2015年实施“机器换人”重点专项20个，总投资1.8亿元，预计可减员620人。

近年来，余姚经济开发区培育出不少在全国甚至全球行业内的“单打冠军”，比如宁波江丰电子材料股份有限公司是国内销量最高、技术最领先的半导体溅射靶材生产企业。宁波舜宇电子有限公司是全球最大的天文望远镜制造企业。宁波健信机械有限公司是全球最大的医用永磁体供应商。鑫高益医疗设备股份有限公司连续10年稳坐国内永磁型磁共振销量头把交椅。宁波燎原工业股份有限公司是国内最大的道路照明灯具生产企业。宁波金辉摄影器材有限公司是国内最大的摄影灯具器材生产企业。

（余姚经济开发区管委会）

2015年海宁经济开发区发展概况

一、概　况

浙江省海宁经济开发区（以下简称开发区）成立于1992年8月，1997年12月被浙江省人民政府批准为省级经济开发区，2006年3月通过国家发改委审核验收，保留为省级经济开发区。2009年与上海漕河泾新兴技术开发区合作建立漕河泾海宁分区，为浙沪首个国家级开发区合作项目，规划面积15平方公里，致力打造高新技术产业新城。2010年7月，浙江省人民政府同意海宁经济开发区为第二批整合提升单位。

综合实力稳步提升。2015年，开发区实现地区生产总值367.71亿元，同比增长7.2%，实现财政收入64.19亿元，同比增长1.6%。全区1128家规模以上企业完成工业总产值1035.84亿元，同比增长3.2%，完成利税总额89.40亿元，同比增长10.2%，其中利润48.77亿元，同比增长14.2%。综合考评位列浙江省省级经济开发区第二，创历史最优成绩，已连续三年进入全省前三强。同时被省政府授予2015年度优秀开发区，被省商务厅授予2015年度先进开发区、外贸十强开发区和利用外资十强开发区等诸多荣誉称号。

二、主要工作

招商引资开创新绩。组建招商小分队奔赴上海、北京、深圳等地加强驻点招商，深入对接世界500强、国内500强、行业龙头等“大、好、高”企业项目。探索建立市场化用人和考核机制，出台招商工作考核办法和固定资产投资奖励政策规范招商活动，提高招商积极性。建立招商例会制度，组织招商人员培训，提高招商人员综合素质。2015年共完成实到外资3.88亿美元，同比增长18.6%。新批企业1283家，其中外商及港澳台企业37家，总投资14.64亿美元。引进宝平能源、世纪互联、万纬仓储等一批“大好高”项目。

有效投资稳步推进。完善领导联系项目制度，项目进度上墙公示，每月更新进度数据，营造竞争氛围。成立项目推进办公室，涵盖国土、规划、招商、工程、经发等各个部门，进一步完善问题集体会商机制，优化供地程序，落实项目代办帮办制度，推进项目精细化管理，全程服务项目建设。着力做好困难项目帮扶与化解，大力盘活土地资源。注重科技对转型升级推动作用，排摸技改信息，鼓励技改投入，2015年开发区共完成固定资产投资总额336.17亿元，同比增长4.2%，其中，工业投资223.38亿元，三产投资（包括房地产和政府性投资）112.79亿元。实施技改项目519个，技改总投入181.24亿元。

企业经济平稳运行。协助企业做好投融资工作，做好企业上市指导，诺之、芯能、兰博、汇锋已成功挂牌新三板。大力推进品牌创新工作，开发区本级安正、敦奴、雪豹、诺之四家企业被国家工信部授予品牌创建示范企业，入选企业总数连续两年超全省50%。建立专项资金协助企业周转，2015年共帮助8家企业周转82次，总金额达到42003万元，有效化解企业转贷难问题。深入开展亩产效益改革，企业亩均税收为19.47万元/亩，亩均销售375万元/亩，分别高于全市平均水平23个百分点和48个百分点。企业培育成效明显，全年完成小升规入库112家，个转企181家。做好平安建设、安全生产、新居民管理、社会保障等工作，探索并实施“两网融合”工作，顺利完成第二届互联网乌镇峰会维稳安保工作，全年未发生重大安全生产事故和重大群体性事件。

平台载体得到提升。坚持科学规划，全年基础设施投入59.04亿元，打造更优环境，完善配套建设，确保企业、人才"引得进、留得住"。大力建设美丽开发区，开展"三改一拆"，开发区本级拆除违章项目23宗，总面积33233平方米，完成旧厂房改造11家，建筑面积83385平方米，开展由拳路有机更新区块扫尾和原厚望饲料厂宿舍国有土地征收，共对企业单位实施征收签约10家，搬迁拆除6家，拆除建筑面积共30939平方米。实施硖仲路南侧安置房、横山路西延等工程，完成俞家桥路北延、双利路南延、胜万桥港二期等工程建设。加强"五水共治"，大力开展"清三河"行动，深化河长制管理，提升河道水质，36条河道中35条实现了水质Ⅳ类以上，占总河道97.2%以上，彻底消灭劣Ⅴ类。加强节能减排工作，全年工业增加值能耗下降6.4%。加快"两退两进"，完成腾退项目11个，腾退土地285.1亩。同时，积极做好全国卫生城市复评和文明城市创建工作。

党的建设进一步加强。积极培育安正时尚"志愿潮党建"、慕容集团"快乐青春党建"、纺机厂"复式工作法"等党建示范点。成立"连心桥"志愿者服务站，创新成立了由100多家企业党群工作者参与的"连心桥联盟"。开展"守纪律、讲规矩"主题教育活动，开展《中国共产党廉洁自律准则》《中国共产党纪律处分条例》集中学习。加强对重点环节、重点领域的监管，突出招投标、招商引资、项目推进等容易产生腐败的领域和环节的管控。丰富夜学内容，通过主题教育、专家授课、互动分享等形式，加强思想政治、廉政、文化、交通安全、法制、经济等全方位知识的灌输。修改完善《机关工作人员季度考核办法》，强化考核导向作用。

漕河泾海宁分区建设进展迅速。漕河泾海宁分区2015年度共完成固定资产投资12.01亿元，其中工业生产性投入9.93亿元，三产投资2.08亿元。实现规模以上工业总产值44.36亿元，利润5.75亿元，实到外资910.42万美元，实到市外内资2.02亿元。海宁科技绿洲作为经济开发区"双创园区"，项目一期累计出租面积为20130.79平方米，累计出租率为80%，入驻企业13家，主要为科技含量高、创新能力强、商业模式好的创新型公司。海宁科技绿洲内高新技术产业集聚初具规模，亩产效益不断提升，获评"嘉兴市新经济园"。

海宁集装箱港区成为全国通关试点口岸。2015年12月，国务院特批海宁最大的集装箱港区——中远普泰物流园成为全国通关试点口岸。据悉，中远普泰物流园位于海宁经济开发区北侧，是集内河集装箱码头、仓储、保税和海关监管、检验检疫等功能为一体的现代物流园区，属杭平申线航道海宁段，占地549亩，是国家批准的外贸集装箱港区。该项目总投资2.5亿美元，将建设500吨级多用途泊位8个。目前港区食品城、冷冻库、口岸联检楼等完成主体施工，于2015年年底陆续投入使用，二期堆场207亩土地已完成供地，于12月底开工。项目建成后可实现年集装箱作业能力70万标箱，直接营业额约15亿元人民币，实现税收7500万元左右。

经济开发区8个重点项目集中开工　总投资逾10亿元。2015年5月28日，海宁经济开发区棱透时尚、火辣服饰、海派家具、禧尔森服饰、金易达房地产、宝隆米业、万国汽车8个重点项目集中开工，总投资达到了10.8亿元，总用地245.3亩，建筑总面积32.8万平方米。据悉，今年以来，经济开发区扎实推进"抢干快干落实年"活动，坚持"招商引资、项目推进、平台提升"三大重点工程，通过招商项目抓落地、落地项目抓进度、挖掘潜力抓技改等手段，有效投资保持平稳增长，截至4月底，经济开发区（尖山新区）累计完成固定资产投资32.43亿元，同比增长8.2%，其中工业投入23.86亿元，三产投资5.92亿元，政府投资2.61亿元。

（海宁经济开发区管委会）

2015年乐清经济开发区发展概况

乐清是浙江省首批创建工业强县(市、区)试点,经济总量连续17年位居温州全市首位、稳居全国百强县市前列,也是温台地区唯一一个规上工业总产值超千亿元的县市。乐清经济开发区是乐清市经济转型发展的重要平台,也是建设省级工业强市的主要阵地。经过多年开发与建设,开发区的发展总量和发展质量达到一个崭新的阶段。2015年,乐清经济开发区规模以上工业总产值1247亿元,同比增长9.1%;规模以上工业增加值270亿元,同比增长14.9%;高新技术企业规模以上工业总产值468亿元,同比增长8.6%。在全省省级经济开发区综合考核中,乐清经济开发区综合分值位列第三,其中综合效益位列第一、经济规模位列第四。

一、概　况

乐清经济开发区1993年11月经省政府批准设立,是全省首批19个省级开发区之一。建成区位于有"中国电器之都"之称的柳市镇。2001年9月,乐清市委、市政府将市中心工业园区纳入开发区作为新区进行开发建设。2006年4月,经国土资源部核准新区规划面积5.95平方公里。2012年,通过开展深化整合提升工作,开发区创新拓展模式,形成"一区六园"发展格局,规划面积达到158平方公里。2014年3月,浙江省人民政府批准正式确认乐清经济开发区"一区六园"发展格局。"十三五"期间,乐清经济开发区将以加快打造成以战略性新兴产业、先进制造业为主,集物流、商贸、科研、居住等为一体的综合性产业新城,努力成为国家电工电气新型工业化示范基地和新型城市化、新型工业化融合发展示范区。

二、集聚资源,确定发展空间

(一)整合资源,提升发展能力

深化整合提升后的乐清经济开发区形成"一区六园"的发展格局,"一区"即乐清经济开发区,"六园"包括乐清高新技术产业园、柳市新型电工电器产业园、北白象智能电器和新材料产业园、乐清湾港区现代临港产业园、虹桥电子信息产业园和雁荡山文化创意产业园。

乐清高新技术产业园。规划面积22平方公里,是乐清传统优势制造业发展提升的主要平台和引领乐清传统制造业转型升级的重要经济引擎区域,以国家级科技孵化器和高新技术制造业为支柱,正着力打造注重创新研发、生态环境优美、服务配套完善的综合型现代产业新城。

柳市新型电工电器产业园。规划面积45平方公里,是中国防爆电器生产基地、中国低压电器出口基地、中国气动元件制造生产基地、中国断路器生产基地"四大基地"所在地,依托新兴电工电气产业园建设,进一步打响中国电器文化品牌,形成国际电工电器重要产销展基地、两岸智慧型产业转型升级示范区、乐清南部综合性副中心城区、滨水宜居的生产生活双赢高地。

北白象智能电器和新材料产业园。规划面积35平方公里,大力发展工业电气新材料、电子信息功能材料,努力打造成为省内重要的工业电气转型升级示范基地、新材料产业基地。

乐清湾港区现代临港产业园。规划面积22平方公里,定位为海峡两岸海洋经济示范基地与大型综合物流中心,依托乐清湾港口资源和交通枢纽优势,重点发展港口物流、临港产业和海洋新兴产业,全力打造千亿级临港产业集群。

虹桥电子信息产业园。规划面积28平方公里,是全国电子元器件生产基地所在地,以电子元器件为支柱行业,大力发展汽车、消费电子,积极开发船舶电子控制系统,重点支持高端电子整机产品的研发与产业化,努力打造成为省内重要的电子信息产业基地、精密模具产业基地、战略新兴产业孵化基地。

雁荡山文化创意产业园。规划面积6平方公里,依托国家级5A级风景区、世界地质公园——雁荡山风景名胜区的国际影响力,统筹发展旅游、工艺设计、现代服务、文化等产业。

(二)结合实际,强化园区规划

结合乐清市总体规划,开发区按照"优化布局、集约用地、注重环保、有序整合"的原则,不断优化开发区空间布局,切实发挥其示范、辐射、带动作用,努力把开发区建设成为推动区域经济发展的强力引擎。以104国道为交通主线,沿雁荡山脉至瓯江口,重点培育现代电气产业集群。整合的区域范围主要是已建成区域和围垦滩涂。在功能布局上注重工业集聚度、产业导向、商贸服务、绿色生态工业新城建设、旅游文化创意等。乐清经济开发区将以完善围垦基础配套和建设智慧小镇为重点,围绕"转型升级、提速提效",做实做大产业建成区、做强做优产城人融合区、做精做细生态智慧岛,以围垦区北片基础设施、创业人居城、智能科技产业园、生态智慧岛、邻里中心五大项目为重点,勇扛创业创新大旗,勇担兴工强市使命,快速推进跨越式发展。

三、提升优势,明确发展方向

乐清经济开发区作为全省首家产值超千亿元的省级开发区,已全面开展国家级经济技术开发区申报工作,目前已被商务部列入培育期。为率先探索温州地区独具特色的低碳经济发展道路,以高新技术产业园的乐海围垦区为主板块,以"产业低碳、用能低碳、生活低碳"为重点,积极创建全国绿色生态示范城区。启动"千人计划"产业园建设,按照加快经济转型升级和建设现代产业体系的要求,逐步形成以集聚区为主体的产业集聚发展新格局。目前,"千人计划"产业园已引进高端人才21名,智能科技产业园入驻企业76家,其核心区已纳入温州瓯江口产业集聚区规划,成立了瓯江口产业集聚区翁新分区,并加快推进基础设施建设、招商引资和项目落地,着力打造以产业集聚发展为主体的经济新格局。

(一)区位优势明显

乐清经济开发区是长三角经济区和海峡西岸经济区中最具规模、最富实力、最有潜力的区块之一,区内设有七里深水港和南岳深水滚装港两个港口,在浙江临港经济产业带建设中占据"对接南北、东拓西联"的关键区位,现已发展成为浙江省经济发展的先行区和全省先进制造业重要基地,同时也是海峡两岸经济合作试验区建设的重要平台。

(二)经济实力雄厚

近年来,随着开发建设力度的不断加大,开发区正日益凸显出对经济发展的龙头示范与先导带动作用。区内拥有中国电器之都、中国电子元器件产业基地、中国精密模具生产基地等12张国字号和世界级"金名片"。全区拥有规模以上工业企业数992家,有3家企业进入中国企业500强,6家企业进入中国民营企业500强行列,19家民营企业成功上市。

(三)产业体系完善

区内已形成电工电气、风电装备、新材料、船舶修造、精密模具等主导产业。电工电气等产业向集群化方向快速发展,被列为装备制造(电工电气)国家新型工业化示范基地、省"两化"深度融合试验区。加快建设五大特色新型产业园,以"千人计划"产业园、智能科技产业园为重点,带动生命健康产业园、上市企业产业园、高端智能装备产业园建设,全面推进工业经济转型升级和完善产业体系。

(四)创新优势凸显

区内企业自主创新能力不断增强,11家企业新建立研发、技术中心,其中省级企业技术中心8家、省级技术中心1个、博士后科研工作站2家;新申报专利237项。创建了占地面积102亩、建筑面积46000多平方米的国家级科技企业孵化器——市科技孵化中心,涉及智能化电器、光机电一体产品、医疗产品、软件信息、精密机械等产业，与河北工业大学成立电器可靠性试验室。

（五）品牌建设突出

全区企业获得浙江著名商标25个、浙江名牌产品10个、浙江出口名牌3个。开发区标准厂房园区被命名为“省级标准厂房建设示范区”，风电装备产业园被命名为“浙江省开发区特色品牌园区”。乐清经济开发区已连续多年被为“浙江省优秀开发区”、“先进开发区工作单位”等称号。

四、不断进取，创新管理体制

建立新型行政管理体制，通过强化职能，对所托管的相关镇街功能区实行统一领导、统一规划、统一协调产业导向、统一资源配置等。开发区管委会对开发区实行全面管理，对“六园”中的高新技术产业园区实行垂直管理，对分布在柳市、虹桥、北白象、乐清湾港区、雁荡镇的五个园区设立园区管理办公室。园区管理办公室实行双重管理，日常工作接受当地政府领导，业务上归开发区指导。按照精简、高效、服务、规范的原则，进一步明确和落实开发区管委会职能权限，增强开发区发展内在动力。按照“集中精简、灵活高效”的原则，建立一站式、一条龙服务机制，进一步完善行政管理体制，争取事权下放、精简效能，为企业和群众提供更加优质、高效、便捷的服务。

（乐清经济开发区管委会）

2015年桐乡经济开发区发展概况

2015年,桐乡经济开发区紧紧把握"稳中求进、转中求好"的工作主线,始终围绕招商引资、服务企业发展这一中心开展工作,实现了开发区经济社会较快发展。

一、概 况

全区实现工业总产值378.6亿元,与2014年基本持平,其中,考核规模以上企业完成工业总产值193.81亿元,同比增长8.2%。全区企业实缴税金(财政公布数)13.92亿元,同比增长7.3%,其中,工业企业实缴税金11.1亿元,同比增长6%;三产企业上缴税金2.58亿元,同比增长15.1%。全区企业实现利润18.53亿元,同比增长18.1%,其中,规模以上工业实现利润16.1亿元,同比增长17.6%。完成全社会固定资产投资达43.71亿元,同比增15.4%,创历年新高。全年引进外资项目12个,市外内资项目29个。全年完成合同利用外资2.4亿美元,完成年度目标任务的100%;实际利用外资1.98亿美元,完成年度目标的110%。引进市外内资17.14亿元,完成年度目标的112.8%。浙商回归资金14.16亿元,完成全年目标的118.96%。

二、主要工作

(一)新兴产业集群基本形成

目前全区共有投产和在建企业380家,基本形成了新能源新材料、电子信息、机械汽配等新兴产业集群。其中机械汽配、新能源新材料和化纤纺织是现有的三大主要产业。机械汽配产业有隆翠汽车、戴德动力、强利汽配、胜方机械等汽车零部件生产企业及后服务企业20多家。新能源新材料产业有巨石集团、华友钴镍、华章电气、海得控制等新能源新材料企业40多家。化纤纺织产业有桐昆集团、红太阳毛纺、龙翔纺织、速飞得自动化等化纤纺织及纺织机械生产企业80多家。

今后,桐乡经济开发区将进一步发展机械制造和新能源新材料等优势和特色产业,着力打造汽车产业园、新材料产业园和互联网信息产业园,力争把开发区打造成为千亿开发区、高新集聚区、品质新城区。汽车产业园:坚持走差异化汽车产业发展之路,重点发展改装车(房车)、特种车、新能源汽车和前、后市场汽车零部件产业和汽车文化产业。产业园主要分为汽车及零部件产业园和汽车文化产业园两大板块。新材料产业园:主要依托巨石玻纤、华友钴业打造玻纤复合材料产业基地和钴镍超细粉末材料基地,重点延伸发展玻纤复合材料和钴镍新材料产业链。互联网信息产业园:重点引进集成电路、高端通讯、数字音视频、新型电子元器件和服务外包、云计算、大数据、物联网等产业领域企业,着力打造一个全新的互联网信息产品制造业基地。

(二)招商引资成绩显著

继续围绕主导产业招商,突出驻点招商、以商引商。成立了乌镇互联网产业园,成功引进浙大网新集团旗下的网新长城公司,为开发区发展互联网产业提供战略支持、品牌推广、日常运营等服务。隆翠房车增资1亿美元,成为桐乡市历史上投资额最大的外资项目。通过台玖精密机械的引荐,成功引进双环传动项目,总投资达5亿元,成为桐乡开发区"以企引企、以商引商"的典范。

(三)有效投入持续增长

全力抓项目推进,围绕26项市级重点项目

和47项区重点项目，进行一对一的服务，加快项目推进，严格执行项目达产保证金制度，及时帮助解决项目在建设过程中的各种问题。全年竣工投产项目46项。全年完成工业生产性投入34.59亿元，同比增长22.8%，其中设备投入22.28亿元，占比64.4%，技改投入28.36亿元，占比82%。

（四）转型发展速度加快

全年新增规上工业企业21家，新增规模以上服务业7家。完成技术改造项目91项，股份制改造5家，上市2家，品牌创新16家，管理创新3家。全区拥有企业研究院4家，其中巨石玻璃纤维研究院为省级重点企业研究院；拥有企业研发中心70家，其中省级以上13家。全年专利申报924项，完成全年目标任务的128%。申报国家和省“千人计划”指标3人，实际完成申报7人。申报“创新嘉兴?精英引领计划”3人。申报技术创新团队1家。完成创建省级高新技术产业园区申报工作，为争创国家级高新技术产业园区迈出了坚实一步。运用绩效评价结果，积极做好“两退两进”工作，全年完成“退低进高”项目9个，“退二进三”项目3个，盘活存量土地613亩，完成全年目标任务380亩的161.3%。

（五）平台建设进展顺利

全面完成汽车产业园A区涉及210户农户4000多亩土地征迁，征地迁建工作已基本完成。涉及3个行政村18个村民小组的新材料产业园土地征收工作已基本完成，农户签约率达98%，已迁农户的房屋已基本拆除。为迎接世界互联网大会的召开，充分分享大会红利，打造互联网产业落地平台，建成了融合规划展示厅、国际会议厅、招商管理中心、互联网众创空间的现代化产业园。目前二期拓展期也已奠基。建成了发展大道桥梁，完成了桐九线与发展大道连接线、四期3幢高标准厂房等工程。全年基础设施投资4.8亿元，比2014年增长62%。此外，“五水共治”、“三改一拆”、国家卫生城市复检、农业农村、资金管理、社会管理以及党的建设等工作顺利推进，较好地完成了年度目标任务。

（桐乡经济开发区管委会）

2015 年诸暨经济开发区发展概况

诸暨经济开发区成立于 1992 年，1994 年经省政府批准为省级经济开发区，2003 年根据市委市政府决策，成立了城西工业新城管委会，规划控制面积为 122.48 平方千米。是“长三角最具投资价值开发区”和浙江省十强经济开发区。开发区作为诸暨市产业发展的主战场、转型升级的主阵地、招商引资的主平台，是全市经济发展的重要增长极。2015 年完成全社会固定资产投资 282.06 亿元，同比增长 17.27%。其中工业性投入 155.23 亿元，增长 10.63%；商贸服务业投入 65.49 亿元，增长 26.31%；基础设施投入 34.41 亿元，增长 26.31%。自营出口 224736 万美元，同比增长 6.02%。

一、突出重点抓招商

以市外项目工业项目为重点，坚持招商引资一号工程不动摇。积极拓宽思路寻求招商突破。全年共洽谈客户 120 余批次，新开工市外工业项目 8 个，总投资 3.26 亿元，实到市外注册资金 11.9 亿元，在谈重点招商项目 27 个，计划总投资 155 亿元，其中工业项目 19 个，总投资 40.2 亿元，多数为光电科技产业园等产业园项目。不断增强招商合力。积极组建专业化招商队伍，加大以商引商力度，加强招商队伍公关能力，拓宽信息渠道，细化激励政策，并聘请诸暨籍在外知名人士、各级商会会长及副会长作为招商顾问，充分发挥社会资源力量，广泛调动全民招商积极性。多方借鉴招商经验。有效借鉴绍兴市等地国家级高新区的招商办法，多次赴广州、杭嘉湖地区和苏南地区等地学习招商经验，充分挖掘世界 500 强德勤会计师事务所等信息量大、服务内容广、项目对接精准的中介机构，通过各类市场化招商形式，引导有条件的企业、商会和中介机构，有计划、有步骤、有目标地与央企、强企、外企进行精确对接。全员参与突破招商。不断加强与八个驻点招商组联系对接，重点突出“北京、上海、广州、苏南、杭州”等区域，要求每个班子成员每月在外招商天数不得少于 10 天，通过带领分管处室分责任区域采取交叉外出的方式进行招商，对有转移意向的企业采取上门“一对一”驻点进行政策解答，打通招商服务最后“一公里”。

二、心无旁骛抓项目

围绕全年工业性技改投入 110 亿和新开工 3000 万元以上项目 50 个目标，以《诸暨市工业经济政策三十条》、《诸暨市工业经济“八大创新行动”》为契机，围绕重大产业项目落地建设，完善以亩产税收为核心的资源配置机制，严格执行新入区项目筛选准入制度，紧扣“项目推进、服务保障、转型升级”三条线，把握“签约、落地、开工、进度、竣工、投产”六个要素为重点，落实项目情况“一日一汇总、一周一督查、半月一通报”制度；成立专项工作组加大政策处理、基础配套力度，即时汇总协调影响项目建设困难问题，中节能环保产业园等一批大项目正在加紧建设中。全年开发区新开工工业 3000 万元以上项目 53 个；工业技改在建项目共 94 只，其中新建项目 44 个，续建项目 50 个。

三、全力出击抓创建

厘清以创促建思路，全力出击抓好国家级开发区创建，进一步理顺创建国家级开发区诸暨籍人脉网络，优化上报申报材料，细化阶段性目标。

把创建国家级经济技术开发区工作摆在突出位置，倒逼转型升级。加快谋划科技城建设，加速省级循环化改造示范试点建设，以科技和产业为核心，以科创中心(一期)及城西商务区企业总部的存量空间为起点，以诸暨市高端装备制造、信息经济、新材料等已有强势产业作为产业结构基础，突出科技城内生原动力，强化创新驱动，加快规划引领，不断加快谋划科技城建设。通过强化循环化基础设施平台、引导产业结构优化政策、倒逼资源环境要素三大途径，不断加快省级循环化改造示范试点建设，全力打造国家节能环保装备研发产业化基地、全省纺织印染产业集聚提升发展示范区和"产城融合"发展先行区。

四、突出实效抓融合

深入研究产城结合文章，加大城市管理精细化水平，加快存量要素盘活，加大总部大楼招商力度。八方商务大厦、富润大厦等9幢大厦基本已入驻。其中杭州电子商务园区诸暨分园有入驻企业近50家，诸暨市工业设计基地集聚工业设计企业19家。以全国文明城市、省美丽县城创建为抓手，进一步健全城市管理长效管理机制，全力推进"五水共治"、环境整治，"四边三化"、"两路两侧"等重点工作，民生保障进一步强化，招商环境进一步优化。2015年共完成整治黑臭河、垃圾河32条，完成引活水工程3处；完成生态化改造1206米；做好32条河道，137座池塘的清淤、清障、清垃圾工作；对121家涉水工业企业开展集中整治；完成截污纳管污水管网铺设11条。重点拆除城中村违章建筑，共查处违章建筑565起，拆除413起，拆除面积共计6.78万平方米。推进"五气合治"，实施城西工业企业废气专项整治，开发区主要整治企业22家，18家企业通过验收。展诚大道、西江大道三期等重点项目顺利推进，各大区块融合日趋成熟，城市形象有效改善，进一步实现产城融合。

五、持之以恒抓队伍

持之以恒抓好党风廉政建设，深化预防职务犯罪工作机制。以重大产业项目市领导包干推进工作为载体，着力提升服务意识，创新意识，以服务促实干，以创新促升级，深化"年初建账、月月查账"的全程督办机制，完善委领导及工作人员结对联系服务企业和项目制度，以企业、项目服务为重点，深入开展企业项目集中走访活动，加快从"你提我办"式服务向"店小二"式服务转变，出台《关于进一步完善委领导及工作人员结对联系服务企业和项目制度的通知》，落实《千万元以上投资项目全程代办跟踪服务登记表》等五张表，全程代办，深化台账，加快项目前期政策处理，加强项目推进跟踪服务，加大施工环境整治力度，定时定责解决企业困难问题，全力打造全市最优的投资环境，保质保量完成全年目标任务，不断提升开发区对全市发展的贡献率，真正成为全市转型升级的主战场。

（诸暨经济开发区管委会）

2015年德清经济开发区发展概况

一、概　况

德清经济开发区(高新区)(以下简称“开发区”)位于最具活力的长三角经济区,是杭州都市经济圈的重要组成部分。德清区位优势十分突出,宁杭高铁、杭宁高速公路、申嘉湖(杭)高速公路、104国道、09省道、宣杭铁路、京杭大运河贯通全县,并有直通杭州市中心的城市公交系统。距杭州市中心半小时车程,高铁13分钟即达;距上海、宁波、南京均在2小时车程,高铁1小时即达。

开发区是1993年10月经浙江省人民政府批准的首批省级经济开发区,于2010年6月被认定为省级高新技术产业园区。2015年9月29日,经国务院正式批复,成为国家高新技术产业开发区,成为全国三个属地在县区的国家高新区之一,也是全省第7家国家级高新技术产业开发区。

2015年,全年实现规模工业产值277.2亿元,同比增长8.15%;财政收入10.02亿元,同比增长17.41%;招引三次产业“大好高”项目5个,外资“大好高”项目6个,浙商回归项目到位资金12亿元;完成固定资产投资53.5亿元,同比增长20.4%。全年新增恒业墙体、宏策电缆等8家规上企业,完成规模以上企业利润13亿元,同比增长13%;完成规模以上工业增加值50亿元,同比增长9%;完成战略性新兴产业增加值7.1亿元,同比增长14.1%;完成高新技术产业增加值28.5亿元,同比增长15.3%。全县乡镇(开发区)工业经济考核位列第一,科技进步目标责任制考核、扩大有效投资和项目建设、开放型经济发展、选商引资、外贸工作、浙商回归、接沪融杭、征地拆迁等多项工作均得到县级表彰。

开发区把培育和发展战略性新兴产业作为引领未来发展的战略方向。生物医药行业形成了以生物制药、生物农业、医药中间体和医疗器械为重点的特色产业集群,是国家火炬计划德清县生物与医药特色产业基地和生物与医药国家科技兴贸创新基地,并被省政府确定为浙江省生物医药产业集群示范区;电子信息产业优势凸显,世界500强IBM品牌成功落户,目前已投入试运营;中国联通浙江德清数据基地成功落户,已有诸多国内知名大型互联网企业以及省内众多金融证券行业和其他信息技术企业与该公司达成了入驻基地配套运营的意向。

二、主要工作

开发区以县域工业经济发展主引擎为定位,牢牢把握创建国家级高新技术产业开发区这一契机,加快推进产业转型升级,积极转变经济发展方式,进一步提高经济发展质量。

经济发展方面。工业经济稳步增长。主抓产出效益,加强政策调控和引导,以“亩产论英雄”,不断提升经济发展的总量和质量。主要经济指标按期达到目标。产业培育提档升级。推进集约发展,提升产业核心竞争优势。以泰普森为龙头的休闲用品制造业产业集群效应发展势头良好,全年产值超100亿元;以我武生物为代表的生物医药企业盈利水平快速提升;以时空电动车项目为代表的新材料、新能源产业异军突起,园区经济呈现集约式发展趋势。质量效益有效提升。扎实推进“腾笼换鸟”“机器换人”“空间换地”“电商换市”和“名企、名品、名家”的“四换三名”工程,盘活原德清德泰门业有限公司3.47公顷土地用于全县科技孵化加速器改造项目；将上年收回的浙江泰普森休闲用品有限公司12.67公顷土地挂牌出让给浙江弘道科技有限公司、联通德清数据中心和德清兴源投资有限公司3家新开工的“大好高”项目；原天马轴承10.67公顷土地用于总投资30亿元的时空电动汽车电池项目。积极引导企业出租空余厂房，提高利用率，新批德凡中药、沃普克等25个租赁项目，新增固定资产投资4.3亿元。科技创新不断深化。“以升促建”工作成果得到全面发挥，科技创新贡献率提升，成果产业转化步伐加快。规模以上企业新产品产值达112亿元，同比增长27%；深入实施“金象金牛”大企业、“双高”企业培育和小微企业三年成长计划，充分用好种子资金等已有政策，引导企业加大研发投入，进一步强化企业创新主体建设。2015年，开发区新申报国家高新技术企业2家，新增湖州恒业墙体建材有限公司、浙江宏策电缆有限公司等规模以上企业8家。以建立“1＋N”（以开发区党委人才培养机制为中心，辐射构建N个重点企业人才培养机制）高层次人才培养机制为抓手，推进人才强区建设，浙江泰普森休闲用品有限公司建立院士专家工作站；德清东胜电子有限公司和德清瑞德利汽车公司被评为省级高新技术企业研发中心。2015年，新入选省“千人计划”人才1名，入选市“南太湖精英计划”人才3名。

项目方面，招商引资难中求进。坚持以产业招商统领驻点招商、以商引商和中介招商，围绕装备制造、生物医药和电子信息三大主导产业，引进具有产业提升和带动性的项目。通过梳理筛选出园区内一批行业代表企业或有影响力的企业，用“以企引企、以商引商”的拓面方式引荐项目信息，切实提高招商的精准性、实效性。浙江时空电动汽车有限公司、正大青春宝药业有限公司等4个项目分别在2015投资贸易洽谈会和第六届游子文化节上成功签约。项目建设有序推进。牢固树立“抓项目就是抓发展、服务项目就是服务发展”的理念，深入实施重大项目百亿工程“1616”（实施100个重大项目，总投资超600亿元，当年完成投资100亿元，全年开竣工重大项目60个以上）攻坚行动，全力以赴提高项目开工率、竣工率、投产率和达产率。全年实现2000万元以上新项目开工18个，实现竣工项目13个。欧诗漫产业园1—3号楼竣工；乐居户外一期竣工；万国商业机器公司循环再制造项目进展顺利，已办理营业执照；德微淡竹软件园一期19幢科研大楼完成主体工程；浙江工业大学化工设备厂房及科技楼已结顶。平台建设加速拓展。全年完成新拓平台53.33公顷，新增投资5000万元。做精、做细砂村矿基地基础设施建设，加快实施南区发展大道、创业大道续建和道路绿化、亮化工程。永平路延伸、环城北路贯通工程实施进一步拉大道路框架，完成22条道路亮化工程，切实提升园区承载力。

社会民生方面。专项行动推进有力。治水方面，通过中、小河流治理工程、“清三河”等手段实现河道整治提升，完成清淤14.27千米、20万立方米；切实加强清水港、官地圩港等沿河企业雨污混排巡查、治理和分段抽干清淤工作，彻底整治沿河雨污混流情况；实施小型农田水利重点项目及圩区整治工程，投入567万元用于4个山塘、3条河道等喷灌设施项目，投入470万元用于大世圩圩区整治工程；关、停温室养殖龟鳖场17家。治气方面，扎实开展“治霾318道路扬尘治理专项行动”，加大“低小散”、涉水排污企业整治力度，全年关闭企业8家，整治提升6家；扎实做好高污染燃料小锅炉淘汰整治、有机废气治理等工作，全年完成20台高污染燃料小锅炉整治和7家企业有机废气治理改造任务。无违建创建方面，结合县“百日攻坚行动”，以浙江工业大学德清校区征迁工作为重点，完成120公顷土地政策处理，414户农户签约工作，签约率达98.6%。全年累计拆除各类违法建筑778处、拆除面积24.3万平方米，拆除违建户96家，面积5.5万平方米，拆除数量位列全县第一。土地“双保”（保经济发展、保耕地红线工程）方面，拆除及整改历史积存的违法用地8宗，拆除卫片执法涉及整改的违法用地3宗，垦造新增耕地13.33公顷，完成郭肇村农村土地综合整治复垦16.67公顷，盘活存量土地14.64公顷。

社会事业全面发展。坚持以民为先。狮山新居民广场、秋北安置小区建设进展顺利，完成秋山村秋山明苑分房工作，扎实做好兴山、狮山、光明小区安置房办证工作；围绕办好人民群众更满意的教育事业，投入5500万元用于改善中心学校基础教育办学条件；中心幼儿园创建为省一级幼儿园；开发区成校成为全省首个“浙江省企业经营管理人员培训基地”。完成所有8个行政村环卫一体化管理工作，统一配备高效的硬件设施，切实提升农村环境卫生长效管理工作水平。深入开展文化下乡等各类活动，丰富居民、企业职工文化生活。

党的建设方面。全年共排定36项领导班子领办的重点工作，创新领导干部实绩纪实和公示公议工作，全面激发领导干部带动示范作用；通过“年轻干部学习社”平台搭建，创新“1+1”理论实践课堂，全面提升年轻干部的党性修养与担当意识，努力打造了一支敢于担当、勇于创新的年轻干部队伍；通过开展全员联村、联企、联项目工作，发放4200多份干部连心卡，强化党员干部联系服务群众的能力；以党员先锋指数考评为抓手，开展党性体检活动，把好新党员发展关，激发党员队伍活力和先锋示范作用；以“晋位升级”为目标，着力开展非公企业党建典型创建活动，以“党群红管家”为探索，围绕打造“和合共同体”，催生创新活力，全力共建和谐党建；党委班子带头认真学习贯彻新修订的《中国共产党廉洁自律准则》和《中国共产党纪律处分条例》，切实增强纪律意识和规矩意识，全面落实中央、省、市、县关于改进作风等系列规定、办法，通过出台新的强化机关效能相关规定、强化效能督查等形式，深入开展正风肃纪工作。针对省委巡视组提出的意见建议，严格按照要求做好办公用房整改、规范公务接待和公务用车行为。牢牢把握用人标准，严把推荐关、考察关、讨论决定关、公示关，增加工作透明度，防止和纠正在选人用人上的不正之风和腐败问题。

（德清经济开发区管委会）

2015年永康经济开发区发展概况

2015年是“十二五”收官之年。“十二五”期间，永康经济开发区（以下简称开发区）面对复杂多变的经济形势，坚定不移地贯彻实施永康市委、市政府提出的“二次出发，创新驱动，全面打造经济社会发展升级版”和“建设两美永康”的发展战略，全力以赴促转型、稳增长、调结构、惠民生，全面发挥基层党建、经济转型和民生保障三个方面的实质性成效，努力实现了园区经济社会又稳又快发展。

一、基本情况

永康经济开发区2002年8月经浙江省批准设立，前身为创建于1999年11月的永康五金科技工业园，2006年经国务院核准开发面积8.6平方公里，实际托管26.1平方公里。2009年经“一区一园”第一次整合后托管95.34平方公里；2013年经“一心二区二园”第二次整合提升后管辖117.54平方公里，实际可用面积53.42平方公里。

现有“四上”企业811家，其中规模以上工业企业554家、亿元企业172家、100亿元企业1家，上市公司3家，有各类人才2万人。集聚车业、门业等“八大产业”，建成总部、物流等“十大中心”，建成院士工作站4个、博士后工作站2个、省级研发中心31家，拥有各类专利1万多项、省级以上品牌140多个，有34家企业参与57项国标、行标制订。2012年被浙江省人民政府命名为“新能源汽车产业园”，2015年1月被评为省工业循环经济示范园区，同年8月被评为省创建和谐劳动关系暨双爱先进园区，是浙江省目前规模最大的特色工业园之一，是我省唯一的跨区域、跨产业的特色产业集群区。

2015年，实现规模以上工业总产值931.5亿元；实现工商税收61.3亿元；完成固定资产投资174.4亿元，进出口总额38.13亿美元。能诚集团“空间换地”、浩天集团“机器换人”、农村开发“黄城里模式”作为典型在全省推广；循环发展和质量强区建设稳步推进，园区的产业升级和生态化建设水平有了明显提升。

二、经济建设

“十二五”期间，开发区（核心区）工业总产值以年均9%、财政税收以年均25%的速度持续增长，主要经济技术指标连续稳居全省省级开发区前五强和全省南片省级开发区第一。五年中累计出让土地面积134.41万平方米，新增道路约8.5公里，绿化面积约38万平方米，现已建成18.9平方公里。

2015年，开发区（核心区）坚定信心挖掘潜力，创新办法化解风险，全力确保了经济平稳增长。全年完成工业总产值391.4亿元，同比增长9.7%；其中完成规模以上产值366.4亿元，同比增长10.1%；完成新产品产值148.3亿元。实现规模以上工业利税43.13亿元，同比增长12.4%；实现工商税收19.08亿元，同比增长38.9%，其中工业税收13.28亿元，同比增长20.1%。完成固定资产投资28.7亿元，其中工业性投入18.8亿元，服务业投入9.9亿元；完成内资招商10亿元，浙商回归9.5亿元，自营出口13.5亿美元。其他财政收入1.5亿元。2015年重点扩投项目6个，到10月份均已开工建设，其中王力、世明、浩天、博泰已完成年度投资目标。在2014年度全省开发区综合考评中列南片第二、全省第十。

在挖掘潜力推动产业转型方面，一直以来，

开发区（核心区）始终坚守永康工业经济的主阵地，坚持科技引领和创新发展，在转变发展模式、调整经济结构上取得了根本性的突破。2015 年 1 月份被评为浙江省工业循环经济示范园区，3 月份被列入省循环化改造推进计划，循环经济重点项目立项 26 个，总投资 63.9 亿元，现已完成投资 22.5 亿元。创新质量管理，推动质量强区建设，拥有国家级品牌 9 个、省级以上品牌 154 个，2015 年 11 月份通过省级验收。同年 12 月份，园区“十三五”规划制定完成，在未来的五年内，将着重开展产城融合发展、生态示范园区、智慧园区和产业发展平台四个方面的研究和建设工作。同时，在培育龙头企业、锻造经济航母上也取得了优异的成果。铁牛集团推行“匠心·智造”，全力打造众泰汽车品牌，全年实现产值 115.3 亿元，同比增长 75.5%，成为金华地区第一个突破百亿大关的制造类企业；2015 年 6 月 3 日，开发区报送的专题信息《众泰汽车十年磨剑厚积薄发强势进军民族品牌三强》获得袁家军常务副省长肯定批示。2015 年 12 月，中坚集团成功上市，成为园区第三个上市企业，是永康市拓宽融资渠道、对接资本市场试点企业，也是省循环经济示范企业，上市股票首日即增长 44%。飞神集团转型生产高端房车，世明光学打造 LED 本安照明基地，浩天集团“机器换人”进军国际汽配市场，王力能诚集团“空间换地”成为金华生态市建设的典型示范等等，这些成绩的取得，展现了开发区工业主业的雄厚基础和广阔的发展前景。

三、开发建设

始终坚持“高端开发、绿色开发、全域开发”的理念，推动园区逐步从单一的工业开发向多功能配套的产城融合发展的综合开发转变，积极突破园区土地资源的有限制约。目前，园区已配套开发高端住宅小区 41.2 万平方米，公共服务设施 36.7 万平方米，商业服务业设施 31.3 万平方米；农村“返还地开发”建成长城、黄城里等 6 个村 102 万平方米，城乡一体化建设逐步推进，城市副中心功能逐步完善。2015 年，结合“十三五”规划新增建设用地 1200 多亩，累计出让土地 13.7 万平方米，盘活土地 484 亩，消化批而未供土地 470 亩，处置“围墙圈地”227 亩，破解“低效用地”134 亩；完成了城北小学、长恬村、铜陵路、众泰集团等区块控规调整和 12 项市重点工程设计，以及 11 个工业项目、3 个村庄出让项目、3 个村留用地转商住开发项目审查；农村区块长恬、苏溪等 13 个村 97 万平方米的返还地建设和西朱、荆山夏等 14 个村的农房改造工作，均已做出部署，土地利用效率将进一步提高。

2015 年，共实施政府类投资项目 17 个，总投资 2.2 亿元，实际完成投资 7200 万元。其中，投资 1100 万元全长 5 公里的东永一线开发区段拓宽改造工程已基本完工，新增道路绿化 5 万平方米，交通环境根本好转；中心幼儿园、卫生院项目主体工程已竣工，投入使用后将有效解决外来务工人员的医疗卫生和子女就学问题；安息堂投资 980 万元，主体工程已结顶，设计标准全市最高，内部设备设施要求至少可以使用 50 年以上；苏溪左岸绿化、学院路延伸等工程进入招投标程序，除个别项目受政策、土地指标限制外，均已完成年度建设目标。此外，2015 年开发区还着重推出了“众泰小镇”建设项目，集产业、文化、旅游于一体，总投资 65.5 亿元，占地 3.1 平方公里，现已完成规划编制，通过省级审批，拟列入省 2016 年创建名单。同时，“黄城里电商创业园”项目也已立项，总投资 20 亿元，占地 332 亩，将利用区位优势打造“永武缙产业集群”的电子商务创业集聚区，现已会同相关部门草拟了扶持政策上报市政府，待批准后着手招商。

四、民生建设

2014 年至今两年来，开发区（核心区）始终围绕治水三年目标，立足园区企业多、治污难、水质差的实际情况，以壮士断腕、倒逼转型的勇气，以守正笃行、久久为功的决心，累计投入 2.95 亿多元，强势推动“五水共治”。目前，开发区完成各类主干管道建设 20 公里、农村污水管网建设 113 公里，“全域纳管、全线联网”的基础初步形成；新建沿溪绿地 13 万平方米、道路绿化 40 万平方米、小区绿地 10 万平方米、森林公园 230 公倾，拆除涉水违建37宗22000多平方米，疏浚沟塘渠道50公里，生态环境质量明显提升；企业雨污分流检查1000多家整改112家，金华市控九州路排污口、省五水办督查的铁岭路排污口等各类排污口整治59个，倒查整改问题企业30家，立案查处5宗，工业治污力度明显加强。雨污分流“哈尔斯模式”、雨水收集利用“永压铜业模式”，在全市推广；建筑垃圾、餐厨垃圾资源化利用走在金华前列。

根据永康市“三治四化”的总要求，坚定不移抓绿色园区生态化建设，突出抓好治水、治路、治气、治市场、治农村卫生“五个治理”，常态化开展“两路两侧”整治和农村环境整治，全年清理各类垃圾35000多吨，实施农村集贸市场整治5个、“五炉”整治117个、“黄标车”淘汰率95%以上，创建省级森林村庄1个、金华市级11个、永康市级13个。10月份，开发区段华溪、酥溪等主要交接断面水质均已提升为Ⅲ类水质，园区整体环境卫生质量有了较大提升。12月份，基层河段长责任落实评比获金华先进。在强攻重点项目落地方面，仅长恬区块就移坟1400穴，保障了王力安防项目的开工建设。

2015年，开发区(核心区)在强化公共服务、维护社会安定上也做了大量的工作。6月份制订出台《开发区应急预案汇编》规范应急处置与维稳工作，行政服务分中心简政放权创建“政务超市”模式，劳动保障推行“一站式服务”妥善处置各类投诉580多起等等，受到上级部门的一致肯定。全年无责任事故，办结各类信访件58件，开发区司法所获全省先进。在社会事业管理方面，农村宅基地登记确权进度列全市第一；村级经济合作社股份合作制改革已完成27个村1.5亿多元；计生工作较往年进步明显；粮食生产2320亩968吨任务顺利完成；其他民政管理、食品卫生、防汛防旱、安全生产、消防监督等工作均按照规定完成目标任务。

五、党的建设

党建工作是基层工作的生命线，是各项事业顺利开展的第一保障。一年来，开发区党委始终按照“抓党建促经济、抓党建转作风、抓党建出实效”的思路，注重发挥党建实质性成效。

认真组织实施基层党建“一三五七”规范提升工程，设立专项资金100万元，按照“三室四有十亮”的要求，清理农村、企业办公场所70多处。按照省委“整乡推进、整县提升”和金华市委创建要求，开展29个村、20家两新组织的党建示范带建设，注重规范基层组织运行机制，落实干部坐班值班、新“三会一课”、集中党日活动等制度，开好农村、企业“党建述职会”，优势并举，难题共解，“人人争先、带头创业”氛围进一步浓厚，涌现了黄城里村、郑村、铁牛、先行等一批党建工作先进村、先进企业，以及徐伟雄、李均、郑颜乐等一批党建导师和党建带头人。

2015年3月，依托先行、哈尔斯成立开发区金山区域党委，下设24个党支部，覆盖区域内52家企业332名党员，以“和合五共”党建工作法为载体，相继完成了区域党群服务中心建设，新建成“两新”支部1家，帮扶整转落后支部2家。11月份，以郑村为龙头，联合东片10个村成立堰头区域党委，实行“党建＋餐厨垃圾”工作法，投资400万元，从北京引进餐厨垃圾资源化利用系统，建立郑村等4个餐厨垃圾处理站，日处理餐厨垃圾2吨，现已处理500多吨，生产固体有机肥700多公斤，属金华首创。

全年深入开展“从严管理落实年”、“三面对三看齐”、“三严三实”、《准则》与《条例》学习贯彻等系列教育活动，组织动员、党课宣讲50多次、检查督查40多次、制度清理60多项，新制订《零星工程管理办法》、《财务管理制度》、《开发区农村党员干部规范管理十项制度》等一系列制度，新出台《关于落实党风廉政建设主体责任的实施意见》等一系列文件。党支部软弱涣散整顿2个，一星级党员整转8人，违法违纪处置3人，“三色预警”5人，“打霸拔钉”1人，处置不合格党员6人，规矩纪律意识进一步深化，“风清气正”的工作氛围进一步浓厚，“廉洁干事”的工作作风进一步加强。开发区招标平台全年组织招标项目32个3.36亿元，未发现有违法违纪问题。

2016年是“十三五”规划的开门之年。开发区将继续深化改革、全面转型和创新发展，重点做好从严治党、龙头带领、研发创新、综合开发、服务支撑和生态建设“六个坚持”,努力打造国内一流、国际知名的五金产业高地,努力建设“发展迅速、配套完善、环境优美、生活幸福”的宜业宜居、宜购宜游的新型两美开发区。

(永康经济开发区管委会)

2015年安吉经济开发区发展概况

一、概　况

安吉经济开发区成立于1992年,1994年8月经浙江省人民政府批准为省级经济开发区,后历经多次体制、区域调整,安吉经济开发区不断发展壮大,自2008年起至今连续六年名列全省省级开发区十强。

目前,开发区(递铺街道)下辖26个行政村,4个农村社区和3个城市社区;地域面积237平方公里,占全县的1/8;户籍人口7.3万,占全县的1/6。2015年,全年实现规模以上企业销售收入222.43亿元,同比增长6%,实现规模以上企业增加值47.21亿元,同比增长6.5%,实现规模以上企业利税22亿元,同比增长19%;截至2015年底,共有规模以上企业174家,2015年全年税收收入27.5亿元,同比增长14.8%;全年完成工业性投入41.1亿元,完成全年目标任务的100.2%。实现自营出口值17.82万元,同比增长1.5%;合同外资11492.08万美元,实到外资7345.8万美元,内资实缴5.72亿元。

项目推进快速有效。截至2015年12月底,招商局引进省外注册资本2000万元以上项目共计26个,其中工业项目19个。内资项目20个;外资项目6个。总投资1亿元以上项目12个,其中,油页岩炼油成套设备制造基地项目总投资50亿元,PVC装饰材料项目总投资5亿元,安吉农商城项目总投资4.6亿元,凤凰谷驿站项目总投资6000万美元,30MWp大型农光互补地面电站建设项目总投资5000万美元。

二、主要工作

(一)深化"1+3+6"服务,用心关爱企业

在完善服务机制上下功夫,形成更加科学合理的企业服务网络。同时,强化服务工作执行力,不断提升服务效能和服务水平,引导企业"在转型中增量,在增量中转型",为完成规模以上工业销售收入、规模以上工业增加值等指标奠定了良好的基础。

一是通过联企干部定期、不定期填报《企业跟踪服务反馈表》,督促联企干部下企业、下基层,加强与企业的沟通和联系,确保服务体系得以良好运行,保证政府对企业的各项引导工作深入实施。2015年上半年,以春节前后企业大走访为载体,了解企业放假、发工资、复工、用工、生产、销售等情况,帮助企业解决一些稳定工资、销路订单、劳动用工等问题;下半年,区主要领导和分管领导亲自带班、分组集中走访企业,了解企业生产中碰到的需要政府帮助解决的问题,帮助企业解决融资困难、临时土地证延期等问题,为企业生产推波助澜。

二是组织规模以上企业进行涉企政策解读培训会,邀请县发经委、商务局、科技局等县级部门为企业解读2015年政策、注意事项、享受政策需要达到的标准及一些前置条件等等,通过培训让企业掌握好政策,运用好政策,发挥好政策。

三是抓住服务重点,让服务企业有的放矢。2015年把服务业项目纳入"1+3+6"服务体系,安排重点项目服务计划,每名项目联系人详细记

录好每日服务事项,形成项目服务日记,通过“日记法”提效能;同时,按照深化“1+3+6”服务体系要求,又创新了“1+1+X”服务业项目推进机制,联动推进项目的各方力量,进一步加大服务,加快推进速度,使项目早日竣工运行。

四是强化“关爱企业、用心服务”的宗旨,在原有的服务基础上新推出“开发区服务”APP服务平台,企业主和开发区企业服务中心通过APP平台进行面对面的交流和服务,进一步拉近距离,使用更方便、服务更贴近、速度更快捷,涉企服务事件采用挂号、销号制度,登记后由企业服务中心为首问责任人,根据内容分类抓落实,做到“人人都是服务员、人人都是投资环境”,提高工作的执行力和时效性,以业主的满意度为标准,以办结率为依据,做细做实协调工作,让企业主真正体会到开发区良好的服务软环境。

五是做好破产企业的善后及职工维稳工作。克服人手少、工作量大、困难多的难题,兢兢业业、不怕苦、不怕累,先后做好了中宏家具、鼎立家具、浦源线业、红磊机械、美恺家具、星特家具、强亮家具、朗博家具等危机企业职工工资筹集发放及维稳工作。

(二)解决重点难点问题,推进项目建设

通过进一步加大项目攻坚力度,努力解决项目建设中存在的突出问题,做好重点项目建设攻坚任务,确保全年重点项目建设目标顺利完成。加强与各部门的联络。倾心帮助落户项目解决项目建设中存在的困难和问题,在项目征地拆迁、土地平整、规划审批、用地挂牌办证等问题上,主动协调相关部门能够及时办理的给予及时办理,不能及时办理的想方设法解决。对重点招商项目进行跟踪服务,进行每周通报,确保项目顺利推进。2015年,新开工投资3000万元以上工业项目11个;新竣工县重点工业项目6个。坚持“整体规划、统一储备、布局集中、用地集约、产业集聚”的原则,有计划、有步骤地开展土地储备工作;充分抓住当前经济发展的机遇,通过转变服务理念全面提升服务水平,优化服务质量。腾笼换鸟、低效土地置换工作成效显著。2015年,共完成16块低效土地的收储工作,合计盘活土地504.05亩,完成全年计划的110.8%;工业供地项目13个,总面积333.27亩;完成11个农转项目报批,涉及面积157.37亩。

(三)日常性工作有条不紊,目标任务全面完成

2015年上报经贸信息50篇,其中开发区录用35篇,县政府录用10篇,较好地完成了全年目标任务。积极协助县环保局、工商局、国土局等部门做好证照办理前期审批,工商营业执照、环评办理、农林设施前期审批工作有条不紊开展。全年共受理工商营业执照办理件132件,环评办理前期审批236件。全年个转企转公司35家,顺利完成全年目标任务。

(安吉经济开发区管委会)

2015年南浔经济开发区发展概况

一、概　况

南浔经济开发区位于浙江省北部湖州市南浔区，属于上海、苏州、无锡、南京、杭州、宁波等大中城市组成的长三角经济圈之中心，江苏—浙江两省交界处，东与江苏省苏州市接壤，南与杭州相望。南浔经济开发区成立于1993年12月，是浙江省首批省级经济开发区。目前，开发区实际管辖面积260平方公里，其中已开发建成面积20平方公里，常住人口近10万。

经过多年的发展，南浔开发区形成了电梯、电机、地板等三大特色主导产业。开发区内电梯整机及配套企业年产电梯近6万台套，占全省电梯产量的40%，全国产量的近10%。世界第三的芬兰通力、德国沃克斯等知名品牌已投资落户。南浔节能电梯产业园已入选首批浙江省省级产业示范基地，并被认定为“浙江省开发区特色品牌园区”。开发区内电机企业年产各类电机1.2亿套，国内市场占有率达15%，其中洗衣机电机占国内市场份额的60%以上。全球同行业排名第一的法国尚飞集团已落户开发区。开发区内木业类企业的实木地板产量占全国60%以上。

2015年，南浔经济开发区按照“平台出形象、项目出亮点、环境创一流”的工作总要求，团结拼搏、攻坚克难，各项工作均取得良好成绩。南浔开发区在全区综合考核中连续四年获得一等奖，智能电梯小镇入选省特色小镇培育名单，南浔开发区被评为省级“智慧园区”示范开发区。全年完成规模以上工业总产值682亿元，完成规模以上工业增加值115亿元，完成固定资产投资169.9亿元，完成工业技改投入59亿元，完成税收收入32亿元。

二、主要工作

（一）平台建设加快推进

一是征迁质量进一步提升。通过集中攻坚和重点、难点项目“百日攻坚”等专项行动，全年顺利打通向阳路、联谊路和外环北路等断头路，确保了东太湖水厂、宏达学校、应界桥和新安大社区一期等重点工程和重点项目的顺利推进。全年完成拆迁542户，拓展平台4868亩；深入推进“三改一拆”，完成拆违178.9万平方米、“三改”309.6万平方米。二是基础配套进一步优化。全年完成平台基础设施投入5.2亿元，加快推进南浔大道、联谊路、外环北路和塘北污水管网等重点基础设施工程，园区的平台形象日益提升。

（二）项目建设成效明显

一是招商引资取得新突破。深入实施“浙商回归、浔商回家”工程，举办重大项目集中签约仪式3次，签约重大项目42个，总投资300亿元，其中10亿元以上项目6个，100亿元以上项目1个。完成浙商回归省外到位资金39.3亿元，实到外资4500万美元。二是项目推进提质增速。大力开展重点项目“清障拔钉”、建设工程领域环境集中整治、“拼搏实干五十天，项目推进再加速”集中攻坚等专项行动，打好项目建设攻坚战。三是企业上市稳步推进。通过上下努力、层层发动、全面排摸和协调服务，力推浔商企业挂牌上市，全年完成“个转企”134家，新增“小上规”30家；29家企业实现挂牌上市，其中星光农机成功上市、富得利木业在“新三板”挂牌、27家企业在浙江股权交易中心挂牌。

（三）环境面貌有效提升

一是加大“五水共治”力度。始终坚持绿水青山就是金山银山，召开专题研讨会，当好“两山”重要思想的坚定践行者。开展“守青山、护绿水”等专项行动，认真落实河长制，以壮士断腕的决心，持续打好治水攻坚战，圆满完成“五水共治”年度各项目标任务。江蒋漾“四港一漾”水系整治成效明显，被评为全省生态示范河道工程。二是大力开展大气治理，狠抓治废烟、治扬尘、治尾气三大领域18项重点工作，淘汰小锅炉810台，淘汰黄标车802台，区空气质量监测站投入运行，PM2.5均值同比下降12.3%。以“两路两侧”为重点，扎实开展“四边三化”，累计无害化处理生活垃圾14.5万余吨，完成河道绿化21.5公里、道路绿化24.5公里，整治问题点1517个。

（四）综合保障扎实有力

一是社会和谐稳定。围绕创建“平安开发区”目标，进一步健全“网格长”管理制度和信访维稳机制，全年调处矛盾纠纷223起，办结信访案件53件、阳光热线922件，无重大群体性事件和安全生产事故的发生。二是要素保障基本到位。千方百计强化要素保障，争取到各类扶持政策；取得各类用地指标4281亩，盘活存量建设用地942亩，完成农村土地综合整治复垦2052亩；引进各类人才3216名，入选“国千”2人、“省千”6人，引进“南太湖精英计划”领军团队和领军人才28个，“国千”、“省千”入选数创历史新高。三是社会事业稳步推进。重视社会民生事业，在加大教育等投入的同时，统筹推进农业农村、文化教育、人武民政、慈善残联、卫生计生、人大政协和统战群团等工作，各项工作均取得良好成绩。

（五）基层党建不断强化

一是稳步推进百千专项行动。实行基层党组织评星定级、动态晋位制度，以亮晒实绩、书记交流等形式，全力推动农村党组织争先晋位，共创建先锋示范村2个、全面晋位村8个。二是干部队伍建设常抓不懈。着力抓好领导班子、委机关干部和村干部“三支队伍”建设，实现岗位责任、目标任务、廉政建设和考核成绩的“清单化”管理。三是党建引领作用显著加强。全面开展“1中心6村3企业”党建示范点建设，并以丁家港、圣驾桥村为试点，推进村级“一站式”便民服务大厅标准化建设。尤其是按照市级标准，新建马嘶村、直港巷村两家文化礼堂，为丰富农村精神文化生活提供阵地保障。

（南浔经济开发区管委会）

2015年瑞安经济开发区发展概况

一、概　况

2015年，瑞安经济开发区全年完成规模以上工业产值285亿元，占全市规模以上工业产值32.2%。完成限上固定资产投资84.3亿元(其中工业性投资75.2亿元，园区建设9.12亿元)。

二、主要工作

实体经济发展。深化扶工兴贸活动，以“领导干部挂钩企业”制度为载体，帮助企业解决发展困难和问题25个，实现规模以上工业总产值增长8%。创新思路引项目。全年出让工业用地90亩，引进企业14家，完成瑞商回归资金10.6亿元。戮力攻坚促建设。以瑞安市百日攻坚专项行动为契机全力推进95个工业项目建设，全年项目开工22个、竣工18个，完成工业性投资75.2亿元，同比增长23.76%，占全市工业性投资完成数的40.2%。

园区环境改善。阁巷新区东二路、东三路工程已交付使用，围三路、围五路、围海大道等5座桥梁工程桥板架设成功。开工建设围五路一期、火车站东路临时混凝土路面等4条道路工程，垦区110千伏变电所已投入运行；南区完成经十路、经二路道路工程，加快经十四路、纬三路、纬十九路等7条续建道路建设，7条人行道准备预验收；北区完成滨江大道三期、敬业路等6条道路竣工验收工作，加快通达路、城南大道、上达路等5条道路建设。开展“五水共治”。完成阁巷新区江南大道二期给排水工程和一期道路中央绿化带工程，对横二河进行疏浚；北区加快建设滨江大道三期、开发区大道绿化景观带工程，累计完成工程量748万；南区完成经七路污水顶管工程，加快建设云江创业园滨水公园及河道开挖工程、江南创业园滨水公园工程、东团块截污纳管工程。落实“河长制”，加强农场河等区内河道保洁工作。完成开发区6路、11路公交线延伸至电镀园区工作，有效缓解园区出行难的问题。发展开发区慈善事业，落实慈善认捐款100多万元；平安“五连创”扎实开展，处理信访件2件。深入开展“千名干部联网格”活动，保持“严打”高压态势，切实维护社会稳定。

规划建设与管理。精心编制开发区各层次规划，《瑞安经济开发区北拓展控制性详细规划》、《瑞安经济开发区阁巷新区控制性详细规划》修编已进入公示阶段；《瑞安市飞云新区控制性详细规划》修编已完成最后的修改，即将公示；《瑞安经济开发区起步区控制性详细规划》修编、《瑞安经济开发区发展区控制性详细规划》修编方案已完成，并已提交市住建局。加强规划和工程项目管理。全年发放建设用地规划许可证36本，用地面积505亩。办理建设工程规划许可证48本，建筑面积88.58万平方米。完成竣工规划核准23个项目，建筑面积59.35万平方米。办理施工许可证45个，总造价15.83亿元。加强安全生产管理。全年对114个在建工程的施工现场质量和安全加强动态管理，出具整改指令书120份，提出整改意见650条，全年无安全事故发生。加强“三改一拆”工作。共完成旧厂区改造项目62个，改造面积为98.14万平方米。

项目建设。推进重点工程建设，占地267亩、总投资10.6亿元的阁巷小微创业园被列为温州示范小微企业创业园，目前33幢标准厂房已全部结顶，累计完成投资5.5亿元，工程将在2016年年底交付使用；占地40亩、总投资3.5亿元的三个安心公寓工程主体完成中间验收，累计完成投资2.1亿元；总投资1.6亿元的北区人才公寓已通过消防验收；总投资5.1亿元的总部经济大楼1#、2#楼主体结顶，累计完成投资3.7亿元；加快云江标准厂房和江南邻里中心附属工程建设，预计2016年内完工；长5公里、宽28米的56省道东延伸线年内已实现半幅通车。

要素保障。多渠道筹措资金，完成融资12.23亿元，为推进重点工程建设提供资金保障。加快土地农转用、征收和供地工作，完成城南大道区外段、金融街等2个项目43亩农转用收尾、经十四路河流农转用报批等工作，加快纬三路、车头村10号地块、瑞安大道20米宽道路用地的农转用报批工作。实施土地开发提速专项行动，集中精力完成城南大道等9个项目供地，完成供地191.756亩。加强拆迁和政策处理工作，完成通力等13个重点项目的拆迁和政策处理工作。

作风建设。深入开展“三严三实”专题教育活动，深化“为官不正、为官不为、为官乱为”专项整治，严格落实党风廉政责任制，领导干部带头认真查摆梳理单位和党员干部“庸懒散拖贪”现象，截至2015年底，领导干部所列54个问题清单和其他干部职工所列164个问题清单整改率已达90%，建立完善制度6个。严格落实节能降耗有关规定，公用物资、办公用品实行政府采购，领用必须审批，登记。加强公车GPS行车监控和“三统一两定点”管理，公车使用实行报批登记。强化财经纪律，从严控制“三公”经费开支，严格实行公务接待“三严四禁”规定，做到每月一公示，接受干部群众监督。

（瑞安经济开发区管委会）

第七编

省级部分商务企业发展概况

2015年浙江省国际贸易集团有限公司发展概况

公司简介

浙江省国际贸易集团有限公司（以下简称“省国贸集团”)成立于2008年,是省政府投资设立的国有独资公司。省国贸集团在浙江省人民政府国有资产监督管理委员会的监管下,履行国有资产出资者职能,承担国有资产保值增值的责任。

省国贸集团注册资本金为9.8亿元,来源为原荣大、中大、东方三家集团现有资本金。经营范围为授权范围内国有资产的经营管理,涉及商贸流通、金融服务、产业投资、经济合作等领域。集团与世界上213个国家和地区的知名客商建立了广泛而稳定的贸易合作关系,经营的出口商品多达210个大类品种,主要为轻工业品、医化产品、农副产品、机电产品等。

集团拥有二级控股子公司21家，有国有资产覆盖的各级公司180家。控股子公司中一家为上市公司浙江东方集团股份有限公司（证券代码:600120)。在省内比较有影响的子公司主要有浙江省土产畜产进出口集团有限公司、浙江省医药保健品进出口有限公司、浙江省粮油进出口股份有限公司、浙江省纺织品进出口集团有限公司、浙江省化工进出口有限公司、浙江省五金矿产进出口有限公司、浙江中大技术集团有限公司、浙江省浙商资产管理有限公司、浙金信托股份有限公司、大地期货有限公司、中韩人寿保险有限公司等。这些公司在全国行业排名中均名列前茅。2015年底,公司在岗职工约为14000人。

按中国企业家联合会2015年发布的500强排名口径,集团位居第222名;按中国对外贸易统计学会2015年发布的中国对外贸易500强排名口径,集团位居第46位,位居上榜浙江企业第1位。

业务特色

2015年是“十二五”收官之年。在省委省政府、省国资委等有关部门的正确领导下,集团紧紧围绕年初工作思路,更加注重创新驱动、改革攻坚,更加注重提质增效、防控风险,更加注重“汰旧扶新”、集约发展,取得了来之不易的成绩,为“十二五”画上了圆满的句号。

2015年集团实现营业收入485.47亿元,同比下降13.93亿元(主要是主动调整业务结构和压缩高风险业务规模所致);利润总额13.28亿元,其中国有净利润1.95亿元;资产总额571.22元,同比增长19.04%;资产负债率为68.26%;净资产收益率达4.06%;上缴税费总额13.75亿元。

2015年度集团实现进出口总额57.11亿美元,同比增长2.26%(全省、全国分别同比下降2.16%、7.95%);实现出口总额46.33亿美元,同比增长3.83%(全省同比增长1.2%,全国同比下降2.8%);实现进口总额10.78亿美元,同比下降3.98%(全省、全国分别同比下降13.4%、14.1%)。

在内外贸经营压力增大、经营风险加剧、利润日趋薄化的大形势下,集团充分发挥国际电子商务科技创新服务平台的先发优势,实现商贸流通特别是外贸主业规模的稳健增长和质量的有效提升。

一是跨境电商平台发展有新成绩。集团积极推动“互联网+”和传统贸易、综合服务的融合，电商平台发展迅猛，业务增量贡献显著，全年累计实现营业收入22.91亿元，有效增强商贸发展新动力。其中，“融易通”外贸综合服务电商平台和“浙江中非国际经贸港”一站式跨境电商平台分别实现进出口额5.23亿美元和2.24亿美元，“畅购天下”进口电商平台实现营业收入8935万元，平均日成交量逾1500单。“融易通”成功完成全程在海关9610监管代码下操作的跨境电商B2C出口退税，顺利走通全流程，实现通关阳光化。东方股份、省土畜也在打造各具特色的跨境电商平台，推动传统主业的转型发展。省纺织尼日利亚海外仓、中非经贸港阿尔及利亚和莫桑比克海外仓项目申报成功，已正式列入第二批浙江省跨境电子商务公共海外仓名单。

二是出口特色经营有新增长。针对传统出口业务面临的严峻形势，各商贸企业深耕主业，强化商业模式创新，巩固传统优势市场，拓展新兴市场，保持了出口规模持续增长。其中，对传统欧美市场出口分别同比增长1.81%、4.34%；对高新技术、机电产品、纺织品服装和鞋帽伞类轻工产品均实现出口正增长，同比增幅分别为23.94%、8.62%、4.88%和2.70%。省医保、省化工公司积极开拓市场，分别荣获2015年中国西药类出口十强的第一名和第三名；东方股份加大产品研发设计、品牌建设投入，实现出口经营质量有效提升，12家出口企业实现利润总额1.06亿元，同比增长23.6%，平均出口毛利率11.11%，同比上升0.95%；省土畜通过适度业务整合、鼓励发展大客户等多种方式巩固发展重点商品，其中鞋类、食品实现两位数的增长。

三是实施“走出去”有新亮点。东方股份所属宁波狮丹努加快实施全球化战略、大客户战略和自主品牌战略，打造东南亚印染、织造、成衣产业链，出口规模和利润总额分别同比增长4.19%和11.20%，连续11年实现“双增长”；东方机电创新商业模式，积极开拓“一带一路”国家的电站项目，初步达成意向的土耳其阿昂燃煤电站等项目，总金额超过30亿美元；省医保大力发展新兴市场，拓展药品和医疗器械类产品，对西非国家的出口同比增长13%；技术集团大力拓展“一带一路”新兴市场，对伊朗出口6337.77万美元，同比增长266.58%。

四是内外贸发展有新举措。在经济和外贸发展新常态下，集团主动调整和压缩钢贸等大宗内贸业务，多措并举推动进出口业务发展。2015年7月2日，在李克强总理和法国瓦尔斯总理的共同见证下，集团和法国乳业领先品牌Candia公司签署了相关协议，省土畜成为该品牌牛奶全国总代理。省土畜还加大相关进口产品内销，全年实现进口同比增长46.85%；省纺织稳健发展棉花、棉纱进口和套期保值业务，全年实现营业收入3.66亿元，是去年同期的3.65倍；东方轻工加大新业务引进力度，实现新业务出口同比增加1500万元，成效明显；国经公司加大汽配、食品原料等新业务开拓，推动代理进口平台建设，实现进出口同比增长14.54%；温州公司继续加大出口货物监控，利用合作物流企业的销售网络扩大俄罗斯市场业务；国兴公司积极调整业务结构，继续加大梅子、果酒等自营出口业务；国贸物流整合仓储资源，开展精细化管理，已成为大交所的PVC主力交割仓，并被列为大商所和甬交所开展“期现货仓单转换业务”全国唯一一家物流试点单位。

主要工作

2015年，面对宏观经济形势下行和市场行情持续低迷的严峻挑战，集团上下抢抓机遇、克难攻坚，改革创新、提质增效，转型升级取得新成果，三大板块发展取得新进展，主要表现在：

1. 商贸板块转型升级有新亮点。集团充分运用“互联网+”思维，重点支持做好融易通、中非经贸港、畅购天下等子平台。其中，2015年融易通、中非经贸港分别实现出口总额4.59亿美元、1.32亿美元。东方股份、东方机电等积极实施“走出去”战略，主动融入“一带一路”建设。其中，东方股份所属狮丹努公司越南、柬埔寨等海外投资工程建设全面启动，全年实现营业收入、利润总额分别为32.72亿元和2.65亿元，保持了连续11年“双增长”。东方机电土耳其阿昂燃煤电站总承包项目已与业主达成初步意向，总金额超过30亿美元。省土畜产、省粮油、省纺织品等公司充分利用各自优势，进出口联动、内外贸并举，有效改善了经营质量。其中，省粮油畅购天下2015年实现进口总额8935万元，省土畜产与法国CANDIA合资设立乳业公司，已完成液态奶销售超30万升。

2. 金融资源整合有新突破。金融板块实现营业收入46.49亿元，实现利润总额7.04亿元，分别占比为9.44%和34.76%，管理资产规模近400亿元。为推进集团金融资产协同，提高资产证券化水平，根据省委省政府有关决策，按照省国资委的相关部署，集团拟将所持有的浙商资产、浙金信托、大地期货及中韩人寿的相关股权，注入上市公司东方股份。由于国家监管层的政策变动，"109"重大资产重组项目遭遇较大变化。在各方的共同努力下，109项目调整方案结构继续推进，先注入保险、期货、信托等三家无政策障碍的金融牌照标的。目前，东方股份重新复牌，并且获得了良好的市场反馈。

3. 医药板块培育有新发展。结合战略规划制定和资产证券化工作，集团加强了对医药板块的顶层设计，初步形成医药产业发展规划。在省国资委的支持下，其持有的中化蓝天49%股权已无偿划转到集团。集团目前已成为英特集团最大权益股东。浙江中医药大学饮片厂在稳定业务发展的同时，进一步健全法人治理结构，并积极探索引入战略合作者。集团下一步将以获取上市公司平台资源为切入点，抢抓并购重组契机，加快推进重点项目落地和内外部资源整合，推动医药健康板块跨越式发展，争取三五年内打造科工贸一条龙、产供销一体化，年销售额300亿元、利润总额5亿—6亿元的全省最大的医药健康产业平台。

（浙江省国际贸易集团有限公司）

2015 年物产中大集团股份有限公司发展概况

企业概况

物产中大集团股份有限公司(原浙江省物产集团有限公司,以下简称物产中大集团,股票代码 600704)是 1996 年由原浙江省物资局成建制转体组建的大型国有流通企业,是浙江省政府授权经营管理国有资产的运营机构,是浙江省首家完成整体上市的国有企业,是国家 120 家大型企业试点企业集团和 20 家重点培育发展的大型流通企业以及浙江省政府确定的 36 家重点流通企业之一,旗下拥有 300 多家并表成员公司,1 所全日制高等职业技术学院和 1 所企业大学,业务足迹遍布全球 70 多个国家和地区, 员工近 2 万人。2015 年,物产中大集团名列世界 500 强第 339 位, 已连续五年入围世界 500 强企业。2002 年以来连续 14 年进入中国企业 500 强前百位(2014 年列第 63 位),并连续 8 年位列浙江省百强企业首位;钢材、铁矿石、汽车、煤炭等销售量均列全国同行前 5 强。

经过了 60 多年砥砺奋进, 物产中大集团秉承“企业与时代共同前进、企业与客户共创价值、企业与员工共同发展”核心价值观,不断推进流通产业化事业,不断创业、创新、创造,加快实现由传统流通向现代流通的转型提升。自 1996 年物资局成建制转体组建以来,浙江物产在“无准入门槛、无政策倾斜、无垄断资源”的“三无”完全竞争领域和全球金融危机的大浪淘沙中,不仅得以幸存、保持持续发展势头,并实现了从“中国 500 强”向“世界 500 强”的历史性跨越。“物流天下,产通四海。”浙江物产将始终贯彻“做负责任的大企业”的社会责任理念,做强流通主业,产融互动,助力绿色低碳经济、襄助社会公益事业、推进惠及全员的幸福企业建设,为社会发展、经济发展、行业发展持续创造价值!

业务特色

物产中大集团以大宗商品流通与生产性服务业为主业,经营范围涉及国内外贸易、现代物流、制造业、不动产、金融、投资“六大领域”。在浙江省委、省政府的正确领导和有关部门的关心支持下, 物产中大集团顺应流通产业发展趋势,扎实推进流通产业化, 大力发展生产性服务业,加快传统流通向现代流通的战略转型,经营规模快速扩大、经济效益稳步提高、运行质量不断提升。2015 年,实现营业收入 1825.73 亿元、利润总额 22.13 亿元,进出口总额 61.34 亿美元;至 2015 年末,集团总资产 729.69 亿元,净资产 220.87 亿元, 拥有全资和控股子公司 361 家,员工 18218 人。

主要工作

1. 着力深化国企改革。自 2014 年 10 月正式启动整体上市工作以来,于 2015 年 9 月 21 日正式取得证监会的核准批复,集团发展迈入了新阶段。一是全力处置瑕疵资产。借整体上市的契机,解决了一系列上市规范问题和一大批历史遗留难题,办妥了 11 宗(21.82 万平方米)土地权证,84 项(4.31 万平方米)房产权证。二是严格规范职工持股。下属物产金属、物产国际、物产民爆等公司的职工持股会，按上市要求，变更为有限合伙企业。三是积极引进战略投资。通过两次混改引进了省交通集团、中信并购基金、天堂硅谷、三花控股等9家战投，同时实施员工持股计划，定向增发配套融资金额26.26亿元。四是做好两大总部融合。10月份成立了两总部融合工作筹备组，完善各部门的职责职能，梳理完善公司章程和各项基本规章制度，严格管理规范和信息披露，做好财务资金、商务办公等的合并运行。

2. 着力推进流通4.0。2015年初集团在全国首提“流通4.0”，以大客户、大项目、大平台为抓手，提升平台化、集成化、智能化、金融化和国际化经营水平，全力推进流通4.0落地实施。一是积极推进与大企业大项目合作。深化与中交、中铁、中铁建、中建、神华、金海洋等大企业的战略合作，优化结算方式，延伸服务链条，建立互惠互利的合作模式，合作量大幅上升。二是努力加大“一带一路”走出去步伐。围绕东南亚及中东地区基础建设的原材料需求，积极推进实施德龙泰等海外项目，大力开拓国际市场，实现钢材出口305万吨，同比增长37%。三是建立完善产业电商平台。云服务“车家佳”不断优化平台服务功能，线上实现汽车销售逾万台；物产电商聚焦跨境电商，全年出口14亿美元，同比增长7.7倍，“义乌通”成为省第一批重点外贸综合服务平台，“保税通”成为跨境电商综试区首批试点单位；浙金钢材APP电商平台已发展会员1.5万名，覆盖22个省份40余个城市；物产化工PVC电商平台依托银企合作，积极探索垂直整合平台化服务模式。

3. 着力培育金融、投资。联合浙江大学编制集团金融产业发展规划，明确发展定位和目标任务，加大金融、投资板块的培育力度，金融、投资规模利润实现双增长。一是主动出击寻找市场。租赁、期货、资产管理等金融与类金融企业深耕细分领域，取得了突破性进展。物产租赁与元通租赁全年投放规模42亿，同比增长71%，元通租赁商务车租赁业务量全国第一，并成功争取到G20峰会服务用车资格；中大期货交易额11.7万亿，同比增长76%；中大投资资产管理业务建立完善业务体系，资管规模达60亿；温金中心努力探索实践各类业务模式，交易额过1亿元。二是全力争取牌照资质。财务公司2015年9月获银监会批准筹建，同年12月成功开业；浙油中心2015年4月取得省政府批文，同年6月挂牌开业，已成功引进44家石油化工贸易企业入驻，累计交易量近30万吨；中大期货获证监会批准取得基金销售牌照，香港期货子公司已获批完成注册。三是积极拓展战略投资项目。积极推进公共环保产业和医疗大健康产业的发展。物产环能兼并重组桐乡泰爱斯热电项目、投资建设浦江热电项目，做大做专热电产业；物产长乐成功入选省政府第二批特色小镇培育名单；中大地产“中高端都市介护养老”项目正在报批中；集团投资平台积极探索设立各类产业基金，物产万信已完成注册，水务基金已启动。四是努力拓展筹融资渠道。集团加大债券发行，扩大直接融资，有效降低融资成本，同时通过内部头寸调度、资金归集管理、票据池运营、外汇资金池运营等方式，提高资金使用效率，大幅节约财务费用。成员公司开展产融互动业务，创新金融品种。整体上市后，集团荣获“中诚信”与“大公国际”双AAA主体信用评级，融资运营能力进一步提升。

4. 着力谋划高端实业。集团制定并下发《关于推进高端制造业发展的指导意见》，从存量提升、增量发展及配套政策三方面进行了梳理，为加快推进集团制造业板块转型升级和培育高端制造业厘清思路，2015年初显成效。一是抓好新项目建设。桐乡泰爱斯已完成项目前期准备工作；物产民爆汽车安全公司与美国KSS公司合作的一期产气药生产线建设已全部竣工并投入试生产。二是强化技术创新。新嘉爱斯污泥和秸秆焚烧项目成功，每年可减排二氧化碳约25万吨；中大实业自主研发尼龙线，实现全年销售、创利双翻番；丹特卫顿成功为荷兰、捷克、美国三家国外客户完成了样机的开发定制；物产化工宏元药业30项成果成功运用于车间工业化生产。三是强化生产管理。做好节能环保，新嘉爱斯5台锅炉等实现超低排放；管好生产成本，物产民爆实施生产资源整合，精减人员，提高效率；抓好质量管理，物产化工宏元药业狠抓QC、QA以及审计工作，外部审计10起全部通过。

5. 着力完善内控体系。按照省国资委统一部署和要求,以“制度执行年”和“内控建设年”为抓手,完善内控防风险,精益管理控成本,压缩开支降费用,盘活存量提效能,多措并举治亏损。一是推进内控体系建设工作。集团与德勤华永管理咨询公司一起,对下属34家试点单位200余个一级流程进行了系统对标梳理,查找管理缺陷,优化决策流程,不断提升科学化规范化水平。二是集中力量处置风险事项。成立历史遗留问题处置和内控体系建设领导小组,明确目标任务,层层落实责任,加快诉讼案件和风险事项的处置,全年共结案涉诉事项41宗,标的金额7.35亿元,累计收回逾期风险资金达16.06亿元。三是千方百计降本增效。积极做好资产转让过程中的税务筹划工作,做好成员企业的税收优惠政策的争取落实。四是实施经济损失问责。对已发生的风险损失事项查找过程,分析原因,确实由于制度执行不力,管理不到位造成的,按照问责制度进行问责。目前已免职1人、警告3人、约谈14人,8家公司作出书面检查、5家公司予以通报批评。五是落实责任确保安全。在省属企业中率先制定“一岗双责”制度,认真落实安全责任,完善安全管理各项制度;开展安全隐患大排查,对发现的68项重大(较大)安全隐患逐一进行整改落实;开展2015年度“安康杯”竞赛、“安全生产月”及“安全生产万里行”等活动。全年未发生生产安全事故。

(物产中大集团股份有限公司)

2015年浙江省二轻集团公司发展概况

公司简介

浙江省二轻集团公司(以下简称“省二轻集团”)是经浙江省人民政府批准,由原浙江省二轻工业总公司成建制改建而成的大型集体企业。省二轻集团是浙江省手工业合作社联合社(以下简称“省联社”)的全资子公司,又是省联社的资产运营机构。作为一家多元化的投资控股型企业,省二轻集团目前主营业务涉及制造业、贸易、房地产、商业地产、类金融、新兴产业投资等多个领域,下属浙江省工艺品进出口有限公司(以下简称“工艺品公司”)、浙江省皮革塑料有限公司(以下简称“皮塑公司”)、浙江申达机器制造股份有限公司(以下简称“申达机器”)、浙江省二轻房地产开发有限公司、浙江省二轻商业经营管理有限公司等控股企业10家,汇孚集团有限公司(以下简称“汇孚集团”)、浙商创投股份有限公司(以下简称“浙商创投”)、华数传媒控股股份有限公司、浙江华江科技发展有限公司、浙江天达环保股份有限公司、杭州松下马达有限公司等参股企业。

主要工作

2015年是“十二五”规划的最后一年,也是省二轻集团“二次创业”第一阶段的收官之年。一年来,面对复杂严峻的国内外经济形势,省二轻集团在省委、省政府的正确领导下,紧紧围绕“二次创业”发展目标,牢牢把握投资控股型的企业定位,坚定不移地走质量效益型的发展路子,总体保持了平稳较快的发展势头,实现了“二次创业”第一阶段的圆满收官。“二次创业”第一阶段即2010至2015年六年间,集团公司净资产年均增值率达22.3%,企业经济效益和资本实力得到大幅提升,为公司持续发展奠定了良好的基础。

新兴产业投资布局取得重大进展。牢牢抓住新兴产业投资布局这一转型发展的突破口,抢抓机遇、乘势而上。鉴于与浙商创投多年的良好合作基础,为了从项目合作提升到更高层次的战略合作,2015年初随同省国资运营公司投资入股浙商创投,集团公司也投资入股约10%的股份,浙商创投在引入二轻集团和省国资运营公司等资本后,完成股份制改造,并很快在新三板成功挂牌上市。2014年利用浙商创投这一平台,先后投资参与了有国家科技部引导资金支持的浙商和海基金等3个新兴产业基金项目。通过近年来不断的合资合作,新兴产业集团累计投资规模已超过10亿元。目前新兴产业的投资收益已成为集团的主要利润来源,文化创意、信息服务、健康环保等新兴产业占集团投资、资产和利润的比重大幅提升,以加快新兴产业投资布局引领集团整体转型升级已初见成效。

各产业板块平稳有序发展。集团公司下属各企业面对经济下行压力,千方百计克服生产经营中遇到的各类困难,较好地控制了经营风险,保持了经营规模和效益的稳定。贸易业板块,工艺品公司、汇孚集团、皮塑公司等单位牢牢遵循“稳字当先、有序调整、提质增效”的发展思路,克服市场需求不旺、竞争加剧等不利因素,加快产品结构调整和转型升级步伐,努力培育竞争新优势,强化风控体系建设,保持了主业平稳发展。制造业板块,申达机器等单位调整经营策略,实施差别化、精细化战略,大力提升企业技术和产品档次,积极开拓国内外市场,抓优质客户,在全行业销售形势大幅度下降的大背景下,顶住了压力、稳定住了生产经营。商业物业板块,注重物业品质和管理的提升，积极主动应对互联网对商业物业经营的冲击，利用杭州市鼓励发展文创产业园的政策，尝试新的业态，基本完成了门婆园CC100智慧产业园区的改造提升和重新招租，完成了信联钢厂电商文创园项目方案设计。房地产业板块抓住政策利好的窗口期，继续加大澜庭国际、绅华府销售去化力度，较好地完成了年度销售和资金回笼目标。集团老企业、老产业积极尝试探索各种形式和途径的转型之路，有力地促进了企业稳定和发展，也为集团本级转型升级提供了支持、创造了条件。

管理体系日益规范完善。按照依法治企的有关要求，积极贯彻落实好省政府常务会议纪要有关精神，利用2015年开始联社经营性集体资产委托省国资委代为监管的契机，认真学习贯彻国资监管的新思路、新办法，在全面梳理现有各项规章制度的基础上，按照省国资委《关于省联社经营性集体资产监管暂行办法》等文件要求，以完善“三重一大”决策体系为核心，逐步由浅到深、由点及面，深化到企业生产经营管理的全过程，不断推进管控的制度化和体系化建设，促进企业规范有序健康发展。

安全稳定工作不断加强。以落实各级人员安全生产责任制为重点，各司其职，各负其责，层层落实责任，并深入开展安全生产大检查和专项整治活动，切实把安全工作的管理要求和责任落到实处。妥善处理企业经营发展中遇到的各种矛盾，积极推进“和谐企业”建设，努力为职工解难事、做实事。勇于担当，加强历史遗留问题的处理，尤其是针对一些老问题出现的新情况，及时采取有效措施应对。全年公司安全稳定工作总体形势平稳，未发生重大安全生产责任事故。

“三严三实”专题教育等活动深入开展。根据省委的统一部署，集团公司上下开展了“三严三实”专题教育活动。集团公司党委精心制订活动方案，认真组织学习习总书记系列重要讲话，学习党章党规党纪等方面的内容。突出问题导向，注重把活动和企业改革发展有效地结合起来，通过专题调研、座谈会、走访等多种形式广泛征求意见，认真查摆各级领导班子在各项工作中存在“不严不实”的突出问题和具体表现，剖析问题根源，落实改进措施，并取得了较好的成效。切实履行党风廉政建设党委的主体责任和纪委的监督责任，以认真贯彻落实《中国共产党廉洁自律准则》和《中国共产党纪律处分条例》为契机，加强正反面警示教育，切实增强党员领导干部的政治意识、大局意识、看齐意识、纪律意识，努力营造风清气正的良好氛围，党风廉政和反腐败工作总体情况平稳。注重企业文化建设，积极履行企业社会责任。精心组织举办了篮球赛、登山比赛等健康向上的文体活动，成功组队参加首届省属企业职工运动会，丰富职工精神文化生活。参加省级产业工会职工大病医疗互助保障，困难职工帮扶慰问金连续多年实现大幅度增长。积极响应省委、省政府“五水共治”号召，2014年开始集团公司每年捐资100万元，与省政府确定的结对扶贫点龙游县罗家乡共同实施“五水共治、打造最美河廊”项目，集团被评为省级结对帮扶先进单位。

（浙江省二轻集团公司）

2015年浙江省兴合集团公司发展概况

2015年是“十二五”收官之年，兴合集团在省供销社党委领导下，主动适应经济新常态和供给侧结构性改革要求，围绕“固本、调优、拓新、控险”的工作主线，承压奋进，创新发展，整体经营情况好于预期，强于大势，全面完成了“十二五”目标任务。

主要工作

（一）挖潜力拓市场，赢得保增攻坚战

面对经济持续下行压力，集团坚持稳健经营，紧贴市场紧贴客户挖潜力，以“走出去”为关键大力抓好采购、物流、营销“三网”建设和经营拓展，整体经营走出前低后高的态势，全年实现销售收入802亿元，同比增长10.0%，汇总利润15.8亿元，同比增长4.9%，综合实力增强，适度多元主业平台进一步夯实。其中，内贸规模同比增长8.7%，销售过亿的商品品类达到22个，涌现出塑化、汽车等一批百亿级经营板块；外贸进出口稳定在22亿美元高位，出口16.8亿美元，同比略有增长；房地产实现销售额45.4亿元，同比增长72.0%；年末金融投资余额达27.3亿元，证券、基金、股权投资等各类投资效应逐步显现，成为集团效益的重要增长点。伴随规模的增长，集团业务板块产品线进一步丰富，产业链进一步完善，市场占有率进一步提升，权重商品区域市场优势地位巩固。

（二）调结构谋创新，打好转型组合拳

转型是最大挑战，也是最大机遇。结合形势任务变化，集团着力把发展的基点放在创新上，拓宽转型路径，推进做优做强。一是抓结构调整和产业体系建设。坚持有进有退，内贸上加大市场、商品、业态等结构调整和模式创新，推进“＋产品”、“＋渠道”、“＋服务”，新增了一批高端优质商品经营权，强化了供应链金融、物流、信息等增值服务，提升了网络经营效率、电子化交易比重和期现运作能力，总体毛利水平继续增长；外贸丰富优化出口结构，提升工贸结合体系和柔性制造能力，有序推进工业技改、机器换人、基地的梯度转移及工厂管理优化，并拓展外贸内涵，发展技术、品牌、研发、营销、服务等竞争新要素。二是抓互联网化转型与平台建设。加快传统经营与互联网的融合发展，在农资、塑化等优势领域重点推进垂直化产业电商平台建设，组建运营东海大宗商品交易中心，强化天使湾互联网创投平台功能体系，并积极探索“互联网＋供应链＋品牌”、“互联网＋贸易＋金融”等运作新方式，形成新的增长点。三是抓产融结合与资本运作。提升金融资产在集团总资产中的比重，2015年兴合小贷公司创立运营，相关成员企业在担保、融资租赁、小贷等基础上进一步设立资管平台、互联网金融平台和基金平台，介入资产证券化业务，拓展了类金融板块内涵；重视行业洗牌、资产重估中的并购机会，在汽车、农产品等领域实施并购重组，加快产业扩张步伐。

（三）抓项目稳投资，增强发展后续力

按“落实一批、推动一批、储备一批”的思路，集团2015年保持了适度项目建设规模和投入水平，实施项目44个，一批重点项目和投资计划进展良好。其中，庆元中国香菇城、台州中国农港城、安吉中国茶城、龙游国际建材城等相继竣工并投入使用，起到了良好兴市旺市效果，带动了区域产业发展；农资、汽车、塑化、服装等经营网点设施建设进一步推进，夯实了经营基础；外贸和农资领域一批工业技改项目、基地搬迁顺利完成，外贸海外工厂加快布局，促进对外投资带动

对外贸易；集团总部建设根据发展需要也落实了用地。这些项目的建设成为转型升级的新支点、员工创业的新平台，起到了积极的带动、创收效应。

（四）联三农促共享，做好服务大文章

集团坚持供销社有企业为农、务农、姓农的本色，积极参与浙江省供销合作、生产合作、信用合作“三位一体”合作体系建设，发挥主渠道作用做好全省农资保供工作，以庄稼医院、智慧农资平台、现代农业园、统防统治等为抓手丰富农业生产综合服务；提高农产品营销能力，以市场为核心发展集批发集散、连锁经营、网上交易和配送服务于一体的农产品营销格局；做深做精茶产业，实施贸工一体化、内外贸结合、品牌运营的战略，发展完善集茶叶种植、加工研发、品牌营销、质量检测、茶机制造于一体的产业化经营体系；创新对农业的投资和服务方式，拓展为农服务新载体，打造“乡点点”一站式乡旅服务平台，承办中国茶叶博览会，以商贸综合体建设为重点参与新型城镇化建设，培育壮大集团农村金融服务板块。同时，以联合合作为重点推动供销社系统上下和外部市场主体间产业、组织、服务等多种形式的贯通，建立完善共同发展的利益机制，进一步增强带动农民增收致富的能力。

（五）深改革强管理，凝聚发展新动能

坚持向改革要动力，围绕“增强活力、规范程序、提高效率”，强化集团改革顶层设计，优化管控模式、经营机制，与时俱进探索丰富管用有效的激励方式，进一步释放母、子公司两个方面积极性；围绕补齐上市短板，启动浙江农资公司等企业上市和挂牌工作；按专业化、板块化要求，推进集团内部业务、团队整合，并立足联优联强，在不同层面探索引进战略投资者，为发展注入新的动力活力。坚持以管理创造价值，强化以客户为中心的导向，推进组织和流程创新，推进精细化管理，推进降本增效工作不断取得成效，并积极弘扬企业家精神、工匠精神，以企业文化建设促进提升企业凝聚力、创新力，进一步营造发展的良好氛围。坚持出成果、出人才，加强核心团队与人才队伍建设，创新人才培养模式，创造干部成长内部竞争机制，进一步促进人尽其才、才尽其用。

站在“十三五”发展新时期，兴合集团将按照区域领先、全国发展、跨国投资的综合性投资控股集团定位，积极践行创新、协调、绿色、开放、共享的发展理念，进一步构建商贸流通、产业投资、金融服务相对均衡、联动发展的经营格局，向千亿级企业全面迈进。

（浙江省兴合集团公司）

第八编

省级商务研究、服务机构工作概况

2015年浙江省散装水泥办公室工作概况

2015年，面对严峻的宏观经济形势，全省散装水泥发展和应用工作紧紧围绕省委省政府的战略部署，按照浙江省商务厅“拓市场、促消费、扩投资、创优势、优服务”的总体要求，紧扣大气污染防治、“五水共治”等重大民生问题，继续深入贯彻执行《浙江省促进散装水泥发展和应用条例》，依法推动散装水泥、预拌混凝土和预拌砂浆“三位一体”科学发展，并取得了显著成效。

指标完成情况及节能减排绩效

各项指标继续保持在全国前列。2015年，全省水泥散装率达到80.15%，比上年提高了1.65个百分点，完成省政府下达的一类考核目标和“十二五”规划设定的目标，稳居全国各省区第2位；预拌混凝土供应量达到1.6亿立方米；预拌砂浆供应量达到553万吨，增幅40.7%，继续保持快速增长势头。

节能减排综合效益十分显著。2015年，全省散装水泥发展和应用领域实现节省标准煤363万吨，节省水泥量1646万吨，减排水泥粉尘96万吨、二氧化碳428万吨、二氧化硫0.32万吨；循环、综合利用工业固体废弃物2880万吨；创综合经济效益43亿元。“十二五”期间，全省散装水泥使用量累计达到4.65亿吨，预拌混凝土使用量累计达到7.69亿立方米，预拌砂浆使用量累计达到1400万吨，共节省标准煤1776万吨，节省水泥用量4880万吨，减排水泥粉尘375万吨、二氧化碳1680万吨、二氧化硫1.25万吨；循环、综合利用工业固体废弃物1.13亿吨；创综合经济效益168亿元。全省散装水泥发展和应用领域为全省发展循环经济，促进节能减排和生态省建设作出了巨大贡献。

工作亮点

（一）扎实推进行业清洁化生产

2015年，浙江省预拌混凝土清洁化生产工作正式迈开了步伐。全省组织召开了预拌混凝土清洁化生产现场会，浙江省散装水泥办公室委托浙江省环境科学院制订了清洁生产标准，拟定了《浙江省预拌混凝土行业清洁化生产提升行动方案》。11个市都按照“全封闭，内循环，零排放”的要求，开展了预拌混凝土企业清洁化生产示范企业的建设，共建成35个示范点，其中杭州、温州、嘉兴、湖州等市的部分企业，清洁化生产水平已经处于全国行业领先地位。温岭、桐乡、长兴等县市开展了非法混凝土搅拌站的整治工作，取得了较好的成效。通过一年的工作，全省预拌混凝土生产企业对提升清洁化生产水平有了基本的认识，对生态环境保护的社会责任意识有了显著的提高。

（二）扎实推进专用车辆安全监管

为解决行业内企业普遍反映的驾驶员流动性大、管理难，安全生产事故多、责任重等问题，结合行业信息化建设的需要，全省继续加强对专用车辆安装行驶记录装置以及对驾驶员开展业务技能和安全培训工作，同时探索“互联网＋”专用车辆安全共治管理模式，由散装水泥行政管理部门、公安交通管理部门、保险公司、专业安全管理机构和企业共同联合，创建行业安全管理互联网新平台。通过对行业信息、运行参数、安全生产等数据的集成、利用和共享，提高专用车辆安全监管的系统化、专业化和精细化水平。省散装办、省公安厅交通管理局联合发布《关于加强专用车辆交通安全管理工作的通知》，11个市的散装水泥管理机构联合当地公安交通管理部门、安监部门组织召开了“互联网＋”安全共治管理培训班，全省共有1700余名企业的安全生产负责人、车队长参加了培训，统一了认识。该管理的创新模式得到了行业内企业、保险机构和相关部门的充分认可，为加强专用车辆安全监管，提高服务企业能力，以及促进行业“智慧平台”建设奠定了基础。

（三）扎实推进预拌砂浆产业发展

预拌砂浆产业作为一个新兴的产业，浙江省继续保持了快速发展势头。2015年，新增企业10家，累计达到83家，年产能达到2000万吨。浙江益森科技股份有限公司和浙江忠信新型建材股份有限公司成为预拌砂浆行业在新三板上市的全国第一家和第二家企业，为行业的发展树立了标杆。浙江益森科技公司又成功收购萧山的砂浆生产企业，为浙江省企业间开展合作发展提供了借鉴。专业生产砂浆喷涂设备的温州市华宁建筑机械有限公司，2015年销售灰浆泵1000余台，并远销欧洲、东南亚国家，在全国同行中处于领先地位。

（四）培育预拌砂浆使用市场

全省在继续做好预拌砂浆生产企业技术培训、试验室验收、备案管理、产品质量抽检等基础工作的同时，主要着力于三项工作：一是推广预拌砂浆机械化喷涂施工。2015年，全省继续举办机械化喷涂施工培训班，培训了130余名管理和技术人员。预拌砂浆机械化喷涂的理念、技术、设备、施工组织日渐成熟。绍兴、杭州、湖州、嘉兴等地企业纷纷开展了机械喷涂示范工程建设，培养专业的施工人员，引导建立专业的机械喷涂施工队伍。全省全年采用机械喷涂施工面积超过350万平方米，比上年翻了三番。二是开展“禁止现场搅拌砂浆”执法检查。据统计，全省全年共检查工地1100多个，发放整改通知书100余份。杭州、嘉兴、湖州、绍兴、舟山等市散装水泥行政主管部门与市建委联合组建“禁现”执法小组，对“禁现”项目实施专项检查，取得了较好的效果。与建设部门联动，开展“禁现”执法，逐渐成为部分市散装办的工作常态。湖州市本级砂浆“禁现”范围拓展至所有乡镇，同时为便于执法检查，对施工现场需放置搅拌机的，要求事先向散装办报告。开展日常性的行政执法，已经成为部分散装办推动砂浆产业发展的重要抓手，散装办工作人员的业务素质在实践中得到了有效提升。三是开展预拌砂浆进家装试点工作。市散装办在各试点积极引导企业建设家装砂浆的销售和配送服务网络，开辟预拌砂浆新市场。杭州市企业开发了家装砂浆APP系统，探索采用电子商务形式，向城市家装销售、配送预拌砂浆。湖州市企业开设了4个家装砂浆专营店，家装砂浆销售量达到3000余吨。台州市印发了《预拌砂浆进城市家装试点计划》，选定椒江区作为试点，引导企业开设了21家预拌砂浆销售网点。

（五）扎实推进预拌混凝土下乡

“十二五”期间，江山、温岭、永康、乐清4个市开展了预拌混凝土下乡试点工作。通过试点，有效地带动了预拌混凝土在农村的使用。到2015年底，江山全市9个乡镇（街道）个人建房使用预拌混凝土509户，使用预拌混凝土的户数和方量均翻了一番。台州市全年预拌混凝土在农村的使用量达到320万立方米，增幅17%，占全市预拌混凝土使用总量的32%。海盐等县市虽未列入试点，但也安排了专项资金用于对农民使用预拌混凝土进行补贴，受到了农民的欢迎。

（六）扎实做好发展基础工作

一是强化行政执法工作抓手。2015年，省人大修订了《浙江省促进散装水泥发展和应用条例》，将对禁止现场搅拌混凝土、砂浆的行政许可事项，调整为行政报告制度，以适应现代管理、改革的需要。同时，将现场搅拌混凝土、砂浆的行政处罚标准由原来的1万至5万元提高到5万至10万元，有效地提高了“禁现”工作的威慑力。二是编制“十三五”发展规划。浙江省商务厅会同省发改委、省住建厅、省环保厅联合下发了《关于做好浙江省散装水泥、预拌混凝土和预拌砂浆“十三五”发展规划的通知》（浙商联发〔2015〕44号），要求各市做好规划的编制工作。省级的散装水泥、预拌混凝土和预拌砂浆“十三五”发展规划被省政府列入三类专项规划。各市已基本完成规划的编制工作。较高的规划层次和强有力的部门支持，为全省“十三五”规划编制及今后实施提供了良好的条件。三是全面开展宣传工作。2015年的宣传工作更加突出了实效性。在内容上，结合“禁现”执法、预拌砂浆进家装、预拌混凝土下乡等重点工作；在对象上，下工地、进社区、走农村，对目标人群进行针对性宣传；在方式上，特别加强了与建设、环保等部门的联动，取得了良好的效果。

（浙江省散装水泥办公室）

2015 年浙江省商务研究院工作概况

简 介

浙江省商务研究院是浙江省商务厅直属科研单位，设有办公室、商贸流通研究中心、国际贸易研究中心、国际投资研究中心和商务运行监测中心等部门，下设浙江省国际经济贸易学会秘书处和浙江世经商务咨询中心。研究院主要由硕士及以上学位的国内贸易、国际贸易、国际投资、WTO 和涉外法律的专业研究人员组成，以“为政府决策服务，为浙江经济服务，为企业发展服务”为宗旨，从事相关研究与咨询。

主要职能

1. 负责国际经济、国际贸易、国际投资和国内贸易发展趋势和理论研究，跟踪浙江商务领域发展中的难点、热点问题，分析全局性、战略性问题，提出综合性政策建议。

2. 开展 WTO 和国别政策研究，提供政策、信息咨询服务。

3. 开展有关 WTO 和公平贸易知识的专业培训。

4. 开展国内市场运行和消费监测工作。

5. 汇集、整理、编印国际经济、国际贸易、国内贸易、经济合作信息和研究资料。

6. 组织开展有关学术交流和业务合作。

7. 承办浙江省商务厅交办的其他事项。

发展情况

2015 年，浙江省商务研究院按照浙江省商务厅领导提出的“以建设思想高地、服务高地和人才高地”为目标的要求，紧紧围绕厅中心工作，充分发挥智库作用，提供决策参谋，较好地完成了各项任务。

（一）以推动商务发展为出发点，积极主动搞好对策研究

一是围绕“十三五”规划开展研究。2015 年初，浙江省商务研究院完成厅党组交办的“‘十三五’若干重点问题”共 19 项研究任务，并将成果汇编成册，供厅领导和各处室参考；围绕厅“十三五”规划重点工作，与厅政法处合力完成《“十三五”时期浙江省开放型经济发展重大问题研究》课题，与厅产业处合力完成《“十三五”时期创新驱动培育国际竞争新优势研究》课题；2015 年，浙江省商务研究院还承担了《阿克苏地区招商引资“十三五”规划》以及《西藏那曲地区“十三五”商务发展规划》编制工作，这是厅援疆援藏重点工作之一。此外，为了更好地贴近市地商务工作，2015 年，研究院共承接了各市县商务部门、开发区等委托的“十三五”规划 10 余项。

二是围绕开放型经济开展研究。密切关注国际国内经济形势，完成四期“经济形势专报”；围绕厅商务形势调研分析工作，积极参与全省外贸工作专题调研组，并撰写调研报告。围绕外贸发展新业态，完成厅主要领导交办的任务《外贸代理企业与外贸综合服务企业的区别研究》。围绕外贸形势，完成厅主要领导交办的任务《当前外贸形势分析研究》和《全球贸易发展形势及浙江出口在全球贸易发展中的地位和形势分析》，并获得厅主要领导肯定性批示。围绕浙江外贸转型发展主题，开展《推进浙货品牌国际化研究》研究工作。此外，还参与纺织产业调研并执笔完成调研报告《从绍兴鼎记看浙江纺织品出口下降》和《我省纺织服装产业外贸形势调研分析》，研究报告获得厅主要领导书面肯定性批示。

三是围绕跨境电商开展研究。2014 年承接的“杭州市网上自贸区”课题获得各方面高度评价,课题成果成为杭州市申报中国杭州跨境电子商务综试区主要参考资料。2015 年 3 月,国务院《关于同意设立中国(杭州)跨境电子商务综合试验区的批复》(国函〔2015〕44 号)正式发布,同意设立中国(杭州)跨境电子商务综合试验区(以下简称“综试区”)。为全面落实党中央、国务院的决策部署,更好地推进综试区建设与发展,研究院继续协助杭州市开展相关研究,2015 年 7 月 3 日在《浙江日报》发表《创新发展浙江跨境电子商务》,同年 7 月 31 日发表《跨境电商驱动出口增长》等多篇文章;承接了杭州市综试办委托的《中国(杭州)跨境电商综试区发展规划(2015—2017)》,《规划》文本通过专家评审,公开发布。

四是围绕“一带一路”开展研究。围绕国家“一带一路”战略,积极配合厅外经处完成《抢抓“一带一路”建设新机遇,实现浙江开放型经济新发展》的研究任务;并配合厅外经处撰写《浙江省积极参与“一带一路”建设的有关工作建议》,刊登于《浙江政务信息专报》第 127 期,获得袁家军副省长的肯定性批示。在《浙江经济》第 17 期刊登《“一带一路”背景下谋划浙江开放型经济发展》。此外,为提高各地商务部门掌握运用“一带一路”与跨境电子商务政策的能力,研究院举办了一期“一带一路“与跨境电子商务创新发展高级理论研修班。

五是围绕内贸大数据开展研究。根据厅主要领导要求,针对目前内贸统计监测平台数量多、企业报送压力大、工作效率不高、运行不统一等问题,配合厅调节处梳理了现有内贸各平台3000多个统计监测指标,研究制定《浙江省内贸大数据六大需求结构》,并完成上报《浙江省内贸大数据建设方案》,获得了厅主要领导和分管领导的肯定。此外,按照省两办要求,研究院积极配合立项申请工作,编制并 3 次修改完善《浙江省商务厅商务大数据建设申报方案》,努力为申报打好基础。

六是围绕流通工作开展研究。基本完成《浙江省农批市场“十三五”发展规划》。受厅市场处委托,研究院配合开展浙江省集中连片推进农产品流通和农村市场体系建设项目验收评估工作。根据 2015 年上半年全省市场工作会议精神的要求,完成《通缩预期背景下浙江省商贸流通业投资对策建议》研究。此外,2015 年初《浙江省流通创新现状和发展思路研究》、《浙江省商业综合体现状和发展研究》等研究成果也获得了厅领导肯定性批示。针对开拓国内市场,按照厅领导要求,将库存率这一指标纳入国内市场开拓评价指标体系,通过问卷调查和调研走访,完成《浙江省国内市场开拓现状评价及对策建议》。

（二）以深入调研为基础,积极开展基础性课题研究

一是厅调研课题和处室委托任务。浙江省商务信用问题是 2014 年厅党组务虚会提出的研究课题。2015 年,研究院完成了《浙江省商务领域诚信体系建设研究》以及厅立项课题《大数据背景下的流通变革》。此外,参与美丽乡村市场流通体系建设调查,按时完成并上报了调研报告《建设新型农村市场体系 打造美丽乡村升级版》,承担厅产业处委托课题《“十三五”时期创新驱动培育国际竞争新优势研究》、厅市场处委托课题《浙江省农产品批发市场提升发展研究》,并完成厅调查局委托项目《实施贸易救济 维护产业安全——浙江贸易救济实践》。

二是浙江通志部分工作。配合综合处,做好厅编纂委员会办公室相关日常工作,包括与省方志办日常联络,上传下达;推动商务各卷落实各阶段工作,目前《开发区卷》、《国内贸易卷》和《国际投资与经济合作卷》顺利通过论证,进入长编阶段;配合省方志办做好各编纂业务培训工作;做好编发简报、日常发布信息等工作;推动落实各卷经费问题;并承担省商务厅参与协编的其他卷目相关联络工作。

此外,在领导的高度重视下,研究院还承担了《国内贸易卷》和《国际投资与经济合作卷》主要编纂工作。其中,《国内贸易卷》方面:成立编纂团队,配备专人加快推进资料补充收集工作,目前,总体进展较为顺利。《国际投资与经济合作卷》方面,正扎实推进资料收集、整理与考订工作。

（三）以改善服务为抓手，全力推进商务运行监测

配合调节处，继续做好市场运行监测和商务预报网站平台日常维护分析，全力深化商务运行监测预测工作。

一是积极完善市场监测体系。为进一步提高市场运行监测的客观性和准确性，研究院着力加强监测体系建设，不断优化监测样本结构，扩大样本数量。2015年，各监测系统共新增样本企业31家，累计已经达到1384家。同时，实现了商务预报的全省县级全覆盖。

二是积极做好监测系统运行维护。做好生活必需品、重要生产资料、重点流通企业、酒类流通等系统以及浙江商务预报的信息催报、内容更新及维护等工作。2015年，共发送催报短信、电话等累计40000余条次，各系统样本企业总体报送率达99%以上。同时，加强与样本企业信息员、分析师、预警员等人员的联系，并协助做好优秀信息员表彰等工作。

三是积极强化市场运行监测分析。全年累计完成周报、月报、新闻稿、累计月报等日常分析材料200余篇，部分稿件获得商务部肯定。同时，积极做好台风等灾害天气对浙江省生活必需品市场的冲击和蔬菜滞销等异常信息上报工作，维护市场稳定。此外，协助调节处做好春节、黄金周和各季度消费市场运行分析工作。

四是积极落实市场监测信息宣传。2015年，浙江省商务预报网站累计发布市场信息10000余条。其中，原创信息占40%以上，网站点击量超过200多万次，影响力进一步提高；同时，继续与浙江之声、《浙江日报》、《每日商报》等省内主要媒体开展合作，定期发布商务预报信息，年发送新闻信息量200余条次。浙江省市场监测工作在商务部考核排名中继续保持名列前茅的地位。

五是积极推进消费市场景气指数调查。2015年，共进行了四期调查，每期调查百货、超市、家居建材、成品油、汽车、家电、住宿、餐饮、美容美发、足浴等各类企业700家左右，累计回收调查问卷2000多份，根据调查问卷试编了四期《浙江省消费市场景气指数调查报告》。

（四）以加强科研成果宣传为重点，完善改进编辑工作

编印《浙江商务年鉴》、《浙江省对外投资合作发展报告2015》、《2014年浙江省商贸流通产业竞争力报告》等书籍。刊发《浙江商务》（月刊）、《商务研究》（20期）、《浙江产业安全信息参考》（季刊）等刊物，其中《浙江商务》策划了“新常态 新思路 新作为”、“全面推进跨境电子商务平台建设”、“扩大开放合作 共建一带一路”等12个专题，累计发放48000册，办刊质量和水平不断提高。

（五）学会各项常规性工作有序推进

组织2015年度学会课题申报及立项，邀请专家对所上交的课题进行评审，共立10项学会课题；完成《浙江国际贸易探索》（第六辑）；2015年9月，组织开展第七届国际经贸研究优秀成果奖征文活动；12月，筹办2015年国际经济贸易学会第七届年会暨第七届国际经贸论坛，获得较好反响。

（六）以完善机制为保证，抓实研究院软硬件建设

一是重视班子和队伍的自身建设。班子成员积极履行一岗双职，加强政治理论和业务知识学习，团结协作，形成合力，积极推动创建学习型、进取型组织，鼓励员工加强自身学习，不断提高科研水平。2015年以来，研究院组织各种培训及研修班，邀请各相关教授，提升全院科研能力。二是改善办公环境，提高全院形象。2015年上半年，在厅统一安排下，研究院以提高工作效率，树立良好形象为出发点，本着合理、节俭、实用的原则，对办公用房进行装修改造，使办公环境得到了明显改善。三是完善院内部制度，建立健全长效机制。探索并完善有利于调动院及下属公司员工积极性、创造性的绩效考核办法。

（浙江省商务研究院）

2015年浙江省国际投资促进中心工作概况

简 介

浙江省国际投资促进中心(以下简称“促进中心”)是浙江省商务厅下属的事业单位,担负着推介浙江省投资环境和产业政策,吸引国际投资,推动浙江省企业“走出去”,实现跨越式发展的重任。近年来,组织承办了由省领导带队的美国、韩国、日本、中国澳门特别行政区、俄罗斯、法国、新加坡“浙江周”及在德国、澳大利亚、日本、保加利亚、克罗地亚、尼日利亚、土耳其、埃及、新加坡、马来西亚、印度尼西亚、中国台湾地区、中东等国家和地区举办的重大经贸活动,积极承办、参与“浙洽会”、“厦洽会”等省内外重大商务活动,同时与境外商务和投促机构合作举办了多个国家的投资环境说明会、企业洽谈会、行业对接会等各类投资促进交流活动。中心推行“一家受理,全程服务”的新型服务体系,下设综合业务部、外资促进部、对外投资部、联络部、国际投资96357公共服务平台、浙江省外商投资企业投诉中心(投诉调解部)、浙江省国际投资服务中心、浙江省商务人力资源交流服务中心8个部门及直属单位,其中浙江省国际投资服务中心和浙江省商务人力资源交流服务中心在省内各市地设有分支机构,全国范围内设有广泛的业务网络。

业务特色

1. 贯彻执行外商投资法律、法规和政策,宣传介绍浙江的投资环境和产业信息。

2. 协助境外机构及客商来浙江考察,协助浙江省商务厅、地市商务局、开发区做好项目推介与跟踪服务工作,推进优质项目落地。

3. 实施省政府“走出去”战略,为有意赴海外上市、跨国经营、承包工程、劳务输出等的浙江企业创造条件,协助企业降低走向国际化的成本并提供服务。

4. 组织承办全省性、境内外、多形式的双向投资促进活动。

5. 为外商提供项目咨询、技术评估、市场分析、可行性研究、代办手续、申报审批等服务。

6. 代理外资企业和外商驻浙代表机构的设立、注册及其中方雇员的人力资源管理服务。

7. 为国内企事业,包括国营企事业、民营企业和私营企业提供人事外包服务。

8. 组织与双向投资促进相关的业务培训及高级人才境外培训,举办各类以涉外经济为主题的论坛。

9. 受理外商投诉,为外商提供法律咨询服务,代理进行诉讼、仲裁。

10. 指导和联系全省各市、县及国家级、省级经济开发区投资促进机构、投诉调解机构开展工作。

发展情况

在浙江省商务厅党组的正确领导和厅机关各处室的大力支持下,促进中心积极响应国家战略,紧紧围绕厅党组中心工作,对照年初制定的“一个平台”、“两个加强”、“两个提高”、“两个扩大”、“一个提升”工作目标和四大中心任务,狠抓落实、积极推进,取得了新成绩。

(一)完成国际投资96357公共服务平台建设并启动运行

截至2015年底,已完成平台各功能开发,整理了7000多家境外投资企业原始数据,整理公示了16000多家外商投资企业联合年报信息，并与省政府电子“政务云”相衔接。现在平台各项功能如投资环境、项目企业、企业名录、政策法规、投资案例、活动视频、合作名录七大类各类基础数据库和近40万字的知识库作为基础支撑已基本实现，呼叫热线96357和信息平台网站正式投入运行。

（二）紧扣“一带一路”新热点，高层级、出亮点、讲实效，拉得出、打得赢，策划、组织、承办各类双向投资促进活动及团组的能力有新提升

圆满完成省主要领导亲自带队的浙江省政府代表团和商务代表团赴白俄罗斯的各项保障工作。圆满完成浙江省代表团赴澳门参加世界旅游经济论坛系列出访活动保障工作。成功承办浙江省丝路沿线重点项目对接交流会（北京）。圆满承办浙江开发区路演（上海站）活动。成功举办第12届浙江省投资促进机构联席会议暨高端制造业、现代服务业对接洽谈活动。顺利完成浙新经贸理事会第十一次工作会议及两场配套活动（绍兴）各项承办任务。成功举办浙江省人民政府（上海）商务答谢晚宴暨国际投资96357公共服务平台发布会。做好团组工作。与境外机构合作在省内举办各类投资促进活动。积极发挥省级平台作用，为市地做好服务。全年共承办境内外双向投资促进活动40场，组织团组9个，均获得了圆满成功，有的团组总结报告获得常务副省长袁家军和副省长孙金森的批示肯定。

（三）紧跟时代步伐，注重宣传，拓展资源，对外展示和客户网络布局有新态势

一是紧跟“互联网＋”时代热点，开通“浙江国际投资”微信公众服务平台，发布信息，开展有针对性的推介，深入宣传各项商务政策和运行动态，取得了良好的反响。二是更新、翻译、编印《中国浙江2015》中、英、日、德、俄、韩、葡萄牙语版，宣传浙江省投资环境；针对新形势，及时改版中心网站，强化双向投资促进功能，并与微信公众号无缝链接。积极参与厅机关信息工作，截至2015年底，共上报商务厅政务网信息678条，录用54条。三是紧紧把握最新国家战略大势，以“一带一路”沿线国家和地区为重点，扩大客户网络覆盖面，已与“一带一路”65个沿线国家和地区中的30个国家及其有关机构和商协会建立了联系，为全省商务工作全面对接“一带一路”国家战略打下了基础。截至2015年底，已与世界40多个国家70多个机构建立了联系。

（四）项目促进成绩斐然，“委托招商”有新成效

一是主动出击，拜访和接待客户，拓展合作渠道，夯实“委托招商”基础。二是抓一手项目信息，做好跟踪服务。2015年继续利用各种平台、机会和途径挖掘一手项目信息，积极向市地推介，全年推进项目共36个，其中有多个世界500强项目。三是陪同客商省内考察，积极宣传浙江省投资环境和政策。充分利用中心资源广、客户多的优势，邀请客商来浙江省考察访问，发挥中心的桥梁和纽带作用。全年共陪同21批次的客商90余人赴市地考察，其中世界500强、跨国公司客商11批次50余人。

（五）积极服务于浙江对外投资事业，“走出去”带动“引进来”战略平台建设有新进展

一是通过策划、承办及参与一系列在境内举办的投资促进活动，广泛邀请浙江企业参会，为企业“走出去”搭建平台，积累客户资源。二是与境外投资企业协会开展合作，主动了解会员企业需求和投资意向，利用中心境外合作网络和项目信息资源，有针对性地为全省企业“走出去”提供服务。

（六）强化责任意识，加强监管力度，国有资产保值增值有新高度

高度重视国有资产管理工作，促进中心及所属企业进一步建立健全财务管理制度，采取得力措施，盘活资金，开源节流，严格执行财产清查盘点制度，保证资产的安全与完整，不断提高资金使用效益。全中心国有资产比上年增长11.2%，再创新高。

（浙江省国际投资促进中心）

2015 年浙江省对外贸易服务中心工作概况

简 介

浙江省对外贸易服务中心(以下简称“外贸中心”)为浙江省商务厅所属社会公益类纯公益性事业单位,以“互联网+”和“+互联网”引领外贸服务,借助“移动 APP(微信)、PC 端平台”,通过服务创新和协同发展,致力于对外贸易公共服务(跨境)大平台建设运营,帮助浙江省企业提升国际化经营能力。

业务特色

1. 促进全省企业与外国企业间的双向交流与合作,扩大浙江省产品在国际市场上的知名度和份额。

2. 积极实施品牌战略,组织品牌商品的对外宣传推介活动,组织实施技术贸易、高新技术产品出口等促进活动。

3. 与境外贸易促进机构和有关组织开展合作和交流。

4. 承担全省外贸国内外综合性对外贸易展览会、洽谈会和博览会的组织、筹展工作。

5. 组织实施全省中小企业国际市场开拓促进活动,承担浙江省中小企业国际市场开拓资金运用项目的组织评审事宜。

6. 为全省中小企业开拓国际市场提供相关的服务。

7. 承办浙江省商务厅交办的其他事项。

发展情况

2015 年,外贸中心围绕厅党组确定的商务工作主线,结合中心实际,主要围绕着“完善、落实和打造”三个侧重点,更好地承接了外贸服务性事项,更好地服务了机关与企业。重点工作主要有:

(一)完善自身建设

外贸中心作为一个新兴的团队,按照“可持续性发展”的思路,在内部建设方面,通过完善综合管理部、贸易促进部的组织架构,磨合了团队,提升了团队业务能力;进一步规范了单位财务管理、办公室日常管理、项目管理等系列内控制度建设;通过继续指导远大公司做大做强展会业务,提升了国有资产保值增值率,指导浙江同力商务开展 F2F 等活动延伸了外贸服务链;增强了中心更好地承担已有职责及进一步做好厅里交办任务的能力。

(二)落实服务职能

2015 年外贸中心已基本落实并良好地承担了:中小企业提升国际化经营能力项目的具体组织服务职能,全省展会展览综合服务职能,浙江出口名牌建设服务职能,“浙交会”项目具体服务,已直接服务传统外贸企业超过 30000 家,移动端服务用户近 1000 家;已初步建成了“线上 PC 端、移动端,线下 400”的“1+1”便捷化服务体系;成功帮助嘉兴市就地方展会综合服务开发了子系统,并在嘉兴地区全面铺开,帮助金华金东区、绍兴县完成上交会等5场贸易促进活动；以市场化的形式成功组织南非经贸洽谈、欧洲F2F对接交流会。

（三）打造服务平台

外贸中心在厅里相关处室指导下，围绕着“品牌、会展、中小、综合分析”四大业务模块，“外贸云·浙江”已成功搭建展会综合服务、中小诚信服务、信息咨询服务、手机移动端“浙江外贸云”服务、4009654357线下客服服务等，部分内容已进入试运营阶段；通过进一步深化浙交会服务平台，已与宣传媒体、物流货代、跨境代运营、外贸综合服务平台、驻外商务机构等30多个第三方服务机构建立了战略合作关系。

2016年，外贸中心将继续在“以平台为载体，服务机关和企业”的整体思路上，深化中心与机关、外贸中心与企业“一体两面”的服务定位，聚焦“外贸服务”，跳出传统外贸服务发展外贸中心，完成浙江外贸云公共服务平台建设，实现高效支撑机关与企业。

（一）从“助手、援手、联手”的角度落实“一体两面”的服务定位

2016年，外贸中心的工作要跳出传统外贸服务的思维来定位外贸服务，要从大外贸的角度确立中心“一轴两翼”的服务架构，要努力打造成为全省外贸板块政府服务的助手，要成为全省外贸企业业务服务的援手，要成为外贸促进机构内外联络的联手，并争取在2016年初见成效。

（二）从“贯彻、拓展、建设”的角度完成几项“优服务”重点工作

2016年，外贸中心将继续围绕厅党组确定的商务工作主线，要在省商务厅外贸服务的贯彻落实上体现“优服务”，围绕外贸中心已有的中小资金、展会服务、品牌服务、“浙交会”等内容将厅里工作贯彻落实及优化。要在外贸产业链的延伸上体现“优服务”。围绕“一体两面”的思路，跳出传统外贸服务，从整个外贸产业链的角度思考外贸服务，力争拓展“物流服务、外贸综合服务、外贸信息化服务、海外仓信息服务、试点示范规划服务”；要对接外贸综合服务平台、境外服务机构，拓展一对一商务对接活动，完善外贸业务服务流和数据流。要在浙江外贸云公共服务平台的建设上体现“优服务”。2016年，平台建设要在各外贸处室的指导下，围绕“外贸促进、外贸预警、外贸服务”三个内容纬度，以“管理机构、外贸企业、服务机构”三个角色经度做好架构规划、子栏建设及线下运营，确保年底以全新的面貌推出“外贸云·浙江”。

（三）从“做计算机不做算盘”的角度进一步加强队伍建设

外贸中心要在2015年队伍建设、工作锻炼的基础上，从“忠诚、干净、担当”的具体点上落实“三严三实”的党风廉政建设，落实规矩意识和政治纪律，形成中心发展的格局意识，保障主体责任贯彻；要发挥中心年轻团队可塑造的特性，形成像计算机一样的自我运作机能；要在外贸服务工作上，主动对接机关处室、外贸企业，在方案策划、活动落实上要内容充实、取得创新和实际效果，为浙江外贸企业搭建优良平台。

（浙江省对外贸易服务中心）

2015年浙江省商务厅培训认证中心工作概况

中心简介

浙江省商务厅培训认证中心(以下简称“培训认证中心”)成立于1998年,是经浙江省政府批准设立,由浙江省商务厅直接领导的省级国际培训专门机构,是经国家商务部授权开展内外贸各类专业培训的机构,担负着全省国际贸易人才队伍建设的重任。

1999年投资兴建的五星级浙江国际大酒店,作为培训认证中心的教学配套设施。优越的地理位置,良好的教学设施和环境,既为学员提供了一个方便、安静而舒适的教学场地,提高了学习质量,同时也扩大了自身的品牌影响力,深受广大学员的赞誉。

2001年5月,经联合国开发计划署、中国国际经济技术交流中心批准,被确定为联合国开发计划署援华短期专家服务项目培训基地。2005年7月,由浙江省继续教育院授予杭州地区唯一的“博思”特许培训机构。2005年12月,上海世博人才发展中心批准本中心为浙江培训基地。2006年3月,培训认证中心通过商务部人事司考核,被确定为全国“人才强商”工程培训基地,主要承担上海、江苏、山东、广东、福建、浙江等省(市)地市级外经贸局领导干部大规模培训任务。2009年,培训认证中心建立网络学院和中心网站平台。2012年3月,根据浙江省机构编制委员会办公室文件,原浙江省外经贸培训中心更名为浙江省商务厅培训认证中心。2012年4月,国家商务部批准本中心为援外培训承办单位。近几年来,培训中心承办商务系统培训班19期,培训学员1725人次。承办援外培训班17期,培训学员362人次。

中心自成立以来,在各级部门和领导的悉心指导下,取得了快速的发展。截至2015年底,教学分点已覆盖浙江全省。培训认证中心还与国内知名高等学府和外贸机构建立了紧密的战略合作关系,如中国对外经贸大学、上海外经贸学院、商务部培训中心、各地外经贸局等,并多次聘请国内知名学者为全国及浙江省外经贸人才进行培训,确保培训课程与外贸实务联系,确保课程质量。通过多年良性运作,中心取得了良好的社会影响和社会效益,并多次获得商务部的表扬。

发展情况

2015年,培训认证中心在浙江省商务厅的正确领导和大力支持下,紧紧围绕商务中心工作,坚持面向社会、服务企业,努力拓展培训市场,积极开展培训工作,圆满地完成了全年发展的预期目标和任务。

(一)努力做好全省商务主管部门负责人培训班暨浙江省商务领域人才培训班

2015年8月下旬,在厅人事处的指导下,认真做好全省商务主管部门负责人培训班暨浙江省商务领域人才培训班工作。全省各市商务主管部门负责人、省级进出口企业和厅机关部分干部共113人参加为期5天的培训。主要采取集中授课、分组研讨和全班交流的方式进行培训,邀请商务部有关司局领导、专家进行授课。培训认证中心在厅人事处指导下,全力做好培训班的服务和后勤保障工作。培训班在各级领导的高度重视和大家的共同努力下，达到了预期的目的，取得了显著成效。

（二）着力承办好三期厅处级党员干部党章党规党纪专题集中轮训暨全厅干部2015年暑期读书班

2015年9月，根据厅机关党委的安排，认真做好厅处级党员干部党章党规党纪专题集中轮训暨全厅干部2015年暑期读书班。读书班分三期进行，每期4天。主要采取厅领导作辅导报告，自学分组研讨，观看录像和参观企业等方式进行。厅全体机关干部（在厅挂职干部）、厅属单位班子成员共约140人参加轮训，并取得了良好的效果。

（三）承办援外培训项目取得新成效

在前三年承办援外项目的工作基础上，2015年培训认证中心承办了七期援外培训班任务。其中，承办了五期官员班和二期技术班。五期官员班分别是2015年非洲法语国家旅游与饭店管理研修班、2015年非洲英语国家商品管理研修班、2015年毛里求斯人力资源管理研修班、2015年萨摩亚人力资源管理研修班、2015年非洲英语国家电子商务研修班五期官员班；二期技术班是2015年发展中国家乒乓球运动员竞技能力培训班、2015年非洲法语国家羽毛球教练与运动员培训班。据统计，培训受援国国家31个，培训学员164人次。培训认证中心对每期援外项目都作了精心组织和安排，确保援外培训学员来杭期间的学习、食宿、考察和安全等各个环节的工作，得到了受援国的一致好评。同时，进一步做好开展援外培训基地创建工作。

（四）认真开展全省电子商务人才培训工作，工作取得新进展

在厅电商处的指导下，培训认证中心积极做好全省电子商务人才培训的相关工作。一是认真做好电子商务专业人才岗位技能培训和评价工作。认真做好编写并出版了电子商务考试教材、电子商务人才考试题库的建设工作，考试系统已经准备完毕，评价工作进入验收阶段。二是认真做好全省电子商务职业经理人培训班工作。举办了三期电子商务职业经理人培训班，共培训人员200人次，加强了对高层次电商人才的培养工作。三是认真做好全省电子商务专业人才师资培训工作，举办了二期电子商务师资培训，培训学员199人次，进一步提高了电子商务师资队伍的建设，同时积极做好开展电子商务专业人才培训认证等工作。

（五）积极开展行业业务培训和认证工作

一是努力做好全省外贸单证岗位资格证书的培训工作。据统计，全年培训认证中心与各分点和相关学校共培训班次53次，培训学员4000人次。二是开展浙江省物流岗位资格证书的培训工作，全年培训学员333人次。三是举办全省外经贸企业新员工岗前培训班。采取“走进企业”培训的方式，做好2015年度相关外经贸企业新员工上岗前的培训工作，培训新员工80人次。

（六）组织做好培训工作的调研和巡考工作

2015年，培训认证中心深入相关培训分点和学校进行了解和沟通，广泛听取各分点和相关学校的意见和建议，及时掌握培训动态和要求，努力做好培训工作的针对性和实用性；组织做好全年全省外贸单证巡考工作，指导和督促各分点和学校加强培训规范、保证培训质量和考场纪律，规范外贸单证培训和物流岗位市场健康发展。

（七）加强员工队伍建设，促进全面提高

培训认证中心坚持把服务质量、服务效果放在首位的同时，有效提高管理层、技术骨干的业务素质、认知能力和管理水平，增强对行业新知识的了解掌握，强化员工奉献精神和团队意识，开展了一系列卓有成效的工作，确保了培训认证中心高效有序的运作。在工作中，保持和发扬团结和谐、勇于奉献的精神，群策群力，确保了目标任务的顺利完成。

（浙江省商务厅培训认证中心）

2015年浙江省驻外商务机构服务中心工作概况

简　介

浙江省驻外商务机构服务中心（以下简称“服务中心”）为浙江省商务厅所属公益一类事业单位，下设驻新加坡商务代表处和驻德国商务代表处。2015年是驻外商务机构服务中心正式开始运作的一年。我们实现了预期的目标，“一个中心、两个代表处”的协调发展格局初步形成。

主要职能

1. 承担驻外商务代表的协调联络工作。

2. 承担与商务代表派驻国家（地区）的合作拓展、构建商务网络的具体工作。

3. 指导驻外商务机构在派驻国家（地区）开展重大经贸活动。

4. 承办浙江省商务厅交办的其他事项。

主要工作

（一）制定、完善并执行了一系列规章制度

根据驻外中心和驻外商务代表处的职能定位，服务中心先后制定了6个管理办法和规章制度，在人员管理、财务资金与会计管理、业务工作、绩效考核等方面建章立制，确保内外机构正常、规范运行，启动实施了“统一会计、统一核算”原则，服务中心本级和两个海外商务代表处的业务工作、资产和财务管理等工作都走上了正轨。

（二）人员配备调整到位

根据浙江省商务厅的人事安排，服务中心编制内外工作人员都在2015年正式落实了定位、定岗。驻德国商务代表处人员相关证件及手续办理在多方共同努力下于2015年5月份全部妥当，新加坡代表处人员在7月份顺利实现交替轮换，所有人员的劳动、工资关系和社会保险等事项陆续办理完毕，实现了人员到位、工作到位、保障到位，为下一步发展壮大奠定了坚实的基础。

（三）顺利组织了第三个商务代表处的筹建考察

2015年下半年，经过细致周密的准备，赴美考察设立第三个商务代表处的团组于2015年底前成行，并取得了圆满成功。考察了在美国设立商务代表处所必须的条件、机构设立流程、外派人员签证、代表处在当地运营环境等。通过实地考察，收集了大量的相关信息和有价值的参考意见，提出了在各方面条件基本具备的情况下，适时启动筹建美国商务代表处的建议。

（四）积极开展课题研究

服务中心发挥自身优势，结合业务发展需要，开展了信息报送与研究工作，全年共整理并报送了14篇《海外信息汇编》，送省商务厅和地方商务部门、开发区参考。2015年下半年牵头开展了《建立浙江省海外综合战略平台》课题研究，为“十三五”期间浙江省加快海外战略平台建设提供了理论依据和参考。

（五）组织了系列对外经贸活动

发挥驻外商务代表处的平台优势，积极推动“引进来”与“走出去”工作。德国代表处承接了省、市重要商务出访落实工作，新加坡代表处认真筹备召开了浙新经贸理事会第11次会议。邀

请了新加坡、德国多批次客商代表团来浙江商务考察与合作交流。

（六）党建与党风廉政建设工作

向浙江省商务厅机关党委申请成立党的基层组织并获得批准，正式组建了驻外中心党支部，选举产生了支部相关人员，先后召开了支部成立会议和多次支部学习会议，开展了“三严三实”主题教育活动，严格落实“八项规定”，做到境内境外一个样，确保组织与党员的安全，机构自身能力建设取得了阶段性成效。

（浙江省驻外商务机构服务中心）

2015年浙江省电子商务促进中心工作概况

简 介

浙江省电子商务促进中心(以下简称“电商中心”)是浙江省商务厅直属事业单位,电商中心紧紧围绕加快发展电子商务这一要务,按照“贯彻执行全省电子商务发展政策、提供政府决策依据、服务全省电子商务企业、促进电子商务产业发展”的要求,立足实际、夯实基础、打造核心、放眼未来,以“电商数据权威、公共服务平台、创业创新工场、对外合作窗口”为依托,倾力打造电子商务“数据中心、理论中心、服务中心、合作中心”,为浙江建设“国际电子商务中心”提供有力支撑。

业务特色

1. 贯彻执行浙江省电子商务发展法规、政策,协助起草全省电子商务法规、规划、政策及有关标准。

2. 研究全省电子商务发展趋势及相关理论,为浙江乃至全国的电子商务发展体系研究提供智力支持。

3. 搭建浙江省电子商务公共服务、大数据公共服务两大平台,全方位服务浙江省的电子商务发展。

4. 承担全省电子商务行业统计和监测的具体性工作。

5. 积极探索大数据在电商领域应用,为各地商务部门及企业提供电商数据统计分析服务。

6. 提供区域电子商务发展规划及行业发展规划服务。

7. 针对农村电商、跨境电商发展需求,提供精准服务。

8. 指导和联系各地电商公共服务中心开展工作。

9. 开展企业电子商务应用促进工作,推动电子商务国际交流与合作。

10. 跟踪、对接电子商务领域的投资项目并提供相关服务。

11. 组织承办电子商务发展论坛、会展、培训等各项活动。

12. 开展对外交流,积极推动浙江电商公共服务“走出去”,对外输出浙江品牌和浙江模式。

发展情况

浙江省电子商务促进中心于2015年3月26日经省编办批准同意更名设立,于6月26日正式挂牌。2015年在厅党组的正确领导和厅机关各处室的大力支持下,电商中心克服创办初期的各种困难,紧紧围绕“电商换市”和建设“国际电子商务中心”的总体要求,在电商政策和理论研究、数据统计、公共服务、项目合作等方面进行积极探索、实践,在完成厅里交办的工作任务的同时,积极开展市场化运营,在无财政投入的情况下通过五个月的努力初步实现了盈利,为后续发展奠定了良好的基础。

(一)做好各项筹建工作,为中心快速稳步发展打好基础

做好事业单位法人证书变更、办公场地装修等中心成立筹建工作,谋划并确定电商中心“电商数据权威、公共服务平台、创业创新工场和对外合作窗口”的发展方向和定位,面向社会对外公开招聘、择优录取3名工作人员,明确中心各部门岗位职责,制定公文收发、财务、绩效考核等一系列内部管理制度，从机构建设、制度建设上为中心发展打好基础。

（二）立足电商公共服务，为电子商务发展提供服务支撑

一是依托浙江省电子商务公共服务平台，整合电商服务资源，截至2015年底，平台上累计入驻各类电子商务服务主体636家，其中，电子商务服务企业467个，电子商务实践基地20个，电子商务培训机构70个，电子商务产业园区79个。二是依托全省电子商务服务资源巡回对接会为活动载体，整合平台各类资源直接面向全省各地基层和传统企业，提供全流程、一站式、低成本、高质量的电子商务服务资源服务，2015年共举办28场资源对接会，覆盖全省30多个市县，累计有600余家电子商务服务商与6000余家传统企业参与对接活动，取得较好成效。三是加强对各地电商公共服务中心的指导与联系，出台浙江省（市、县）电子商务公共服务中心综合评价实施方案，进一步规范和完善各地电商公共服务中心建设，发挥其在全省公共服务体系建设中的积极作用。

（三）探索电商大数据应用，为电子商务发展提供决策依据

为顺应电子商务发展新态势，主动接轨大数据云计算时代，经过多方的调研、论证、实践，建立了以电子商务大数据为核心的研究决策体系，用数据流来客观分析全省各地电商发展态势，用数据流来重新审视市场的发展情况与政府的引导水平，进一步提升电子商务的行业引导和管理能力。一是携手温州中津先进科技研究院共同打造浙江省电子商务大数据研究基地，立足电商大数据分析研究，为全省电子商务发展提供技术信息支撑和智力支持。二是运用大数据，做好全省的电子商务行业统计和监测工作，全面、准确地掌握全省电子商务发展情况。三是通过数据为各地政府部门提供精准服务，通过电商数据分析为地方政府摸清家底、找出差距、提出对策、提供有力的数据支撑。

（四）主动对接资本，为电商创业创新提升发展空间

积极参与电商产业基金的筹建工作，与省财政厅多次协调，确定了电商基金作为省产业基金子基金的组建形式。起草基金管理团队筛选标准，对接了赛伯乐基金、聚有财、软银赛富、嘉实基金、维思资本等知名私募基金团队及互联网金融企业。在方案筹备、出资意向、投放意向等方面进行实质性洽谈，基金总规模30亿，计划初始规模15亿，主要投向全省电子商务相关领域，并已将基金组建方案上报有关部门。

（五）加强对外交流，为电商服务拓展发展方向

一是借交流，推介浙江电商服务品牌，自成立以来先后接待来自上海、福建、贵州、黑龙江、新疆等多地政府部门的考察，在宣传浙江电子商务发展经验的同时，对外推介浙江电商公共服务品牌及大数据应用，为浙江电商公共服务、大数据服务走出去打好基础。二是运用电子商务理论研究成果，为政府部门提供"十三五"电子商务发展规划、产业发展规划等咨询服务。三是依托线下活动拓服务，如联手亿邦动力举办"双十一那些事儿"主题沙龙活动、联手跨境电商平台助力当地传统企业开设全球网店等，为多领域电子商务应用发展服务。

（浙江省电子商务促进中心）

2015年浙江省国际经济贸易学会工作概况

概　况

浙江省国际经济贸易学会（以下简称“学会”）是由浙江省商务厅主管、省民政厅和省社科联监督指导，由全省从事外经贸工作和国际经济贸易科学研究的政府职能部门、高等院校、科研机构、社会团体及企事业单位的科研与实际工作者组成，专门从事国际经济与贸易研究与交流的群众性学术组织。学会为省内外经贸领域的政、学、企人士提供开展国际贸易、跨国投资、WTO和涉外法律等课题的研究与交流平台。学会是联系专家学者、广大企业与政府职能部门的纽带，也是一个研究外经贸问题的专业人才库。

主要工作

2015年，在省商务厅的正确领导下，省社科联、省民政厅的悉心指导和广大会员的大力支持下，学会紧紧围绕浙江省商务工作重点，积极开展国际经济贸易学术研讨与交流，为破解浙江省外贸发展难题，培育外贸发展新优势，加快浙江经济转型升级献计献策，做了大量卓有成效的工作。

（一）组织课题申报

2015年上半年，学会开展了2015年度开放型经济研究规划课题申报工作，得到了广大会员的积极响应，来自省内各大高等院校、各市商务主管部门等从事国际经济贸易研究的理论与实务工作者共提交了近40项课题申报材料，经过专家评审，对上报课题材料进行仔细筛选评估，共立项10项学会课题。学会立项课题主题明确，紧跟实际，主要涉及浙江经济转型过程中一些全局性、长远性问题，具有较强的现实意义与参考价值。年末，学会认真组织课题结题材料上报、评审等各项工作。课题申报工作，切实发挥了学会专家集聚的优势，为政府决策提供智力支持。

（二）举办高级理论研修班

2015年11月12—14日，学会承办了由省人力资源、社会保障厅与省商务厅主办的“一带一路”与跨境电子商务创新发展高级理论研修班。来自全省商务系统、开发区、相关企业、高校和科研机构的120余名学员参加了本次培训。“一带一路”是新一届中央政府着眼世界大局，面向中国与世界发展合作提出的重要战略，而发展跨境电子商务，无疑是打造一条网上丝绸之路。本次培训由省商务研究院张汉东院长主讲“一带一路”背景下浙江的机遇与建议，并邀请了浙江大学经济学院常务副院长、长江学者黄先海教授主讲“TPP的新国际贸易投资标准架构与中国选择”，比利时安特卫普管理学院博士后、浙江理工大学张正荣副教授主讲“互联网时代全球价值链重构与企业商业模式设计”，英国C&G—ITT国际高级培训师、阿里巴巴协议讲师应丽秋主讲“跨境电商实务”。通过三天的集中学习和小组讨论，学员们普遍认为本次研修班对提高各市商务部门掌握运用“一带一路”与跨境电子商务政策的能力，对提高有关企业利用跨境电子商务增加外贸进出口的水平很有帮助，是一次高水平、高质量的研讨培训班。

（三）加强研究成果的推广宣传，出版书籍形成特色

为了加强对学会研究成果的宣传和推广，2015年，学会秘书处组织专家对学会第6届学术年会评选表彰的优秀论文进行收集整理、评议修正，结集出版了《浙江国际经济贸易探索》(第六辑)。该系列丛书已经成为学会工作的特色。同时，学会积极筹备进行了“浙江省国际经济贸易学会第7届年会”论文征集暨申报“第7届浙江省国际经济贸易研究优秀成果奖”活动。截至2015年11月底，学会共收到会员提交的论文50余篇。2015年12月上旬，学会邀请各大会员高校的知名专家学者就学会收到的论文进行预评审。12月5—6日，学会在浙江财经大学举办了第7届年会暨第7届国际经贸论坛。本次分论坛是交流国际经贸学术成果，促进学术创新的重要平台，对进一步浓厚学术氛围，繁荣国际经贸学术具有重要的意义。

(浙江省国际经济贸易学会)

第九编
重大会展、活动概况

第25届“华交会”浙江交易团参展情况

在外贸形势依然复杂多变的背景下，作为中国外贸“新春第一展”的第25届中国华东进出口商品交易会（简称“华交会”）于2015年3月1日至3月5日在上海新国际博览中心举行。浙江省各地和广大外贸企业高度重视本届华交会，省政府副省长梁黎明专程赴沪考察华交会，了解企业出口成交情况。

一、本届“华交会”基本情况

本届“华交会”在上海新国际博览中心设立10个展馆，展览面积11.5万平方米，展位5780个，设置4个国内企业展区（服装、家用纺织品、装饰礼品、日用消费品展区）及一个以“现代生活方式”为主题的境外企业展区。共吸引参展企业3378家，组成14个交易团，其中国内参展企业3174家，组成13个交易团（包括9个主办省市交易团、3个组团城市交易团、1个联合交易团），境外参展企业交易团204家企业。

本届“华交会”组委会对管理体制进行了改革，建立了全新的理事会制度，进一步提高了“华交会”管理水平。继续组织境外招商活动，在英国伦敦、印度新德里、巴西圣保罗、新加坡召开专场推介会，并与招商机构合作。设立“华交会产品创新奖”，举办系列专业论坛讲座，举办“一对一”买家配对活动。通过举办轻工类、纺织类专场，邀请专业海外买家，为企业提供逆向、专业的贸易配对服务。此外还通过新增“网上华交会”、改版升级“华交会APP”、开展“展位二维码扫描”等手段，为展商与客商开展“商贸配对”等活动。

据大会统计，本届“华交会”到会境外客商21200人，来自114个国家和地区，比上届略降1.09%。其中，日本客商略增，占大会客商总数的41.58%；欧美客商有所增加，欧洲客商2216人，比上届增长4.23%；以美国为主的北美洲客商大幅增长，到会1318人，增长18.53%。

本届“华交会”累计成交25.65亿美元，比上届下降7%，显示市场并未明显回暖。各大市场和各类企业的成交喜忧参半，其中大洋洲和非洲市场增长势头较好，亚洲及北美洲市场成交略有下降；民营企业成交好于其他企业。

具体来看，在出口成交中，日、美、韩三国居成交前三位，占展会成交总额的47.47%。对中南美洲成交14319万美元，增长19.56%；对非洲成交10323万美元，增长20.88%；对欧洲成交55854万美元，增长12.40%；对大洋洲成交7122万美元，大幅增长78.63%。

二、浙江省交易团参展情况

浙江省参展企业由浙江省交易团、宁波交易团和杭州交易团组团构成，共有参展企业1057家，展位总数1683个，展位数占“华交会”出口展位总数的29.1%，居参展的华东各省市第1位。其中浙江省交易团参展企业614家，展位数982个，占大会出口展位数的17%；本届“华交会”参展品牌企业中，获浙江出口名牌、省（市）名牌或著名商标称号的参展企业113家，其中获省级称号50家，市级称号63家。参展企业中新参展企业313家，更新率为29.6%，生产企业占参展企业总数比重为69.9%，民营企业占参展企业总数比重为62.5%。据大会统计，本届“华交会”浙江省共出口成交10.4亿美元，约占大会总成交数的40%。

“华交会”期间，浙江省交易团通过企业座谈、实地走访等多种形式开展调研，向参展企业详细了解客商接洽、成交意向等情况，听取企业就当前面临的主要困难及对全年出口形势的预判。参展企业反映：

（一）客商到会人数有所减少，日韩客户居多

本届“华交会”到会有效客商人数有所减少，日、韩等东南亚地区客商仍是“华交会”中浙江省企业接待的主要客商。“华交会”作为我国规模最大、客商最多、辐射面最广、成交额最高的区域性国际经贸盛会，尽管受到汇率贬值的不利影响，但并没有降低日、韩等东南亚地区客商的参会热情。由于春节假期因素，部分亚洲客商在正月十五元宵节前尚未恢复正常商务活动，导致境外客商总数下降。

（二）坚持自主创新是企业转型升级的重要动力

随着市场竞争的不断加剧，日益明显的产品同质化，给外贸企业持续发展带来了严峻挑战。从本届“华交会”上的现场展示成交来看，坚持自主创新才是企业发展的根本源泉。如嘉兴华帛绒毯有限公司立足纯天然、竹丝与人体贴肤研制，通过传统工艺和现代技术生产的蚕丝绒和竹丝绒面料，开发家纺系列产品。既充分展示丝品美观、舒适两大功能，更注重利用生物、植物生理性发挥保健功能，将丝品的柔和光泽、华贵品质、柔顺体感和保健功能有机融合。只有创新才能提高产品附加值，价格才有优势。为鼓励参展企业加强研发创新，不断提高产品竞争力，“华交会”已连续4年组织产品创新评奖活动，浙江省交易团推荐的台州盛尔达、浙江哈尔斯、浙江嘉欣丝绸3家企业获得了大会颁发的“华交会产品创新奖”荣誉。

（三）汇率下跌制约企业接单效率

由于2014年卢布以及日元汇率的纷纷下跌，导致俄罗斯市场和日本市场的不少买家缺乏在中国下单的信心。2015年以来，卢布和日元汇率并未出现明显上升，浙江省不少企业在俄、日市场出单效率依旧不高。参展企业浙江乐芙技术纺织品有限公司介绍，2014年受到卢布汇率暴跌的影响，一个俄罗斯的订单做到一半便被客户叫停。而日元汇率的暴跌，使公司本来准备的两个货柜的订单被缩减至1个。由于公司在华交会的主要客商来自于日本地区，而近段时期日元汇率停滞不前，企业出口日本市场遭遇到不小挑战。义乌市晟佳织造有限公司负责人对于日元汇率下跌给公司造成的不利影响也感受深刻，目前公司已经通过研发新产品来适应日本市场的变化。

（四）“招工难”仍是困扰企业发展的重要因素

不少企业反映，现在劳动密集型企业的劳动力缺口普遍较大，尤其是外地工人比较难招。参展企业金华长弓清洁用品有限公司2014年出口额大约在1000万美金，企业负责人谈起公司目前的招工情况时，道出了一个“难”字，每年春节后企业常有缺工现象，加上浙江的生活成本越来越高，许多外来务工人员，尤其是年轻人已不满足目前公司开出的薪资水平，人员流动性较大。

（五）外贸企业纷纷触网从事“跨境电商”

目前，浙江不少企业已经开始试水“跨境电商”，如温州市金耀国际贸易有限公司前几年借助速卖通、亚马逊等跨境电商平台积累经验，之后果断花巨资打造本土跨境电商平台，网罗跨境电商专业团队50多人，在充分了解欧美国家生活消费习惯的基础上，在巴西、美国、德国、日本、英国等国家发展B2B2C海外仓跨境销售模式，使消费者可在电商平台下单，海外仓发货。2014年跨境电商出口额达500多万美元，2015年有望实现新突破。

三、浙江省交易团工作情况

为切实提高浙江省企业参展实效，本届“华交会”浙江省交易团主要围绕以下几个方面开展工作：

（一）精心筹备各项参展准备工作

2015年2月28日，浙江省交易团在驻地宾馆召开第25届“华交会”领队工作会议，要求各分团结合华交会委员会第一次工作会议的有关精神落实大会安全、参展企业积极参加“华交会创新奖”评比、专场“一对一”对接活动、数据统计等事项。同时,加大工作力度,加强统一管理,改善服务质量,协助参展企业做好代表食宿安排、交通、参展证件办理等后勤保障工作。浙江省交易团还要求所有参展企业服从大会统一管理,自觉维护交易秩序,提高保护知识产权的意识和安全保卫意识,认真贯彻落实大会的各项要求,提倡有序竞争,力争经济效益和精神文明双丰收。

(二)提高整体布展水平,展示浙江风采

浙江省交易团充分利用上海新国际博览中心展馆的优势和“华交会”日益扩大的影响力,精心设计,提高布展水平,宣传企业形象,把出口商品展示和整体布展有机结合起来,整体形象既简约、美观,又别具匠心。展馆里体现出的浙江符号随处可见,亮点纷呈。同时,“品质浙货 行销天下”首次亮相华交会,“浙江”标识设计精美,浙江省交易团 LOGO 更是抢眼。新颖别致的装潢和各具特色的创意在宣传了浙江企业形象的同时,又吸引了客商,创造了良好的洽谈氛围,对扩大出口成交起到了促进作用。

(三)创新扶优,提升参展水平和质量

本届“华交会”继续鼓励企业加大自主创新力度,扩大自主研发、自主知识产权商品出口,继续组织产品创新评奖活动。浙江省交易团积极参与评奖活动,经过认真研究并向大会评审委员会推荐,共有浙江哈尔斯真空器皿有限公司等 3 家浙江企业获奖。同时,交易团在摊位分配和位置安排上,有意识地向自主品牌、产品科技含量高、出口增长快、市场潜力大的企业和产品倾斜,“哈尔斯”、“凯喜雅”等一批具有浙江特色的名、优、新、特产品在“华交会”上精彩亮相。

(四)加强调研,把握外贸形势

要求各分团加强调研工作,多了解企业2015年以来外贸出口情况,对全年出口趋势的预期,对政府的建议要求,通过调研、研判分析外贸形势的变化。梁黎明副省长亲自到“华交会”现场看望参展企业,调研成交走势,团部通过召开企业座谈会等方式及时了解参展企业的成交动态、面临的困难与问题等,为研究外贸工作做好参谋。

(五)加强舆论宣传,营造良好氛围

浙江省交易团历来高度重视“华交会”宣传工作,在“华交会”会刊等媒体上为参展企业、浙江出口名牌企业进行刊登宣传,全面报道了浙江省交易团及参展企业情况,集中展示浙江外贸成绩,树立企业和品牌形象。此外,在《国际商报》、《浙江日报》、浙江卫视等媒体上推出“华交会”系列报道,有效地加大了对浙江企业的宣传力度。

(浙江交易团)

第117届“广交会”浙江交易团参展情况

第117届“广交会”于2015年4月15日至5月5日在广州琶洲国际会展中心举行。本届“广交会”浙江省共有5334家企业(包括浙江、宁波、杭州三个交易团,下同)参展,占参展企业总数的22%;设展位11512个,占出口展位总数的19.35%,其中品牌展位2999个,占品牌展位总数的25.23%,一般性展位8513个,占一般性展位总数的17.88%。浙江展位数量目前已超过广东,居全国第一。

一、展会总体情况

本届“广交会”采购商与会18.48万人,比第116届减少0.7%,比115届减少1.8%。其中亚洲到会客商10.51万,占56.86%,比第116届增长2.8%;美洲到会客商2.74万,占14.83%,比第116届增加6.0%;非洲到会客商1.55万,占8.37%,比第116届增加2.9%;欧洲到会客商下降明显,与会人数3.04万人,占16.44%,比第116届减少17.9%,比第115届减少6.1%,其中德国、法国、意大利分别减少7.5%、9.0%、13.1%,尤其是俄罗斯下降最为明显,减少36.1%。

本届“广交会”总成交额280.56亿美元,比第116届下降3.79%,比第115届下降9.64%。浙江省企业成交额47.5亿美元,比第116届下降3.0%,比第115届下降6.1%。

二、主要特点

“广交会”是外贸发展的“风向标”和“晴雨表”。浙江交易团通过问卷调查、召开座谈会、企业约谈、实地走访展位、分团信息反馈等多种形式开展调研,了解企业客商接洽、成交情况及面临困难。从总体情况看,当前外贸形势仍然复杂严峻,下行压力大。但浙江省各级商务主管部门积极引导企业立足自身实际,注重转型升级,千方百计应对困难,全力稳定出口增长,取得了积极成效。主要特点有:

(一)政府搭台帮助企业在“广交会”上多接单

从企业在手订单和广交会客商到会、询价情况看,采购商和出口企业均对原材料价格、汇率等经济波动比较敏感,促使双方倾向于短单、小单,下单较为谨慎,成交难度较大。据浙江省对634家参展企业问卷调查显示,23.5%的企业反映客商成交意向比上届有所下降,27.5%的企业反映出口报价比上届有所下降。浙江省出口以民营企业和中小微企业为主,企业反映能够较快适应以小单、短单为主的订单结构变化,有信心通过多接订单,积少成多,实现出口增长。为充分利用“广交会”平台,扩大浙江省企业出口规模,浙江省通过政府和行业协会搭台,组织企业抱团参展、集体亮相的方式,积极寻找客户,大力开拓市场,抢抓订单。

温州鞋企抱团参展,在展馆A、B馆主通道入口处悬挂“中国鞋类出口基地温州欢迎您”大型标识,突出产业集聚。绍兴分团、嘉兴分团和国贸集团分别在男女装、家用纺织品、纺织原料及面料和体育及旅游休闲用品四个展区279个展位进行了集群布展,整体形象更为突出。为推广浙江省外贸综合服务平台,浙江省组织6家外贸综合服务企业携手参展,扩大影响力和业务范围。通过政府搭台,企业抱团参展,展示了浙江区域出口综合实力,彰显了品牌企业和特色产品的风采,成功吸引了国际采购商的眼球。

(二)沿"一带一路"布局开拓新市场规避汇率风险

在本届"广交会"上,浙江省企业普遍反映,受欧元、卢布等货币大幅贬值影响,欧元国家、俄罗斯等市场购买力下降,甚至出现订单违约现象,浙江恒林椅业股份有限公司遭遇了俄罗斯企业放弃30%订金取消订单的情况。与此同时,企业反映北美和一些新兴经济体市场逐步企稳回暖,国际贸易总需求没有明显"缩水",仍保持较为稳定的规模。随着"一带一路"国家战略的深入实施,"一带一路"市场将成为未来出口贸易的重要增长点,浙江省大力引导出口企业沿"一带一路"进行布局,捕捉新机遇、寻找新市场、抢抓战略先机、提高市场份额。不少参展企业表示2015年将积极参加浙江省商务厅组织的土耳其和马来西亚两个自办展,以及其他"一带一路"沿线国家展会,通过参展拓宽"一带一路"市场空间,挖掘出口潜力。

(三)"互联网+"提升浙江省出口企业竞争力

随着互联网与传统行业融合发展不断深入,企业纷纷认识到"互联网+"将改变外贸出口的传统格局,形成新的利润增长点。浙江省引导出口企业按照"互联网+"思维,主动参与对外贸易模式的变革,积极发展跨境电商等新业态,着力打造完整的跨境电商产业链和生态链。通过线上线下融合发展,拓展出口渠道,提升出口企业的市场竞争力。

企业对"互联网+"的外贸模式创新前景充满信心。企业倒逼自身延伸产业链、提高附加值。嘉兴俊发喷织有限公司在将面料进一步深加工成桌布等成品的基础上,积极利用跨境电商平台,将产品直销海外市场,直接与海外终端消费者"面对面"。浙江神太太阳能股份有限公司利用新技术和新媒体宣传企业,将专门开发的全英文APP软件"suntaskSolar"和二维码布置在展位突出位置,客商只要用手机"扫一扫",便能了解企业的产品、服务等重要信息,实现了高效、生动、便捷、全面的推介效果。

(四)"品质浙货"打响出口品牌攻坚战

在"广交会"调研中,企业普遍反映,面对订单外流、产业转移、低价竞争难以为继,利润空间不断压缩的经营压力,企业必须加强研发创新,打造自主品牌,提高产品定价权和企业核心竞争力。这与浙江省大力引导民营企业走育品牌、创品牌的品牌发展之路不谋而合。本届广交会上,浙江省在展馆主通道等重要位置突出展示了"品质浙货 行销天下"的统一标志,力推浙江区域品牌和自主品牌出口。企业纷纷表示要通过研发创新,提高产品的品质和企业的品牌价值。参展企业浙江荣鹏气动工具有限公司是气动工具的龙头企业,目前已在100个国家注册了商标,预计5年内实现80%—100%的自主品牌出口。

三、组展工作情况

"广交会"筹展工作前后历时半年,为了提高浙江省企业参展实效,本届"广交会"期间浙江交易团主要围绕以下几个方面开展工作:

(一)周密部署,规范管理

为进一步提高参展水平,做到组织管理到位,参展秩序良好,服务保障有力,浙江省交易团在4月14日召开领队会议,各分团团长、联络员及交易团团部工作人员参加了会议,团长针对2015年外贸发展面临的形势和本届广交会的工作特点,对展位管理、调研、服务、安全等工作做了重要部署。展会期间,浙江交易团严格贯彻落实《浙江省交易团"广交会"工作考核管理办法》、《浙江省交易团"广交会"展位管理规定》,充分调动各分团参与"广交会"组织管理工作的积极性和主动性,成立展位使用自查小组,由各分团对所属展位进行全面普查。在交易团内部建立明确的调研、展务、安全、卫生等分工责任制,"广交会"组织管理工作不断科学化、规范化、制度化。

(二)大力实施绿色发展计划

为减少"广交会"资源和能源的消耗,促进"广交会"的转型升级和可持续发展,本届"广交会"继续全面实施绿色发展计划,大力推进低碳环保展会建设。浙江交易团企业积极参加绿色展位的申报，最终有715家企业2460个展位被评为绿色特装展位，其中有28家企业获得“绿色特装奖”荣誉称号。浙江交易团绿色展位数共有5060个，达标率达到73.4%，比上届提高3.6个百分点，超额完成了商务部绿色展位普及率70%的目标要求。

（三）积极争取新增展区展位

为提升“广交会”的专业化水平，提高采购商的采购效率，第116届“广交会”新增了新能源和宠物用品展区，本届“广交会”按“老企业达标保留，新企业择优安排”的原则开展展位安排。浙江交易团积极组织企业申请两大新增展区展位，新能源展区共有1家新企业2个展位和17家老企业49个展位参展，占该展区总展位数的25.5%；宠物用品展区共有3家新企业6个展位和20家老企业38个展位参展，占该展区总展位数的21.4%。组展工作得到企业和大会的高度评价。

（浙江交易团）

首届中东欧博览会、第17届“浙洽会”、第14届“消博会”情况

由商务部、浙江省人民政府共同主办的为期5天的首届中国—中东欧国家投资贸易博览会（简称“中东欧博览会”）、第17届中国浙江投资贸易洽谈会（简称“浙洽会”）、第14届中国国际日用消费品博览会（简称“消博会”）于2015年6月8日至12日在宁波顺利举办。

首届中东欧博览会、第17届“浙洽会”、第14届“消博会”（以下统称“三会”）以“扩大开放合作、共建一带一路”为主题，深入贯彻落实《中国—中东欧国家合作贝尔格莱德纲要》精神，着眼全局谋长远，通过举办投资洽谈、展览交易、会议论坛、人文交流四大板块58项重点活动，为搭建中国与中东欧国家经贸合作大平台、提升浙江参与国际交流合作水平、加快宁波港口经济圈建设等起到了有力的促进作用。“三会”内容丰富、来宾众多、洽谈深入、成效显著、影响广泛，受到各方普遍赞誉，总体成效超出预期目标。

一、各方参与超预期

“三会”有近5万名境内外嘉宾、客商云集宁波，其中有来自93个国家和地区的境外客商1.9万余名、团组近百个，来宾规模之大、层次之高、参与程度之深超越以往。

国务委员杨洁篪，商务部国际贸易谈判代表兼副部长钟山，国侨办副主任谭天星，商务部部长助理王炳南，外交部部长助理钱洪山及中联部、中国进出口银行等有关领导出席相关活动。时任浙江省省长李强，常务副省长袁家军，时任浙江省委常委、宁波市委书记刘奇，浙江省人大常委会副主任毛光烈，浙江省副省长熊建平、朱从玖、梁黎明，浙江省政协副主席汤黎路，全国政协常委、浙江省工商联主席南存辉，浙江省政府秘书长李卫宁等省市领导和浙江各省、市级有关部门负责人参加了相关活动。辽宁、吉林、重庆、宁夏及广州、深圳、大连、乌鲁木齐、西安、连云港等30多个省市组团参会。

黑山副总理武伊察·拉佐维奇、波黑部长会议副主席米尔科·沙罗维奇、黑山交通和海事部部长伊万·布拉约维奇、匈牙利外交和对外经济部副部长萨博等中东欧9国11位副部以上高官，罗马尼亚前总统康斯坦丁奈斯库、前总理埃米尔·博克，克罗地亚前总统梅西奇，中东欧11国驻华大使和总领事，中东欧11国18个省（州）市长，以及中东欧国家经贸、旅游、教育、人文等方面人士参加了中东欧博览会相关活动。英国《金融时报》副主编金·奇、欧洲著名经济学家弗雷德蒙德·马利克、美国国际贸易委员会前首席经济学家罗伯特、国务院发展研究中心党组成员余斌、中国国际经济交流中心原副主任郑新立、德国朗盛化学总部事业部全球总裁何纬克、新加坡丰树集团全球副总裁郭光明、网易董事局主席兼CEO丁磊、海航集团有限公司董事局主席陈峰等国内外知名专家、学者、世界500强和跨国公司高管，之江峰会嘉宾代表团、外国专家组织代表团、欧洲华商投资考察团、马士基集团代表团、海外华侨华人青年代表团、华人企业领袖峰会代表团等重要团组参加了浙洽会活动。

二、实际成效超预期

（一）投资洽谈取得新突破

“浙洽会”期间，全省共推出重点招商项目300多个。200余家世界500强和跨国公司行业龙头企业参加之江峰会并与全省各市、有关开发区及企业进行了深入交流与洽谈。全省共签约重大投资项目33个，总投资81.4亿美元。其中外资项目24个，总投资47.6亿美元；内资项目9个，总投资210亿元人民币。项目集中在高端制造业、新能源、新材料、物流、高端养老等领域。签订金融合作协议3个；推出引智项目480余项，达成意向432项；推出科技成果项目124个，初步达成合作意向30项；签约重大旅游项目28个，总投资633.65亿元人民币；浙江省各市也分别签约、推进了一批合作项目。西藏那曲、新疆阿克苏共签约合作项目22个，签约金额60.78亿元人民币。中东欧博览会投资合作洽谈会共推出投资合作项目132个，涉及基础设施、旅游、机械制造、食品、医药等领域，70余家中东欧国家的政府机构及企业与200余家国内相关省市的政府部门、投资促进机构和企业进行深入对接洽谈；商协会投资贸易对接洽谈会签订投资合作项目4个；双向投资合作产业园推介会上，宁波经济技术开发区、慈溪滨海经济开发区分别与波兰比得哥什开发区、保加利亚欧中经济开发区签订合作协议，中东欧（宁波）贸易物流园区和中东欧（宁波）工业园正式挂牌。

（二）展览交易开创新局面

中东欧国家特色产品展共设摊位250个，16个中东欧国家201家企业、360余名参展商参展，吸引了1200余名国内专业采购商到会洽谈、采购，中东欧展商普遍认为成效明显，表示下届要继续参展。中东欧国家特色商品常年展共引进36家企业入驻，产品涵盖中东欧13个国家的3000余种商品，捷克馆、斯洛伐克馆和波兰馆等特色馆登场亮相。总投资40亿元人民币、建筑面积约7万平方米的中东欧特色产品常年馆顺利开工建设。50余家中东欧参展企业与60家跨境电商进行面对面对接，达成了一批合作意向，为中东欧商品进入中国市场提供了新途径。“消博会”展区展览面积达10万平方米，有来自世界12个国家和地区、国内16个省（市）和全省11个城市的2058家企业参展，展品5万余种，涵盖清洁卫浴、厅房用品及餐厨用品、进口商品、跨境电子商务和外贸服务等领域，共吸引了1.1万余名海内外采购商到会选购洽谈，包括法国欧尚、美国汉诺威、ABS家居等11家大型国际采购企业到会采购。

（三）会议论坛得到新提升

中国—中东欧国家合作发展论坛作为首届中东欧博览会主论坛，国务委员杨洁篪出席论坛并作主旨演讲，商务部国际贸易谈判代表兼副部长钟山、商务部部长助理王炳南先后主持论坛，时任浙江省省长李强、波黑部长会议副主席、黑山副总理等中东欧政要分别在论坛上发言，共话“一带一路”背景下加强中国与中东欧国家合作发展大计，论坛共吸引了中国和中东欧国家700余位各界人士参加。论坛期间，商务部领导与中东欧有关国家举行了多场双边会谈，并召开了中国—黑山政府间经贸联委会第5次会议。第二届中国（宁波）—中东欧国家省（州）市长论坛发表了《中国宁波—中东欧国家城市合作纲要》，涉及经贸、互联互通、金融和人文交流合作等领域，并一致同意支持宁波承办下届中东欧博览会。第二届中国（宁波）—中东欧国家教育合作交流会共签署教育合作协议13项，发布《宁波宣言》，举行了宁波海上丝绸之路研究院揭牌仪式，并就建立中国—中东欧国家教育联盟进行深入研讨。

（四）人文交流拓展新领域

中国（宁波）—中东欧国家旅游合作交流活动参加人员众多、反响热烈、成果颇丰。宁波市与拉脱维亚、黑山等国签署旅游交流合作协议。举行宁波赴中东欧国家“千人旅游团”首发授旗仪式，市民踊跃参与。主宾国波兰和克罗地亚分别于6月9日和6月10日举办了内容丰富的波兰日和克罗地亚日系列活动，吸引了一大批宾客和市民参与。投资12.5亿元、占地14.4万平方米的中东欧博览会会务馆正式奠基，得到中东欧国家来宾的高度评价。中国—中东欧国家经贸合作语言人才服务网正式启动。评选并展出《第三届中国人看世界》获奖作品。第二届中东欧国家当代艺术作品展共展出中东欧16国的19位艺术家的74件油画作品。中东欧文化艺术交流系列活动涵盖邮票版画展示、涂鸦艺术、文艺演出、美食节等，参与者不绝。组委会策划的文艺演出博得中外来宾满堂喝彩。

三、宣传影响超预期

海内外新闻媒体对“三会”高度关注。活动期间，包括《人民日报》、新华社、央广、央视等178家海内外媒体共468名中外记者到会进行多角度、全方位的立体式报道。英国《金融时报》对“浙洽会”和浙江省进行了系列宣传报道，美通社对之江峰会进行全球发稿。中东欧16国40家主流媒体49名记者组团应邀对中东欧博览会和宁波进行深入采访报道，进一步扩大了“三会”对外影响和宁波的城市知名度。各级各类报纸、广播、电视和网络新媒体开展联动宣传，强度和广度超过以往任何一届浙洽会和消博会，为“三会”的成功举办和长期举办营造了良好的舆论氛围。

“三会”汇聚了我国与世界各国合作发展共同点，找准了各方交流合作的契合点，各方的参与意愿、参与程度、参与成效和满意度都有了新的提升，并形成了新的共识。特别是中东欧博览会主题论坛、投资合作洽谈会、之江峰会、人才引进、科技交流、金融服务经济、省（州）市长论坛、旅游合作交流、特色产品展等活动，无论是层次、规模，还是成效、影响都是前所未有。“三会”的成功举办既为今后中东欧博览会长久落户宁波奠定了坚实的基础，也为“浙洽会”和“消博会”的进一步发展增添了动力。

（“浙洽会”组委会办公室）

第 13 届中国国际软件和信息服务交易会情况

2015 年 6 月 16—19 日，第 13 届中国国际软件和信息服务交易会（简称“软交会”）在大连举行。大会以“数据智能，跨界互联”为主题，重点关注大数据的智能发展，智慧城市的持续建设，跨界融合的深入推进，以及移动互联网的创新模式。

作为国内规格最高、规模最大、最具实效性和最具国际影响力的 IT 行业年度盛会，据大会官方介绍，第 13 届中国“软交会”展览面积达到 30000 平方米，其中 2.2 万平方米为软件和信息服务展区，0.8 万平方米为 IT 人才展区。中外参展厂商 665 家，人才招聘企业 135 家，参展观摩的海内外团组共 72 个。同期举行会议活动 50 项，涉及 30 多个行业领域，海外客商超过 3000 人，来自 60 多个国家和地区。高端演讲嘉宾近千位，专业会议及行业用户代表超过 20000 人次，参观观众 30000 余人次。

本届“软交会”，浙江展场面积 110 平方米（不含宁波），有来自杭州、嘉兴、湖州、绍兴、金华和温州的 12 家企业参展，涉及服务外包、基础软件、智能制造、信息安全、云服务等领域。参展企业纷纷亮出业界最新的软件产品和解决方案，如冰特科技公司的冰特多陆运 PC、深蓝软件的软件外包开发服务，温州电子信息研究院的启讯教育服务平台，吸引了不少业内同行的眼球。作为服务外包集聚地的杭州东部软件园、嘉兴智慧产业创新园和金东区信息软件创业园也打出了各自招商的特色牌。鑫隆计算机、东忠科技、日华信息科技、海信空调、嘉兴兴球信息和未来科技城也给参观者留下了深刻的印象。其中，杭州东部软件园还参加了组委会与大连腾飞园区联合举办的“腾飞之夜”中外企业交流会，与行业企业高管和中外来宾共同分享前沿信息和资讯，促进了同行间的交流与合作。浙江省商务厅胡潍康副厅长率浙江团参加本届软交会，杭州、嘉兴、湖州等县市区商务局领导一同参加开幕式论坛，并对浙江展区进行参观及指导。

在本届“软交会”上，绍兴县鑫隆计算机技术有限公司获得“2014—2015 中国软件和信息服务业最具创新竞争力产品奖”。浙江省商务厅、浙江省服务贸易协会、浙江省软件出口联盟获得了组委会颁发的“最佳组织奖”。

在看到成绩的同时，浙江展团也客观分析了展会存在的问题和不足，主要表现在：一是展会企业总量包括浙江展团的参展企业数量不足，且呈现逐年下降的趋势；二是专业观众、专业买家数量不断减少，软交会的专业化水平和影响力有减弱迹象；三是贸易洽谈、技术交流不够活跃，展会人气不高，现场成交及意向较少，企业无法达到很好的参展效果；四是国际性、市场化水平不高，境外客商数量较少。以上问题和不足，一方面有待于大会组委会今后给以重视和改进，另一方面也需要我们调整组展重心，提高参展的针对性。

（第 13 届软交会浙江展团）

第19届中国国际投资贸易洽谈会浙江省代表团参展情况

一、本届展会概况

第19届中国国际投资贸易洽谈会（以下简称“投洽会”）于9月8—11日在厦门顺利举行。105个国家和地区的650多个团组、1.5万多名境外客商参加了本届大会。联合国副秘书长、工发组织总干事李勇、世界贸易中心协会主席加齐·阿布纳尔、巴林王国商工大臣扎耶德—阿勒扎亚尼、经济发展委员会CEO哈立德·艾勒鲁迈希、新开发银行副行长祝宪等30多位副部级以上政府高官和国际组织负责人出席大会。境内外参会企业4000多家，其中：施耐德、苹果、特斯拉、ABB等跨国公司54家，大型央企30多家，大型地方国企和阿里巴巴等知名民企800多家。英中贸协、澳大利亚国际商会、台湾商业总会、香港总商会、中国外商投资企业协会等将近180家境内外重要商协会组织企业代表团参会。

本届“投洽会”围绕“一带一路”、“中国自贸试验区”、“互联网＋”等重大战略，举办了33场各类专题论坛，主题涉及丝路投资、金融资本、自贸试验区与产业投资、“互联网＋”与跨境电商等热点内容，基础设施、服务贸易、新一代信息技术等十大重点产业，共举办对接活动近2000场次，主宾国、主宾省、明星园区和“一带一路”沿线国家举办了30多场对接活动，近100家企业和10多个客商团组到各展台进行对接，对接超过3000场次。

大会共推出有效投资项目近3万个，共签订各类投资项目1571个，总投资金额5103亿人民币，其中，利用外资2310亿人民币，对外投资371亿人民币，区域合作2422亿人民币。2015国际投资论坛主旨论坛以“智造国际投资新格局”为主题，浙江省企业家马云关于全球化的演讲内容，引发社会各界广泛关注和积极反响。

二、浙江省代表团参展主要成果

浙江省代表团由省政府陈宗尧副秘书长任团长，浙江省商务厅马洪涛副厅长任副团长，厅外资促进处、开发区处、外经处、财务处、11个市和相关县（市、区）以及31个开发区共650余人参加了本届“投洽会”，内容包括展示宣传、论坛研讨、项目对接等，达到了预期成效。

（一）创新方式，宣传展示特色明显

浙江省展区位于厦门国际会展中心1号馆，总面积160平方米，以“扩大开放合作，共建一带一路”为主题，由浙江省统一布展。4个浙台经贸合作区第二次单独组团参会，宁波市首次单独设立展区。为突出重点，提升展示效果，浙江省团展位采用液晶触摸屏，运用图片、文字、视频以及现场直接上网的形式，重点宣传省情及各市经济发展成果和招商引资优势。浙台经贸合作区展区重点展示海洋经济、平台优势及特色产业等。宁波展区重点展示宁波“一带一路”始发地的区位优势、中东欧论坛及宁波五大平台功能区。

（二）突出重点，专题活动亮点纷呈

各市主动抓住机遇，在“投洽会”期间举办有针对性的专题活动。宁波市作为中国13个城市之一参加首届中国—新西兰市长论坛，卢子跃市长在“中新教育领域合作”主题论坛上发表了题为《深化国际交流合作　提升教育现代化水平》

的主旨演讲，并与其他参会市长共同签署了《厦门宣言》。舟山市举办了“建设21世纪海上丝绸之路”2015(厦门)浙江舟山群岛新区对台经贸合作项目对接会，40多位台商与舟山港综保区、浙台(普陀)经贸合作区等相关部门进行了对话交流，30余个意向性项目在会后进行精准对接。温州市举办了“海峡两岸(温州)民营经济创新发展示范区推介会”，90个现代服务业、现代农业和先进制造业等领域项目打包推出，投资总额约760亿元。共40多名台商参加会议并进行了对接洽谈，对温州涉台优惠政策和投资环境进行了深入了解。其他各市纷纷在展会期间开展了小分队、专题化招商活动，取得了较好成效。

(三)积极主动，投资洽谈卓有成效

展会期间，浙江省组织相关人员积极参加组委会安排的招商项目撮合对接、重点成员单位展位对接和十大产业对接等20余场对接会。通过官方网站填报了354个招商项目，其中280个招商项目通过组委会审核取得在现场与客商进行一对一洽谈的机会。经过4天的投资洽谈活动，浙江省代表团共有17个项目达成意向协议，总投资7.22亿美元。其中外资项目10个，协议外资1.64亿美元；内资项目6个，总投资14.97亿元人民币；境外工程承包项目1个，总金额1480万美元。外资项目主要来自美国、台湾和香港等国家和地区，涉及农业、旅游、休闲养生、电子商务等领域。台湾台中市电脑同业公会与4个浙台经贸合作区就加强休闲观光农业、电子信息、文化创意等行业进行了深入洽谈，并明确表示将于2015年下半年带领台湾相关企业前来洽谈合作事宜；台湾有机农业促进协会在与苍南参展企业浙闽台民族花海生态投资有限公司洽谈中表示，将积极为推进两岸特色农业合作穿针引线；台湾米家乐生物技术集团与玉环、象山石浦就渔业养殖技术合作交流达成了初步意向。

(四)广泛接触，信息渠道不断拓展

为进一步加强学习交流、拓宽信息渠道，浙江省积极组织地市和企业参加各类论坛和研讨会。在组委办举办的以“引进来”和“走出去”、国际投资热点为主要内容的50多场高水平论坛研讨会中，各地市共参加40多场，涉及760多人次，其中包括“2015国际投资论坛”、“2015跨国公司中国发展前景报告会”、“2015世界投资报告暨中国南南合作报告(投资卷)发布会”、“金砖国家投资机遇说明会”、“丝路沿线国家投资机遇研讨会”、“巴中经贸研讨会”等。参加人员纷纷表示，上述活动的积极参与，有利于紧跟国际投资趋势、开拓眼界和思路，不仅获得了广泛接触外商的机会，同时也获得了更为全面真实的合作信息，为进一步拓宽合作渠道奠定了良好基础。

三、工作建议

(一)加大后续跟踪力度，取得展会成果新进展

本届“投洽会”各市通过利用撮合对接、展位对接和产业对接等平台，在项目洽谈和获取客商资源方面取得了一定的成果。在下阶段工作中，各市要高度重视跟踪服务工作，对已结识并有投资意向的客商主动加强联系并视情登门拜访，邀请客商到本地进行参观考察；对投洽会期间获取的客商信息，进行分类整理归档，定期进行联络沟通，挖掘潜在合作意向；对在“投洽会”期间达成初步意向的项目加强后期跟进，做好攻坚克难工作，从而使在本届“投洽会”取得的初步进展真正转化为落地成果。

(二)用好组委会各类平台，寻找投资合作新机遇

各市要充分利用“网上投洽会”平台，通过“网上展示＋投促活动＋社交网络”手段，在平台上主动寻找各类项目信息和投资商。对会上未能组织人员参加的论坛研讨活动，应在官网论坛研讨栏目下载演讲对话实录内容，组织学习研讨。组委会的项目对接QQ工作平台在会后将不定期发送各类投资信息，各市要安排专人进行落实，争取寻找更多的投资合作机会。

(三)借鉴先进经验和做法，共谋明年“投洽会”新思路

各市要认真做好本届“投洽会”的总结工作，吸收本届“投洽会”在客商邀请、办会模式、议程设置等方面好的经验和做法，在务实节俭办会、提升投资促进活动国际化、专业化、市场化水平方面进行深入研究。请各市分团结合本单位实际，对办好 2016 年“投洽会”建言献策，提出宝贵意见，并提前组织筹划，齐心协力打造“投洽会”品牌。

（浙江省商务厅供稿）

第6届“浙交会”办展情况

一、基本情况

第6届中国浙江商务服务交易博览会(以下简称“浙交会”)于2015年9月14日至15日在杭州·浙江世贸展览中心1、2、5号馆举行。与会观众数量创下新高,显示出省内企业新商业模式发展的巨大潜力,以及省内企业对转型升级的迫切需求。

作为浙江省首个以商务服务为主要展示内容的展览会,“浙交会”以打造“全球外贸、浙江服务”品牌为目标,以“跨境电商、服务引领”为主题,正成为展示浙江省外贸出口新优势的平台,展示浙江省外贸结构优化的平台,展示浙江省商务发展转型升级的平台。展会得到了各级领导的高度重视,展会期间,浙江省副省长梁黎明在浙江省商务厅厅长周日星等的陪同下到会考察指导。

本届“浙交会”为期2天,展出面积6300平方米,参展商158家,共设置外贸综合服务平台、电子商务、服务贸易、品牌营销、国际服务5大板块。据初步统计,本届“浙交会”到会专业观众达7700人次,较2014年增加10%,各类(意向)成交合计达7亿元,与上届基本持平。

与前五届相比,本届“浙交会”进一步提升和优化办展的各个环节,切实提高办展效果,得到了参展商和观众的好评。

二、主要特点

(一)把握当下商务发展热点,切合企业发展需求

“浙交会”围绕跨境电商、外贸公共服务平台、“一带一路”等企业关注的热点焦点,为企业提供合作平台。一是跨境电商成“浙交会”亮点。组织了浙江省11家跨境电商园区和5家公共海外仓参展。这是浙江省外贸史上,跨境电商园区和公共海外仓首次集体亮相,举办与跨境电商相关论坛6场。二是外贸综合服务平台继2014年在中国外贸史上首次集体亮相后,2015年再次集体登场。三是首次对浙江省参与“一带一路”经贸合作进行权威解读,舟山江海联运服务中心、“义新欧”两个支点在此交汇,彰显了浙江省对接国家“一带一路”战略的两大通道。四是跨境电商(进口)O2O互动体验区首次入驻“浙交会”,由中国(杭州)跨境电子商务综合试验区下沙园区牵头,银泰网、易宝全球购等优秀展商入驻,为大家带来O2O购物创新模式现场体验,人气爆棚。

(二)丰富的同期活动为企业带来最新行业信息

围绕热点而安排的丰富活动,正成为“浙交会”的亮点。2015年在“跨境电商、服务引领”的主题下安排了8场论坛、31场工作坊企业自主推介活动,为业内人士带来跨境电商、网络营销、“一带一路”等各方面信息。一是针对服务产品无形的特点,“浙交会”为与会观众呈现了内容丰富的互动环节,如微信照片打印,现场签书、扫码抽奖等活动,把企业多媒体网络技术等无形的服务通过互动展示出来。二是本届“浙交会”组建了一支来自财经、电商、文化传媒等不同领域知名、资深的专家团队,与企业互动交流,为企业解答转型升级过程中遇到的各类疑难问题。

(三)全媒体宣传推介展会

“浙交会”充分利用新媒体优势,加大对展会的宣传。一是浙江商务、浙交会等微信公众平台账号,及“浙交会”官方网站对组展招展、活动预

告等内容进行同步更新，为“浙交会”的宣传提供了良好的自媒体平台，在扩大“浙交会”影响、招募观众等方面发挥了重要作用。二是新浪浙江、《浙江日报》、浙江卫视、《钱江晚报》、浙江在线、《国际商报》、《每日商报》等20多家新闻媒体对“浙交会”进行了宣传报道。

（四）节俭务实办展

“浙交会”一直以来坚持节俭办展的作风，组委会认真贯彻落实中央“八项规定”，坚持“多招商、少请客”，把工作重点转移到为客商服务和创造价值上。一是坚持贯彻节俭办会的宗旨，与往届一样，2015年浙交会不举行开幕式，并取消宴请、场馆布置气球等其他形式主义的东西，不铺红地毯，不摆鲜花。二是坚持市场化发展方向。招展已从处室摊派任务转变到企业主动要求参展，2015年90%的展位是通过市场化手段自主招展完成。观众围绕企业关注热点和痛点，选好展商与论坛，激发各地观展的积极性。三是更加追求实效，参展机构继续保持高质量，集群宝、四海商舟等许多参展机构在行业内具有较高的影响力；参展机构继续保持国际化，来自省外或境外的参展机构（总部）占全部参展机构的三分之一；加强展前信息互通，提前介入展商与观众的对接，举办小型对接会，取得了显著成效。

三、所做的主要工作和主要体会

（一）各级领导高度重视

“浙交会”在举办和筹备期间，得到了各级领导的高度重视。展会筹备期间，浙江省商务厅领导多次召开专题会议，对展会各项筹备工作进行指导与部署。2015年9月15日，梁黎明副省长在周日星厅长等的陪同下到展会现场考察指导。其他厅领导也先后到会参观指导，或以嘉宾身份出席了“浙交会”的论坛活动。

（二）积极调动各方资源

积极发挥“浙交会”这一平台的作用，努力将各方资源集聚到这一平台，以更好地为企业服务。在发挥厅相关处室和厅属单位作用的同时，将相关厅属商协会列为支持单位，大力调动厅属商协会、园区等各方面的积极性，引导其在展会活动、宣传、招展、招商上发挥更大作用。积极与点库、天下网商、集群宝等专业企业合作，通过资源共享与互换，将更多社会资源集聚到“浙交会”平台，为企业服务。同时，各级商务主管部门积极组织本地区企业参展参观，如温州、绍兴、湖州、义乌等地多组团前来观展和参加各类主题活动。

（三）企业满意度进一步提高

许多参展参观企业反映，“浙交会”为企业的宣传推广、企业间对接提供了实际有效的帮助，希望能有更多机会参加此类展会。“义新欧”班列实际承运方义乌市天盟事业投资公司2015年首次参加“浙交会”，公司负责人表示，2015年6月开始，义乌到西班牙马德里的班列已增加到每周1次，返程每月发车2次，增加了华沙、柏林、杜伊斯堡、巴黎等上下货站点，在英国、德国、法国、西班牙等地已建设3000多个分拨中心。他表示此次参展收获颇丰，“义新欧”班列受到各方面人士的关注，特别是政府领导对于该项目在“一带一路”政策引导下发挥的作用也尤为关注。来自英国的红步公司2015年是第二次参加“浙交会”，依旧成效显著，在展期间共达成40多个意向合作协议，成交10余笔。红步公司注重长期合作，表示以后还会继续支持“浙交会”。集群宝作为中国（杭州）跨境电商综合试验区首批试点企业，此次特装参展，集聚了较高的人气。同时，集群宝承办的“大众创业 万众创新——跨境电商人才培养模式创新高峰论坛”，也取得了一定的成效。

四、相关建议

（一）进一步明确展会定位

“浙交会”围绕“全球外贸、浙江服务”目标，打造“三个平台”的定位，在2015年得到充分体现，让浙江省企业迅速地了解了当前外贸发展新的商业模式，外贸结构优化的方向，商务转型升级的焦点，企业的热情得到激发。建议继续围绕“三个平台”的定位，满足浙江省中小企业对商业新模式、转型升级的服务需求。

（二）进一步整合资源

“浙交会”既是浙江企业与境内外商务服务

机构之间洽谈合作的公共服务平台，也是政府转变职能、服务企业的平台。从参展机构和观展企业的调查看，企业在这方面的服务需求很大。建议进一步优化“浙交会”的组织架构，吸引更多社会资源进入“浙交会”平台，通过资源整合，努力将“浙交会”打造为全省一流展会，全国知名服务类展会。

（三）丰富同期活动

企业在转型升级，开拓创新的过程中，非常需要信息、政策等各类服务支持，从本届“浙交会”情况看，同期活动深受企业欢迎，也提高了企业之间的对接效果，建议下届“浙交会”围绕企业需求热点，增加主题活动的场次、规模以及嘉宾分量。厅相关业务处室可将相关重要活动放到“浙交会”期间举行。

（四）增加小型对接会

为提高展商参展效果和观众对“浙交会”的兴趣，建议针对“浙交会”涉及的服务板块，与浙江省相关制造业进行匹配对接，推动浙江制造转型升级。如针对“浙交会”的文化影视内容，可以与文具、杯具等产业进行对接，进行版权授权等；针对“浙交会”的公共海外仓，可以与跨境电商企业进行专场对接。

（五）进一步提高展会智能化程度

本届展会观众入场、预约报名等环节继续应用上届的二维码技术，受到了参展企业的好评。建议进一步提高“浙交会”的智能化程度，如在对接方面，在观众进场后用短信、微信等方式引导客商到感兴趣的板块和主题活动中进行对接。

（六）做好后续服务，启动下一届展会的筹备工作

一个成熟的展会是贯穿全年的持续性工作。建议“浙交会”执行机构继续做好展会的后续服务，加强展会数据的分析整理和参展商的回访，继续做好“浙交会”网站、微信公众平台的服务工作。建议充分利用“浙交会”参展企业和专家资源，组成小分队，不定期赴各地为企业提供转型升级专项服务或专场讲座，使“浙交会”的服务突破展期的时间限制和展馆的空间限制，打造“永不落幕的‘浙交会’”。

（“浙交会”组委会办公室）

第8届浙江出口商品(大阪)交易会情况

为深入贯彻省委、省政府关于促进外贸稳定增长、加大开拓国际市场力度的精神，进一步巩固和发展对日本出口贸易，浙江省商务厅于2015年9月8日至11日在日本大阪举办了第8届“浙江出口商品(大阪)交易会”，取得了较好的成效，达到了预期目标。

一、基本情况

本届大阪展是浙江省在日本大阪连续举办的第8届出口商品展览会，由浙江省商务厅主办，浙江远大国际会展有限公司承办，展会的主题是“品质浙货，行销天下”。本届展会展馆面积6729平方米，标准展位300个，设置服装纺织品和日用消费品两个专业展区，参展企业170家，参展人数400多人，是全国单一省份在日本自主举办的规模最大的展会。

本届大阪展得到了中国驻大阪总领事馆和日方的高度重视，大阪市经济战略局、大阪经济振兴中心等相关日本经济界人士前来参观展会，中国驻大阪总领事馆商务参赞及领事馆其他工作人员多次莅临展会给予指导与帮助。展会前，浙江省商务厅领导和日本合作单位就本届展会的招商推介、商务对接、参展企业与产品等，进行了多次对接，为展会的成功举办奠定了基础。

二、取得的成效

(一)企业成交良好

本届大阪展进一步加强管理，强化招商招展、展会服务和后勤保障的力度，努力帮助参展企业抓订单、巩固老客户、结识新客户，4天展期，参展企业共接待专业买家5588人，现场成交金额555.4万美元，意向成交金额3215.2万美元。尽管本届展会正逢两股台风左右夹击大阪市区，4天展会有3天受到不同程度的袭扰，日本新干线一度停运，给大阪地区以外的买家前来观展带来极大阻碍，仍然能取得如此效果，参展企业感到欣慰和满意。

丽水金棒运动器材有限公司是一家生产新型特种运动器材的厂商，该企业的代步轮车和健身车受到日本客商极大的关注，通过展会结识了多名意向客户，效果超出预期。台州永耀塑业有限公司生产塑料垃圾桶、座椅、塑料收纳盒等产品，该公司专业出口日本市场18年，是大阪展的忠实参展商，每年都有较好的参展效果。展会期间，日本纺织业巨头——帝人株式会社拜访了衢州捷凡贸易有限公司，看中该公司的榻榻米坐垫，下单意向很大。余姚市艺泰影画器材有限公司是一家专业生产绘画用品的公司，2015年是第一次参展，其生产的绘画用的毛笔受到买家的关注，本次参展对该公司继续开拓日本市场非常有帮助。嘉兴原田贸易有限公司从事袜子生产，意向成交100万美元.现场接待客户络绎不绝。还有不少浙江省产品受到追捧，如皮草服饰、男士衬衫、新型运动器材等。

(二)对接成效显著

在前两年成功举办商务对接活动的基础上，总结经验，现场商务对接机制更加成熟，成功配对几率大幅提升。本届大阪展承办方将参展企业相关产品信息与日本买家海外采购需求信息提前进行匹配，对有较高匹配度的企业双方提前预约，在展会现场开辟对接专区，双方在对接专区就品质、数量、价格等进行商洽对接。据统计，展会期间成功配对的买家与参展企业达471对，为进一步开展贸易合作打下了基础。

（三）展会品质佳

把大阪展培育成为境外自办展会的高品质展会和标杆，一直是会展主办方追求的目标。中国驻大阪总领事孙淑强参赞来现场参观，对大阪展的办展水平给予高度评价，他认为大阪展是他任职以来了解到的最高规格的自办展，在搭建风格、布展水平、展品品质、组展规模等各方面都已大步领先其他省份。为进一步了解大阪展，孙参赞还特意率其他两名工作人员参加了大阪展最后一天的联络员会议，并在会上发表了自己的看法和建议。他希望会展主办方继续保持展会水准，加大开拓日本市场的力度及给予企业更多的支持。

（四）展会满意度高

会展承办方对170家参展企业进行问卷调查，问卷调查表回收率为94%，根据问卷显示参展企业对买家质量的满意度为80%，对大阪展整体满意度达92%，受访企业中有44%表示明年将继续参展。大阪展的各项满意度继续保持较高水平，得益于在每届大阪展结束后，组委会工作组和日本合作方均能认真总结交易会的经验，做好调查问卷总结、企业回访和订单跟踪等工作，广泛地听取各地商务主管部门、参展企业和参会人员的意见和建议，持续地改进工作，从而为持续举办好展会打下良好基础。

三、组展情况及亮点

（一）加强管理，精选企业，优化展品

本届大阪展设服装纺织品区和日用消费品礼品区等两大展区，买家目标更明确，专业性更强。筹备及展务工作由各地市商务局牵头，并落实具体人员负责。本届展会围绕“品质浙货，行销天下”的主题，加强对参展企业的管理，要求精选企业，挑选对开拓日本市场有需求和对口的企业参展；加强对参展商品的管理，努力优化展品，要求参展企业丰富产品结构、有针对性地增加展示商品的种类、数量；加强对展品运输的管理，鼓励参展企业多带展样品，更多地选择名、优、新产品，能体现浙江制造水平的展品参展；加强对参展企业布展的管理，要求用足用好展示面积，杜绝展品稀松、空白墙面、空摊位等现象发生，确保展会整体美观。

（二）展前配对，优化服务，促进成交

促进参展企业多成交，做好企业的后勤保障工作，一直是会展承办方的服务宗旨。在本届展会筹备阶段，承办方积极做好展前配对工作，收集参展企业希望对接的日方企业信息，通过承办方的日方买家信息库进行提前配对，或者通过日本合作方联系有关日方企业，争取展会期间到场对接，需求信息共70余个，提前配对成功20余对，受到参展商以及买家的欢迎。展会现场还配备了15名公共翻译，按时段、分区域进行展馆巡逻，为需要翻译的企业及时提供帮助。展馆内部还配备了免费无线网络覆盖服务，参展企业在参展的同时也可兼顾工作，给企业提供极大的便利。在买家结束参观洽谈活动后，请客商填写调查问卷表，并邀请客商参加浙江商务考察，努力使展会的效应延伸至展外。

（三）宣传力度大，效果明显

多年举办大阪展形成了行之有效的招商宣传办法，效果明显。针对专业人士、专业报纸杂志，定期发送资料、投放广告；在日本影响力较大的专业展会上刊登会刊广告；利用有实力的后援单位内部杂志刊登广告；在人流集中的大型地铁、车站投放广告宣传海报；利用专业网站投放动态广告；建立大阪展自己的专业网站，接受网上免费登录申请等。本届大阪展吸引了日本近畿地区收视率极高的知名电视台“每日放送”，对展会的新产品进行推介，并在电视台播出，收到较好效果。

四、浙日贸易现状与未来趋势

（一）浙日贸易现状

近年来的数据表明，浙江对日贸易占全部贸易额的比重持续下降，从2010年的5.85%下降到2014年的4.65%，从2015年上半年的数据看，比重还在不断下降。2015年上半年，浙江省对日贸易增长持续乏力，上半年累计出口57.1亿美元，同比下降6.94%，进口39.79亿美元，同比下降16.83%，形势十分严峻。主要原因是中日关系持续紧张，日元大幅贬值压缩了浙江省出口商品的利润空间，日本消费税上调导致日本国内需求下降，日本经济下滑趋势明显。

（二）未来趋势

浙江企业开拓日本市场是有需求的，不少接受调查的企业表示日本市场还是重要的传统市场之一，也是利润较好的市场，待中日关系稳定，日本经济复苏，人民币贬值等现象出现，对日贸易会有新的发展。日本经济发达，市场体量大，日本是浙江省仅次于美国居第二位的外贸出口国，浙江对日贸易必须稳定并努力做大，才能有利于浙江外贸的发展。当前，政府要加大支持力度，帮助企业保持并进一步开拓日本市场，特别是政策支持，鼓励企业通过参加展会开拓市场。

五、下一步的设想

（一）进行UFI认证

经过8年的精心培育，大阪展已经渐入佳境，已成为中国众多境外自办类展会的标杆，是浙江企业与日本企业尤其是关西地区企业开展经贸交流不可或缺的平台。为了进一步提升大阪展的品质，同时获得国际认可，会展主办方已邀请国际展览业协会（UFI）对此展进行权威认证，使其真正成为中国自办类展会中的旗舰展，在引领浙江企业开拓日本市场的过程中发挥更大的作用。

（二）加强高层交流

为了提升大阪展在日本高层的影响力，历届展会，会议主办方邀请日本国际贸易促进会、日中经济贸易中心、日本贸易振兴机构JETRO大阪本部、大阪府、大阪市的主要负责人及中国驻大阪总领事馆的人员参观展会，并开展拜访等相关公务活动。日方也强烈希望与中方高层政府人员交流，因此，会展主办方派出对等的高层政府人员，以及邀请省领导出席展览会，与日方政府机构进行互动，这样可以加强高层交往，对于进一步促进浙日经贸往来，提升展会品质，起到重要的作用。

（浙江省商务厅）

第118届“广交会”浙江交易团参展情况

一、第118届“广交会”概况

第118届“广交会”于2015年10月15日至11月4日在广州琶洲国际会展中心举行。本届“广交会”累计出口成交1712.49亿元人民币(折合270.1亿美元),同比下降7.4%;境外采购商与会177544人,同比减少4.6%。

“一带一路”沿线国家与会采购商人数增长明显。据大会统计,南盟同比增长了15.37%,其中印度同比增长11.26%,孟加拉同比增长32.61%,巴基斯坦同比增长35.25%。沙特和越南与会采购商人数同比有较大幅度增长,分别增长16.49%和26.20%。发达经济体与会形势总体好于新兴市场及发展中国家。加拿大、英国、美国与会采购商人数,同比分别增长3.24%、4.17%和4.87%。

二、浙江省交易团参展情况

第118届“广交会”浙江省(浙江、杭州、宁波交易团)共有11517个展位,5322家企业参加。本届“广交会”浙江全省累计出口成交51亿美元,比2014年秋交会(第116届)下降7.1%。

“广交会”期间,通过展位走访、企业约谈、问卷调查、成交统计等多种方式,了解企业经营及成交情况,调查当前外贸形势,总体反映如下:

(一)出口成交额与到会采购商人数持续下降

在内外需疲软、大宗商品价格下滑的背景下,本届“广交会”出口成交额与到会采购商人数双双下降,这是自2013年第113届“广交会”出口成交额和与会境外采购商恢复性增长后“广交会”连续第五个同比或环比双降。据对浙江省企业成交意向调查显示,42.5%的企业表示环比有所下降,39.1%的企业表示环比持平,仅18.4%的企业表示环比有所增长。调查显示,浙江省80%以上的参展企业表示,接待人数比第117届和第116届有所下降或持平。这与世界经济不景气和国际贸易低迷密切相关。

(二)汇率波动较大导致出口不稳定因素增加,订单以短单、小单为主

参展企业反映,欧元、日元、澳元等外币大幅贬值导致这些国家的订单数量减少,采购商下订单更加谨慎,许多外商仍持观望态度。调查显示,出口意向价格较第116届、第117届下降的占41%左右,持平的占41%以上。尚未执行在手合同比上年同期下降的占22.5%,持平的占43.1%,增长的企业仅占34.4%。主要是一些拥有技术品牌、质量等竞争优势的产品市场份额与往年相比有所增加。如汇信进出口集团公司通过创新商业模式,2015年出口有望增长20%。

(三)出口利润空间缩小,企业转型压力大

企业反映,劳动用工成本大幅增加,原材料价格不断上涨,生产成本大幅增加,但出口售价提高有限,出口产品“量增价跌”的现象比较普遍,利润空间不断缩小。调查显示,企业出口利润增长的仅占24.5%,持平或下降的占75.5%。要在国际市场竞争中脱颖而出,企业迫切需要转型升级,建立自主品牌,提升企业及产品的知名度,提高产品的附加值,从而获取更多的利润。在本届“广交会”上,杭州维丽杰旅行用品有限公司设计研发的新型箱包,已经申请专利,并拥有自有品牌优势,企业在探索转型之路之时,“广交会”是检验新产品是否适销对路的重要平台。

此外,企业也反映融资成本增加,资金周转

困难；与周边国家相比低成本优势逐渐丧失，出口订单有转移迹象；贸易壁垒增多，给出口带来诸多阻碍；企业税收与各种行政收费较重，影响企业接单能力等问题。希望政府保持出口退税率稳定，继续提供出口信用保险支持，支持企业开拓国际市场，推进贸易便利化，改善贸易环境。

三、浙江参展企业亮点颇多

（一）布局“一带一路”，开拓新兴市场

在当前外贸形势严峻的压力下，各地不少参展企业积极调整策略，借助国家“一带一路”的发展契机，在深挖存量客户价值需求的同时，努力开拓新客户，着力布局“一带一路”新兴市场。温州佳凯实业有限公司定位于“一带一路”沿线的中亚、西亚和中东一带的市场进行定向开发，有了一批稳定的客户，经过多年运营，目前已经成为国内行业的领军企业。浙江笔业企业顺应国家“一带一路”战略，设计研发针对新兴市场的产品，力求进一步拓展“一带一路”新兴市场，扩大市场份额，弥补欧洲市场下滑的困局。从洽谈成交情况看，预计与2014年同期相比，意向订单将增长5%—6%以上，其中80%以上产品出口“一带一路”沿线国家，有望在2015年实现新的突破。

（二）聚焦跨境电商，扩大营销网络

随着经济全球化的深入发展，跨境电商已经成为一种新的生产力，在国际贸易中重要作用日益凸显。本届“广交会”上，部分浙江企业聚焦跨境电商，利用新型贸易模式布局国际营销大网络。温州源飞宠物玩具制品有限公司2014年宠物用品出口额达3176万美元，2015年更有望在2014年基础上获得两位数的增长。公司积极探索跨境电商等全新贸易方式，已在美国明尼苏达州首府设立外籍海外运作团队，专门负责研发适合当地消费市场的新产品，对接跟进海外订单和客户，并在美国当地建立海外仓，保证了企业产品能在最短时间内进驻订货卖场。2015年，公司还通过进驻亚马逊等境外电商平台积极探索新的贸易方式，开拓新的海外市场。

（三）产品创新催生新动力，注重研发打造新优势

浙江豪中豪健康食品有限公司近年来加大科技投入，研发新产品。在本届“广交会”推出智能按摩椅附带专门的APP客户端，该APP利用尖端行动应用程序科技，实现手机下载按摩方式的智能化操控，深受采购商青睐。该公司2015年1月至9月实现出口额3126.4万美元，同比增长33.47%。温州鞋企奥康集团始终坚持“百年奥康，全球品牌”的企业愿景，在本届“广交会”上，展示了200多种创新产品，其中“垫脚系列”及“舒适中底”技术样品鞋特别抢眼，参展首日接待美国、意大利、日本等国家采购商15批次，签订近200万美元的意向合同。2015年1月至9月，该公司鞋类出口1657万美元，同比逆势增长5.3%。浙江长江汽车电子有限公司等创新企业具有很强的自主产品设计开发能力，本届广交会他们带来的3款头戴式耳机新产品属于专利产品，赢得了诸多采购商驻足和洽谈。

（四）扩大宣传，树立品牌效应

作为国内规模最大、层次最高的综合性国际贸易盛会，品牌的集中亮相已经成为广交会上中国制造的一张名片，也是中国制造未来的出路。参展企业哈尔斯通过新颖的展位装饰，将自身经营理念同展会主题、新产品及新技术更加紧密地结合并表达出来，更直观地向外界传递品牌效应。该公司于2015年6月12日与中国国家登山队签署协议后正式达成战略合作关系。超人、星月、步阳、乐门、皇冠等品牌企业在展会上的产品吸引人，品质有保障，展位设计新颖，成为浙江参展的亮点。

四、浙江省交易团组展工作情况

“广交会”筹展工作前后历时半年，为了提高浙江省企业参展实效，本届“广交会”期间浙江省交易团主要围绕以下几个方面开展工作：

（一）周密部署，规范管理

为进一步提高参展水平，做到组织管理到位，

参展秩序良好,服务保障有力,浙江交易团在10月14日召开领队会议,各分团团长、联络员及交易团团部工作人员参加了会议,团长针对2015年外贸发展面临的形势和本届广交会的工作特点,对展位管理、调研、服务、安全、收费等工作做了重要部署。展会期间,浙江交易团严格贯彻落实《浙江省交易团"广交会"工作考核管理办法》、《浙江省交易团"广交会"展位使用管理规定》,充分调动各分团参与"广交会"组织管理工作的积极性和主动性,对所属展位做好服务和管理工作。在交易团内部建立明确的调研、展务、安全、卫生等分工责任制,"广交会"组织管理工作不断科学化、规范化、制度化。

(二)大力实施绿色发展计划

为减少"广交会"资源和能源的消耗,促进"广交会"的转型升级和可持续发展,本届"广交会"继续全面实施绿色发展计划,大力推进低碳环保展会建设。浙江交易团企业积极参加绿色展位的申报,最终有1008家企业3572个展位被评为绿色特装展位,其中有31家企业获得"绿色特装奖"荣誉称号。浙江交易团绿色展位数共有6116个,达标率达到88.6%,比上届提高15.2个百分点,超额完成了商务部绿色展位普及率80%的目标要求。

(三)引导企业参评CF奖助推转型升级

为推动外贸发展方式的转变,不断促进企业提升研发创新能力,培育形成外贸竞争新优势,"广交会"自2013年起,每年举办一次"广交会"出口产品设计奖(简称CF奖)评选活动。在2015年CF奖评选活动中,浙江交易团继续积极组织企业参与,共有9家企业的产品获得CF奖,占全部获奖企业数的17%,其中2家企业获得金奖,占金奖产品数的20%。由于组织工作到位,申报和获奖企业数居全国前列,浙江交易团再次荣获最佳组织奖。

(四)加强调研,把握形势

在做好组展工作的同时,浙江省交易团还积极通过召开座谈会、约谈企业、走访展位和问卷调查等多种方式,向参展企业了解客商接洽、成交意向情况。展会期间共走访、约谈了200多家企业,发放调查问卷600份(实际回收570份),及时了解参展企业面临的困难,认真听取各交易分团和企业的意见和建议,为全面把握2015年外贸形势提供了第一手信息。

(浙江交易团)

第21届中国义乌国际小商品博览会情况

一、基本情况

为期5天的第21届中国义乌国际小商品博览会(以下简称“义博会”)在商务部、浙江省政府等主办单位和浙江省商务厅等承办单位的大力支持和社会各界的共同努力下，取得了圆满成功。本届“义博会”共设有国际标准展位4500个，有来自境内外的2529家企业参展。分设五金、电子电器、针纺织品、时尚饰品、工艺品、日用品、文体及户外休闲七大参展行业,另设立了创新设计展区、“互联网＋”跨境电商/微商展区、贸易服务展区等创新板块。累计到会参观者、采购商213580人次。到场专业采购商62099人,较2014年同期逆势增长9.5%。本届展会实现成交额171.73亿元,同比增长0.58%。

展会同期以时尚、设计、“互联网＋”为主题,举办了中欧时尚月义乌站活动、中韩创新设计高峰论坛、“互联网＋”跨境综合服务生态峰会、2016微商生态构建与展望峰会、2015/2016中国小商品城流行趋势发布会等三大系列20余项配套活动,进一步丰富了展会内涵,极大地提升了展会影响力。本届“义博会”坚持市场化、专业化、品牌化、国际化发展方向,加快推进展会转型升级,在提升展会的经贸性、实效性、竞争力、影响力等方面均取得了较好的成效,成为广大中小企业开拓国际国内市场的重要平台和引领国际小商品发展潮流的品牌展会。

二、主要特点及成效

(一)参展布局优化,展会结构发生深刻变化

本届“义博会”继续采取市场化运作为主的办展模式,实现了行业结构、区域结构和展品结构的优化。一是优势行业扩容。根据国内外市场需求的动态变化以及展会专业化发展趋势,本届“义博会”对五金行业、日用家居等采购需求旺盛的行业进行扩容,行业结构更趋专业化。其中五金(占比25.1%)、日用品(占比16.1%)行业成为展会的前两大行业。二是外地企业和新参展企业比重增加。本届“义博会”共吸引了国内31个省市地区的企业参展。据统计,义乌本地企业占“义博会”总展位数的24.9%,与2014年相比下降7.1%,首次参展企业有1910家2829个展位,占总展位数的69.0%,与2014年相比上升19.0%。参展企业呈现本地企业逐步下降外地企业逐步增长的良好势头,区域分布渐趋合理。三是服务创新比重上升。本届“义博会”特装企业有239家1001个展位,占总展位数的24.4%,品牌企业77家251个展位,包括史丹利工具、科沃斯电器、品格卫厨、邦克工具等众多行业领军企业及国家级名牌企业。展会新产品、新技术的比重得到提高,报名参展数量明显增加。2015年“义博会”加大了贸易服务展区的培育力度,将展位数由上届的86个升至本届的162个。行业集电子商务、货代物流、第三方服务公司等于一体,有百度、生意宝、中国制造、中国塑料制品网、中国供应商、浙江物产集团、敦煌网、摩通科技等知名企业参会。同时展会设立了创新设计展区(占比5.2%)、“互联网＋”跨境电商/微商展区(占比10.3%)等创新板块。据统计,上述创新展区达成各类意向2000余项。

(二)采购商逆势增长,展会交易旺盛

借鉴历届展会经验,扬长避短,积极创新,招商推广成效显著。一方面整合开展数字营销。展前通过持续有效的数字营销方式积极推介,除整

合历届采购商数据库开展电子邮件 EDM、电话呼叫邀约外，2015 年加大了微信、微站、网络等新媒体微营销推广，促使 2015 年“义博会”的采购商微信预登记人数有了大幅增长，展前预登记采购商人数达 27540 人，同比增长 27.9%，预登记到会率达到 51.8%。另一方面积极拓展采购商团队。通过与商协会、国内专业机构以及境外驻华商务机构合作，共邀请到会采购商团队 112 个，共计 4102 人，专业团队较 2014 年增加 40 个，人数上升 38.3%；其中境外专业采购团 53 个 1794 人，人数同比增长 18%以上。

据统计，本届“义博会”国内专业采购商 53782 人，增长 12.61%；境外专业采购商 8317 人，下降 6.98%。到会境外客商数居前五位的国家和地区是：印度、韩国、巴基斯坦、伊拉克、埃及。虽然 2015 年的境外采购商数额有所下降，但是国内专业采购商数额大大提升，进一步拓展了国内贸易市场。同时，“义博会”与“广交会”联动日益紧密，“义博会”期间来自“广交会”的客商增长 23.52%。从现场的反馈来看，交易较为旺盛。

（三）力推时尚产业，接轨国际时尚流行趋势

近年来，为推动产业转型升级，义乌市把时尚产业作为其中一个突破口，为体现这个特色，“义博会”安排了多项时尚活动。一是举办中欧时尚月 2016S/S 中国义乌站活动。包括“国际设计师(创意产品)联合秀场发布”、“时尚艺术生活跨界集合静态展暨国际设计师未来产品开发交流会”、“时尚企业联盟颁奖典礼”等系列活动。以义乌产品和欧洲展示模式相结合，通过全新的影像时尚秀品静态展示、国际国内名模鼎力加盟走秀、顶级设计师互动交流，展示义乌袜子、饰品、内衣等时尚产业最新流行趋势，助力义乌时尚品牌走向国际。二是举办首届中国电商网络模特大赛新闻发布会。首届中国电商网络模特大赛在本届“义博会”期间启动，全国 10 个赛区共计 50 场比赛逐步展开，活跃在电商网站、游戏平台、社交媒体的网络模特们，首次走到线下，共同开启电商时代的时尚盛宴。三是举办中国小商品城流行趋势发布会。2015 年继续与中国纺织工业联合会合作，在“义博会”期间发布 2015/2016 年度中国小商品城流行趋势报告，以模特走秀和静态展方式，展示来自义乌市场包括饰品、围巾、袜子、内衣、箱包、五金电器、化妆品、日用品等 8 个行业的流行趋势和最新设计成果。

（四）力推“互联网＋”，推动线上线下融合发展

本届“义博会”紧密结合电子商务等新经济业态，举行了多场电商活动。一是“互联网＋”跨境综合服务生态峰会。与阿里巴巴合作，集聚 2000 多家国内优质跨境服务商，邀请阿里巴巴、一达通、蚂蚁金服、传神、他拍档等知名电商服务商高层和业内专家针对“一带一路”战略下的跨境电商、互联网金融、人才大数据等主题进行深入交流，并举行一系列服务商的路演和推介活动，为从事电子商务的企业和第三方服务商搭建对接交流平台。二是举办 2016 微商生态构建与展望峰会。汇聚聚美优品、快乐淘宝、群导航、社群书院等微商界知名精英，进行社群微商展示、经验分享以及最前沿的机遇解读。三是在青岩刘举办“众创梦想秀”活动。现场举行了“创客我最型”第一季 20 强团队创业项目路演，义乌工商大学、温州大学、浙师大等 72 所大学联盟代表等优秀创业项目展示，以及部分电商产品、青岩刘入驻企业、投资企业的现场展示等。通过各种创新形式的路演、分享、展示、交流等活动，关注新兴产业、新的商业模式，以及传统企业互“联网＋”转型，为创客提供了一个展示与交流的平台。四是同期举办了义乌购跨境 B2R 电子商务平台正式上线发布会、“互联网＋”妇女创客园启动仪式等活动。五是搭建线上义博会平台。2015 年“义博会”除义博会官网、公众订阅号、手机 APP 外，还搭建了手机端“轻应用”——义博会微站。本届“义博会”的展品信息全部上传至微站，将线下的展会搬到网络上同步进行，推出互动洽谈、在线下单等功能，打造了永不落幕的网上义博会。

（五）力推创新设计，推动中国制造向中国智造转变

积极利用“义博会”这一有效的展会品牌，继续深化落实创新驱动发展战略，更加注重“义博会”与科技创新、技术交流、设计开发等方面的结合，为传统企业转型升级发展提供引领示范和交流合作机会。一是设立创新设计展区。创新设计专区作为展会的重要板块，共设213个标准展位，包括优秀设计品牌企业展示区、鲜肉创意市集交易区、创客展示区和红星奖展示区四大板块，展区汇集展示包括德国博世、韩国三星、联想集团、小米科技等国内外千余家创新企业数千件产品，展示最新设计成果。另外，展会还设立了时尚生活集合静态展区、中国梦展区、韩国设计振兴院展区等，主打创新创意理念，成为本届"义博会"最具吸引力、最受客商关注的一大亮点。二是举办中韩创新设计高峰论坛。联合中国工业设计协会、韩国振兴设计院，邀请中国工业设计协会秘书长、浙江大学应放天教授等国内知名专家和韩国业内精英，就工业设计创新做深入的交流探讨，为产业转型升级发挥积极作用。

（六）精心组织贸易对接，提供一站式展会综合服务

2015年"义博会"通过与境内外专业机构合作，精心组织9场贸易对接活动，搭建一个档次高、实效强的贸易对接平台，提升展会经贸实效。9场贸易对接活动主要分为三大类：一是境外采购商系列采购专场。邀请西班牙、意大利、美国、孟加拉国、马来西亚、智利等多个国家和地区的境外采购商，设立了家居用品、五金电器等行业采购专场和马来西亚采购专场。二是国内商超系列采购专场。与中国商业联合会、长三角城市会展联盟、广东连锁经营协会等专业机构合作，邀请大型百货商场超市和连锁经营企业采购部负责人、贸易机构高管开展对接。三是电商系列采购说明会。举办敦煌网、兰亭集势采购大会和中国义乌首届"互联网＋"网货论坛暨跨境电商品牌货源对接大会，促使重点电子商务企业与参展商面对面洽谈合作。据统计，9场采购洽谈会共吸引境内外买家198家，直接匹配供应商1389家，意向成交额达8709.4万元。

同时，本届"义博会"继续注重展贸服务，凸显"展会＋国际贸易综合服务"为展会特色，提升参展商、采购商在现场的贸易服务体验。一是创新推出"义展通"贸易服务解决方案。本届"义博会"在拓展贸易服务展区规模的同时，还为采购商提供报关、报检、租船订舱等一站式一条龙的贸易综合服务，解决展会成功对接之后"出货"的后顾之忧，让"义博会"采购更为高效便捷。二是完善会展服务体系。科学配置公交车、出租车、市场联动大巴车等运力，确保每天数万人次客流及时聚集与疏散。为积极对接广交会，往返义乌与广州的航班增加了18个。在展会现场提供投诉咨询、票务代办、物流托运、现场翻译、触摸屏信息查询等服务，餐饮、快递、物流、机票订购等配套服务不断得到优化，在主要市场设立境内外采购商办证点，为客商提供周到服务。展会报到处引进10台微信自助办证设备，自助办证量占现场办证总人数的半数以上，大大减少了采购商等候时间。

（七）全球全频道传播，提升"义博会"全球影响力

一是积极走出去推介。筹备期间先后在东莞、上海、广州、泉州、山东临沂等地举办了6场"义博会"推介会，共计400多家企业500余名商会代表、企业代表和国内外新闻媒体等参与活动，借助推介会更有针对性、实效性地宣传推广"义博会"。二是广泛应用新媒体。在百度、谷歌、新浪网、凤凰网、搜狐网等境内外27家知名网络媒体开展关键词搜索、广告推广等合作，进一步提升了"义博会"的知名度。截至2015年10月26日，在线义博会总点击量279万，同比增长10.61%，微信订阅号关注总数达到3.6万人。三是量质并重开展新闻报道。本届"义博会"共组织了《人民日报》、新华社、中央人民广播电台、中央电视台、《光明日报》、《经济日报》、中新社、《香港文汇报》、《香港大公报》等70多家媒体的80余名记者参与会中报道，涵盖了传统纸媒、广电媒体、专业媒体、新媒体等不同群体，共刊发义博会报道700多篇，形成了集中宣传义博会的良好舆论氛围。值得一提的是，通过境外宣传的主要渠道美通社，在美国和欧盟27国，以英语、法语、德语、西班牙语等不同语种，在路透社、《波士顿环球报》、《环球新闻周刊》、《太阳先锋报》等国外权威媒体上刊发了“义博会”报道835篇。

三、下一步工作建议

（一）及早谋划下届展会，启动筹备工作

科学分析本届展会成效，进一步充实参展商、采购商数据库，完善违规违法客商黑名单禁入制度，优化招展招商重点行业及对象。充分利用本届展会的参展商、采购商、合作机构等资源，及早启动下届筹备工作，为下届“义博会”的成功举办夯实基础。

（二）推进“义博会”改革，寻求未来“义博会”新定位、新功能、新使命

“义博会”已成功举办21届，在促进义乌市场繁荣、推动城市发展、完善城市功能、扩大城市影响方面，作出了历史性的贡献。新常态下，会展环境发生深刻变化，“互联网＋”迅猛融入经济、社会、生活方方面面，展览、展销渠道更加多元化、跨界化；全球最大的上海国际展览中心的建成启用，对周边地区形成虹吸效应；专业展会日趋成熟，对综合类展会客商形成分流；经济下行压力增大，企业参展动力下降等等。义博会在新形势下何去何从；在义乌未来城市发展中，该扮演怎样的角色，承担怎样的功能；能否凤凰涅槃，再创新的辉煌；这些问题值得我们认真思考。建议结合义乌“十三五”规划的编制，根据经济和城市转型发展的要求，根据会展业发展的新趋势，对“义博会”在“十三五”时期乃至更远时期应承担的新定位、新功能、新使命进行系统研究，做出新阶段的顶层设计，在办展目标、办展方向、办展机制、办展政策等各方面进行相应的改革。

（中国义乌国际小商品博览会执委会办公室）

2015 中国—阿拉伯国家博览会浙江代表团参展情况

为贯彻落实省委、省政府关于进一步加大力度开拓国际市场的精神，继续开拓“一带一路”市场，经过精心组织，合力推进，以浙江省委常委、常务副省长袁家军率领的政府代表团、经贸代表团和企业代表团共 170 人参加了 9 月 10 日至 14 日在宁夏银川开幕的 2015 中国—阿拉伯国家博览会(以下简称中阿博览会)。

一、展会基本情况

中阿博览会是经国务院批准，由商务部、贸促总会、宁夏回族自治区人民政府共同主办的国家级、国际性综合博览会。自 2010 年以来，中阿博览会(原中阿经贸论坛)已在宁夏成功举办四届，得到了包括阿拉伯国家及其他穆斯林地区在内的“丝绸之路经济带”沿线国家的广泛欢迎，正在成为国家推进和落实中阿务实合作的重要平台。博览会按照“共商、共建、共享”的原则，坚持“中阿共办，部区联办，民间协办”的办会机制，从政府、企业、民间三个经度，政治对话、经贸洽谈、技术合作、人文交流四个纬度，搭建商品贸易、服务贸易、技术合作、投资金融、文教旅游五大平台，把博览会融入到国家向西开放和“一带一路”重大战略部署中去，使之成为中阿之间政治互信、务实合作、友好往来的综合性战略平台。

本届博览会以“弘扬丝路精神，深化中阿合作”为主题，围绕“丝绸之路经济带和 21 世纪海上丝绸之路”建设，推动中国同阿拉伯国家和世界其他地区国家的交流合作，探讨中阿在电子商务、新能源、高科技、农业、卫生、文教、旅游等领域的全方位合作。中国商务部、中国国际贸易促进委员会、宁夏回族自治区党委、人大、政府、政协的领导，还有中国中央网信办、外交部、教育部、科技部、农业部、卫计委、农业局等国家有关部委，约旦、阿联酋、突尼斯、阿尔及利亚、吉布提、沙特、苏丹、叙利亚、索马里、伊拉克、阿曼、巴勒斯坦、卡塔尔、科威特、黎巴嫩、利比亚、埃及、摩洛哥、毛里塔尼亚、也门等国家的 83 位部长级官员，以及阿盟等 86 个国家和地区国际组织、投资机构的代表，24 个国家部委、26 个省市自治区及香港、澳门特别行政区的代表，17 个国家和 1 个国际组织的 30 名驻华外交官，93 家中外大型商协会、282 家大型企业及金融机构的高管，22 个国家的 78 名记者出席了开幕大会。浙江省委常委、常务副省长袁家军出席了开幕式并致辞。

二、浙江省参展情况

2015 年中阿博览会首次增设 “主宾国”和“主题省”，浙江省被邀请作为“主题省”参会。为突出宣传和展示浙江省的基本情况，本届中阿博览会浙江作为主题省专门设立浙江馆。浙江馆采用图片展示和企业实物展示相结合方式，全面介绍浙江省发展水平和情况。其中，图片展示包含浙江省情介绍，重点突出浙江省的信息、环保、健康、旅游、金融、时尚、高端装备制造等七大产业。与此同时，义乌国际贸易综合改革试点、中国(杭州)跨境电子商务综合实验区、舟山江海联运服务中心等浙江省对外开放三大战略也作为重要热点展出；实物展示由浙江具有代表性、传统性和创造性的企业组成，展品为太阳能光伏电板、丝绸、茶叶、摩托车和 3D 体感购物系统，向海内外朋友全面展示浙江整体发展水平和综合实力。

在浙江馆开馆仪式上，浙江省委常委、常务副省长袁家军和宁夏回族自治区副书记崔波先生为浙江省主题省开馆仪式剪彩，浙江省商务厅厅长周日星致辞，浙江省商务厅和宁夏回族自治区商务厅签订了战略合作备忘录。为突出浙江特色文化艺术，展会现场安排了民乐表演、越剧表演、民歌表演、茶道表演和模特走秀表演等，精心打造了一幅重点介绍浙江文化、浙江历史、浙江产业、浙江发展愿景的生动画卷。

在银川国际会展中心的企业交易区，浙江省商务厅精心组织了浙江省50个展位，共594平方米的展示区，浙江企业带来了具有浙江制造特色，符合阿拉伯地区消费者需求和偏好，体现产品多样性和行业覆盖率的“品质浙货”。展示的产品涉及服装、食品、旅游户外用品、五金工具等，参展企业均是浙江省内实力较强、信誉较好、具有较高知名度的企业。

三、本次展会特点

本届“中阿博览会”浙江展区重点围绕“丝绸之路经济带和21世纪海上丝绸之路”，把浙江的特色产品如丝绸、茶叶、五金、服装等推向阿拉伯市场。本届展会呈现的特色：

（一）领导重视，积极筹备

按照夏宝龙书记和袁家军常务副省长在《宁夏回族自治区党委书记李建华、自治区人民政府主席刘慧致夏宝龙书记、李强省长的信》和《关于邀请浙江省担任2015中国—阿拉伯国家博览会主题省的函》上的批示精神，浙江省商务厅就组织参加中国—阿拉伯国家博览会“主题省”活动与宁夏商务厅、博览局进行了多次沟通。袁家军常务副省长高度重视，就浙江省与宁夏回族自治区对接情况听取汇报，多次作出批示，并于2015年8月18日在杭州会见来访的宁夏回族自治区副主席马力，商洽对接主题省活动相关事宜。2015年6月10日，浙江省商务厅周日星厅长与宁夏博览局赵世人副局长就浙江作为中阿博览会主题省的各项事宜进行对接。2015年7月1日，浙江省商务厅陈如昉副厅长率队专程前往银川，与宁夏商务厅党组书记、博览局局长王静等就“主题省”所涉工作进行了充分交流与对接，并实地考察了会展中心以及还在建设中的会议中心。

与此同时，浙江省商务厅第一时间成立工作小组，制定工作方案，建立例会制度，确保筹备阶段责任到位，高效运转。成立了展会组、设计组、搭建组、会务组、文字组、联络组等多个工作小组，明确团队人员分工，确保各个环节万无一失，并多次与宁夏当地多个相关部门对接，不断推进整个项目。

（二）积极推动招商招展工作

本届“中阿博览会”，分为两个馆，分别是宁夏国际会堂和银川国际会展中心，浙江省主题馆设在宁夏国际会堂。浙江省主题馆展示的企业是本届的亮点。丝茶文化是浙江的特色，自古以来在丝绸之路上就有不可替代的优势，浙江作为丝绸之路的重要起点，“一带一路”战略的重要元素，丝绸和茶叶在浙江主题馆重点展出，茶道和丝绸走秀定时表演给主题馆增加了浙江地区特有的文化元素，进一步呼应了浙江省主题馆小桥流水、秀丽江南的搭建风格。另外，正泰太阳能、春风动力等浙江名品企业都参加了本次展会。浙江省商务厅为了将“品质浙货”推向阿拉伯国家，在展会前期的招商招展中做了大量工作，认真执行参展企业筛选制度，全力以赴组织企业参展，确保真正代表浙江水平的优质企业优质产品参加展销，推荐浙江省有特色、有品质且适合阿拉伯当地消费习惯的产品参加本届展览会。

（三）注重市场引路，展品层次不断提升

为了切实提高展会交易量，达到拓展市场的目的，本届交易会十分注重展品的适销对路，坚持先调研阿拉伯市场、了解消费需求，后调整展品种类，提升展品层次。在保持展会规模的基础上，精心挑选实力强、信誉好、产品优的知名企业参展，努力打造了“精品荟萃”的浙江展团。

（四）品质浙货在现场广受瞩目

浙江参展企业在本次展会上获得了较好的成效。浙江主题馆展示区，凯喜雅股份有限公司这次带来的箱包和丝绸围巾都受到了热捧，甚至有观众现场预定了展品。浙江茶叶集团有限公司在展会上表演了茶道，该公司展示了西湖龙井、

狮峰茶叶、骆驼牌茶叶、九曲红梅、绍兴珠茶等一系列有浙江特色的茶叶。特别是九曲红梅，被称为最具有民国范，在民国时期就享誉世界，曾拿过巴拿马万国博览会金奖，有很大的国际市场推广潜力。毛里塔里尼亚、约旦国王等在宁夏回族自治区副主席的陪同下看完茶道，品尝完九曲红梅后，连声称赞。浙江春风动力有限公司展区内观众连续几天都络绎不绝，无论四轮驱动摩托车，还是家庭用摩托车都最大限度地吸引了观众的眼球。在银川国际会展中心企业交易区，丽水市启炀食品有限公司展出的菇类等干货，获得现场订单，意向成交量60万美元。台州市椒江丽姿进出口有限公司的纺织品也收获了现场订单，浙江展团的大部分企业都对展会的效果表示满意。

（五）借助展会平台，合作领域不断延伸

本次"中阿博览会"对加快推进浙江与阿拉伯国家地区的经贸往来有非常重要的意义。首先，借助这次"中阿博览会"平台，继续加快浙江省与阿拉伯国家和地区的经贸往来，不断推动浙江省适销对路的产品销往阿拉伯国家。其次，围绕"一带一路"建设，重点打造浙江省与一带一路国家的战略合作，为推动"长江经济带建设"和"21世纪海上丝绸之路建设"贡献力量。

（浙江省商务厅供稿）

2015“浙江金秋购物节”活动情况

为贯彻落实中央、省委经济工作会议和十二届全国人大三次会议、省十二届人大三次会议有关决策部署以及《国务院办公厅关于促进内贸流通健康发展的若干意见》(国办发〔2014〕51号)精神,按照《浙江省人民政府办公厅关于进一步做好扩大消费工作的意见》(浙政办发〔2013〕104号)“精心办好‘浙江金秋购物节’”的要求,由浙江省商务厅、浙江省经济和信息化委员会、浙江省文化厅、浙江省新闻出版广电局、浙江省旅游局主办,浙江省商贸业联合会、各市相关部门承办的2015“浙江金秋购物节”于2015年9月19日—10月21日在全省各地成功举办,充分发挥了活动在“促消费、拓市场、育品牌、惠民生”中的作用;全面打造和树立“浙江金秋购物节”品牌。据初步统计,全省各地共举办各类消费促进活动2108场(次),参与企业26902家次,门店数近10万家,参与人数超过6712万人次,实现销售209.4亿元,同比增长12.6%。

本届购物节主要有以下几个方面的特点:

一、宣传造势充分,品牌知晓度提高

为了更好地打响活动品牌,本届购物节启用了设计更新颖的LOGO和吉祥物,统一活动宣传口号,改造购物节官网和官微,整合自媒体和品牌媒体资源,多媒介、多角度、高频次、全方位地发布购物节资讯,不断扩大活动知名度,提高曝光率。媒体宣传方面,新华网、人民论坛网、浙江在线等68家网站,《中国经营报》、浙江消费网、FM104.5等10个媒体微信公众号,《人民日报》、《国际商报》、《浙江日报》等43家报纸,浙江卫视、影视娱乐频道、钱江频道等23家电视媒体以及FM93、浙江之声、FM96.8等16家广播对购物节做相关报道。据不完全统计,购物节期间各类媒体共报道宣传2万多频次。多家媒体还深入参与到购物节活动中来,浙江影视频道直播了启动仪式并组织了民俗美食文化嘉年华,浙江在线参与了“消费探秘”的全程跟踪,FM93、杭州电视台组织展商参与了“浙里购”生活巡展。广告投放方面,组委会在延安路、武林路、胜利河美食街等主要道路、公交、地铁、社区、PC端等投放大量宣传广告,各市也在市区主要道路、公交、社区、PC端等投放广告进行宣传。自媒体宣传方面,购物节官网、官微实时发布全省活动资讯,联华、银泰、苏宁、甘其食、国美、快客等特约商户通过自媒体平台、门店海报、旗招等配合宣传造势,参与活动点的收银台贴置购物节吉祥物标识,营业员佩戴购物节LOGO为消费者提供服务。

二、启动仪式盛大,消费者喜闻乐见

本届购物节启动仪式在杭州吴山广场举行,省领导、主办部门领导、承办单位等领导出席。当天,吴山广场人气火爆,购物节吉祥物与大家欢乐互动。特色民俗舞蹈、非遗类手工制品现场制作技巧和美食技艺绝活等表演、美容美发盛典等让老百姓大饱眼福,为60岁以上老人理发的公益活动好评如潮,汇集全国各地的美食让人唇齿留香,现场魔术表演、小丑表演渲染了欢乐喜庆的气氛。现场“摇一摇”活动送出两部iPad大奖和全省各大商家提供的优惠券、红包等大礼2000多份,“浙江金秋购物节”微信号“浙里花礼券”和“大转盘”的设置让没有来到现场的朋友也一样可以有机会赢取iPad等大礼。当天浙江电视台影视娱乐频道近两小时的直播把现场的欢乐传播到全省各地。此外,购物节期间,温州、嘉兴、绍兴、金华、衢州、台州、舟山、丽水等地也分别举行了形式各异、内容丰富的购物节启动仪式。

三、五部门齐发力，商旅文结合紧密

本届购物节活动由浙江省商务厅、省经信委、省文化厅、省新闻出版广电局、省旅游局五部门共同主办，推出了美食、购物、文化、旅游、会展五大板块联合促销活动，跨行业、多业态、多元化的结合使本届购物节大放异彩。浙江省文化厅主办的非遗博览会、省旅游局主办的浙江山水旅游节、省新闻出版广电局影院活动的加盟拓展了购物节活动领域，参与活动的人数也大幅增加。杭州丝绸城“天堂丝绸旅游文化节”、富阳区龙门古镇“民俗风情节”、宁波“汽车音乐节”“浙人游温州”、湖州“知青文化节”、嘉兴“第6届南湖美丽文化节”、绍兴范蠡文化日活动、丽水“万地广场K城·欢歌月”、“到衢州亲水游”等活动充分体现了商旅文等多业态资源跨界融合的成果，同时也丰富了消费形式，扩大了消费需求，提高了消费品质。

四、省市县好戏连台，活动亮点繁多

本届购物节全省12个市(含义乌市)、85个县(市、区)参与。浙江省银联卡联合营销活动参与人数达300万，销售总额达6500万元。浙江省委书记夏宝龙亲临餐饮博览会现场，参观了浙江烹饪大师们的作品，与大家亲切交流，展会签约额达1000余万元，现场达成销售额150余万元。老字号精品博览会省外展商大幅增加，新媒体的应用助力老字号产品展销两旺，参展企业4天实现现场销售额达到7500多万元；全新推出的“浙里购”欢乐生活巡展，贴近百姓生活，赚足了人气；浙江名品展汇聚了浙江省高端知名品牌企业，实现现场销售额62.7万元；杭州2015萧山秋季媒体汽车展，实现销售各类汽车1471辆，销售额达到21.5亿元，同比增长114.9%；湖州太湖旅游度假区开展的“梅花节”、“极限赛”、“帆船赛”等活动，10月3日吸引游客量达19万人次，创下国庆单日历史新高；绍兴的“绿色家装节”实现销售2亿元，同比增长17%左右；舟山群岛海鲜美食节闭幕式美食狂欢夜3天吸引1.5万人流，现场销售额50万元。

五、创新消费模式，注重互动体验

本届购物节省级活动内容丰富，互动体验形式多样，各地开展爱心公益、趣味比赛、微信投票、文艺演出、现场抽奖等互动活动聚集人气，激发消费兴趣。浙江省美容美发协会“免费理发、美容、美甲”、嘉兴“欢乐购”中的公益互动、舟山秋季公益电影正能量十足；餐饮博览会上百名大师用美国海产品原料现场制作菜肴展示、衢州启动仪式上地方特色小吃现场制作表演和编织、米雕等民间绝活现场展示赢得赞声阵阵；湖州奥特莱斯杯排舞大赛、嘉兴万达广场“胡桃夹子”和泰国风情静态展遍布场内，吸引大批客流；浙江省启动仪式现场和湖州房博会现场不约而同地设置了幸运大转盘、抽奖环节来营造氛围；舟山海岛骑行、滨海徒步、沙滩风筝等活动，吸引了大量的游客前来休闲体验，温岭三和超市在微信公众号上开展优惠幅度远大于实体店的“周一元购”和“周三闪购”等活动刺激消费。

在“消费探秘”活动中，组委会联合浙江在线媒体资源，通过网络征集消费者走进苏宁、乾宁斋、钱塘老年公寓、老头儿油爆虾等企业，开展“消费探秘”活动，让消费者与商家零距离互动，感受不一样的消费场景，受到企业和消费者的追捧。此外，为增强与消费者的互动和体验，组委会分别在杭州、嘉兴、绍兴、台州等地组织吉祥物互动活动，活动现场吉祥物派发购物节宣传品，萌萌的吉祥物与消费者进行互动游戏、合影，欢乐无限。

六、“互联网＋”深度融合，线上促销力度大

各地注重“互联网＋”新模式，并将其融入浙江金秋购物节活动中。新华书店、银泰、苏宁、佑驿站、一株小麦等企业推出提供优惠券组成“浙

里花礼券”在官微上发放，2015网络金秋购物节，参与企业92家，实现销售额5000余万元。湖州、绍兴、金华、台州、丽水、义乌等地也结合“互联网+”推出了一系列优惠促销活动，如湖州阿里巴巴“淘宝特色中国·湖州馆”和1号店“特产中国·湖州馆”同时推出了“孤城鲜品、E网打尽”金秋网络购物节，实现销售额430余万元；绍兴发动本地电商平台、天猫商城和高信誉淘宝店铺、诚信通店铺，整合线上线下资源、线下体验、线上购物，让民众享受互联网带来的便利与实惠；金华第七届“浙中网友(微信)购物节”系列活动组织有序、成绩斐然，总成交额达4000多万元；丽水阿里巴巴·丽水产业带、山山商城、丽水馆、赶街等网络平台推出线上“丽水金秋购物节”活动，实现网络销售额2000多万元。义乌生鲜电子商务平台绿禾网推出了“2元专区”、“12元专区”、“22元专区”和“32元专区”，6枚土鸭蛋、2斤装青橘、2个装鲜石榴等产品都以“2元”的惊爆价售卖。

七、安全工作放首位，防微杜渐出实效

活动筹备时期，组委会、各市相关部门成立安全工作小组，坚持承办者负责、政府监管的原则，监督指导各承办部门、协会、企业开展安全工作，要求承办单位主管领导负责，各活动配备相应的责任人，对接、执行安保工作。下发《2015浙江金秋购物节相关活动安全工作注意事项》、《关于做好2015浙江金秋购物节安全保障工作的通知》，转发《大型群众性活动安全管理条例》(中华人民共和国主席令第505号)、《中华人民共和国突发事件应对法》(中华人民共和国主席令第69号)、《浙江省大型群众性活动安全管理办法》(浙江省人民政府令第333号)等文件，各相关单位制定可实施的全面的安全保障工作方案及应急预案。在各市协调会、协会协调会以及省级重点活动协调会等会议上，反复强调安全的重要性。在各重点活动举办期间，由专人到现场检查安全工作落实情况。经过组委会和组织单位的共同努力，活动、展会现场秩序井然，未发生安全责任事故，确保了各项活动有序进行。

(浙江省商务厅)

第十编

商务表彰榜

浙江省商务厅会同省委宣传部等3部门联合认定2015—2016年度浙江省文化出口重点企业和重点项目

2015—2016年度浙江省文化出口重点企业名单

（排名不分先后）

省　级

浙江出版联合集团有限公司
浙江省新华书店集团有限公司
浙江华硕国际贸易有限责任公司
浙江教育出版社有限公司
浙江少年儿童出版社有限公司
浙江大学出版社有限责任公司

杭州市

浙江天鹏传媒有限公司
长城影视股份有限公司
浙江华策影视股份有限公司
杭州力合数码科技有限公司
浙江易纺数码纺织有限公司
浙江中南卡通股份有限公司
浙江鸿艺影视文化有限公司
浙江博采传媒有限公司
杭州时空影视文化传播有限公司
杭州翻翻动漫文化艺术有限公司
夏天岛影视动漫制作有限公司
杭州美盛游戏技术开发有限公司
浙江华麦网络技术有限公司
杭州蒸汽工场文化创意有限公司

宁波市

宁波旷世智源工艺设计股份有限公司
宁波创源文化发展股份有限公司
广博集团股份有限公司
浙江宣逸网络科技有限公司

温州市

《温州日报》报业集团有限公司
温州市中联异型紧固件有限公司
奥光动漫集团有限公司
浙江森林实业有限公司
浙江鸿鑫雕刻艺术有限公司
温州华龙雕刻有限公司

嘉兴市

浙江依爱夫游戏装文化产业有限公司
海宁国广华策影视译制有限公司
嘉兴求是园文化传播有限公司
海宁速美工贸有限公司

湖州市

湖州杰士德钢琴有限公司
长兴百叶龙演出有限公司
湖州帝邦纺织品有限公司

绍兴市

浙江特立宙动画影视有限公司
美盛文化创意股份有限公司
浙江行者影视动漫有限公司
达利丝绸(浙江)有限公司

金华市

东阳三尚影视传媒有限公司
浙江横店影视制作有限公司
金华光华印务制衣有限公司
新丽传媒股份有限公司
金华比奇网络技术有限公司
拉风传媒股份有限公司
华谊兄弟传媒股份有限公司
千乘影视股份有限公司
东阳一步到位影视有限公司
东阳长城影视传媒有限公司
浙江金华邮电工程有限公司
东阳市花儿影视文化有限公司
浙江博尚电子有限公司
浙江唐德影视股份有限公司

衢州市

浙江龙游辰港宣纸有限公司
浙江科力印业新技术发展有限公司

舟山市

舟山市普陀岑氏木船作坊(普通合伙)

台州市

台州市台绣文化发展有限公司

丽水市

浙江木玩动漫文化有限公司
浙江郑氏刀剑有限公司

义乌市

浙江画之都文化创意股份有限公司
浙江新光饰品股份有限公司

2015—2016年度浙江省文化出口重点项目名单

(排名不分先后)

省 级

“互联网+”的中国出版物“走出去”多维中盘服务平台(浙江省新华书店集团有限公司)

杭州市

华策影视境外投资韩国影视公司NEW(浙江华策影视股份有限公司)
收购泛欧国际文化传媒集团(浙江天鹏传媒有限公司)
红TOWN动漫品牌化增值服务解决平台(杭州美盛游戏技术开发有限公司)
动画片《让梦想起飞》(浙江中南卡通股份有限公司)
动画片《乐比悠悠科普系列之动物自然》(浙江中南卡通股份有限公司)
动画片《乐比悠悠教育系列之快乐成长》(浙江中南卡通股份有限公司)
动画电影《天眼传奇》(浙江中南卡通股份有限公司)
专业影视视频产品版权跨境交易平台建设(浙江华麦网络技术有限公司)
动画片《森林口袋(第一季)》(杭州蒸汽工场文化创意有限公司)

2015 年夏天岛暑期漫画训练营及中日新人漫画家友谊交流赛(杭州夏天岛影视动漫制作有限公司)
《长歌行》图书、展览、签售会海外授权运营(杭州夏天岛影视动漫制作有限公司)
电视连续剧《神武赵子龙》项目(浙江永乐影视制作有限公司)
中韩文化交流商业书画展览(浙江鸿艺影视文化有限公司)

嘉兴市

中国文化图书非洲市场拓展项目(嘉兴求是园文化传播有限公司)
中国主流文化数字化全球市场开拓项目(嘉兴求是园文化传播有限公司)
《红船精神》多语种海外传播项目(嘉兴求是园文化传播有限公司)
中国文化多语种对外翻译项目(嘉兴求是园文化传播有限公司)
影视素材海外推广销售平台(海宁国广华策影视译制有限公司)

湖州市

长兴百叶龙(长兴百叶龙演出有限公司)

绍兴市

《少年师爷》(浙江特立宙动画影视有限公司)
《汉字小精灵》(浙江特立宙动画影视有限公司)

金华市

吉尔吉斯德隆电视台节目境外落地项目(浙江金华邮电工程有限公司)
吉尔吉斯丝路视频点播网站项目(浙江金华邮电工程有限公司)
委托创作、设计和制作电影(东阳一步到位影视有限公司)
电视剧《活佛济公》(拉风传媒股份有限公司)
电视剧《土地公土地婆》(拉风传媒股份有限公司)
电视剧《天天有喜》(拉风传媒股份有限公司)

衢州市

创意印章、印台(浙江科力印业新技术发展有限公司)
龙游皮纸非遗文化产业基地(浙江龙游辰港宣纸有限公司)

义乌市

在美国设立全资文化创意(设计)子公司(浙江画之都文化创意股份有限公司)

浙江省商务厅和浙江省财政厅认定第二批省级跨境电子商务园区和公共海外仓

第二批浙江省跨境电子商务园区(12家)

杭州空港园区
杭州萧山园区
杭州余杭园区
杭州临安园区
桐乡濮院园区
安吉上港园区
嵊州领带园区
嵊州云电商园区
义乌网商园区
兰溪园区
浦江园区
舟山园区

第二批浙江省跨境电子商务公共海外仓(20家)

浙纺尼日利亚仓
传美美国洛杉矶仓
准时达香港邦泰仓
环宇美国芝加哥仓
点际通荷兰兹沃斯仓
新安化工加纳库马西仓
海派英国曼彻斯特仓
小象德国汉堡仓
佳程哈萨克斯坦阿拉木图仓
中豪俄罗斯伊尔库茨克仓
德瑞巴西仓
丰贸德国明斯特仓
丰贸埃及达米埃塔仓
雷鸟西班牙巴塞罗纳仓
国利柬埔寨金边仓
意淘网意大利米兰仓
帝位奈特乌拉圭蒙得维的亚仓
中非经贸港莫桑比克马普托仓
中非经贸港阿尔及利亚阿尔及尔仓
中外运阿联酋迪拜仓

浙江省商务厅认定2015年度“浙江出口名牌”名单

序号	企业名称	申报类别	申报品牌名称	所属市县
1	浙江省纺织品进出口集团有限公司	纺织服装	保俶塔 BAO CHU TOWER	省属
2	杭州诸邦无纺股份有限公司	纺织服装	诸邦 NBOND	杭州余杭区
3	维科控股集团股份有限公司	纺织服装	天雪(TI SNOW)	宁波海曙区
4	浙江盛发纺织印染有限公司	纺织服装	SHENG CAI 盛彩	湖州长兴县
5	浙江省长兴丝绸有限公司	纺织服装	cxsilk	湖州长兴县
6	浙江伊思佳服饰有限公司	纺织服装	伊思佳	嘉兴平湖市
7	浙江红绿蓝纺织印染有限公司	纺织服装	图形	绍兴柯桥区
8	浙江省粮油食品进出口股份有限公司	纺织服装	ZFC	省属
9	柳桥集团有限公司	纺织服装	迪欧达	杭州萧山区
10	杭州帝凯工业布有限公司	纺织服装	帝凯	杭州萧山区
11	维科控股集团股份有限公司	纺织服装	兴洋(KōYō)	宁波海曙区
12	宁波富田集团有限公司	纺织服装	图形商标	宁波鄞州区
13	宁波海洋纺织品有限公司	纺织服装	欧家(O'HOME)	宁波保税区
14	浙江中新毛纺织有限公司	纺织服装	ZXMF	湖州吴兴区
15	浙江新澳纺织股份有限公司	纺织服装	CASHFEEL	嘉兴桐乡市
16	新凤鸣集团股份有限公司	纺织服装	凤鸣	嘉兴桐乡市
17	浙江华城实业投资集团有限公司	纺织服装	隶玛	嘉兴平湖市
18	浙江新兴针织服饰有限公司	纺织服装	坦迪	绍兴诸暨市
19	浙江浦江新世纪床上用品有限公司	纺织服装	新世纪	金华浦江县
20	浙江芬莉袜业有限公司	纺织服装	芬那斯	金华义乌市

续表

序号	企业名称	申报类别	申报品牌名称	所属市县
21	杭州士兰微电子股份有限公司	机械电子	士兰 Silan	杭州滨江区
22	万通智控科技股份有限公司	机械电子	HAMATON	杭州余杭区
23	杭州一楠五金工具有限公司	机械电子	JohnTools	杭州余杭区
24	浙江华鹰控股集团有限公司	机械电子	云泰克	杭州富阳区
25	杭州天丰电源股份有限公司	机械电子	天丰 SKYRICH	杭州拱墅区
26	浙江尤恩叉车股份有限公司	机械电子	图形	杭州富阳区
27	杭州来特电气有限公司	机械电子	来特	杭州临安市
28	宁波世林国际贸易有限公司	机械电子	世林(SINOLINK)	宁波海曙区
29	宁波凯普电子有限公司	机械电子	KEPO＋图	宁波东钱湖
30	慈溪市汇丽机电有限公司	机械电子	WAYLEAD	宁波慈溪市
31	宁波凯迪利电器有限公司	机械电子	凯迪利(Kedly)	宁波慈溪市
32	浙江奥司朗照明电器有限公司	机械电子	利浦尔	温州经开区
33	温州天时电器有限公司	机械电子	ELITE ELEGANCE	温州经开区
34	凤凰科技集团有限公司	机械电子	凤凰	温州乐清市
35	瑞立集团瑞安汽车零部件有限公司	机械电子	sorl	温州瑞安市
36	浙江晶日照明科技有限公司	机械电子	晶日	湖州吴兴区
37	浙江德马科技股份有限公司	机械电子	DAMON	湖州吴兴区
38	浙江昱能科技有限公司	机械电子	昱能光伏	嘉兴南湖区
39	浙江永泰隆电子股份有限公司	机械电子	永泰隆	嘉兴桐乡市
40	浙江威能消防器材股份有限公司	机械电子	图形	嘉兴南湖区
41	弘大集团有限公司	机械电子	ARGES	金华永康市
42	浙江金利马工贸有限公司	机械电子	KXD	金华武义县
43	浙江天泰机械有限公司	机械电子	X-tai	金华武义县
44	浙江欧华造船股份有限公司	机械电子	欧华	舟山普陀区
45	信质电机股份有限公司	机械电子	信质	台州椒江区
46	浙江新飞跃股份有限公司	机械电子	飞跃	台州椒江区
47	温岭甬岭水表有限公司	机械电子	甬岭水表	台州温岭市
48	浙江奥利达气动工具股份有限公司	机械电子	奥利达	台州温岭市

续表

序号	企业名称	申报类别	申报品牌名称	所属市县
49	玉环县和成铜业有限公司	机械电子	塔罗斯	台州玉环县
50	浙江三田滤清器有限公司	机械电子	图形	丽水龙泉市
51	浙江华洋赛车股份有限公司	机械电子	KAYO(华洋)	丽水缙云县
52	杭州海康威视数字技术股份有限公司	机械电子	海康威视 HIKVISION	杭州滨江区
53	广汽吉奥汽车有限公司	机械电子	广汽吉奥	杭州大江东
54	浙江美科斯叉车有限公司	机械电子	美科斯	杭州富阳区
55	杭州天恒机械有限公司	机械电子	天恒、GOLDHORN	杭州临安市
56	恒星科技控股集团有限公司	机械电子	恒星	杭州萧山区
57	杭州鸿世电器有限公司	机械电子	SWE	杭州富阳区
58	杭州骐瑞机电设备有限公司	机械电子	TRUEMAX	杭州下城区
59	杭州方圆塑机股份有限公司	机械电子	方圆	杭州富阳区
60	慈溪市贝士达电动工具有限公司	机械电子	NBBEST	宁波杭州湾
61	宁波辰佳电器有限公司	机械电子	辰佶(Changer)	宁波杭州湾
62	宁波富佳实业有限公司	机械电子	富佳(FURJ)A	宁波余姚市
63	宁波丰茂远东橡胶有限公司	机械电子	丰茂 Fengmao	宁波余姚市
64	宁波比依电器有限公司	机械电子	比依(BIYI)	宁波余姚市
65	宁波展望电器有限公司	机械电子	非常爱车(FEI CHANG AI CHE)	宁波余姚市
66	宁波奥晟机械有限公司	机械电子	奥晟(AOSHENG)	宁波余姚市
67	宁波唯尔电器有限公司	机械电子	唯尔(WELL)	宁波余姚市
68	宁波贝仕迪电器有限公司	机械电子	贝仕迪(BESTT)	宁波余姚市
69	宁波潘易卷尺有限公司	机械电子	潘易(PANYI)	宁波余姚市
70	宁波欣达(集团)有限公司	机械电子	欣达 XINDA	宁波鄞州区
71	宁波东海集团有限公司	机械电子	东海 DH(DONGHAI DH)	宁波鄞州区
72	浙江恒达高电器有限公司	机械电子	恒达高 EF	宁波鄞州区
73	宁波李氏实业有限公司	机械电子	木子 Muzi	宁波鄞州区
74	浙江天时国际经济技术合作有限公司	机械电子	MARQUIS	宁波北仑区
75	艾谱机电发展(宁波)有限公司	机械电子	艾谱 AIPU	宁波北仑区

续表

序号	企业名称	申报类别	申报品牌名称	所属市县
76	宁波水表股份有限公司	机械电子	宁波 NB	宁波江北区
77	宁波光华气动工业有限公司	机械电子	亿太诺 E·MC	宁波奉化市
78	宁波吉盛电器有限公司	机械电子	AGSUN	宁波慈溪市
79	宁波海歌电器有限公司	机械电子	海歌 HEIGER	宁波慈溪市
80	公牛集团有限公司	机械电子	公牛 Gongniu	宁波慈溪市
81	环驰轴承集团有限公司	机械电子	环驰 HCH	宁波慈溪市
82	宁波博一格数码科技有限公司	机械电子	博一格(Boigle)	宁波慈溪市
83	宁波市更新电器实业有限公司	机械电子	更新(KINSING)	宁波慈溪市
84	宁波科飞洗衣机有限公司	机械电子	科飞(COFLY)	宁波慈溪市
85	宁波市慈溪进出口股份有限公司（慈溪贝林贸易有限公司）	机械电子	CIE	宁波慈溪市
86	宁波慈星股份有限公司	机械电子	慈星(CIXING)	宁波慈溪市
87	球豹阀门有限公司	机械电子	球豹	温州永嘉县
88	华联机械集团有限公司	机械电子	华联	温州瓯海区
89	人民控股集团有限公司	机械电子	人民 PEOPLE	温州乐清市
90	金龙机电股份有限公司	机械电子	欧特雷	温州乐清市
91	温州市东启汽车零部件制造有限公司	机械电子	东启	温州洞头县
92	安吉长虹制链有限公司	机械电子	长虹	湖州安吉县
93	湖州越球电机有限公司	机械电子	越球	湖州南浔区
94	浙江乍浦实业股份有限公司	机械电子	瓦標	嘉兴市本级
95	浙江京马电机有限公司	机械电子	京马	嘉兴桐乡市
96	天通控股股份有限公司	机械电子	TDG	嘉兴海宁市
97	浙江金盾压力容器有限公司	机械电子	JINDUN	绍兴上虞区
98	浙江晨辉照明有限公司	机械电子	晨辉	绍兴上虞区
99	浙江双鸟机械有限公司	机械电子	双鸟 TBM	绍兴嵊州市
100	浙江亿田电器有限公司	机械电子	亿田	绍兴嵊州市
101	浙江五洲新春集团股份有限公司	机械电子	xcc	绍兴新昌县
102	浙江金轮机电实业有限公司	机械电子	金轮牌	金华金东区

续表

序号	企业名称	申报类别	申报品牌名称	所属市县
103	浙江华丰电动工具有限公司	机械电子	百逹	金华金东区
104	金华市亚虎工具有限公司	机械电子	SHENG HU 盛虎	金华金东区
105	众泰控股集团有限公司	机械电子	众泰	金华永康市
106	星月集团有限公司	机械电子	星月神	金华永康市
107	浙江中坚科技股份有限公司	机械电子	拓普盛	金华永康市
108	永康市正大实业有限公司	机械电子	鸽牌	金华永康市
109	超人集团有限公司	机械电子	TOV	金华永康市
110	武义周一机电有限公司	机械电子	周一	金华武义县
111	浙江今飞凯达轮毂股份有限公司	机械电子	今飞	金华开发区
112	开山控股集团股份有限公司	机械电子	开山	衢州衢州市
113	浙江亿洋工具制造有限公司	机械电子	YOUNG POWER	衢州龙游县
114	浙江龙游新西帝电子有限公司	机械电子	CCT	衢州龙游县
115	浙江公元太阳能科技有限公司	机械电子	公元	台州黄岩区
116	西诺控股集团有限公司	机械电子	西诺	台州黄岩区
117	本州车业集团有限公司	机械电子	义鹰	台州黄岩区
118	绿田机械股份有限公司	机械电子	Lutian	台州路桥区
119	永源集团有限公司	机械电子	永源	台州路桥区
120	浙江安露清洗机有限公司	机械电子	安露	台州路桥区
121	浙江亿利达风机股份有限公司	机械电子	亿利达	台州路桥区
122	富士特有限公司	机械电子	富士特	台州路桥区
123	浙江跃岭股份有限公司	机械电子	跃岭	台州温岭市
124	浙江瑞丰五福气动工具有限公司	机械电子	五福	台州温岭市
125	台州市大江实业有限公司	机械电子	大江	台州温岭市
126	浙江宝利特新能源股份有限公司	机械电子	BAOLIGHTEN＋图形商标	台州温岭市
127	台州佳迪泵业有限公司	机械电子	佳迪	台州温岭市
128	浙江博民机电股份有限公司	机械电子	图形	台州玉环县
129	浙江双友物流器械股份有限公司	机械电子	邦强	台州玉环县

续表

序号	企业名称	申报类别	申报品牌名称	所属市县
130	浙江山蒲照明电器有限公司	机械电子	山蒲	丽水缙云县
131	浙江创新汽车空调有限公司	机械电子	创优 ZJCXAAC	丽水龙泉市
132	杭州普仕达进出口有限公司	轻工工艺	普仕达	杭州下城区
133	宁波银瑞有机硅科技发展有限公司	轻工工艺	苏博士 Dr.Su	宁波余姚市
134	宁波万汇休闲用品有限公司	轻工工艺	Treasure Garden	宁波鄞州区
135	宁波伊司达洁具有限公司	轻工工艺	伊司达 East、Eastar	宁波鄞州区
136	宁波赛龙进出口有限公司	轻工工艺	赛龙 SYLOON	宁波北仑区
137	浙江金石家居用品有限公司	轻工工艺	YAACOO	温州瑞安市
138	温州市轻工艺进出口有限公司	轻工工艺	图形商标	温州温州市
139	安吉中源工艺品有限公司	轻工工艺	中源	湖州安吉县
140	安吉大东方家具有限公司	轻工工艺	大东方	湖州安吉县
141	安吉万昌家具有限公司	轻工工艺	万氏昌	湖州安吉县
142	浙江昊国家具有限公司	轻工工艺	HG 及图	湖州安吉县
143	浙江五星家具有限公司	轻工工艺	鼎星	湖州安吉县
144	浙江百之佳家具有限公司	轻工工艺	晨旭	湖州安吉县
145	浙江圣雪休闲用品有限公司	轻工工艺	圣澜	金华武义县
146	浙江诺维雅工贸有限公司	轻工工艺	诺维雅	金华武义县
147	浙江鑫鼎塑业有限公司	轻工工艺	绿意	台州椒江区
148	浙江天吉旅游用品有限公司	轻工工艺	天吉	台州临海市
149	浙江台州喜得宝鞋业有限公司	轻工工艺	喜得宝	台州温岭市
150	浙江明筑新材料有限公司	轻工工艺	图形	台州天台县
151	浙江味老大工贸有限公司	轻工工艺	味老大	台州仙居县
152	浙江省土产畜产进出口集团有限公司	轻工工艺	宇宙 UNIVERSE	省属
153	顿力集团有限公司	轻工工艺	顿力 dunli	杭州余杭区
154	宁波格莱特休闲用品有限公司	轻工工艺	格莱特 GELITE	宁波余姚市
155	宁波五谷金属制品有限公司	轻工工艺	五谷 WUGU	宁波余姚市
156	宁波市梦莹家具制造有限公司	轻工工艺	梦莹 MENGYING	宁波余姚市
157	宁波市北仑海伯精密机械制造有限公司	轻工工艺	海伯 HAIBO	宁波北仑区

续表

序号	企业名称	申报类别	申报品牌名称	所属市县
158	宁波凯越国际贸易有限公司	轻工工艺	凯越国贸 MARKET UNION	宁波北仑区
159	宁波美博进出口有限公司	轻工工艺	MASCUBE	宁波北仑区
160	育才控股集团有限公司	轻工工艺	育才	温州永嘉县
161	浙江奥康鞋业股份有限公司	轻工工艺	奥康	温州永嘉县
162	浙江天龙集团有限公司	轻工工艺	天龙	温州龙湾区
163	温州市汇顺达工贸有限公司	轻工工艺	餐宝	温州瓯海区
164	安吉富和家具有限公司	轻工工艺	联丰	湖州安吉县
165	浙江恒林椅业股份有限公司	轻工工艺	恒林	湖州安吉县
166	浙江利豪家具有限公司	轻工工艺	利豪	湖州安吉县
167	新秀集团有限公司	轻工工艺	新秀	嘉兴平湖市
168	浙江爱美德旅游用品有限公司	轻工工艺	Travelhouse	嘉兴平湖市
169	金华长弓清洁用品有限公司	轻工工艺	长弓牌	金华金东区
170	道明光学股份有限公司	轻工工艺	DM	金华永康市
171	南龙集团有限公司	轻工工艺	南龙	金华永康市
172	浙江中信厨具有限公司	轻工工艺	中信	金华永康市
173	先行集团有限公司	轻工工艺	先行	金华永康市
174	浙江临亚股份有限公司	轻工工艺	临亚	台州临海市
175	台州浙诺尔鞋业有限公司	轻工工艺	浙诺尔	台州温岭市
176	台州华茂工艺品股份有限公司	轻工工艺	华贸	台州温岭市
177	浙江大自然旅游用品有限公司	轻工工艺	自游人及图	台州天台县
178	浙江利丰汽车用品有限公司	轻工工艺	利丰	台州天台县
179	仙居竺梅企业有限公司	轻工工艺	竺梅	台州仙居县
180	浙江煜华车饰有限公司	轻工工艺	YUHUA 煜华	台州仙居县
181	三木控股集团有限公司	轻工工艺	三木	台州玉环县
182	浙江凯恩特种材料股份有限公司	轻工工艺	凯恩	丽水遂昌县
183	浙江画之都文化创意股份有限公司	轻工工艺	Wadou 画都	金华义乌市
184	浙江帝龙新材料股份有限公司	建材冶金	帝龙	杭州临安市

续表

序号	企业名称	申报类别	申报品牌名称	所属市县
185	宁波兴业盛泰集团有限公司	建材冶金	三环(sanhuan)	宁波杭州湾
186	浙江栋梁新材股份有限公司	建材冶金	栋梁	湖州吴兴区
187	华之杰塑料建材有限公司	建材冶金	HUAZHIJIE 华之杰	湖州德清县
188	浙江良友木业有限公司	建材冶金	大艺树	嘉兴南湖区
189	浙江环日洁具有限公司	建材冶金	环日	台州玉环县
190	浙江金迪控股集团有限公司	建材冶金	金迪	杭州萧山区
191	杭州福莱特塑料开发有限公司	建材冶金	舒奇蒙	杭州萧山区
192	宁波市慈溪进出口股份有限公司（慈溪迈特贸易有限公司）	建材冶金	FIT	宁波慈溪市
193	华迪钢业集团有限公司	建材冶金	华钢	温州龙湾区
194	温州鸿升集团有限公司	建材冶金	劳达斯	温州经开区
195	德华兔宝宝装饰新材股份有限公司	建材冶金	TUBAO 兔宝宝	湖州德清县
196	浙江五龙新材股份有限公司	建材冶金	五龙 Wulong	湖州德清县
197	浙江升华云峰新材股份有限公司	建材冶金	莫干山	湖州德清县
198	巨石集团有限公司	建材冶金	巨石	嘉兴桐乡市
199	中达联合控股集团股份有限公司	建材冶金	中达	嘉兴海盐县
200	浙江东明不锈钢制品股份有限公司	建材冶金	THE	嘉兴经济开发区
201	浙江双箭橡胶股份有限公司	建材冶金	双箭	嘉兴桐乡市
202	浙江裕华木业有限公司	建材冶金	鹦鹉	嘉兴嘉善县
203	浙江锦达新材料股份有限公司	建材冶金	锦达 JINDA	嘉兴海宁市
204	绍兴市天龙锡材有限公司	建材冶金	DAMNO	绍兴高新区
205	浙江富得利木业有限公司	建材冶金	富得利 FUDELI	绍兴袍江开发区
206	伟星集团有限公司	建材冶金	伟星	台州临海市
207	菲时特集团股份有限公司	建材冶金	菲时特	台州玉环县
208	台州丰华铜业有限公司	建材冶金	丰华	台州玉环县
209	浙江新化化工股份有限公司	化工医保	XAJ	杭州建德市
210	杭州海虹精细化工有限公司	化工医保	H&H[R]	杭州余杭区
211	宁波新福钛白粉有限公司	化工医保	宁钛(NingTi)	宁波镇海区

续表

序号	企业名称	申报类别	申报品牌名称	所属市县
212	浙江华海药业股份有限公司	化工医保	华海	台州临海市
213	浙江仙居君业药业有限公司	化工医保	君业药业	台州仙居县
214	浙江省化工进出口有限公司	化工医保	ZHECHEM	省属
215	浙江中山化工集团股份有限公司	化工医保	BUGAO	湖州长兴县
216	兄弟科技股份有限公司	化工医保	brother	嘉兴海宁市
217	绍兴振德医用敷料有限公司	化工医保	ZD	绍兴高新区
218	浙江京新药业股份有限公司	化工医保	京新	绍兴新昌县
219	浙江闰土股份有限公司	化工医保	RUNTU 闰土	绍兴上虞区
220	浙江普洛康裕制药有限公司	化工医保	康裕	金华东阳市
221	浙江沙星医药化工有限公司	化工医保	际喜	台州临海市
222	浙江天新药业有限公司	化工医保	天新	台州天台县
223	杭州千岛湖鲟龙科技股份有限公司	农副产品	KALUGAQUEEN	杭州淳安县
224	浙江省医药保健品进出口有限责任公司	农副产品	朵朵香	省属
225	浙江省粮油食品进出口股份有限公司	农副产品	达利	省属
226	浙江省茶叶集团股份有限公司	农副产品	狮峰牌 SHIFENG	省属
227	浙江大洋世家股份有限公司	农副产品	大洋世家	杭州萧山区
228	丰岛控股集团有限公司	农副产品	TOYOSHIMA	杭州下城区
229	浙江兴业集团有限公司	农副产品	兴业	舟山市本级
230	舟山市越洋食品有限公司	农副产品	海豚王子	舟山定海区
231	慈溪市中发灯饰有限公司	其他	宙锋(zhoufeng)	宁波杭州湾
232	宁波方太厨具有限公司	其他	方太(FOTILE)	宁波杭州湾
233	宁波凯旋消防器材有限公司	其他	凯旋防火(KX Fire)	宁波余姚市
234	浙江欧伦泰防火设备有限公司	其他	欧伦泰(Orientx)	宁波余姚市
235	宁波灏钻科技有限公司	其他	灏钻(HIDROTEK)	宁波镇海区
236	华茂集团股份有限公司	其他	华茂(huamao)	宁波鄞州区
237	宁波欧琳厨具有限公司	其他	欧琳(OULIN)	宁波鄞州区
238	宁波世家戴乐斯清洗用品有限公司	其他	世家(SHIJIA)	宁波奉化市
239	慈溪摩尔顿国际贸易有限公司	其他	妈咪宝(MYBABY)	宁波慈溪市

浙江省商务厅公布2015年度全省开发区“争先进位”名单

年度先进开发区

（一）国家级经济技术开发区

宁波经济技术开发区
嘉兴经济技术开发区
湖州经济技术开发区
富阳经济技术开发区
余杭经济技术开发区

（二）省级经济开发区

余姚经济开发区
海宁经济开发区
乐清经济开发区
桐乡经济开发区
德清经济开发区
诸暨经济开发区
永康经济开发区
安吉经济开发区
瑞安经济开发区
温岭经济开发区

年度外贸十强开发区

宁波经济技术开发区
嘉兴经济技术开发区
杭州经济技术开发区
余姚经济开发区
平湖经济技术开发区
温州经济技术开发区
永康经济开发区
余杭经济技术开发区
镇海经济开发区
海宁经济开发区

年度利用外资十强开发区

宁波经济技术开发区
杭州经济技术开发区
嘉善经济技术开发区
余姚经济开发区
宁波杭州湾经济开发区
嘉兴经济技术开发区
余杭经济技术开发区
萧山经济技术开发区
海宁经济技术开发区
平湖经济技术开发区

浙江省商务厅公布首批省级电子商务创新试点项目

序号	项目名称	实施主体
	杭　州	
1	OK 无忧(IT 产业的特色服务化综合电商平台)	杭州鼎仁计算机系统集成有限公司
2	筑家易(房产电子商务)	杭州筑家易网络科技有限公司
3	推拿狮(社区推拿 O2O)	杭州按摩狮网络科技有限公司
4	阿特多多(知识产权网上交易平台)	艺多多电子商务有限公司
5	贝竹一证通智能旅游营销系统	杭州贝竹电子商务有限公司
6	意法网(专业市场网上批发平台)	杭州意法网络科技有限公司
7	泰嘉园(电商摄影基地及互联网新媒体产业平台)	浙江泰嘉企业管理有限公司
	宁　波	
8	M6 生鲜超市(生鲜电商 O2O)	宁波爱默隆生鲜连锁有限公司
9	余姚慧聪家电新城(家电 O2O 产业平台)	浙江慧聪投资有限公司
	温　州	
10	八米网(工业电气行业电子商务专业平台)	八米网电商平台
11	大数据支撑的中国鞋都鞋革产业链 O2O 平台项目	温州鞋都投资开发有限公司
	嘉　兴	
12	海宁皮革城 O2O 项目(云平台、大数据改造提升实体专业市场)	海宁中国皮革城网络科技有限公司
13	海宁老百姓大药房网上药店医保在线支付项目(医保在线支付)	海宁市老百姓大药房有限责任公司
14	麦动供应链平台(基于电子商务的柔性供应链分销整体解决方案)	嘉兴麦动信息科技有限公司
	湖　州	
15	织里中国童装城 O2O 融合发展项目(专业市场线上线下融合)	织里国际童装城股份有限公司

续表

序号	项目名称	实施主体
16	天能电动车行业O2O集成服务平台	天能电池集团有限公司
17	得威电动车、电汽车行业垂直服务网络平台	湖州得威电子商务有限公司
	绍兴	
18	网上轻纺城纺织企业电子商务移动端项目	浙江中国轻纺城网络有限公司
	金华	
19	易点生活（城市智能社区O2O生活服务平台）	金华易点网络科技有限公司
20	义乌购合计划（面向全国的线上线下伙伴合作开发模式）	浙江义乌购电子商务有限公司
	衢州	
21	实达实“工业购”网上交易市场（B2B＋F生产性资料赊销网上交易平台）	浙江实达实网络科技有限公司
	台州	
22	天台新青年汽车用品分销平台（专业产品分销电子商务平台）	天台新青年电子商务产业园
23	台州农副特产品冷链加工及智慧云物流项目	台州好生活生鲜食品配送有限公司
	丽水	
24	赶街物流项目（农村电商物流整体解决方案）	浙江赶街电子商务有限公司

浙江省商务厅公布第二批浙江省电子商务培训机构和实践基地名单

浙江省电子商务培训机构名录

一、杭州市(11家)

浙江省劳动和社会保障干部学校
浙江省现代电子商务研究院
浙江大学继续教育学院
杭州市余杭区东华专修学校
浙江省对外服务公司
杭州麦可思人才开发有限公司
杭州临安闻远教育培训有限公司
杭州砚池企业管理咨询有限公司
杭州文泓教育咨询有限公司
杭州温莎教育科技有限公司
杭州弘毅人力资源开发有限公司

二、宁波市(9家)

宁波市博德职业培训学校
宁波时代光华管理培训学校
宁波市北仑区三力职业培训学校
奉化市旅游学校
宁海县金晟职业培训学校
宁波市北仑敬德培训学校
宁波市镇海区人才金港职业培训学校
宁波市电子商务职业培训学校
浙江万里学院电子信息学院

三、温州市(11家)

浙江工贸职业技术学院
温州网特职业技术培训学校
温州市鹿城区梦幻职业技能培训学校
温州红连职业培训学校
温州市瀚德职业培训学校
温州市龙湾区蓝江职业培训学校
温州市瓯海区金州电商职业培训学校
温州职业技术学院
永嘉县通用电脑职业培训学校
永嘉县顺祺职业培训学校
平阳县鳌江镇商业城西首五楼

四、嘉兴市(8家)

嘉兴南洋职业技术学院
浙江青韧网络科技有限公司
华点软件学院
平湖市技工学校
嘉善县优资人力资源职业培训学校
嘉兴市东软软件培训学校
桐乡市新网创培训有限公司
桐乡市宇都智联职业技能培训中心

五、湖州市(7家)

湖州市吴兴区易商职业技能培训学校
长兴技师学院
长兴县星网职业技能培训学校
安吉雷博人力资源服务有限公司
安吉县就业训练中心
德清县广缘职业技能培训学校
长兴县阳光职业技能培训学校

六、绍兴市(9家)

诸暨市博睿电子商务培训中心
嵊州市社区学院
绍兴市华盛教育培训中心
绍兴市越城区博学教育培训学校
绍兴市越城区皇冠教育培训学校
绍兴市越淘网络技术有限公司
绍兴市柯桥区成人教育中心
浙江工业大学之江学院
诸暨市创新发展研究院

七、金华市(9家,含义乌)

浙江广厦建设职业技术学院
浦江县菁华职业培训学校
武义县就业训练中心
浙江省东阳市技术学校
永康市金汇胜电脑职业培训中心
浙江东阳供销学校

其中,义乌市(3家)

义乌工商职业技术学院
义乌市吉茂电子商务职业技能培训学校
义乌焦点职业技能培训学校

八、衢州市(9家)

衢州学院
衢州市衢江区职业中专
衢州市万能职业培训学校
衢州市圣康职业培训学校
开化县视窗电脑职业培训学校
开化县职业教育中心
龙游县职业技术学校
江山市宏兴职业培训学校
江山市红日电脑职业培训学校

九、舟山市(2家)

浙江舟山群岛新区旅游与健康职业学院
舟山职业技术学校

十、台州市(5家)

台州市浩普职业培训学校
临海商业学校
温岭市微软信息技术学院
玉环县城关辉煌职业技能培训学校
天台新青年电商职业技能培训学校

十一、丽水市(5家)

浙江山山网络科技股份有限公司
浙江省松阳县职业中等专业学校
松阳社区学院
遂昌县职业中等专业学校
缙云县斯奈克电子商务培训中心

浙江省电子商务实践基地名录

一、杭州市(9家)

浙江华麦网络技术有限公司
浙江省现代电子商务研究院
杭州安致文化创意有限公司
杭州水鸟科技有限公司
杭州钜警佰源信息技术有限公司
杭州闻远科技有限公司
杭州创梦谷电子商务有限公司
杭州一扇门经济信息咨询有限公司
杭州常青网络科技有限公司

二、宁波市(16家)

宁波保税区正正电子商务有限公司
宁波一舟电商企业管理有限公司
宁波市东韵电子商务有限公司
鄞州区青年电商产业园
奉化电子商务园
望春电商产业园
宁波伴手电子商务有限公司
宁波供销电子商务有限公司
宁波传家电子商务有限公司
浙江大道网络科技有限公司
宁波美博进出口有限公司
宁波富港电商城有限公司
宁波优胜国际贸易有限公司
宁波市鄞州观止电子商务创业园发展有限公司
宁波嘉酷电子商务有限公司
宁波英瑞达企业管理咨询有限公司

三、温州市(9家)

浙江绿森数码科技有限公司
温州市华仪电子商务有限公司
温州易麦特科技有限公司
平阳县创梦工厂电子商务产业园
温州温都全媒体有限公司
温州唐格科技有限公司
浙江国技互联信息技术有限公司
洞头县添尚电子信息技术有限公司
温州经济技术开发区青年电商产业园

四、嘉兴市(4家)

濮院毛衫电子商务产业园
浙江金牌商标代理有限公司
桐乡市洲泉镇电子商务聚集区
桐乡石门鞋业电子商务聚集区

五、湖州市(22家)

湖州多媒体产业发展有限公司
长兴蚂蚁联创电子商务有限公司
湖州宁以远数字科技有限公司
安吉两山梦想小镇
湖州南浔艾易电子商务有限公司
安吉县创业孵化基地
湖州天天向上信息技术有限公司
报福镇农民电商孵化中心
湖州新我电商创业园有限公司
安吉县电子商务产业园
南浔区青年电商创业创新基地
长兴电子商务中心
南浔建材商务楼宇
新安镇东部电子商务产业园
南太湖青年电子商务创业园区
浙江华夏杰高分子建材有限公司
长兴综合物流园区电商总部大楼
德华兔宝宝装饰新材股份有限公司
长兴开口香食品有限公司
德清县德强人力资源有限公司
浙江省长兴泰明食品有限公司
新安围巾电子商务产业园

六、绍兴市(17家)

诸暨市天利电子商务管理有限公司
诸暨市蒲公英电子商务有限公司
浙江迈捷网络科技有限公司
诸暨市大唐袜都电子商务管理有限公司
绍兴市冠友电子商务有限公司
上虞市汤浦童装城开发有限公司
绍兴幸韵电子商务有限公司
绍兴大通电子商务有限公司
新昌县麦芒网络科技有限公司
浙江嵊州云电商信息科技产业园有限公司
绍兴动态电子商务有限公司
绍兴县群鹰纺织有限公司
绍兴市迪聪网络科技有限公司
绍兴市杨世纺织品有限公司
诸暨市搏亚网络科技有限公司
绍兴市多一度信息技术有限公司
浙江云橙网络科技有限公司

七、金华市(14家,含义乌)

武义县桐琴电子商务园
永康市金海胜电脑职业培训中心
浙江电商信息科技有限公司
永康市丽州中小企业服务有限公司

其中,义乌市(10家)

浙江焦点教育科技有限公司
浙江万营科技有限公司
义乌市诺胜文化传播有限公司
义乌市共济电子商务有限公司
浙江汇本网络科技有限公司
义乌市网博会展有限公司
义乌工商职业技术学院
北京中企光华教育科技有限公司义乌分公司
义乌市涵宇网络科技有限公司
义乌市巨速电子商务有限公司

八、衢州市(13家)

衢州市柯城创客孵化园
衢州市火途网络科技有限公司
衢州市百特汇职业技能培训有限公司
龙游电商城
浙江佳熙电子商务孵化园
浙江酷普电子商务有限公司
凌云电子商务产业园
衢州颐高电子商务产业园
衢州市电子商务产业园
衢州芝麻开门计算机技术有限公司
星星电商培训学院
衢州市浙派企业管理咨询有限公司
衢州市章鱼网电子商务有限公司

九、舟山市(4家)

舟山佳道电子商务有限公司
舟山市海创科技发展有限公司
舟山水产品中心批发市场有限责任公司
舟山绿海制盐有限责任公司

十、台州市(11家)

浙江天台圆圆电子商务有限公司
浙江世通物流有限公司
浙江华舜投资有限公司温岭分公司
台州华茂工艺品股份有限公司
台州唯喔商贸有限公司
台州震达网络技术有限公司
台州市云台网络科技有限公司
台州金鼎网络技术服务基地
玉环县城关辉煌职业技能培训学校
浙江天台金恒德汽车用品百货有限公司
天台新青年电子商务有限公司

十一、丽水市(4家)

浙江浙南茶叶市场有限公司电子商务分公司
龙泉市网智信息技术有限公司
浙江速达电子商务有限公司
浙江山山网络科技股份有限公司

浙江省商务厅认定第五批“浙江老字号”名单

序号	申报单位名称	字号(品牌)	创立时间	商标名称
		杭　州		
1	杭州恒昌森食品有限公司	恒昌森	1881年	恒昌森
2	杭州余杭区塘栖镇翁长春保健食品商行	翁长春	1699年	翁长春
3	杭州新会食品有限公司	新　会	20世纪40年代	四维达
4	建德市方顺和食品有限公司	方顺和	1920年	方顺和
5	杭州萧山华丰羽毛有限公司	周松大	1900年	周松大
6	杭州万峰茶业有限公司	万沐峰	咸丰年间	万沐峰1886
7	杭州大华饭店	大华饭店	1935年	
8	杭州延庆堂药店有限公司	周延庆堂	1937年	周延庆堂
9	浙江瑞祥老字号商贸文化发展有限公司	乳雪楼	1915年	乳雪楼
10	桐庐县医药药材投资管理有限公司	徐永庆堂	1906年	徐永庆堂
11	桐庐桐君堂大药房连锁有限公司	王济德堂	1912年	王济德
12	杭州东方文化园旅业集团俐生美健康科技有限公司	叶万春	1913年	叶万春
13	杭州俞泰沣食品有限公司	俞泰丰	1908年	俞泰丰
14	杭州富阳春天医药连锁有限公司王振和大药房	王振和	1748年	王振和
15	浙江爱生药业有限公司	严济堂	明朝末期	严济堂
16	杭州百味聚食品有限公司	百味聚	1962年	百味聚
17	杭州东仁堂医药零售连锁有限公司	东仁堂	1890年	东仁堂
18	杭州思味王食品有限公司	思味王	1931年	思味王
19	杭州上城区王长根中医诊所	长根堂	1960年	长根堂
20	浙江味草堂医药有限公司	味草堂	1895年	味草堂
21	杭州广升誉医药科技有限公司	广升誉	1875年	广升誉

续表

序号	申报单位名称	字号(品牌)	创立时间	商标名称
		绍　兴		
1	浙江越景绍兴酒有限公司	叶万源	明朝中叶	叶万源
		嘉　兴		
1	海宁市朱万昌食品厂	朱万昌	1918 年	盐官万昌
2	周顺兴铁店	周顺兴	1851 年	周顺兴
3	海宁市硖石灯彩有限公司	硖石灯彩	1955 年	硖石灯彩
		温　州		
1	温州华侨饭店有限公司	温州华侨饭店	1963 年	温州华侨饭店(图形)
2	温州市老李食品有限公司	李顺和	1947 年	李顺和
3	浙江铁枫堂科技股份有限公司	铁枫堂	1840 年	铁枫堂
4	温州广进祥商贸有限公司	广进祥	1896 年	广进祥
5	温州郑家园食品贸易有限公司	郑家园	嘉庆年间	郑嘉源
6	苍南县灵溪镇达仁堂药店	达仁堂	1948 年	董达仁堂
7	灵兰医室(叶进外科诊所)	灵兰膏药	道光年间	灵兰医室
		金　华		
1	浙江省兰溪市游埠古镇酒厂	上　华	1904 年	上华
2	浙江吴宁府商贸有限公司	吴宁府	1906 年	吴宁府
3	永康市山川大药房	义　丰	1824 年	义丰
4	浙江省磐安县外贸药业有限公司	大晟	1919 年	大晟
		义　乌		
1	义乌市三溪堂国药馆有限公司	三溪堂	1949 年	三溪堂
2	义乌市乌商面馆	乌商面馆	民国年间	乌商
3	义乌春萱堂药业有限公司	春萱堂	1875 年	朱彦修
		丽　水		
1	龙泉市蓝义丰青瓷厂	蓝义丰	1926 年	蓝义丰
2	龙泉市禾字号剑庄	禾字号	1905 年	禾字号
3	龙泉市三和堂生物科技有限公司	三和本经堂	1820 年	三和本经堂

续表

序号	申报单位名称	字号(品牌)	创立时间	商标名称
衢 州				
1	华润衢州医药有限公司天福堂大药房	天福堂	1756 年	
2	开化县乾和粮油专业合作社	万康源	1898 年	万康源
舟 山				
1	中国水产舟山海洋渔业公司	明　珠	1962 年	明珠
台 州				
1	浙江舜浦工艺美术品有限公司	高　龙	1939 年	高龙
2	台州市黄岩宝明斋眼镜店	宝明斋	1900 年	葆明斋
3	浙江醇诺酒业有限公司	陈源茂	1923 年	陈源茂
宁 波				
1	宁波牛奶集团有限公司	宁波牌	1963 年	宁波牌

萧山经济技术开发区

萧山经济技术开发区创建于1990年5月，1993年5月经国务院批准为国家级经济技术开发区，是全国较早批准设立的国家级开发区之一，总面积110余平方公里，是萧山对外开放的主平台、招商引资的主力军、经济发展的主引擎。经过22年的发展，开发区形

成了机械制造、电子电器、轻纺服装、医药食品、建材家具、新材料新能源、互联网产业7大主导产业，现有在开发区注册企业4000余家，其中企业3000多家，在这片区域面积不足全区1/10的土地上，聚集了全区1/2的优质企业，贡献了全区1/3的财政收入，还承担了全区近一半的招商引资任务。

2015年，开发区累计实现地区生产总值181.1亿元，同比增长9.4%；实现规模以上工业销售产值425.8亿元；实现规模以上工业增加值108.8亿元，同比增长12.8%；实现全社会固定资产投资54.5亿元，同比增长36.3%；实现外贸出口19.9亿元；实现限额以上社会消费品零售额41.7亿元，同比增长7.5%；实现服务业增加值60.7亿元，同比增长12.2%；完成财政总收入43.4亿元，同比增长16.1%。其中，地方财政收入18.8亿元，同比增长14.2%。

下阶段，开发区将以在全区经济转型发展和新型城市化进程中始终保持领先地位这一目标为引领，坚持项目带动、强化创新驱动，加快推进两化深度融合和新型城市化进程，努力创建全省有影响力、国内外有竞争力的国家级一流开发区和先进高新区。一是力求招商引资新突破。将牢牢把握G20、B20在“家门口”举办的重大历史机遇，不断拓宽招商引资领域，提升招商引资质量，重点抓好“税源”招商，努力在招引一批大项目好项目上实现更大突破，特别是在招引超20亿元甚至50亿元重大产业项目上力求有更大的成效。二是加快创新发展新作为。继续强化对科技创新的政策引导和扶持力度，通过引导企业自主创新、建设创新孵化器、搭建科技平台等手段充分激活开发区经济增长的内生动力和活力，提高企业的市场竞争力，努力打造创新要素集聚、创新效率优化、带动能力持续增强的高新区。三是推进智慧经济新发展。坚持以省级特色小镇创建为突破口，以智能制造为主攻方向，鼓励传统制造型企业加快转型升级，加速技术更新、产业转型和产品升级步伐，加快推进跨境电商园、长三角珠宝产业园、智慧交通谷、健盛之家创新园等产业园建设，实现产业发展的新提升。四是开创四区联动新局面。高起点做好城

市规划配套等相关工作，加快城市功能提升，科学推进益农拓展区块开发建设，以陆家嘴大项目落地发展为契机，促进科技城在创新发展上取得新成效，全力推进开发区各区块的联动、差异、集约、融合发展。

嘉善经济技术开发区

1993年，嘉善开发区成立并成为首批省级经济开发区。2011年6月，经国务院批准升格为国家级开发区。目前，开发区总的辖区面积达到65.5平方公里，其中核心区面积18.2平方公里。

嘉善经济技术开发区建区20年来，通过深入实施开放带动战略和融入上海发展战略，始终坚持招商引资“一号工程”不动摇，以优越的区位条件、优良的配套设施、优价的发展成本、优美的园区环境、优质的服务体系、优秀的管理团队，吸引了如英国特易购、荷兰阿克苏诺贝尔、喜力、晋亿实业、台升家具、铠嘉电子等一批世界500强企业和行业龙头企业的落户加盟。已累计吸引全球30多个国家和地区的454家外资企业投资落户，总投资突破55亿美元。

嘉善经济技术开发区，以不到全县4%的土地面积，

贡献了全县 1/3 的经济总量、1/3 的财政税收、1/2 的外贸进出口总量和 1/2 的招商总量，已成为县域经济发展的主阵地、主平台、主战场。开发区连续多年名列“浙江省十强开发区”;2008 年被评为“长三角最具投资价值开发区”;2010 年荣获“中国十佳省级经济开发区”称号；2011 年名列浙江省国家级开发区综合考核第 4 名，被省政府评为“开发区工作优秀单位”，并荣获“全国开发区产业升级创新示范奖”称号；2012 年获得浙江省“年度利用外资十强开发区”称号;2013 又获得“首届浙江开发区特别贡献（开放创新）奖”；2014 年获省“四换三名”示范开发区称号。

截至 2015 年，嘉善经济技术开发区开内共有企业 1800 余家（工业 1200 余家、服务业近 600 家），其中规模以上企业 191 家。累计完成合同外资超过 33 亿美元、实际到位外资 16 亿美元。截至目前，开发区核心区内汇集了世界 500 强企业 8 家（特易购物流、龙凤食品（亨氏）、阿克苏涂料、喜力啤酒、翔日科技、罗百盛紧固件、斯道拉恩索正元包装、铠甲电子）,国内上市公司 8 家(众成包装、晋亿实业、华瑞赛晶电气科技、开易拉链、凯士电子、新嘉联电子、爱仕达电器、索菲亚家居)。浙江中荷（嘉善）产业合作园、精迪敏科技产业园、嘉善国际信息科技产业园、鼎阳科技产业园、吴镇文化创意产业园和中华两岸文化创意产业园等五个区中园正在建设中。

绍兴柯桥经济技术开发区

绍兴柯桥经济技术开发区（下称柯桥开发区）成立于1992年9月，1993年11月经浙江省人民政府批准，成为全省首批省级重点经济开发区之一，2010年11月，经浙江省人民政府批准设立省级高新技术产业园区，2012年10月13日，经国务院批准升级为国家级经济技术开发区。2006年，经国家发展改革委员会和国土资源部审核通过规划面积为9.9平方公里。2010年7月，浙江省人民政府批准柯桥开发区整合提升面积64.7平方公里。2014年9月，浙江省人民政府批准开发区二次整合提升面积165.8平方公里。

柯桥开发区位于长江三角洲繁华的沪杭甬经济带上，地处长江三角洲圆心，是柯桥的北大门，沪杭甬铁路、104国道和浙东大运河横贯境内，依沪杭甬高速公路柯桥道口，距杭州萧山国际机场20公里，距杭州35公里，距宁波110公里，距上海200公里，占据着潜力巨大的长三角经济圈的战略基地位置。已建成通车的沪杭甬高速和沪杭甬高铁在柯桥实现零换乘，20年来，柯桥开发

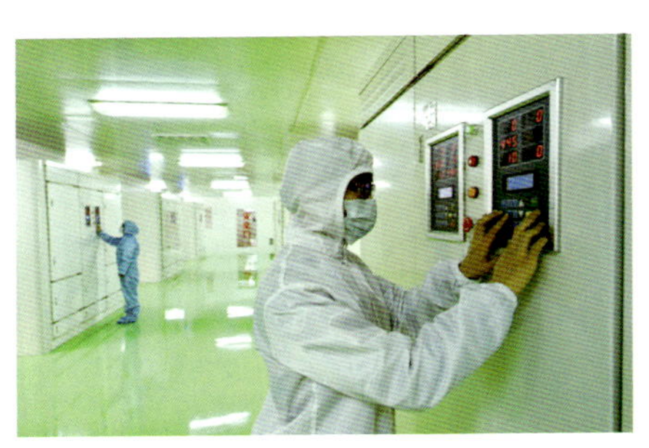

区已先后步入高速和高铁时代，并时刻坐享杭州、上海、宁波三个大都市的辐射效应、带动效应和溢出效应。

近年来，柯桥开发区在原有纺织、电子机械、汽车配件等产业集群基础上，加快经济转型升级步伐，重点发展汽车配件、电子电器、新能源、机电一体化、建筑工业化等高新技术产业和战略性新兴产业，初步形成了纺织印染产业园区、机电一体化产业园区、汽车汽配产业园区和绿色建筑建材产业园区。柯桥开发区积极鼓励发展汽车配件、电子信息、机电一体化、新材料、生物医药、智能纺织装备等产业和省级以上高新技术项目；鼓励物流、电子商务园等现代服务企业入驻，开发区产业结构不断优化，综合实力不断增强。2015年，实现税收43.6亿元，规模以上工业总产值1564.7亿元，规模以上工业增加值231.7亿元、进出口总额27.8亿美元；新产品产值和高新技术企业产值分别达到494.3亿元和186亿元，实际利用外资1.54亿美元、内资30.5亿元

柯桥开发区先后荣获“长三角最具投资价值开发区”、浙江省纺织机械专业商标品牌基地、国家火炬计划绍兴纺织装备特色产业基地、中国纺织品牌展贸示范基地、浙江省高端纺织装备研发与制造特色品牌园区、浙江省首批工业循环经济示范园区、浙江省高新技术

产业园区、浙江省创建和谐劳动关系先进工业园区、浙江省集约用地示范开发区、浙江省开发区高端纺织装备产业园区等称号。开发区还同时拥有中国轻纺城创意园和科技园两大创业和科技孵化平台，中国轻纺城创意园是浙江省重点项目，绍兴地区唯一的创意产业园，获“全国青年创业示范园区”称号；科技园是柯桥区创业创新基地，被认定为“省级科技企业孵化器”、“省级特色工业设计示范基地”、“市级海外高层次人才创业基地”。

“十三五”时期，柯桥开发区将认真贯彻“创新、协调、绿色、开放、共享”发展理念，紧扣“传统产业转型发展、新兴产业加快发展、优势产业集聚发展”目标，深化“二次创业”工程，重点抓好“经济发展、项目建设、生态环境”三张工作清单，依托沪杭甬高铁、沪杭甬高速的“双高”效应，精心谋划“一心、两片、一轴、一环”发展布局，加快实现由“要素拉动”向“创新驱动”转变，力争把开发区建设成为“大众创业、万众创新”和工业经济转型升级、创新发展新高地。

金华经济技术开发区

金华经济技术开发区成立于1992年，2010年晋升为国家级经济技术开发区，2013年10月与金西经济开发区成建制整合，位于全省第四大都市区——金义都市区的核心地带，地处浙赣铁路、义乌机场、杭金衢高速、金丽温高速等陆空交通枢纽的中心，区位交通便捷。现下辖一乡三镇四街道，区域面积253.86平方公里，建成区面积40平方公里，集聚人口45万，形成了产城互动、城乡共融、经济社会统筹发展的开发模式。汽车及配件、生物医药、信息网络经济是金华开发区的主导产业。金华开发区是金华对外开放的主平台、经济建设的主战场和深化改革的桥头堡，其投资发展环境企业满意度多年位列全市第一。

经过20多年的艰苦创业，开发区成功走出了一条“依托老城、商贸起步”、“开辟园区、工业集聚”、“成功晋升、持续发展”、“两区整合、再创辉煌”之路，基础设施不断完善、产业体系不断健全、发展空间不断拓展、综合实力不断提升。先后荣获首批国家电子商务示范基地、国家级青年科技创新

示范基地、华东地区最具竞争力优秀创业园区、浙江开发区特别贡献奖（产城融合）、浙江省外商投资新能源汽车产业基地、浙江省电子信息产业基地、浙江省现代服务业集聚示范区、浙江省文化产业示范园区、浙江省电子商务十大产业基地、浙江省首批循环化改造示范园区、全省“两化”深度融合国家示范区等称号，是国家级知识产权试点园区、省“智慧园区”示范开发区和省公众创业创新服务优秀县（市、区）。2015年，实现地区生产总值243.7亿元，实现规模以上工业总产值507.7亿元；完成全社会固定资产投资165.1亿元；实现信息经济营业收入35.8亿元；实现一般预算总收入41.6亿元；实际利用外资6613万美元，实际引进内资58.2亿元，引进浙商回归资金37.1亿元。

目前，开发区正围绕汽车及配件、生物医药、信息网络经济和旅游产业“3+1”产业定位，建设新能源汽车小镇、健康生物产业园、互联网乐乐小镇和金西全区域景区，着力打造高端智造新平台、信息经济新高地、产城融合样板区和“两美”建设先行区。

丽水经济技术开发区

丽水经济技术开发区于 1993 年设立为省级开发区，2002 年启动水阁工业区块的开发建设，2012 年被列为全国首批低丘缓坡开发试点，2014 年 10 月获国务院批复升格为国家级经济技术开发区。目前，开发区常住人口约 12 万，总面积 110 平方公里，其中城市规划面积约 70 平方公里，包含水阁、七百秧、富岭、四都、丽景园等“五大组团”。目前，开发区拥有“七块金字招牌”（“国家火炬丽水智能装备与机器人特色产业基地”、“中国合成革循环经济先进示范基地”、“中国水性生态合成革示范基地”、“省级机器人及智能装备特色产业基地”、“省级循环化改造示范试点园区”、“国家循环化改造示范试点园区”、并列入浙江省“机器换人”分行业推进名单）。

丽水经济技术开发区是丽水市工业经济的主战场和主阵地，产业基础扎实，发展优势明显，投资环境优良。当前，正重点培育“3+1”产业：“3”是目前重点打造的三大产业，一是以机器人及智能装备为重点的高端装备制造业，包括工业机器人、服务型机器人、系统集成及关键零部件、节能环保装备、新能源汽车电机、高低压电器、汽摩配、精密轴承等；二是以生物医药和中药配方颗粒开发为重点的大健康产业，除现有生物医药外，大力发展药食同源产品的生物技术及综合服务、养生康复医疗等；三是新材料与新能源产业，除发展生态合成革外，大力发展植物纤维、纳米新材料、高分子新材料等，并着手培育以植物纤维电池、聚合物大容量电池、锂电池为重点的新能源产业。此外“3+1”产业中的“1”是一批单体比较大、科技含量高、经济效益好的项目和现代服务业项目。

根据产业培育要求，开发区正积极选引五类重点项目：

一是机器人及智能装备为主的高端装备制造项目，2014 年 12 月，开发区获批为省级机器人及智能装备特色产业基地；2015 年 8 月 11 日，国家火炬丽水智能装备与机器人特色产业基地成功获批，成为继昆山、唐山后全国第三家，浙江省第一家国家级智能装备与机器人产业基地。代表性企业有方正电机、中广电器、斯凯瑞机器人、杰祥科技等企业。当前，主要依托总规划面积 2 平方公里的产业基地和 10 万平方米的孵化器，立足生态工业和战略性新兴产业，

全力引进以机器人为主的高端装备制造项目。

二是生物医药及大健康产业项目，主要有依托浙江维康药业、浙江众益药业、百山祖生物科技等企业基础，打造总面积1600亩的生物医药产业园和丽水—台湾产业合作平台，立足丽水丰富的天然中草药资源，积极引进和培育医药、保健品和养生康复项目。

三是新材料及新能源产业项目，主要依托现有合成革产业，立足生态合成革（如时尚革、墙革、汽车革等）、植物纤维材料、纳米新材料、高分子新材料等产业基础，引进和培育新材料产业及延伸项目。同时，积极引进植物纤维电池、聚合物大容量电池、锂电池等为重点的新能源项目。

四是服务业及配套产业项目。当前开发区三产服务业、现代服务业的比例偏低，三个产业比例为1.4:87:11.4，产城融合项目是一个重要的招商方向。目前通过谋划，推出依托富岭迎宾大道，可分块开发的富岭CBD项目；依托南城中心和农民安置小区的余庄前幼儿园项目，还有其他正在谋划的中小学、医院、体育文化产业和地产项目。

五是生态旅游及养生养老产业项目，主要有依托南明山风景名胜，总面积3—5平方公里，可分块开发的南明山东侧、南侧休闲旅游养生项目；依托瓯江资源，总面积约10平方公里，总投资约250亿元，可分期投资的四都瓯江风情小镇项目；以及小木溪休闲小镇、大梁山森林公园和民宿经济产业园、七百秧森林公园、小白岩沿岸休闲带等一批旅游养生项目。

海宁经济开发区

一、规划设置情况

海宁经济开发区成立于1992年8月，1997年12月被浙江省人民政府批准为省级经济开发区，2006年3月通过国家发改委审核，国土资源部核准面积5.838平方公里，2007年3月通过ISO9001和ISO14001审核。2009年与上海漕河泾新兴技术开发区合作建立漕河泾海宁分区，为浙沪首个国家级开发区合作项目，规划面积15平方公里，致力打造高新技术产业新城。2012年3月，海宁经济开发区与海宁市尖山新区实施联动开发。开发区现有工业企业977家，其中外商投资企业107家，规划面积54.2平方公里，已开发面积20.5平方公里。

二、经济发展概况

海宁经济开发区经过20多年的开发建设，投资环境日益优化、综合实力不断壮大、皮革、纺织等产业集聚优势凸显，正全力打造以时尚创意产业为主导、装备制造业为支撑、现代服务业并重的产业发展格局，是全市经济转型发展的主平台。2014年分别被国家工信部、国家能源局、浙江省知识产权局列为第一批产业集群区域品牌建设试点工作组织实施单位和分布式光伏规模化应用示范区和浙江省知识产权示范创建园区。2015年综合实力位列全省省级开发区第二。

近年来，引进和培育了中粮面业（海宁）、中远普泰国际物流园、安正时尚、天通吉成等一批世界500强企业投资项目、行业龙头企业，转型发展步伐加快。2015年，开发区实现地区生产总值367.71亿元，同比增长7.2%，实现财政收入64.19亿元，同比增长1.6%。完成实到外资3.88亿美元，同比增长18.6%。新批企业1283家，其中外商及港澳台企业37家，总投资14.64亿美元，引进宝平能源、世纪互联、万纬仓储等一批大好高项目。全区1128家规模以上企业完成工业总产值1035.84亿元，同比增长3.2%，完成利税总额

89.40亿元，同比增长10.2%，其中利润48.77亿元，同比增长14.2%。

三、产业发展情况

形成了以时尚产业为主导，新能源与装备制造、食品与生物医药、电子信息三大新兴产业快速发展的新格局。

1. 时尚产业。海宁经济开发区是全国重要的皮革和纺织生产基地，皮革、纺织、家具等传统产业产值占全区总产值的70%左右，集聚优势明显。近年来，开发区对皮革、纺织、家具等产业进行重新定位，整合提升传统产业，充分挖掘利用并融入时尚创意、品牌设计展示、产品消费等多种元素，赋予传统产业以新意，正在打造以时尚创意产业为主导、高新技术企业为新增长点的产业发展格局。以安正时尚、敦奴联合、蒙努集团等为代表的大型企业，通过吸引国内外从事时尚产业的优秀专业人才和高端设计师团队，将服装打造成时装，将工艺上升为艺术，进一步提升了企业及区域产业品位，为开发区打造成为集时尚文化、时尚信息、时尚人才和品牌企业为一体的高端创意产业集聚区奠定了产业基础。2012年，海宁市人民政府被中国纺织工业联合会授予“时尚品牌产业基地”，海宁经济开发区为实施主体。目前开发区正在规划建设时尚创意产业园区，拟吸引一批有自主品牌、有设计团队、有较强的研发能力和较为成熟的营销网络的时装企业入驻，提升时尚品牌集聚度。目前时尚创意产业园已签约品牌时装项目8个，供地7个，总面积292亩。

2. 装备制造业。海宁经济开发区经过多年的发展，装备制造业具有良好的产业基础，天通吉成、宝捷机电、纺机厂、红狮宝盛、普泰克金属等一批企业（项目）的快速发展为培育高端装备制造业积聚了优势。今后一个时期，开发区将顺应浙江制造大省向制造强省提升的发展大趋势，以发展现代装备制造业为重点，进一步营造发展环境、加强招商选资、加大创新投入、集聚创新要素、强化人才支撑，形成规模、特色和集群优势。2016年拟启动国际装备制造及电子信息产业园一期建设，创新招商模式，构建特色产业招商新平台。

展望未来，海宁经济开发区将围绕打造时尚开发区的目标，坚持“创新驱动、转型发展”，全面实施“四大一新”战略（构筑高端大平台，引进外资大项目，培育本土大企业，发展新兴大产业，建设现代新城区），努力把经济开发区建设成为引领国际潮流的时尚区、“长三角”地区先进制造业集聚区和浙江接轨上海、引领发展的示范区。

乐清经济开发区

乐清经济开发区建立于1993年，属首批省级开发区。建成区位于被称为“中国电器之都”的柳市镇，区域面积6.05平方公里。2001年9月，乐清市委、市政府将市中心工业园区纳入开发区作为新区进行开发建设。新区位于乐清市南部，东临乐清湾，南至瓯江，西接街道建成区，北连乐成中心城区。2006年4月，经国土资源部核准新区规划面积5.95平方公里。2014年3月，经浙江省人民政府批准，“一区六园”的发展模式正式形成，乐清经济开发区的战略发展规划面积扩展到158平方公里。乐清经济开发区成为全省首家产值超千亿元的省级开发区。

通过整合资源要素、拓展发展空间，乐清经济开发区全面刷新发展规划，形成“一区六园”组团式新格局。“一区”即乐清经济开发区，“六园”包括乐清高新技术产业园、柳市新型电工电器产业园、北白象智能电器和新材料产业园、乐清湾港区现代临港产业园、虹桥电子信息产业园、雁荡山文化创意产业园。区内拥有中国电器之都、中国电子元器件产业基地、世界地质公园等 12 张国字号和世界级“金名片”。

2015 年，乐清经济开发区“一区六园”规模以上工业企业数 992 家，规模以上工业总产值 1247 亿元，同比增长 9%；规模以上工业增加值 270 亿元，同比增长 15%；高新技术企业规模以上工业总产值 468.68 亿元，同比增长 8.7%。在全省省级经济开发区综合考核中，乐清经济开发区综合分值位列第三。乐清经济开发区获得“浙江省先进开发区”和“开发区工作优秀单位”荣誉称号。

乐清经济开发区管委会属乐清市政府直属机构，所处的位置是高新技术产业园（核心区），辖翁洋溢、盐盆两个街道办事处。管委会机关有“一办四局”（即办公室、规划建设局、经济发展局、政策处理事务局、财务和统计局）、4 个直属单位（新居民服务管理所、安全生产监督管理所、公共事务服务中心和消防安全管理工作站）、1 个投资发展有限公司、5 个党群组织（纪委、人武部、组织办、总工会和团工委），共有机关干部职工 100 余人。

乐清经济开发区将以围垦基础配套建设和智慧小镇开发为重点，围绕“转型升级、提速提效”，做实做大产业建成区、做强做优产城人融合区、做精做细生态智慧岛，以围垦区北片基础设施、创业人居城、智能科技产业园、生态智慧岛、邻里中心等五大项目为重点，勇扛创业创新大旗，勇担兴工强市使命，快速推进跨越式发展，全力申报国家级经济技术开发区。

桐乡经济开发区

一、概况

桐乡经济开发区成立于1992年7月，地处桐乡城区南部。1993年11月，经省政府批准成为浙江省首批省级经济开发区。2005年12月，经国家发改委审核并公告，批准面积7.23平方公里。目前管辖区域面积36.26平方公里，规划建设面积33.26平方公里，已建成面积24平方公里。

开发区先后荣获省环境竞争力十强开发区、省级集约用地示范经济开发区、省级循环化改造示范园区、省级工业循环经济示范园区、省级知识产权示范园区、省级生态化建设与改造示范园区、首届浙江开发区特别贡献（转型标杆）奖、浙江省“四换三名”示范开发区等称号，拥有国家级玻璃纤维出口示范基地，玻纤新材料产业园被省政府授予浙江省开发区特色品牌园区称号，休闲房车产业园为“浙江省外商投资新兴产业示范基地”。

二、发展状况

2015年，全区实现工业总产值378.6亿元，与去年基本持平，其中，考核规模以上企业完成工业总产值193.81亿元，同比增长8.2%。

全区企业实缴税金（财政公布数）13.92亿元，同比增长7.3%，其中，工业企业实缴税金11.1亿元，同比增长6%；

三产企业上缴税金 2.58 亿元，同比增长 15.1%。

全区企业实现利润 18.53 亿元，同比增长 18.1%，其中，考核规模以上工业实现利润 16.1 亿元，同比增长 17.6%。

完成全社会固定资产投资达 43.71 亿元，同比增 15.4%，创历年新高！

全年引进外资项目 12 个，市外内资项目 29 个。全年完成合同利用外资 2.4 亿美元，完成年度目标任务的 100%；实际利用外资 1.98 亿美元，完成年度目标的 110%。引进市外内资 17.14 亿元，完成年度目标的 112.8%。浙商回归资金 14.16 亿元，完成全年目标的 118.96%。

三、现有主要产业

目前全区共有投产和在建企业 380 家，基本形成了新能源新材料、电子信息、机械汽配等新兴产业集群。其中机械汽配、新能源新材料和化纤纺织是现有的三大主要产业。

机械汽配产业：有隆翠汽车、戴德动力、强利汽配、胜方机械等汽车零部件生产企业及后服务企业 20 多家。

新能源新材料产业：有巨石集团、华友钴镍、华章电气、海得控制等新能源新材料企业 40 多家。

化纤纺织产业：有桐昆集团、红太阳毛纺、龙翔纺织、速飞得自动化等化纤纺织及纺织机械生产企业 80 多家。

四、未来发展方向

今后几年，桐乡经济开发区将进一步发展机械制造和新能源新材料等优势和特色产业，着力打造汽车产业园、新材料产业园和互联网信息产业园，力争把开发区打造成为千亿开发区、高新集聚区、品质新城区。

汽车产业园：坚持走差异化汽车产业发展之路，重点发展改装车（房车）、特种车、新能源汽车和前、后市场汽车零部件产业和汽车文化产业。产业园主要分为汽车及零部件产业园和汽车文化产业园两大板块。

新材料产业园：主要依托巨石玻纤、华友钴业打造玻纤复合材料产业基地和钴镍超细粉末材料基地，重点延伸发展玻纤复合材料和钴镍新材料产业链。

互联网信息产业园：重点引进集成电路、高端通讯、数字音视频、新型电子元器件和服务外包、云计算、大数据、物联网等产业领域企业，着力打造一个全新的互联网信息产品制造业基地。

诸暨经济开发区

诸暨经济开发区成立于1992年，1994年被批准为省级经济开发区，诸暨经济开发区规划管理面积达122.48平方公里，一级管理面积52.48平方公里，重点开发建设外商投资园区、商务区、北片工业区、新兴产业园区、现代物流园区、高新技术产业（高教）园区六大板块。自2007年始连续位列浙江省十强经济开发区，目前正在着手申请国家级开发区。诸暨经济开发区北承杭州，南接义乌，东临宁波，交通便捷，航运发达，是“长三角最具投资价值开发区”。2015年开发委完成全社会固定资产投资152.17亿元，同比增长32.90%，500万元以上工业性投入113.56亿元，同比增长35%；千万元以上商贸服务业投入28.15亿元，同比增长12.06%；政府性投入10.10亿元；实现规模上工业企业总产值641.75亿元，同比增长10.82%，自营出口10.76亿美元，同比增长10.02%。

一、政策优势明显

2015年初诸暨市委十五届七次全体大会审议通过了《关于聚全市之力推动开发区加快发展的决定》，进一步完善规划、创新体制、倾斜政策、保障要素、合力招商，加速推进城西新城产业集聚和产城融合。重点引育信息、生命科学、生物制药、新能源、精密机械制造、节能环保等战略性新兴产业，大力发展科创平台、设计创意、电子商务、现代物流等生产性服务业，从政策上保证市级年度新增工业用地指标优先满足开发区项目。计划到2016年末，开发区新增战略性新兴产业为主的规模以上工业企业30家，完成工业性有效投资125亿元，争取成功创建国家级开发区。

二、规划布局合理

诸暨城西新城于2003年3月开始实质性启动，遵循可持续发展、区域整合优化、山水生态城市、政府调控市场相结合、引导性规划策略等五大原则，围绕“产业之城、商贸之城、现代之城”建设目标，依托“四区一带一中心”布局为重点（四区一带一中心即：城西商务区、现代物流园区、农民创业园区、高新技术产业园区，生态休闲产业带，全球袜业中心），全面建设融工业区、商务区、农村新社区于一体，使之成为上海、杭州等大城市“休闲旅游的后花园”和“产业转移目的地”，成为融入长三角的第一腹地，诸暨城市的副中心，对外的第一形象、第一窗口。至规划末期（2020年），预计新城居住人口规模

约为 25 万人，规划建成区面积为 62 平方公里。

三、基础配套完善

建区以来基础设施累计投入近 120 亿元，完成道路建设 110 余公里，建设绿地 250 多万平方米，雨水管道 160 公里，污水管网 140 公里。目前开发区正在新建 500 吨级的新亭埠码头，杭金衢高速正在加紧拓宽施工，入城口、展诚大道多个区块环境正在美化绿化，铁路新客站（平均日流量可达 15000 人次）、海关大楼、商检大楼、企业总部大楼、人民医院、汽车（4S）城、陶朱小学、农贸市场、和泰综合市场、五泄江滨江生态公园、汽车客运西站、人才公寓都已经建成并投入使用。综合环境日臻优化，人气商气快速集聚。

四、产业承接有力

经过 20 多年的开发建设，开发区在提质扩容中不断彰显优势，开发区现已拥有各类工业企业近 400 家，其中外商投资企业 150 余家，产值超亿元企业 75 家，产业涵盖机械制造、纺织服装、医药化工、包装材料等传统支柱产业以及环保设备、生物制药、电子信息、新型材料、机电一体化等五大新兴产业和高新技术产业，产业结构分布合理，工业基础力量雄厚，产业集聚效应明显，具有较大的产业承载和嫁接空间。16 幢企业总部大楼全面建成，金融、信息、中介服务业以及会务展览、国际商务等新型服务业相继入驻，开发区已经成为人流、资金流、信息流高地，使之成为诸暨的商务园区。

五、服务跟踪高效

开发区一直以来都以“一站式保姆式”的全程代办服务为要求抓好优质服务。通过全面落实机关干部联系企业、联系项目、联系群众制度，第一时间掌握企业、项目动态，全程代办项目审批各环节，即时解决项目新问题。2016 年开发区将深化项目前期介入机制，以服务区内企业、集聚人气商气为目的，利用现有总部大楼，出台与城东、城南错位发展的优惠政策，打造“生产服务、中介服务、仓储物流”三大集聚区。依托开发区及周边大唐、草塔的产业基础，打造工业设计为重点的生产性服务集聚区；依托开发区高速、高铁、港口等对外交通优势，打造以发送、配送、仓储为重点的仓储物流集聚区。不断提升跟踪服务效能，保障企业项目落地。

开发区将继续突出工业主题，紧盯工业项目，围绕“优化产业结构、承接产业转移、延伸产业链条”三大主线，紧扣“大抓发展、工业强市”的口号，拉高标杆，奋进突破，全力完善企业项目服务，加速推进开发区建设。

永康经济开发区

永康经济开发区2002年8月经浙江省批准设立，前身为创建于1999年11月的永康五金科技工业园，2006年经国务院核准开发面积8.6平方公里，实际托管26.1平方公里。2009年经“一区一园”第一次整合后托管95.34平方公里；2013年经“一心二区二园”第二次整合提升后管辖117.54平方公里，实际可用面积53.42平方公里。

现有“四上”企业811家，其中规模以上工业企业554家、亿元企业172家、100亿元企业1家、上市公司3家，有各类人才2万人。集聚车业、门业等“八大产业”，建成总部、物流等“十大中心”，建成院士工作站4个、博士后工作站2个、省级研发中心31家，拥有各类专利1万多项、省级以上品牌140多个，有34家企业参与57项国标、行标制订。2012年被浙江省人民政府命名为“新能源汽车产业园”，2015年1月被评为省工业循环经济示范园区，2015年8月被评为省创建和谐劳动关系暨双爱先进园区，是浙江省目前规模最大的特色工业园之一，是我省唯一的跨区域、跨产业的特色产业集群区。

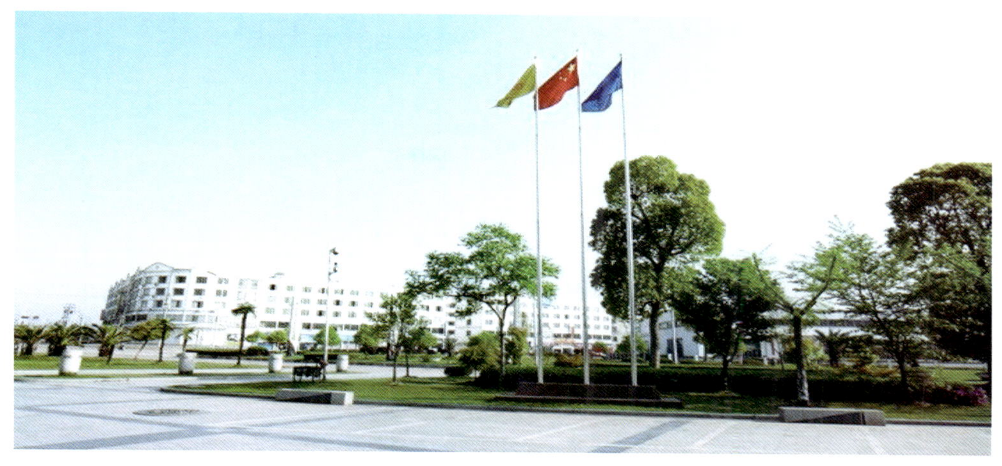

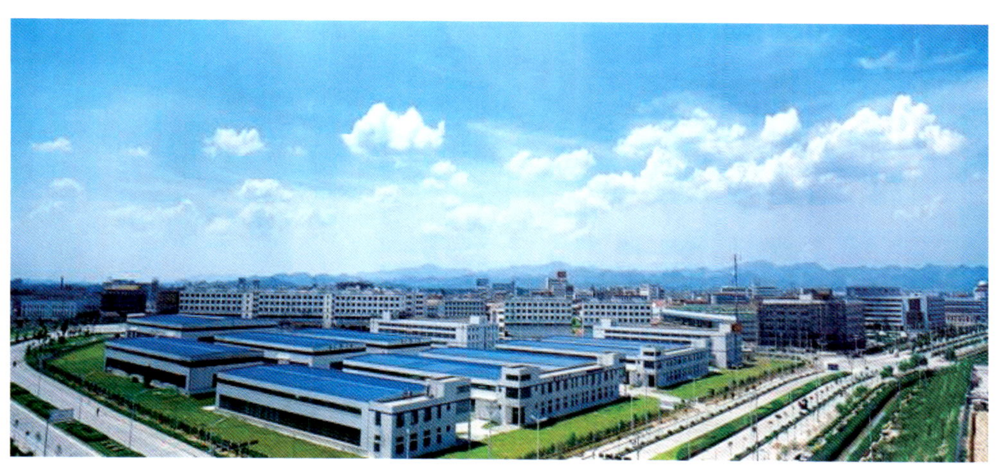

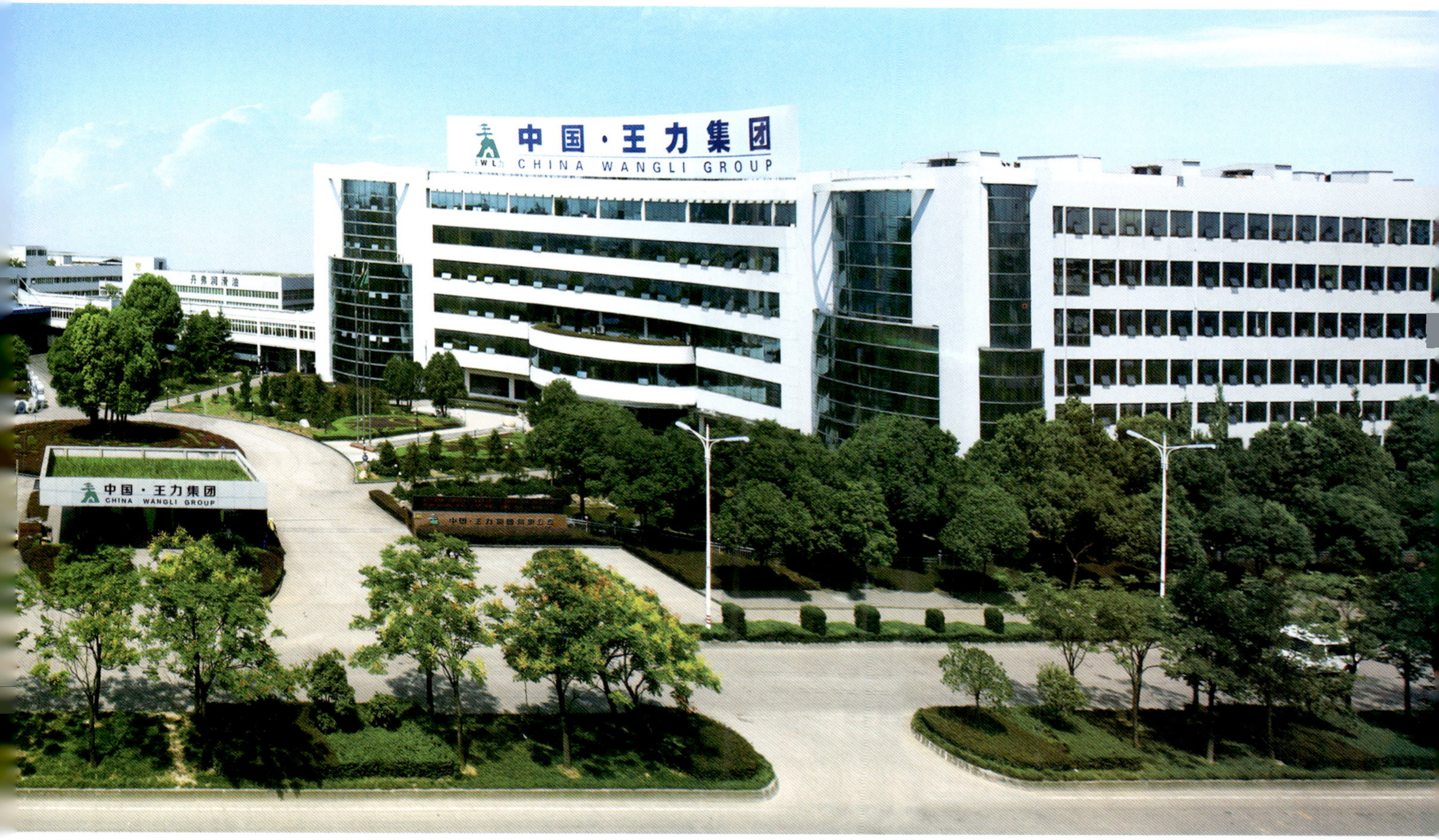
中国·王力集团
CHINA WANGLI GROUP
中国·王力集团
CHINA WANGLI GROUP

中国海盐

海盐，地处浙江省东北部杭嘉湖平原，位于长三角的中心地带，东临杭州湾，辖4个街道、5个行政镇、1个开发区，全县陆地面积585平方公里，海域面积487平方公里，海岸线53.5公里，总人口50多万。自古以来海盐就是“丝绸之府、鱼米之乡”，享有“中国大陆核电发展摇篮”的美誉。“三毛之父”张乐平、出版泰斗张元济、先锋作家余华等文化名人突显了海盐浓重深厚的文化底韵，同时，改革开放先锋人物步鑫生的改革精神更是展现了海盐人勇立潮头的澎湃之势。

一、物产资源丰富，发展基础优势明显

海盐交通区位优势明显，处于长三角的中心地带，境内沪杭申嘉湖、杭浦及乍嘉苏高速穿境而过。杭州湾跨海大桥、绍嘉跨江通道贯穿全县，融入上海虹桥、上海浦东、杭州萧山、宁波砾社四大机场百公里飞速经济圈，实现沪杭甬经济热土全线无障碍接轨。

海盐要素资源优势明显，滨海新城东部围垦，海盐港区围垦和南北湖风景区围垦分别完成造地3.2平方公里,1.35万亩和2.25万亩，拥有浙北最长的海岸线，可供千、万吨级泊位55个。港区距上海大小洋山港、宁波港、舟山定海港均在80海里左右，转运优势和海河联运优势在长三角中独树一帜。同时全县境内生产用水、用电、用汽供应充足，为企业提供了源源不断的生产要素保障。

海盐产业配套优势明显，积极发展415产业工程，形成了以机械标准件制造、电子仪器仪表、核电关联、智能制造、节能环保为主导的产业集群，成为了环杭州湾先进制造业基地之一，并且拥有4所职业技术学校，在校生约15000人，每年毕业生近5000人，为企业提供了大量的职业技术人才资源。

二、生态环境优美，公共服务创新有为

近年来海盐大力推进园林绿化建设和环境综合整治，成功跻身国家园林县城；是全国唯一在中欧城镇化论坛上签约的中欧绿色小城镇合作发展的县级城市；南北湖风景区是我国唯一融山、海、湖为一体的国家4A级风景区，保留了江南的一片真山水，年均游客过百万。海盐还成功引进全球知名主题游乐项目美国六旗，未来将形成“上海迪士尼、北京环球影城、浙江海盐六旗”的三足鼎立之势。

同时，海盐牢固树立并切实贯彻创新、协调、绿色、开放、共享的发展理念，加快推进经济转型升级。一是有效投入深入推进。2015年海盐全年引进重大项目29个，其中山水六旗项目引资规模创历史之最，德国克劳斯玛菲、伍尔特项目在中德两国总理见证下成功签约。全年合同利用外资5.35亿美元、实际利用外资1.86亿美元。二是

创新驱动产业转型。深入实施工业强县战略，在2015年度全省工业强县排名中位列第九，列全嘉兴市第一，全县规模以上工业实现产值813.93亿元，增长10.5%，其中战略性新兴产业实现产值499.56亿元，增长22.7%，占比达61.4%。扎实推进“四换三名”工作，完成技改项目353个、完成投资108.16亿元，其中“机器换人”项目272个、完成投资78.44亿元。三是服务业发展亮点纷呈。全年实现社会消费品零售总额113.36亿元，增长10.0%。港区开发建设取得新进展，口岸开放通过预验收，全年实现港口货物吞吐量375万吨。影视文化产业影响力持续提升，南北湖影视基地形象初现，中国广电影视联盟正式落户。

此外海盐积极优化公共服务供给侧改革，充分依托招商服务中心、项目推进服务中心和行政审批服务中心等公共服务能力，整合资源，科学部署，率先在全市探索和实践建设项目“一窗受理、三制联动、六联审批”服务新机制，实现审批提速80%以上。

三、工业平台突出，产业集群优质丰富

海盐特色平台建设初具规模，全面启动了县开发区创建国家级开发区工作，杭州湾智能装备制造产业基地、欧洲（德国）工业园等一批特色区中园建设有序推进。核电小镇获批全省首批特色小镇，中法（海盐）国际产业合作园入选全省首批国际产业合作园，并集聚了全球核电巨头法国阿海珐集团、世界500强施耐德集团、全球紧固件行业龙头伍尔特集团等知名企业。北欧（丹麦）工业园、中国集成家居产业园、南北湖影视产业园等特色平台建设取得较快进展。实施小微企业三年成长计划，启动“两创中心”建设，推进小微企业集聚提升。加快科技城项目建设，总部经济区一期项目完成主体工程。全年完成各类园区基础设施投资16.15亿元，增长36.1%。

四、立足开放和谐，打造江南三优城市

积极接轨长三角经济热土，融合沪杭甬同城发展。海盐有效培育了联沪联杭产业平台，深入实施相关产业转移对接，切实形成沪杭产业承载集聚区，并不断深化科技、教育、卫生、旅游等领域的交流与合作。

加快接轨国际开放大网络，融合优质产业大发展。海盐先后参加了中法建交50周年系列经贸活动之一的中法经贸投资论坛、在丹麦举行的全球绿色增长论坛，开展了德国、葡萄牙的经贸活动，俄罗斯、英国、日本等国的核电关联招商活动，并连续三次在李克强总理的见证下，相继签约了中欧城镇化战略合作、全球紧固件龙头伍尔特、德国制造业巨头克劳斯玛菲、丹麦最大制造业企业丹佛斯旗下科技乐园等一批不同业态的好大优国际项目。

全面接轨绿色发展新常态，融合三优产城提速发展。海盐深化与丹麦松德堡市绿色城镇化产城融合合作，共同开发的“零碳屋”已对外开放，“零碳街”以及全市首个陆上风电项目等绿色项目建设如火如荼；滨海新城获批我省唯一的国家级绿色生态示范城区；深入实施旅游业发展“519”工程，2015年全年共接待旅游总人数592.91万人次，增长18.3%；实现旅游总收入53.10亿元，增长18.8%，“南北湖旅游”被评为旅游服务浙江名牌产品，绮园景区成功创建国家4A级旅游景区；海盐还连续11年获省平安县和2015年度全省“五水共治”工作优秀县（市、区）“大禹鼎”荣誉称号。

瓯海区商务局

瓯海是温州市四大城区之一，轻工业基础扎实，是中国锁都生产基地、中国眼镜生产基地、中国鞋都童鞋生产基地、国家级外贸转型升级专业型示范基地、浙江省新型包装产业基地。拥有华润万象城、大西洋银泰城、大象城国际商贸中心、港龙城市商业广场等一批重大项目，成为瓯海商贸业发展的重要平台。2015年，瓯海区实现全社会消费品零售总额230.48亿元，同比增长14.6%，其中限额以上社会消费品零售总额92.2亿元，同比增长19.9%。全年外贸进出口总额21.92亿美元，同比下降5.65%，其中出口19.95亿美元，同比下降7.05%，进口1.97亿美元，同比增长11.34%。新批外资企业6家，实际利用外资737万美元；新增境外投资企业3家，境外投资2076万美元。网络零售额超120亿元，成功创建省级电子商务示范区。

商贸流通

大力推进商贸市场建设，国际酒业和食品市场、站南服饰批发广场、温州眼镜及配件市场、温州皮革鞋料市场先后试营业，大西洋银泰城、华润万象城、大象城、港龙商业广场等有序推进。积极培育特色商业街，国智9号商业街获评市级特色商业街，茶山梅泉商业街、梧慈路移动通信街获评区级特色商业街。成功举办瓯海区金秋购物节活动，在红星美凯龙、阿里巴巴温州产业带等多个平台开展促消费活动。

对外贸易

对各级外贸扶持政策做到宣传到位、落实到位，指导帮助全区216家企业向上级部门申报奖励、补助项目392个。深耕传统市场，开辟新兴市场，共计推荐和组织了200多家企业参加各类展会70多个。深入开展贸易回归工作，利用国有办公楼、总部经济园打造贸易回归平台，引进企业10家，入驻企业6家，全年实现贸易回归额1.6亿美元。抓好国家外贸转型升级专业型示范基地（浙江瓯海眼镜基地）的平稳运行，积极推进“温州市眼镜及配件市场”，积极创建出

微商专委会成立

瓯海区网络经济促进会成立大会

口名牌，加快企业转型升级步伐。

利用外资和对外经济合作

加大对外投资宣传、服务和指导，引导有条件的企业通过多种方式开展境外投资。借力"互联网＋"全面转型，森马集团以1.15亿元人民币并购韩国电商服务领军企业，乌兹别克斯坦鹏盛工业园区申报国家级经贸园区，温州市冠盛汽车零部件集团股份有限公司在境外设立投资企业4家。全力改善外商投资环境，通过"浙洽会"等平台开展招商活动，利用海外华侨资源构建全球招商网络，加强重点项目的跟踪服务，促成大西洋银泰城等项目的合同外资到位。

网络经济

金州电商城和国智电商产业园双双入围"省电子商务示范产业基地"，全市首个跨境电商产业园——智德园区，入驻企业60多家。加大政策扶持，出台省内首个促进电子商务虚拟产业园发展的16条扶持意见，成立瓯海区网络经济促进会，搭建资源整合、行业交流的平台，打造国智电子商务虚拟产业园、零创空间、微商经济服务站等创业孵化中心，打造趣玩吧、优优优网、钟鼎旅游同业分销平台等智慧旅游平台。"花花公子"电商男驻总部落户，森马新产业孵化基地项目、传化公路港等项目一期地块成功挂牌出让。阿里巴巴温州产业带入驻商家1.9万家，全年线上交易额逾92亿元，全国综合排名第二。与阿里巴巴签约进口货源温州平台，打通国内外市场电商渠道。积极活跃农村电商发展氛围，举办网络经济大讲堂、青年创业项目实战营等活动，培训人次超3万。加快发展城乡服务网点，建立农村电商服务网点266个、智能投递终端服务站104个。

瓯海区网络经济大会暨跨境电商发展高峰论坛

2015年电子商务发展趋势研讨会

互联网＋外贸下的跨境电商之路

电商实战夏令营活动

中国电建集团

华东勘测设计研究院有限公司

中国电建集团华东勘测设计研究院有限公司（以下简称“华东院”）成立于1954年，是隶属于世界500强企业中国电力建设集团有限公司的中央企业，华东院总部设在杭州，并在四川、重庆、云南、福建、安徽等地设立了分支机构，在越南、土耳其、尼日利亚、肯尼亚、埃塞俄比亚、印度尼西亚、埃塞俄比亚、巴基斯坦、哥斯达黎加等地设有驻外办事机构。

经过多年的转型和多元发展，华东院现已形成“二三三”的发展战略，即以国内、国际为两大目标市场，以水电与新能源、城市建设与环境发展、大坝与工程安全为三大主要领域，以勘测设计、工程总承包、投资为三项主要业务的国际型工程公司业务架构，具有资源识别、规划设计、投融资、采购管理、建设管理、运行管理等全产业链和系统解决方案的能力以及与之相匹配的现代管理架构。

华东院为国家高新技术企业，20世纪90年代以来一直是中国勘察设计综合实力百强单位，2006年以来，连续蝉联由美国麦格劳—希尔建筑信息公司《工程新闻纪录》杂志和《建筑时报》联合推出的“中国工程设计企业60强”，名列前20强。

华东院现有员工3500余人，拥有国家设计大师、享受国务院特殊津贴人员、享受教授研究员待遇高级工程师等各类高级专业技术人员800余人，工程师及其他专业技术人员近1000人。其中国家勘察设计大师1人，享受国务院政府特殊

津贴专家15人，浙江省勘察设计大师2人，浙江省有突出贡献中青年专家2人，享受杭州市政府特殊津贴2人，杭州市杰出人才1人，浙江省151人才、杭州市131人才各层次60余人次，省部级以上各类专家人才400余人次。员工中持有国家各类注册执业资格证书人员1600余人次；员工中本科以上人员占70%，硕士以上人员占20%，博士（后）42人。

华东院致力于科技创新平台建设，不断加大科技创新力度、提升科技能力，以科技大平台引领华东院大发展。先后申报获批成立浙江省抽水蓄能工程技术研究中心、华东海上风电省级高新技术企业研究开发中心、浙江省工程数字化技术研究中心、国家能源水电工程技术研究中心—抽水蓄能工程分中心等，与美国著名软件公司BENTLEY联合成立华东院/BENTLEY中国工程设计软件研究中心，并设立了浙江省（市）院士工作站和博士后科研工作站，建立了校企联合培养基地。华东院科技平台建设及其取得的成效，在行业内处于领先地位。

华东院注重以信息化带动技术和管理现代化，目前已建成电力行业一流的网络化、集成化计算机应用（OA）系统，形成了计算机网络设计管理等三大应用系统与远程应用平台，实现了数据共享和远程管理，同时拥有三维设计和虚拟现实技术应用能力，具备数字工程大平台及各类工程应用软件的研发、集成能力。依托华东院/BENTLEY中国工程设计软件研究中心，华东院拥有了国际领先的数字工程大平台及各类工程应用软件的研发、集成能力，目前已经形成适用于不同专业领域的三维协同解决方案，并致力于工程全生命周期管理的开发和研究。

浙江正泰太阳能科技有限公司

浙江正泰太阳能科技有限公司2006年10月在杭州高新技术开发区注册成立，注册资金1733556336元人民币，是一家专注于光伏产品和光伏发电系统的研发与生产的高新技术企业，也是中国光伏企业中产品线最全的企业之一。

经过9年的发展，公司已形成了全球化品牌营销与电站建设能力的优势，成为民营企业中电站投资、开发、建设的领先者，并已率先成为光伏系统解决方案提供商，可为客户提供全套的硬件产品和光伏系统建设服务。在美国、德国、西班牙、韩国、荷兰、新加坡等地设立了分公司，直接在海外投资建设了多座光伏电站，并已取得境外承包工程管理资质。目前已在东南亚、欧洲等地区建成光伏电站项目共计200MW，成为目前国内最大的民营光伏发电投资企业。

浙江商务年鉴2016

协 办 单 位

杭州经济技术开发区	袍江经济技术开发区
宁波经济技术开发区	嘉善经济技术开发区
湖州经济技术开发区	乐清经济开发区
金华经济技术开发区	海宁经济开发区
丽水经济技术开发区	永康经济开发区
余杭经济技术开发区	桐乡经济开发区
富阳经济技术开发区	诸暨经济开发区
长兴经济技术开发区	瓯海区商务局
宁波杭州湾经济技术开发区	海盐县商务局
柯桥经济技术开发区	中国电建集团华东勘测设计研究院有限公司